SOWJETUNION

Ochotskisches
Meer

KAM...

NORD-SACHALIN

Amur

Chabarowsk

SÜD-SACHALIN
(japanisch
bis 1945)

Kurilen

Ussuri

Pazifischer Ozean

Wladiwostok

Japanisches
Meer

JAPAN

Tokio

Kobe   Kyoto

KYUSHU

Mundung-ni

Satae-ri

1026
(Höhenmeter)

1243

Heartbreak
Ridge

894

1069

Bowlenschüssel
(Punchbowl)

778

Pia-ri

1179

600

983

Bloody
Ridge

800

2 km

600

Hügelschlachten
August–Oktober 1951

Jörg Friedrich
YALU

Jörg Friedrich

Yalu

An den Ufern des dritten Weltkriegs

Propyläen

Propyläen ist ein Verlag der Ullstein Buchverlage GmbH
www.propylaeen-verlag.de

ISBN: 978-3-549-07338-4

Gesetzt aus der Jansen bei LVD GmbH, Berlin
Druck und Bindung: Bercker Grafischer Großbetrieb, Kevelaer
Printed in Germany

Inhalt

DIE FEINDSCHAFT

IM FELD

Die Feindschaft

Niemals sind zwei Sonnen am Himmel
Niemals sollten zwei Kaiser auf Erden sein.
Chinesisches Sprichwort

Eine Übersetzung englischsprachiger Originalzitate befindet sich im Anhang.

BABYLON

So spricht der Herr Zebaoth zu Jeremia und Jesaja, seinen Propheten: »Die Mauern des großen Babel sollen geschleift und seine hohen Tore mit Feuer verbrannt werden, daß die Arbeit der Heiden umsonst sei und dem Feuer verfalle. Sie können ihr Leben nicht retten vor der Flamme Gewalt. Denn es wird nicht eine Glut sein, an der man sich wärmen, oder ein Feuer, um das man sitzen könnte.«

Der Herr drohte der Stadt, sie von ihrem Felsen zu werfen. Sie werde ein verbrannter Erdhügel sein. Weder Eck- noch Grundsteine könne man mehr gebrauchen. Eine ewige Wüste solle sie sein. Der Verwüster sei über den Ort gekommen, der Gott der Vergeltung, und man solle sprechen: »Herr, du hast geredet gegen diese Stätte, daß du sie ausrotten willst.« Himmel und Erde würden jauchzen über die Erschlagenen, über das Stöhnen der Todwunden. »Die Helden zu Babel werden nicht zu Felde ziehen. Mit ihrer Stärke ist's aus, sie sind Weiber geworden. Und Babel soll zu Steinhaufen und zur Wohnung der Schakale werden, zum Bild des Entsetzens und zum Spott, daß niemand darin wohne.«

Das Verheißene werde Ereignis, schrieb Präsident Harry S. Truman in sein Tagebuch. »Wir haben die furchtbarste Bombe in der Geschichte der Welt. Vielleicht ist es die Zerstörung durch die Feuersbrunst, die in den Tagen Babylons prophezeit wurde.« Es war Ende Juli 1945.

Der Herr hat sein Wort gehalten, die Stadt wurde Wüste. Nur die Heiden lebten weiter und zeugten sich fort und fort. Babylon war kein Ort, sondern eine Metapher. Die Wohnstätten des Frevels, so wollte es der Herr, sollten verwüstet werden. Wo lag das Domizil jetzt, von dem Jeremia sagte, daß ihm nicht mehr zu helfen war, denn »wir wollten Babel heilen, aber es wollte nicht geheilt werden«?

Die dem Präsidenten vor über 2500 Jahren gewiesene Stadt ließ sich nach den Angaben ohne weiteres finden: »Die Menschen dort sind Toren, sie sind nichts, ein Spottgebilde, eine Tenne, wenn man sie feststampft, ihre Götzen sind Trug. Von ihrem Wein wurden die Völker trunken gemacht. Verderben wurde gebracht über alle Welt. Nebukadnezar, der heidnische Herrscher, hat seinen Bauch gefüllt mit des Herrn Kostbarkeiten. Er hat ihn vertrieben und erschlagen die Söhne Israels.«

Es gibt keine Städte, denen nicht, zu Recht oder Unrecht, die Maske des Unglaubens angetan wird. Wer sie züchtigt, ist der Gesandte des Herrn und findet sich in heiligen Büchern geweissagt.

Als Truman sich in Jesaja 47 und Jeremia 51 entdeckte, war soeben unter dem Codenamen der Dreieinigkeit, ›Trinity‹, die erste Atombombe gezündet. Ihre Sprengkraft erreichte die von 18,6 Kilotonnen TNT. Die Konstrukteure, die versammelte Spitze der westlichen Nuklearphysik, rechneten mit einem Viertel dieser Energie. Sie erlebten die Testexplosion in der Wüste New Mexicos, nicht weit vom Rio Grande. Ein flaches Gelände von dreißig mal vierzig Kilometern, von trockenem Gestrüpp bewachsen.

Wenn die gleiche Bombe eine Stadt träfe, sagte der Leiter des Entwicklungsstabes, Robert Oppenheimer, werde sie 20 000 Bewohner töten. Soviel, schrieb der Nobelpreisträger Ernest Lawrence, lag in der Größenordnung, die bei den üblichen Brandbombardements ebenfalls erreicht werde. Eine Atomexplosion habe insonderheit »einen gewaltigen optischen Effekt«, kündigte Oppenheimer an. Die Lichterscheinung werde 3000 bis 6000 Meter in den Himmel hineinragen. In einem Umkreis von mindestens einem Kilometer entstehe eine lebensgefährliche Neutronenstrahlung.

Die Wissenschaftler, »entschlossen, dem Ungeheuer ins Gesicht zu sehen«, stellten sich in 32 Kilometer Entfernung auf. Es war 5.20 Uhr im ersten Morgengrauen, Sonntag. Edward Teller verteilte sicherheitshalber Sonnenöl. In der Nacht waren Sintfluten niedergegangen und schwere Gewitter. Man fürchtete, daß sie vielleicht die 30 Meter hoch in einem Turm gelagerte Kugel zünden könnten. Sechzehn Kilometer entfernt zogen sich die flachen Gräben des Basislagers, dort wurden Schweißerbrillen getragen. Zehn Sekunden vor ›null‹ erscholl ein Gong. Den Auslöser tätigte eine Automatik. Philip Morrison, theoretischer Physiker, spürte nur Hitze auf dem Gesicht. »Es war, als würde man einen heißen Ofen öffnen.« Sein Kollege Robert Serber, ohne Augenschutz, erblindete 30 Sekunden, fühlte indes einen weißen Blitz, den der Nobelpreisträger Rabi neben ihm als das hellste je von Menschen erlebte Licht bezeichnete. Man sah es nicht mit Augen. »Es bohrte sich durch einen durch. Man wünschte sich, es würde aufhören.« Dies geschah nach zwei Sekunden, und der Nobelpreisträger Emilio Segré dachte, diese Spanne »könnte die ganze Atmosphäre in Brand setzen und so der Welt ein Ende bereiten, obwohl ich wußte, daß das nicht möglich war«. Der Fall war erörtert und durchgerechnet worden. Das Ergebnis stimmte.

Die Kernspaltung entwickelt in einer Millionstel Sekunde zehn Millionen Grad Celsius. Nach einer Zehntausendstelsekunde hat sie sich auf 300 000 Grad abgekühlt und erzeugt eine Stoßwelle. Sie ist das Sichtbare, ein Millisekunden währendes Paar aufeinanderfolgender Lichtblitze. Der entstandene Feuerball kühlt sehr langsam ab, erst nach einigen Zehntelsekunden ist er bei 5000 Grad angelangt und, weil er kälter nicht werden kann, emporgestiegen. Von Augapfelgröße dehnt der Feuerball sich symmetrisch auf einen Durchmesser von 760 Metern, kehrt dabei wieder abwärts, nach 0,65 Millisekunden hat er den Erdboden erreicht, nach 32 Millisekunden läuft eine dunkle Front absorbierender Materie allmählich auseinander, nach 0,85 Sekunden bereits unsichtbar werdend, fast völlig sich in eine Staubwolke hüllend, deren Oberteil nach zwei Sekunden wieder aufsteigt. Nach 3,5 Sekunden bildet sich ein immer länger werdender Hals und darauf eine Art Ring. Die optische Erscheinung davon ist ein gleißender Blitz, nur daß er sich als Gestalt nicht mitteilt. Nach einer halben Sekunde hat er eine Halbkugel gebildet, welche, die flache Seite erdwärts, sich majestätisch erhebt, während eine dünne Säule rascher aus ihrem Innern steigt, bis in hellem Blau das Zeichen des Vernichtungsprinzips am Firmament steht, der Pilz.

»Die Größe und Erhabenheit des Phänomens waren völlig atemberaubend«, notierte Serber. Als das Phänomen vier Wochen später anstelle der errechneten 20 000 die fünffache Tötungsziffer erzielte, kannte der Jubel unter den Herstellern und Denkern in ihrer Enklave Los Alamos kein Ende. Man entwickelte Appetit, stürzte zum Telefon und reservierte Tische im La Fonda Hotel zum Nachtessen. »Natürlich waren sie über den Erfolg ihrer Arbeit begeistert«, schrieb Otto Frisch, der 1938 mit Lise Meitner die Spaltung des Urankerns entdeckt hatte. Doch widerte ihn die Lust an, »den plötzlichen Tod von hunderttausend Menschen zu feiern, selbst wenn es sich um Feinde handelte«.

Die Feinde ließen auch nach dem Abwurf des zweiten Phänomens, einer Plutoniumbombe mit 20,5 Kilotonnen Sprengkraft, nicht sogleich von ihrem Starrsinn. Los Alamos kündigte die dritte Bombe zur Lieferung bis 13., zum Einsatz ab 17. 8. an. Die Air Force empfahl das Ziel Tokio, von Feuerangriffen schon grob verwüstet, doch voll von Abermillionen Lebendiggebliebener. Ihr Ende würde einen »psychologischen Effekt auf die Staatsführung« nicht verfehlen.

Truman schwankte, wie weit sein biblischer Auftrag reichte. Er fragte sich auch, ob gemäß Jesaja 13,16 »auch ihre Kinder vor ihren Augen zerschmettert werden« sollten. Dem Präsidenten dünkte »der Gedanke, die nächsten 100 000 Leute auszulöschen, allzu schrecklich«, wie er seinem Handelsminister Wallace gestand. »He didn't like the idea of killing, as he said, ›all those kids‹«. So untersagte er weitere Atombombenabwürfe, und auch Hirohito, sein Antagonist, der Kaiser, besann sich und kapitulierte.

Die USA hatten den Eindruck empfangen, mit zwei Bomben den Krieg darum gewonnen zu haben, weil biblische Vernichtungsplagen ihnen zu Befehl standen. Gegen den Gebieter solcher Schrecken braucht man nicht mehr anzutreten. Warum die Allmacht bekriegen? Unwiderstehliche Vernichtungskraft führt geradewegs zu ihrer Stillegung. Niemand lehnt sich auf dagegen. Ist dies richtig, kann die Gewalt ins Unermeßliche gesteigert werden. So leitete der Erfolg von ›Trinity‹ nahtlos zur theoretischen Konzeption einer thermonuklearen Waffe. Sie gewährleistete die Ruhe nicht mit 18 000, sondern zehn Millionen Tonnen TNT-Energie. Es sei verantwortungslos, abzubrechen und heimzugehen, warnte Edward Teller, ihr späterer Vater. »Der Krieg ist noch nicht vorbei.« Anders als die Deutschen lebten die Russen in einem »totalitarian state since 900 years«. Der war mit dem ›Little Boy‹ geheißenen Sprengsatz, der Hiroshima eingeäschert hatte, schwer hinwegzubomben, zumal die Produktion dort nach vier Wochen wieder lief. Den Fabriken am Stadtrand hatte er kaum geschadet.

Unter den Physikern waren die militärisch-politischen Prognosen geteilt und vage wie bei den übrigen Zeitgenossen, denn ihr Genie läßt sie die Zukunft nicht richtiger lesen als andere. Allerdings stand ihnen deutlicher die Zeitenwende vor Augen, die vom Schlußpunkt des Weltkriegs ausging. Es war ein alles Bisherige umstürzender Anfang, nur ist bis heute nicht klar, wovon?

Dem Menschen war eine Verfügungsmacht über seinesgleichen gegeben, deren Gebrauch ihm unersichtlich war. Das Vorhandensein der Millionen Hitzegrade in Millisekunden war so wenig wahrzunehmen wie der Nutzen davon. Er war von Stund an strittig. Leo Szilárd, der 1939 mit Einstein den Bau der Apparatur veranlaßt hatte, erachtete, als sie funktionierte, ihren Einsatz für »einen der größten Fehler der Geschichte«. In Zukunft sei kaum noch ein Vernunfthandeln möglich.

War es unvernünftig gewesen, einen verlustreich verlaufenen Krieg mit zwei Streichen einer Wunderwaffe zu entscheiden? Das nationale Publikum mochte das Glück kaum fassen, den Blutzoll einer Bodeninvasion in Japan nicht tragen zu müssen. Mutmaßlich nie wieder, hoffte Oppenheimer. Seine Schöpfung hatte »künftige Kriege untragbar gemacht«, selbst wenn das Untragbare, wie er einräumte, nicht allzu schwierig zu bauen sei, die Kunde sich herumsprechen werde und alsbald weltweite Verbreitung fände. Das aber machte die Anwendung erst recht irrational.

Die Völker der Welt müßten sich vereinigen oder zugrunde gehen. Der Weltstaat des ewigen Friedens lag ihnen, wie dem lästerlichen Babel, als Rettung zu Füßen. Sie brauchten die Vernunftordnung der Bombe nur anzunehmen. Wenn das Verhalten der Menschen von ihrem Gebot abwich, von Leidenschaften, Grausamkeit, Blindheit und Todesverachtung sich leiten ließ, wenn sie, unheilbar irrational, selbst bei Strafe ihres Untergangs sich nicht ganz und dauerhaft heilen ließen von dem, was sie immer gewesen waren, dann stimmte, in ihrer lauteren Einfalt, die Kalkulation nicht mehr. Doch ließ sich die Bombe dann nicht mehr zurückerfinden, nur fortentwickeln.

Nach drei Jahren argwöhnte Oppenheimer, ob nicht die Physiker selber im babylonischen Turm arbeiteten. Erstens, weil Tellers Wasserstoffbombe ein verdrehtes Ding der Unmöglichkeit darstelle, das zweitens, wenn anderweits möglich gemacht, »zu einer Waffe des Völkermords werden könnte«. Außerdem rät der schiere Radius der Vernichtungskräfte nicht eben dazu, den Angriff abzuwarten.

Die Masken des amoralischen Angreifers und des moralischen Verteidigers werden fließend und kennzeichnen keinen mehr, stellte der Strategic Bombing Survey fest, ein Gremium, das die Luftoffensive im Weltkrieg evaluierte. Der Übergang zu nuklearen und thermonuklearen Bombardements bedinge »a consequential revision of our traditional attitudes towards what constitutes acts of aggression«. Die nationale Verteidigung müsse sich »all practical means« gegen Überraschungsangriffe vorbehalten. Neben den moralischen Vorzügen der Defensive verblassen auch die Bräuche der Menschlichkeit im Kriege. Bei wieviel Millionen Ziviltoten höre ich auf, den Krieg der gerechten Sache zu führen? Nach zwei, vier, sechs, sechzig?

General Curtis LeMay, der in der Nacht vom 10. März 1945 Tokio eingeäschert hatte, verstand die ganze moralische Problematik nicht. »All war is immoral, and if you let that bother you, you are not a good soldier.« Als guter Soldat hatte er 63 japanische Städte abgebrannt, darunter 25 Quadratkilometer Tokio einschließlich hunderttausend Insassen. Mit Genugtuung las er in der amtlichen Luftkriegsgeschichte: »No other air attack of the war, either in Japan or Europe, was so destructive of life and property.« Offenbar, fügte er hinzu, »war das in Ordnung«.

Allerdings erforderte LeMays Brandoffensive 485 B-29-Bomber und dreitausend Mann Besatzung. Die Zeiten von Dresden, wo 325, und Tokio, wo 800 Maschinen auf komplizierteste Weise einem schmal bemessenen Wohnsektor Hunderttausende Stück Brandmunition einzugeben hatten, schienen ein halbes Jahr später so altertümlich wie die bronzene Axt. Zwei Flugzeuge mit zwei Bomben und keinem Verlust brachten ein gleiches Verderben zustande. Das war ein Unterschied.

Im mathematischen Durchschnitt betrug die Chance eines Dresdener und eines Tokioter Bürgers, die Feuerstürme des Brandkriegs zu überleben, hier über 98, dort gut 95 und in Hiroshima, einer Stadt nahezu ohne Luftschutz, etwa 50 Prozent. Eine zur Zivilverteidigung eingerichtete Stadtlandschaft – unterkellerte Häuser, Bunker, Stollen, mit obendrein aufgelockerten Siedlungsräumen – mindert den Schaden der Atombombe, gab Edward Teller zu bedenken. Das alles helfe jedoch »sehr viel weniger gegen eine Superbombe«. Auch wenn der militärische Nutzen nicht steigt, so doch ihre Ausrottungsdichte.

Teller, gebürtiger Ungar, sah den Weltkrieg keineswegs als beendet an; seine Kollegen irrten, wenn sie es mit der neuen Nuklearwaffe genug sein ließen. »Rußland ist ein genauso gefährlicher Feind, wie Deutschland es war«, warnte er Hans Bethe. Tellers Kampfmittel, die eigener Ansicht nach »den Fortbestand der Menschheit gefährden«, mochten als ein auf ihre Weise gefährlicher Feind gelten, wenn man falsch damit umging. Richtig verstanden waren sie ein Segen. Auf eine nicht näher erläuterte Weise würde die Menschheit dazu erzogen, die Mächte des Bösen, ja alle Mächte zu verabschieden und sich in einem Weltstaat zusammenzufinden. Unter seinem Dach löste sich die Gewaltfrage.

Über den Inhalt des Bösen und die Entbehrlichkeit der geschichtlichen Staatenexistenz kämen die Völker rasch überein, Chinesen,

Amerikaner, Russen, Franzosen, Inder, Marokkaner, Serben usw., weil ihnen nichts anderes übrig blieb. In der Wüste Neu-Mexikos konstruierte ein Ensemble genialer Hirne ein thermonukleares Menschheitsvernichtungsgerät, gegen das, nach Tellers Ermessen, bis zur nächsten Generation keine Abwehr erdenklich sei. »Keine, außer einem Weltbund.«

Der Gedanke machte unter den Physikern die Runde unter der Formel »One world or none«. Daher schufen sie die Heilserzwingungsmaschine. Was seit Kain und Abel die Welt plagte, Feindschaft, verjagte sie vom Planeten. Käme wider alle Berechnungen die ›eine Welt‹ nicht zustande, sondern bliebe es bei drei oder vier, wäre diesen der Untergang gewiß. Versagten sie, so tat es die Waffe nicht. Sie blieb als ewiger Fluch zurück, wenn das Paradies verschmäht wurde. »Er ist ein ausgezeichnetes Beispiel«, schrieb Tellers Student und Mitarbeiter Freeman Dyson, »daß kein Mensch so gefährlich ist wie der Idealist.«

Den Realisten fiel es zu, die unter soviel Illusion akut gewordenen Gefahren zu kalkulieren. Schon Ende September 1945 meldete sich bei der Konferenz der führenden Physiker zur Kontrolle der Atomkraft ein Ökonom zu Wort, Jacob Viner. Ihm war sogleich das Wesentliche der Atomwaffe aufgefallen. Sie sei der bisher kostengünstigste, billigste Weg, Menschen zu töten. Der Weltkrieg habe eine klassische Konkurrenzsituation hervorgebracht, zwei Giganten, die miteinander nicht zu einer Weltregierung fusionierten. Ihre Interessenstruktur schalte alle Zweideutigkeiten aus. Beide wollten sich am Markt halten und vermeiden, vom Gegner verschlungen zu werden; infolgedessen benötigten beide ein geeignetes Mittel, den Gegner verschlingen zu können. Beide Mittel hielten einander in Schach. Um den Gleichgewichtszustand zu ermitteln, sei ein permanenter Nervenkrieg vonnöten. Er schrecke mit allerlei Potentialen und Gebärden, studiere die Reflexe des Gegners. Grundsätzlich verhalten sich beide zueinander defensiv. Ihre demonstrierten Schrecklichkeiten bezweckten die wechselseitige Abschreckung. In dieser Konfiguration wirke die Atomwaffe friedenstiftend.

Die Physiker hatten sich um hundert Prozent verrechnet. Ihr Apparat produzierte nicht ›one world‹, sondern das Doppelte, ›two worlds‹. Der Unterschied war aber marginal. Der zugrundeliegende Abschreckungsgedanke setzt bereits zwei Teilnehmer voraus, den Abschrecker und den Abgeschreckten. Als binäres System bilden sie eine Einheit und könnten im Sinne ihrer Erfinder als die pragmatische Version der ›one world‹ gelten.

Noch hatte sich die Balance nicht hergestellt, und nur deswegen war die Bombe so schauerlich explodiert. Hätte Hirohito Seattle oder San Francisco verstrahlen können, wäre dies vermutlich nicht geschehen. Es wären auch keine US-Truppen gelandet. Er hätte Roosevelt friedlich abgeschreckt. Japan hätte Asien beherrscht. Die Explosionen im August 1945 wiederum zeigten allen Völkern, daß sie einem einzigen ausgeliefert sein würden, solange dieses nicht abzuschrecken war. Für jeden ein mächtiger Anreiz.

Keines der amerikanischen Produktionsgeheimnisse könne andere Völker daran hindern, eine eigene Bombe zu entwickeln, sagte Enrico Fermi, der Vater des Atomreaktors. Er kam nicht darauf, daß Geheimnisse zu stehlen ökonomischer ist, als sie selbst zu lösen. Es gab bereits einen Mitwisser. Im November 1945 baute die Sowjetunion den Plutoniumproduktionskomplex Tscheljabinsk-40, umgeben von vier Gulags, drei für Männer, einer für Frauen. Im Juni hatte ihr ein Los-Alamos-Physiker das Konstruktionsschema der Plutoniumbombe ›Fat Man‹ geliefert, Klaus Fuchs, auch ein Idealist.

Die Balance zweier Atommächte war eine Frage der Zeit. Die nächste Frage stellte auch die Zeit, nämlich wann es zehn und wann es zwanzig davon geben würde. Wie halten sie die Waage der Abschreckung in Balance? Und was garantiert das Interesse der Nachzügler daran? Sie sind keine gesättigten Giganten, sondern heißhungrige Habenichtse, ohne viel zu verlieren und interessiert, auf billige Weise alles Erdenkliche zu gewinnen.

Als dem US-Militär die neue Waffe im August 1945 ausgehändigt wurde, interessierte es sich nicht für das System der internationalen Beziehungen. Militärisch betrachtet, war eine Atombombe zunächst etwas von einem Depot durch die Luft zu Beförderndes. Folglich gehörte sie zum Bereich der Air Force. Des weiteren überlegten die Vereinigten Stabschefs, die Joint Chiefs, daß im Atomkrieg der Vorteil bei der Offensivseite liege. Darum, heißt es in einem ihrer Planungspapiere vom 20. September 1945, werde im Krisenfall auf zwei Schienen operiert. »While diplomacy proceeds the military should be making all preparations to strike a first blow if necessary.«

Vorbereitungen betreffen rein theoretische Fälle. Fünfundsiebzig Prozent aller militärischen Tätigkeiten sind überflüssig. Den Partner Rußland hatten die Streitkräfte seit 1943 auf lange Sicht als möglichen Gegner ausgemacht. Für den Fall einer Auseinandersetzung legte Lauris Norstad, Stabsoffizier in der Operationsabteilung der Air Force, im September 1945 eine erste Studie vor. Darin sind Stadtgebiete Rußlands und der Mandschurei kartiert, welch letztere der soeben von über vierzehnjähriger japanischer Okkupation befreite Nordteil Chinas ist. Das Besatzungsgebiet zählte Norstad einstweilen zum sowjetischen Versorgungsgebiet.

Das Papier sah einen Blitzsieg in den ersten Wochen vor, durch Zerstörung von 66 »Städten von strategischer Bedeutung«. Atombomben hätten ferner eine Anzahl voraussichtlicher »battlefields« in der Türkei, Deutschland und Ägypten isolieren sollen, darunter der Nordostseekanal, der Suezkanal und die Dardanellen. Insgesamt benötigte Norstad 466 ›Fat Men‹. Deshalb schickte er seinen Plan an den militärischen Leiter von Los Alamos, General Leslie Groves. Dieser hätte Norstad mitteilen können, daß ›Fat Man‹ sechs Kilo Plutonium verschlang und der Reaktor Hanford genug Stoff für zehn bis zwölf Bomben jährlich brütete. Auf der Basis konnte man frühestens in 38 Jahren losfliegen.

Doch Groves antwortete, daß seine Plutoniumbomben destruktiver seien als angenommen und »die als erforderlich angegebene Anzahl exzessiv ist«. Er vermied allerdings, die vorrätige Anzahl mitzuteilen. Nicht einmal der Präsident kannte sie. Etwaige Exzesse waren von der Lagerhaltung nicht unterstützt. Norstad und

22

Operationschef Hoyt Vandenberg schlußfolgerten ganz richtig, daß die Atombombe ein begrenzt verfügbares Werkzeug, teuer, groß und schwer sei, man müsse abwarten, wie mit dieser noch ungenügend bekannten Waffe umzugehen sei.

Die Joint Chiefs erstellten im Oktober einen verschlankten Plan, der anbetrachts von Urangewinnungs- und Montageproblemen es mit zwanzig bis dreißig atomisierten Städten bewenden ließ. Der Einsatz käme in Frage als Quittung für einen sowjetischen Angriff oder als Präventivschlag. Letzterer würde akut, wenn Stalin an geeignete Mittel gelange, die USA anzugreifen oder einen US-Angriff zurückzuschlagen. Das deckte alle erdenklichen Fälle ab.

Auf keinen Fall konnten die USA von eigenem Territorium aus die Sowjetunion mit der B-29 erreichen. Die Polarrouten nach Sibirien und die Atlantiklinie zum europäischen Rußland waren mit dem verfügbaren Fluggerät nicht zu bewältigen. Die B-29, der strategische Bomber, von dem 27 Exemplare atomtüchtig waren, benötigte Basen außerhalb der Vereinigten Staaten, also in Fremdstaaten, die sich dafür Vergeltungsschlägen aussetzten.

Vandenberg wünschte zum Transport eine Gruppe aus besten und erfahrensten Fliegern, da noch kein ausreichend präzises Radarsystem bereitstand, das eine einzelne Bombe sicher im Ziel hätte plazieren können. Man hoffte, bald an das neuentwickelte AN/APQ-23 zu gelangen. Eigentlich sollten sämtliche Crews mittlerer und schwerer Bomber auf Atomabwürfe trainiert werden. Der Sitz der Bombe im Ziel »can and must be attained«.

Die Air Force wußte indes zuwenig über die Erfordernisse, und Vandenberg schlug eine Quartierung der zuständigen Gruppe 509 in Albuquerque, New Mexico, vor. Dort befanden sich die Depots der Waffenteile, und man würde einiges erlernen über den Zusammenbau. Der ideologische Flitter vom Weltstaat kümmerte die Praktiker der Atomkriegführung nicht. Sie hatten es mit einer technischen Verbesserung des Luftangriffs zu tun.

ÖL

Im März 1946 beklagte Winston Churchill in rarer Fürsorge für Kulturstädte, daß sämtliche Metropolen der alten Staaten Mittel- und Osteuropas, »Warschau, Berlin, Prag, Wien, Budapest, Belgrad, Bukarest, Sofia, all die berühmten Städte und die sie umgebende Bevölkerung im Sowjetbereich liegen, dem Einfluß und in wachsendem Maß der Kontrolle Moskaus ausgesetzt«. Um jede dieser Städte hatte Churchill in zwei Weltkriegen gerungen. Dabei wechselten sie aus den Händen der Habsburger und der Hohenzollern in die der Nazis und Stalins. In Persien, der Türkei, in Griechenland, Italien und Frankreich drohten kommunistische Putsche. Die deutschen Städtebewohner stünden unter anhaltendem Schock, »like the walking dead«, schrieb Curtis LeMay, der dafür mit verantwortlich war.

Die vom Krieg bevorzugt zerhämmerten Verkehrswege, die abgerissenen Handelskontakte, weggebrochenen Märkte, vor allem die knochentiefe Erschöpfung, das erstickende Weh ließen Europa graue Perspektiven. Eine davon die Bolschewisierung durch Stalins Fünfte Kolonnen. Hitler und er, die Erfinder der inneren Brechstange, wußten Gemeinwesen aus ihrer Mitte durch Gehirnwäsche, Korrumpierung, Erpressung und Genickschuß auszuhebeln wie morsches Gebälk. Wenn das Gebäude kippte, war es keine Aggression, sondern Selbstbestimmung oder Schicksal. Als selbstbestimmte Schurkenregime oder fremdgesteuerte Staatshülsen lagen sie außerhalb der völkerrechtlichen Polizeivollmachten. Dies triste Marionettentheater hatte zwar etwas mit Gewalt zu tun, aber keiner, die Truppen zu beenden vermöchten.

Truman, dem eine gesunde Sicht auf überflüssig verkomplizierte Dinge eignete, schimpfte in sein Tagebuch über rot-rosarot überhauchte Duckmäuser, die nichts an der viereinhalbmillionenköpfigen Sowjetstreitmacht auszusetzen hatten, die das Rückgrat der Wühlaktionen war. »Wenn Rußland sich Polen, Österreich, Ungarn, Rumänien, die Mandschurei zur Beute macht, gibt's keinen Grund zur Aufregung. Wenn Rußland die Industriewerke dieser seiner Freunde abschleppt, ist alles in Ordnung. Wenn Rußland Persien besetzt für Öl, ist das himmlisch, doch wenn wir unseren Freunden in China helfen, die auf unserer Seite gekämpft haben, dann passiert etwas Schreckliches!«

Stalin hatte auch an Amerikas Seite gekämpft. Der mit Dollar- und Waffenströmen stabilisierten Roten Armee konnte nach Zerreibung der Wehrmacht kein Heer der Welt mehr Herr werden. Der natürliche Schwung der Rotarmisten wies westwärts, derjenige der U. S. Army heimwärts, »bring the boys home!«. In den Truppenaustauschlagern randalierten Leute, denen der Seeverkehr zu langsam rollte. Für die Wacht in Deutschland mußte eine eigene Constablereinheit rekrutiert werden, weil man die gewöhnlichen Mannschaften für unzuverlässig hielt. Es waren nur wenige Militaristen wie Winston Churchill und die zwei berühmtesten US-Generäle Douglas MacArthur und George Patton, die angesichts des Großraum-Stalinismus fragten, ob man sich dem falschen Partner verbündet habe.

Zwischen Juni 1945 und Juni 1946 schrumpfte die US-Armee von acht auf weniger als zwei Millionen. Von den zwölf Millionen Amerikanern und Amerikanerinnen unter Waffen blieb 1947 gut ein Zehntel übrig. Überall in Frankreich und Deutschland rosteten Nester verlassener Panzer vor sich hin. Abertonnen von Nachschub wurden zurückspediert, verschleudert, ausgeschlachtet. In den Vereinigten Staaten ermatteten auf südwestlichen Flugplätzen Squadrons und Wings vergilbter Jäger und Bomber in der Sonne.

Im August 1946 sah Truman sich vor die Wahl der Waffengewalt gegen seinen düsteren Expartner gestellt. Da dieser Hunderttausende von Truppen auf dem Balkan stationiert hielt, die es weniger heftig nach Hause zog, waren die Ansprüche gut gestützt auf die Stelle, die schon die Zaren nicht ruhen ließ, die Engen zwischen dem

Schwarzen Meer und der Ägäis. Das östliche Mittelmeer rief, auch der Zufahrt zum Suezkanal wegen, der Europa mit seinen älteren Interessenzonen in Indien, Indochina und Indonesien verband.

Stalin hatte seinen Alliierten schon in Jalta beiläufig von seinen Wünschen nach Mitverwaltung der Engen erzählt. Churchill war »in sympathy« mit einer Neuregelung gewesen. Die Interessen Rußlands »should not be dependent on the narrow exits«. Man erwartete einen Vorschlag.

»Fang jetzt an«, drängelte Stalin seinen Außenminister Molotow, »mach Druck für die Mitverwaltung.«

»Sie werden das nicht zulassen«, sagte Molotow.

»Fordere es doch!« befahl Stalin. Molotow gehorchte, ließ ein paar Flottengeschwader im Schwarzen Meer üben und die Grenztruppen im Transkaukasus verstärken.

Daß Moskaus Truppen, Waffen, Einfluß überall vorherrschen würden, wo vorher Hitlers Truppen und Befehle regiert hatten, war seit einem Jahr mißvergnügt beobachtet worden. Man mußte dies wohl als Kriegsergebnis anerkennen und mochte es bedauern eingedenk des Befreiungskriegs, den der Westen einst gegen Nazideutschland unternommen hatte. Doch wollte es die Geographie, daß der Sieg einer Sowjetunion, die ihre geschichtlichen Gegengewichte Deutschland, Österreich und Japan abgeschüttelt hatte, die Kräfteverhältnisse auf dem gesamten eurasischen Landmassiv tangierte. Von Finnland über den Balkan, den Mittleren Osten nach China hinein zog sich ein Bogen, dessen Magnetismus bis nach Ägypten, Indien und Indochina spürbar war.

Die beiden Seemächte, an diesen Unruhezonen mit starken Interessen, aber zu schwachen Militärkräften vertreten, sahen ein Gefahrenpotential aus dem Boden steigen, das man nicht erwartet hatte. Ein Blick auf den Atlas überzeugt zwar, daß ein Staat zwischen Petersburg und Wladiwostok zu einer anderen Machtpolitik befähigt ist als einer zwischen Königsberg und Aachen, doch ging man von der Verläßlichkeit des Partners aus. Nicht etwa weil man daran glaubte. Man mußte es sich einreden, um den Sinn des Weltkriegs zu bewahren.

In Griechenland, Iran und in der Türkei bemerkte Truman zum ersten Male Stalins Walten außerhalb der früheren Operationsgebiete der Roten Armee. In Griechenland bohrte er in Gestalt einer dort starken kommunistischen Bewegung, wie Hitler sie für seine Couleur in Westeuropa auch verfügbar hatte. Der Iran war im Kriege als Nachschubschiene der Allianz beschlagnahmt gewesen, von dessen Nordhälfte die Russen nicht wieder lassen wollten. Die Türkei war der Erbfeind. Stalin hatte ihn mit allerlei Truppenbewegungen im Transkaukasus und in seinen Schwarzmeerprotektoraten Rumänien und Bulgarien beunruhigt.

Am 7. August übermittelte er seine Ansprüche: Sollten nicht Bosporus und Dardanellen besser zur gemeinsamen russisch-türkischen Schutzzone werden? Die Sowjetunion biete an, dort Stützpunkte einzurichten. Die Schwarzmeeranlieger Rumänien, Bulgarien, Rußland und die Türkei könnten die Verwaltung des Schiffsverkehrs in eigene Hände nehmen und gegen solche Mächte verteidigen, die dort nichts zu suchen hatten. Dazu rechnete möglicherweise das US-Schlachtschiff ›Missouri‹, das bereits seit März vor der türkischen Küste kreuzte.

Truman fühlte sich zu Recht angesprochen und entsandte den neuesten Flugzeugträger ›Franklin D. Roosevelt‹ nebst Kreuzern, Zerstörern und Begleitschiffen. Washington erachtete die Türkei als einen Riegel, der den Nahen Osten deckte. Ein Eindringen Rußlands in diese Stellung würde einen Krieg mit den Vereinigten Staaten auslösen, deren Küste über 8000 km entfernt lag. Als einziger widersprach dem General Dwight D. Eisenhower. Warum sollte die russische Okkupation der Engen einen Atomkrieg wert sein? Die Briten kontrollierten den Suezkanal, die Amerikaner den Panamakanal. Der Mittelmeerzugang bedeutete den Sowjets ebensoviel. In gewissem Sinne sah die Riegelstellung beiderseits gleich aus. Sie pufferte die Ölreserven des Westens in Nahost und pufferte die sowjetischen und die rumänischen Ölindustrien des Ostens.

Acht Monate nach Victory Day, im April 1946, legte das Planungskomitee der Joint Chiefs ›Pincher‹ vor, eine Serie von Studien für einen Rußlandkrieg, die Anfang des Jahres begonnen worden waren. Sie litten unter dem Mangel an politischen Zielen – was sollte aus Rußland werden? Doch um es schnell zu schlagen, hatte der Separatplan der Luftwaffe, ›Makefast‹, als lohnendstes Ziel die sowjetische Ölversorgung angepeilt.

Damit war schon gegen Deutschland die beste Wirkung erzielt worden. Jene 27 atomtüchtigen Exemplare der B-29 ›Silverplate‹ sowie die magere Bombenzahl reichten zu nahezu gar nichts. Selbst bei Einschluß herkömmlicher Brandbomben war man zur Konzentration auf einen Schlüsselsektor gezwungen, Treibstoff. Die hinter dem Ural entstandenen Riesenindustrien, die der Wehrmacht zugesetzt hatten, blieben praktisch unerreichbar. Doch versprach ›Makefast‹ die Zerstörung von 80 Prozent der Ölzufuhr binnen neun Monaten. In einem Jahr wäre die Rote Armee immobilisiert. Kein Panzer fuhr, kein Flugzeug startete.

Die Ölziele lagen am Kaspischen und Schwarzen Meer. Der Angriff wäre eine höchst umständliche Angelegenheit. Die Maschinen standen in New Mexico. Sie zu beladen mit Bomben, separat gelagert an verborgenem Ort, dauerte Tage; danach die Flugzeit, die Zwischenlandungen. Für die ganze Mobilisierung waren zwanzig Tage vorgesehen. Derweil hätte Rußland die Türkei oder den Iran bereits zu Lande überrollt.

Land und Luft standen zu der Zeit in kurioser Verbindung. Nichts am Boden konnte der aus der Luft gezündeten Explosion standhalten. Ihre Wucht übertraf alle Widerstandskraft, mit der Leben und Materie sich bisher zu behaupten wußten. Die Beförderung der Bombe durch die Luft war revolutionär, denn die Kanone ist aufzuhalten. Bodenverkehr läuft langsam und gut sichtbar. Der Weltkrieg hatte zwar erstaunlich wirksame Wege der Luftverteidigung gegen Bomber geschaffen, ihre Angriffsstaffeln aber umfaßten, um wirksam zu sein, Hunderte von Maschinen, die über einen Luftraum von Tausenden von Quadratkilometern des Wegs gezogen kamen. Eine einzige Maschine abzufangen, ein unbekanntes Ziel ansteuernd in einem nächtlichen Segment der Abermillionen Quadratkilometer russischen Himmels, war schon schwieriger.

Doch da sich die B-29 nicht weiter als 3000 Kilometer von ihrem Startplatz entfernen konnte, wenn sie rückkehren wollte, war die auswärtige Bodenbasis die Voraussetzung aller Luftschläge.

Aus Gründen der Kurzatmigkeit der Trägerwaffe war die Erde weiterhin ein umkämpfter Platz, auch wenn alle Gewalt von oben ausging. Die nukleare Schreckensmacht konnte Bomben von Flugplätzen losschicken, aber nicht Flugplätze mit Bomben erwerben. Sie unterlag weiterhin den Gesetzen des Bodenkriegs, der Staatenwelt, der Politik, und die Allmacht reichte so weit, wie geneigte Alliierte sie ermächtigten und die Treibstofftanks es zuließen.

Wie der sowjetische Botschafter in Washington, Nowikow, im September 1946 nach Moskau meldete, suchten die USA teils 10–12 000 Kilometer von ihren Küsten entfernt an die 500 Basen zu errichten, Funkstationen, Wetterstationen, Tankstationen, zur Lösung des Entfernungs- und Transportproblems. Die Mittelmeer- und Nahostpräsenz habe eine doppelte Bedeutung. Es würden die Interessensphären in Nahost abgedeckt und zugleich eine offensive Kapazität gegen Südrußland aufgebaut. In den unmittelbaren Nachbarstaaten unterstütze Amerika die reaktionärsten Kräfte. »Alle diese Fakten beweisen die Realisierung eines Weltherrschaftsplans.«

Als Basis für die zentralen Ölziele in Baku, Ploieşti und Charkow nominierte ›Makefast‹ Kairo, wo allerdings keine geeigneten Startbahnen existierten. Der schlechterdings ideale Stützpunkt war die Türkei. Aus amerikanischer Sicht gewannen die Sowjets nicht viel durch die Kontrolle der Engen. Wenn sie wirklich den Süden ihres Landes schützen wollten, benötigten sie zusätzlich Griechenland und das östliche Mittelmeer.

Stellte man sich Griechenland, die Türkei und den Iran als eine sowjetisierte Schiene vor, so klammerte sie unschön an den westlichen Ölversorgungsgebieten. Aus Moskaus Sicht wiederum bildeten sie einen Sicherheitskordon vor Rußlands Ölversorgungsgebieten gerade dort, wo es über benachbarte Flugbasen empfindlich zu treffen war.

Von irgendwoher mußte die Abschreckung schrecken. Im übrigen verhieß die durch subversive Vorkommnisse den USA verdächtige Dreistaatenschiene eine imperiale Ambition Rußlands. Sie kollidierte mit alteingesessenen Herrschaftsräumen der angelsächsischen Mächte. Seit Niederwerfung der Osmanen war Nahostöl ihnen reserviert wie das aus Texas. Dies hatte mit dem Weltkrieg allenfalls insoweit zu tun, als es penetrant an Hitlers Episoden in Nordafrika und im Irak erinnerte.

Angriff und Verteidigung wurden einander so ähnlich, wie der Bombing Survey es vermutet hatte. Beide Seiten verteidigten ihr Öl und hielten die Verteidigung wechselseitig für Angriffsvorbereitungen. Der Gegenstand des Zugriffs war indes ein Drittland, die Türkei. Sie fürchtete Rußland seit Katharina der Großen und begrüßte den amerikanischen Schutz. Trumans Bereitschaft, um die Meerengen den Ost-West-Krieg zu riskieren, der vielleicht besser jetzt als später käme, beschützte die Türkei aber nur, wenn Stalin dazu keine Lust verspürte. Insoweit lag das Land erst recht in seiner Hand. Das US-Außenministerium hielt es für den »stopper in the neck of the bottle«. Die Flasche war Rußland, und der Stopper hielt den roten Einfluß auf, der sich zum Nahen Osten und zum Mittelmeer neigte. Was bliebe nach einem Atomkrieg gegen die Flasche vom Stopper übrig?

So komplimentierten und beschwichtigten die Türken den Präsidenten, der ständig sich widersprechende Geheimberichte über die Truppenbewegungen in Bulgarien erhielt und nicht wußte, was er glauben sollte. Die Türken glaubten, daß Moskau nicht ernstlich losschlage. Dafür sprachen vielleicht jener briefliche Vorschlag Stalins vom 7. August und die diffusen Bewegungen. Doch nur kraft Interpretation. Die Russen wiederum sahen echte US-Kampfschiffe am Schwarzmeereingang. Truman sagte, er werde die Sache »bis zu Ende« führen.

Acheson, der Vizeaußenminister, legte am 15. August 1946 ein Strategiepapier vor und deutete Rußlands Ziele offensiv: Einnahme der Türkei, Griechenlands, des Mittleren Ostens, danach Indien und China. Die Russen müßten wissen, daß sie dabei auf amerikanische Waffengewalt stießen. »Wir können genausogut jetzt wie in fünf oder zehn Jahren herausbekommen«, meinte Truman, »ob die Russen auf Weltherrschaft aus sind.« Einer der Joint Chiefs fragte, ob ihm die Tragweite seines Beschlusses klar sei? Darüber konnte der Präsident nur lachen, und er verabreichte dem Generalstab einen Zehnminutenvortrag über die Schlüsselrolle des iranisch-irakisch-afghanischen Raums. Den Russen wurde mitgeteilt, daß die USA nicht von der Meerengenverwaltung ausgeschlossen werden wollten, in die sie bisher nicht eingeschlossen waren. Eine russische Teilnahme an der Militärverteidigung komme überhaupt nicht in Frage.

Im August begann man in Washington den Krieg mit Rußland nicht mehr allein als Nervenprobe anzusehen. Die Möglichkeit bestünde, so der amerikanische Geschäftsträger der Botschaft in Moskau, George Kennan, falls Stalin Urteilskraft fehle und er die »amerikanische Stärke« verkenne. Davon war er weit entfernt, er suchte nach einer Begegnung mit der amerikanischen Schwäche. Sein Spion Maclean meldete aus der britischen Botschaft in Washington, daß man dort mit heiligem Ernst um die Dardanellen und den Bosporus den Dritten Weltkrieg einleiten würde. Da Ort und Zeit ganz ungeeignet dazu schienen, stimmte Stalin in kurzen Schriftwechseln mit der Türkei wärmere Töne an, und so hatte es außer einigen undurchschaubaren Signalen aus Moskau eigentlich nichts gegeben außer einem Brief.

Währenddessen begab sich Truman unauffällig in die Ferien, während Acheson dem britischen Botschafter anvertraute, daß man sehr sachte auftrete, keine türkischen Häfen und nicht die Meerengen anlaufe, doch notfalls die Russen zum Krieg stelle. Bis Anfang Oktober kreiste diskret ein gesamter Flugzeugträgerverband in der Ägäis. Die Russen hatten 600 000 Mann in Rumänien und Bulgarien stehen, die zusammen mit der Kaukasusfront vis-à-vis der Nordosttürkei und der Schwarzmeerflotte sich einer beträchtlichen Übermacht erfreuten.

Allgemein hielten die Joint Chiefs die Rote Armee im Jahre 1946 nicht für kriegsbereit, obwohl sie numerisch das Doppelte der US-Streitkräfte aufbot. Als man 1947 die Kenntnisse zusammenfügte, wurde eine sowjetische Luftflotte von 14 000 Kampfflugzeugen und 1000 schweren Bombern beziffert. Die Trägergruppe in der Ägäis hätte demnach nicht ganz unangefochten operiert. Für einen Atomangriff wiederum existierten alle möglichen Desiderate. Was auf sowjetischem Boden hinwegzutilgen war, verzeichnete das Papier. Nur nicht die logistischen Vorkehrungen, die Bomben dorthin zu befördern.

Als der Waffengang ausblieb, rechnete sich Truman einen Sieg zu. Beim Anblick seiner flottenbewehrten Standfestigkeit hatte der Gegner kehrtgemacht. Von den zehn Verträgen und Abänderungsvorschlägen zur Meerengenregie der letzten hundert Jahre war jener russische vom August 1946 der letzte, ein ebensolcher der USA vom 21. November 1945 der vorletzte. Es blieb beim Abkommen von Montreux von 1936, der vorvorletzten Regelung.

Truman hielt das geräuschlose Versanden der sowjetischen Initiative – seine eigene von 1945 war gleichfalls versandet – für eine Folge des ›Trumanism‹. Der Sowjetunion mußte eine Linie vor Augen stehen, hier die Meerengen. Sie überschreiten hieß den Dritten Weltkrieg auslösen.

SCHWÄCHE

Die russische ›Offensive‹ zwischen Griechenland und Iran war eine Lesart von Ereignissen. Die Russen konnten mit und ohne Welteroberungsplan quer durch Europa und Asien Spannungsfelder eröffnen, die als Eroberungsversuch lesbar waren und die Kräfte des Gegners auseinanderzogen. Dazu boten sich reichlich Partner an. Der Zerfall der europäischen Überseereiche, Frankreich, Holland und England, bürdete die Hinterlassenschaft von zweihundert Jahren Kolonialismus den Amerikanern auf. Sein Gemäuer bröckelte, und in den Scharten nistete Moskau, die omnipräsente Spinne. Wo ein Bein eindrang, war sanitärer Eingriff geboten.

Alle nationalen Unabhängigkeitsbewegungen hingen von Gönnern ab. Die Sowjetunion, Feindin ihrer Feinde, gönnte ihnen die Macht, lieh die Machtmittel und empfahl sich als Vormacht. Die USA, selbst einst europäische Kolonie, sahen sich ungern mit den siechen Kolonialisten Europas liiert. Was störte an Frankreichs Rausschmiß aus Vietnam, außer daß die Rausschmeißer sich Kommunisten nannten? Das taten sie hauptsächlich, weil der Kommunismus ihnen beim Rausschmeißen half. So wurden die ausbrechenden Unruhen aber in Amerika nicht gelesen, sondern als ›Stalin Conspiracy‹.

In Trumans Umgebung meinten fast alle, daß die Russen ›Nazilike‹ agierten und Nazi-like zu behandeln waren. Als Inbegriff der Falschbehandlung Hitlers galt das Appeasement. Die Konfliktlösung durch Entgegenkommen eignet sich nicht für totalitäre Naturen, die soviel verschlingen, wie sie Gewalt dazu haben. Diese Gewalt ist nicht zu verhandeln, sie ist zu begrenzen. Die Kommunisten seien hellhöriger als Hitler für die Sprache der Gewalt. Es ist eine, die sie gleich fließend sprechen wie verstehen. War nicht in der Türkeikrise das Verständnis mühelos gelungen? Ein stummer Flugzeugträger sagt mehr als wortreiche Bitten und Drohungen. Die Flagge weist den Entsender aus und seine Arsenale. Er garantiert friedlichen Abzug.

Um zu wissen, was auf ihn zukäme, hieß der Präsident seine Berater Clifford und Elsey einen Bericht aufsetzen darüber, wie Stalin, seitdem man mit ihm paktiert hatte, 1941, die abgeschlossenen Verträge honoriere, was er vorhabe und worin dies Vorhaben die Sicherheit der USA berührte.

Die Rechercheure fragten die Spitzenbeamten, Politiker und Militärs der Roosevelt-Ära, die einen Weltkrieg hindurch Seite an Seite Erfahrungen mit dem Verbündeten sammeln konnten. Man kannte ihn näher als Hitler, aber nicht genauer. Die Minister Byrnes, Acheson und Forrestal, die Admiräle Leahy und Nimitz, die Kreml-Experten wie George Kennan, die Vereinigten Stabs- und die CIA-Chefs steuerten ihre Kenntnisse, Einsichten und Prognosen bei. Reichlich, unter schlimmstmöglichen Annahmen, wie eine Materialprüfung. Der Präsident beabsichtigte das gebündelte Apparatwissen der Welt mitzuteilen, daß keiner sich täusche wie bei Hitler. Anstelle des Chamberlainschen Wickels ›Peace in our time‹ die ganze Bitternis der ›facts‹.

Truman ließ sie als erster auf sich einwirken. Er las, daß die sowjetische Politik den herkömmlichen Zaren-Imperialismus fortsetze, den Westen ebenso fürchte wie verabscheue und den Krieg mit dem Kapitalismus für unausweichlich erachte. Dazu halte sie sich permanent kriegsbereit. Rußland baue große mechanisierte Heeresreserven auf, entwickle Atombomben, Lenkgeschosse und U-Boote großer Reichweite, eine strategische Luftflotte und Biowaffen. Zudem destabilisiere es den Gegner systematisch von innen. Seine Arbeiter und Soldaten würden aufgewiegelt, die Industrien sabotiert. Um Amerikas Einfluß und Ölinteressen im Nahen und Mittleren Osten zu schädigen, kämen Coups zustande, wie unlängst im Iran und in der Türkei versucht. Satellitenstaaten würden weltumspannend postiert, um amerikanische Militärabkommen und Stützpunkte zu verdrängen. Eingegangene Verträge halte die Sowjetunion dem Buchstaben nach ein, lege sie aber sinnwidrig aus. Sie verfolge Globalziele, exportiere Aggression weltweit, von der wahren Welt aber fehle ihr, vernagelt in marxistischen Dogmen, jeder Schimmer. »Ein Krieg gegen die Sowjetunion wäre total in einem schrecklicheren Sinne als alle vorangegangenen.« Das einzige, was sie davon abschrecke, sei die sichere Niederlage. Nicht Diplomatie, sondern schiere Militärmacht bringe den Russen bei, daß ein jeder Angriff zurückgeschlagen werde und – wenn Krieg ausbreche – er definitiv für sie verlorenginge. Wie? Die USA können sich nicht leisten, ihren technischen Vorsprung einzubüßen. »The United States must be prepared to wage atomic and biological warfare.« Vorschläge wie die Ächtung der Atombombe und offensiver Langstreckenwaffen könnten nur Amerikas Stärke ernsthaft beschneiden, die der Sowjets weit weniger.

Truman schrieb seinen Beratern, was er in der Nacht von ihnen erfahren habe, »pustet das Dach vom Weißen Haus und das Dach vom Kreml«, falls etwas davon durchsickere. »It is very valuable for me«, fügte er hinzu, sammelte die zwanzig Kopien ein, die Clifford gezogen, doch noch nicht verteilt hatte, und schloß sie dauerhaft in seinen Safe. Falls dies im Jahr eins nach dem verheerendsten, blutigsten Krieg aller Zeiten sein Ergebnis war, welches könnte noch idiotischer sein? Den Sieg dieses Monstrums hatten die USA über drei Jahre mit zehn Milliarden Dollar, mit Flugzeugen, Lastwagen, Panzerteilen und Munition gefördert, dem Fünffachen der Kosten der Atombombe. Als Hitler redivivus würde ihn einzig die permanente Kriegsandrohung zähmen. »Die Kommunisten haben die Nazis so erfolgreich ersetzt«, schrieb Lord Inverchapel, der Botschafter der Krone in Washington, daß man nachgerade die Deutschen dagegen mobilisieren müsse.

Eine Daseinsvorsorge durch unschlagbare Massenvernichtungstechnik mag ablehnen, wer will. Bei einem Militärbudget, das von 90 auf elf Milliarden Dollar jährlich gefallen war, bleibt kaum anderes übrig. Es kostet das wenigste. Bald nachdem Truman insgeheim gefolgert hatte, daß Stalin nur durch überwältigende Gewalt abzuschrecken war, sein Reich weiter so zu arrondieren wie bisher, ließ er sich von Norstad unterrichten, wie es um das Potential in Europa bestellt sei? Die USA unterhielten dort knapp zwei Heeresdivisionen und zwölf Fliegergruppen. »Wenn die Russen beschließen zuzuschlagen«, meinte Norstad Ende Oktober 1946, »diktiert die schlichte Arithmetik einen schleunigen Rückzug. Wir schätzen, daß viel Glück und ein geschicktes Management dazugehören, so etwas wie einen kleinen Brückenkopf auf dem europäischen Kontinent zu erhalten.«

Anbetrachts der Einsparungen zugunsten der im Kriege aufgelaufenen Haushaltsdefizite war dieser Zustand unabänderlich. Es sollte auch noch ein Halbjahr vergehen, ehe man in Amerika sachte auszusprechen begann, daß deutsche Mannschaften das geeignete und auch herkömmliche Reservoir darstellten, den russischen Koloß auszubalancieren. Es hatte aktuell auch niemand bessere Übung darin als sie. Doch um sich für die Freiheit totschießen zu lassen, muß man sie zuvor erlangen. Die Lage des Wehrmachtsoldaten war bestimmt durch das jüngst erlassene Alliierte Kontrollratsgesetz Nr. 34 vom 20. August 1946, das die Wiedererrichtung des deutschen Militärs für jetzt und in Zukunft bei Androhung der Todesstrafe verbot. Die Gehalts- und Pensionszahlungen begründenden Rechte waren annulliert. Um Stalin zu schrecken, blieb jener Gewaltfaktor übrig, der seinerzeit mit zwei Waffenexemplaren einen Sieg erzwingen konnte.

Im Januar 1947 reiste die vom amerikanischen Kongreß im August mit der Aufsicht über den Atombombenvorrat betraute Zivilkommission nach Los Alamos. General Groves verließ damals seine Wirkungsstätte im Glauben, sie schenke den Vereinigten Staaten die Kontrolle der Welt. Sein offizieller Vorrat bestand aus sieben Bomben, unmontiert. Sie bestanden in Einzelteilen. Norris B. Bradbury, der dem scheidenden Oppenheimer als wissenschaftlicher Leiter folgte, vermißte die frühere Regierungsunterstützung. »Niemand interessiert sich dafür.«

Die ersten Test- und Abwurfstücke waren gebastelt worden von den Physikern, die sie ersonnen hatten. Es waren Unikate, weit entfernt von einem Serienprodukt. Für die Monteure, die nun, als

Ersatzteam, sich zurechtfinden mußten, handelte es sich um ein halbgares Verfahren. ›Fat Man‹ wie ›Little Boy‹ waren auf der Pazifikinsel Tinian zu sofortigem Gebrauch verbunden worden. Nach der Vorstellung ihrer Schöpfer sollten sie ja Menetekel der Menschheit, Kriegsabschaffungsgeräte und keine Stapelware sein. Dazu eigneten sie sich gar nicht. »Sicher, man konnte so eine Vorrichtung bauen«, erinnerte sich Bradbury später, »die eine Woche lang, zwei, drei oder einen Monat hübsch und schön blieb. Dann fing sie an auszusehen, als hätte sie die Masern. Das hat nicht wirklich ihre Performance berührt, aber eine Reihe anderer Dinge. Wir mußten noch eine Menge weiterer, rein praktischer Probleme lösen, auch alle wichtig: Korrosionsmetallurgie, Materialfestigkeit, lauter gräßliche Sachen, die wir im Krieg nie zu besorgen hatten.«

Als die Inspekteure einen ungesicherten Stacheldrahtverhau durchschritten – die angeblich aufbewahrten Bomben lagerten offenbar ungeschützt – und in die Lagergewölbe stiegen, packte sie das Entsetzen. Es sei der traurigste Tag in seinem Leben gewesen, behauptete der Kommissionsvorsitzende, David Lilienthal. Man schnappte sich beliebige Kartons und ließ Container öffnen. Alles um die Kommissare herum schaute verdutzt; eine physische Kontrolle war noch nie gekommen. »Sie hatten eine Menge Gehäuse«, schreibt der Ingenieur Wechsler, »und Nuklearkerne, aber keine Waffen, wir sahen eine Anzahl von Teilen.« Der Vorschrift nach sollten die in Trockenbehältern bewahrten Detonatoren, die stets auszuwechselnden Initiatoren, die immer fehlenden Sicherungen im Spannungsfall zusammengefügt und danach wieder getrennt werden. »Wir hatten keine Waffen, wir hatten haufenweise Stücke.«

Die Kommission inspizierte drei Monate lang und berichtete am 3. April 1947, fünf Uhr nachmittags, dem Präsidenten. Er glaubte, wie die ganze Welt, daß Amerika mit Atombomben versorgt sei. Churchill beteuerte, daß ohne »unser Lager« voller Atomwaffen Stalin längst über das ansonsten wehrlose Westeuropa hergefallen wäre. »Was wir von der neuen Atomenergiekommission soeben entdeckt haben«, notierte Lilienthal in sein Tagebuch, »das ist, daß diese Verteidigung nicht existiert.«

Er bat den Präsidenten, der Einfachheit halber ein kurzes Dossier zu lesen. Doch war der Befund derart, daß man das Eigentliche dem Papier nicht anzuvertrauen wagte. »Die Nachricht war das größte Geheimnis der Zeit.«

Lilienthal flüstere dem Präsidenten eine Zahl zu: null! »Er drehte sich mir zu, eine bittere graue Miene im Gesicht, die Linien von Mund zu Nase tiefer gegraben.« Er fragte: »Was schlagen Sie vor, damit zu machen?«

STÄRKE

Den freien Völkern, die sich der Unterwerfung durch bewaffnete Minoritäten im Innern oder dem Druck von auswärts widersetzten, hatte Truman im Vormonat seine Hilfe zugesagt. Die Zusage, gegeben in einer Rede vor dem Kongreß am 7. März 1947, wurde beurkundet als Doktrin, die Truman-Doktrin. Ihr unmittelbarer Anlaß war die Bedrohung Griechenlands durch seine Kommunisten im Innern und die der Türkei durch die Sowjetunion von außen.

Eigentümlicherweise nennt Truman seinen Gegner nicht beim Namen. Er gehört einer Gattung an, welche die Menschheit begleitet wie die Erbsünde: die totalitären Regime. Der Weltkrieg wurde ausgefochten gegen solche, besiegte sie und machte anderen Platz. Das ist kein Wunder. Der Streit des Lichts gegen die Finsternis währt ewig. »This is no more than a frank recognition that totalitarian regimes are imposed on free peoples by direct and indirect aggression.«

Bei Freiheit und Unfreiheit handele es sich um »alternative ways of life«. Der eine Lebensstil gründe auf Wahlen, repräsentativer Regierung, Rede- und Religionsfreiheit. »The second way of life relies upon terror and oppression, a controlled press and radio, fixed election and the suppression of personal freedoms.« Der zweite Lebensstil bedrohe den Weltfrieden und die Sicherheit der USA. Ob ihres freiheitlichen ›way of life‹ hatte THE LORD selbst den USA die Führerschaft der Welt anvertraut, wie Truman seit März 1946 bereits darlegte. Die Übertragung habe schon eine Generation zuvor stattgefunden, im Ersten Weltkrieg, sei aber verblendet ausgeschlagen worden. Dies hatte den totalitären ›way of life‹ zur Entfaltung gebracht, den die USA nun in einem Zivilisationskrieg niederrangen. Einen nach dem anderen.

Wo der ›second way of life‹, Terror und Unterdrückung, sich eines Volkes bemächtige, stünden die USA seiner Abwehr bei; soweit die Truman-Doktrin. Näheres regelte Joint War Plan 846/7. Das doktrinäre Zeichen, die kosmische Waffe, war den Städten des ›second way of life‹ nach folgendem Schlüssel zugedacht: sieben Atombomben auf Moskau, drei auf Leningrad, je zwei auf Charkow und Stalingrad. Dnjepropetrowsk, Omsk, Swerdlowsk, Nowosibirsk, Kazan, Magnitogorsk und weitere vierzehn Orte erhielten je eine.

Plan 846/7 zufolge würde der Weltkrieg durch eine massive russische Offensive entfesselt. Stalin hatte seine Streitkräfte soeben von drei auf fünf Millionen Mann aufstocken lassen. Die freien Völker Westeuropas, der Türkei, Griechenlands, Nordchinas und des Mittleren Ostens würden trotz Truman-Doktrin überrannt, ihnen war fürs erste nicht zu helfen. Nun kam die Reihe an die unfreien Völker. Was ihnen bevorstand, besaßen die USA noch nicht, würden es aber unverzüglich bauen, wie 29 Gruppen schwerer Bomber. Ihre Fracht würde 99 Prozent der Flugmotorenproduktion, 99 Prozent der Panzerproduktion und 52 Prozent der Rohölraffinierung ausschalten. Produktion ist identisch mit Produzenten, die millionenweise mit ihren Familien zugrunde gingen.

Das Menschenopfer errechnete sich aus der Zahl der verfügbaren Bomben. Das war die Grenze der Vernichtungsenergie. JWPC 846/7 unterstellte bei Kriegsausbruch ein Reservoir von 100 bis 200 Stück, 34 Ziele waren vorgesehen. Im Joint-Chiefs-Plan 1823/14 vom 25. Mai 1947 hatte der Air-Force-Stab 220 atomgeeignete Ziele ermittelt. JCS 1745/15 vom 17. April 1948 präzisierte auf 150 Stück Plutoniumbomben, »Nagasaki-type«, für einhundert Stadtziele. Sie würden unter einer Sprengkraft entsprechend drei Millionen Tonnen TNT zugrunde gehen. Die noch fehlerhafte B-50 verdoppelte die Reichweite auf 7800 Kilometer. Von amerikanischem Boden wäre einstweilen nur Sibirien und zurück erreichbar, und fast alle Ladung startete von fremdem Staatsgebiet. Als Stützpunkte eigneten sich die Kairo/Suez-Gegend, Pakistan, Okinawa, Japan, Grönland, Island und England.

Die Herstellung der Bombe hing ganz von einer Kostbarkeit ab, die in Amerika zu selten vorkommt: Uranerz. Im Weltkrieg hatten die Briten sich rechtzeitig die Erträge der reichsten Minen der Welt gesichert, die des Kongobeckens. Alle Förderung gelangte in die USA, zur Hälfte indes bezahlt von den Briten. Billigerweise forderte Premier Attlee von Truman nach dem Sieg, den Schatz aufzuteilen wie die Kosten. Truman sah den Anspruch ein. Aus der Warte der Bombenproduktion war es allerdings ein Unfug. England konnte mit dem Uran nichts anfangen und legte es auf Vorrat für bessere Zeiten mit eigener Atomindustrie. Die USA hatten die Industrie, doch reichte die halbe Kongoausbeute nebst dem, was man daheim und in Kanada schürfte, nicht aus, auch nur den Plutoniumreaktor in Hanford zu füllen, der den Waffenkern von ›Fat Man‹ zubereitete.

Über diese Zusammenhänge erfuhr Truman erst durch den Bericht der Atomenergiekommission am 3. April. Er brachte ihn in eine schiefe Lage. Den Briten ihren Anteil am Kongo-Uran abzuhandeln verstieß gegen den Atomenergieakt des Kongresses, der diesbezüglichen Kontakt mit anderen Staaten ganz untersagte. Angesichts des Bombenmonopols war in Vergessenheit geraten, daß der Weg in die Bombe einst begann in Zweisamkeit. Man kann auch sagen zu dritt; die Möglichkeit einer Kettenreaktion im Uran, d. h. in der Bombe, errechneten 1940 zwei deutsche Emigranten in England, Frisch und Peierls.

Neben dem Brennstofftransfer hatten Churchill und Roosevelt vereinbart, niemals diese Waffe aufeinander zu richten und nie sie einzusetzen ohne wechselseitige Konsultation. Deswegen hatte Churchill den Erstabwürfen im August 1945 zugestimmt. Seitdem war die Bombe allerdings Amerikas ureigene Berufung geworden; Truman konnte nur mühsam davon abgehalten werden, sie in das US-Wappen einzulassen. Mit Indignation hörten US-Senatoren und Congressmen, daß Briten ein Veto in amerikanischen Daseinsfragen zu haben meinten und zusätzlich Uran horteten. Die alten Vereinbarungen hätten nur für den Weltkrieg gegolten! Die Joint Chiefs glaubten, daß anbetrachts Hunderter herzustellender Bomben ein »Vorkaufsrecht des Weltvorrats an geeigneten Erzen und ihre Lagerung innerhalb der USA eine dringliche und zur Zeit überragende Frage der nationalen Sicherheit ist«.

Auf feste Zusagen, künftig reaktortechnisches Wissen zu teilen, übergab England zwei Drittel seines Uran-Horts und eine zweijährige Option auf die gesamte Kongo-Förderung. So fügte sich Schritt für Schritt aus einem hohlen Nimbus eine Atommacht. Sie war Synthese aus Allmacht und Ohnmacht, der letzte Ausweg aus kompletter Chancenlosigkeit. Anderenfalls wäre nach Lage der Dinge das Stalin-Reich die einzig verbliebene Weltmacht gewesen. Niemand anderem wurden Anfang 1949 155 Divisionen zugerechnet, plus 115 Divisionen seiner Satellitenstaaten und 1 450 000 rotchinesische Truppen. Im zweiten Kriegsjahr hätten Stalin und Satelliten 774 Divisionen aufzubieten, 17 000 Flugzeuge, kurz, ausreichend Streitkräfte, um gleichzeitig Kriege in Westeuropa, im Mittleren Osten und in Ostasien zu führen.

Die erste Verteidigungsfront, an der sich westlicher Widerstand sammelte, war die Rhein-Alpen-Piave-Stellung in Europa, im Mittleren Osten eine Linie von Kreta – südöstliche Türkei – Tigristal bis zum Persischen Golf. In Ostasien sollte Taiwan gehalten werden, Okinawa und Japan abzüglich Hokkaido. Alles andere gab man von vornherein verloren. Nach zwölf Monaten Krieg war mit dem Verlust Kontinentaleuropas und des Mittleren Ostens zu rechnen.

Je später ein solcher Krieg in den fünfziger Jahren ausbräche, desto wahrscheinlicher war das Übergreifen atomarer und biologischer Feindseligkeiten auf amerikanische und kanadische Städte.

»Wann werden die Russen es schaffen, die Bombe zu bauen?« hatte Truman 1948 gefragt.

»Ich weiß es nicht«, antwortete Oppenheimer.

»Ich weiß es«, sagte der Präsident.

»Wann?«

»Nie!«

Wie sollte ein kriegsverwüstetes, halbprimitives Land wie die Sowjetunion das Spitzenprodukt der US-Technologie nachbauen? Nicht einmal die Deutschen hatten so etwas fertiggebracht.

Der wesentliche deutsche Beitrag bestand seit 1942 darin, daß der Emigrant Klaus Fuchs den Sowjets Konstruktionsskizzen aus Los Alamos übermittelte. Eigene Vorsprünge hatte Deutschland nicht auf dem Gebiet der nuklearen Waffen, doch auf dem der Trägerwaffen erzielt. Curtis LeMay, gelernter Ingenieur und geborener Organisator, ließ deshalb schon seit längerem die deutschen Raketenkonstrukteure aus Peenemünde für die Air Force arbeiten. Anstelle von Raketen auf Amerika bauten sie solche in Amerika. Das Problem war das gleiche, die Ausschaltung der Ferne, die den USA einst eine Welt für sich geschenkt hatte. Durch die Rakete entstand eine sozusagen parallele Raumordnung der Erde, das Überall.

In dieser neuen Dimension könnten die Amerikaner nie wieder die Einsiedler sein, die sie waren, und benötigten Orientierung. Die ›Welt für sich‹ drehte und wurde eine ›Welt für sie‹. Das Überall verschmilzt Raum und Zeit, es hat weder Dauer noch Eile, weder Nähe noch Ferne und simuliert das Auge Gottes. Vor ihm ist kein Entkommen.

Die Unversehrtheit der USA in den Weltkriegen rührte LeMay zufolge aus einer zeitlichen und einer räumlichen Distanz. Man sei relativ spät in den akuten Konflikt eingetreten und verfügte über reichlich Vorbereitungszeit. Den räumlichen Schutz bot bisher die geostrategische Lage. Mit beiden war es nun vorbei. Der Zukunftskrieg aus der Luft annulliere die Raumabstände, und das Resultat der Weltkriege ließ die USA als Hauptziel des nächsten Konflikts übrig in neuer, unvorstellbarer Verwundbarkeit. Verglichen mit den Blitzen seiner ersten 24 Stunden wird Pearl Harbor »wie ein stiller Tag im Land erscheinen«.

Um Frühwarnzeiten zu gewinnen, beauftragte LeMay 1946 eine Denkfabrik, die Rand Corporation, außerirdische Distanzen zu prüfen. Wer den Gegner aus dem All beobachtet, kann noch reagieren. Wäre dazu ein Satellit geeignet? Auch bevor man einen hatte und einen Träger, ihn ins All zu schießen, besaß man doch die Köpfe und das Kapital »to outproduce the world«, wie Verteidigungsminister James Forrestal 1947 schrieb. Das Land sei in Europa und

Asien an die Russen gefallen, Amerika blieben die See und »our exclusive possession of the atomic bomb«.

Anbetrachts der Territorialverhältnisse war die Exklusivität einer Massenvernichtungsapparatur sondergleichen die einzige Selbstversicherung. Ursprünglich ersonnen, dem Massenmordregime in Deutschland zu begegnen, war die Massenvernichtungstechnik vier Jahre nach Hitler der Ordnungsfaktor auf der Welt geworden. Man würde nicht unprovoziert zu diesem Schwert greifen, doch würden sich Anlässe bieten, und Vorsorge mußte getroffen werden, nicht dadurch umzukommen. Deswegen müßte es vergrößert werden und schärfer gemacht, als es der Feind je vermöchte.

Die Megatonnenbombe, die Teller 1946 ersann, beruhte auf irrigen Berechnungen. Mit der Mathematisierung von Vorgängen innerhalb von Millionstelsekunden waren die Rechenschieber überfordert; ohne elektronische Rechner würde man nicht weiterkommen. In den vier Jahren des amerikanischen Nuklearmonopols fanden aber wichtigere Fragen eine Lösung. ›Little Boy‹ und ›Fat Man‹ waren, wie gesagt, Laboranfertigungen gewesen. Dem Ideal der Hersteller, die Staatenwelt vom Kriege abzuschrecken, war damit ausreichend gedient. Die Staaten schreckten allerdings andere Nöte mehr, und anstatt sich von den Vätern der Bombe pazifizieren zu lassen, nötigten sie diese, das Gerät endlich praktikabel zu machen. Zu Dutzenden, zu Hunderten und Tausenden, schneller verfügbar, leichter transportabel, ökonomischer, plutoniumschonender, handlicher, für den taktischen Gefechtsfeldgebrauch. So ging die Wüstlegung Babels in den Fließbandbetrieb.

Das Modell Mark IV war die erste in montierter Form aufzubewahrende Bombe. In dieser Eigenschaft war sie 1949 fertig; dazu 124 transporttaugliche B-29 und B-50. Im Februar war es einer davon, der ›Lucky Lady II‹, gelungen, in 96 Stunden luftbetankt den Globus zu umrunden. Da die sowjetische 85-mm-Flakkanone 8000 Meter hoch schießen konnte, mußte höher geflogen und die Bombe radargesteuert ausgeklinkt werden, des Nachts. Die Beauftragten, die Einheit 509 des Strategischen Luftkommandos, übten sich während der Berliner Luftbrücke, Charles Lindbergh

44

war ihr Inspekteur. Aus Atombombardierungshöhe und ohne gegnerische Abwehr erzielte man Abweichungen von bis zu zwei Kilometern. Die neunzig Spezialmannschaften wurden alsdann von Curtis LeMay über Baltimore und San Francisco trainiert, die den europäischen und russischen Städten am meisten glichen. San Francisco brachte es in einem Monat auf über 600 Scheinangriffe, alsbald wurde Atomkrieg über allen US-Städten ab 25 000 Einwohnern geübt.

Im Laufe des Jahres 1949 lagen rund 200 Stück Mark III und Mark IV parat. Sie dienten den USA keineswegs dazu, sich und den Gegner von Gewaltsamkeiten abzuhalten. Es war die Minimalzahl, welche die Krieger für unabdingbar hielten, um sich im bevorstehenden Krieg durchzusetzen. Der Gegner mußte sich anders durchsetzen und hatte dank der gemeinsam erfochtenen Demarkationslinien dazu die besten Chancen. Deutschland würde er in einer Woche durchqueren.

Theoretisch verfügten die USA über reichere Mittel, sich mit gleicher Waffe zu behaupten gegen die unter dem Tritt der Wehrmacht ramponierte, versengte und verarmte Sowjetunion. Sie hatte zirka 20 Millionen Kriegstote zu beklagen, militärische und zivile. 25 Millionen Menschen fehlte ein Heim. Ungezählte waren verkrüppelt. In den waffentragenden Jahrgängen lebten noch 31 Millionen Männer. 70 000 Dörfer und 17 000 Städte lagen in Trümmern. Elektrizitätsgewinn, Kohleabbau und Werkzeugmaschinenproduktion waren um ein Drittel gesunken, die Öl-, Roheisen- und Stahlerzeugung um etwa die Hälfte. Über 30 000 Industrie- und 90 000 Landwirtschaftsbetriebe waren demoliert. Am Fleisch- und Getreideertrag fehlten 40 bzw. 55 Prozent. Es muß die Möglichkeit existiert haben, sich dieses Volkes anders zu erwehren, als ihm fünf Jahre nach Hitler hundert Atombomben aufzubrennen. Der Titel dieser Tätigkeit wäre die Befreiung vom Bolschewismus gewesen. Dies hatten die Betroffenen seitens der Wehrmacht gerade hinter sich.

Die bezifferten Schäden rührten aus dreijährigem Abnutzungskrieg. Unter diesen Verlusten war das deutsche Heer Mann für

Mann, Million um Million zerrieben worden. Dem verdankte die Allianz ihren Sieg, an dieser Front wurde auch die deutsche Jägerflotte verschlissen und die Artillerie, die, gegen die anglo-amerikanische Bomberoffensive aufgeboten, ihr 1943/44 ein tristes Ende bereitet hätte. Die amerikanischen Crews verloren schon bei halber deutscher Luftabwehr zeitweilig den Mumm, ihre Bomber zu besteigen. Den Rotarmisten lagen solche Befindlichkeiten fern.

Da eine nicht in Rußland gebundene Wehrmacht auch Landeoperationen an der Atlantikküste leicht hätte vereiteln können – sie wären gar nicht erst riskiert worden –, spricht alles dafür, daß die Atombombe tatsächlich ihre ursprüngliche Bestimmung, die deutsche Städtelandschaft, erreicht hätte. Zwischenzeitlich wurde sie von der Stabbrandbombe aufgeweicht.

Die Terrorisierung der Städte war, unter allen Konstellationen, der Krieg der Haushälter, denen ihre Mannschaften zu teuer waren, fiskalisch und menschlich, um herkömmlich durchzumarschieren. Die weltweiten Interessen und Zuständigkeiten erlaubten andererseits kein Zurückweichen. Die Massenvernichtungswaffe, ersonnen nach den Infanteriegemetzeln des Ersten Weltkriegs, bot den Ausweg. Sie industrialisiert die Offensive zum günstigsten Preis. Als sie in ihrer Atomversion in den Endvierziger Jahren sich als Referenzkrieg der amerikanischen Seemacht empfahl, war Truman fortgesetzt mit Militärbudgetsenkungen befaßt. Die Kriegsfolgen des Zweiten Weltkriegs mußten abgebaut und die des Dritten so schlank wie möglich gehalten werden. Und die Möglichkeit, ihn unter dieser Vorgabe zu bestehen, bot die Plutoniumbombe.

Kaum war sie serientüchtig und ein nützliches Kriegsgerät geworden, stürzte ihr Kurs zu Boden von einem auf den anderen Tag. Als die Gegenseite im Sommer 1949 das gleiche Gerät in Positur brachte, kehrte sein militärischer Wert an den Ausgangspunkt zurück: Es eignet sich kaum zum Kriegführen, wenn seine Schrecklichkeit beide Seiten erreicht. Unter rationalen Voraussetzungen lohnte sich die Unterwerfung des Anti-Christ im Kreml nicht mehr. Die Bombe, die Hitler-Präventivwaffe, die statt seiner Japan traf, das sie gar nicht anstrebte, machte nun Stalin unverletzlich, den sogenannten Über-Hitler. Er konnte straflos seiner Barbarei frönen und von dem Beauftragten Des Herrn nur noch um den Preis der Selbstvernichtung daran gehindert werden.

Dem Bösen im Besitz der absoluten Waffe könnten, gemäß Truman-Doktrin, weitere Aggressionen vielleicht ausgetrieben werden. Dabei verpfändete der globale Widerstand gegen den ›second way of life‹ jedoch das Leben amerikanischer Städte. »Wenn wir echte Realisten anstatt Idealisten wären«, hatte General Groves Jahre zuvor notiert, »würden wir keiner Macht, mit der wir nicht fest alliiert wären und zu der wir kein absolutes Zutrauen hätten, erlauben, Atomwaffen zu besitzen. Wenn solch ein Land anfinge, Atomwaffen herzustellen, würden wir seine Fähigkeit dazu zerstören, bevor es weit genug damit ist, uns zu bedrohen.« Der Ansicht waren auch die Stabschefs. Ihre Pläne sind Vernichtungsphantasien geblieben. Trumans Gemüt war schwer von den 150 000 Opfern des Einsatzbefehls vom August 1945, und er hoffte, daß ihm ein weiterer erspart bliebe. Anders Churchill, der die Last eines Vierfachen an Luftkriegstoten leichter trug und 1948/49 drängte, die sowjetische Berlin-Blockade mit Atomwaffen zu brechen. Es war die letzte Gelegenheit dazu.

Die Teilung
des Deutschen Reichs

Während die Weltkriegsalliierten in der rußigen Zentrale des einstigen Verbrecherstaats die Regierungsgewalt ausübten, stellten sich erneut die Fragen ihres Hierseins. Die Russen hatten sich den Weg nach Berlin mit dem Verlust von zwölf Prozent ihrer Bevölkerung gebahnt. Briten und Amerikaner wiederum hatten das Vermögen erworben, auf dem Luftwege nahezu jede beliebige Stadt in Feindesland zu erreichen und entzweizuschlagen. In fünfzig Kilometer Abstand von der Ukrainischen Front Marschall Konjews war Dresden verfeuert worden, mit einem Verlust von sechs Maschinen, vier durch eigene Munition. Diese Fähigkeit, hatte Churchill im Februar 1945 bemerkt, müsse den Russen einmal vor Augen gehalten werden. Wie Konjew zeitlebens beteuerte, lieferte seine militärische Lage dafür keinen Grund. Der Grund lag in Churchills militärischer Lage, doch nicht gegenüber Deutschland.

Deutschland war rettungslos verloren, Konjew stand vor Breslau, Schukow nahe Berlin; ihre Partner aber verharrten seit fünf Monaten an der westlichen Reichsgrenze und kamen nicht sonderlich voran. Anders ihre Bomberschwärme, die ungehindert den gesamten Reichsboden verwüsteten. An diesem Verhältnis von Land- zur Luftmacht hatte sich 1948 einiges verändert. Der Gegensatz war um vieles krasser geworden. Die Kampfkraft der westlichen Bodentruppen war so gut wie inexistent, die Luftmacht hingegen schien durch die Atomvariante schier unüberwindlich. Dazu nahe gelegene Startbahnen, ausreichend Maschinen, geübte Crews.

Wieder riet Churchill zu einem Exempel, die Vorzüge der Luftherrschaft fühlbar zu machen. Man müsse den Sowjets jetzt und sofort erklären, riet er dem US-Botschafter in London, Lewis Douglas, »daß, falls sie nicht aus Berlin abziehen, Ostdeutschland aufgeben und an die polnische Grenze zurückkehren, wir ihre Städte ausradieren«. Er fügte hinzu, »we cannot appease, conciliate or provoke the Soviets. The only vocabulary they understand is force.« Falls sie die Atombombe entwickelten, wäre der Krieg sowieso garantiert.

Churchill, der den Krieg als sein Hauptbegabungsfeld ansah, besaß zur Zeit jedoch kein Amt dazu. Die zwei amtierenden Sieger, Truman und Stalin, von nüchternerem Naturell, tasteten die Ränder ihrer Wirkungskreise ab und die Nerven, Krieg zu riskieren. Wenn er ausbrach, das lehrten 1914 und 1939, war er nicht mehr einzuholen. Die Joint Chiefs organisierten einzig seine eventuelle Gestalt, keineswegs sein Zustandekommen. Wo die Grenze verlief – der Schritt, schnell getan, doch nie umkehrbar –, wußte niemand. Nur, daß man sich davor hüten mußte. Zweimal waren die Parteien halb blind aus dem unwiederbringlichen Haus des Friedens gestürzt mit irrealen Plänen, ohne einen Schimmer dessen, was ihnen alsbald bevorstand. Dabei kannte man sich leidlich gut.

Auch die Antagonisten des Kalten Krieges waren einander keine Fremden. In der langen Berliner Blockadekrise kam es zu diskreten Fühlungnahmen, stillen Winken und kluger Psychologie. Die Partner, die sich so rasch verfeindeten, blieben partnerschaftliche Feinde. Ohne diese Rest-Allianz wäre im Kalten Kriege manches weniger glücklich verlaufen. Sein Boden besaß einen unvergeßlichen Untergrund, die Sache des gemeinsam vergossenen Blutes. In der Türmung erderschütternder Destruktivkräfte war dies Feldabzeichen als letzte Sicherung eingebaut.

Im Sommer 1946 reiste Walter Ulbricht, der Chef der Sozialistischen Einheitspartei in der Sowjetischen Besatzungszone, für eine Woche nach Bayern. Seine Lenin abgeguckte Barttracht, die Falsettstimme und die sächsische Mundart trübten leicht den vaterländischen Schwung seiner Rede. Stadt für Stadt erfuhr wieder vom »unbeugsamen Willen unseres Volkes«.

Das Volk ging apathisch und schwer gebeugt durch diese Jahre. Der Winter war der härteste seit Menschengedenken gewesen und die Ernte miserabel. Vorräte gab es keine mehr, die amerikanische

Besatzung sorgte für einen Tagesdurchschnitt von 1000 Kalorien, zwei Drittel des Minimums. Tausende von Kindern starben an Unterernährung und Mangelkrankheiten.

General Lucius D. Clay, der Militärgouverneur der US-Zone, hatte Washington keine ausreichenden Lebensmittelimporte abringen können; die Gefühle für die Deutschen blieben dort vorläufig reserviert. Zudem ging der Welt im Sommer 1946 buchstäblich das Getreide aus. Von den 600 000 in die US-Zone angelieferten Tonnen zweigte Clay die Hälfte an die britische und französische Zone ab, um Hungeraufständen zuvorzukommen. Aus Verzweiflung könnten die Deutschen sich dem Kommunismus an den Hals werfen.

Die agrarischen Überschußgebiete des Reiches, nun im sowjetischen Besatzungsgebiet gelegen, hatten die Ausfuhren gestoppt. Clay vermutete, dies sei veranlaßt worden, um Unmut zu säen gegen die Westmächte. Aus eigener Kraft gelte es »ein einiges, unabhängiges, demokratisches Deutschland zu erringen«, warb Ulbricht auf dem Nürnberger Rathausplatz. »Die erste Pflicht dem Vaterland gegenüber ist der Kampf gegen die Zerreißung Deutschlands durch den Dollarimperialismus und seine deutschen Helfer.«

Die ›roten Sachsen‹ waren sich bereits schlüssig. Am 30. Juni 1946 hatten sie zu 75 Prozent durch Volksentscheid die Enteignung von 10 000 Konzernen, Großbetrieben und Banken gebilligt, die knappe Hälfte der zonalen Industriekapazität. Die Kader der SED hatten Sachsen in einer Propagandaschlacht dazu breitgeschlagen. Gegner dieser nicht neuen Ermittlung des Volkswillens wurden auf gewohntem Wege interniert.

Im Herbst 1948 – Ulbricht hatte die Partei, deren Reihen zu 53 Prozent aus eingemeindeten Sozialdemokraten bestanden, soeben penibel durchgesäubert und auf den Boden des Leninismus gestellt – begann die nächste Sozialisierungswelle. Stalin gefiel der Durchmarsch der Einheitspartei nicht sonderlich. Zweimal, im März und Dezember 1948, beorderte er die Führungsgenossen ob ihres Sozialismusfiebers nach Moskau, um ihnen gesamtdeutsches Denken näherzubringen. Es werde von ihnen erwartet, »Keime eines gesamtdeutschen Parlaments und einer gesamtdeutschen Regierung zu schaffen«. Anstatt dabei politisch vorzugehen, seien sie typische »Teutonen, die sich nackt in den Kampf mit den Römern« stürzten.

Die Nacktheit fiel zumal in freien Wahlen auf; selbst in dem legendär radikalen Berlin hatten die Einheitssozialisten im Herbst 1946 ein knappes Fünftel der Stimmen gewonnen. Das Enteignungstempo der Genossen sei absolut überflüssig, erklärte ihnen Stalin. »Irgendwelche verbindlichen Verordnungen, die den kapitalistischen Elementen direkt aufs Haupt schlagen, sind ebenso unnötig. Ihr schwächt euch selbst!« Der Teutone Wilhelm Pieck protokollierte gehorsam: »Stehen nicht vor der Macht!« Zur Macht führe »opportunistische Politik«, sagte Stalin, und der Weg zum Sozialismus durchlaufe einen »Zickzack«. Der teutonische Nacktangriff hingegen »fordert viele Opfer und erreicht nicht immer sein Ziel. Man muß sich maskieren.«

Pieck und Ulbricht hingen noch in den Träumen ihres Exils. Eine Sowjetrepublik, wie sie im Buche stand, ein Freigehege ihres Schaltens und Waltens, patrouilliert von Besatzungstruppen. Für Moskauer Bedürfnisse hingegen war ein Kleinstaat von 107 000 Quadratkilometern unbedeutsam. Weit über den doppelte Raum, die dreifache Menschenzahl sowie den industriellen Schatz der Ruhr verwaltete die Westallianz. Die Sandböden Brandenburgs, der von seinem Zulieferer, der Ruhr, abgeschnittene Maschinenbau in Sachsen stellten einen armseligen Preis dar für einen gewonnenen Krieg. Selbst die magische Reichshauptstadt Berlin, von Schukow und Konjew mit 300 000 Mann Verlust erobert, blieb Teilbesitz. In ihren Sektoren spiegelte sie die Viermächteokkupation Deutschlands. Drei Teile übernahmen Partner, die den Eintritt nicht bezahlt hatten. Wieso Frankreich den Norden der Stadt sowie 97 000 Quadratkilometer erstklassige Rheinlande besaß, wo es im Krieg zehn Wochen schlecht gekämpft und vier Jahre gut kollaboriert hatte, konnte niemand den Russen erklären.

Das Traurigste sei die Nichteinhaltung der 1945 in Potsdam getroffenen Siegerbeschlüsse. »In Anbetracht dessen, daß die Industrie des Ruhrgebiets die Hauptbasis des deutschen Militarismus war«, klagte Außenminister Molotow den versammelten Amtskollegen im März 1947 in Moskau, müsse man es dringlich der gemeinsamen Kontrolle Großbritanniens, Frankreichs, der Vereinigten Staaten und der UdSSR unterstellen. Es geschehe aber das Gegenteil:

Die Besatzer machten mit den NS-Bonzen gemeinsame Sache. »Die Tatsachen zeigen, daß die Organisatoren des Faschismus und der Aggression, die unter dem Hitlerregime Leiter deutscher Truste, Konzerne und anderer Monopole waren, in einer Reihe von Fällen auf führenden Posten bleiben.« Der Direktor der ›Vereinigten Stahlwerke‹ leite nun die Stahl- und Elektroindustrie der britischen Zone. Die namhaftesten Leute der deutschen Schwerindustrie liefen frei herum, hockten in ihren Verbänden beisammen, einer stehe gar an der Spitze der britischen Sozialisierungskommission.

Genauso verhalte es sich überall: Die kleinen Parteigenossen werden durch den Fragebogenwolf gedreht; allein in der US-Zone seien 11,6 Millionen Personen durchleuchtet worden, doch im Justizwesen amtierten unbeirrt zu einem Drittel bis zur Hälfte die braunen Gestalten. In der US-Zone wirkten 390 478 Hitlerbeamte, mehr als in jeder anderen. »Zieht man das alles in Betracht, so kann die Erfüllung des auf der Potsdamer Konferenz beschlossenen gemeinsamen Entnazifizierungsprogramms keineswegs als befriedigend angesehen werden.«

Da im Westen die Demontage von Industrieanlagen gestoppt worden war, die Rußland hätten entschädigen sollen, und gleichfalls die Entnahmen aus laufender Produktion, bezifferte Molotow die Schäden seines Landes. Er bemaß sie niedrig, um nicht gar zu armselig zu erscheinen: 31 000 Fabriken, 65 000 Quadratkilometer Bahngleise, 98 000 Agrarkollektive, 2900 Maschinen- und Traktorstationen, 20 Millionen Schweine, sieben Millionen Pferde und 17 Millionen Rindvieh, 6 Millionen niedergebrannte Gebäude, darunter 40 000 Krankenhäuser, 84 000 Schulen und 43 000 öffentliche Bibliotheken. »Nach diesen Zahlen werden Sie, hoffe ich, begreifen, warum die Sowjetregierung und das ganze Sowjetvolk darauf bestehen, daß der Rat der Außenminister Maßnahmen ergreift, die eine Gewähr für die Durchführung der Reparationsbeschlüsse der Potsdamer und der Jalta-Konferenz bieten.«

In Jalta hatten Roosevelt und Churchill eine Entschädigung von zehn Milliarden Dollar zugesagt für 128 Milliarden Dollar angemeldeter Schäden. Davon rechnete Molotow fünf Millionen Dollar als beglichen an. Jalta und Potsdam waren am Horizont der Außenminister längst untergegangene Gestirne. Zwei Jahre später umfing sie eine ausgewechselte Welt. Mit NS-Schlotbaronen und russischem Opferschicksal konnte man Propagandaverse anstimmen und schwermütige Lieder.

Die Außenminister Marshall, Bevin und Bidault ließen die Ausführungen des Moskauer Kollegen glasigen Auges passieren. Ihre Realitäten kennzeichnete etwas anderes. »All the Russians need to get to the Channel are shoes«, wie der US-Vizeaußenminister Robert Lovett es zusammenfaßte.

Am Ärmelkanal hatte auch Hitler gestanden, und seine Stiefel reichten nur knapp bis zur Wolga. Stalin hingegen stand, auf heimatlichem Boden, zudem 110 Kilometer vor der amerikanischen Alaskaküste und bewaffnete ein Stück weiter südlich, an seiner mandschurischen Grenze, soeben China. Gleichzeitig veranstalteten seine Gefolgsleute in der Tschechoslowakei die Machtergreifung. Das ›Reichsprotektorat Böhmen und Mähren‹ war im März 1939 die Vorstufe zum Zweiten Weltkrieg gewesen. Fünf Monate später folgte Polen und das Ende der Geduld.

In Polen herrschte der Kommunismus schon unverrückbar und nicht per Mehrheitsbeschluß. Wenn er von der Elbe bis zum Atlantik nur noch Schuhe brauchte, so umfaßte seine Macht anschließend fast die östliche Erdhalbkugel. Davon durfte Hitler nicht träumen, und deshalb erschien die Lage des Westens nach dem Weltkrieg bedrohlicher als vor dem Weltkrieg. Das war der Eindruck.

Molotows Eindrücke besagten das blanke Gegenteil. »Niemand kann den kolossalen Schaden bestreiten«, hielt er den Außenministern auf ihrer Folgekonferenz in London vor, »den die deutsche

Okkupation dem Sowjetvolk zugefügt hat. Ganz anders liegen die Dinge in den Vereinigten Staaten von Amerika, die glücklicherweise keiner feindlichen Okkupation ausgesetzt waren, ja während des Krieges noch reicher geworden sind. Die veröffentlichten Angaben beweisen, daß die Gewinne der Großeigentümer in den USA in den Jahren des Krieges unerhörte Ausmaße erreichten. Unter diesen Umständen kann sich der Vertreter der amerikanischen Regierung wohl erlauben, gegen die der Sowjetunion zustehenden Reparationen aufzutreten. Damit aber diese Stellungnahme als begründet und gerechtfertigt anerkannt werde, müßte man beweisen, daß sie sich zum mindesten auf irgendeine moralische Grundlage stützt.«

Secretary of State Marshall ließ sich vom Zeichner des Molotow-Ribbentrop-Paktes, der 1939 den beidseitigen Überfall auf Polen einleitete, moralisch nicht in Anspruch nehmen. Tage später, am 15. Dezember 1947, beendete er alles weitere Ost-West-Konferieren über Deutschland. Es mußte geteilt werden.

Der einzige Fürsprecher der deutschen Einheit war Stalin. Seine Motive lagen auf der Hand. Um die Kriegsschäden zu kompensieren, benötigte er den gesamten Wirtschaftsraum. Entwaffnet, ausgeplündert und erschöpft, den rüden Herrschaftstechniken der Kommunisten preisgegeben, von der sturmbereiten Walze ihrer Panzerkeile und Infanteriewellen eingeschüchtert, konnte, im Kittel der neutralen Volksrepublik, nichts anderes als ein Sowjetprotektorat daraus werden. Ohne die Drehtüre der deutschen Ein- und Ausfuhren käme die ganze europäische Produktion nicht in Schwung, und der siechende Kontinent wechselte unweigerlich vom verblichenen Emblem des Hakenkreuzes zu dem Flammendrot von Hammer und Sichel. Dagegen half nur der Abschied von Potsdam.

Das ganze Europa westlich der Elbe geriet in den Dollarsegen eines amerikanischen Wiederaufbaukredits. Deutschland, das Kraftwerk dieses Wirtschaftsraums, davon auszunehmen, getreu der irrealen Kriegszielpolitik Roosevelts und Churchills, verbot sich von selbst. Die 12,5 Milliarden Dollar des sogenannten Marshallplans waren schließlich eine Investition. Ein Rat amerikanischer Experten steuerte die Vergabe der Summen, deren Ausgabe amerikanischer Ware vorbehalten war. »The dollars always come home«, pflegte Oberverwalter William C. Foster zu sagen.

So fügten sich die Exportzwänge der vom Kriege erhitzten und dann verlassenen US-Produktion zur Nachfrage der vom Kriege ausgehungerten europäischen Märkte. Dem Vergleich zu diesem freudigen Geben und Nehmen hielt Rußland nicht stand. Seine Verwüstung saugte Ost- und Südosteuropas Erzeugnisse hinweg wie ein Schwamm. Was immer abzuschöpfen und wegzuschleppen war, ging, von dankbarsten Gefühlen begleitet, an den Befreier vom faschistischen Joch. Die Unterschiede erschienen den meisten geringfügig. Jeder war jedes Hitler, Ost und West.

Ende Februar 1948 galt Trumans ›politischer Kanonenschuß‹ gegen den Kommunismus als beschlossene Sache. Ein amerikanisches Team hatte bereits eine neue deutsche Währung konstruiert, gehärtet vom Zutrauen in die US-Ökonomie: Washington druckte die Banknoten, die unter perfekter Geheimhaltung in den Westzonen niedergingen. Aus dem Geltungsbereich der D-Mark wurde notwendigerweise ein Staat. Auch die sowjetische Militäradministration gab neues Geld für ihre Zone aus, eins so dürftig wie das andere.

Hinter den unterschiedlichen Bonitäten standen die unterschiedlichen Kriegsfolgen. Hätte die Wehrmacht drei Jahre Amerika durchpflügt und Rußland in Ruhe gelassen, wären die Kreditfähigkeiten vielleicht anders ausgefallen.

An der Verstaatlichung der drei Westzonen konnte Stalin nichts ändern, er rechnete damit; an der Elbe trennten sich die Welten. Ulbricht igelte sich in seinen mitteldeutschen Provinzen ein, suchte um Fristen nach für die gesamtdeutschen Aufträge, die Partei sei noch nicht soweit. Im offenen Wettbewerb war sie chancenlos, selbst im eigenen Revier. Keine Frau in Thüringen wähle freiwillig die Genossen der roten Soldateska, bemerkten die dortigen Funktionäre. Ein Problem, das sich den Freunden der westlichen Bombenwerfer nicht stellte, denn dies rechnete beidseitig zum Krieg. Zudem hielten Adenauer, Schumacher und Heuss, ungleich den Kriechern der Einheitspartei, sichtbar Abstand. Niemand verachtete Ulbricht gründlicher als seine Moskauer Gönner. »Ich habe noch nie im Leben einen solchen Idioten gesehen«, sagte der Geheimpolizeichef Berija.

Als Stalin seine unattraktiven Schützlinge im Dezember 1948 rüffelte, hatte er sich schon auf ihren Defätismus eingelassen. Sie würden eher die Sowjetzone verspielen als die Westzonen gewinnen. In der Enklave West-Berlin hatte mittlerweile Gouverneur Clay die US-gestützte Mark eingeführt. In der Stadt zirkulierten infolgedessen zwei Währungen, eine erwünschte und eine unerwünschte. Ähnlich die zwei Stadtregierungen, eine gewollte und eine oktroyierte.

Der US-Gouverneur war ein Gebieter in seinem Bereich, und wie Douglas MacArthur in Tokio wünschte Lucius D. Clay in Berlin keine Instruktionen aus der Ferne. Er hatte allerdings im Frühjahr mitgeteilt, daß die zwiefache Währung den Sowjets Verdruß machen werde. Wo immer jemand die Auswahl hatte, reagierten sie empfindlich, denn nirgends wählte jemand den Kommunismus außer den Kommunisten. Die Vorteile lagen woanders.

Seit Jahresanfang 1948 empfingen die Amerikaner Hinweise, daß ihre Verbindungsadern in die Westzonen abgeschnitten würden. Ohne die Versorgung von außen konnten sie sich in der Stadt nicht halten. Ihren Aufenthalt sah Stalin als eine Gunst, denn sie hatten sich ihn nicht erstritten.

Aufgrund der unvorhergesehenen Schwierigkeiten mit der deutschen Gegenwehr im Westen hatten Eisenhower und Churchill im Januar 1945 die russischen Partner gebeten, »die Sowjettruppen schnellstens zur Offensive übergehen zu lassen«, wie Schukow schreibt. Als sie mit ungeahnter Wucht und Schnelligkeit zur Oder rollten, erinnerte sich Eisenhower, »fiel uns allen ein Stein vom Herzen, besonders als wir die Mitteilung erhielten, daß die Offensive sich mit großem Erfolg entwickelte«. Die Krönung der ungleichen Stoßkraft war die Einnahme der Reichshauptstadt.

Nach den schon im September 1944 definierten Besatzungsgrenzen würde Berlin in der Sowjetzone liegen. Dabei handelte es sich aber um Verwaltungsbereiche; über die Linien der Eroberungen entschied erst das Kriegsglück. »Das Berliner Gebiet«, besagt die Abmachung, »wird gemeinsam von den bewaffneten Streitkräften der USA, des Vereinigten Königreichs und der UdSSR okkupiert.« Frankreich wurde später erst belehnt.

Da die Rote Armee die Stadt allein erkämpft hatte, öffnete sie den verbündeten Truppen im Juli 1945 einen Zugang. Auch die Amerikaner boten den Russen Einzug in die von ihnen eroberten Teile Thüringens und Sachsens. Sie rückten von dort ab und wollten in Berlin einziehen. Dabei tauchten leise Schwierigkeiten auf, welche die US-Diplomatie schon vorausgeahnt hatte. Man müsse die Art und Weise des Verkehrs zwischen den Westzonen und einem Berlin inmitten der Ostzone schriftlich fixieren. Die Generäle wollten sich jedoch keinen so argwöhnischen Anschein geben. Im Grunde wußten sie, daß Blut dicker ist als Tinte und kein Papier die schiefe Militärlage verbesserte.

Am 15. Juni kabelte Truman an Stalin, daß er zu den Austauschbewegungen plus Absprachen bereit sei, welche »freien Zugang für die Truppen der Vereinigten Staaten in der Luft, auf der Straße und auf der Schiene nach Berlin vorsehen«. Stalin antwortete, sagte nichts dazu und bat um eine kleine Verzögerung; Schukow weile gerade in Moskau. Die folgende Verabredung vom 29. Juni nannte Feldmarschall Montgomery »eine lebhafte Auseinandersetzung«. Nach westlicher Auffassung waren Anwesenheit und Zugang ein und das gleiche. Das sah Schukow genauso; je schmaler die Zugangswege, desto dünner die Anwesenheit.

Dem Geist und Buchstaben der Allianz entsprach es, ihren Kontrollrat in der sagenumwitterten Höhle und letzten Festung des Feindes einzurichten, auf Hitlers Gebeinen. Das hieß nicht unbedingt, im Herzen der Sowjetzone eine amerikanisch-britisch-französische Truppengarnison von 30 000 Mann zu plazieren. Standen sie dort im Guten, waren es Gäste. Widrigenfalls schnitt man ihnen die Versorgung ab. Auch nicht schlecht! Stalin und Schukow behandelten die Einfahrt in ihr Gefilde als Kulanz und machten es hinreichend klar.

Clay, der Schukows Nachfolger Sokolowski als charmanten Offizier schätzte, hoffte bis 1947, sein deutsches Gouvernement aus den allenthalben keimenden Feindseligkeiten herauszuhalten. Die Verbindungswege funktionierten reibungslos. Die Frequenz der Züge und ihre Fahrpläne wurden kollegial ausgearbeitet. Die Fernstraßen baten die Russen in ihrer Obhut zu belassen, um sie zu warten.

Wege nach Berlin

Im März 1948 begannen die Sowjets die passierenden Militärzüge zu kontrollieren, als nähmen sie eine Oberhoheit wahr. Seit dem Vormonat fand Clay die sowjetischen Manieren wie ausgewechselt, »eine Spur verachtungsvoll, leicht arrogant und ziemlich selbstgewiß«. Bei den ersten Störungen ließ er den Rechtsstatus der Strecken prüfen. Aus den Mustern der Selbstverständlichkeiten traten mit einem Male die Adern der Gefahr hervor. Tausendfach befahrene Linien, nie befragt um die Versehrbarkeiten.

Für die Kanäle, die in Berlin von allen Seiten zusammenliefen und schweres Gut beförderten, für die Autobahn und die Bahntrassen existierte nichts weiter als eine mündliche Zusage Schukows. Unterschrieben hatte er einzig eine Vereinbarung über die drei Luftkorridore. Ein jeder 32 Kilometer breit. Sie führten nach Hamburg, Frankfurt und Bückeburg. Den Luftraum über der Stadt regulierte das Air Safety Center. Die technischen Regelungen wurden höchst detailliert niedergelegt, so sollte eine Flughöhe von maximal 3000 Metern eingehalten werden. Wenn die gemeinsame Verwaltung Deutschlands je in Streit geriete, wie seit Dezember 1947 manifest, saß man in Berlin in der Falle.

Clay depeschierte an die Regierungen in Washington, London und Paris, was sie zu tun gedächten, wenn die Ausgabe der Westmark in ihren Berliner Zonen zu Konsequenzen führe? Ob sie gegebenenfalls eine Blockade mit Gewaltmitteln brächen? Das mochte niemand sich vorstellen, und darum kam keine Antwort. Welche Gewaltmittel?

Mehrmals wiederholte Clay seine Bitte um Anweisung. »Viele Monate lang«, kabelte er an Omar Bradley bei den Joint Chiefs, »hatte ich bei logischer Analyse das Gefühl, daß Krieg für mindestens zehn Jahre unwahrscheinlich ist. Seit einigen Wochen fallen mir an dem Verhalten der Sowjets subtile Veränderungen auf, die ich schwer definieren kann. Sie geben mir aber das Gefühl, daß er mit dramatischer Plötzlichkeit kommen könnte.«

Als Sowjetkontrollen die Militärzüge zu filzen begannen, ließ Clay einen davon mit Soldaten füllen. Er wurde auf tote Gleise dirigiert, kam nicht durch und mußte umkehren. Es dauere nur ein, zwei Tage, meldete Clay nach Washington, »bis einer unserer Leute unter fabrizierten Anschuldigungen aus dem Zug geholt wird«. Wenn man den Sowjets ihre bisherigen Schikanen nachsehe, zögen sie die Schraube enger. »It is unthinkable.«

Für die meisten alliierten Strategen war der kürzeste Weg, dem Undenkbaren zu entgehen, der schleunige Abzug. Dafür votierten zumal die Briten, die dem alarmierten Clay den Feldmarschall Montgomery zur Beschwichtigung schickten: »Wir sollten abziehen, solange wir das noch ohne großen Prestigeverlust können. Militärisch gesehen, hat unsere vorgeschobene Position in Berlin keinen Sinn.« Dem pflichtete auch ein Teil der Offiziere im Stabe Clays bei. Für jeden Militär war die Unhaltbarkeit der Position ersichtlich, vor allem für Stalin.

Am 9. März hatte der Generalissimus mit Marschall Sokolowski und Andrej Smirnow, der die Europa-Abteilung des Außenministeriums leitete, die Lage durchdacht. Smirnow sagte das Offenbare voraus, den Separatstaat, konstituiert aus den drei westlichen Besatzungszonen als Teil eines politisch-militärischen Blocks, »der gegen die Sowjetunion und die neuen Volksdemokratien gerichtet ist«. Dagegen seien Maßnahmen fällig. Man könne ein neues Außenministertreffen fordern, um die deutsche Frage auf Basis der Absprachen von Jalta und Potsdam zu regeln. Wenn dies mißlinge, müsse man die sowjetische Besatzungszone abriegeln und eine Grenzverteidigung errichten. Dazu gehöre auch die Verriegelung West-Berlins.

Marschall Sokolowski hatte mit Clay ungute Erfahrungen gemacht. In der Währungsfrage wich er nicht vom Kurs. »Das neugedruckte Geld steckt schon in seiner Tasche.« Pieck, der kurze

Zeit später bestellt war, versprach, daß ohne Amerikaner in Berlin die Kommunisten im Osten mehr imponierten. »Dann geben wir ihnen einen Tritt«, sagte Stalin. Man wählte dazu ein durchaus behutsames Verfahren, um sicherzugehen, nicht zurückgetreten zu werden.

Am 1. April annoncierten die Russen in Berlin verschärfte Transitkontrollen. Zugreisende würden individuell überprüft, Gepäckstücke untersucht und Frachtpapiere ausgegeben. Clay entgegnete, daß allein amerikanisches Personal Zug- und Pkw-Reisende kontrolliere. Es würde den Russen Listen und Frachtbriefe vorlegen wie bisher, mehr nicht. Omar Bradley, dem neuen Vorsitzenden der Joint Chiefs, schlug er vor, auf Russen zu schießen, falls sie die Züge beträten. Die Zugbegleitung sei aufzustocken und schwerer zu bewaffnen, dem stimmten auch die Briten zu. »There is no middle ground which is not appeasement.«

Bradley, der vor vier Jahren die 12. Invasionsarmee befehligt hatte, erschrak vor Clays Schneid. Dieser war im Kriege ein Pentagon-General gewesen, befaßt mit Logistikaufgaben. Auf keinen Fall, kabelte Bradley nach Berlin zurück, sollten die Zugwachen verstärkt oder anders bewaffnet werden. Feuer sei ihnen dann erlaubt, wenn auf sie gefeuert werde.

Folgenden Tags ließen die Russen einen von drei Militärzügen durch, jenen, den sie der Zugkommandant besteigen ließ. Die zwei anderen wurden zurückgeschickt. Daraufhin stoppte Clay den Zugverkehr. Er bat Bradley, einen bewaffneten Lkw-Konvoi die sowjetischen Autobahnkontrollen durchbrechen zu lassen. Niemand werde sich dem entgegenstellen.

Clay verließ sich auf einen Kenner bolschewistischer Mentalität, den Bürgermeister Ernst Reuter. Gelernter Kommunist früherer Jahre, nun sozialdemokratischer Fels in sowjetischer Brandung, bestgehaßter Mann seiner Ex-Genossen. Er hielt die Blockadedrohungen für puren Bluff. In ihrer Behutsamkeit redeten die Russen gar nicht von Blockade, sondern von »technischen Problemen«.

Sokolowski hatte die Sperrung der Helmstedter Autobahn seinem Kontrollratskollegen Clay mit dringenden Straßenbauarbeiten angezeigt. So könne man ihn testen, riet Reuter, wie er Amerika teste: Wenn eine US-Kampfgruppe den Balken von der Autobahn entferne und ihre Instandsetzung in eigene Hände nehme, als interalliierte Hilfeleistung, werde man Näheres erfahren.

Clay eilte nach Frankfurt und stellte den Konvoi zusammen; Curtis LeMay, der in Wiesbaden die US-Luftstreitkräfte Europa leitete, sagte die Deckung aus der Luft zu. Die Aktion würde den Sowjets ein für alle Male das Hantieren an den Berlin-Zufahrten verleiden.

Der Plan, den LeMay mit dem Befehlshaber der Bodentruppen, Arthur Trudeau, ausgeheckt hatte, sah ein Kommunikationsfahrzeug vor. Auf dessen Signal hin sollten, bei Start des Durchbruchs, in England stationierte B-29 mit Jägereskorten über Deutschland kreisen. »Wenn General Trudeau entschied, daß er im Krieg war, und mehr als einem Scheinwiderstand begegnete, würde ich die Air Force loslassen und die russischen Flugplätze zertrümmern. Die Maschinen standen da, alle aufgereiht, Flügelspitze an Flügelspitze. Wir legten den Plan General Clay vor, und er schickte ihn nach Washington. Aber die Antwort war ›nein!‹.«

Washington hielt den Autobahnversuch für verrückt. Das Gelände konnte nicht unglücklicher beschaffen sein. Die Straße kreuzte Flüsse und Bäche, durchschnitt weite Wälder, häufig gesäumt von hohen Böschungen. Der Gegner konnte die Brücken sprengen oder die Ufer verbarrikadieren, Betonhindernisse auf die Fahrspur legen oder passive Truppenteile. Die Eindringlinge würden zwangsläufig den ersten Schuß abgeben müssen. Dergestalt angegriffen, könnten die Sowjets in Selbstverteidigung ihre weit überlegenen motorisierten und Panzerdivisionen zusammenziehen. Dann käme der Konvoi keinen Meter weiter. Sollte LeMay russische Ziele bomben, würden als Antwort die sensiblen Nachschubhäfen der USA in Europa attackiert werden. Die amerikanischen Versorgungsköpfe auf dem Kontinent lagen festgenagelt und waren viel einfacher zu treffen als russischer Güterverkehr.

Bradley erwog den schlimmsten der Fälle: entgegenkommende

Panzer, explodierende Brücken, Kanonaden. Der Rückzug würde peinlich, und über kurz oder lang wechselte man zum Städteangriff nach den einschlägigen Plänen. Truman kandidierte im Oktober zur Wiederwahl. Sein republikanischer Konkurrent führte die Umfragen an. Dem amerikanischen Publikum stehe nicht der Sinn nach einem Krieg um Berlin, sagte Bradley. London und Paris war noch weniger danach zumute. London hielt den Ort für grundfalsch, und Pariser Regierungsbeamte versicherten glaubhaft, daß es keinen Franzosen gelüste, für Berlin zu kämpfen. Unter welchen Umständen, fragte Bradley am 10. April, gebiete das Prestige der USA den Rückzug, ehe man hinausgeworfen werde? Briten und Franzosen begannen die Soldatenfamilien zu evakuieren.

Die Russen zogen die Schlinge sachte enger. Im Laufe des April wiesen sie amerikanische Nachrichtentruppen aus der sowjetischen Zone, welche dort drei Jahre für Kommunikation gesorgt hatten. Den Frachtschiffverkehr erschwerten Papierschikanen, im Juni gingen Postwaggons verloren, Automobile kamen von Westen grundsätzlich nicht mehr durch, die Bahnfrachthindernisse schnitten langsam in die Versorgung der Westberliner ein.

Voller Entsetzen sah Clay die Planmäßigkeit Sokolowskis, der gelassen seine Platzvorteile ausspielte, und das Zagen, Grübeln und Weichen der eigenen Seite. »Why are we in Europe?« Hitler war seit drei Jahren Asche und die Aussicht auf Tyrannei und Aggression akuter als zuvor. »Wenn wir den Kontinent gegen den Kommunismus behaupten wollen, dürfen wir uns nicht vom Fleck rühren.« Wenn man Berlin aufgebe, werde als nächstes Westdeutschland geräumt.

Die Nachrichtenlage in Washington bestätigte die politische Symbolik eines Abzugs. In ganz Europa ergäben sich »ernste politische Rückwirkungen«. Stalin sah es genauso. Seine Maulwürfe meldeten ihm pünktlich die Bedenklichkeiten des Gegners. Um ihn zu verwirren, ließ er ihm die Hoffnung, daß der Konflikt von selbst nachlasse wie der Regen. Die Inspektion der Züge endete, und als ein britisches Transportflugzeug bei der Landung in Berlin-Gatow, von einem sowjetischen Jäger umschwirrt, zerbrach und die

Insassen ihr Leben ließen, bat Sokolowski formgerecht um Entschuldigung. Der Luftverkehr werde nicht weiter behelligt.

Ohne ernstere Vorkommnisse und trotz höchster Achtsamkeit sagte Bradley öffentlich einen Krieg für das laufende Jahr 1948 voraus. Nur eine exklusive Minderheit rechne damit, doch viele davon in gehobener Stellung. Trumans Luftexperte General Landry glaubte, »der Kriegsausbruch ist eine Sache von ein paar Monaten«, der Operationschef der Navy, Admiral Denfeld, forderte Pläne zu einer Teilmobilisierung. Außerdem müsse die Bevölkerung innerlich vorbereitet werden.

Die innere Bereitschaft der Auguren mag der historische Vergleich gefördert haben, die Geschichte ist der schlechteste Ratgeber. Im Gewirr der Gegenwart verleiht sie Richtung wie die Gleichnisse Jesu. Alles unter der Sonne ist schon dagewesen, und im nachhinein weiß man die alten Fehler zu vermeiden.

Die Truman-Regierung steckte voller Leute, die genau wußten, wie man mit Russen umzugehen hatte. Die Roosevelt-Veteranen des ›Grand Design‹ investierten Vertrauen in Moskau; man mußte die Welt letztendlich zu zweit ordnen oder zu zweit zerstören. Es war ein Fehler gewesen, soviel nicht 1930 schon begriffen zu haben. Dann hätte es nie einen Weltkrieg gegeben.

Ganz anders die Beter der ›one world‹. Das Vorspiel der Aggression ist die Risikoerkundung. Ist das Opfer schwach und die Umgebung desinteressiert, sei der Schlag gewagt! Die Welt aber muß dem Aggressor beim ersten Vortasten die Schranken weisen, damit er abläßt. An jedem Punkt der Erde. So brannte halb Washington darauf, Stalin die Lehren beizubringen, die gegen Hitler verabsäumt wurden. Die Expansion in Scheiben muß die Schwelle erkennen, wo der Krieg wartet.

Die letzte im Februar/März 1948 geschnittene Scheibe, die Tschechoslowakei, erregte alle Welt, eingedenk Hitlers Coup von 1938/39. Doch enthielt die Machtergreifung der Kommunisten in Prag, neben allen Subversionen, zumindest zwei souveräne Handlungen. Die Tschechen hatten 1946 die Kommunisten mit 38 Prozent zur stärksten Partei gewählt; so wurde ihr Chef Klement Gottwald verfassungsgemäß Ministerpräsident. Seine Koalitionsregierung ersetzte Präsident Beneš bang und folgsam gegen eine rote Einheitsregierung. Wäre Ulbricht ähnliches geglückt, hätte es keine Deutschlandfrage mehr gegeben.

Da der Kommunismus erzwungen, doch mitnichten auf Panzern in Prag einkehrte, konnte der politische Planungsstab des US-Außenministeriums sehr wohl im Juni schlußfolgern, daß die Sowjetregierung keine vorsätzlichen, umfänglichen Kriegshandlungen plane und »weiterhin bemüht ist, ihre Ziele vorwiegend mit politischen Mitteln zu erreichen«. Doch folgten sie, wie bei Hitler, so operationsmäßig aufeinander.

Einige Tage später, am 24. Juni, ergaben sich erneut »technische Schwierigkeiten« auf den Berlin-Zufahrten. Sie waren gravierender Natur und erlaubten auf Straße, Schiene und Wasser keinerlei Verkehr. Die Russen setzten West-Berlin unter Blockade. Am gleichen Tage wurden auch die im Ostsektor gelegenen Kraftwerke abgeschaltet, die Energie in die westliche Seite lieferten. Deren Anlagen produzierten 120 Minuten Strom täglich. In den kommenden Wochen endete auch die Versorgung mit Kohle und Nahrungsmitteln aus östlicher Richtung. Zweieinhalb Millionen Personen waren abgeschnitten vom notwendigsten Lebensbedarf.

Zählte dies zu den politischen Mitteln oder zu den Kriegsmitteln? Es war eine Maßnahme, und man mußte sie deuten. Am deutlichsten war der Zusammenhang zu der Londoner Konferenz von sechs westlichen Mächten, Sieger plus Beneluxstaaten, die am 7. Juni die Eingliederung der drei westdeutschen Zonen in den Kreditsegen des Marshallplans beschlossen, inclusive Ruhr. Zugleich würde in diesem Raum die zonale Wirtschaftspolitik koordiniert und eine Separatregierung eingerichtet. Angeblich als Übergang zur deutschen Einheit, in britisch-französischem Hintersinn als Übergang zur deutschen Spaltung.

Der 20. Juni sollte Tauschtag sein; entwertete Reichsmark wich der harten D-Mark. Am 23. Juni kündigte Clay ein gleiches in Berlin an. Das war der Schnitt. Die Bürger des D-Mark-Raums lebten hinfort in einer auf ihre Weise blockierten Daseinswelt, unverbunden mit dem Ostmark-Raum. Von Stund an gab es Sieger und Verlierer ganz ohne Krieg.

Am Tage der Blockade antwortete dem eine sogenannte Warschauer Erklärung, die sich nicht als Ultimatum ausgab, doch ersichtlich eines war. Es forderte die Rückkehr zur Zerschlagungswelt von Jalta und Potsdam: Demilitarisierung, Ruhrkontrolle, Reparationen. Die Fremdtruppen würden zurückgezogen, die russischen hinter die Oder, die amerikanischen hinter den Atlantik. Alsdann käme eine Regierung aller demokratischen und friedliebenden Kräfte zustande. Die Wahl undemokratischer, kriegsliebender Elemente kam nicht in Betracht.

Die Annahme jedes dieser Punkte, wiewohl vor drei Jahren noch gemeinsame Politik, kam einem Prestigeschwund erster Güte gleich. Eine deutsche Demilitarisierung hätte das Gleichgewicht in Europa auf Dauer zur rein amerikanischen Kostensache gemacht. Die Abtrennung der Ruhr vom deutschen Wirtschaftskreislauf galt mittlerweile als Schildbürgerstreich, eingeschlossen eine Reparationsentnahme, die es den Deutschen erschwerte, sich selbst zu erhalten. Entweder fielen sie den Besatzern zur Last oder dem Kommunismus anheim.

Im Unterschied zu den diskreten Nadelstichen im März stand Truman nun mit dem Rücken zur Wand. Er kam aus Hitlers Hochburg nur mehr als Vertriebener hinaus. Es blieb nichts übrig, als sich darin einzuigeln. Beide schienen bestätigt, die Rückzügler zur rechten Zeit sowie Clay und Reuter mit dem 6000-Mann-Konvoi. Das Abwarten entpuppte sich als das Gefährlichste.

Clay sprach weiterhin von Konvois, weil die Russen bluffften – wenn nicht, »könnten 20 gute Divisionen die Russen am Rhein aufhalten«. Die USA besaßen auf der Welt kaum 18 Divisionen und in Europa drei. Aus Reserven konnte eine zur Verstärkung entsandt werden. Ohne daß die absurde Insel Berlin in Amerika oder Europa als Daseinsfrage oder strategischer Pfeiler erachtet wurde, stand durch eine mittelschwere Provokation die ganze Kettenreaktion des Weltkriegs zur Zündung frei.

Die dummerweise vertraglich nicht fixierten Verkehrslinien in den Westsektor erglühten und wurden zu Kennzeichen für die Freiheit und die Unfreiheit, das Gerechte und das Ungerechte. War die Frage eingelassen in die Helmstedter Autobahn, dann gab es keinen Schritt mehr zurück. Man kann Freiheiten verraten und Linien aufgeben; eine Linie aber, welche die Freiheit bedeutet, muß halten. Es ging in Berlin um das Ganze.

Generalplan Weltkrieg

Die US-Planungsstäbe entwarfen serienweise Kriegspläne für den ganzen Planeten, so auch in diesen Tagen, gebilligt von den Joint Chiefs am 19. März 1948. ›Halfmoon‹ schloß an die Reihen ›Broiler‹, ›Frolic‹ und ›Bushwacker‹ an. ›Broiler‹ hatte für den 1. Juli 1948 eine sowjetische Bodenstärke von 173 Divisionen angenommen, ergänzt von 68 Divisionen der Satelliten. Rußland konnte noch drei Millionen an Reserven mobilisieren und die Freunde 66 Divisionen. Die sowjetische Luftwaffe zählte 13 000 Kampfflugzeuge.

Die Bodentruppen der USA umfaßten neun Divisionen, das Britische Empire besaß acht. Der Krieg würde global und total ausfallen. Kriegsziel war die Weltherrschaft. Im Unterschied zu ›Pincher‹, der Westeuropa, Nordchina und Korea preisgab, opferte ›Broiler‹ zudem die Südtürkei, die syrische Küste und die Kairo / Suez-Region. Eigentlich war laut ›Frolic‹ das ganze Mittelmeerbecken nicht zu halten.

Die Sowjets würden nach ›Crankshaft‹, dem revidierten ›Broiler/Frolic‹, in 60 Tagen Westeuropa aufgerollt haben bis zu den Pyrenäen. Ob sie nach Spanien wollten oder nicht, ließ sich schwer klären. Am 75. Tag jedenfalls hätten sie den italienischen Stiefel besetzt; Sizilien bereitete Schwierigkeiten und fiel darum erst am 175. Tag. Um Griechenland kümmerten sich die jugoslawischen und bulgarischen Partner, und zwar zwischen Tag 60 und 90. Hartnäckig wehrten sich die Türken. Erst am 150. Tag kämen die Russen bis nach Aleppo an der syrischen Grenze. Im Iran und Irak stand die Rote Armee bereits am 60. Tag. Nach Suez aber gelangte sie erst am 175. Tag, fast ein halbes Jahr. Immerhin wäre dann schon Nordchina in sowjetischem Besitz und Südkorea. Die Amerikaner dort könnten leicht nach Japan evakuiert werden.

Die erdrückende Mannschafts- und Luftüberlegenheit der Sowjets aber, davon waren die Joint Chiefs Anfang 1948 durchdrungen, entscheide nicht den Ausgang. Ihr Anfangsvorteil war durch keinerlei Mobilisierungskünste auf der Gegenseite wettzumachen. Die kommunistische Offensive, die West-Europa und den Mittleren Osten überrannte, hielt für eine beträchtliche Zeitspanne vor. Die USA und England dürften ihr indes keine relevanten Güter überlassen.

Die Ölquellen des Mittleren Ostens, empfahl das Koordinierungskomitee von Army und Navy im Mai 1948, müßten demoliert werden. Amerika, das die Förderung in Saudi-Arabien kontrollierte, würde die dortigen Bohrstellen zerstören, England die im Iran und die in der irakischen Region Basra/Kirkuk gelegenen. In Bahrain ginge man gemeinsam vor. Die geheimen Sabotagetrupps setzten sich aus diplomatischem Personal, Angestellten der Ölfirmen und den Militärmissionen zusammen. In die Pläne ihrer Gäste würden selbstverständlich die Ölländer nicht eingeweiht.

Die amerikanische Strategie, zuvorderst die heimischen Kriegsindustrien sowie den Panamakanal zu retten, mußte sich auf den Schutz einiger vorhandener Luftbasen beschränken und rasch neue besetzen. Sodann erfolgte die nukleare Gegenoffensive auf sowjetische Industrie- und Bevölkerungszentren. Wenn die Atombomben aus irgendwelchen unvorhersehbaren Gründen scheiterten, nicht ins Ziel drangen, die erwarteten Effekte nicht auslösten, durch Vorkehrungen der Gegenseite leerliefen, war so viel Territorium verlorengegangen, daß man sich geschlagen geben mußte. Mit einer einzigen Kugel im Lauf blieb nichts übrig, als damit zu treffen.

Dies erforderte ausreichend Flugzeuge, auf den Spezialauftrag trainierte Crews, einen sicheren Bombenvorrat und den politischen Entschluß, die Waffe unverzüglich einzusetzen. Vor dem Jahr 1952 besitze die Sowjetunion keine Atomwaffen. Nach sechs Monaten konnten die USA mehr als 7500 Flugzeuge aufbieten, die Moskau und Leningrad, Gorki und Kuibischew, Kazan, Tscheljabinsk und Omsk, Stalingrad und Magnitogorsk atomisierten. Insgesamt zwanzig Zentren der Öl-, Flugzeug-, Koks-, Eisen- und Stahlindustrie, U-Boot-Basen, Transport- und Reparaturzentren. In den fraglichen Städten lebten 17 Millionen Menschen, zehn Prozent der Gesamtbevölkerung, die 99 Prozent der Kampfflugzeugmotoren, 99 Prozent der Panzer und 61 Prozent der Ölraffinade fertigstellten. Waren diese 17 Millionen tot, verletzt, obdachlos und traumatisiert, bliebe die Bodenwalze einfach stehen.

Nach dem mutmaßlichen Fortfall der ägyptischen, türkischen und vermutlich auch der britischen Luftbasen blieben noch Okinawa, die Goldküste, Sudan, Aden und Nordindien in der Lahore/Karatschi-Gegend nutzbar. Die Anlagen mußten allerdings noch geschaffen werden und möglicherweise auch die politische Zustimmung. Notfalls konnte man sich darüber hinwegsetzen. Vielleicht würde Indien nach der Loslösung von der britischen Krone problematisch. Der Weg dahin dehnte auch den Seetransport aus den USA auf das äußerste. Möglicherweise bereitete Karatschi zu viele Schwierigkeiten.

Die wichtigste Operation nach D-Day war eine schnelle Flugzeugträger-Task-Force zur Einnahme von Grönland und Island, um dort russische Fallschirmoperationen zu verhindern. Wenn die isländische und die Grönland verwaltende Dänenregierung dies nicht einsähen, würden 2,2 Millionen Quadratkilometer der Occupatio bellica unterstellt.

Die zwei Inseln ersetzten als strategische Basen die britischen Inseln, die mutmaßlich nicht zu halten waren. Es mußte davon ausgegangen werden, daß die Sowjets nach ungefähr zwei Monaten versuchen würden, England zu neutralisieren. Bei ihrer Luftoffensive von dem eroberten Kontinent aus würden rund 2700 Bomber zum Einsatz kommen, eskortiert von ebenso vielen Jägern. Vermutlich flögen auch V1- und V2-Raketen nach London, die damit vertrauten deutschen Ingenieure bildeten in Rußland eine fleißige Kolonie.

Ob England einem Ansturm standhielte, der sich nach zwölf Monaten auf 1500 Flüge täglich steigern könnte, galt 1948 schon nicht mehr als fraglich. Die wirklich sicheren Startplätze waren Okinawa und Alaska. Bei Kriegsausbruch im Jahre 1952 wäre dies kein großer Schaden, weil durch die dann gängige Technik des Nachtankens in der Luft alle russischen Ziele erreichbar wären.

Die Atombombenträger fliegen einzeln oder paarweise, umgeben von vier bis acht Aufklärungsmaschinen und einigen Begleitbombern, die zur Ablenkung und zur Ausschaltung von Defensivstellungen mit konventioneller und biologischer Munition dienen. Biochemische Bombardements lockern vermutlich den Durchhaltewillen und verursachen weniger Schaden an den wirtschaftlichen Werten.

Die massenhaften Bevölkerungsverluste durch nukleare Saturierung würden der Haupthebel sein zur Erlangung der Kapitulation. Man hat mit dem Schlag in die Stadtgebiete alle Effekte vereint. Die industriellen, wissenschaftlichen und politischen Komplexe wären eliminiert und die psychologischen Eindrücke auf Regierung und Einwohner enorm. Gewisse Probleme tauchten bei der Besetzung verseuchten Bodens auf, die irgendwann folgen mußte. Der Widerspruch, einstweilen unlösbar, verlangte mehr Forschung an den biologischen Kampfstoffen. Der Gegner besaß darin einen Vorsprung.

»Es wäre möglich«, schrieb Oppenheimer, »daß die Amerikaner an Seuchen und die Russen an radioaktiver Strahlung zugrunde gehen.« Einen großangelegten Bakterienkrieg, heißt es in einem von Truman beauftragten Report, habe die Menschheit bisher nicht gewagt, doch könne er künftig eine gewaltige Rolle spielen. »Die Sabotage wird zu einer ernstlichen Gefahr.« Gesprühte Toxine könnten Massen in ähnlichen Dimensionen auslöschen wie nukleare Explosionen. Durch künstliche Verbreitung von Pflanzenkrankheiten ließe sich die gesamte Weizenernte vernichten. Solche Angriffe würden, materiell wie psychologisch, vom Inland aus gesteuert.

»Die Tätigkeit einer Fünften Kolonne«, warnte eine Präsidentenkommission unter Karl Compton, »stellt in den Plänen eines Aggressors einen noch wichtigeren Faktor dar, als dies unter Hitler der Fall war.« Der Feind werde erstens sabotieren und zweitens die Sabotagewirkung durch defätistische Stimmungen vervielfachen, »um mit dem ersten starken Schlag die Kapitulation herbeiführen zu können«. Kurz, die Vereinigten Staaten würden bei den globalen Operationen ein Heimatziel des inneren Feinds.

Rätselhafte Hinweise deuteten auf nukleare Munition, die keine eigentliche Bombe darstellte, doch aus der Luft entladen würde. Damit käme vielleicht eine Anzahl von Bombern durch. Mangels einer Langstreckenluftflotte und einer Ozeanflotte mit Landungskapazitäten bliebe dem Feind aber nichts übrig, als seinen Schwerpunkt nach innen, auf Subversion und Sabotage, zu verlagern.

Saboteure operieren einzeln, verdeckt und sind schwierig zu fassen. Subversanten wiederum bearbeiten eine breite Resonanzfläche, heften sich an die bekannten Bruchstellen der Gesellschaft, kommen zahlreich und lieben das Halbdunkel. Ihr Metier bestand im Anstacheln von Rassenkrawallen, in Verführung zu Bummelei, Streiks und zivilem Ungehorsam. Leicht zu infiltrieren seien Jugend- und Frauenorganisationen, Schriftsteller, Architekten und jüngst eingewanderte Europäer. Von dem altamerikanischen Bevölkerungssockel waren liberale Gruppen zugänglich mit Vorlieben für Frieden und soziale Gerechtigkeit.

Etwa 35 Prozent der amerikanischen Bevölkerung stufte der Nachrichtendienst der Joint Chiefs als gefährdet ein. Sie würden möglicherweise umgedreht und behinderten die nationale Mobilisierung. Die schwarze Bevölkerung müsse als hoch anfällig gesehen werden für sowjetische Propaganda. Im Grunde, argwöhnte Truman, meine diese Liste ihn selber und die Democratic Party. Dem FBI, das die Schnüffelei in den Personengruppen vornehme, dürfe keineswegs alles gestattet sein, »it will become an American Gestapo«. Zumindest seinen rührigen Leiter, J. Edgar Hoover, hielten die Berater des Präsidenten für »dicht an einem US-Faschisten«.

Die kommunistische Partei zählte in den USA 74 000 Mitglieder plus 685 000 ›fellow travellers‹. Sie kontrollierten mindestens siebzehn Gewerkschaften mit 1,2 Millionen Mitgliedern, darunter die Transportarbeitergewerkschaft. Die zuverlässigsten Parteimitglieder hatten vermutlich Sabotagelehrgänge absolviert. Gegen Straßen- und Schienennetze würden Anschläge gestartet, desgleichen in der Atombombenproduktion, der Munitions-, chemischen und Elektroindustrie. Die Wasserversorgung würde angegriffen werden. Mit Arbeitsniederlegungen war im Nachrichten- und Verkehrswesen, der Auto- und Flugzeugproduktion, in der Elektroindustrie, der Schiffahrt, der Lagerhaltung, der Tabakindustrie zu rechnen.

Diese Seite des Weltkriegs würde ernste Schwierigkeiten machen und beträchtliche Sicherungskräfte binden. Möglicherweise würden in den USA – von innen wie außen – Tausende von Zielen attackiert werden, die nicht samt und sonders zu schützen waren. Auch hier war viel Boden preiszugeben. Der Gral, der unbedingt, eisern, bis zum Umfallen verteidigt werden mußte, waren die Entwicklungs-, Herstellungs- und Lagerungskapazitäten der Bombe. Es handelte sich um sieben Stätten, die drei Divisionen Mannschaftsstärke, 42 Flakbatterien und drei Jagdschwadronen umgaben.

Der Krieg würde in drei Phasen verlaufen, von denen nur die erste zeitlich absehbar war, etwa 16 Tage. In der Spanne würden die Russen die kolossalen Geländegewinne realisieren und die Amerikaner sich auf die Verteidigung ihres atomaren Widerstandskerns konzentrieren. In der zweiten Phase entfaltete sich die Gegenoffensive bis zu ihrem Höhepunkt, der Vernichtungsattacke gegen die 17 Millionen russischen Stadtbewohner. Sie hing von einigen Variablen ab, der Anzahl und der Distanz der Basen sowie den politischen Kalkulationen beider Seiten. Die letzte Phase sah den Zusammenbruch des Gegners und die Rückeroberung der Welt vor. Das konnte dauern.

Die Golfregion mußte als erstes wiedergewonnen werden, obwohl anzunehmen war, daß alle Ölanlagen, die Amerikaner und Briten intakt gelassen hatten, von den abziehenden Russen ruiniert würden. Vieles hing von den Allianzen ab. Die arabischen Staaten steuerten zumindest ihre Fläche und Rohstoffe bei. Sichere Verbündete waren die Westeuropäer, Australien, Neuseeland, Südafrika, Ceylon und Israel. Indien und Pakistan blieben vermutlich neutral. Westdeutschland, Südkorea, Österreich, Griechenland, die Türkei, Iran/Irak und Indochina sympathisierten mit der westlichen Sache, würden aber von Geographie und innenpolitischen Problemen am Eingreifen gehindert. So sah der Dritte Weltkrieg im Entwurf aus.

Während die laufend neuen Erkenntnissen angepaßten Pläne den Ablauf des Krieges so genau wie möglich wiederzugeben suchten, ließen sie nicht erkennen, was damit geplant war. Wenn der politisch verunglückte Zweite in einen so beschaffenen Dritten Weltkrieg überleitete, fragte sich, auf welchen politischen Zustand der verwüsteten Welt man abstellte? Der Westen hatte einen Feind geschlagen, dadurch einen anderen gewonnen, der nachträglich der gefährlichere dünkte. Wozu wollte man in den Dritten Weltkrieg ziehen? Weswegen mußte er Kontinente und Ozeane umschlingen?

Präsident Truman hatte 1947 eine Kommission aus fünf Geschäftsmännern gebildet, die mit dem Scharfblick des Betriebsfremden ein Bild, zunächst vom US-Luftkriegspotential und sodann von der allgemeinen Kriegsplanung, zeichnen sollte. Die Joint Chiefs, zuständig für den ›overall war plan‹, erteilten keine Auskünfte, und erst die Beschwerde des Kommissionsvorsitzenden Charles Finletter beim Präsidenten führte zu einem Treffen mit den Admirälen William Leahy und Chester Nimitz sowie den Generälen Eisenhower und Vandenberg.

Die Militärs kamen mit ihren Plänen »seitendick, Seiten über Seiten« und boten eine mündliche Präsentation, welche die Besucher äußerst verwirrte. Sie stellten eine Reihe von Fragen, welche die Militärs äußerst verwirrten.

»I'm sorry«, sagte Eisenhower, »I guess my mind is worse than I thought it was. I can't understand what the war plan is.«

Beide Seiten rangen um Konzentration auf der Suche nach dem Kriegsplan.

»Gentlemen«, wandte Eisenhower sich nach Stunden an seine Kollegen, »these five civilian gentlemen who are here are just pa-

triotic American citizens trying to do something they've been asked
to do by the President. I think we owe it to them to tell them that
there is no war plan.«

Den Kriegsplan verdirbt gewöhnlich das Unbekannte, der Feind.
In diesem Falle litt er unter dem Bekannten, den zwei Weltkriegen.
Obwohl sich keiner von ihnen an seine Pläne hielt, hatten sie den
Gedanken vermacht, daß zwischen der Mandschurei und Birma,
Libyen und der Wolga, Neuguinea und Wladiwostok in verbun-
dener Weise gekämpft und danach eine zusammenhängende Ord-
nung geschaffen werden könne.

Die Anarchie dieser hoffnungslos gespreizten Fronten überwölbte am Schluß die Kuppel der Luftmacht. Bomber stießen über
die Horizonte hinweg an einen programmierten Punkt wie ein
Kopfschuß. Die von Malaya über Java bis zur Mongolei verstreu-
ten Truppen Japans brachen angesichts des von ›Little Boy‹ und
›Fat Man‹ entfesselten Schauspiels entseelt zusammen.

Was Land und Meer dem Eroberer an Widrigkeiten entgegen-
warfen, übersprang die Aluminiumkapsel am Firmament. Allenfalls benötigte sie eine Startbahn auf Grönland oder in Karatschi,
vielleicht auch nur einen besseren Motor oder einen längeren Auf-
tankschlauch in der Luft.

Finletters Geschäftsmänner fanden die Wunderwaffe an äußerst
dünnen logistischen Fäden aufgehängt. Das Zusammenspiel zwischen Seetransporten und Bodentruppen zum Bezug und Erhalt der
Basen war ungenügend abgestimmt. Die grenzenlose Vernichtungskraft speiste ein schmalst bemessenes Budget. Sie war das
Sparangebot, und alles Kostspielige, das den finalen Knall umgab
und abstützte, war gestrichen. Zudem fehlte den ›Broilern‹, ›Fro-
lics‹ und ›Halfmoons‹ die politische Dramaturgie. Unter welchen
Voraussetzungen würden welche Mittel welche Ziele erreichen? Es
gab eine Apokalypse und einen Schalter, der sie anknipste.

Plan ›Bushwacker‹ vom 8. März 1948 legte den Amerika und
England aufgezwungenen Krieg auf ungefähr den 1. Januar 1952.
Da war er schon eineinhalb Jahre im Gange und glich in nichts der
Voraussage. Der Ausbruch hingegen war zutreffend beschrieben:

Der Krieg würde durch einen Irrtum verursacht. Auch die Verursacher von 1914 und 1939 hatten sich geirrt. Was kam, hätte niemand sich ausdenken können.

›Bushwacker‹ vermutete, gleich den Vorgängerpapieren, daß die Sowjetunion einstweilen nicht an einem Krieg mit Amerika interessiert sei. Es würde irgendwo einen sowjetischen Kleinangriff geben. Die USA, welche den Anfängen wehren, stellen sich dem in die Quere. Die Russen täuschen sich in der Ernsthaftigkeit dieses Willens und erwidern. Daraufhin beginnt das Hauptprogramm, und nichts auf der Welt hält es mehr auf.

Wer wollte, konnte die Sperrung der Zufahrt nach West-Berlin als einen Kleinanschlag auf US-Positionen betrachten. Jedenfalls meldeten die Zeitungen der westlichen Hauptstädte, daß die Alliierten den Rückzug aus der Stadt erwögen, weil sie auf dem Luftwege nicht zu versorgen sei. Zwar konnten sie sich selbst versorgen, wären aber die Ursache gewesen für das Darben der Bevölkerung. Die Russen nahmen sie praktisch als Geisel, auszulösen durch den alliierten Abzug. Wünsche der Westen in der Stadt zu verweilen, dann nur bei Vollzug der Potsdamer Knebelpolitik.

Die Luftbrücke

Am Morgen des 25. Juni 1948 verlangte Truman von Verteidigungsminister Forrestal einen Bericht, was es mit diesem Währungsgeschrei in Berlin auf sich habe. Forrestal sagte, die Sache sei nicht so ernst, wie die Zeitung schreibe. Gleichzeitig meldete sich Heeresminister Royall bei Clay mit der Bitte, ihm seine Währungspolitik zu erläutern. Clay replizierte kühl, das habe er in einem Dutzend Telegrammen schon getan. Auch Lovett dachte über die Währung nach und fragte an, ob man sie nicht einfach zurückziehen könne? »Please remember«, kabelte Clay, »emphasize – and never stop repeating – that currency in Berlin is not the issue, the issue is our position in Europe and plans for Western Germany.« So hatte er die Wahl, sich bei den Deutschen verhaßt zu machen oder lächerlich. Die Blockade ginge auf ihre Knochen. Ein Auszug mit Familien, Gerät und Gefolge durch ein Spalier hämischer Rotarmisten war die politische Abdankung.

Clay verkündete, daß er seinen Sitz nicht verlasse. Im Olympiastadion riefen Reuter und 80 000 Berliner ihre Besatzer zum Bleiben auf. Clay fragte den Bürgermeister, ob die Bevölkerung eine Luftbrücke durchhalte? Sie würde hungern und frieren müssen. Reuter erwiderte, daß man die Befreiung von Hitler nicht wieder an Stalin und Ulbricht verlieren wolle.

Trumans Kabinettssitzung am 25. Juni festigte die schwankenden Reihen. Das Außen- und Verteidigungsministerium hatten Clay vergebens zur Evakuierung amerikanischer Familien anhalten wollen und etwas Nachgiebigkeit in der Währungsfrage. Auch das Kabinett rief das Berlinthema unter »Währungsgeschrei« auf. Die zwei Ministerien sowie das Armeeressort stimmten sogleich überein, daß Clay Formulierungen wie »war over Berlin« meiden möge.

Effektive Sanktionsmöglichkeiten bestünden nicht, Protestnoten liefen auf einen »Schreibmaschinenkrieg« hinaus.

Die interalliierte Berlinregelung wurde als konfus empfunden. Truman selbst hatte im Juni 1945 den Austausch der Sachsen/Thüringen-Positionen gegen Berlinzugang angeregt; über die Bodenwege fand sich aber nicht ein Fetzen Papier. Den Aufenthalt verbürgte allein das zögerlich gegebene Wort des in Ungnade gefallenen Schukow.

Weil der Präsident etwas gegeben hatte, bestand er auf der Gegenleistung. Am folgenden Tag befahl er, jedes verfügbare Flugzeug in die Berlinkorridore zu werfen. Die USA hielten sich in Berlin auf Basis eines »Vertrages« auf. »Die Russen haben kein Recht, uns durch direkten oder indirekten Druck hinauszubefördern.«

Marshall riet zur Geduld, die Vorräte in Berlin reichten noch für mehrere Wochen. Man könne folglich eine »unprovokative, aber feste Haltung« einnehmen. Es bestand kein Entscheidungsdruck, wohl aber ein Verzögerungsdruck. Wenn man die Russen an dieser Stelle gewaltsam konfrontiere, meinte Marshall, sei dazu eine Vorbereitungszeit von achtzehn Monaten erforderlich. Das sei der Standpunkt der Joint Chiefs. Ihr logistisches Planungskomitee hatte soeben festgestellt, daß ›Halfmoon‹ in den nächsten Monaten nicht funktionieren könne, weil Flugzeuge fehlten und Ersatzteile; den entscheidenden Einheiten konnte nicht genug qualifiziertes Personal gestellt werden, die Kairo/Suez-Startbahnen lagen in miserablem Zustand und brauchten Reparatur. Unter den gegenwärtigen Sparsamkeitsregelungen war das ganze erste Planjahr nicht durchzuführen.

Truman hatte schon darum keine achtzehn Monate, so zu tun, als ob nichts geschehen wäre, weil in vier Monaten die Präsidentschaftswahlen stattfanden. So sagte er seinen Leuten: »We are going to stay; period.« Die Erörterung der militärischen Eventualitäten, die Heeresminister Royall ansprach, schnitt er ab. Man werde »mit der Situation so umgehen, wie sie sich entwickelt«. Royall hätte gern den Fall erörtert, wie man die blockierten Landwege freikämpfen wolle. Die Erörterung war allerdings überflüssig, weil Konsens bestand, daß dies von vornherein unmöglich sei.

Um unter allen Unmöglichkeiten den Zug des Gegners ähnlich spektakulär zu beantworten, griff Truman seinerseits zu einem Bluff. Er hoffte fest darauf, seine leere Drohung nie wahrmachen zu müssen. Nun folgte er einem Ersuchen des britischen Außenministers Bevin, der am zweiten Blockadetag öffentlich den Verbleib in der Stadt angekündigt hatte. Bevin bat um Entsendung von zwei Geschwadern B-29, sechzig Maschinen. Um die Russen nicht zu reizen, wurde die Überstellung drei Wochen später vorgenommen.

In der Geschichte der B-29 verschmolzen zwei Missionen im August 1945 mit ihrem Namen. Sie war das Vehikel der Atombombe. Deren Transport oblag der 8. Air Force, die Mitte 1948 zweiunddreißig Maschinen und elf Crews besaß, die dazu gerüstet und trainiert waren. Sie blieben sämtlich stationiert in New Mexico; die nach England und Deutschland entsandten Maschinen flogen ohne Bombenmunition. Sie führten überhaupt keine Ladeanweisung mit sich, so daß der Kommandeur der nach Deutschland befohlenen Schwadron vermutete, es ginge zum Kohletransport.

Die offizielle Verlautbarung zu der Mission nannte »Übungszwecke«; doch schnell umgaben sie Gerüchte, daß es sich um Atomflieger handele. Gestreut wurde, daß es die ›Silverplates‹ seien, daß sich Bombenteile, ja Bomben an Bord befänden. Nichts davon traf zu, doch schrieben Zeitungen, die Flugzeuge nähmen den Kreml zum Ziel und ihr purer Anblick jage Stalin in die Flucht.

Da die Startzeiten einer nuklearen Attacke nicht bekanntgegeben werden, mochte der verharmloste Anschein, umgeben vom düsteren Ruch der Maschine, einem realistischen Szenarium gleichen. Der Wink ging nach Moskau, das sich möglicherweise irreführen ließ, sowie an das westliche Publikum, dem nun angezeigt war, daß die Berlinblockade bis zur letzten Konsequenz gehe.

Stalin besaß eigentlich genug Spione und eigenen Verstand, um zu wissen, daß Truman bessere Kriegsschauplätze fände als Berlin. Darauf kam es aber nun nicht mehr an. Der Präsident verpfändete seine Ernsthaftigkeit, um den Preis des Äußersten nicht von der Stelle zu weichen. An diese trotzige Geste hatte er sich angekettet. Daß Berlin dreieinhalb Jahre zuvor von dem gleichen Luftheer zerhämmert und um 12 000 Einwohner gebracht worden war, daß man nun um seinetwillen eine Mission vortäuschte, deren Gesamtplan 2,7 Millionen Tote auf einen Schlag vorsah, Bürger Rußlands, welches Eisenhower und Churchill um die Einnahme Berlins angefleht hatten, das strapazierte schon genug den Ruf westlicher Strategen. Wer einst der Unterwerfung Berlins einen Sohn oder Gatten geopfert hatte, mochte sie für nicht besonders weitblickend halten.

Trumans engere Gefolgschaft in Washington glaubte keineswegs an einen Bluff; sie glaubte auch nicht einmütig an die Ratsamkeit eines Atomkriegs. Sie glaubte, sie krümme den Finger am Hahn, paralysiere hoffentlich damit den Gegner, wenn nicht, konnte nur noch abgedrückt werden. Eine unernste Drohung nämlich entwertete die einzige Waffe.

Verteidigungsminister Forrestal notierte in seinem Tagebuch, daß alle westlichen Eliten, die er im Sommer 1948 sprach, den Atomschlag befürworteten, sollte denn die Blockade einen Krieg wecken. Auf einer Sitzung der Atomenergiekommission am 30. Juni im Pentagon tauschte man sich aus. Admiral Leahy, Roosevelts und nun Trumans wichtigster Ratgeber, glaubte, daß der Präsident keine Kriege führen solle, für die ihm die Soldaten fehlten. »But whatever we have, we could use.« Der Atombombenvorrat sei gering – es existierten zirka fünfzig Exemplare –, und exakte Einsatzpläne fehlten. Es blieb aber noch die Zeit, welche aufzustellen. Vandenberg, der Luftstabschef, sagte, seine Leute seien gerade dabei.

Die Diskussion verweilte dann bei der Frage, ob politische Ziele von Atomangriffen zu verschonen seien, denn »a reduction of Moscow and Leningrad would be a powerful enough impact to stop a war«. Außerdem lag eine Nachricht vor, daß auf der Flugbahn der Briten ein sowjetischer Sperrballon aufgetaucht sei, und ob man ihn abschießen müsse? Wäre dies der Startschuß? Die Nachricht war falscher Alarm.

Da der Gebrauch der Atombombe zum Greifen nahe schien, drängte Forrestal, sie nun in die Obhut des Militärs zu geben. Wer damit im Ernstfall hantieren solle, müsse das Gerät kennen. Anbetrachts der Schwere der Entscheidung hatte der Kongreß den Einsatzbefehl in die Hand des Präsidenten, die Aufbewahrung in die Hand der Atomenergiekommission und die Beratung in die Hand des Nationalen Sicherheitsrats gelegt. Unter Kriegsbedingungen recht schwerfällige Hürden.

Nicht, daß er den Präsidenten aussperren wolle, sagte Forrestal, aber das Militär müsse Vorkehrungen treffen, den richtigen Zeitpunkt entscheiden! Als die Frage am 15. Juni mit Truman erörtert wurde, zeigte er sich als größter Zauderer von allen. Diese Waffe sei unvorstellbar zerstörerisch und dazu bestimmt, Unbewaffnete, Frauen, Kinder auszulöschen. Eigentlich sei es überhaupt keine militärische Waffe. Er denke nicht daran, irgendeinen schneidigen Oberleutnant den richtigen Moment für den Abwurf entscheiden zu lassen.

Es sei doch immerhin möglich, wandte Air-Force-Minister Stuart Symington ein, daß eine Bombe im Ernstfall nicht funktioniere. Das Militär benötigte eine gewisse Vorauskontrolle der Bombe. »Es ist jetzt überhaupt nicht die Zeit, mit Atombomben zu jonglieren«, erwiderte Truman.

Da das Gesetz die Bombe in politische Hand gelegt hatte, konnte die politische Hand sie weiterreichen, wohin es ihr nötig schien. Truman aber glaubte, daß die Entscheidung seinem persönlichen Richteramt überstellt sei, nicht vom Capitol, sondern einem höheren Richter. Der lenkte seine Hand zur guten Entscheidung, denn nach menschlichem Ermessen war die vom August 1945 eine schlechte.

Clay erläuterte mit aller Sanftmut am 12. Juli dem Nationalen Sicherheitsrat die Lage, räumte ein, daß sein Konvoiplan zum Kriege führen könne und vorher alle anderen Mittel auszuschöpfen seien. Truman bekräftigte: »Mit dem Abzug aus Berlin verlieren wir alles, wofür wir kämpfen.« Die Meinungsumfragen besagten, daß Amerika sich keinem Zwang beugen, doch eine Verhandlungslösung ansteuern solle. Dem waren die Sowjets gar nicht abgeneigt; wenn der Zwang dazu verhalf, um so besser.

Wer blockiert, nimmt sich Zeit. Die Entscheidung würde im Winter fallen, wenn West-Berlin nicht heizen und nicht kochen konnte. Die Gesprächskontakte mit Sokolowski in Berlin besagten ohne Umschweife, daß die Zugangssperren so lange währten, wie Pläne für den westdeutschen Staat geschmiedet würden. Den Weststaat konnten die US-Strategen nicht aufgeben, Berlin mühelos. Es war nur ein Zeichen, sonst nichts.

Aus Moskau, wo Protest eingelegt wurde, hörte man den gleichen Preis, die Rücknahme der Londoner Vereinbarungen. Als Marshall die Rechte des Westens zum Aufenthalt in Berlin reklamierte, erwiderte Molotow in schönster Schlichtheit, diese Rechte seien wegen Bruchs des Potsdamer Abkommens verwirkt.

Wie immer war Stalin die Versöhnlichkeit selbst. Marshall hatte Botschafter Smith um eine Audienz bitten lassen, die am 2. August gewährt ward. Die »technischen Schwierigkeiten« ließen sich sicher beheben, sagte Stalin, angetan mit der weißen Uniform des Generalissimus. Selbstverständlich bestehe keinerlei Absicht, die Westmächte aus Berlin zu jagen. »Schließlich sind wir noch immer Verbündete.« Die Bildung eines westdeutschen Staates habe ihn natürlich geschmerzt. Wenn man einen Separatstaat schaffe mit der Hauptstadt Frankfurt, könne man nicht gleichzeitig Rechte auf die Hauptstadt Berlin begründen. Berlin sei dann eben nicht mehr die Hauptstadt Gesamtdeutschlands. Der Vorbereitung des Weststaats könne er nun einmal nicht wehren. Wenn man die Blockade nicht wünsche, brauche man bloß die deutsche Spaltung einzustellen.

Als der Botschafter die Praktikabilität des Vorschlags bezweifelte, schlug Stalin das gleiche in noch geschmeidigeren Worten vor: Der Westen möge bitte seinen »nachdrücklichen Wunsch« zur Kenntnis nehmen, die Londoner Vereinbarungen beiseite zu legen. In Berlin, »mitten in der Sowjetzone«, müsse man wohl die Ostmark akzeptieren.

Der Botschafter meinte eine Verhandlungswilligkeit herauszuhören, und das sollte er auch. Man beriet den August hindurch, und in der Zeit wurde die Blockade eine Tatsache. Die B-29 übten und führten offensichtlich nichts weiter im Schilde.

Im September warf Ulbrichts Mob unter den Augen sowjetischer Soldaten die Berliner Stadtversammlung mit ihrer SPD-Mehrheit aus dem östlichen Rathaus; er hatte einen sozialistischen Zonenwirtschaftsplan aufgestellt, der auch die Westberliner einrechnete. Sie mußten sich nur noch von den Amerikanern, Briten und Franzosen lösen. Am 9. September, die Amerikaner verhandelten noch mit Stalin und Molotow in Moskau, versammelten sich 300 000 Personen vor dem Reichstag, und Reuter sagte ihnen, wer sie aufgebe, der gebe sich selber auf.

Dem Nationalen Sicherheitsrat war im Juli ein Vorhaben Clays präsentiert worden, das Ungläubigkeit hervorrief und direkten Widerstand bei der Air Force. Clay hatte mit seiner Sachkenntnis als Logistiker, vor allem aber seiner Entschlossenheit zum Durchhalten errechnet, daß man bei drei Luftkorridoren und den Flughäfen Tempelhof und Gatow zweieinhalb Millionen Menschen durch den Winter bringen kann. Ein dritter Platz in Tegel ließe sich noch bauen. Wenn 52 Transportmaschinen C-54 und 80 C-47 täglich 250 Pendelflüge absolvierten, gelangten 4500 Tonnen Güter in die Stadt. Bei sparsamstem Verbrauch würde dies ausreichen.

Die Air-Force-Kommandeure hielten dies für unmöglich, wenn es aber möglich war, dann nur durch die Entblößung der Luftstreitkräfte von sämtlichen Maschinen, die zur Erfüllung ihrer Verteidigungsmission unabdingbar waren. Alle Bomber-, Jäger- und Atombombergruppen hingen logistisch an Transportmaschinen. Truman hörte sich schweigend die Kritik der Pentagon- und State-Department-Experten an. Als Clay entnervt aufbrach, sagte Truman ihm leise: »General, you will have your planes«, und orderte sechsundsechzig C-54.

Der engbemessene Luftraum und die wenigen Landebahnen setzten der Liefermenge Grenzen, die allein die C-54 mit ihren zehn Tonnen Ladekapazität auszugleichen vermochte. Der Präsident faßte die Gelegenheit beim Schopfe, die ihm die Wahl zwischen Krieg und Schmach ersparte, die verwegene ›can do‹-Mentalität seiner Nation. Sobald Clay in Berlin eingetroffen war, rief er Curtis LeMay in Wiesbaden an.

»Haben Sie Maschinen, die Kohle transportieren können?«

»Was transportieren?«

»Kohlen.«

»Ich kann so schlecht verstehen«, sagte LeMay. »Es klingt immer, als fragten Sie nach Flugzeugen, die Kohlen transportieren können.«

»Genau das habe ich gesagt: Kohlen.«

»Die Air Force transportiert alles.«

Le May fand Gefallen an der Luftbrücke, weil sie ein haarsträubendes Flugprojekt darstellte. Die wahre Schwierigkeit lag nicht in der Anzahl der Flugzeuge, sondern dem Nadelöhr der Strecke, das sie in riskanter Verkehrsdichte und hurtigem Takt der Landungen passieren mußten bei Tag und Nacht, Klarsicht und Nebel, Nässe und Schnee.

Die Air Force opferte ihre besten Navigationssysteme und rekonstruierte in Montana die Korridorverhältnisse über der deutschen Sowjetzone, um Piloten zu drillen. Ende August wurden 2000 Tonnen täglich erreicht, im Dezember 4500, Ende Februar, dem schlimmsten Wettermonat, 5500 und im Frühjahr 8000 Tonnen. Den Rekord sah der Ostersonntag 1949 mit 12 941 Tonnen bei 1398 Landungen im Minutentakt. Es gelang, ein ganzes Kraftwerk, zu Teilen zerlegt, in Flugzeugrümpfen unterzubringen, in West-Berlin auszupacken und zusammenzuschrauben. Zu der Zeit war die Luftbrücke bereits ein Sport geworden.

Es nahm daran auch eine Mannschaft teil, der kraft Potsdamer Abkommen zu fliegen oder einer Air Crew anzugehören verboten war. Die Frequenz der Flüge, ihre Sicherheit und Abfertigung hingen wesentlich von der Nutzung des Stauraums, der perfekten Verteilung der Last, der Entladung der Fracht und dem Lotsen der Start- und Landevorgänge ab. Anfangs kontrollierte die Air Force die Qualität der Arbeit, um alsbald festzustellen, daß hier deutsche Flugingenieure, Jagdfliegerasse, Lufthansadirektoren anleiteten, die ihr Geschäft verstanden und mit eiserner Disziplin und Pünktlichkeit sagenhafte Schichten schoben. Es konnte nicht ausbleiben, daß die wechselseitige Bewunderung der Tüchtigkeiten die innigsten Gefühle wachrief. Wie konnten so verwandte Menschen jemals Feinde gewesen sein?

Die Russen sahen mit Erbitterung, daß der Keil, den sie zwischen Deutsche und Westmächte hatten treiben wollen, sich als Klammer erwies. Sie umklammerte ein ganzes Lager. Der Ökonomie des Transports antwortete die Wirtschaftlichkeit des Verbrauchs. Die Verteilungsmasse mußte reichen. Alle Hausfrauen, welche die Nahrung streckten, alle Hausväter, welche die Brennstoffe einteilten, das elektrische Licht ausnutzten, bildeten mit den Lieferanten ein Camp. Da die Stadt offen begehbar war, boten die Sowjetbehörden, um sich anziehender zu machen, Bezugsmöglichkeiten im Ostsektor an. Statt dessen entwickelte sich ein Grassroot-Kapitalismus in Form des Schwarzmarkts. Eine attraktive Währung, eine Mangelsituation, exotische US-Produkte lockten den Erwerbssinn aus den Ritzen des Sozialismus. So durchlöcherte er seine eigene Blockade.

Die Luftbrücke, das größte Loch, wurde täglich größer ohne jeden Versuch, es zu stopfen. Den Berliner Flugverkehr überwachte das Berlin Air Safety Center, ein Viermächteorgan. Auch wenn die Russen den Kontrollrat und sein Lokalpendant, die Kommandantur, boykottierten, war die Luftsicherheit etwas Unteilbares. Sie übte keine Aufsichts-, sondern eine Koordinierungsfunktion aus. Flüge von und nach Berlin ließen sich dort registrieren und erhielten routinemäßig eine Erlaubnis. Wer ohne Erlaubnis flog, tat es auf eigenes Risiko. Dem wollte sich selbst Sokolowski nicht aussetzen. Am 4. September unterrichtete er das Center über Manöver, die seine Jagdflotte quer durch die Korridore zu veranstalten gedenke.

Die begeisternde Luftschau Clays und LeMays lief ab unter der stillschweigenden Voraussetzung, daß niemand sie störte. Die einst getroffenen Absprachen, ob schriftlich oder mündlich, tilgte Molotow mit einem Wort, ›verwirkt‹. Was dann? Clay warnte Sokolowski kühl, daß er die Sowjetunion für jeden Unfall haftbar mache. Wie?

Der US-Sicherheitsrat warnte unter Trumans Vorsitz die Russen davor, die Luftkorridore zu verstopfen. Er selbst füllte sie bis zum Rand durch Aufstockung der C-54 von inzwischen 125 auf 200. Die Manöver und die Luftbrücke, fürchtete der ganze Westen, würden ineinanderrasseln. Alle Gespräche waren versandet, denn Truman hielt sie für eine Sackgasse. Mit Russen sei es »not possible to do business«. Was wäre alsdann die Alternative zum Geschäft?

Der Präsident wurde von mehreren Seiten bedrängt, sich der Atombombenfrage anzunehmen. Am 13. September, nach einer Sitzung mit den Militärs, schreibt er nachts in sein Tagebuch: »Forrestal, Bradley, Vandenberg, Symington brief me on bases, bombs, Moscow, Leningrad, etc. I have a terrible feeling afterwards that we are very close to war. I hope not.« Forrestal notiert über das gleiche Atom-Briefing: »Der Präsident sagte, er hoffe, niemals eine solche Entscheidung treffen zu müssen. Doch sollte sie nötig werden, brauche keiner Zweifel daran zu haben, daß er sie treffe.«

Der >Sunday Punch<

Allenthalben reift im Herbst 1948 die Überzeugung, mit jener Waffe in Bälde Ernst machen zu müssen. Was hielt davon ab, der Gegner besaß keine, würde sie aber kurz über lang besitzen, mutmaßlich um 1952 herum. Manche schienen, wie Forrestal, begierig; er ließ die Joint Chiefs schon Ende Juli einen Plan entwerfen auf Basis eines bevorstehenden Kriegsausbruchs und einer atomaren Antwort. Mit größerer Autorität und Ruhe schloß der Nationale Sicherheitsrat am 10. September sein Papier NSC 30 mit dem Satz: »Im Falle von Feindseligkeiten muß das Verteidigungsministerium vorbereitet sein, prompt und wirksam alle angemessenen Mittel einzusetzen, einschließlich Atomwaffen, und demgemäß Pläne aufstellen.«

Am 10. Oktober äußerte selbst der skeptische George Marshall, der ganz und gar nicht von der überwältigenden Wirkung der Atombombe auf Rußland ausging, daß sie – entscheidend oder nicht – eine Realität des Krieges sei: »The Soviets are beginning to realize for the first time that the United States would really use the atomic bomb against them in the event of war.«

Krieg ist Atomkrieg. Seine größte Angst, schreibt der Mann, der die Entscheidung auf sich nimmt, an seine Schwester Mary Jane, sei, die Wahl zu gewinnen und einen Krieg gegen Rußland am Bein zu haben. »Two wars are enough for anybody, and I've had two.« Er war genau zwei Jahre entfernt von dem dritten, den er selbst befehligte.

Truman wurde mit einem überraschenden 5-Prozent-Vorsprung wiedergewählt. In den Augen des Publikums hatte er das Goldrichtige getan; dem Gegner keinen Fußbreit nachgegeben und sich dennoch nicht in den Krieg ziehen lassen. Die rasante Luftbrücke düpierte die plumpe Sowjetblockade. Amerika war von Freunden umgeben, die Briten flogen an der Flügelkante mit und teilten die Gefahr. Frankreich flog nicht, verweilte aber in der Stadt und ließ sich versorgen.

Die Freude über diese Gerechten rührte nicht halb so tief wie die über den bekehrten Sünder. Deutschland, schrieb Clay, »is one of the most anti-communist countries in the world«. Das war es schon vor seiner Ankunft gewesen, doch nun vereinte das Bekenntnis zur Freiheit. Es war kein Satz, sondern eine Tat. »Diese Menschen«, schreibt Clays Zivilverwalter Robert Murphy, »Männer, Frauen wie Kinder, hatten ein Minimum an Ernährung und Heizung während eines strengen Winters hingenommen, hatten den sowjetischen Versuchungen widerstanden und unsere Flugzeuge Stunde für Stunde, Tag für Tag und Monat für Monat entladen. Sie waren während der Blockade praktisch unsere Verbündeten geworden.«

In der Hitze der Wahlschlacht im Oktober war Truman wiederholt von den Joint Chiefs gefragt worden, was geschehen solle bei einem ernsten Zwischenfall. Darunter war vielerlei vorstellbar. Eine Störung des Lotsenfunks legte den Nonstop-Verkehr lahm. Im Weltkrieg hatten sich Fabriken vor Tieffliegern mit Vorhängen von Seilen geschützt; an Fallschirmen oder Ballons befestigt, konnten sie bequem im Ostsektor verankert werden. Das einfachste wären Ballonsperren, quer durch die Korridore gezogen. Was geschähe bei Abstürzen und zwangsläufiger Umkehr?

Truman wich einer Antwort aus; er war, wie er Marshall anvertraute, »höchst bemüht« darum, sie über die Novemberwahl zu schieben. Selbstverständlich konnte er auch danach nicht antworten. Würde ihm ein sowjetisches Störfeuer einen Krieg um Berlin wert sein?

Clay versicherte, daß seine Brücke dauerhaft tragfähig sei. Im State Department zweifelte man aber, ob Amerika »ewig in Berlin bleibt«. Diese Igelstellung machte nur erpreßbar, sie war nie vorgesehen, vielleicht werde »die Weltmeinung« die Stadt schützen. Wenn nicht, würden zweieinhalb Millionen Westberliner das Los von 17 Millionen Ostdeutschen teilen. Man konnte Rußland nicht vom Platz tragen.

Stalin hatte keine Wahlen zu bestehen, sondern etwas Riskanteres. Als Gewaltherrscher schuldete er den Unterworfenen den Beweis seiner Gewaltsamkeit; momentan bewies er ihnen seine Tatenlosigkeit. Der Würger würgte nicht. Die passive Waffe der Blockade stumpfte tagtäglich ab. Inzwischen flogen die Maschinen beladen zurück; die Westberliner Wirtschaft produzierte und verkaufte. Die Luftbrücke, aus einer peinlichen Verlegenheit entstanden, berichtete Lovett im Dezember dem Nationalen Sicherheitsrat, habe sich zum »größten politischen Faktor in Europa« entwickelt, sie sei ein »vitaler Teil unserer Außenpolitik« und zugleich ein permanenter Luftsieg: »The Berlin situation is war, a showdown!« Das Bemerkenswerte an dem Showdown war, daß Stalin nicht die Kanone zog. Was würde geschehen, wenn er eine C-54 herunterholte? Oder fünf, zwanzig?

Die Maschinen verkehrten über hundert Kilometern Flakbatterien. Den Showdown konnte Sokolowski im Schlaf gewinnen, und man stand wieder beim Konvoi. Die Joint Chiefs fragten mit einem gewissen Recht, auf welchen Fall X sie sich einzustellen hätten? Wer C-54 abschießt, nimmt auch Konvois auseinander. Alle Fragen führten nach New Mexico. Forrestal hatte während einer Nachtsitzung mit Marshall, Bradley und einigen Zeitungsverlegern die »einstimmige Meinung« festgestellt, daß im Kriegsfalle »das amerikanische Volk die Angemessenheit der Atombombe nicht nur nicht anzweifle, sondern ihren Einsatz erwarte«.

Der Erwartung des Publikums und seiner Leute würde Truman sich nicht widersetzen können noch wollen. Im Falle ernster Vorkommnisse im Berliner Luftkorridor blieb nur eine Wahl, und sie wurde von Stalin getroffen. Brachte er die Luftbrücke zum Einsturz, würde Truman seine Höllenmaschinen in Gang setzen müssen. Die Luftlinie der Korridore, so blank und ungeschützt sie sich darboten, trennte die Welt vom Dritten Krieg. Truman wußte nicht zu antworten, wie er ihn hätte aufhalten sollen. Er mußte sich auf Stalin verlassen, das Zeichen richtig zu lesen.

Auch Stalin las, wie jeder, seine Lage aus den Lehren der Geschichte. Sie sagten ihm, daß es falsch gewesen war, Hitler 1940 tatenlos zum Herrn des westlichen Kontinents werden zu lassen. Die Kräfte Frankreichs, Belgiens, Norwegens, Dänemarks, der Niederlande, der Tschechoslowakei und Italiens, die Deutschland sich nutzbar machte – Arbeitskräfte, Nahrungsgüter, Industrien –, hatten zur Stoßkraft des Überfalls beigetragen, der 1941 bis in die Vororte Moskaus trug. Er hätte auf Churchill hören sollen, der ihm ein Jahr lang in den Ohren gelegen hatte, dem Dritten Reich präventiv in die Weichen zu fallen. Das war leider unterblieben, denn man war noch nicht soweit. Man ist nie soweit. Die anderen auch nicht.

Die Sowjetunion litt 1940 noch unter den Folgen der Industrialisierung, der Landkollektivierung, der großen Säuberung, der 1937/38 knapp die Hälfte der Kommandeure der Roten Armee erlegen war. Hätte man zwei Jahre danach Krieg gegen die Wehrmacht führen sollen, ohne Offiziere? Gewiß. Ihre Kräfte waren wacklig, die Motorisierung unzureichend, die Stimmung gemischt.

Die gegenwärtige Lage Europas lud erst recht zur Prävention ein. England und Frankreich bankrott, die Deutschen zerbombt und demoralisiert, die Amerikaner stolzgeschwellt, aber demobilisiert und hoffnungslos über den Globus zerdehnt, dazu Japan zerbrochen, China im Bürgerkrieg. Das alles würde dramatisch anders. Der deutsche Weststaat, die europäisch-amerikanische Militärkooperation erhoben sich am Horizont. Da das Duell kommen mußte, käme es besser früher als später.

Amerika hatte die Atombombe und hätte rasch die zwanzigfache Menge, bessere Flugzeuge und nähere Flugbasen. Rußland würde bald die Bombe haben, doch unzureichende Trägerwaffen. In mittlerer Frist, 1955/56, wäre dies anders. Koroljow hätte seine Raketen gebaut, und sie könnten die USA verletzen. Die Amerikaner müßten dumm sein, so lange abzuwarten. In zwei, drei Jahren hätten sie die Allianz mit den Nazi-Militaristen und Monopolisten gezimmert. Dann käme das günstigste Zeitfenster für ihren Angriff.

Rußland wäre immer noch nicht soweit, die Feinde aber ein Stück weiter. Eigentlich sprach mindestens ebensoviel für 1948/49 wie dagegen. Die Kondition des Gegners gebot nicht, den Luftkorridor zu schonen. Im Gegenteil. Die Abschreckung des Atommonopols war gar nicht so lähmend, wie allgemein gedacht.

Die Joint Chiefs massierten Zerstörungskraft von utopischen Dimensionen. Sie belehrten die Atomenergiekommission, das Bombenarsenal müsse vor Kriegsbeginn mit gebrauchsfertigen Exemplaren gefüllt sein, damit die Anfangsoffensive gelinge. Im Juli 1948 wurden 150 Stück verlangt, um 100 Stadtziele zu treffen, im Mai 1949, bei Ende der Blockade, sollte ein Vorrat für 220 Ziele angelegt werden. Zur gleichen Zeit lag den Joint Chiefs auch der Bericht vor, mit dem sie Air-Force-General Hubert R. Harmon beauftragt hatten. Mit Hilfe einer Spezialkommission aus je zwei hohen Offizieren der drei Waffengattungen sollte herausgefunden werden, welchen Effekt die Abwürfe in Rußland erzielten. Das Resultat überraschte.

Harmons Komitee nahm einen Atomangriff auf 70 Städte an. Alle Bomben würden ihre Ziele treffen. Von der ersten Angriffswelle würden 2,7 Millionen Menschen getötet, vier Millionen verwundet, weitere 28 Millionen hätten in den Städten beträchtliche Schwierigkeiten der Unterbringung, Versehrtenpflege, Trauer etc. Die Industriekapazität der Sowjetunion wäre um 30 bis 40 Prozent verringert.

Solch ein Erfolg zwänge die Sowjetunion allerdings nicht zu einem Unterwerfungsfrieden. Die russische Industrie würde sich rasch erholen, auch wenn fortgesetzte Angriffe ihre Ölproduktion drosselten. Die Vorräte der Streitkräfte reichten jedoch aus, die Einleitungsoffensive fortzusetzen. Ein moralischer Zusammenbruch träte vermutlich nicht ein, und Moskaus Kontrolle über die Bevölkerung ließe nicht nach. Statt dessen wüchsen die Antipathien gegen die Vereinigten Staaten, und das Volk würde eins in seinem Durchhaltewillen.

Mangels wirksamer Alternativen, die Sowjetunion zu treffen, bliebe aber nichts anderes übrig, als zu verfahren wie geplant: »Effective delivery of the maximum number of atomic bombs at appropriate target systems.« Die Joint Chiefs leiteten den Bericht an die Atomenergiekommission weiter und schrieben, daß man die dreifache Menge Atombomben brauche.

Die Befunde der Harmon-Kommission gleichen denen, die über die Brand- und Sprengbombardements des Weltkriegs auf Deutschland und Japan erhoben wurden. Das Exempel Hiroshimas und Nagasakis, die Herbeiführung einer Kapitulation binnen einer Woche, wäre demzufolge irreführend. Japan stand nach dreieinhalb Jahren Krieg vor dem Nichts, und die zwei letzten Bomben trafen es im Koma. Sie waren keineswegs die Ursache, sondern der letzte Rest.

Die Air Force hatte auch einen jungen Yale-Professor als Berater gewonnen, Bernard Brodie, den Vandenberg bat, sich die Zeitplanung näher anzuschauen. Brodie kritisierte, daß nur »Bombardierungslisten« existierten, die man an jährlich einem Nachmittag aufschreibe, ohne daß sie einen Kriegsplan darstellten. Im Weltkrieg hatte man die Bedeutung von Transport- und Energieversorgungssystemen kennengelernt, doch war die Sowjetunion riesig, die Karten alt und fehlerhaft. Niemand wußte, wie genau solche Installationen verteilt waren. So hatte man industrielle Verdichtungszonen benannt und die Bombe auf Einwohnervernichtung gemünzt mit der Industriezerstörung als Zusatzeffekt.

Als Beispiel nannte Brodie die Behandlung Moskaus. Zum Orientierungspunkt hatte man platterdings die Kremltürme gewählt, dann aber herausbekommen, daß sich in zwei Kilometer Entfernung ein Kraftwerk befand. Infolgedessen wurde das Detonationszentrum auf den mittleren Punkt gelegt, so daß vermutlich beide Komplexe intakt geblieben wären. Wie die Kriegführungskapazität des Gegners zerstörbar sei, wisse man nicht. Es werde »einfach erwartet, daß die Sowjetunion als Ergebnis der Bombenkampagne zusammenbricht«. Dies nenne man den »Sunday Punch«.

Die meisten Ziele lagen tief im Inneren der Sowjetunion. Amerika besaß keine Jagdmaschinen mit genügender Reichweite, die B-29 zu begleiten und zu decken. Dafür standen sowjetische Jäger zu Hauf bereit, darunter ein Typus, den der Westen noch nicht kannte, die Mikojan-Gurewitsch-15, ein Strahljäger. Er flog doppelt so schnell wie der viermotorige Propellerbomber, erreichte eine Gipfelhöhe von 16 Kilometern und war entwickelt aus erbeuteten Unterlagen der deutschen Messerschmitt-Jets und des von Rolls-Royce gelieferten ›Nene‹-Motors. Es würde sich in Kürze herausstellen, daß die B-29 sich gegen die MiG-15 kaum verteidigen konnte.

Die Sowjets verfügten über einfache Radarsysteme bis zu 250 Kilometer Reichweite, die, an strategischen Punkten postiert, die sowjetischen Kampfflieger oft genug alarmiert hätten; bestenfalls eine halbe Stunde bevor der Angreifer die Landesgrenze kreuzte und gewiß auf der Rücktour. Ohne seine Jägereskorte hätte ein Rudel unvergleichlich wendigerer MiGs ihn schnell durchlöchert. Angesichts der mageren Anzahl von ›Silverplates‹ und ihrer Spezialcrews wog jeder Verlust. War die Maschine durch die Maschen der Jäger geschlüpft, traf sie am Ziel auf ein Spalier äußerst fähiger Flakbatterien. Ihr neues 100-mm-Geschütz erreichte zwölf Kilometer Höhe, die B-29 maximal zehn. Man muß annehmen, daß die fünfzig Atombomben des Jahres 1948 nicht sämtlich ihr Ziel erreicht hätten.

Damit der Hindernisse nicht genug. Die einzigen brauchbaren Zielangaben hatten die USA den erbeuteten Fotografien und Akten der Wehrmacht entnommen. Sie wußten eigentlich nur Bescheid über Hitlers Okkupationsgebiet, das heißt bis zur Wolga. Die gewaltigen Industrien östlich des Urals waren unauffindbar. Schon die Wehrmacht hatte die betrübliche Feststellung gemacht, daß Karten lügen. Eingezeichnete Bahnlinien entpuppten sich als pure Phantasie, stattliche Ortschaften als Nester, riesige Städte wiederum erhoben sich aus angeblich unbesiedelten Gebieten.

Wenn eine einzige Bombe den Schaden anrichten soll, muß sie halbwegs exakt auftreffen und ein Ziel vorfinden. Die frühen Modelle übten bei aller Verheerungskraft in Bebauungsgebieten nur wenig Wirkung aus, wenn sie drei Kilometer entfernt im Weizenfeld landeten. Die Druckwelle büßte nach drei Kilometern von ›ground zero‹ 95 Prozent ihrer Wirksamkeit ein; für die meisten

Schadenstypen ging sie bei 2–2,5 Kilometern auf null. Der Haupteffekt entfaltete sich im Halbmesser von 1000 Metern.

Ende 1948 wechselte das Kommando über die Strategische Luftwaffe, der diese Aufgaben oblagen, auf Curtis LeMay, dessen Berliner Luftbrücke aller Entzücken war. Er fand Mannschaften vor, über die es in seinen Memoiren heißt: »We didn't have one crew, not one crew, in the entire command who could do a professional job.« Die Atomübungen waren aus geringer Höhe durchgeführt worden, über Wasser- und Wüstenflächen oder stark reflektierenden Zielen. Niemand war trainiert für die Echtbedingungen in der Sowjetunion.

Die U. S. Air Force hatte im Zweiten Weltkrieg Tagesmissionen geflogen und war es gewohnt, nach Sicht zu zielen. Die sowjetische Luftverteidigung ließ sich aber – wenn überhaupt – nur in der Nacht überwinden. Wie die Deutschen hätten die Sowjets ihre Städte abgedunkelt und Täuschungslichter gesetzt. Die Piloten mußten folglich nach Radarangaben blind bomben. Die Bildschirme der Zeit lieferten vom Bodenprofil wenige kryptische Signale. Wasser reflektierte die Radarstrahlen überhaupt nicht und brachte einen schwarzen Fleck auf die Scheibe. Land, Wald, Berg und Straße liefern Konturen von abgestufter Helligkeit. Aufrechtgestelltes, Stahlkonstruktionen, Beton schicken kräftigere Reflexe als Hölzernes oder Flachgestrecktes.

Um dies Licht-und-Schatten-Spiel zu lesen, benötigt der Navigator zum Abgleich eine höchst detaillierte Karte, die ihm Anhaltspunkte bietet für das, was die Radarabtastung Diffuses meldet. Wenn die zwei Bilder, die Karte und die Bildschirmsignale, irgendwie zusammenpassen, dann weiß er zehn Kilometer hoch am Himmel in russischer Nacht ungefähr, wo er ist. Keine Menschenseele bei der Air Force hatte dies vor Januar 1949 geübt.

Um der ganzen Tragweite seines neuen Kommandos ins Auge zu schauen, hielt LeMay über Dayton, Ohio, eine Übung ab. Die Crews erhielten ein elf Jahre altes Foto der Stadt, dessen Aussagekraft dem entsprach, was man aus der Sowjetunion bestenfalls gewahr werden konnte. Der Angriff erfolgte aus 10 000 Meter Höhe, um der vermuteten Flakreichweite zu entgehen. Als Ziel waren normale Industrie- und Militäreinrichtungen genannt mit gewöhnlichem Reflexionsgrad.

Als die Bomber die Zielhöhe erklommen, liefen die Motoren unregelmäßig, bevor sie Ohio fanden, und die Radarsets spuckten erratische Signale. Ein Teil der Probanden brach daraufhin den Versuch ab. Die Dayton erreichten, gerieten in unerwartet schlechte Wetterverhältnisse, weil Gewitter in der Umgebung tobten. Die Navigatoren lasen von den Schirmen Bahnhof. Sie waren nur künstlich markante Reflektoren gewohnt. Die Bomben fielen, wie es der Zufall wollte, zwischen 1,7 und 3,3 Kilometer vom Ziel. »You might call that just about the darkest night in American aviation history«, schrieb LeMay. »Not one airplane finished that mission as briefed. Not one!«

Es spricht manches dafür, daß der ›Sunday Punch‹ im eigenen Kontor eingeschlagen hätte. Die Atombombe zehrte von der überirdischen Erscheinung der Hiroshima/Nagasaki-Mission. Einen zerzausten Dezember-1948-Schlag mit einem Drittel Verlust, einem Drittel Dayton-Fiasko und einem Drittel Erfolg hätte Stalin wohl verkraftet. Sein Durchmarsch zu den Pyrenäen wäre hingegen glatt verlaufen. Und was dann?

Der Überfall der Wehrmacht hatte die Sowjets gelehrt, mit Anfangsverlusten umzugehen. Im Sommer und Herbst 1941 hatten sie 60 Prozent ihrer Kohle-, Eisen-, Stahl- und Aluminiumanlagen eingebüßt, ihre Haupternährungsquellen sowie drei Millionen Soldaten. Dieser Schaden übertraf bei weitem alles, was das Harmon-Komitee der Air Force bei 70 im Ziel explodierten Atombomben zubilligte.

Im Grenzbereich

Vierzig Jahre nach der Berliner Blockade schrieb Andrej Gromyko, seinerzeit Vizeaußenminister: »Ich glaube, daß Stalin – natürlich fragte ihn das niemand direkt – sich auf diese Affäre in dem sicheren Wissen einließ, daß der Konflikt nicht in einen Atomkrieg führte. Er dachte, die US-Regierung werde nicht von frivolen Leuten geführt, die über eine solche Lage einen Atomkrieg vom Zaun brächen.« Andererseits sei Stalin dazu entschlossen gewesen, einem Durchbruch auf der Autobahn zu begegnen. Je nach den Umständen hätte er Truman damit hart an den Rand einer Bomberoffensive gebracht. Die Sowjets hielten den Konflikt am Zügel. Sie blufften nicht, sie experimentierten. Wäre Clays Konvoi, womöglich mit LeMays Begleitprogramm, in harte Boden- und Luftgefechte verwickelt worden, schloß das Experiment den ›Showdown‹ ein. Denn als nächstes wäre wohl die Luftbrücke eingestürzt.

Seit Anfang 1947 verfügte der sowjetische Generalstab über einen Verteidigungsplan, welcher auch »den möglichen Gebrauch von Atomwaffen« enthielt. Das Land verfügte über 175 kampferprobte Divisionen, bis an die Zähne gerüstet mit Fahrzeugen, Panzern und fahrbarer Artillerie. In Ostdeutschland lagen 17 Divisionen ab einem 50-Kilometer-Abstand von der Grenze. Seit April 1946 waren sie von Kampfjets mit deutschen BMW-Turbinen gedeckt. Die MiG-9, von Mitte 1947 an in der Luft, mit einer Gipfelhöhe von 13 000 Metern und einer Spitzengeschwindigkeit von 900 km/h, konnte einer uneskortierten B-29 den Weg zur Abwurfstelle beschwerlich machen. Sie flog nämlich 100 m/sec schneller. Für den Bordschützen des Atomtransports verschob sich sein Ziel jede Zehntelsekunde um dessen ganze Länge. Ehe er den Gedanken fassen konnte, den Finger zu krümmen, war es woanders.

Die Luftverteidigung staffelte sich in die Tiefe; war der Bomber vom Radar erfaßt, ab 1949 akkurat auf dem Zentimeterband messend, mußte er mehrere Riegel von Jägerstaffeln und Flakbatterien überwinden. Die Atommission kam zu zweit oder zu dritt, die Gegner erschienen als Meute. Jene Maschinen, die am 6. August um 8.15 Uhr Hiroshima-Zeit bei klarem Himmel feierlich dem Ort ihre Fracht überbrachten wie die Post, ließen den Eindruck des unabänderlichen Schicksals zurück. Eine elfköpfige B-29-Crew mit nuklearer Ladung, von wild feuernden und kurvenden Jagdrudeln bedrängt, vom Kurs gebracht, mit zwei Verletzten, mit angeschossenen, stotternden Motoren, klemmendem Ruder, schweißgebadet, todesängstlich, was tut sie? Verläßt sie mit Fallschirmen die brennende Maschine? Was tut die Bombe im zerschellenden Bomber?

Die Russen waren mit einigem Grund davon überzeugt, daß sie anglo-amerikanischen Bomben eine andere Defensive entgegenstellten als Hermann Göring. »Der Effekt der Anwendung von Atombomben«, schreibt 1950 der Generalmajor Chlopow, »wird sich weit entfernen von dem, was sie in den japanischen Städten verursachte mit ihrer Bevölkerungsdichte und ihrer läppischen Baustruktur.« Chlopow befehligte Panzerverbände und interessierte sich gar nicht für Städte.

Seinen Truppen, ihrem Gerät und ihren Depots, weit auseinandergezogen und getarnt hinter der Front, war mit dieser Waffe nicht beizukommen. Ihre »Gegenoffensive«, so besagte es der Plan, konnte die Amerikaner ziemlich unangefochten vom Kontinent jagen. Wenn die Landeplätze an der Atlantikküste eingenommen würden, fehlten auch der Bomberoffensive fortan die nötigen Basen. Landeten die Amerikaner keine Bodenverbände an, dann verlören sie auch den Flugwettbewerb.

Die Eigenschaft der Basis, nahe am Ziel zu liegen, macht sie zu einem idealen Ziel. Sie kann auf höchst konventionelle Weise zertrümmert werden und vergeltungsweise alle Landesstädte mit. Dazu benötigte die Sowjetunion lediglich die Luftherrschaft. Von der Erkenntnis, daß sie die leistungsstärksten Jagdmaschinen der

Welt besaß, waren die Gegner noch zwei Jahre entfernt. Die Genossen Mikojan und Gurewitsch verbanden die erbeuteten Resultate der deutschen aerodynamischen Forschung mit ›Nene‹, dem Rolls-Royce-Motor. Im Juni 1947 erteilte die britische Labour-Regierung für 25 Exemplare eine Exportgenehmigung. Stalin konnte es nicht fassen. »Welche Sorte von Idioten willigt in den Verkauf ihrer Geheimnisse ein?«

›Nene‹ verdoppelte die Schubkraft. Gegenüber der MiG-9 mit der BMW-Turbine 003, die 1000 Kilopond Standschub erreichte, schafften die Rolls-Royce-Triebwerke 2270 Kilopond. Mit dem gleichfalls von Labour bereitgestellten Rolls-Royce-›Derwent‹-Motor hatte das Kollektiv Suchoi 1948 zwei Typen leichter Düsenbomber entwickelt; nichts am westlichen Markt war einstweilen damit konkurrenzfähig. Im gleichen Jahr präsentierte Tupolew den Fernbomber Tu-4, die Kopie der B-29. Er konnte US-Basen bis nach London hin erreichen, die Stadt auch. Die MiG-15 mit einer Einsatzweite von 1400 Kilometern hätte von Ostberliner Flugplätzen eskortieren können, wäre aber nicht mehr zurückgelangt, sondern in die Nordsee gestürzt. Eine Zerstörung Londons wäre soviel wert gewesen. Man hätte auch Amsterdam, Straßburg oder Antwerpen bedrohen können. Solche Optionen, die sich aus den Geheimnissen seines Fluggeräts ergaben, sagten Stalin, daß die Gegner, selbst mit Atombombe, die weit Verletzlicheren waren. Sie wußten es nur nicht. Seine Gegenoffensive hätte sie zu Lande wie zur Luft bedrängt.

Die Bombardierung westeuropäischer Hauptstädte, die amerikanische Einrichtungen beherbergten, konnte Truman kaum gleichgültig bleiben. Damit wankte seine Weltdoktrin. Die Völker, die den ›first way of life‹ wählten, hatten vielleicht nicht lange zu leben. Erst 1950 dämmerte den Joint Chiefs, daß sie als erstes eine sowjetische Luftwaffe zerstören müßten, die mit 1800 Langstreckenbombern Westeuropa unter dem Schacht hatte. Von welchen US-Maschinen wiederum die sowjetische Flugabwehr zu neutralisieren war, wurde ihnen erst 1951 problematisch, als sie in Korea der konkrete MiG-Schock ereilte.

Zur selbigen Zeit errechneten die russischen Strategen, wieviel Atombomben der Kapitalismus bauen könne und wieviel vonnöten seien, die Sowjetunion zu zerstören. Sie war, laut Resultat, unzerstörbar. Den Deutschen sei mittels Trinitrotoluol und Feuer ein Schaden entsprechend 330 Atombomben entstanden. Dennoch brachen sie davon nicht zusammen. Rußland würde mehr noch ertragen und im Ertragen einen längeren Atem besitzen als der Gegner im Bombenbauen. Vielleicht würden die russischen wie zuvor die deutschen Städte von alten Menschen, Frauen und Kindern bewohnt sein, deren Ende nicht zählt und deren Panik die NKWD-Bataillone mindestens so beruhigten wie die Himmler-Polizei.

Daß es Sowjetmenschen an Durchhaltemoral gebrach, war a priori ausgeschlossen. Der Zweck der Massenvernichtungswaffe, ihre Menschenquälerei, verfehlte den Adressaten. Stalin reichte die Feststellung, daß die Atombombe in den Tiefen des Raums weder seine industriellen noch seine militärischen Kapazitäten kappen konnte. Mit dem Blut seiner Landsleute war er nicht erpreßbar. Die Atombomben wären lange beschäftigt, ehe sie gleich viele Millionen Russen ausgerottet hätten wie Stalin. Doch fesselte ihn die Methode, und so schickte er im Dezember 1945, um nicht auf die amerikanischen und japanischen Übertreibungen hereinzufallen, Tokioter Botschaftspersonal nach Hiroshima.

Die Kundschafter nannten ihm die Personenverlustzahlen und die Auskunft eines US-Arztes, daß die Strahlengefahr nur 24 Stunden anhalte. Alles in die Erde Eingebettete, wie Straßenbahnschienen, bliebe intakt, auch die Autobahnen. Stahlbetonbrücken flögen hingegen in die Luft, Holzbrücken verbrannten, Riesenbäume rissen entzwei, Flußufer aber würden nicht beschädigt. So bilanzierten die Russen, daß die Japaner hauptsächlich gestorben seien, weil sie in »Kartenhäusern« lebten.

Botschafter Jakow Malik nannte 120 000 Tote und Verletzte, weniger als die Hälfte der Berlinschlacht. Keine Vorkehrungen seien getroffen worden, die Opfer hätten ahnungslos in Büros, Schulen und Fabriken geweilt und am ersten Tag kaum medizinische Hilfe erhalten. Weil Japan aufgrund von zwei Bomben kapituliert habe, werde ihre Wirkung nunmehr aufgebauscht. Tatsächlich wirke sie am stärksten auf große Dämme, Wasserkraftwerke und Verkehrsknotenpunkte. Für einen Bolschewisten äußerst ernstzunehmende Dinge, doch nichts, woran man zugrunde geht. Dem Zugrundegehen waren Leningrad und Warschau ausgesetzt.

Keine der Nachrichten, die Stalin von der ungeheuerlichen Gewalt der Bombe empfing, sagte ihm, daß sie nicht auszuhalten und um jeden Preis zu meiden sei. Wo das Ungeheuer traf, war er nicht zu treffen, und das, was es fand, traf ihn nicht. Die Unerträglichkeiten erschreckten nur jene, die sie auszuschicken, aber nicht auszuhalten wußten. ›Broiler‹, ›Frolic‹ und der ›Sunday Punch‹ lähmten ihn nicht. Ihn beschäftigte der Montag. »Es reicht für Amerika nicht, Moskau zu zerstören«, sagte er im Juli 1952 dem italienischen Sozialisten Pietro Nenni, »genauso wie es für uns nicht reicht, New York zu zerstören. Man braucht Armeen, um Moskau zu besetzen und New York zu besetzen.«

Für einen dritten Weltkrieg müßten die USA auswärts in Europa und Asien Armeen mobilisieren. Rußland wohnte dort und mußte nicht fragen, wann endlich die Boys heimkehren? Die Schwierigkeiten der Amerikaner, am Boden anderer Kontinente zu operieren, meinte Stalin, seien groß und würden immer größer. Mit dem Bombenhammer könnten sie Kriege eröffnen. Die Aussichten, sie hoch auf dem Luftroß zu gewinnen, blieben unerfüllt.

Seine Genossen erlebten Stalin zu dieser Zeit als alt gewordenen Mann, ergraut und von der Verantwortung gezeichnet. Seit dreißig Jahren übte er Staatsmacht aus, seit fünfundzwanzig Jahren unumschränkt und seit zehn Jahren als Weltakteur. Lange nach seinem Tode sagte Molotow, daß der Kalte Krieg ein Aufenthalt in Grenzgebieten gewesen sei. »Natürlich mußte man die Grenzen kennen. Ich glaube, daß Stalin in dieser Hinsicht sehr scharf die Grenzen eingehalten hat.«

Ein Grenzzaun ist sichtbar; jene Grenzen, die man kennen muß, sind Annahmen. Sie kreisen um die momentane Verfassung des Feindes. Der Feind hält ebenfalls Ausschau, und was er zu erkennen meint, heute dies und morgen jenes, bedingt seine Verfassung. Beide rätseln aneinander herum.

Die Grenzen zum Waffengang sind Wahrnehmungsgrenzen. Truman nahm einen Stalin auf den Trümmerfeldern des Weltkriegs an, eine Dampfwalze, technisch hinter dem Mond, doch eroberungshungrig wie Hitler. Amerika hingegen war die unwiderstehliche Waffe letzter Instanz gegeben. Die Wahrnehmung führte beidseitig in die Irre: Die Sowjetunion war ramponiert und gekräftigt zugleich; sie war technisch rückständig, wußte sich aber im Bedarfsfall trefflich zu helfen; sie war kein aggressiver Gernegroß; sie war groß und berechnete ihr Wachstum; die Atombombe wiederum war ein Katastrophenauslöser von ungewissem militärischem Wert.

Nicht zuletzt seine gutplazierten Spione setzten Stalin genauer ins Bild. Er wußte, daß Trumans forsches Auftreten die Quersumme seiner Zweifel, seiner Mission und seiner Falschwahrnehmung war. Mit der Berlinblockade begann die längerfristige Konfrontation einer überirdisch anmutenden, über zwei Ozeane siegreichen Macht mit den sonstigen Realitäten, auch denen des Zweiten Weltkriegs. Die erste Probe endete mit dem Anschein eines einjährigen, unblutigen Sonntagsausflugs, den keiner zu stören wagte.

Stalin brach die Blockade im Mai 1949 kleinlaut ab, ganz die »sweet reasonableness«, wie Botschafter Walter Bedell Smith meldete. Wer sich durchgesetzt hat, ist Auslegungssache. Der öffentliche Anschein duldet keine Zweifel. Die Luftbrücke glänzte als phänomenale Schau, die Sokolowski und seinen Herrn tief blamierte. Grimme Lagerwächter, von einer aufgeräumten Akrobatentruppe überlistet. Dabei liegt es auf der Hand, daß sie nur mit Sondererlaubnis der Russen auftreten konnte.

Ein Stalin, der aus bleicher Angst vor der Atombombe das Schauspiel gewähren ließ, entspricht nicht den damaligen Gegebenheiten. Offenkundig mißlang der beabsichtigte Hinauswurf der Westalliierten aus Berlin. Doch dies nur, weil in dem Blockadering eine Öffnung gelassen war. Der wahre Test, den Truman nicht zu Ende denken wollte, blieb aus.

Das Verhalten des Westens in der Berlinblockade war ein Buch, in dem sich zu lesen lohnte. Es beschrieb den Alleinbesitzer der Weltbeherrschungswaffe, aus seiner berühmtesten Pfalz gedrängt. Was tat er? Er konnte ein jedes Ultimatum stellen. In 24 Stunden sind die Strecken passierbar, oder Leningrad wird zu Asche. Truman war aber nicht Hitler, nicht Churchill, er litt am Hiroshima-Trauma und hielt die schneidigen Lieutenants, die Forrestals, Symingtons, Vandenbergs und Clays im Zaum. Der zwiefache Atomzünder scheut, einen Konvoi über die Helmstedter Autobahn zu schicken. Was konnte nicht alles passieren! Was konnte Rußland nicht alles passieren?

Der Vergeltung der Joint Chiefs kann es egal sein, ob sie einen zerfetzten Lkw vergilt oder eine abgeschossene C-54. Die Abschreckung liegt in der unbedingten Bereitschaft zum doppelten Zuschlagen. Clay hätte sie Sokolowski unter vier Augen mitteilen können: ›unconditional surrender‹ der Autobahnpolizei! Doch biß Clay in Washington auf Granit. Wieso?

Die bravouröse Flugschau stieg einzig aus der Sorge, zu Lande einen Zwischenfall zu provozieren. Der Zwischenfall konnte in den Luftkorridoren, wie die Joint Chiefs richtig bemerkten, ebenso leicht eintreten. Warum sollte Sokolowski einen Schußwechsel am Himmel meiden und am Boden nicht? Weil Schukow 1945 ein Papier unterschrieben hatte? Die Rechte waren laut Molotow verwirkt.

Ernst Reuter nahm das Richtige an: Stalin beabsichtigte, keinen Krieg zu führen. Seine Haupteigenschaft, der Argwohn, interessierte sich für etwas ganz anderes. Hatte die Gegenseite vor, einen Krieg zu führen? Dazu mußte man ihr höchst behutsam den Puls fühlen.

Die Blockade ist seit jeher ein flexibles Mittel. Man kann Ganz- oder Teilblockaden verhängen, Viertel und Achtel, die Waffen schweigen. Die Türen können bedarfsweise geöffnet, geschlossen oder angelehnt werden. Für die Belagerten kommt Hilfe hinein, und der Belagerer findet heraus. Die Sprache des Gegners nennt dies eine ›exit strategy‹. Sie ist das, was ihm am wenigsten liegt. Er liebt den Knock-out-Sieg.

Die Akrobaten auf der Luftbrücke sollten nicht abstürzen. Den Glauben an ihre Flugzeuge konnte man ihnen lassen, solange sie Kohlen transportierten. Wer die Kohlen mit der C-54 schickt, weil er sich am Boden fürchtet, lädt keine Atombomben ein, man müßte ihn schon dazu zwingen. Die Rhetorik war folglich hohl, die Stalin den schlimmeren Hitler schalt. Es wurde jene Moral der Geschichte gemieden, welche verlangt, in das Reich des Bösen einzufallen, bevor man von ihm überrumpelt wird. Man wollte ihm nicht an die Kehle, man wollte in Ruhe gelassen werden.

Einstweilen führte Stalin nicht viel anderes im Sinn, als sein böses Reich, dem er im Krieg soviel hinzugewonnen hatte, zu sichern. Es würde ihm von jenem Westen so wenig passieren wie Hitler. Wenn einer, dann wußte Stalin, wie dieser geschlagen worden war. Wer anders hätte die zwanzig Millionen Toten aufgebracht, die das Monstrum niederrangen, als das Monstrum?

Doch existierte inzwischen ein neues Monstrum von unklarer Funktion, technisch, militärisch, politisch. Vermochte es die Atombombe, den Blitz der gerechten Sache in das gottverlassene Babel zu schleudern, auch ohne daß es Millionen eigener Söhne und Töchter das Leben kostete? Das war seit der Ausrufung des neuen Anti-Christ die beherrschende Frage. Die Antwort lautete: nein. Die Welt blieb sich ähnlich und traf Arrangements. Den Gläubigen war nicht nach Glaubenskrieg.

Truman schickte leere B-29 über den Atlantik, und darauf beschränkte sich das Thema Bombe. Sie war nicht der aller Erdenschwere enthobene Würgeengel. Wie sich jetzt erwies, mußte sich der ›Sunday Punch‹ durch alle möglichen alltäglichen Ösen quälen. Tankfüllungen, Landkarten, Navigationskünste, Jägerschirme, Flakkanonenwälder, Startbahnen, Stationierungsrechte, Vergeltungsängste.

Es gibt kein Aktenstück und nicht eine Aussage, die darauf hinwiese, daß die Blockade 1948/49 etwas ganz anderes blockierte als West-Berlin. Doch die Parallelität der Ereignisse hat ihre eigene Beredsamkeit. Während Stalin den Präsidenten testete, ob er sich aus Berlin hinauswerfen ließe, liefen noch andere Tests und von anderer Bedeutung als Clays Enklave. Als im März 1948 die ersten Störungen auf ihren Zufahrtswegen begannen, vollendete sich 3000 km nordöstlich im Ural der erste sowjetische Reaktor. Im Juni 1949, als die Blockade beendet war, hatte er genügend Plutonium gebrütet, daß die erste Bombenhülse geladen wurde.

Stalin fürchtete, wie belegt, einen amerikanischen Gegenschlag. Zwischen dem Frühjahr 1948 und dem Sommer 1949 verläuft die empfindlichste Stufe im sowjetischen Atomprojekt. Wer das US-Monopol schützen wollte, hätte jetzt zuschlagen müssen. Es gab genügend Rufer, den Höllenfürsten nicht diese Waffe erlangen zu lassen. Bis dahin wähnte man noch jahrelang Zeit zu haben. Während die Zeit auslief, war die Aufmerksamkeit blockiert. Alles schaute auf die fabelhafte Berliner Luftbrücke. Weswegen sollte sie jemand hindern? Den Traum der Pax Americana weckte ein Knall am ganz entgegengesetzten Ende der Hölle.

Heilige Sache

Am 3. September 1949 registrierte ein Wetterbeobachtungsflugzeug, östlich der Halbinsel Kamtschatka fliegend, auf Filterpapier eine Radioaktivität, dreihundertfach intensiver als das für gefährlich gehaltene Maß. Seit zwei Jahren forschten Physiker im Air-Force-Auftrag an der Verifizierung fremder Atomtests. Die Spur von Kamtschatka, bald eingestuft als Spaltungsprodukt, flog den Kontrolleuren hinterher. Sie driftete in einer Wolke über den Pazifik und teilte sich über Kanada. Der Nordklumpen zog über den Atlantik und wurde in Schottland auffällig. Der Südklumpen bog hinab Richtung Washington und hing zwei, drei Tage über der Stadt. Ein Laboratorium der Marine sammelte den Niederschlag aus der Regenrinne und unterrichtete die Luftwaffe von dem, was sie schon wußte.

Mitte September war alles Expertentum ausgewertet: In der kasachischen Steppe nahe Semipalatinsk war am 29. August um 6.00 Uhr morgens eine Plutoniumbombe gezündet worden. Tatsächlich war es 7.00 Uhr gewesen. Truman bezweifelte, daß »diese Asiaten« dazu fähig waren. Nicht diese »heidnischen Wölfe«, vielleicht »sind es deutsche Wissenschaftler in Rußland gewesen!« Zu der Zeit hatte das FBI schon den deutschen Wissenschaftler in Amerika identifiziert, der den Russen den Weg wies.

Eine erbeutete Gestapoakte enthielt den Hinweis, daß Klaus Fuchs den Kommunisten verbunden war, und warum nicht in Los Alamos? Die Verbundenheit teilte er mit ganz Amerika, und die verratenen Geheimnisse blieben in der Familie. Nachdem sie rasch geschieden war, galten die einen rückwirkend als Verräter, die anderen als Dummköpfe, und wieder andere wollten Realisten gewesen sein, die Stalin benutzt hatten, um Hitler zu erledigen, und nur jenen noch loswerden mußten, damit Demokratie und Friedfertigkeit die Welt regierten.

Die Verräter im Innenbezirk der Allmacht, dem ›Manhattan‹-Projekt, wollten auf anderen Wegen »die Welt retten«. Ted Hall, ein achtzehnjähriges Wunderkind unter den meist blutjungen Konstrukteuren der Plutoniumbombe, hatte die Alleinherrschaft einer Nation auf Erden für den unsittlichsten, bedrohlichsten Zustand gehalten. »Mir schien«, sagte er nach seiner Enttarnung, »daß ein amerikanisches Monopol gefährlich war und verhindert werden sollte. Ich war nicht der einzige Wissenschaftler, der so dachte.«

Die Rettung der Welt vor dem Nuklearkrieg verlangte mindestens einen Mitbesitzer. Was sonst würde den Alleinbesitzer der Bombe davon abhalten, sie bei der nächstbesten militärischen Klemme zu benutzen? Halls Berichte dienten den Sowjets dazu, Fuchsens Berichte gegenzuprüfen. Wer Informant und wer Desinformant ist, läßt sich schwer unterscheiden. Fuchs jedoch war Idealist der ersten Stunde. Sein Vater Emil und sein Schwager Gustav hatten vor dem Volksgerichtshof gestanden und im Zuchthaus Brandenburg eingesessen, als alle Welt sich mit Hitler arrangierte außer Stalin. So schätzte ihn die Familie als den authentischen Antifaschisten, und Klaus ließ die Sowjetunion teilhaben an der Erfindung der Atombombe seit den Anfangstagen im Frühjahr 1941 in England.

Die Russen begannen, wie die Anglo-Amerikaner, ihre Arbeit daran, weil Deutschland damit begonnen hatte. Im April 1942 war in Taganrog am Asowschen Meer das Notizbuch eines gefallenen Wehrmachtoffiziers übersetzt worden. Es enthielt Berechnungen über die Energie, welche eine kritische Masse von Uran-235 freisetzt. Eine ähnliche Kalkulation hatte auch der 28jährige Physiker Georgi Flerow aufgestellt und das Äquivalent von 100 000 Tonnen TNT ermittelt. Dies teilte er im April 1942 brieflich dem Genossen Stalin mit.

Schon am Ende des Vorjahres hatte Klaus Fuchs Kontakt zur sowjetischen Botschaft in London. Das Notizbuch des Wehrmachtoffiziers war nach Moskau geschickt worden, wo keinerlei Neigung bestand, zu einer Zeit, als die Deutschen den Kaukasus erreichten, Millionen Rubel an ein Projekt zu verschwenden, das in frühestens zehn Jahren eine Bombe hervorbringen konnte. Aus Respekt aber vor den Deutschen, die anscheinend nach russischen Uranvorkommen suchten, und vor Stalin, dem Flerows Brief gefallen hatte, wurde im Herbst 1942 ein Bauprojekt beschlossen. Gleichzeitig gelangten Fuchsens Neuigkeiten aus London an Molotow, der sich vom NKWD eine Liste mit vertrauenswürdigen Physikern geben ließ.

Als ersten lud er Pjotr Kapiza vor, der 13 Jahre bei Rutherford in Cambridge studiert hatte: »Er sagte, ›wir sind noch nicht soweit‹, die Atombombe sei keine Waffe für diesen Krieg, sondern für die Zukunft.« Der 62jährige Abraham Joffe, der 1902 Assistent von Wilhelm Röntgen gewesen war, schien Molotow unschlüssig. »Kurz, mir blieb noch der Jüngste, Kurtschatow, den niemand kannte. Ich bestellte ihn ein, wir sprachen, und er machte einen guten Eindruck auf mich.«

Kurtschatow, ›der Bart‹ genannt, doch von ungemütlicher Energie, wußte weder, ob er die Bombe bauen konnte, noch wie lange es dauern würde. Er sagte Molotow auch, daß vieles noch theoretisch unklar sei. »Dann beschloß ich, ihm unser Geheimmaterial zu geben. Kurtschatow saß ein paar Tage lang in meinem Kremlbüro und studierte dies Material. Kurz nach der Stalingradschlacht.«

Im März schrieb Kurtschatow an Michail Perwuchin, den Volkskommissar für die chemische Industrie, daß unschätzbare Erkenntnisse für Wissenschaft und Staat vorlägen, nun wisse man, daß England mit großer Ernsthaftigkeit und Intensität an dem Uranproblem arbeite. Man könne sich viel laborintensive Arbeit sparen und habe Richtlinien für technische Lösungen. England war der Hauptverbündete. Aber warum sollte man es nicht berauben? Auch Prometheus hatte das Feuer von Artgenossen geraubt.

Kurtschatow stellte sogleich die Weichen für die praktischere Variante, die Plutoniumbombe. »Nun, was taugt das Material?« fragte Molotow, der wußte, daß es aus bester Quelle stammte. »Wundervolles Material«, sagte Kurtschatow. »Es füllt genau die Lücke bei uns.« Molotow stellte seinen Mann daraufhin Stalin vor, und eine Gruppe wurde organisiert. Das gleiche tat zur gleichen Zeit Robert Oppenheimer in den USA.

Das sowjetische Projekt lahmte an dem Mangel an Uran. Erst mit der Besetzung Deutschlands erbeutete die Rote Armee Vorräte aus dem Erzgebirge sowie einsatzbereite Apparate und Physiker. Letztere rätselten, welcher Partei sie ihre Begabungen besser andienten? In den USA arbeitete eine Reihe emigrierter oder geflohener Kollegen, die man aus mehreren Gründen scheute, auch weil sie weit fortgeschrittener waren. Insbesondere die Naziglaubigen entwickelten ein Faible für die Sowjetunion, wo sie sich eine führende Rolle ausmalten, auch auf dem Gebiet der Raketentechnik. Diejenige Nation, welche die deutsche Konkursmasse erbe – Wissenschaftler, Ingenieure, Facharbeiter –, werde schlechthin unbesiegbar sein.

Das russische Atomprojekt blieb auf der theoretisch-experimentellen Stufe stehen. ›Manhattan‹ war etwas Verschiedenes, ein industrieller Komplex. Kein Spionagering dort konnte die Facharbeit von 125 000 Mann ersetzen. Die Nachricht von der Zerstörung Hiroshimas löste in Rußland keinerlei Begeisterung aus. Jeder sah darin eine Bedrohung. Der gewaltige Sieg über Deutschland schien halb vertan. Stalin gestand dem US-Botschafter Harriman die leider unzulänglichen sowjetischen Bemühungen. Auch den Deutschen sei es nicht gelungen. »Wenn sie es geschafft hätten, würde Hitler nie kapituliert haben.«

Harriman berichtete von den riesigen Installationen sowie den zwei Milliarden Dollar, die aufgewendet worden seien. Wenn Amerika und England die Bombe friedlichen Zwecken weihten, wäre sie eine große Sache, »das wäre das Ende von Krieg und Aggression«, sagte Stalin. »Aber das Geheimnis müßte gut bewahrt bleiben!« Die Geheimnisse der Plutoniumbombe hatten ihm die Spione Fuchs und Greenglass bereits zur Genüge offenbart. Aber die Wissenschaftler, schimpfte er, »langweilen mich«. Es waren Träumer, man würde ihnen auf die Füße treten müssen. »Wenn ein Kind nicht schreit«, sagte er schmunzelnd zu Kurtschatow, »weiß die

Mutter nicht, was es braucht. Verlangen Sie alles, was Sie wollen! Es wird Ihnen nichts verweigert.«

Zum Chef der »Aufgabe Nr. 1« ernannte er Berija, seinen obersten Polizeischergen. Ihm wurden 400 000 Arbeiter und 10 000 Techniker unterstellt. »Ihr seid gute Arbeiter«, eröffnete ihnen Berija; »wenn ihr sechs Jahre im Lager gesteckt hättet, wäret ihr noch bessere Arbeiter.« Zu den Wissenschaftlern war er leutselig. Seinen Händedruck empfand Andrej Sacharow als feucht und kalt wie der Tod. »Laß sie in Frieden«, mahnte Stalin. »Umbringen können wir sie später immer noch!«

Die Hiroshimabombe sah er, wie die ganze Nation, gegen Rußland gerichtet: »Es gab keine Notwendigkeit, sie einzusetzen. Japan war schon erledigt!« Die Vereinigten Staaten benutzten sie folglich nach Willkür. Ihre Politik beruhe fortan auf »nuklearer Erpressung«. Den USA verhelfe ihr Bombenmonopol dazu, »der Sowjetunion ihre Pläne für Europa und den Rest der Welt aufzunötigen«, sagte er zu Andrej Gromyko, seinem Washingtoner Botschafter. »Das kann nicht sein!«

Noch bevor ›Trinity‹ die amerikanischen Bemühungen krönte, plagte Truman die Frage: für wie lange? Als einziger Rivale kam Rußland in Frage, die Europäer waren ruiniert. Rußland war zerstörter als ganz Europa zusammen, doch anders, nicht seelisch.

Die Chefs der großen US-Industrien, die das ›Manhattan‹-Projekt realisierten – DuPont, Union Carbide, Westinghouse, Tennessee Eastman –, nannten die harten Faktoren, als Truman sie nach den Aussichten seines Partners Stalin fragte: Die sowjetischen Maschinen würden der Präzision nicht gerecht, die für eine Urantrennungsanlage erforderlich sei. Selbst wenn die grundlegenden Pläne dafür vorlägen, würde allein diese Fabrik zumindest vier, fünf Jahre Arbeit kosten. Eine andere Geschwindigkeit wäre natürlich mit deutschen Wissenschaftlern erreichbar. Und in der Tat setzten die Russen Manfred von Ardenne und Gustav Hertz an die Aufgabe.

General Groves, der militärische Leiter des ›Manhattan‹-Projekts, entzückte Zuhörer mit der Versicherung, daß die Russen es nie schaffen würden, solange sie Russen seien. Außerdem »gibt es kein Uran in Rußland«. Die Amerikaner wiederum besäßen die Bombe dank ihrer Eigenschaft, Amerikaner zu sein, erklärte Landwirtschaftsminister Clinton Anderson dem Präsidenten. Der kalten Wissenschaft allein gelingt es nicht! »Wir wissen, daß in der Produktion der Atombombe ein bestimmtes Element von amerikanischem mathematischem und technischem Genie liegt, das uns die Autoindustrie geschenkt hat, die große Entwicklung der Telefonindustrie«; die Russen hätten alles kopiert, was sich kopieren läßt, »but they couldn't copy our minds«.

Im Dezember 1945 warnte ein Attaché der Botschaft in Moskau, daß die Russen entschlossen seien, so schnell wie möglich die Bombe zu bauen. Stalin, der zuerst Molotow die Leitung anvertrauen wollte, wählte Berija, das heißt den NKWD. Er hatte den kürzesten Zugriff auf die Gulag-Lager. Den Hunderttausenden von Insassen brauchte kein umständlicher Strahlenschutz zuteil werden, sie plauderten auch keine Geheimnisse aus, denn man ließ sie nie wieder heimkehren. Gulag-Insassen wurden im Uranbergbau in Zentralasien verschlissen, Zwangsarbeiter, Kriegsgefangene und Flüchtlinge in den deutschen Lagerstätten.

Am 25. Januar 1946 rief Stalin Molotow, Berija und Kurtschatow zu sich in den Kreml. ›Der Bart‹ machte sich Notizen. »Genosse Stalin sagte, es lohnt sich nicht, Zeit und Mühe auf kleiner Stufe zu verausgaben. Es ist notwendig, die Arbeit breit anzugehen. Auf russischer Stufe!«

Ein paar Tage später hielt Stalin im Bolschoi-Theater eine Rede. Er sagte einen allen Gläubigen selbstverständlichen Satz, der den Ungläubigen spitz in die Rippen fuhr: Wie Lenin so vorausschauend wie grundsätzlich gelehrt hatte, werde es Kriege geben, solange der Imperialismus bestehe. Auch der jüngst zu Ende gegangene hatte den Abgrund zwischen Kapitalismus und Kommunismus nicht überbrückt. Der Zusammenprall war unvermeidlich. »The declaration of World War Three«, vermutete Justice William O. Douglas vom Supreme Court. »Yes«, sagte sein Freund James Forrestal.

Nach Ankündigung von drei Industrieplänen hängte Stalin eine leere Floskel hinten an, die keiner beachtete. Sie war das Geheimnis: »Ich zweifle nicht daran, daß unsere Wissenschaftler, wenn sie die nötige Hilfe erhalten, die wissenschaftlichen Errungenschaften jenseits der Grenzen unseres Landes nicht nur aufholen, sondern in naher Zukunft überholen werden.«

Stalin nannte die Atombombe gelegentlich eine »Waffe für schwache Nerven«, die erzittern macht vor dem, der sie hat. Dabei kann er nicht an seine Nerven gedacht haben. Er war unerschrocken, doch erschraken Leute vor ihm, allein weil er existierte. So glich die Bombe gewissermaßen seinem Daseinsprinzip. Er fürchtete sie nicht besonders, wollte sie aber unbedingt besitzen. Je mehr und je stärkere Exemplare er besaß, desto schwächer wurden drüben die Nerven. Wer Angst hat, zählt.

Die Sowjetunion nahm die Bürde des Bauprogramms in Jahren ärgster Hungersnot auf sich, die in der Ukraine zwei Millionen Opfer forderte. Der Erwerb der Bombe ging dem Kauf von Nahrungsgütern vor, so wie er jeglichem Arbeitsschutz vorging. Die Wissenschaftler verseuchten sich selbst, ihre Arbeiter und die umgebende Bevölkerung. Zwischen 1948 und 1951 wurden in das Tetscha-Iset-Tobol-Flußsystem 76 Millionen Kubikmeter radioaktiven Mülls eingeleitet, der 124 000 Anwohner bestrahlte. Die Dringlichkeit einer Atomindustrie duldete keinen Aufschub. Berija versprach, jeden »in den Keller zu stecken«, der versagte. Den wertvollsten Köpfen gesellte er, für den Fall, daß sie rollten, einen ständigen Reservisten hinzu, der ihr Wissen aufsaugte und ihre Funktionen einübte.

Berijas Hingabe und Organisationstalent wurden allgemein gerühmt, nur, wie Kapiza an Stalin schrieb, fehle seinem Einpeitscher jede physikalische Vorkenntnis. Stalin fehlte sie nicht minder; er hatte befohlen, eine exakte Kopie des ›Fat Man‹ anzufertigen. Ein solides amerikanisches Patent, offenbar funktionstüchtig; der amerikanische Geist sollte vor seinem Ebenbild erschauern. Kapiza hatte ein Originalverfahren ersonnen, billiger und effektvoller als ›Manhattan‹, nur etwas langwieriger. Doch Stalin fehlte die Zeit zu Originalität, er lechzte danach, sich von drei Jahren nuklearer Erpressung zu befreien. Sie wurde nicht formuliert, sie war vorhanden und schien ihm aus jedem Räuspern des forschen Truman zu sprechen. Intern führte Washington noch ganz andere Reden, wie die Spione meldeten.

Die Physiker, umgeben von hohlwangigen Sklavenarbeitern, die morgens und abends in langen Reihen durch ihre Siedlungen trotteten, ersehnten die Bombe gleichfalls als Freiheitsgarantie. Ihr Leben verlief nicht ungefährlich, aber komfortabel, und sie dachten keineswegs, daß der Gulag-Staat kaum Freiheit zu verlieren hatte. Dabei verspürten sie die Unfreiheit am eigenen Leibe, wenn ihnen Stalin und Berija den Internationalismus der Wissenschaften verargten. Ihre Studien im Ausland, die daher rührenden Freundschaften und Kollegialitäten, der ständige Rückgriff auf Theorien Einsteins und Plancks, die weder Russen waren noch Kommunisten, stempelte sie zu latenten Verrätern. Als Berija lauernd Kurtschatow befragte, ob Quantenmechanik und Relativitätstheorie nicht der Stalinschen Lehre widersprächen, entgegnete dieser, wenn der Staat dies ablehne, könne er gleich die Bombe ablehnen.

Der Staat lehnte keine Waffe ab, nur unkontrollierbares Gedankengut! »Sie haben eine ungerechtfertigte Bewunderung für fremde Kultur«, klagte Stalin. »Sie verstehen die Rolle nicht, die Rußland spielt.« Als ›Kosmopoliten‹ stets mit einem Bein in Berijas Folterzellen, sahen sie dennoch die Tyrannei als innere Angelegenheit, »etwas Häusliches sozusagen«. Die Herrschaft im russischen Reich war ungerecht. Wo nicht? Die Bombe berührte keine Herrschaften. Die Anglo-Amerikaner hatten im Kriege nicht Deutschlands Herren bombardiert, sondern Arbeiterfamilien. Die Vernichtung Hiroshimas nannte Nikolai Dollezal, der den ersten Reaktor entwarf, »einen abstoßenden Akt des Antihumanismus«. Die Sowjetunion hingegen hatte noch keinen Krieg der zivilen Flächenzerstörung geführt. Die Zustimmung zu Stalins Bombe, schrieb Lew Altschuler, »bestimmte ein inneres Gefühl, daß unsere Konfrontation mit äußerst mächtigen Feinden durch Nazi-Deutschlands Niederlage nicht beendigt war«.

Das Gefühl der Wehrlosigkeit stieg nach Hiroshima und Nagasaki. Den Bau der russischen Bombe empfanden die Erbauer als

Flucht aus dem Ausgeliefertsein. Die unmenschliche Macht aber erführe ihre Grenzen an der eigenen Verletzlichkeit. Nur die Verletzlichkeit hemmt den Unmenschen und macht ihn menschlich. Die Lebendigen fürchten den Tod. Aus dieser Gemeinsamkeit lassen sie einander gelegentlich in Ruhe. Sie entsteht aus dem Gleichgewicht. Friedfertig ist der, den ich töten kann; die Philosophie der Bombenkonstruktion war überall die gleiche.

»Ich betrachtete mich in diesem wissenschaftlichen Krieg als Soldat«, schrieb Andrej Sacharow, und Kurtschatow zeichnete seine Korrespondenz mit »Soldat Kurtschatow«. Keiner hielt sich für einen Verfluchten der Geschichte, der einem Verbrecher die Bombe in die Hand legte. »Es war eine heilige Sache«, sagte Wladislaw Nikitin von seiner Urantrennung. Der gleiche Vorgang in den USA war keineswegs eine heilige Sache. »Man kann nicht aus der eigenen Zeit springen«, sagte Altschuler. Spätere Zeiten verlangen dies von den früheren, tun es aber auch nicht.

Im Juni 1948 arbeitete der erste Reaktor mit voller Kraft. Er produzierte 100 Gramm Plutonium täglich und alle zwei Wochen die 6,2 Kilo für eine Bombe. Ein Reaktorunfall verzögerte die Arbeit ein halbes Jahr, blieb aber in den USA unbemerkt. Die Russen arbeiteten seit 1947 bereits mit Tellers neuesten Überlegungen zur Wasserstoffbombe und gründeten im Juni 1948 ein Team unter Igor Tamm und dem 27jährigen Andrej Sacharow, die von Klaus Fuchs gelieferten Unterlagen auf Realisierbarkeit zu checken. Während so die amerikanisch-russische Zusammenarbeit auf mehreren Schienen gedieh, erging sich die CIA bis zum Tage der Explosion in lockeren Prognosen. Im Juli 1949 konnte man Stalins Bombe auf drei Jahre genau voraussagen. Frühestens 1950, am wahrscheinlichsten 1953.

Die Russen mißtrauten dem, was sie in Händen hielten. Als Anatoli Alexandrow, der wissenschaftliche Direktor des Reaktors Tscheljabinsk-40, im Juni 1949 zwei Plutoniumhalbkugeln mit Nikkel beschichtete, damit sie sich leichter handhaben ließen, nahte Perwuchin mit einigen Generälen und dem Direktor der Anlage.

»Was machen Sie da?«

Alexandrow antwortete ausführlichst.

»Warum glauben Sie, daß dies Plutonium ist?«

Alexandrow erklärte, daß er den ganzen technischen Prozeß des Zustandekommens kenne. Darum sei er sich sicher, daß es Plutonium sei, weil es nichts anderes sein könne.

»Aber woher wissen Sie, daß es nicht ausgetauscht ist gegen irgendein Stück Eisen?«

Alexandrow hielt das Teil an einen Alpha-Zähler, und es begann zu knistern. »Sehen Sie, es ist alpha-aktiv.«

»Aber vielleicht ist es von außen mit Plutonium eingerieben worden, und darum knistert es.«

Alexandrow, leicht ungeduldig, streckte ihnen das Stück entgegen. »Fühlen Sie einmal; es ist heiß!«

»Oh, es braucht nicht lange, ein Stück Eisen heiß zu machen.«

Alexandrow sagte, man könne die ganze Nacht sitzenbleiben und kontrollieren, ob das Plutonium heiß bleibe. »Aber ich gehe ins Bett.« Daraufhin waren alle überzeugt.

Der Einbau des nuklearen Kerns in die mechanischen Teile der Bombe erfolgte in der Eismeerregion, nahe dem früheren Kloster Sarow. Die Bolschewiki hatten es 1923 geschlossen, die Mönche liquidiert und die Kathedrale geschleift. Seitdem sechzig Kilometer nördlich das Atomheiligtum Arzamas-16 entstand, schwand der Ort gänzlich von der Landkarte.

Als Jakow Seldowitsch, der Leiter der wissenschaftlichen Abteilung von Arzamas, die zwei Halbkugeln von neun Zentimeter Durchmesser sah, dachte er an die vielen Leben, die das Teil verschlungen hatte; die deutschen Kriegsgefangenen in den Uranbergwerken und die russischen Gulag-Verschleppten in den Industrien. Die gefährliche Prüfung der kritischen Masse nahm Georgi Flerow vor, ein hochgeschickter Experimentator und ebenjener, der sieben Jahre zuvor Stalin auf die Möglichkeit hingewiesen hatte, die bald den letzten Test erfuhr. Wenn er mißlang, garantierte Berija, daß es auch der letzte der Tester sein würde.

Flerow prüfte, daß die zwei Hemisphären, wenn aneinandergefügt, einer kritischen Masse nahekamen. Wenn die Kugel zusammengepreßt wäre, bestätigte Flerow, würde sie nach der Ummantelung mit Uran superkritisch.

Kurz vor der Versuchsexplosion empfing Stalin die Physiker, jeder erstattete einzeln Bericht. »Ich hatte den Eindruck«, schreibt Juri Chariton, der wissenschaftliche Leiter von Arzamas, »daß ich ihn schrecklich gelangweilt habe.« Stalin fragte Chariton, der sich wie ein ärgerliches, summendes Insekt vorkam: »Könnte man nicht aus dem vorhandenen Plutonium zwei weniger starke Bomben machen, so daß eine Bombe in Reserve bleibt?«

Stalin war keineswegs gelangweilt und erwartete von dem Insekt die entscheidende Antwort. Man brauchte unbedingt eine Zusatzbombe. Was blieb übrig, wenn Truman zur Verteidigung seines Monopols einen Atomüberfall anbefahl? Der Test bei Semipalatinsk war ein bedrohlicherer Vorgang als die Autobahn nach West-Berlin. Wer läßt sich solch ein Monopol widerstandslos abnehmen, zumal von Räubern? »Vielleicht treten wir den Amerikanern auf den Fuß«, sagte Stalin, »und haben dann keine Reserve mehr im Laden. Was passiert, wenn sie uns mit Atombomben bedrängen, und wir haben nichts, um sie festzunageln?«

Für den nicht ganz unlogischen Fall eines Atomschlags wünschte Stalin die zweite Bombe im Revers zu haben. Es stünde dann ein einziges Exemplar gegen hundert gegnerische. Da der Gegner jedoch in perfekter Ahnungslosigkeit lebte, reichten die Vernichtung einer Stadt und die Ankündigung von fünfzig weiteren. Alles weitere ist Nervensache.

Als die Japaner 1941 Pearl Harbor zerstört hatten, schalteten in den Folgetagen die Bürgermeister von San Francisco bis New York auf Alarm. Wie sollten Japaner Manhattan erreichen? Nicht ganz so irreal war, wie später die CIA kreidebleich feststellte, daß eine Tupolew-4 auf Kamikazemission einen One-way-Flug nach Kalifornien oder zu jeder Stadt nordwestlich der Linie San Diego-Minneapolis bewältigen konnte; mit Atombombe.

Chariton antwortete Stalin, daß eine Aufteilung des Plutoniums nicht möglich sei. Man hatte ein exaktes Duplikat von ›Fat Man‹ hergestellt, und der Plutoniumvorrat war genau auf diese Konstruktion bemessen. Die Vergeltungsbombe wurde für unerläßlich erachtet, und so verschob sich der Test um zwei weitere Monate, bis das Material für den nächsten Kern bereitstand.

Mit Vorkehrungen für die Explosion war zwei Jahre im voraus begonnen worden. Die sandige Kasachensteppe ist im September von dünnem Gras und Wermut bewachsen. Lebewesen ließen sich selten blicken, gelegentlich ein Schwarm schwarzer Stare und ein Adler hoch in den Lüften. In der Frühe schon kam intensive Hitze auf. Um die Mittagszeit legte ein Dunst sich über die Fläche und spiegelte trügerisch Berge und Seen. Eine Straße leitete zum Testgelände, einem Tal zwischen zwei kleinen Hügeln.

Die Bombenteile kamen den 3000-Kilometer-Weg vom Eismeer mit der Bahn gefahren. Beiderseits der Strecke standen Wachposten, alle Bahnhöfe lagen menschenleer. Langsam rollte der Transport zwischen zwei Stacheldrahtbarrikaden in das Testgelände ein. Genau wie in New Mexico sollte die Zündung 30 Meter über dem Erdboden auf einem Turm erfolgen. Ein Aufzug hob die Bombe samt dem Fahrzeug, das sie herbeifuhr, zur Spitze.

Während die Amerikaner lediglich Anzeigeinstrumente verstreut hatten, errichteten die Russen eine Kulisse aus einstöckigen Holzhütten, vierstöckigen Ziegelhäusern, dazu Brücken, Tunnel, Wassertürme, Lokomotiven und Waggons, Panzer und Kanonen. In offenen Verschlägen und geschlossenen Häusern wartete Vieh.

Weil der stellvertretende Gesundheitsminister und Leiter des Strahlenschutzdienstes, A. I. Burnazian, die Reaktion von Organismen messen wollte, würden zwei Panzer mit Dosimetern gleich nach dem Knall Daten sammeln. Zum Schutze der Mannschaften sollten die Panzertürme bleiverkleidet sein. Die Militärs protestierten dagegen, weil es ihre Panzer verunstalte. Kurtschatow befahl die Panzerung des Panzers, alle schuldeten ihm Gehorsam, Tausende von Menschen auf dem Gelände, selbst die Armee-Einheiten.

Anfang August war der Turm fertig, und die Bombenkomponenten trafen ein. Sie wurden in einer Stahlbetonhalle zusammengefügt, nicht im Freien. Die Montage begann am 28. August unter

116

den Augen Berijas, Kurtschatows, Charitons und Flerows, die dazu eine Staatskommission bildeten. Berija, ihr Vorsitzender, berichtete über eine Regierungsleitung von Ort und Stelle an Stalin. Er war auch bei der Endmontage zugegen. Von der Galerie hoch oben überwachte der KGB-General Osetrow den Vorgang. Die Sprengmasse aus braun-wächsernen Blöcken, der purpur-schwarze Uranmantel, die glänzenden, nickelüberzogenen Plutoniumhalbkugeln.

Chariton setzte den Zündmechanismus in die Mitte des Kerns, und die zweite Halbkugel schloß ihn ein. Nach Mitternacht war er mit den Sprengblöcken verbunden, um zwei Uhr morgens rollten Arbeiter die Bombe an den schwach beleuchteten Turm. Vier Leute, darunter Flerow, setzten die 64 Detonatoren einen nach dem anderen durch Öffnungen in der Aluminiumhülle in die äußeren Sprengblöcke und verbanden sie mit Kabeln an den Kondensator, der die Explosion in Gang setzen würde. Flerow verließ als letzter den Turm, Berija hatte sich kurz in seiner Kabine zum Schlafen gelegt, nun verließ auch der KGB-General den Turm und entließ die Wachen.

Ein Nieselregen fiel die ganze Nacht hindurch. Die auf sechs Uhr angesetzte Detonation wurde auf sieben verschoben. Der Himmel, noch bedeckt, klärte sich auf. Fünfzehn Kilometer südlich des Turms war die Beobachtungsstelle für das Militär, fünfzehn Kilometer nördlich jene für die Wissenschaftler eingerichtet. Im Kommandobunker, zehn Kilometer vom Turm entfernt, harrten Kurtschatow, Chariton, Perwuchin und Flerow, langsam füllte er sich mit Generälen. Kurz nachdem die Zählzeit von dreißig Minuten begonnen hatte, traf Berija ein. Chariton, der den Mechanismus am genauesten kannte, war sich des Erfolges sicher. Kurtschatow murmelte: »Gut, gut, gut, gut.«

»Es wird nichts, Igor«, zischte Berija. Kurtschatow errötete und sagte: »Das glaube ich nicht.« Er hatte den Erdwall zwischen Bunker und Turm nochmals erhöhen lassen, um die Schockwelle zu dämpfen. Man würde die verglaste Bunkertür in der Gegenrichtung zum Turm öffnen und so den Reflex des Lichtes von der fernen Bergflanke sehen. Bis zum Eintreffen der Schockwelle, dreißig Sekunden langsamer als der Schein, würde man die Tür schließen können.

Die Dämmerung war kalt gewesen, der Wind blies von Norden, trieb Grasballen vor sich her, die Wolken hingen tief. Gegen Morgen riß die Decke auf, und von Zeit zu Zeit leuchtete die Steppe in der Sonne. Sie bestrahlte auch die Turmspitze, die fast in die Wolken ragte. Dann flammte dort ein unerträglich helles Licht auf. Kurtschatow hatte sich bei der Null-Ansage abrupt zur offenen Tür gewendet und sagte: »Es funktioniert.« Das Licht schien für einen Moment innezuhalten, steigerte sich zu unfaßlicher Intensität, ein weißer Feuerball formte sich, umschloß den Turm, dehnte sich, wuchs, rotierte, wechselte zu Orange und Rot, dann liefen schwarze Streifen an ihm hinab. Über dem Testgelände türmte sich eine graue Säule aus Sand, Staub und Dunst 8000 Meter empor, bauschte sich an ihrer Spitze zu einer Kuppel, von zwei Wolkenschichten durchschnitten. Sie wanderte südwärts, verlor ihre Konturen, bis ein unförmiger Wolkenberg zurückblieb.

Die Schockwelle fegte Häuser, Maschinen, jegliche physische Struktur hinweg und verklebte Steine, Holzbalken, Metallteile und Staub zu Klumpen des Urlements, dem Stoff des Chaos. Ein Brüllen wie eine zu Tal donnernde Lawine hüllte der Sturmwind ein. Vizeminister Burnazian wartete zehn Minuten mit seinen Panzern, die federleicht in der Druckwelle tanzten, setzte dann die Gasmaske auf und rollte zum Explosionspunkt. Durch seine Periskope nahm er ein nie gesehenes Bild der Zerstörung in sich auf. Der Stahlturm war mitsamt seinem Betonsockel verschwunden, das Metall verdampft. An seiner Stelle gähnte ein großer Krater. Der gelbe Sandboden war zu Glas geschmolzen und knirschte unter den Panzerketten. Die Stahlträger einer Brücke hatten sich zu einem Widderhorn verdreht. Der schwarze Qualm eines brennenden Öltanks hüllte die Szene in einen Trauerflor.

Berija überfiel seine Untergebenen mit Küssen, bis sein Argwohn wiederkehrte und er zum Telefon rannte, um zwei Begleiter zu erreichen, welche der international beobachteten Testexplosion auf dem Bikini-Atoll beigewohnt hatten. »Hat es ausgesehen wie bei den Amerikanern? Sind wir nicht abgeschmiert? Genauso? Gut, gut, dann kann ich Stalin berichten, daß das Experiment gelungen ist? Gut, gut.«

Er befahl dem Offizier vom Dienst eine Verbindung nach Moskau, wo es kurz nach fünf Uhr früh war. Der Sekretär Poskrebyschew warnte Berija, daß Stalin schlafe.

»Es ist dringlich, weck ihn auf!«

»Was willst du«, raunzte Stalin. »Weshalb rufst du an?«

»Alles ist glattgegangen!«

»Das weiß ich schon«, sagte Stalin und hängte auf. Berija heulte wie getreten. »Wer hat ihm das gesagt? Selbst hier werde ich bespitzelt. Ich mach' euch alle zu Brei.«

Das Innere der Sterne

Truman setzte ein Expertenkomitee ein, die Information zu prüfen. Es benötigte fünf Stunden, um übereinzukommen, daß die Beweise überwältigend seien. Der Semipalatinsk-Vorfall war ein Atomtest, und es handelte sich um einen Nachbau der Plutoniumbombe. Am 20. September unterrichtete David Lilienthal von der Atomenergiekommission den Präsidenten. Der mißtraute dem Befund und »bemühte jedes erdenkliche Argument«, wie der Bote betrübt notierte, »ohne irgendwie damit weiterzukommen«. Man wisse nicht, ob es eine echte Bombe gewesen sei, meinte Truman. Darüber müsse er erst nachdenken.

Neben allen dummen, aber notorischen Pannen der Nachrichtendienste, der Spionageabwehr, wog der politische Irrtum der Politik schwerer. Sie hatte sich ein vollständig falsches Bild vom Feinde gemalt. Es handelte sich um keine stumpfe Dampfwalze aus überholten Panzerdivisionen, Kanonenrohren und asiatischen Menschenhorden. Das alles stand, für das nackte Europa furchterregend, zwischen Dnjepr und Elbe. Damit kam man aber nicht über die Ozeane. Anders das Arkanum der westlichen Naturwissenschaft, Ingenieurskunst und Kapitalkraft, die Bombe. An ihrer Spedition würden die Russen nicht scheitern. Wer einen Plutoniumreaktor in Betrieb setzt, baut auch düsengetriebene Bomber und Interkontinentalraketen. Was die Vereinigten Staaten Japan angetan hatten, konnte in Bälde auch ihnen angetan werden. Das Schwert der Gerechtigkeit war in der Hand der Ungerechtigkeit. Der Anti-Christ konnte es gleichermaßen führen wie der Beauftragte DES HERRN.

Was immer daran deutsche Physiker und amerikanische Verräter verschuldeten, die Bombe war keine Blaupause, sondern ein Industrieprodukt. Unbemerkt, weil unvorstellbar war in der bolschewistischen Mangelwirtschaft ein ultragigantisches Fabriksystem gewachsen. Es schaffte, was die USA in zwei Weltkriegen fertiggebracht hatten, ihre industrielle Kapazität auf andere Kontinente zu wuchten. Vier Monate waren seit Stalins kläglicher Schlappe in Berlin verstrichen. Vieles daran tauchte nun in ein etwas anderes Licht.

Diese Affäre hatte eigentlich geendet wie begonnen. Nach wie vor existierte kein Abkommen über die Zufahrtswege. Der Westen hatte sich nicht hinauswerfen lassen, konnte aber jederzeit hinausgeworfen werden. Unwahrscheinlich, daß dann der stille Wink mit der B-29 noch stach. Die Reichweitenrechnungen der Dardanellenkrise zwei Jahre zuvor konnten jetzt in umgekehrter Richtung angestellt werden. Was lag, von Basen im Kaukasus und am Schwarzen Meer startend, nicht alles im Operationsradius! Hinter den glänzenden politisch-militärischen Perspektiven des deutschen Weststaates erschien der unscheinbare Vorteil der deutschen Ostzone. Er lag dicht unter der Oberfläche der sächsischen Uranbergwerke. Zusammen mit denen der angrenzenden Tschechoslowakei enthielten sie Stalins Hauptvorrat. Der Ulbrichtstaat war sein Kongo. Dieser wie jener waren die zwei unentbehrlichen strategischen Quellen der Atommacht.

Der Perspektivwechsel schien so ganz und gar umstürzend, die Realität der Luftzugänglichkeit über die Schilde der Ozeane hinweg so ungewohnt, daß Truman dem Publikum nach drei Tagen offenbarte, es gebe nichts wirklich Neues mitzuteilen. »This probability has always been taken into account by us.« Man habe es die ganze Zeit erwartet. Er sprach von einer »Atomexplosion« und vermied sorgsam das Wort Bombe. Eine Explosion geschieht am Ort, die Bombe aber kommt. Die Ankunft einer Bombe in den Vereinigten Staaten war unaussprechlich.

»What do we do now?« fragte, aufgewühlt im Innersten, Edward Teller bei Oppenheimer an.

»Keep your shirt on.«

Ein Jahr zuvor bereits hatte sich Oppenheimer im *Time Maga-*

121

zine zitieren lassen: »Unser Atommonopol schmilzt hinweg wie eine Eistorte in der Sonne.« Dazu benötigte er keine Geheimdienste. Das einzige wirkliche Geheimnis um die Atombombe war, ob sie funktioniere, sagte Sacharow. Und dies war seit dem 6. August 1945 weltbekannt.

Wo man, wie vorhersehbar, gemeinsam miteinander Bescheid wußte und das riskante Monopol zerbrochen war, kam die Idee einer »rationaleren Sicherheitspolitik« wieder auf den Tisch. Eifersüchtige Geheimnistuerei um die Nuklearwaffen hielt Oppenheimer für praktisch widerlegt. Man kann den Einblick in die Natur nicht versiegeln. Jeder macht sie sich früher oder später zu eigen, und alle teilen den Segen wie die Gefahren. Ein Gemeinwesen der Mächte lag indes außerhalb ihres Horizonts. Sie dachten gar nicht daran; sie dachten, daß der schwächer Gerüstete erpreßt und überwältigt wird.

Als die Russen Semipalatinsk mit »Erster Blitz« kodierten, war der zweite schon mitgedacht. Theoretisch bestand nun Balance, doch ist Balance ein künstlicher Zustand, bestehend aus ewiger Korrektur der Imbalance. Die wahre Sicherheit, nicht zu den Schwächeren zu gehören, besteht keineswegs darin, gleich stark zu sein. Als Washington feststellen mußte, daß es Rußlands Potentiale gründlich verkannt hatte, beschloß man, den gleichen Fehler nicht zweimal zu machen. Um nicht eines Tages als der Schwächere dazustehen, half nur, der Stärkere zu sein.

Lewis Strauss gehörte der Atomenergiekommission als Geschäftsmann, ab 1953 als Vorsitzender an. Er verlangte einen »Quantensprung« in der Atomtechnik, der kaum aus einer zeitweiligen Überzahl an Bomben und Bombern bestehen konnte. »Wir sollten uns intensiv daransetzen, mit der ›Super‹ voranzukommen.« Senator McMahon, der dem Kongreßkomitee für Atomenergie vorsaß, sah Grund zu der Befürchtung, »daß die Sowjetunion der Entwicklung der thermo-nuklearen Superbombe oberste Priorität eingeräumt hat. Wenn sie uns mit solch einer Bombe zuvorkommt, liegen die tödlichen Konsequenzen auf der Hand.« Es existierten dafür keine nachrichtlichen Hinweise, doch was besagt dies schon? Nun hielt man alles für möglich, und auch zu Recht. Seit einem halben Jahr existierte der von Andrej Sacharow errechnete Plan zu einer, wie sich bald herausstellte, aktiven Wasserstoffbombe. Er kopierte keine Entwürfe aus den USA, denn dort existierten keine.

Im Februar 1945 hatte Fuchs die Russen beiläufig von der Möglichkeit informiert, mit Hilfe einer Atombombe eine thermonukleare Reaktion in Gang zu setzen. Auf diesen Weg stießen sie ganz von allein. Jakow Seldowitsch, der später mit Sacharow das erste Exemplar entwickeln sollte, schrieb Kurtschatow im Dezember 1945, daß die Apparatur im Prinzip machbar sei. Die Gruppe Tamms bekam im Herbst 1948 heraus, daß Tellers Modell, welches Fuchs im März angeliefert hatte, funktionsuntüchtig war. Berija konzentrierte die Energien auf die Plutoniumbombe, ließ aber nebenher zwei getrennte Gruppen an dem Wasserstoffproblem arbeiten.

Das Los-Alamos-Team, zurückgekehrt auf die friedlichen Lehrstühle, hatte nichts als Einwände gegen die Idee, technische, militärische und ethische. Die Sprengkraft der Kernverschmelzungsbombe würde keine physischen Grenzen mehr kennen. In ihrem Gehäuse simulierte sie die Vorgänge im Innern der Sonne. Fermi hatte Teller den Grundgedanken im September 1941 skizziert. Könnte es sein, daß eine Kernspaltexplosion als Auslöser einer thermonuklearen Reaktion im Deuterium genutzt würde, einem Isotop des Wasserstoffs? Teller hatte den Gedanken 1942 Hans Bethe vorgetragen. Sie erörterten eine Explosion, gewaltig genug, um die Erde zu zerstören. Bethe fand die Aussicht entsetzlich, hielt die Erforschung dessen aber für richtig, denn »die Deutschen machen es vermutlich«.

Das Deuterium war leichter zu gewinnen als Plutonium oder angereichertes Uran. Das technische Problem, die Fusionierung der Protonen des Wasserstoffkerns, konnte allerdings nur auf Basis einer Atomexplosion gelingen. Ein Druck, wie ihn die Verbindung der Protonen erfordert, existierte seinerzeit nur im Innern der Sterne. Erst Temperaturen von hundert Millionen Grad Celsius, wie der Spaltungsprozeß der Bombe sie entbindet, könne ihn auf

Erden hervorbringen. Anschließend entscheidet nur die Menge des Deuteriums die Stärke der Explosion; sie ist beliebig zu steigern. Gegenüber der 15 000-Tonnen-TNT-Sprengkraft von Hiroshima könnte etwa eine Wirkung von hundert Millionen Tonnen TNT erzielt werden – genug, um weit über tausend Quadratkilometer zu verwüsten und in Minuten Millionen von Menschen zu töten. Insoweit diese Apparatur als Kriegswaffe gedacht war, besagte der erste Einwand, daß ihr keine adäquaten militärischen Ziele gegenüberstünden.

Als am 30. Oktober 1949 unter Oppenheimers Leitung das wissenschaftliche Advisory Committee der Atomenergiekommission zusammentrat, räumte Omar Bradley ein, daß er die militärische Notwendigkeit einer solchen Bombe nicht anzugeben wüßte. Es wäre nur psychologisch von Übel, wenn die Sowjetunion sie hätte und Amerika nicht. Oppenheimer stimmte zu; die Waffe passe in keine erdenkliche Strategie, einen Krieg zu gewinnen. Bis dahin aber fühlten sich die amerikanischen Bürger durch ein sowjetisches Wasserstoffmonopol um einiges verletzlicher, selbst wenn sie es gar nicht seien.

Das Komitee hingegen fühlte, daß die Menschen zu Gefangenen ihrer Destruktivkräfte geworden waren. Amerikas Bedarf daran sei mit der konventionellen Plutoniumbombe gestillt. Falls die sowjetische Seite mit Wasserstoffbombe angreife, »wären Vergeltungsaktionen durch unseren großen Vorrat an Atomwaffen ähnlich effektiv wie der Einsatz der ›Super‹«. Sie könnte sich allenfalls an zwei Orten entfalten, Moskau und Leningrad.

Abgesehen von der 50 : 50 kalkulierten Chance, eine Wasserstoffbombe in Gang zu setzen – vielleicht paßte sie in keinerlei Transportfahrzeug –, wünschten die Physiker kein solches Instrument. James Conant, nun Präsident der Harvard University, hatte Oppenheimer vor der Komiteesitzung gesagt, daß eine solche Völkermordmaschine von den USA nur »über meine Leiche« gebaut werde. Das Komitee schloß sich einstimmig dieser Charakeristik der ›Super‹ an und schrieb: »It's use carries much further than the atomic bomb itself the policy of exterminating civilian populations.« Ihre pure Existenz stelle die Zukunft der menschlichen Gattung in Frage. Albert Einstein erklärte, daß die radioaktive Vergiftung der Atmosphäre und die Vernichtung sämtlichen Lebens auf dem Planeten in den Bereich der technischen Möglichkeiten gerieten. »Der gespenstische Charakter dieser Entwicklung liegt in der anscheinenden Zwangsläufigkeit. Jeder Schritt erscheint als die unvermeidliche Konsequenz des vorangegangenen. Am Schluß winkt immer deutlicher die allgemeine Vernichtung.«

Auch Stalin hing gelegentlich Besorgnissen nach, daß Atomkriegführung mit dem Schicksal der Welt spiele. Wahrscheinlich war er der einzige in seinem Reich, der sich so offen defätistisch einließ. Unter seinen Physikern herrschte blanke Zufriedenheit, daß ein thermonuklearer US-Angriff nicht länger ungestraft vonstatten ginge. Monopole mußten gebrochen oder vorbeugend unterbunden werden. Dem Wasserstoffmonopol mußte entgegengewirkt werden, bevor es existierte, damit es nie existieren würde. Irgendwann hätte das kapitalistische Verbrecherregime ansonsten den Finger allein am Abzug. Die Völker schätzten die Hitlers und Trumans nicht, sagte Stalin. Folglich wünschten die Völker, daß man dem Grenzen setzte, und die Sprengmeister der Welten arbeiteten in ihrem Namen.

Doch entgrenzten sie die Völker; wem, wenn nicht ihnen, war die ›Super‹ gewidmet? In der unverblümten Sprache des Operateurs, der Bombe und Ziel letztlich zusammenführt, nannte Curtis LeMay sein Geschäft »nation killing«. Wenn einer von 140 Millionen Amerikanern ihm den Einsatzbefehl dazu erteilt, macht die Gegenseite, wenn noch Zeit ist, alle übrigen haftbar. Da einer Gegenseite dazu keine Zeit bliebe, weil der Zerstörungsradius der ›Super‹ sie nicht erübrigt, stellt sich die Frage der Prävention.

Eine Waffe, die mit einem Schlage niederstreckt, muß ich als erster betätigen. Traue ich dem Gegner einen Tabula-rasa-Angriff zu, sollte ich nicht abwarten, bis ich getroffen bin. Die schiere Idee der ›Super‹ brachte McMahon vom Kongreß-Atomkomitee zu der Strategie, die Lilienthal, nach heftiger Debatte, umschrieb: »What he says adds up to one thing: Blow them off the face of the earth, quick, before they do the same to us.«

Obgleich Stalin die Unvermeidlichkeit des Krieges im Bolschoi proklamiert hatte, folgte dieser Vorschlag nicht der Natur des Gegners, sondern der Natur der Waffe. Ohne sie könnte man Stalin getrost in Alaska angreifen lassen. Die Defensive war immer eine starke Position.

Eine solche Apparatur dürfe nie gebaut werden, schrieb der Nobelpreisträger Arthur Compton, »denn wir sollten eine Niederlage im Krieg einem Sieg vorziehen, der auf Kosten eines solchen menschlichen Desasters errungen würde«. Die Amerikaner sollten entscheiden, ob sie auf diese Weise verteidigt werden wollten. Auch Hans Bethe, der früh am Wege der ›Super‹ gestanden hatte, schrieb im *Scientific American:* »Sollen wir die Russen vom Wert des Individuums überzeugen, indem wir Millionen von ihnen umbringen? Wenn wir einen Krieg führen und ihn mit Wasserstoffbomben gewinnen, wird die Geschichte sich nicht der Ideale erinnern, für die wir kämpfen, sondern der Methoden, die wir zu ihrer Verwirklichung angewandt haben. Diese Methoden werden mit der Kriegführung Dschingis Khans verglichen werden, der erbarmungslos jeden letzten Einwohner Persiens getötet hat.«

Die Erbauer der russischen Wasserstoffbombe fochten solche Zweifel nicht an, selbst viel später nicht, als sie sich die Freiheit des Worts herausnahmen. Seine westlichen Kollegen hätten geirrt, meinte Sacharow, welche zur Pazifizierung Stalins auf ihre ›Super‹ verzichten wollten. Stalin, Berija und Konsorten gierten nach der neuen Waffe, und nichts konnte sie davon ablenken, ihre Entwicklung voranzutreiben. Jeden Schritt der USA, die Arbeit an der thermonuklearen Waffe aufzugeben oder zu unterbrechen, hätten sie entweder als hinterhältiges, betrügerisches Manöver aufgefaßt oder als Beweis von Dummheit und Schwäche. So oder so wäre die sowjetische Reaktion die gleiche gewesen: eine mögliche Falle zu meiden und die Torheit des Gegners auszunützen.

Da aber nicht Stalin, sondern Sacharow den blendenden Einfall zu dem von ihm ›Sloika‹, Blätterteig, genannten ersten thermonuklearen Vorgang auf Erden hatte, ist seine Auffassung davon nicht nebensächlich. Kurz vor seinem Tode in der Verbannung sagte der

Stalinpreisträger und spätere Friedensnobelpreisträger, daß sein Interesse an dem kolossalen Wasserstoffprojekt von dem wissenschaftlichen Problem erregt wurde, »der Möglichkeit, zu beweisen, was man erreichen kann, vor allem sich selbst«. Neben seinem privaten Motiv war es zusätzlich der richtige Entschluß. Es mußte eine Machtbalance herrschen, »trotz der Tatsache, daß wir die Waffe in die Hände Stalins und Berijas legten«.

Sacharow schuf indes kein Gleichgewicht, sondern ein Ungleichgewicht. Wie er zur Zeit seiner Erfindung wußte, war der amerikanische Prozeß fehlerhaft und konnte nicht funktionieren. Die Balance stellte zweieinhalb Jahre später Stanislaw Ulam her. »Ich fand ihn eines Mittags in unserem Wohnzimmer sitzen«, so beschrieb es seine Ehefrau, »er starrte aus dem Fenster und hatte einen sehr merkwürdigen Gesichtsausdruck. Er sagte: ›Ich habe einen Weg gefunden, wie es funktioniert.‹ ›Was funktioniert?‹ ›Die Super‹, sagte er. ›Es ist ein völlig anderes Schema, und es wird den Gang der Geschichte ändern.‹« Es änderte aber nur Sacharows Monopol, das Ulams Monopol vorausgreifend verhindern wollte.

Nichts ersetzt die Erleuchtung am Wohnzimmerfenster. Jemand würde davon gepackt werden, denn wieder waren die erlesensten Geister in Los Alamos versammelt, auch die energischsten Widersacher des Projekts, Bethe, Fermi, welcher die ›Super‹ im Beraterkomitee »eine Völkermordwaffe« genannt hatte. Nur Oppenheimer fehlte. Er beschrieb einmal den Physiker als Anarchen, gelockt von begnadeten Einfällen, denen er in jede Hölle folgt: »It is my judgment in these things that when you see something that is technically sweet, you go ahead and do it and you argue about what to do only after you have had your technical success.«

Warum sollen Physiker rationaler beschaffen sein als Generäle oder Politiker? Nur setzte ihr Meisterwerk, die Bombe, eine perfekt rationale Welt, auf Gedeih und Verderb, voraus. Als physikalischer Zustand ist Gleichgewicht eine einfache Sache. Beide Schalen tragen das gleiche, damit keine von ihnen untergeht. Die Zweischalenwelt ist allerdings ein flüchtiger Zustand gewesen. Eine Waage von zwanzig Schalen ist ein Unding. Eine kippt und

weitere hinterher. Bereits die Ursprungsbalance von zweien sollte
sich in einer Finsternis von Geheimhaltung und Spekulation, Prävention und Angst herstellen, worin der Spion das Vernunftsmo-
ment darstellt als Wächter der Gewichte.

Das Allgemeinbefinden dieser wie jeder Zeit ist die getrübte
Wahrnehmung gewesen. Sacharow, der 1989 die Übergabe der Wasserstoffbombe selbst an den alten, von seinen engsten Genossen als
wahngetrieben empfundenen Stalin guthieß, besaß 1953 keinerlei
Grund, sie ihm zu verweigern. Er hielt ihn für den größten Menschen und betrauerte zutiefst seinen Tod.

Hätte Stalin in seiner Paranoia einen Präventivschlag angeordnet, weil der Gegner kurz vor einem solchen stehe, hätte man dies
dem Vater der Werktätigen und Licht der Völker blind geglaubt.
Truman glaubte ihm kein Wort, nachdem sein Vorgänger Roosevelt in ihm den Ordnungsfaktor gefunden hatte, die Welt zu verwalten.

Als Stalin nach Semipalatinsk balancefähig geworden war, begehrte Washington nichts weniger als Waffengleichheit mit diesem
Verbrecher. Nachdem er das Monopol geknackt hatte, gab es nichts
Dringlicheres als ein neues Monopol. Es war aber schon überholt,
ehe es existierte. Aus bitterer Kränkung und jäher Angst wurde die
Anschaffung einer Waffe beschlossen, die keinen militärischen Vorteil versprach, nur weil Stalin sie anschaffen könnte. Stalin schaffte
sie an, weil via Fuchs der Hinweis kam, daß Teller an der Möglichkeit herumrechne, falsch, aber sicherlich korrigierbar.

Im Dickicht von Schlüssen und Fehlschlüssen, Ressentiments
und Eitelkeiten sind rationale Entscheidungen keineswegs unwahrscheinlich. Es ist aber nicht anzunehmen, daß dies auf immer
geschieht. Das Axiom der Waffe will, daß sich die Psychologie der
Inhaber auf ewig von ihr zur Rationalität verpflichten läßt. Der
Mathematiker Norbert Wiener vom Massachusetts Institute of
Technology lehnte die Forschungsarbeit ab, weil »im gegenwärtigen Zustand unserer Zivilisation die Verbreitung von Informationen über eine Waffe es praktisch sicherstellt, daß diese Waffe auch
benutzt wird«.

128

Die Linie vom Können zum Wollen wird irgendwann überschritten werden. Eine Fristverlängerung ist das letzte Erbarmen, das die Welt für sich übrig hat.

Den Motiven zum Bau der ›Super‹ sah Wiener die Ähnlichkeit mit jenen an, die zur Atombombe geführt hatten. Einstein und Szilárd rieten zum Bau, weil Hitler ihn möglicherweise befehle und kein Monopol darauf haben dürfe. Diese Annahme war ein Irrtum, der die industriellen Kapazitäten Deutschlands im Kriege grob überschätzte. Aus dem Irrtum waren die Schritte hervorgegangen, die Einstein zehn Jahre später als permanente Zwangshandlungen erschienen.

Die erste Zwangshandlung war gewesen, daß Einstein, als Entdecker der physikalischen Basis der Bombe, der Energie-Masse-Formel, von Leo Szilárd einen Brief vorgelegt bekam. Ob er ihn bitte als den seinigen zeichnen könne? »Sie brachten mir einen fertigen Brief, und ich unterschrieb!« Es war der 2. August 1939, kein Krieg, kein Hitler-Stalin-Pakt, Stalin pokerte, welches Lager das bessere Bündnisangebot mache. Die Westmächte schickten ihm zweitrangige Unterhändler, und er fand, man nehme ihn dort nicht ernst. Es war die letzte Chance, Deutschland in die Zange zu schließen. Wäre die Wehrmacht in einen Zweifrontenkrieg marschiert, hätte Hitler einen Marschbefehl erteilt, hätte die Heeresspitze gehorcht? Unwahrscheinlich. Hätten sie gesiegt? Nein. In einem Vierteljahr der Spuk vorüber!

Roosevelt machte anderweitig ernst. »The element uranium«, schrieb Einstein, »may be turned into a new and important source of energy in the immediate future.« Die Regierung möge aufpassen, weil unter Umständen »quick action« verlangt sei. »Extremely powerful bombs of a new type may by constructed.« Der Brief brauchte neun Wochen, um den Präsidenten zu erreichen, Roosevelt brauchte keine 24 Stunden, ihn zu verstehen. Hitler und Stalin hatten Polen bereits besiegt. Einen Frankreichfeldzug wollte die Heeresspitze nicht recht beginnen. Die Warnung eines amerikanischen Kriegsbeitritts für den Fall des Einmarschs hätte sie höchst bedenklich gestimmt. Noch war alles ein osteuropäischer Lokalkrieg.

»What you are after«, fragte Roosevelt den Boten Einsteins, »is to see that the Nazis don't blow us up?«

»Precisely.«

Roosevelt rief seinen Militärattaché, General Edwin M. ›Pa‹ Watson. »Pa, this requires action.«

Die Aktion verlief schleppend; als echtes Kapital einfloß, siegte die Rote Armee bei Stalingrad und schickte Hitler auf den Rückzug. Als die Bombe existierte, existierte Hitler nicht mehr.

Sie wurde sogleich geworfen, wie Wiener anmerkt, aus der erstbesten militärischen Schwierigkeit heraus. Ihre Existenz zwang Truman zu ihrem Abwurf, denn niemand hätte verstanden, warum Amerikaner an Aufgaben sterben, die eine Explosion einfacher löste. Die Opfer bei den Schlachten um die Pazifikinseln wurden dargebracht, weil sie notwendig waren. Landungsverluste auf den japanischen Mutterinseln waren hingegen überflüssig.

Die Notwendigkeit lag von nun an auf seiten derer, die mit den USA einen Konflikt zu gewärtigen hatten. Zur Konfliktfähigkeit benötigten sie eine Abschreckung auf analoger Stufe. Der Fremdbesitz an Nuklearwaffen schien dem Erstbesitzer hinfort die eigentliche Bedrohung. Die Geographie hat die Vereinigten Staaten schwer angreifbar gemacht. Fünf Jahre nach Hiroshima war es damit vorbei. Nach den Banalitäten der Dardanellen- und Berlinkrise schien nichts mehr banal. Jeder Krach in Reichweite der Bombe ist ernst; der Krieger muß sie suchen, sonst fühlt er sich unerwachsen. Jeder regierende Querulant weit vom Schuß wurde theoretisch bedrohlich. Das Teil war transportabel und die Ablieferung allein ein Frachtproblem. Nur eine weit tödlichere Gefahr hält den Lieferanten des Verderbens auf, vorausgesetzt, er scheut den Tod.

Da der Krieg die ›Super‹ nicht mehr abschaffen konnte, konnte sie nur noch den Krieg abschaffen.

Der Weg dazu war seit 1945 vorgezeichnet, und Teller beschrieb das weitere Vorgehen. Bei einer Detonationskraft von hundert Megatonnen »würde einfach ein Stück Atmosphäre – irgendwas im Durchmesser von fünfzehn Kilometern – in den Weltraum gehoben«. Mehr würde es nicht werden. Wenn man die Detonation auf hundert Billionen steigere, würde sich kaum etwas ändern. »Man jagt das gleiche Stück in den Raum mit der dreißigfachen Geschwindigkeit.« Fermi und Rabi fanden, daß Waffenwirkungen in der Dimension größter Naturkatastrophen mit militärischen Zielsetzungen nichts mehr zu tun hätten.

Die Probleme seien vor sieben Jahren die gleichen gewesen wie heute, schrieb Oppenheimer an Conant. »Eine Waffe, unbekannt in Design, Kosten, Transportierbarkeit und militärischem Nutzen.« Nur folgerten jetzt Leute wie der Nobelpreisträger Ernest Lawrence aus der Bombe der Russen, daß sie in Bälde auch die Superbombe besäßen. Diese habe bereits die Phantasie der Congressmen und Militärs erfaßt. Man könne sich der Erforschung leider nicht widersetzen. »Wir wußten immer, daß es getan werden mußte.«

Das Müssen entsprang nicht mehr der Absicht, die Städte der Frevler in zebaothischer Allmacht niederzureißen. Im Gegenteil. »Wir waren unendlich verletzlicher«, schrieb Oppenheimer, »weil ein höherer Anteil der US-Bevölkerung in Großstädten lebt, als es die Sowjetrussen tun.« Das übermütige riesige Babel war man selbst. Einen Turm von Massenvernichtungswaffen hatte man aufgeschichtet und sie damit auf sich gelenkt.

Indem man zielte, wurde man Ziel. Die überquellend reichen Metropolen des Westens gaben überdies bessere Ziele ab als der verödete, karge Osten. Die Prasser hingen an ihren Schätzen und scheuten, Vernichtungsschläge auszuteilen, weil sie keine einstecken mochten. »Die Welt, die große Zerstörung erlitten hat, ist für Amerika viel härter zu bewohnen als für die Kommunisten.« Wer in der Wüste lebt, ist für Verwüstungen unempfindlich.

Truman hatte sich über die Ablehnung, welche die ›Super‹ durch das Beratungskomitee erfuhr, nicht still hinwegsetzen wollen. In ihre Ungeheuerlichkeiten war er erst Wochen nach Semipalatinsk, im Oktober 1949, eingeweiht worden. Persönlich stand ihm nicht der Sinn nach unendlicher Steigerung der Vernichtungsintensität, doch mußte er auf den Schock politisch effektvoll reagieren. Im Kongreß, in den Ministerien und im Pentagon schwoll der Druck, die verlorene Stellung zurückzuerobern.

Die inexistente ›Super‹ entwickelte sich zur Bekenntnisfrage. Wer sie ablehnte, beging »unconditional surrender to alien forces of evil«, wie McMahon warnte. Strauss, der zweite Anführer der ›Super‹-Lobby, pries sie als eine Art Atlantikwall, einen Strahlungs- gürtel, »um die Landung an unseren Küsten zu verhindern«. Paul Nitze im Außenministerium verteidigte ein immaterielles, doch dafür verteidigungsfähiges Gut, den Glauben an die Überlegenheit der amerikanischen Technologie, unverzichtbar für die Sicherheit der Welt und für die nationale Harmonie.

Die Joint Chiefs hielten die ethische Ablehnung gewisser Waf- fen für unethisch, weil es den Krieg verharmlose: »Es ist Unsinn, zu argumentieren, ob eine Waffe unmoralischer ist als die andere. Im weiteren Sinne ist es der Krieg selbst, der unmoralisch ist.« Das Unmoralischste aber war es, dem Gegner im Krieg einen Vorteil zu lassen, auch wenn er nur darin bestand, daß er wie einer aussah. »Wenn man es hinkriegt«, sagte Bradley, »wäre es unerträglich, wenn wir auf dem Hintern sitzen und gar nichts tun, so daß die Russen es als erste bekommen.«

Truman, der komplizierte Fragen gern unter dem einfacheren Gesichtspunkt der Rentabilität betrachtete, erfuhr, daß innerhalb eines Verteidigungsbudgets von 14 Milliarden Dollar die Ent- wicklung der Superbombe für einen Betrag zwischen 70 und 100 Millionen erhältlich war. In einem kurzen Treffen am 31. Januar 1950 kam ein Spezialkomitee des Nationalen Sicherheitsrats zu- sammen, Außenminister Acheson, der neue Verteidigungsmini- ster Johnson und Lilienthal. Die Minister empfahlen ein Crash- programm zum Bau. Lilienthal äußerte Vorbehalte. Truman frage alle drei Männer, ob die Russen in der Lage seien, die thermonu- kleare Bombe zu bauen. Alle drei waren sich einig. »What the hell are we waiting for?« sagte Truman. »Let's go on with it.« Am sel- ben Tage noch machte er die öffentliche Ankündigung. Er müsse dies machen, sagte er seinem Sprecher, aber keiner wolle das Ding anwenden.

Die Russen waren imstande, die ›Super‹ zu bauen, hatten den Bauplan schon in der Schublade, versprachen sich aber nicht viel davon. Es gab dringlichere Projekte mit echtem militärischem Nutzen wie die Interkontinentalrakete. Stalin hatte Anfang 1947 erfahren, daß die Deutschen ein Geschoß geplant hatten, das von europäischem Boden aus die USA erreichen konnte. Die Russen hatten seinerzeit mit großem Interesse die V1- und V2-Angriffe auf London registriert und suchten seit Sommer 1945 in Deutschland nach Unterlagen, Exemplaren und Ingenieuren.

Eine Entwicklungsgruppe unter Sergej Koroljow arbeitete seit März 1947 an einer Rakete mit der mehrfachen Reichweite der V2, die 300 Kilometer marschierte. »Versteht ihr die ungeheure strategische Bedeutung von Maschinen dieser Art?« ermunterte Stalin eine Wissenschaftler- und Luftwaffengruppe im Kreml. »Sie könnte eine wirksame Zwangsjacke darstellen für diesen lauten Ladenbesitzer Harry Truman. Wir müssen damit vorwärtskommen, Genossen. Das Problem, transatlantische Raketen herzustellen, ist für uns von extremer Wichtigkeit.«

Sacharows ›Blätterteig‹ erschien dagegen von extremer Unwichtigkeit. Berija lehnte im Sommer 1949 jede weitere Unterstützung dafür ab. Vier Tage nach Trumans Ankündigung befahl er Kurtschatow, in fünf Tagen einen Bericht anzufertigen über die Entwicklung der thermonuklearen Forschung. Ende Februar schickte Berija das Material an Stalin mit der Empfehlung, ein beschleunigtes Programm aufzulegen, weil die Amerikaner es taten. Stalin unterzeichnete es selbigen Tags. Er sollte die Fertigstellung 1953 nicht mehr erleben. Doch wußte er die Zeit bis dahin klug zu überbrücken. Aus Anlaß seines 70. Geburtstags weilte gerade der jüngst zur Macht gekommene Mao Tse-tung in Moskau, der neue Herr der Heerscharen.

Fernost

Chinas Krieg hatte im Oktober 1949 aufgehört und im Juli 1937 angefangen. Er begann als Abwehr der japanischen Invasion und endete mit dem Sieg der Kommunistischen Partei über die nationalchinesische Regierung unter Tschiang Kai-schek. Der Bürgerkrieg der zwei chinesischen Parteien währte seit den Jugendjahren der Kontrahenten, geleitete sie durch ihr politisches Leben, gelegentlich waren sie Verbündete, überwiegend aber Feinde und unversöhnlich.

Zur Entscheidung kam der Streit, als er Bestandteil des Kalten Kriegs wurde. Hier kreuzten sich zum ersten Male die Waffen von Ost und West. Die Armee Tschiangs war amerikanisch ausgerüstet und trainiert, der Generalissimus und sein Regime existierten zu hundert Prozent von Dollarkrediten.

Mao Tse-tung hatte im Weltkrieg eine Partisanenarmee in Nordwestchina befehligt. Die sowjetische Okkupation der Mandschurei verwandelte sie zu einer Kraft, welche den amerikanischen Schützling Tschiang besiegte, China nach hundertjährigem Zerfall einte, im Folgejahr die USA im sogenannten Koreakrieg angriff und sich dabei als unüberwindlich erwies.

Den Verlust Chinas empfanden die USA als eine Niederlage, die den so bitter erkämpften Sieg im pazifischen Krieg verspielte. Alles, was die Westmächte an der asiatischen Front des Weltkriegs verteidigten, ging ihnen verloren. Neben China ganz Indonesien, die malaiische Halbinsel, Indien, Birma, Indochina und die Philippinen. Japan wurde erfolgreich an ihrem Besitz gehindert. Die Befreier wurden von den Befreiten aber mitnichten als solche aufgefaßt. Die USA, England, Frankreich und Holland galten als Interessenten. Sie verteidigten gewaltsam errungene und genossene Besitztümer.

Die Besitztitel, besungen als »White Men's burden«, rührten aus der Überlegenheit einer Rasse. »We are superior«, glaubte Churchill, aber es wurde ihm nicht mehr geglaubt. Die Parteien des asiatischen Kriegs führten ihn an Rassenmerkmalen entlang, die im wesentlichen die Hautfarbe darstellte. Zu den Ungereimtheiten des dazumal gebräuchlichen Begriffes zählte die Ausnahme zugunsten der Chinesen, als die ›weißen Farbigen‹. In den Chinatowns der US-Westküste unterlagen sie harschen Rassentrennungsregeln, in Asien waren sie gleichrangige Partner der antijapanischen Allianz.

Kaiser Hirohito hatte seinen Unterwerfungskrieg als Befreiungskrieg ausgerufen gegen 200 Jahre weißer Fremdherrschaft. Die industriellen und militärischen Erfolge Japans genossen Anerkennung, teils Bewunderung im asiatischen Raum. Tschiang Kaischek war Zögling der Tokioter Militärakademie, und Gandhis indische Kongreßpartei nutzte das Nahen der japanischen Armee aus Birma zum Aufruhr gegen den eigentlichen Feind, die Briten. In Birma, Malaya, in Indonesien und auf den Philippinen schlugen sich Unabhängigkeitsbewegungen auf Japans Seite als das kleinere Übel.

Der japanische Weltkrieg gab sich als einer der farbigen gegen die weiße Welt aus. Den Amerikanern bereitete die Propagierung des Rassenkriegs Verlegenheit, er rührte an eine empfindliche Stelle. Detroit und Harlem erlebten im Sommer 1943 Rassenkrawalle. Die US-Armee übte eine scharfe Segregation. So lagerten Blutkonserven für schwarze und weiße Verwundete in getrennten Gefäßen, damit keine Vermischung stattfände.

Kriegsminister Stimson hielt die Lage für explosiv und schrieb in sein Tagebuch, daß hinter den Gleichheitsforderungen die Japaner steckten. Sie gossen tatsächlich Öl ins Feuer: Die Amerikaner hielten sich »Rassen, die ihnen dienen sollen wie Haustiere«. Schwarze, braune, rote und gelbe. Befürchtungen erschienen in konservativen Blättern, die Schwarzen in Amerika wünschten insgeheim seine Niederlage. George Marshall sagte zu Journalisten vertraulich: »I would rather handle everything that the Germans,

Italians and Japanese can throw at me than to face the trouble I see in the Negro question.«

Für die Indonesier, Burmesen, Malaien, Chinesen entpuppte sich die japanische Okkupation als ungefähr so freiheitlich wie die Russen in Polen und Mitteldeutschland. In den Zwangsarbeitslagern verstarben Häftlinge in Gulag-Dimensionen, allein in Indonesien vier Millionen Personen. Das machte aber die zurückkehrenden Briten, Holländer und Franzosen nicht anziehender. Nach der Unterwerfung Japans begab sich nur ein Volk begeistert in westliche Obhut, die Japaner. Den Holländern lief die Galle über, daß ausgerechnet die Kollaborateure unter Sukarno ihnen 1949 die Unabhängigkeit abtrotzten.

Die westlichen Kriegsziele am ost-/südostasiatischen Schauplatz stellten Rückeroberungen von Eroberungen dar. Dem Rückeroberer zerlief der Sieg in der Hand. Der Krieg war gewonnen, aber der Gewinn verwirkt. Inder und Chinesen sahen den japanischen Angriff und den alliierten Sieg als Zwischenstufe zur Beförderung ihrer eigenen Sache. Die Welt vor Pearl Harbor war mit der Pazifikflotte versunken und tauchte auch nicht wieder auf.

MacArthurs Protektorat Hokkaido, Hondo und Kyushu, die hart erkämpfte Prämie, war nicht mehr das Japan, dem Asien sich beugte von Seoul bis Singapur. Er herrschte über ein rußiges Trümmerfeld und verstörte Menschen. Asien beugte sich indes auch nicht vor MacArthur, denn 2000 km von seinem Sitz erhob sich ein neues Gestirn, die natürliche Mitte der asiatischen Trabanten. Es ersetzte Japan, wie Rußland Deutschland ersetzte. Auf beiden Kontinenten wuchsen der geköpften Hydra kräftigere Häupter.

Auch die amerikanische Kriegszielpolitik sah China als ordnende Mitte vor. Wenig betrübt von dem unweigerlichen Sturz der alteuropäischen Kolonien, insbesondere der britischen, besaß Roosevelt an seiner pazifischen Gegenküste einen strategischen Partner. Nationalchina unter seiner Staatspartei, der Kuomintang, war 1943, auf der Kairo-Konferenz der Allianz, zu einem der »Four Policemen« ernannt worden. Vom UNO-Hauptquartier in New York aus hielten sie die Welt im Lot. Die Machtergreifung der Rotchinesen unter Mao Tse-tung im Herbst 1949 zerstörte alle Illusionen. Sie wurzelte so tief im amerikanischen Gemüt, daß es davon so rasch nicht lassen konnte und sie weiterpflegte als Trauer, Verlust und Klage: »Who lost China?«

Man kann nichts verlieren, was man nie besessen hat. Die USA hegten seit zwei Generationen jedoch die Idee einer Art Kontinentalverschiebung, die keiner melodischer als Douglas MacArthur vortrug: Angefangen mit seiner Entdeckung stellte die Nation eine Drift von Ost nach West dar. Fort aus Europa, von der Atlantik- zur Pazifikküste und seit der Eroberung Hawaiis und der Philippinen darüber hinaus. Der japanische war der erste der asiatischen Kriege der USA und der letzte, den sie gewonnen haben.

Lange glaubte Roosevelt, daß man es allein nicht schaffen könne. Die Schlachten um 177 Millionen Quadratkilometer Ozean waren Wunders genug; mit dem abschließenden Landungsunternehmen an Stränden, die laut Propaganda siebzig Millionen Selbstmordattentäter säumten, drohte ein Aderlaß ohnegleichen. Doch stünde Japan danach nicht notwendigerweise am Ende. Es hielt den wichtigsten Teil Chinas besetzt, die Mandschurei, das Yangtse-Tal sowie die Küste von der nördlichen Mauer bis hinab nach Hongkong. Dort standen zwei Millionen Soldaten und eine Million Kollaborateurstruppen.

Innerhalb eines Besatzungsgebiets von rund 2,5 Millionen Quadratkilometern, von 220 Millionen Menschen bewohnt, existierten zwei intakte Marionettenstaaten, Mandschukuo und die Republik China. Sie hielten genügend Industrie, Kapital und Menschenmaterial vorrätig, um als Exiljapan den Krieg endlos fortzusetzen. Der Widerstandswille kannte keine Grenzen, und so wurde alles für möglich gehalten, selbst »die Gründung eines neuen japanischen Staats«, wie General John Deane argwöhnte, der US-Koordinator der Rüstungslieferungen an Rußland.

Es bestanden auf chinesischem Boden auch zwei antijapanische chinesische Regierungen, nur haßten sie einander weit mehr als den Okkupanten. Die Nationalchinesische Regierung unter Generalissimus Tschiang Kai-schek residierte im abgelegenen Südwesten Richtung Tibet. Eigentlich ein verödeter Streifen von 100 000 Quadratkilometern mit 16 Millionen Menschen, gescheckt in Reviere korrupter Warlords. Seine Kriegführungskapazität hing an einer einzigen Nachschublinie, einem Flugshuttle von Indien über den Himalaja.

Über drei Jahre hinweg gelang es den US-Generälen nicht, ihr Marionettenregime zum Kampf gegen die Japaner an der Küstenschiene zu bewegen. Da Tschiang als Weltpolizist nominiert war, ging er davon aus, daß ihm sein Bereich zugeteilt würde. Einen Waffengang mit Japan konnte seine Scheinrepublik mangels industrieller Basis, Finanzkraft, Waffenausstattung und Mannschaftsdisziplin unmöglich bestehen. In ihrer letzten Bodenoffensive ›Ichi-go‹ jagten die Japaner im Sommer 1944 Tschiangs lustlose Truppen an den Rand von Birma.

In den Lößbergen des dünnbevölkerten Nordwestens unterhielten die Kommunisten die Kommune von Yenan und eine Partisanenarmee, die gelegentlich hinter den japanischen Linien Anschläge verübte. Ihre Hochburgen und Einflußzonen maßen etwa 400 000 Quadratkilometer. China in den Grenzen von 1930 umfaßte sieben Millionen Quadratkilometer und zählte zur Kriegszeit 600 Millionen Einwohner.

Nach dem Fiasko Tschiangs machten sich amerikanische Teams auf den Weg zu den Volkskriegern Maos und wurden enthusiastisch begrüßt. Tschou En-lai, sein weltläufiger Unterhändler, bekannte, daß die Vereinigten Staaten das eigentliche Idol der Kommunisten seien, die sich lieber amerikanischem Kommando anvertrauten als dem »Verbrecher« Tschiang. Wenn dieser anwesend wäre, sagte Mao Tse-tung, würde er ihn ein Schildkrötenei nennen und verfluchen. Sein Regime liege in den »letzten Zuckungen«. Warum verbündeten die Amerikaner sich mit einer militärisch unfähigen Diktatur anstatt mit Kräften, hinter denen das Volk stehe? »Wir müssen zusammenarbeiten«, sagte Mao, »und amerikanische Hilfe haben.« Mit guten Waffen könnten seine Männer den Japanern ganz anders zu Leibe rücken. Peng Dehuai, der Stabschef der Roten Armee, erbot sich, die Amerikaner im Falle einer Landung zwischen

Schanghai und der Halbinsel Schantung mit einer Millionen Mann zu erwarten und einer ebensolchen Anzahl von Volksmilizen.

Der Sondierungskommission fielen zeitunglesende Hilfsarbeiter auf, Rekruten, die ohne Kommandeursbegleitung im Marschtritt spazierten, die Abwesenheit von Polizei, Bürokratie und Phrasendreschern, die Ernsthaftigkeit der Menschen und ihr Fortschrittsglaube. Kein Vergleich zur trägen Intriganz, Geldschneiderei und bleichen Not in Tschiangs Residenz. Mit dem Kommunismus der Mao-Kommune war es nicht weit her; die Amerikaner wurden zu Kapitalinvestitionen eingeladen, sie sollten Presseleute stationieren und Priester zum Missionieren schicken, die Kirchen würden gestellt. Zur Sowjetregierung bestünden keinerlei Kontakte, man wisse wenig von ihrer Chinapolitik.

Die sowjetischen Verbindungsleute in Yenan nannten den Gästen chinesische Namen, dennoch gewannen diese den Eindruck, daß sie schlecht Chinesisch sprachen und miserabel angesehen seien. Pjotr Wlassow, der Chef der Sowjetmission in Yenan, meldete nach Moskau, daß die Genossen versuchten, »den alten Tschiang zu verdrängen« und ihm seine Finanziers abspenstig zu machen. »Mao führte sich auf wie ein Händler, der beweist, daß seine Ware die beste ist.« US-Kriegsminister Henry Stimson war schon zum Kauf entschlossen. Man müsse Tschiang Kai-schek loswerden, anderenfalls »we can't get in touch with the only live body of military men there is in China at present, namely the communists«. Das Pentagon sollte bald intensiver mit ihnen in Kontakt kommen, als ihm lieb war.

Der Handel von 1944 verschwand für beide Seiten vom Terminkalender. Die Amerikaner kamen zu dem Schluß, daß eine Invasion zur Überwältigung der Japaner in China unratsam sei und keine der dortigen Parteien, weder einzeln noch zusammen, eine Hilfe bedeute. Auch Maos Eifer als US-Partner und demokratischer Reformer ließ nach, als er hörte, daß nicht Roosevelt, sondern Stalin in China einziehen werde.

Rußland hatte sich bisher nicht in den pazifischen Krieg eingeschaltet, weil er ihm nutzte. Japan wurde in China, Südostasien und auf dem Ozean gebunden und von Sibirien abgelenkt, wohin es sein Verbündeter Deutschland innigst wünschte. Da Rußland wie Japan sich den Rücken freihalten wollten – ersteres, um Japans Partner Deutschland, letzteres um Rußlands Partner USA zu schlagen –, verknüpften sie ihre kreuzweisen Interessen in einem Nichtangriffspakt.

Rußland hatte um die Jahreswende 1944/45 seine Aufgabe so gut wie gelöst und den Amerikanern auf stetes Drängeln hin die Zusage gegeben, den Pakt zu brechen und Japan zu überfallen. Der 1943 verabredete Angriff nahm Ende 1944 Gestalt an. Er würde gar nicht auf die japanischen Inseln führen, sondern nach Nordostchina. Um die Mandschurei hatte Rußland bereits 1904/05 mit dem kaiserlichen Heer gerungen, denn es besaß dort wichtige Eisenbahninteressen; ein Teilstück seiner Transsibirienlinie durchquerte die Mandschurei, und ein Abzweig senkte sich durch die Südmandschurei bis zum Gelben Meer. Dort mündete er am russischen Pachthafen Port Arthur. Eine nicht minder ernste Neigung verband das Zarenreich mit den riesigen Grenzprovinzen Sinkiang und Äußere Mongolei, 1905 gescheitert. Stalin verspürte sie noch immer. Rußlands Niederlage 1905 war das Jugenderlebnis der sozialistischen Revolution gewesen, ihr Ruf zur Macht.

Als sich die Amerikaner 1944 gezwungen sahen, den Russen die Invasion in China anzutragen, entschnürten sie ein älteres Paket und wußten es. Franklin Roosevelts Onkel Theodore hatte während seiner Präsidentschaft zu Portsmouth den Frieden vermittelt. Als der Neffe zum Krieg rief, quälten ihn Zweifel. »Werden die Russen sich jemals zurückziehen?« fragte er seinen Moskauer Botschafter Averell Harriman. Der erinnerte ihn, daß Stalin längst seinen Preis genannt habe, die Annulierung von Portsmouth, das hieß die Rückkehr in die Mandschurei. Roosevelt meinte, daß kein anderer als die Russen fähig sei, die Japaner aus China zu vertreiben. Ohne Stalin schien weder Hitler noch Hirohito unter vertretbaren Verlusten zu schlagen. »The defeat of Japan without Russia would be extremely difficult and costly.« Man müsse alles tun, um Stalins Pläne zu unterstützen.

An der verteidigten chinesischen Küste anzulanden wäre das denkbar blutigste Geschäft. Rußland hingegen teilte mit China die längste Landgrenze der Erde, es wechselte nur nach nebenan. Von der Äußeren Mongolei, ein de facto bolschewistisches Protektorat, in die Innere Mongolei, die westliche Grenzprovinz, war es in der Tat nur ein Schritt. Er lag dermaßen nahe, daß die Joint Chiefs sich dem Problem aus der Gegenrichtung näherten. »Rußlands Interessen in Fernost und in der Nachkriegswelt erzwingen zweifellos seinen Eintritt in den Krieg gegen Japan.« Es war die blanke Selbstverständlichkeit, daß Stalins Krieg gegen Japan um chinesisches Gebiet und alte Rechnungen geführt wurde.

»Der sowjetische Einfluß in der Mandschurei wird erheblich sein«, gab Harriman zu bedenken, »wenn sie die Eisenbahnen kontrollieren und sowjetische Truppen sie wahrscheinlich schützen.« Genauso waren nämlich die Japaner vorgegangen, bevor sie das Gebiet sich einverleibten: Bahnkonzession, Streckenpolizei, Einmarsch.

Als Stalin in Moskau mit General Deane die Einzelheiten erörterte, veranschlagte er sechzig Divisionen für den Überfall. Dreißig zweitklassige standen schon bereit, die erstklassigen würden binnen dreier Monate nach der deutschen Kapitulation beigezogen. »Da die Transsibirische Bahn«, zitierte ihn Deane, »trotz ihrer Tagesleistung von 36 Zügen nicht imstande sein würde, für die Verpflegung der 60 Divisionen aufzukommen, müssen Lebensmittelreserven für zwei bis drei Monate im voraus in Sibirien angelegt werden, bevor die Operationen beginnen können.« Außerdem müßten noch »die politischen Vorbedingungen für eine Teilnahme Rußlands geklärt werden«.

Die Klärung der wirtschaftlichen Vorbedingungen erfolgte sofort. Den Beutezug nach Nordostchina würden die USA mitfinanzieren müssen. Die Bestelliste vom 17. Oktober 1944 nannte 120 000 Tonnen hochoktanigen Treibstoff, 70 000 Tonnen Autobenzin, 500 Amphibienfahrzeuge, 30 000 Lkws, 400 C-47-Transportflugzeuge, 100 C-54, Schneepflüge, Bulldozer, 2 Minenlegboote, 30 Minensuchboote, 30 Fregatten, Korvetten, Begleitboote,

500 Lokomotiven, 800 Kilometer Bahngleise, 14 500 Tonnen Kleidung und Lazarettbedarf, 180 000 Tonnen Nahrung und so weiter.

»Marschall Stalin betonte«, meldete Deane den Joint Chiefs, »daß diese Ausrüstung über die Pazifikroute kommen muß, weil die Kapazitäten der Transsibirischen Eisenbahn ab sofort mit Munition und Bomben belegt sind.« Insgesamt handele es sich um über eine Million Tonnen. »850 000 tons is dry cargo and 206 000 tons is liquid cargo.« Bis zum 30. Juni 1945 müsse alles verschifft und in Sibirien deponiert sein, um die Streitmacht von 1,5 Millionen Mann mit 3000 Panzern, 75 000 Motorfahrzeugen und 5000 Flugzeugen von der Stelle zu bewegen. »Es war ein nettes rundes Sümmchen«, schrieb Deane, »das da die Sowjetunion von den Vereinigten Staaten forderte.«

Mit fünfzig begeisterten US-Offizieren wurden alsdann bei den Russen Stabsübungen abgehalten, wie die Kommunisten China eroberten. Die Amerikaner simulierten den japanischen Generalstab, und Oberst Moses W. Pettigrew nahm scherzhaft den Namen ›Tojo‹ an, des Oberbefehlshabers der japanischen Streitkräfte. Er war der Verlierer. Hinter der übermütigen Laune bargen sich ernste Sorgen. Die Amerikaner wollten herausbekommen, wie die Russen ihre Kräfte in China einzusetzen gedächten. Deren Operation war ihnen nicht geheuer, und Vorahnungen plagten sie.

Stalin hatte Deane, gelernter Strategiedozent in Fort Leavenworth, seine Absichten und Nichtabsichten genügend klar erläutert. Die inständig erbetene Gewährung von US-Luftstützpunkten in Sibirien, von wo aus die B-29 mühelos ihre Bombenteppiche über die Mutterinseln bis zur chinesischen Küste hätte streuen können, zog sich hin. Zusage, Verschleppung, Absage. Amerika sollten keine Mühen abgenommen werden, im Gegenteil. Bis zur japanischen Kapitulation mußte Zeit verfließen, Monate, ein halbes, ein dreiviertel Jahr, damit der mandschurische Feldzug steigen konnte. Er besaß ein faßliches Ziel. Jedem stand es dicht vor Augen, nämlich die japanischen Truppen in der Mandschurei von denen in Mittel- und Südchina abzuschneiden und sie auszulöschen. Damit war das amerikanische Problem nur teilweise gelöst, das russische ganz und gar.

Den Amerikanern gelang es trotz knappsten Schiffsraums, die ›Operation Mile Post‹ bis zum erbetenen Zeitraum zu 80 Prozent abzuwickeln. Dann ergab es sich rasch, daß sie völlig sinnlos, ja hochschädlich war. Erstens hörte man durch Eindringen in japanische Codes, daß der Gegner Frieden suchte, zweitens hatte man mit der Atombombe ab August eine Waffe in der Hand, mit der man meinte, jede erwünschte Kapitulation allein erzwingen zu können, und drittens erwies sich soeben in Europa, daß Stalin, in der Spur seiner Panzerketten, der Unfreiheit nur andere Namen gab und der nächste Gegner sein würde.

Rußlands Begehr nach einer Besatzungszone auf der Nordinsel Hokkaido wurde rundheraus abgelehnt. Für eine bis vor acht Wochen neutrale Macht, die noch keinen Schuß abgegeben hatte, genügten Süd-Sachalin und die Kurilen. Zwecks Teilnahme an der Kapitulationszeremonie auf der ›Missouri‹ verwies man süffisant an MacArthur. Dessen Bereitwilligkeit, die Bühne mit einem russischen Zweitsieger zu teilen, erkundete erst gar keiner.

Zur letzten Schlacht war noch nicht aufgerufen, und jede Seite hoffte, daß der Krieg nicht plötzlich zu Ende ginge durch Japans vorzeitige Kapitulation. In der letzten Schlacht des aktuellen Krieges würde nämlich Aufstellung bezogen für den zukünftigen. Dunkel schwante den Beteiligten, daß Asien noch nicht restlos pazifiziert sei.

In Wahrheit gab es zwei letzte Schlachten, die eine davon spektakulär, ein Weltereignis, die andere eine Fußnote der Kriegsgeschichte, eine Vierzehntagekampagne. Die militärische Funktion der Atomschlacht am 6. und 9. August mag strittig sein, doch erst im nachhinein. Vor dem politischen Signal erschrecken die Jahrhunderte. Der mandschurische Feldzug zwischen dem 9. und 23. August aber war unstrittig funktionslos für Japans Ende. Roosevelts chinesische Befürchtungen verflogen ins Garnichts. Doch öffneten sie die Türen zum Erwachen Chinas unter der Herrschaft der Kommunistischen Partei.

Der mandschurische Feldzug

Am 29. Mai teilte Stalin in Moskau dem Vertrauten des unlängst verstorbenen Roosevelt mit, »daß er im August anzugreifen gedenkt«. Harry Hopkins glaubte, »bis zum 8. August wird die Sowjetarmee ihre Positionen in der Mandschurei bezogen haben«. Beide stimmten überein: »Japan ist verloren, und die Japaner wissen es.« Ihre Streitkräfte, so Stalin, müßten aber total liquidiert werden, »besonders weil die Japaner eine tiefeingewurzelte Antipathie gegen die Vereinigten Staaten hegen«. Zum Schutze der USA zog Rußland mit amerikanischem Sprit in die Mandschurei, sonst »werden sie sogleich mit dem Plan eines Revanchekriegs beginnen«.

Die Amerikaner glaubten kein Wort; ihre Devise war »China retten«, wie Außenminister Byrnes am 20. Juli in Potsdam raunte. Man müsse Stalin »in China ausmanövrieren«. Das sagte Truman ähnlich; »Manhattan«, die Bombe, müsse Japan zur Kapitulation bringen »before Russia comes in«.

Die Japaner, die eine ehrenvolle Kapitulation suchten, hatten sich zur Vermittlung an den Falschesten gewandt, Stalin, der seine Truppe grade zum Abmarsch gruppierte. Truman seinerseits formulierte in Potsdam ein offenes Ultimatum an Japan in der denkbar inakzeptabelsten Weise. Er ließ nämlich weder die Russen den Text zeichnen, um deren gute Dienste der kaiserliche Hof warb, noch teilte er ihn auf diplomatischem Wege mit. Die Alternative lautete »unconditional surrender« oder »prompt and utter destruction«. Man hängte sie an die allergrößte Glocke. Die Japaner erfuhren sie vom 27. Juli an aus dem Radio und aus Tonnen von Flugblättern.

Das Stichdatum der Kapitulation hieß »sofort«. Die Bombe war für den 4. oder 5. August als verfügbar gemeldet. ›Sofort‹ räumte dem ›Sohn der Sonne‹ zehn Tage Bedenkzeit ein. Entweder beugte er das Knie und der Krieg war vorüber, oder die Bombe fiel und Stalin war ausmanövriert.

Die Amerikaner schockierten die japanische Psyche gerade genug, daß es hundertprozentig zum Abwurf kam. Darauf bauten alle, denn das Pentagon hatte bereits am 25. Juli, dem Tag vor besagtem Ultimatum, an General Carl Spaatz von der Strategic Air Force den Einsatzbefehl gegeben für die »first special bomb«. Sobald das Wetter es zulasse, doch nicht vor dem 3. August. Truman hatte dann die Konferenz verlassen, und die Welt würde keine alliierte, sondern eine rein amerikanische Explosion erleben. Spaatzens Befehlsgeber, Kriegsminister Stimson und Stabschef Marshall, kabelten von Potsdam aus, das heißt mit Zustimmung des Präsidenten. Ein Taifun verzögerte zwei Tage die klare Sicht. Am 5. August um 14.00 Uhr legte Curtis LeMay den Termin fest. Daß er unter dem Vorbehalt einer japanischen Nichtkapitulation stehe, wurde weder erwähnt noch je geglaubt.

Am 24. Juli, dem Vortag des Einsatzbefehls, erzählte Truman beiläufig, daß er über eine neue Bombe von ungewöhnlicher Kraft verfüge. Stalin wünschte viel Erfolg. Molotow münzte sie sogleich auf Rußland und warnte den Chef, daß die Verhandlungspartner davon redeten, um »ihre Preise zu steigern«. Drei Parteien rannten nun gegen die Zeit. Japan im Angesicht der ›totalen Zerstörung‹, was immer das heißen mochte, Truman zur Rettung Chinas und Stalin durch den Countdown bis zur Bombe.

Stabschef Marshall riet Truman davon ab, sich Druck zu schaffen. Die Russen seien nun auf amerikanischen Wunsch an der mandschurischen Grenze aufmarschiert und nicht mehr anzuhalten. Truman war auch nicht mehr anzuhalten. Er rechnete sich das Zeitfenster aus. Stalin hatte ihm die Invasion der Mandschurei für den 15. August angekündigt. Daraufhin war umgehend der Spaatzbefehl formuliert worden. Die Bombe mußte spätestens zu Anfang der zweiten Augustwoche gefallen sein, damit den Japanern ein paar Tage Zeit zur Anbringung der formalen Kapitulation blieb.

Als am Morgen des 6. August Hiroshima zerfiel, war es in Moskau zwei Stunden nach Mitternacht. Stalin beschloß unverzüglich seinen Parallelschlag und ließ ihn General Deane in letzter Stunde, am 8. um fünf Uhr nachmittags, wissen. Sechzig Minuten später fuhren in Sibirien die Panzer an, kurz nach Mitternacht. Zehn Stunden später explodierte, 500 Meter über dem Boden von Nagasaki, ›Fat Man‹. Als die Maschine nachts auf der Pazifikinsel Tinian abhob, war die sensationelle Nachricht Deanes aus Moskau noch nicht in Washington. Dort langte sie am Vortage, mittags, an.

Die Zeitverschiebung ließ bis zum Abwurf noch einige Stunden, den Flug per Kabel und Funkspruch zu stoppen. Der Abwurftermin war erst um elf Uhr vormittags, an der US-Ostküste der Vorabend. Ein solcher Aufwand wurde aber für 50 000 Menschenleben nicht betrieben. Die Politik überließ den Abwurf gern den militärischen Notwendigkeiten, das Militär war froh, nicht mit politischen Notwendigkeiten behelligt zu sein. Alles wartete neugierig auf das technische Gelingen. Niemand achtete auf das Nächstliegende: Mit der russischen Kriegserklärung konnte von Japan die sofortige Kapitulation erwartet werden. Der Ablauf war jetzt in militärischer Hand, und Japan sollte keinesfalls der Russen, sondern der Bombe wegen kapitulieren.

Die Kapitulation stand längst nicht mehr in Frage, sondern nur, wie sie sich auf die Geschicke Chinas auswirkte. Trumans Problem in Potsdam war nicht, wie Japan auf die Bombe reagierte, sondern wie der unheimliche Verbündete darauf reagierte. »Aufgrund der Erfahrungen, die der Präsident im Laufe der ersten Konferenzwoche mit den Russen gemacht hatte«, sagte 1958 Außenminister Byrnes, »war er zu dem Schluß gekommen, daß es bedauerlich wäre, wenn die Sowjetunion in den Krieg einträte.« Darum habe man ihr den Charakter der Bombe nicht mitgeteilt. Das war auch nicht nötig, da sie schon seit drei Jahren mit den amerikanischen Berechnungen arbeitete und darum wußte, daß in der Mandschurei kein Tag Zeit mehr zu verlieren war.

Hiroshima und Nagasaki haben den Angriff nicht durchkreuzt, sondern ganz gegen die Absicht beschleunigt. Truman überstürzte das Bombardement, um Stalin zuvorzukommen, und Stalin überstürzte die mandschurische Operation, um dem Zusammenbruch der Bombardierten zuvorzukommen. Im Resultat war die Bombe gefallen und die Mandschurei überrannt. Sie war der Schlüssel zur Beherrschung Chinas.

Stalin ging auf die siebzig zu und dachte naturgemäß zurück: an die Revision von Portsmouth, eine Schmach des Zaren; an die mandschurische Eisenbahn, das letzte imperiale Projekt der Zaren. Dann an Port Arthur, ihren Hafen, an die Mongolei und Sinkiang, die letzten Landraubzüge der Zaren. China lag seit gut hundert Jahren im Siechtum und wurde ausgeweidet von Briten und Franzosen, Amerikanern und Deutschen, Russen und Japanern.

Die zwei letzteren, Anrainer der Mandschurei, die einen über Sibirien, die anderen über Korea, verfolgten den gleichen Gedanken. Warum nicht die Weiten nördlich der Großen Mauer, die unlängst, vor 300 Jahren die Mandschu-Kaiser in den viertausendjährigen chinesischen Verbund überführt hatten, wieder herauslösen? Sie waren nie ein echter Teil davon geworden.

Der Besitztrieb begründet keinen Rechtsanspruch, kann ihn aber formulieren. Stalin klagte auf Herausgabe des von Japan zwischen 1905 und 1945 besessenen unrechten Guts. Er griff zurück auf den verlorenen Krieg des Zaren Nikolaus, den, nebenbei, britisch-amerikanische Banken den Japanern finanziert hatten. Wie dem auch sei, Stalins Preis für seinen Angriff rührte aus der guten vorrevolutionären Zeit. Die Ironie der Ereignisse und sonst niemand wollte, daß daraus die Chinesische Revolution wurde.

Den Sowjets, die seit Februar 1945 ihre Kräfte anhäuften, konnte nicht entgangen sein, daß die Gegner, die neben den Japanern auch Mandschukuen und Mongolen einbegriffen, aus untrainierten Mannschaften mit minderwertigem Gerät bestanden. Ein Drittel der 24 Divisionen war zehn Tage vor dem Aufeinandertreffen erst mobilisiert worden. Von den zwei Panzerbrigaden bildete sich die eine erst im Juli. Die meisten Panzer waren leichte Vierzehntonner und zu nichts nutze. Die Luftdeckung fehlte, denn die russischen Maschinen deklassierten die gegnerischen Modelle. Nach eigener Einschätzung besaß die japanische Armee die Kampfkraft von höchstens acht Divisionen.

Demgegenüber hatten die Russen und ihre US-Lieferanten eine kolossale Armee von 80 Divisionen aufgefahren, mit 3700 Panzern, 5300 Flugzeugen, 26 000 Kanonen und eineinhalb Millionen Mann. So stand der Gegner bei den Mannschaften nominell um die Hälfte, bei den Panzern und Flugzeugen um zwei Drittel und bei den Kanonen um drei Viertel in der Minderzahl. Kurz, die Streitmacht, die über viereinhalb Kilometer Breite in ein Operationsgebiet von der Größe Westeuropas eindrang, taugte zu erheblich mehr, als ihr zusammengewürfeltes Gegenüber zu zersprengen. In dieser Stärke über die Mandschurei verteilt, würde sie von keinem erdenklichen Gegner unfreiwillig mehr herauszudrängen sein. Der waffenstarrende, menschenüberreiche Okkupant in China, vor dem es Roosevelt so graute, zog jetzt erst ein, auf amerikanische Einladung und Kosten.

Zur Führung des letzten Gefechts bestellte Stalin hochrangige Offiziere. Er ließ eine neue strategische Kommandoebene bilden, die ›Sowjetischen Streitkräfte Fernost‹ angeführt von dem früheren Generalstabschef Alexander M. Wassilewski. Sie teilten sich in drei Heeresgruppen, die Transbaikalfront unter Marschall Rodion Malinowski, dem späteren Verteidigungsminister, die 1. Fernöstliche Front unter Marschall Kyrill Merezkow und die 2. Fernöstliche Front unter Armeegeneral Maxim Purkajew. Diesen fügte sich der Oberbefehlshaber der Pazifikflotte, Admiral Iwan Jumaschow, hinzu.

Die Japaner glaubten nicht, daß die Russen eine so gewaltige Streitmacht über 370 Kilometer ohne Versorgungspause in Bewegung halten könnten. Sie rechneten mit einer Begegnung im zentralen Tiefland. Die Mandschurei ist wie eine Schüssel geformt; die Offensive würde also in zwei Phasen verlaufen müssen, wenn man die eigenen Kräfte zur Defensive in den mittleren Ebenen sammelte. Das einzige, was sich damit gewinnen ließ, war ein Stück Zeit. Die Gegner aber hatten keine Zeit, sie mußten sie überspringen.

Wassilewski wählte eine Umfassung aus West und Ost. Malinowski sollte den Hauptstoß aus der Mongolei mit sechs Feldarmeen und der 6. Gardepanzerarmee führen, den halben Kräften in Fernost. Um der Überraschung willen startete die transbaikalische Gruppe 450 Kilometer entfernt von der nächsten Eisenbahnlinie, durcheilte – samt leichten Panzern und Pferden – Hunderte von Kilometern der wasserlosen Wüste Gobi, überwand den eisgegürteten Kamm des Großen Tschingan, eine absurde Route, mit der niemand rechnete, und erschien nach sieben Tagen zum Durchstoß auf die mittleren und südlichen Industriezentren Tschangtschun, Mukden, Suping und Anschan. Außer der Natur sollten sie keinem weiteren Feind begegnen.

Malinowski legte über 800 Kilometer ohne jeden Widerstand zurück. Die Japaner hatten sich bei Ankunft der Riesenstreitmacht bereits ins Innere zurückgezogen und mußten sich an zwei verbliebenen Divisionen und einer Brigade messen. Zwei Abteilungen der 17. sowjetischen und mongolischen Armee erreichten Kalgan und Jehol, 200 Kilometer vor Peking. Merezkows 1. Fernöstliche Front griff von entgegengesetzter Seite, aus der pazifischen Küstenprovinz, an. Aufgefüllt mit erstklassigen Mannschaften, die zuletzt die Wehrmacht in Ostpreußen zum Gegner hatten, erwarteten sie am Ussuri massive Grenzbefestigungen und die stärkste Truppenkonzentration. Da sie aber in fünffacher Übermacht anrückten, verzichtete die 1. japanische Feldarmee nach kurzer Begegnung an der vordersten Verteidigungslinie auf Weiteres und wandte sich kaum versehrt in den Südosten. Mangels anderer Beschäftigung zweigte eine der vier Sowjetarmeen nach Nordkorea ab.

Zwischen dem 11. und 20. August fiel schwerer Regen auf die Mandschurei. Flugzeuge konnten nicht steigen, die Wolken versperrten ihnen die Sicht, und Panzer kamen schwer vorwärts. Der japanischen Sache war nicht mehr zu helfen. Am 10. August, einen Tag vor Beginn der russischen Offensive, unterrichtete Tokio seine Außenstellen, daß es sich der Potsdamer Erklärung unterwerfe. Da Stalin sie nicht unterzeichnet hatte, ging sie ihn auch nichts an. Die

Verbündeten mochten ihren Krieg gewonnen haben, der seinige ging um andere Ziele, und sie waren noch nicht erreicht. Wassilewski beschloß die Invasion Süd-Sachalins, und vom 23. August bis zum 6. September währte die Einnahme der Kurilen.

Der Befehl des Kaisers, die Kämpfe einzustellen, erreichte die mandschurischen Streitkräfte am 15. August; es dauerte bis zum 19., ehe ihr Stabschef, General Hata, bei Wassilewski die formale Kapitulation anbringen durfte, die zum 25. August Gültigkeit erhielt. Zwei Tage zuvor erklärte Stalin das erfolgreiche Ende der Kampagne, es sollte aber September werden, ehe die Landnahme abgeschlossen war. Sie durchschnitt die Innere Mongolei nordsüdlich bei Baotou, 200 Kilometer vor der Grenze zur Autonomen Sowjetrepublik Äußere Mongolei. Von Baotou, wo Fallschirmjäger landeten, führte eine Bahnlinie stracks nach Jenan, dem Hauptquartier Mao Tse-tungs.

Der Erfolg der Russen versetzte den Großen Vorsitzenden in Taumel. »Wenn wir die Mandschurei haben, ist uns der Sieg sicher«, sagte er seinen Hauptleuten. Eine total irrationale Annahme. Der Flickenteppich von Separatzonen, die er am Nordostabschnitt des japanischen Besatzungsgebiets mehr verunsicherte als beherrschte, maß keine drei Prozent von China.

Den hohen Norden, von Peking bis zum Amur und von der Küstenprovinz bis zur Mongolei, besaß, dank vierzehntätigen Feldzugs, Stalin. Die Ausmaße seines Besatzungsgebiets spotten jedem Vergleich; es übertraf bei weitem jenes der Wehrmacht in Rußland. Die eigentlichen, Mandschurei genannten drei chinesischen Provinzen Heilangjiang, Liaoning und Jelin messen 880 000 Quadratkilometer, dem nun gefallenen Mandschukuo waren noch das gebirgige Jehol und Teile der Inneren Mongolei zugeschlagen, so daß es 1,3 Millionen Quadratkilometer umfaßte. Der Marschweg der ersten Transbaikalischen Front hatte zudem etwa zwei Drittel der Inneren Mongolei berührt, die 1,1 Millionen Quadratkilometer besitzt. Insgesamt betrug das Besatzungsgebiet der Roten Armee an die zwei Millionen Quadratkilometer, eine Fläche wie die Spaniens, Frankreichs, Italiens, Deutschlands und Polens zusammengenommen.

Mandschukuo hatten die Japaner in eines der brodelnden Industriegebiete der Erde verwandelt, das Kraftwerk Ostasiens. Zusätzlich zu den Reichtümern über der Erde – Wälder, groß wie Deutschland, Mais, Reis, Baumwolle, Getreide, Hanf, Tabak – barg der Boden enorme Kohleflöze, Eisenerzlager sowie Kupfer und Blei, Mangan, Molybdän, Wolfram und Gold sowie die einzigen in Schiefer und Sandstein verschlossenen Ölvorkommen Chinas.

Die neuen Industrien, Gruben und Schmelzen, hydroelektrischen Anlagen, Brücken, Gleise, Straßen, Wasserwege und Hochspannungsleitungen hatten in den vierzehn japanischen Jahren die märchenhaften Ressourcen nachgerade aus dem Stillstand in Schwung versetzt. Dies war die international hochbewunderte Seite der international schwer gescholtenen japanischen Aggression. Es stellte sich ein in der Tat aggressiver Wettbewerber auf dem Markt. Die Bewohner wurden alphabetisiert, die Städte erhielten Kanalisation und Krankenhäuser, der Staat schuf ein vernünftiges Steuersystem und gab eine harte Währung aus. Nirgendwo in China glich etwas im entferntesten diesem nun liquidierten Marionettenstaat. Vielleicht das perspektivreichste Beutestück der Welt.

Die Liquidatoren beklagten 8000 Tote und 220 000 Verwundete. Von den 3,2 Millionen angehäuften Granaten hatten sie zehn Prozent verschossen. Dafür erbeuteten sie eine stattliche Anzahl nicht eben erstklassiger Waffen, die später noch eine größere Rolle spielen sollten. 600 000 Gefangene wurden zu einigen Jahren Zwangsarbeit nach Sibirien verschleppt. Darüber hinaus demontierten die Russen zur Entschädigung alles Bewegliche und feierten das, was ihre Weltkriegsannalen das »Modell eines wirklichen Blitzschlags« nennen. So wurde er von jenen, die nichts Vergleichbares ins Feld stellen konnten, als Quintessenz der neuen sowjetischen Bedrohung studiert. Ansonsten erwartete man den baldigen Abzug der Besatzungsorgane, die eigentlich bei den amerikanischen Schwierigkeiten mit Japan nur ausgeholfen hatten. So war es in Jalta versprochen.

IN JALTA

Es fragt sich, ob ohne die Übereinkunft auf der Krim vom 11. Februar 1945 die Kettenreaktion in Gang gekommen wäre, die binnen vier Jahren das moderne China entfesselte. Die Joint Chiefs hatten Roosevelt am 23. Januar ein Memorandum zur Rolle Rußlands im Pazifikkrieg übermittelt, unterzeichnet von George Marshall. Alles war seit Herbst beim alten: »Rußlands Eintritt zum frühestmöglichen Zeitpunkt ist notwendig«, die USA bieten dazu »maximum support possible« und erhalten dafür in der Hauptsache »the defeat of the Japanese forces in Manchuria«.

Am 4. Februar saßen Marshall, Admiral King, Botschafter Harriman und der Sowjetspion Alger Hiss im Zarenpalast zu Jalta beisammen, und die Militärs klagten, daß die Alliierten und die russischen Stäbe gewisse Kontaktprobleme hätten, die Stalin bereinigen solle. Marshall räumte ein, daß die Briten ein Teil des Problems seien. Schukow stehe 40 Meilen vor Berlin, und sie sorgten sich wahrscheinlich, daß er und Eisenhower über ihre Köpfe hinweg verkehrten.

Als 7. Tagesordnungspunkt kam China an die Reihe, und Harriman warf unvermittelt ein, daß Stalin »sehr wahrscheinlich die Frage stellt, was Rußland aus dem Pazifischen Krieg für sich herausholt«. Er werde ein Stück von Japan verlangen – Süd-Sachalin und die Kurilen – und ein Stück von China, nämlich die Anerkennung des Protektorats Äußere Mongolei und die Kontrolle über die mandschurische Eisenbahnlinie zum Hafen Dairen am Gelben Meer.

Die Mongolei müsse er noch mit Tschiang Kai-schek besprechen, sagte Roosevelt. Das Gebiet maß 1,6 Millionen Quadratkilometer und gehörte nach dem russisch-chinesischen Vertrag vom 31. Mai 1924 weder sich selbst noch einem Protektor. Vielmehr heißt es darin, die Sowjetregierung »anerkennt, daß die Äußere Mongolei ein integrierter Teil der Republik Chinas ist, und respektiert die chinesische Souveränität dort«.

Die Dinge hatten sich, wie zu erwarten, in die entgegengesetzte Richtung entwickelt, weil China immer schwächer und die Sowjetunion immer stärker wurde. So wollte Stalin, daß das Recht des Stärkeren auch auf dem Papier verzeichnet sei. Da der Präsident nicht für einen anderen Staat auf ein Territorium von der dreifachen Größe Frankreichs verzichten wollte, stand diese Prämie dahin. Der Rest, der ebenfalls die chinesische Souveränität in der Mandschurei berührte, ginge in Ordnung, sagte Roosevelt. Annexionen zu Lasten Japans waren sowieso selbstverständlich.

In der Sitzung vom 8. Februar sagte Stalin erwartungsgemäß, nun wolle er gern die politischen Konditionen besprechen, unter denen die Sowjetunion in den Krieg gegen Japan eintrete. Es galt noch eineinhalb Jahre lang der Nichtangriffspakt, und für seinen Bruch legte Roosevelt die Angebote auf den Tisch. Mit Sachalin und den Kurilen habe er keine Probleme, die Eisenbahnlinie nach Dairen und die Pacht des Hafens habe er noch nicht mit Marschall Tschiang besprechen können, »also darum kann ich hier nicht für die Chinesen sprechen«.

»Es gibt noch eine andere Frage«, sagte Stalin, »sie betrifft den russischen Gebrauch der mandschurischen Eisenbahn.« Die Zaren hätten sowohl die Querverbindung von Sibirien zur Küstenprovinz benutzt wie die Längsverbindung, die von Harbin nach Dairen und Port Arthur abzweigt. Der Grundriß der um die Jahrhundertwende gelegten Strecke ist ein T-Stück.

Vielleicht könne man die Bahn von China pachten, entgegnete Roosevelt, oder eine gemeinsame Betriebsgesellschaft gründen. »Eins ist klar«, sagte Stalin, »wenn diese Bedingungen nicht erfüllt werden, dann ist es schwierig für Molotow und mich, dem Sowjetvolk zu erklären, warum Rußland in einen Krieg gegen Japan eintritt.« Im Kampf gegen Deutschland habe jeder begriffen, daß es um die nackte Existenz ging. »Aber man würde nicht einsehen, warum Rußland in den Krieg geht gegen ein Land, mit dem wir keine großen Schwierigkeiten hatten.« Wenn jedoch seine Bedingungen erfüllt würden, verstünden die Leute, daß hier nationale Interessen im Spiel sind. »Es wäre viel einfacher, dem Obersten Sowjet so eine Entscheidung zu erklären.«

Roosevelt wiederholte, er habe noch nicht Gelegenheit gefunden, mit Tschiang zu reden. »Eine der Schwierigkeiten, wenn man mit Chinesen spricht, ist die, daß alles, was man ihnen sagt, 24 Stunden später die ganze Welt weiß.«

»Das stimmt«, resümierte Stalin, »aber ich glaube, es ist noch gar nicht notwendig, mit den Chinesen zu reden.« Für die Verschwiegenheit des Obersten Sowjets verbürge er sich. »Es wäre gut, bevor wir nach Hause fahren, wenn wir die Bedingungen schriftlich fixieren und die Zustimmung der drei Mächte.«

Danach wandte sich das Gespräch den übrigen fließenden Staatlichkeiten in Ostasien zu. Die Treuhänderschaft von Amerikanern, Russen und Chinesen über Korea könne man vielleicht auf 20 bis 30 Jahre beschränken, meinte der Präsident.

»Je kürzer desto besser«, entgegnete Stalin. Ob irgendwelche fremden Truppen in Korea stationiert würden?

»Nein«, sagte Roosevelt, »aber es gibt eine delikate Frage betreffs Korea.« Churchill war bei der Sitzung nicht anwesend. »Ich persönlich glaube, daß England zur Treuhänderschaft in Korea nicht eingeladen zu werden braucht. Aber ich habe das Gefühl, sie nehmen uns das übel.«

Roosevelt wollte den alteuropäischen Kolonialismus von diesem Erdteil verdrängen und mit Rußland einige Treuhänderschaften zugunsten der unmündigen Völker eröffnen, zum Beispiel in Vietnam, Laos und Kambodscha, der französischen Kolonie Indochina. »Die Briten mögen diese Idee nicht und wollen an Frankreich rückerstatten, weil sie fürchten, die Treuhänderschaft färbt auf Birma ab.«

»Churchill bringt uns um!« sagte Stalin. In Korea könne man ihn beteiligen, für Südostasien sei England aber ein wackliger Patron. »Ich glaube, Indochina ist eine ganz wichtige Gegend.«

Die Leute dort seien kleingewachsen, sagte der Präsident, und nicht besonders kriegerisch. Und die Franzosen hätten nichts für

Vietnam getan, seit sie die Kolonie besäßen. Amerika habe indessen einiges unternommen, um China am Leben zu erhalten.

Stalin sagte, daß China sicherlich am Leben bleibe. »Sie brauchen ein paar neue Leute um Tschiang Kai-schek herum.«

Man habe einige Fortschritte gemacht, die Kommunisten im Norden mit der Tschungking-Regierung zusammenzubringen, erzählte der Präsident. »Die Schwierigkeiten liegen mehr bei der Kuomintang und der Regierung als bei diesen sogenannten Kommunisten.«

»Ich begreife schwer, warum sie nicht miteinander auskommen«, meinte Stalin, sie hätten doch zusammen gegen die Japaner gekämpft!

Stalin hatte seine Kriegsbeitrittsbedingungen schriftlich vorformuliert; mit kleinen Änderungen einigte man sich am 10. Februar auf den Inhalt:

1. In der Äußeren Mongolei würde der Protektoratszustand international akzepiert.
2. Die Annexion Süd-Sachalins und der Kurilen.
3. Port Arthur würde sowjetische Marinebasis und Dairen internationalisiert bei Anerkennung vorrangiger sowjetischer Interessen.
4. Die mandschurischen Eisenbahnen gingen in eine gemischte Verwaltung über, »die vorrangigen Interessen der Sowjetunion werden sichergestellt. China behält die volle Souveränität in der Mandschurei.« Im Gegenzug tritt die Sowjetunion drei Monate nach der deutschen Kapitulation in den Krieg gegen Japan ein.

Die China betreffenden Abmachungen standen unter dem Vorbehalt der Zustimmung Tschiangs. »Der Präsident wird Maßnahmen ergreifen, diese Zustimmung zu erlangen nach Veranlassung von Marschall Stalin.«

Tschiang, der sich nach dem ›Ichi-go‹-Desaster in den letzten Fußbreit Boden krallte, war selbst als Weltpolizist nicht in der Lage, ein amerikanisch-russisch-britisches Übereinkommen zu hintertreiben, trug seine Haut so teuer wie möglich zu Markte, doch bestand sie nur noch aus Papier. Nichts von dem, was ihm abverlangt war, befand sich in seinem Besitz. »Sie müssen verstehen«, erinnerte Stalin Tschiangs Sohn Tsching-kuo, »daß Sie heute meine Hilfe brauchen und ich Ihre nicht brauche.« Eigentlich brauchte er auch kein Abkommen, denn als es am 14. August unterzeichnet wurde, hatte der Einmarsch seine Ziele fast erreicht, Japan sich geschlagen gegeben, und Mandschukuo war so wenig China wie zuvor, ausgenommen auf dem Papier und dies mit Stalins eigener Unterschrift.

Papier aber zählt. Die chinesische Regierung ohne Land mußte ungezwungen darauf erklären, daß der in Jalta verabredete Überfall zum Zwecke der ›nationalen Interessen‹ Rußlands keine Aggression gegen Japan oder China darstellte, sondern einen Dienst am Freund.

Die Freunde verhandelten in Moskau zunächst über dessen Beteiligung an einer Eisenbahn, die Moskau am 23. März 1935 in der Residenz des japanischen Außenministers für 140 Millionen Yen bereits verkauft hatte. Damit war entgolten, was von den Zaren einst finanziert wurde, und Rußland besaß 1945 darauf nur das Anrecht des Einbrechers. Dies aber war real und alles andere irreal. Die Chinesen dächten wohl, ihm eine Gnade zu erweisen, scherzte Stalin, wenn er die Bahn benutzen dürfe.

Die chinesische Schmerzgrenze war die Mongolei. Er werde niemals zufrieden sein, wenn er sie nicht bekomme, sagte der Freund, und seine gelben Augen leerten sich von allem Humor. Wenn jemand die Sowjetunion von dort aus angreife und die Transsibirische Eisenbahn unterbreche, »dann sind wir fertig«. Wer solle dieser Angreifer sein? fragte Tsching-kuo. Vielleicht Japan, vielleicht China, vielleicht die USA, antwortete Stalin. Es lohne sich auch überhaupt nicht, über das Thema zu reden, »weil die Mongolei schon lange für China verloren ist«, erklärte er dem Außenminister, T. V. Soong. Der entgegnete, daß die Äußere Mongolei ein Siebentel des chinesischen Territoriums ausmache. »Die Äußere Mongolei«, antwortete Stalin, »ist eine Wüste.«

Die Chinesen trennten sich, nach allem anderen, von ihrem kostbarsten Gut im Tausch für ein wichtigeres. Am 9. Juli bot ihre Delegation Entgegenkommen, wenn Stalin davon absehe, die Kommunisten zu unterstützen. Stalin sagte, er denke gar nicht daran. »China hat nur *eine* Regierung und wenn es auf seinem Territorium noch eine zweite gibt, so ist das ein internes Problem.« Ob gewünscht sei, »daß die Sowjetunion die chinesischen Kommunisten nicht bewaffnen soll, sondern alle Hilfe unmittelbar Tschiang Kaischek zur Verfügung gestellt wird«?

Genau das sei gemeint, erwiderte Soong.

»Einverstanden! Wünscht die chinesische Regierung nicht, daß die Sowjetunion mit der Entwaffnung der chinesischen Kommunisten beginnt?«

»Das wäre eine unerfüllbare Forderung«, sagte der Außenminister. Man wolle das kommunistische Problem mit politischen Mitteln lösen.

»Ausgezeichnet!« meinte Stalin. »Die chinesischen Kommunisten sind gute Patrioten.«

Seine Regierung strebe die Schaffung einer einheitlichen Macht an, setzte Soong hinzu.

»Das ist ein vollkommen berechtigter Wunsch«, schloß Stalin, »weil es in einem Staat *eine* Armee und *eine* Regierung geben muß.«

Die Einigung besagte, daß die Mongolische Sowjetrepublik die Sezession dem Volk zur Abstimmung stelle. Sie erzielte eine Zustimmung von beinahe hundert Prozent.

DOPPELTES SPIEL

Das mandschurisch-mongolische Eroberungsgebiet grenzte nach allen Seiten an sowjetischen Besitz: im Westen an die Mongolei, im Norden an Sibirien, im Osten an die Küstenprovinz, im Süden an Nordkorea und das Gelbe Meer, das von Port Arthur und Dairen aus durch die russische Flotte beherrscht wurde. Es fügt sich organisch in eine Pufferschiene von Sinkiang über die Äußere Mongolei zur Pazifikküste. Nach plausiblem Zeugnis des seinerzeitigen russischen Diplomaten Andrej Ledowski wünschte sich Stalin die chinesische Ausbuchtung in den Norden als Separatstaat. Gewiß auch darum, weil Zentral- und Südchina voraussichtlich Einflußgebiet der Amerikaner würden.

Ihr Schützling Tschiang gebärdete sich als Siegermacht, und obwohl sie ihn mittlerweile einen Faschisten und Dieb schimpften, trat er seine kuriose Rolle als Weltpolizist im UN-Weltsicherheitsrat an. Wenn ein weiterer Weltpolizist, Charles de Gaulle, von Nordafrika aus Frankreich verkörpert hatte, konnte Tschiang am Oberlauf des Yangtse perfekt als kämpfendes China gelten. Siege erzählen Mythen.

Die Kommunisten, die Tschiang den Ruhm absprachen, hatten den Krieg nicht minder gemieden, pflegten aber die Legende, im Rücken des Gegners sein Dasein zur Hölle gemacht zu haben. Die nachträgliche Teilhabe am Triumph wirkte unerhört belebend auf ein Volk, das seit hundert Jahren alle Kriege verlor.

Auch der 1937 begonnene Krieg gegen Japan hatte mit einer geschätzten Zahl von zehn Millionen militärischen und Zivilopfern so leidvoll geendet wie schlimmer, in aller Geschichte, nur noch der sowjetische gegen Hitlerdeutschland. Der aber endete in einem Schlachtensieg, der chinesische in einem Geschenksieg. Seine Verluste waren zu zehn Prozent Gefallene und zu 90 Prozent Vernichtete.

Von den drei chinesischen Regierungen der Kriegsjahre zählte diejenige der Kollaborateure an der Küstenschiene die weitaus meisten Bürger, weil dort die meisten Menschen wohnen. Fast 200 Millionen lebten ohne sonderliche Obstruktion das Alltagsleben bedingungslos Geschlagener. Ihr Regime schmiegte sich in den Schoß des japanischen Siegers. Daß er China zuletzt als elender Verlierer floh, löste, auch ohne nennenswerten Beitrag dazu, eine unendliche Genugtuung aus. Amerika als der De-facto-Befreier übertrug den Ruhm auf Tschiang, den Versager, und abgesehen davon, daß man sich gegenseitig verabscheute, wollte der Sieg genossen sein.

Die Chancen zum Einheitsstaat standen schlecht, schlechter denn je. Wie sollten die Schollen, die der Krieg entließ – das riesenhafte, doch in Anonymität verblichene Kollaborations-China, das winzige Korruptions-China Tschiangs, die Terror- und Volkserziehungskommune Mao Tse-tungs und der japanische Hybrid Mandschukuo –, zu einer Nation werden? Nichts paßte zusammen, hatte seit Jahrzehnten nicht zusammengepaßt, würde einander wie bisher zerfleischen. Was lag näher, als aus den entfremdeten, aufgeblühten mandschurisch-mongolischen Provinzen einen Separatstaat zu schmieden? Unchinesisch, fortschrittlich, ein Aufbruch aus dem hoffnungslosen Hunger- und Überschwemmungsland, das seit dreißig Jahren keinen ordentlichen Staat zusammenbrachte.

Dagegen sprach allenfalls, daß derselbe Ableger bisher als illegitime japanische Kolonie gegolten hatte. Japans Überwinder jenseits des Ozeans duldeten vielleicht nicht, daß Stalin, einen Tag vor Kapitulation in den Krieg eingerückt, mit dem allergrößten Beutestück herauskam. Auch wenn man ihm selbst dazu verholfen hatte.

In dieser delikaten Lage verlegte sich Stalin auf sein ureigenes Metier, das doppelte Spiel. Er konnte nicht damit rechnen, in einem weiteren maskierten Spieler auf seinesgleichen zu treffen. Aus dieser Partie ging eine Wiederauferstehung der Nation von den Toten hervor. Doch der Reihe nach.

Da in der chinesischen Kriegskunst nicht das Drauflosrennen, sondern die Täuschung den höchsten Rang einnimmt, begriff Mao relativ rasch, daß sein ursprünglicher Reflex naiv gewesen war. Er hatte nämlich den einmarschierenden Russen mit seinen Fußtruppen so entgegeneilen wollen wie zuvor den anlandenden Amerikanern. Dies war keine Frage der Sympathie. Der Feind war Tschiang Kai-schek, und jeder Ankömmling würde dessen Partner, sofern er nicht zum Partner Maos würde.

Als Stalin im Moskauer Vertrag sich Tschiang verbündete, mit dem er seit 1922 in regelmäßigen Abständen liiert gewesen war, würgte Mao die Kränkung hinunter und erklärte den Genossen dies widernatürliche Bündnis als eine List. »Gefesselt durch die Notwendigkeit, den internationalen Frieden zu bewahren«, sagte er Ende August, sei die Sowjetunion »nicht in der Lage, uns nach Belieben zu unterstützen«. Täte sie es dennoch, »würden die Vereinigten Staaten sicher Tschiang unterstützen, und ein Weltkrieg könnte folgen«.

Tatsächlich wurde Tschiang von beiden unterstützt; von Stalin insoweit, als dieser allein einen wirksamen Verzichtsvertrag abschließen konnte. Tschungking war die international anerkannte Regierung und Mao ein Chef der Freischärler. Doch hatten auch diese für Stalin ihren Reiz. Sezession der Mandschurei hieß Sezession von Tschiang. Wenn sie kein Coup der Russen sein sollte, konnte sie nur einen Handstreich Mao Tse-tungs darstellen. Dann war es Bürgerkrieg, aus dem das Ausland sich heraushalten muß.

Anscheinend auf Veranlassung Molotows landete am 14. September eine Militärmaschine Malinowskis in Jenan. Ihr entstieg in offizieller Mission der Oberstleutnant Dmitri Belorussow, um mit der Bruderpartei das gemeinsame Vorgehen zu verabreden. Es waren Unstimmigkeiten entstanden, als kommunistische Trupps, die mandschurische Städte vereinnahmen und verwalten wollten, von den sowjetischen Ortskommandanten unsanft entfernt wurden.

Die vertraglich fixierte Übergabe hatte allein an die Truppen Tschiangs zu erfolgen, das war sein Hauptanliegen in Moskau gewesen, dafür hatte er die Mongolei gegeben. Sie standen allerdings

2000 Kilometer südlich und machten wenig Anstalten, sich auf den Marsch zu begeben. Es war mit ihnen das gleiche Lied, es fehlte alles, die Fahrzeuge, der Sprit, der Proviant und die Lust. Maos Trupps hatten bedeutend kürzere Wege, bedeutend längere Beine und lustigere Lieder. Sie witterten den Morgen.

Belorussow entledigte sich seines Auftrags zunächst als Regierungsgesandter. Er sagte, solange die Sowjetverbände im Lande stünden, würden Übergaben nicht geduldet. Wer nach ihrem alsbaldigen Abzug nachfolge, sei chinesische Angelegenheit.

Liu Schao-tschi und Tschu Teh, welche die Gespräche führten, riefen das Politbüro zusammen und meinten, man könne die Wünsche der Russen nicht beiseite schieben. Doch selbstverständlich müsse man in der Mandschurei weitere Stützpunkte einrichten. Die Truppen würden auf keinen Fall zurückgeholt. Die innermongolischen Provinzen Jehol und Tschahar seien alte Kampfgebiete der 8. Feldarmee. Sie müsse aber nicht 8. Feldarmee heißen, sondern könne unter einem Tarnnamen auftreten. Aus den großen Städten Mukden, Dairen und Tschangtschun solle man »öffentlich abziehen und insgeheim wiederkommen«.

Das wurde vom Politbüro so beschlossen, und dem Genossen Belorussow wurde vertraulich der Beschluß des Politbüros mitgeteilt. Er zeigte sogleich Verständnis. Allerdings müßten die kommunistischen Funktionäre und Truppen sowjetischen Befehlen Folge leisten. Wenn verlangt werde, daß sie abzögen, müßten sie abziehen.

Tschu Teh sagte, man könne vielleicht auf die Großstädte verzichten. Allerdings gebe es in Jehol und in West-Liaoning Stützpunkte, an denen seit zehn Jahren gekämpft werde. Die 8. Feldarmee würde diese Gebiete gern übernehmen. Dagegen erhob Belorussow keine Einwände. Allerdings empfehle es sich, die ruhmreiche 8. Feldarmee vielleicht unter dem Namen »lokale Sicherheitstruppen« auftreten zu lassen.

Den Chinesen war egal, wie die Verwaltung hieß. Es merkte sowieso jeder, um wen es sich dabei handelte. Wenn sie nicht mehr 8. Feldarmee heiße, sagte Belorussow, unterstütze man gerne die

8. Feldarmee. Das beste sei, das Politbüro schicke ein paar Beauftragte in die Mandschurei, damit man die Aktivitäten von Fall zu
Fall koordinieren könne. Die Sache verlange Vorsicht. »In der
Mandschurei darf nur gehandelt, nie gesprochen werden.« Vor allem
dürfe man nicht sagen, daß Tschiangs Leute nicht in die Mandschurei hineindürften. Das brächte die Sowjetunion in eine
schwierige Lage.

Man summierte die Verhandlung dahingehend, daß die Partei
verdeckte Truppen in die Mandschurei entsende, doch außerhalb
der Großstädte. Das Zentralkomitee der Partei beschloß in der dar-
auffolgenden Woche, daß es ohnehin nicht um die Mandschurei
gehe. Mit den Kämpfen dort beginne der »Kampf um die Welt«.

»Die sogenannten kommunistischen Trupps«, sagte Molotow
am Telefon zu Malinowski, »stoßen uns in einen Konflikt mit Amerika hinein!« Zur Beruhigung der Amerikaner unterrichtete Stalin
Botschafter Harriman, daß die Sowjetarmee keine kommunistischen Partisanen in der Mandschurei angetroffen habe. Er erwarte
in nächster Zeit den Einzug der Tschungking-Truppe. Den Konflikt zwischen den chinesischen Kommunisten und der Tschiang-
Partei vermittelten Moskau und Washington am klügsten gemeinsam.

Die Joint Chiefs beobachteten den Elan der mandschurischen
Kampagne, die Saumseligkeit des Tschungking-Regimes sowie die
Eigentümlichkeit von immer noch über einer Million bewaffneter
Japaner in China, wo kein Besatzer existierte noch eine funktions-
fähige alliierte Staatsmacht. Die Geschlagenen lagen über Tausende
Kilometer verstreut, und niemandem war klar, wer sie sammeln,
entwaffnen und repatriieren solle. Wenn es die Amerikaner nicht
täten, würden die Waffen bald zu Maos Kommunisten finden,
warnte George Marshall den Befehlshaber des 50 000 Mann starken US-Korps in China, Albert C. Wedemeyer.

Am 10. August schon, die Russen waren den zweiten Tag unterwegs, hatten die Joint Chiefs ihn verzweifelt angewiesen, die Truppen Tschiangs »in schnellen Transporten zu den Schlüsselgebieten
Chinas zu bringen«. Dazu sollten die Häfen Nordchinas besetzt

162

und Maßnahmen gegen die sowjetisch-kommunistische Macht-entfaltung in der Mandschurei ergriffen werden. Außerdem steckte man in einem Siedlungsgebiet von Hunderten Millionen Menschen inmitten eines kompletten Gesellschafts- und Verwaltungs-zusammenbruchs.

Wie eine verschleppte Krankheit tauchte hinter dem Japan-Sieg groß und unheilbar China auf. An sich hätte es in seinem Zerfall der letzten dreißig Jahre ohne Schaden für die Außenwelt fortfah-ren können. Mit den Überschwemmungskatastrophen, Hunger-epidemien, Inflation, Kreditschwindel, Warlord-Gemetzeln, Dro-genschiebereien, Gangsternetzen. Die kommerziellen Reservate des Westens, die sich auf knapp zehn Prozent des Landes beschränk-ten, hatten sich in der Umgebung gut eingerichtet. Die jähe Atem-not verursachte jetzt Rußland, das mit China die längste Land-grenze der Welt teilte. Dagegen kann man nichts machen. Der japanische Militarismus, Banzai, Bushido und Kamikaze erschie-nen, verglichen damit, so schmelzend wie Madame Butterfly.

»In einem Sammellager«, schreibt Wedemeyer, »wo sich über zehntausend japanische Männer, Frauen und Kinder befanden, ge-riet ich direkt in größte Verlegenheit, als sie alle niederknieten und sich in meine Richtung bis zum Boden verneigten.« Seien dies die machttrunkenen, überheblichen Größenwahnsinnigen, gegen die er Krieg geführt habe? »Ich fragte mich, ob auch wir eines Tages auf unsere Knie gezwungen werden könnten, wenn die Kommu-nisten dank unserer eigenen Mißgriffe und Torheiten die höchste Macht erringen sollten?«

Die Macht in China wechselte bis 1949 von Woche zu Woche, Monat zu Monat, so unbeirrbar wie die Jahreszeiten. Das Allerun-wahrscheinlichste nahm Gestalt an, als wäre nie etwas anderes in Frage gekommen. Am 30. September 1945 begann die erste US-Intervention nach dem Zweiten Weltkrieg. Fünfzigtausend Mari-nes landeten mit militärischem Gerät, Panzern und Flugzeugen. In der ersten Oktoberwoche besetzten sie Tientsin, Peking, über-nahmen die Kontrolle über die wichtigsten Häfen an der Küste Hebeis und Schantungs, schwärmten in das Landesinnere aus und sicherten die Verkehrsverbindungen. Überall waren die japanischen Militärbefehlshaber und ihre Einheiten noch auf dem Posten. Da sich die Landungstruppe schlecht auskannte, halfen sie ihr im Gelände. An den Eisenbahnlinien hielt man gemeinsam Wacht.

Die Marines rätselten, wozu und wie lange man in China weilte, hofften, in wenigen Monaten wieder daheim zu sein, wo in allen Städten und Dörfern noch kräftig der Sieg über die ›Japs‹ gefeiert wurde. Auch Stalin interessierte sich für die Gründe und fragte Außenminister Byrnes in Moskau, was die Marines dort zu suchen hätten. »Sie entwaffnen die Japaner«, entgegnete Byrnes. »Das tun wir auch«, sagte Stalin. Er wäre gern über die Fortschritte informiert!

Die Amerikaner transportierten auch Tschiang-Verbände in den Norden, und der Kommunistischen Partei in Jenan schwante, daß die Verkehrslinien okkupiert wurden, um Tschunking den Weg in die Mandschurei zu öffnen. Mit soviel Parteilichkeit hatte niemand gerechnet.

Liu Schao-tschi und Mao beschlossen, mit den Amerikanern gastlich umzugehen. Die Genossen in den kommunistischen Kontrollzonen wurden angewiesen: »Wenn US-Personal die befreiten Gebiete betritt, zeigt ihnen, daß wir Herren in unserem Lande sind und sie willkommen heißen. Wenn die Amerikaner das Feuer auf uns eröffnen, illegale Handlungen begehen oder Tschunking dabei helfen, das Volk zu unterdrücken, schreibt es auf, damit wir die internationale Meinung wachrütteln.« An einen Kampf war gar nicht zu denken. »Versucht, euch gut mit ihnen zu stellen, und tretet nicht feindselig auf.«

Anfang Oktober landeten Marines an der Nordküste von Schantung. Die Partei kontrollierte das ländliche Gebiet schon seit der Kriegszeit und hatte nach der Kapitulation sogleich die Städte kassiert und sie mit Truppen gefüllt. Von den Häfen aus konnte man unschwer zur Südspitze der Mandschurei übersetzen. Tschu Teh, der Oberbefehlshaber, bat das US-Hauptquartier, Landungen in Nord-Schantung nicht ohne Zustimmung der Kommunistischen Partei vorzunehmen. Sonst »würden die Völker Chinas und des Auslands den Verdacht einer amerikanischen Einmischung in die inneren Angelegenheiten Chinas schöpfen«.

Den amerikanischen Kommandeuren verschwamm die Definition ihres Aufenthalts. Sie wollten sich weder in chinesische Querelen einschalten, noch standen sie mit China im Krieg. Theoretisch entwaffneten sie Japaner, die praktisch als ihre Partner fungierten. Auch mischte man sich in den Zank ein, doch nur zugunsten der offiziellen Regierung, die inoffiziell nichts regierte, man tat es nur darum, weil die Russen ihr de facto den Zutritt in die Mandschurei versperrten, in die sie per Jalta-Vertrag als US-Alliierte eingezogen waren.

Doch gab es auch vertragliche Termine zum Auszug, und zur allgemeinen Beruhigung ließ Stalin wissen, daß er selbstverständlich abziehe wie besprochen, bis Ende November. Er hatte Tschiang die Eröffnung eines Büros in der Hauptstadt Tschangtschun gestattet. Als dieser am 1. Oktober ihm mitteilte, daß dreizehn seiner Divisionen auf US-Schiffen in Dairen landen wollten, bedauerte Stalin, nach einer Woche Nachdenken, daß ihr Vertrag vom August die Nutzung Dairens als Kriegshafen verbiete!

Als Tschiang ungeduldig zu drängeln fortfuhr und, wenn nicht in Dairen, dann im Kriegshafen Port Arthur landen wollte, durchsuchte sowjetische Militärpolizei kurzerhand das Regierungsbüro, nahm die Mitarbeiter fest und schloß die Räume der Militärvertretung. »Wenn wir früher meinten, ihr solltet etwas vorsichtig sein«, ließ man die Kommunisten vor Ort wissen, »so sollt ihr euch jetzt als Herren fühlen und freier handeln!«

Stalin selbst hatte Jenan ermuntert, doch 300 000 Mann im Eingang zur Mandschurei zwischen Schanhaiguan und Mukden zu postieren. Dazu erhielten sie japanische Beutewaffen, 300 000 Gewehre, 100 MGs und 15 Kanonen. Malinowski richtete ihnen auch Stalins positives Urteil aus. Die chinesische Partei sei »mutig und gereift«; sie verdiene »großes Vertrauen«. Die Chinesen vertrauten auch wieder Stalin. »Wenn die verstockte Seite angreift«, meldeten die Genossen vor Ort nach Jenan, kämpften die sowjetische und die Jenan-Armee Seite an Seite. Man bereite sich auf die Machtergreifung vor. Seit Beginn des mandschurischen Feldzugs waren zehn Wochen verstrichen.

Die Sowjets übergaben den Genossen die Hafenstädte Jingkou und Huludao, dann teilten sie Tschiang mit, er könne gern dort landen. Als die Landungspartie eintraf, lief sie in Feuer und zog ab. Auf den Protest Tschungkings erwiderte Moskau, man mische sich grundsätzlich nicht in chinesische Affären ein. In Wahrheit verhielt es sich umgekehrt. Stalin folgte über seinen Zickzackkurs dem Prinzip, seine Einmischung als chinesische Affäre erscheinen zu lassen. In dem Moment, wo sich eine Reibung mit den Amerikanern abzeichnete, verlor sich sein Profil, und die Chinesen standen allein. Dies teilte er auch vorsorglich mit, nicht ohne ihnen gerade soviel Waffen zuzuschieben, daß sie dabei nicht untergingen.

Nachdem Tschiang und seine amerikanischen Fährleute zum wiederholten Male bei der Anlandung in Jingkou gescheitert waren, entschieden sie sich, auf der gegenüberliegenden Seite des Golfs von Bohai zu landen, an der Küste der Hebei-Provinz. Dort existierten keine Russen. Zwei Armeen schafften es unangefochten, in den Hafen von Qinhuangdao einzufahren und von dort einhundert Kilometer nördlich nach Schanhaiguan zu marschieren, wo die Große Mauer am Gelben Meer endet, dem sogenannten Tor zur Mandschurei. In einer zweiwöchigen Schlacht um die Stadt bereiteten 80 000 Mann 30 000 kommunistischen Verteidigern eine herbe Niederlage. Diese beobachteten, daß in jedem gegnerischen Regiment zwanzig US-Offiziere steckten. Es war der 16. November, und Amerika stand im Begriff, sich in einen chinesischen Krieg zu verwickeln. Die Russen, die ihn längst betrieben, taten gar nichts, außer ihren Abzug zu verschieben.

Tschiang alarmierte Truman, der ohne weiteres glaubte, daß Stalin in Jalta alle hereingelegt hatte und sich – wie in Europa – mit einem weiteren Land abpuffere. Dem vielfachen Rat, China zu teilen, weil Tschiang ohnehin außerstande sei, sich gegen das kommunistische Doppelspiel in der Mandschurei durchzusetzen, konnte der Präsident nichts abgewinnen. In einem gespaltenen China, meinte George Marshall, streichen die Russen die Mandschurei ein, und die USA verlieren den Hauptzweck ihres Kriegs im Pazifik. Weitere Geldspenden an Tschiang allerdings hielt Truman für »Sand in ein Rattenloch schütten«. So beschloß er, das Regime zu vitalisieren durch Zusatz von Demokratie. Der Einparteienstaat des asiatischen Despoten könnte, vielleicht unter Einschluß der Kommunisten, auf eine breitere Grundlage gestellt werden und Stalin isolieren.

Nur dem Mann, zu dem selbst der Präsident aufschaute, war der Schöpfungsakt eines neuen China zuzutrauen, George Marshall. So würde Roosevelts Design für Asien, eine amerikanisch-freiheitlich inspirierte Partnernation an der pazifischen Gegenküste, zuletzt noch Wirklichkeit. Und auch ein von MacArthur umerzogenes Japan fände Platz an dieser Tafelrunde.

Auch Truman hielt Arrangements zwischen Faschisten und Kommunisten nicht für die wahre Pluralität. Doch konnte er nur die Kräfte bündeln, die am Platz vertreten waren. Wenn anderes nicht übrig bliebe, gab er Marshall zu verstehen, dann stünden die USA notfalls auch hinter Tschiang allein. Dessen Naturell hatte in den USA die gegensätzlichsten Deutungen erfahren, doch immer die gleichen Verehrer gewonnen. Auch Mao Tse-tungs völkische Erziehungsdiktatur fand bei Reiseschriftstellern und jungen Diplomaten gütigen Zuspruch. Die Profiler der Regierung nahmen ihre Charakterskizzen ohnehin nicht aus der Natur, sondern aus den Notwendigkeiten.

Notwendig war ein Bollwerk gegen die Russen in Asien. Wenn Stalin es fertigbringe, die Mandschurei zu dominieren, möglicherweise Nordchina dazu, gab das Pentagon zu bedenken, dann habe er eigentlich die einstigen Ziele Japans erreicht. Bediene sich Moskau obendrein der Mao-Partei, warnte John McCloy, der Vizechef des Pentagon, »dann stecken wir in der Tinte«.

Die Litanei der Rache

Als Marshall im Dezember aufbrach, um China zu retten, sprach alles für seinen Erfolg, er war der meistgeachtete Mann auf der Welt. Allerdings hegte er, wie viele, eine Abneigung gegen Tschiang Kai-schek. Er war ein Gewaltmensch in der Gewalt seiner Frau, ein Despot, dem die eigenen Generäle nicht gehorchten. Die andere Seite war zweifellos die interessantere, unverbrauchte und irgendwie amerikanischere. Sie kam vom Land, besaß Pioniergeist, ein Herz für das Volk, Mutterwitz und den Nerv, die Dinge praktisch anzupacken.

Marshall suchte Maos Lager in Jenan auf und stellte fest, daß die Kommunisten keine wirklichen Kommunisten waren. Das hatte man schon von den Russen gehört. Molotow bemängelte, daß Mao kaum Marx-Kenntnisse besaß und eine Art Bauernanarchist sei. Vielleicht glich er den amerikanischen Sozialromantikern, Marshall wurde nicht klug aus ihm. Um so gewinnender zeigte sich der Verhandlungsdelegierte Tschou En-lai, Sohn eines Mandarins, der seinem Gegenüber Scherze vortrug über die plump-brutalen Russen, Vertrauliches aus der KP Chinas, die einen liberalen und einen autoritären Flügel besitze, und Strategisches über ihren Kurs, der einer »American-style democracy« zuneige.

Truman hörte von seinem Abgesandten aus der Ferne, daß Mao »mir jegliche Zusicherung auf Kooperation gab« und die Rote Armee in der Mandschurei aus »wenig mehr als locker organisierten Banden« bestehe. Für einen früheren US-Stabschef mochte sich dies optisch so darstellen.

Ohne die Montur amerikanisch-europäischer Armeen waren die in Baumwollkluft und Strohschuhen auftretenden Banditen dennoch exzellente Soldaten. Das Volksbefreiungsheer war ihre Familie und ihre Schule. Es brachte ihnen Lesen und Schreiben bei und den Glauben an eine hellere Zukunft, frei von den Klauen des Großgrundbesitzes und der Willkür der Ämter. In den Reihen Maos lernte man marschieren bis zum Saum des Horizonts. Seit ihrer Kindheit hatten die meisten kein anderes Leben gekannt, die japanische Landplage und die Anschläge dagegen. Auftauchen aus dem Nichts, verschwinden in die Weite. Zwei Beine der ›Roten Armee‹, hieß es, sind besser als vier Räder der Kuomintang. Was der Rotarmist besaß, trug er auf seinem Rücken; seine Waffe, achtzig Schuß Munition, eine Granate, Nähseide, eine Wochenration Tee, Reis, etwas Zucker und vielleicht eine Dose Fisch oder Fleisch. Das Dasein war hart, doch die Stimmung famos.

Verglichen mit dem schoflen Bereicherungstrieb der Clans Tschiangs wirkten diese Kommunisten herzerquickend. Sie bauten ihr Land auf, es konnte auf sie zählen. Wer China auf eigene Beine stellen wollte, durfte nicht diese Leute totschlagen. Amerikas Interesse war nicht, Tschiang Geld dafür zu zahlen, daß er auf seinen Bajonetten regierte. Solche Herrschaft wäre nie und nimmer ein Bollwerk gegen Stalin. Marshall bedrängte die Kuomintang, die Kommunisten nicht mehr zu beschießen, sondern zu benutzen. Waffenstillstand müsse geschlossen werden.

Die Kräfteaddition spiegelte allein die Bedürfnisse George Marshalls, die Russen zu isolieren, was niemandem im Lande einfiel. Man teilte mit den Nachbarn eine dreihundertjährige Geschichte des Ausgleichs, so auch jetzt. Keine der zwei Seiten konnte den großen Dritten ignorieren, schon darum, weil sonst der Gegner sich seiner versichert hätte. Der Streit miteinander war beider Daseinszweck:

In der Kuomintang konsumierte das Militär 80 bis 90 Prozent der Finanzen; es lebte vom Bürgerkrieg. Die Kommunistische Partei lebte in Erwartung des Umsturzes; folglich benötigte sie jemanden zum Umstürzen. Der Kampf konnte für immer weitergehen, oder es fiel eine Entscheidung. Zu einem Pakt den USA zuliebe besaßen die verfeindeten Flügel nicht die geringste Neigung. Truman hätte mit Stalin ebenfalls paktieren können; es wäre ihm so lächerlich vorgekommen wie den Rivalen Mao und Tschiang das Ansinnen Marshalls. Der verordnete im Januar einen Waffenstillstand, zeigte sich beleidigt, daß er nicht hielt, keine Koalition zustande kam und die Chinesen anderen Interessen folgten als den seinigen. Zu weiteren Vorschlägen ließ er sich nicht herab, die Menschen dort taugten nicht zur Demokratie.

Stalin, schon immer dieser Ansicht, trieb unterdessen ränkevolle Politik. »Ihr Chinesen solltet folgendes wissen«, vertraute er Tschiangs Sohn Tsching-Kuo an, der zum Verhandeln nach Moskau kam, »die Amerikaner denken, sie könnten China als Instrument benutzen, das ihren eigenen Interessen dient. Wenn sie euch nicht mehr brauchen, werdet ihr mit absoluter Sicherheit geopfert.« Stalin bot an, die chinesischen Kommunisten zu opfern, die gegenwärtig seinen Interessen wenig nutzten.

Tschiang, der Marshall verübelte, ihn als Weltpolizisten und Weltkriegsalliierten die Macht mit einem blutigen Banditenführer teilen zu lassen, wandte sich in seiner Schläue an Moskau. Truman würde diesen Wink schon verstehen. Moskau reagierte verständnisvoll. Natürlich habe man den Kommunisten keinerlei Beistand geleistet. Andererseits war im Generalvertrag vom letzten August auch nicht vorgesehen, daß US-Truppen vor den russischen Pachthäfen in der Mandschurei kreuzten. Die Fernöstliche Armee zöge gar zu gern nach Haus. Sollte jedoch Tschiang einer amerikanischen Militärstationierung zustimmen, würde der Abzug »sehr kompliziert«.

Eine kombinierte US-Kuomintang-Offensive konnte mit perfektem Recht den russischen Rückzug aus der Mandschurei durchsetzen. Stalin hatte darauf Brief und Siegel gegeben. Infolgedessen machte er ein Gegenangebot, eine kombinierte Sowjet-Kuomintang-Operation, die Kommunisten aus den Städten zu treiben und den Einzug der Verbände Tschiangs zu ebnen. Natürlich ohne Amerikaner. Wenn alles zusammen abgewickelt sei, werde Rußland vertragsgerecht abziehen. Fremde Einmischung in innerchinesische Regierungsangelegenheiten könne nicht geduldet werden.

Damit war Tschiang Kai-schek aus dem Innersten gesprochen, der, wie alle Chinesen leidenschaftlicher Antiimperialist, nicht einsah, warum die USA, mit Mao Tse-tung im Schlepptau, ihm sein Kabinett vorschrieben und mit Kreditentzug drohten. Wieviel Gut und Blut hatte China dem antijapanischen Krieg dargebracht und wieviel die USA? War ihm nicht hundertfach von Japan die Gelegenheit zum Zusammengehen geboten worden? Bei einer ostasiatischen Front von 670 Millionen Menschen hätte der Krieg vermutlich anders geendet. Ihm und seiner Treue zum Westen verdankte sich der Sieg. Zum Dank mußte er mit der Kommunistischen Partei paktieren, die Tschiang sein Lebtag die viel größere Gefahr dünkte als Japan. Japan, pflegte er zu sagen, verletze den Chinesen die Haut, der Kommunismus die Seele. Marshall und Truman liebten es nicht, daß ein Mann, in den Amerika zwei Milliarden Dollar investiert hatte, im anderen Lager sondierte, und der Präsident nannte ihn einen »Gauner und Schieber«.

Marshall verließ im Januar 1947 verärgert China, um Außenminister zu werden, und Wedemeyer schrieb, er würde ihn »immer noch als einen der größten Männer unserer Generation verehren, wenn er jemals seinen grundlegenden Fehler in China zugegeben hätte: nämlich, daß er glaubte, die Nationalregierung und die Kommunisten wären einfach zwei chinesische Parteien, die nach Macht strebten, und daß er daher berechtigt wäre, alle Waffen- und Munitionslieferungen 1946 bis 1947 an China zu sperren, um Tschiang Kai-schek zu zwingen, zu einer Einigung mit den Kommunisten zu gelangen«. Amerika habe Marshalls Urteile »wie Bibelworte« aufgenommen. Doch zeugten seine Versuche, Öl und Wasser zu mischen, nur davon, »die Natur und die Ziele des Kommunismus im allgemeinen und der chinesischen Kommunisten im besonderen nicht begriffen zu haben«. Die Nationalregierung habe jede Möglichkeit, die Truppen Maos zu schlagen. »Fast die ganze Ausrüstung der nationalistischen Truppen ist amerikanisch. Wenn wir nicht fortfahren, ihnen Munition für die Beibehaltung und Benutzung dieser Ausrüstung zu verkaufen, werden sie in ihrer militärischen Kriegführung stark behindert sein.«

Vielleicht lief Tschiang deshalb nicht in sein Verhängnis, weil Truman ihn verlieren ließ, sondern weil Stalin ihn ausgiebig siegen ließ. Die Genossen in Jenan beschworen Moskau Ende 1946, die Landung der Kuomintang noch zwei Monate zu verzögern und »unserer Seite zu erlauben, sofort die Regierungsmacht zu übernehmen«. Tschiang mochte kommen; er mußte nur zum rechten Zeitpunkt kommen und an den rechten Ort. Irgendwo mußte er ja geschlagen werden!

Kein besserer Schauplatz existierte in ganz China als die mandschurische Tasche, die über tausend Kilometer tief in sowjetisches Territorium ragt. Ein Gelände im übrigen wie von Partisanen entworfen. Rechts Gebirge, links Gebirge, oben und unten nach Sibirien und Korea hin Rückzugsräume, in der Mitte die langgezogene Tiefebene mit den Straßen und Bahnlinien, über die eine ordentliche Armee dahinzieht. Ein diagonaler Flußlauf, der Sungari, hinter dem subarktische Temperaturen beginnen. Zwangsrekruten aus dem Süden, die ohne wattiertes Zeug kommen, verläßt spätestens hier der Mut.

Stalin verschloß sich den Bitten Jenans und öffnete die Türen der Mandschurei sperrangelweit. Die Kuomintang stürzte freudetrunken in das so lange dem Mutterland geraubte Gebiet. Es war kaum wiederzuerkennen.

Malinowski hatte alle Städte von Kommunisten gesäubert, teilweise sehr unsolidarisch. »Die Armee einer kommunistischen Partei setzt Panzer ein«, schrieb Maos Statthalter in Mukden, Peng Zhen, »um eine andere kommunistische Partei zu vertreiben! Kann man ein solches Verhalten akzeptieren?« Es beschränkte sich auf die Drohung, aber nur weil Peng entrüstet das Weite suchte. Er suchte nicht lange.

Die Sowjets gaben den Chinesen Funkgeräte mit auf den Rückzug in die Landschaft, der zirka fünfzig Kilometer betragen sollte. Man wolle in Kontakt bleiben. War es ein Trost oder eine Strategie, daß angeraten wurde, sich nach dem russischen Abzug auf eine »Übernahme im großen Stil« gefaßt zu machen? Dem ging eine Übernahme im kleinen Stil voraus. Die Kuomintang müsse unangefochten die Städte besetzen, wurde den Kommunisten im Januar 1946 befohlen. Es dürfe »keinesfalls gekämpft werden«, damit nicht

»amerikanische Truppen in die Mandschurei hineingezogen« würden. Wenn aber Washington unprovoziert einzumarschieren suche, werde die Sowjetarmee hart zurückschlagen.

Als die ›Fernöstlichen Fronten‹ den Nationalchinesen die Provinzen, um den Wert von Milliarden von Dollar geplündert, zurückgaben – nichts als japanische Werte –, war jeder weitere Fremdling im Staat ein Störenfried.

Der Abzug der Russen verzögerte sich; erst war der Februar avisiert, dann der März. Am 6. März riß Tschiang die Geduld, und er reklamierte in den USA Vertragsbruch! Die Sowjettruppen hätten unverzüglich abzuziehen. Eine Woche später meldete Moskau, der Rückzug habe im stillen schon begonnen. Er solle Ende April abgeschlossen sein.

Während Washington mit Argusaugen auf den Kalender blickte, traf Malinowski letzte Vorkehrungen. Die Kommunisten erhielten zum ersten Mal in ihrem Dasein größere Mengen schwerer Waffen in die Hand: 3700 Kanonen, 600 Panzer, 861 Flugzeuge, 12 000 MGs und die Schiffe der Sungari-Flotte. Den amerikanischen Waffen Tschiangs waren diejenigen aus der japanischen Konkursmasse zwar unterlegen, doch war ein Anfang gemacht. Das unterlegene Gerät reichte gerade dazu aus, sich das überlegene damit zu holen. Am Ende siegten die Kommunisten mit amerikanischen Waffen. Deren technische und ihre soldatische Qualität entpuppten sich als einzigartige Kreuzung.

Malinowski, der immer diskret abzog und der Kuomintang keine Räumungspläne mitteilte, ließ die Kommunisten im Handumdrehen einziehen, insbesondere in den eisigen Nordteil, wo auch die Städte übergeben wurden. Nachdem die Sowjets fort waren, hatten Maos Leute den Großteil des Landes unter Kontrolle. In den Städten knüpften die Kader der Partei politische Netze; in die Landschaft würden die Kuomintang-Truppen ohnedies keine Ausflüge machen, weil das Leben in der Garnison unterhaltsamer ist.

Sobald Moskau vom Besatzer zum Drahtzieher geworden war, ermunterte es seine Schützlinge, »frei und im großen Stil loszuschlagen«. Sie verhielten sich gegen die Amerikaner viel zu höflich!

Angesichts der reibungslosen Zusammenarbeit zwischen Malinowski und der Kuomintang fühlten sich die Amerikaner im Norden überflüssig und senkten ihr Kontingent auf 30 000 Mann.

Mitte März 1946 beschloß Mao, den bewaffneten Kampf um die Mandschurei einzuleiten, Mitte Mai erlitt er in Siping bereits eine niederschmetternde Lektion. Partisanen werden nicht dadurch zu einem Schlachtenverband, daß sie sich in Panzer setzen. Malinowski, der keinen Finger zugunsten seiner offensichtlich überforderten Günstlinge krümmte, hielt weitere Zusammenarbeit für sinnlos. Die Truppen Tschiangs erfuhren ein Ähnliches wie die Russen im Vorjahr. Eroberungen ohne ernsthafte Gegner brauchen nicht viel Zeit.

An seinem Ausgangspunkt, der japanischen Kapitulation, kontrollierte Tschiang weniger als fünfzehn Prozent Chinas; ein Jahr später waren es achtzig Prozent. George Marshall hatte ihm kurz zuvor eine Kampagne gegen den roten Staat im Staat damit ausreden wollen, daß er alsbald überhaupt keinen Staat mehr haben werde. Wie Truman fand der große Militär keinen Zugang zu dem militärischen Phänomen Partisanenarmee. Entweder waren sie ein Banditenhaufen oder unaufhaltsam wie Dschingis Khan.

»Tschiang Kai-schek will not fight it out«, klagte Truman dem Kabinett auf dem Scheitel der Kuomintang-Siege. »Communists will fight it out – they are fanatical.« Nach allgemeiner Ansicht in China entschied die Kuomintang jedoch mit Leichtigkeit das Rennen. Erst nach dem Kriege ist alles sonnenklar, und der Sieger schreibt, daß er der Auserwählte war von Anbeginn.

In der Regel macht Erfolg dumm und Schaden klug. Insoweit war Mao Tse-tung vom Ablauf äußerst begünstigt, denn seine Schäden erreichten deprimierende Grade. So mußte er die Gründe durchforschen, während Tschiang, der siegte, glaubte, das Richtige zu tun und nur darin fortfahren zu müssen. So war er zur Niederlage verurteilt, weil er seinen Sieg nicht zur Kenntnis nehmen wollte: Er war nur so stark, wie der Gegner schwach war, und anstatt die Gewinne einzustreichen, ihm ein generöses Angebot zu machen, ergriff er den Moment, ihn ganz und gar zu erledigen. In der Mandschurei jagte General Tu Yü-ming die Kommunisten unter Lin Biao bis zum Yalu. Die Kommunisten flüchteten sich nach Nordkorea oder in die Berge.

Stalin hielt ihre Sache für verloren und nahm an, daß hinter solchen Ergebnissen nur die Amerikaner stecken konnten. Das war aber nicht der Fall. Mao hatte ganz aus eigenem Antrieb 174 000 Quadratkilometer Boden und 164 Städte verloren. Truman hingegen hatte seine Truppen von einst 113 000 auf nun 12 000 Mann im ganzen Land reduziert. So viele hatte die sogenannte Volksbefreiungsarmee allein in den Herbst/Winter-Gefechten in der Mandschurei verloren, die Kuomintang nicht viel weniger.

»Die Situation ist die«, sagte Mao dem Zentralkomitee am 25. Oktober, »daß der Feind mächtig ist und wir sind schwach. Um das zu ändern, müssen wir uns auf einen langen, harten Kampf einstellen.« Nach wie vor hielt er die Mandschurei für das Feld der Entscheidung. Sie hatte sich von der bestentwickelten Region Chinas in eine Hungerhöhle verwandelt, der Vandalismus der Russen und nun die Schlachten des Bürgerkriegs unterbrachen den Erwerbszirkel. Die Kuomintang verwaltete die Städte im Militärbesatzungsstil, ächtete die Kollaborateure, das heißt die Lokalbourgeoisie, die den Marionettenstaat so überaus tüchtig aufgezäumt hatten. Statt dessen kehrte der korrupte Schlendrian Chinas zurück. Die Landgebiete blieben ganz ihrem Schicksal überlassen. So tauchten die Grundbesitzer auf und töteten die Bauern, die sich von den Kommunisten aus dem Pachtwucher hatten befreien lassen.

Mao und Lin hatten als einen der Hauptgründe ihres Scheiterns die Unbeweglichkeit erkannt. Sie schafften es mangels Motorisierung nicht, die Truppen rechtzeitig auf die wechselnden Gefechtsfelder zu verlagern. Aus praktischen wie ideologischen Gründen ergab sich daraus nur eine Antwort. Die Truppe rannte nicht kreuz und quer durch die Gegend, sondern die ganze Gegend wurde Truppe. Das Volk entwickelte sich fort zur Volksarmee. Sie löschte die Verschiedenheit der Herkunft und gab allen eine neue Heimat, verjagten Bauern und Ex-Kollaborateuren, Kriegsgefangenen, Überläufern, Deserteuren.

175

Im Dorf taten sich Milizen und Selbstverteidigungsgruppen zusammen, die Waffen schleppten, Verwundete auflasen und Nahrung organisierten. Zur revolutionären Avantgarde schlechthin wurden die Frauen, traditionell ein Sacheigentum von Vätern und Gatten. Als Soldatinnen wechselten sie zum Menschengeschlecht. Weil dieser Vorgang an sich bereits Jahrtausende über den Haufen warf, taten die Volksarmistinnen ein übriges und räumten nebst den Volksarmisten als Schocktruppen mit den weiteren Traditionsübeln des Landes auf, der Schere von Arm und Reich, dem Fächer von Groß-, Mittel- und Kleingrundbesitz, Besitzlosigkeit und Schuldknechtschaft.

Die Partei wußte in einzigartiger Weise die menschliche Seite des Krieges zu mobilisieren, die Destruktivität. So weit China auch reichte, auf dem Lande war es sehr eng, und den Bauern fehlte Boden. Der gepachtete Fleck nährte nicht die Familie, doch lasteten turmhohe Schuldenberge und Wucherzinsen darauf. Die Kluft von Habgierigen zu Habenichtsen fiel in der Mandschurei besonders kraß aus, und vielen war nichts mehr geblieben als das Bettlerhemd des Tagelohns.

Mit der Umverteilung des Bodens wich die Not, aber nicht die Wut. Man kann sie sich erst hinterher leisten. Die Maoisten sammelten die Keime in einer theatralischen Form der Abrechnung. Die Quälgeister seit Urzeit wurden zusammengetrommelt und nach Strich und Faden beschimpft, entwürdigt, bespuckt, geschlagen und erschlagen. Vergeltung befriedigt, und sie bindet. Wer daran teilnimmt, darf den Kampf nicht verlieren, sonst ergeht es ihm schlecht. Dieser auch andernorts erprobte Blutkitt gewährt außerordentlichen Spaß und härtet die Entschlossenheit. Es gibt nur noch eine Bewegung, vorwärts. Wer die Waffe fallen läßt, bringt sich nicht in Sicherheit, sondern bringt sich um.

Die Kuomintang garantierte das Recht auf Eigentum, auch wenn es Unrecht schuf. Wenn erst der Krieg gewonnen war, würde es allmählich hinwegreformiert. Die linken Flügelmänner der Kuomintang beknieten Tschiang, sich diesen Mühlstein vom Halse zu schaffen. Er zog ihn geradewegs in die Niederlage. Tschiang indes hatte sich den Clans des Bankkapitals, des Drogenhandels und Landbesitzes versippt und verschwägert. Nicht als ihr Werkzeug, sondern auf daß sie seine Werkzeuge würden. Er war Militarist und hielt zuletzt vier Millionen Mann unter Waffen ohne geordnetes Steuereinnahmesystem. Er nahm seine Fonds von der Quelle und rückte den Besitzständen als der Zweitheftigste zu Leibe, nach dem Gegner. Deshalb war er ihr Mann.

»Tschiang Kai-schek«, sang die Volksbefreiungsarmee auf dem Marsch,

»Marionettenkaiser
Sieh das Volk sich abwenden
Furchtsam kratzt er sein Haupt
Überall Niederlage
Klettert nach Jenan, den Vorsitzenden Mao angreifen
Den Vorsitzenden Mao angreifen!
Unsere Wut schwillt
Ich gehe mit zur Kampffront
Fange den alten Dieb
Zerfetze sein Fell
Zerpflücke seine Knochen
Meinen Vorsitzenden Mao will ich schützen
Zu ruhmreichen Tagen aufbrechen.«

Sie sangen sich den »Hundefraß der letzten Jahre« aus dem Leib und folgten dem Rufe, nie wieder irgendwessen Affen zu sein. Der Irgendwer wurde von der Partei benannt: die Japaner, die Kollaborateure der Japaner, die Fremden, die Verräter im Volk, die Verräter in der Partei. Die Vergeltung hungert nicht nach Logik, sondern nach Opfern.

Die Partei riß auch die ortsansässigen Mandschukuo-Truppen in ihren Kessel, Überläufer und Kollaborateure, denn die Hereingefallenen waren besonders wütend und wollten sich bewähren. Bewährung hieß Vernichtung. Die Blutschauspiele in den Dörfern und das Kriegserlebnis nährten sich aus ein und derselben Wiedergeburt im Niedermachen. Es verlieh Flügel. Die Mobilisierung der Dörfer schuf ein Lager, wer es betrat, war in der Armee, reihte sich in ihre Disziplin und wurde eins mit ihrem Sieg. Man kam zu was, so wie man vorher zu nichts kam. Dem Lager der Getretenen öffnete sich ein Lager der Rächer. Es wurde vom Vorsitzenden dirigiert wie ein Chor.

Die Litaneien der Rache waren so unerschöpflich wie zuvor die Pein. Sie saß tief, weil dies Volk noch eine Erinnerung von Himmelshöhe in sich trug. In der natürlichen Ordnung war es der Nabel des Universums. An dessen Außenrand siedelten die Barbaren, die über die Meere gedrungen waren und eine verkehrte Welt geschaffen hatten. Das Fremde war mächtig, das Selbst war wehrlos dagegen.

Die neue Welt, die Mao verkündigte, entstand durch eine Wehrmacht, und es war die Wiederherstellung einer uralten, immerwährenden, frevelhaft unterbrochenen. Etwas unnatürlich Falsches hatte sich breitgemacht und verlangte nach blutiger Richtigstellung. Es ging um mehr als den Sieg über einen Feind. Wie auf der Bühne der dörflichen Abrechnung mußte das Falsche vorgeführt und in seiner Verächtlichkeit offenbart werden. Es ging nicht darum, eine Macht zu ersetzen, sondern sie zu entmachten, zu zerkleinern, zu beschämen. Sie war nie eine Macht gewesen, sondern ein Betrug.

KOMMANDANT LIN BIAO

Die erstaunliche Wende, die der Bürgerkrieg um den Jahreswechsel 1947/48 nahm, hätte nicht ohne die unerhörte innere Mobilisierung stattgefunden. Tschiangs Regime grub sich sein Grab in der galoppierenden Inflation, der Gier seiner Mandarine bei der Wiederaneignung der reichen Küstenstädte, doch es gehörte eine enorme Kraftanstrengung dazu, es hineinzustoßen.

Die Kuomintang brach keineswegs als morsches Gerippe zusammen. Der Massenübertritt ihrer Generäle und Mannschaften erfolgte 1948/49 durch den Magnetismus des roten Sieges. Zunächst aber kassierte die Volksarmee harte Niederlagen, aus denen sie sich selbst emporziehen mußte. Überall las sie ihre Nekrologe. Als das Blatt sich wendete, machte die Energie, welche die Maoisten entfesselten, keineswegs bei der Kuomintang halt. Ihre Erledigung war eine Schwelle, sie führte hinaus nach Korea, und es sollte die stärkste Militärmacht der Erde an ihr verzagen.

Die Energie mag immer vorhanden gewesen sein, jedoch in einem Lähmungszustand. In den vergangenen hundert Jahren erregten die militärischen Darbietungen Chinas Mitleid. Zeitweilige Aufschwünge unter Tschiang Kai-schek krankten an stets dem gleichen Hang zur Zerfaserung. Kein Sieg hat sich gehalten, und alle Kräfte standen bald wieder überkreuz und sich selbst im Wege.

Seit dem Bürgerkrieg, einem fast dreijährigen konzentrierten Kampfgeschehen, ist alle Dekadenz wie weggeblasen. Die Verwandlung der Masse in Energie hat stattgefunden, als wäre eine Formel dafür zur Anwendung gebracht. In der Zeit der Versuche meinten die Ingenieure der Partei, daß alles von dem Versuchsfeld abhinge. Bekämen sie hier eine Explosion zustande, so setze sie rasch weitere frei.

Die Mandschurei, anstelle der jahrelangen Hochburg, der Kommune von Jenan, dazu ausgewählt, brütete ein explosives Element. Das geographische und seelische Terrain glich keinem zweiten Platz in China. Die Mandschukuo-Phase hatte eine Kruste von Gewalt, Verrat und Schuld abgelagert, in welcher die eingedrungenen Kommunisten, die viel Aufhebens von ihrem Widerstand machten, ihre Rachekampagnen einließen: »Fegt den Hof«, »Säubert den Keller«. Der Erfolg sorgte selbst einen der fünf Lokalführer, Tschen Jun. »Es hat zu viele Tote gegeben.« Mao glaubte das Umgekehrte, daß sich die Partei als eine Agentur des Tötens gerade genug Respekt verschafft habe. Um vierzig Millionen Menschen kurzfristig zu beeindrucken, gibt es für eine Kolonne von Ortsfremden nicht viele Möglichkeiten.

Die Einheiten der 8. Feldarmee, die aus den entfernten Jagdgründen der Partisanenzeit in die Mandschurei kamen, bildeten im wesentlichen das Offiziersgerüst jener Truppe, die der professionellen, amerikanisch ausgerüsteten Massenarmee der Kuomintang den Garaus bereiten sollte. Oberbefehlshaber Lin Biao, zugleich Erster Sekretär der nordöstlichen Parteileitung, ein zartgebauter, eigensinniger Mensch, der von 1938 bis 1942 eine sowjetische Generalstabsausbildung absolviert hatte, wußte gar zu gut, daß Tschiangs Armee mit den Nadelstichmustern des Volkskriegs nicht zu zermürben war. Der Volkskrieg des Lagers war das Geäder eines Corpus, der außerdem Muskulatur, Schnelligkeit und Waffenkunde brauchte.

Die Mannschaftsränge füllten sich mit einem farbigen Menschenensemble, dem Lin durch sowjetischen Drill und chinesischen Witz einen Korpsgeist einhauchte. Sie waren die Armee und nichts als die Armee. Mandschurische Exilanten, die aus Rußland und der Mongolei herbeikamen, Koreaner, Söldner der vormaligen Warlords, Banditen und Konvertiten. Mit den Waffen und Fahrzeugen, die Malinowski aus den Arsenalen der Japaner verteilt hatte, konnte Lin zum ersten Male die modernen Militärtugenden exerzieren, schnelle, überraschende Bewegung, weiträumig und umfassend.

Mit dem japanischen Krempel, den die Russen nicht mehr haben wollten, konnte man besser üben als kämpfen, und zur Linderung seiner Depressionen vertiefte sich Lin in die Papiere der wundervollen Offensiven der Sowjetarmee, als sie vor drei Jahren durch Weißrußland gen Westen rauschte. Stalin zeigte nicht die leiseste Neigung, den chinesischen Genossen mit solchen Techniken und Geräten auszuhelfen. Seine Gunst wandte sich in der zweiten Jahreshälfte 1947 vielmehr Tschiang zu, der im März Jenan gestürmt hatte.

Außerhalb der Mandschurei zeitigten die Treffen gemischte Ergebnisse, und Moskau konnte mit zwei Fraktionen, die sich zwanghaft bekriegten, aber nicht unterkriegten, bequem leben. So lenkte Stalin sie beide, weil keiner wollte, daß er des anderen Partei ergriff. Der Fall von Jenan hatte Tschiang 10 000 Gefangene eingebracht. General Peng Dehuai verteidigte mit aller Kraft die Zugänge zur Stadt so lange, daß der Parteiapparat sich zurückziehen konnte. Alle Welt sagte den Untergang der Kommunisten voraus. Noch ein Blitzsieg in der Mandschurei, und der ungleiche Kampf habe ein Ende.

Die Russen offerierten der Kuomintang Vermittlung; sie würden Mao zum Einlenken bewegen. Tatsächlich zwang die Lage keine Seite zum Einlenken. Ehe man die Mandschurei nicht habe, mahnte Tschiang, gebe es auch für Nordchina keine Sicherheit. »Der Nordosten ist unsere entscheidende Industriebasis; wenn wir sie an die Kommunisten und an Rußland verlieren, benutzen die sie zu ihrem Vorteil und fallen über ganz China her.« Wie die Japaner.

Tschiang schickte Tschen Tscheng, seinen einstigen Stabschef, und eine halbe Million Mann zur Verstärkung derer, die schon da waren, eingeigelt in den Städten, infiltriert von roten Zivilkadern. In der Fläche und gewiß nördlich des Sungari schaute man besser nicht nach. Die Mandschurei war eine Falle von Anbeginn, doch keine, die man meiden konnte, weil sie zugleich ein Sprungbrett war.

Tschen kam mit der Creme der Kuomintang-Truppen, amerikanisch ausgebildet, amerikanisch bewaffnet. Mao, der südlich der

Großen Mauer weilte, schrieb im September an alle Kommandeure im Nordosten, nun müsse man viele Schlachten schlagen und den Nachschub nicht mehr aus den eigenen Zonen ziehen. »Menschen, Nahrung, Waffen, Kleider, alles muß von den Feindtruppen kommen. Wenn ihr Gefangene macht, füllt mit ihnen eure Reihen auf.«

Die Kälte kam 1947 früh in die Mandschurei; schon im September fegten eisige Winde über die mittlere Ebene. Die Neuankömmlinge der 49. Armee, die soeben die Kiangsu-Provinz bei Nanking und Schanghai verlassen hatten, wurden vernichtet, kaum daß sie die Kälte spürten.

Lin griff die Eisenbahnlinien in der gesamten Südhälfte an, zeigte, daß er überall in der Mandschurei auf- und untertauchen konnte, rührte aber nicht an die Städte. Mao drängte ihn einzufallen, möglichst viele Tschiang-Söldner zu töten und gefangenzunehmen, doch Lin zog es vor, seine Stellungen über den Winter zu festigen. Die wahren Verlustzahlen wurden dem Vorsitzenden gar nicht gemeldet. Außerdem mußten russische Quellen angezapft werden. Die Volksarmee brauchte Fahrzeuge, Boote, Telefone, Ferngläser; die Sowjets konnten auch die Beweglichkeitsvorteile Tschens ausgleichen helfen, wenn sie Eisenbahningenieure und Reparaturtrupps schickten.

Weil Russen immer etwas brauchen können, versuchte Lin, mit ihnen zu tauschen, und bot Erze, Getreide, Felle und Fleisch, denn die Mandschurei ist ein reiches Land. Ende des Jahres 1947 rollte auf diese Art und Weise ein substantielles Nachschubwesen. Vielleicht lohnte sich doch noch eine Winteroffensive, schon um Mao zu erfreuen. Man konnte Mukden westlich und östlich in die Zange nehmen. Lin hatte sich eine Taktik ausgedacht, allen Druck auf ein Objekt zu legen bei gleichzeitiger strammer Flankensicherung. So entstand die legendär gewordene Methode »ein Punkt, zwei Flanken«. Mao jubelte, daß sein Oberbefehlshaber endlich begriffen habe, und sagte seinen Schranzen, es sei schwerer, Lin zur Offensive zu bringen, als eine Kuh über den Zaun springen zu lassen.

Im Januar gelang Lin die Einkreisung Mukdens und die Vertreibung Tschens von der Hauptbahnlinie. Ende des Monats zerbrach eine ganze Division. Die strategische Schlüsselzone der Südostmandschurei war gewonnen, von der koreanischen Grenze bis zu den Pässen, die nach Nordchina führen. Ende Februar fiel auch der Hafen Jingkou an der Südwestseite. So konnte Lins Armee über den Golf von Bohai Nachschub und Verstärkung schicken an die Verbände in der Schantung-Provinz.

Alles vollzog sich, wie Tschiang es hatte kommen sehen. Er war am 12. Januar selbst nach Mukden gereist und sah, wie seine besten Verbände alle Hoffnung verließ. Nur Lins eingeschränkte Beweglichkeit rettete sie vor dem gänzlichen Untergang. Die Nachrichten von den Fehlschlägen, schrieb er in sein Tagebuch, kommen wie die Schneeflocken vom mandschurischen Himmel.

Mitte März 1948, zwei Jahre nach Abzug der Russen, war die Initiative in die Hände Lins übergegangen. Die Kuomintang beherbergte noch massenhaft Truppen in der Mandschurei, die sich in kleinen Gebietsfetzen bargen. Mao verringerte seinen Zeitrahmnen zur Eroberung Chinas südlich der Mauer. Man mußte die Falle verschnüren und die Einsitzenden neutralisieren, dann standen die Chancen optimal. Verhängnisvollerweise versuchte Tschiang gar nicht, die Rückzugswege zu nutzen, solange sie noch offenstanden. Der mandschurische Boden fesselte seine Füße und seinen Sinn; hier in der ungünstigsten Gegend wollte er die Endschlacht mit den Kommunisten schlagen. Sie war ihm nicht mehr Militärgeographie, sondern Schicksal. Es hatte ihn dazu bestellt, die kommunistische Pest auszumerzen, und hier war ihr Herd.

Die Schlacht fand im September im Küstengebiet von Liaoning statt. Mit der Einnahme der Stadt Jinzhou schob sich ein Riegel vor die Ein- und Ausgänge zur Mandschurei. Mao war ungeduldig und schrieb Lin: »Die Bewegung ist so unglaublich langsam, daß du Selbstkritik üben solltest.« Lin glaubte, daß die Menge der gegnerischen Truppen in dem Gebiet immer noch dazu ausreichte, ihn zu schlagen, und so begann er in aller Behutsamkeit in zwei Kreisen die Stadt einzuschließen. Mit dieser Bewegung begann die Serie der Offensiven, die binnen Jahresfrist zur Machtergreifung Maos in Peking führte.

Lins Umsicht erwies sich als berechtigt, denn am 18. Oktober gelang der Kuomintang die Rückeroberung Jingkous, und schneller als befürchtet dampfte sie nun mit der Eisenbahn nach Jinzhou, den Angriff zu vereiteln. Lin zweigte von seinen reichlichen Kräften Teile ab, den Ausbrechern aus dem Norden entgegen. Eigentlich konnte es nur nutzen, wenn die Ängste sie aus ihren Barrikaden trieben und man sie zu fassen bekäme. An Mao schrieb er allerdings, die Lage könne sich genausogut gegen die Kommunisten wenden und sie in eine Ecke von Liaoning drücken, wo kampfbereite Gegner sie erwarteten. Tschiang war wieder nach Mukden gekommen, um den Generälen einzuhämmern, daß es nun um das Ganze ginge, Sieg oder Untergang.

Am Morgen des 14. Oktober überzog Nebel den Boden um Jinzhou und hüllte die Volksarmisten ein, als sie Stellung bezogen. Den Sommer hindurch hatten Lin und sowjetische Instruktoren sie im Kanonenschießen ausgebildet. Dies trug nun Früchte, als die mittelalterlichen Stadtmauern von schwerer Artillerie umgeworfen wurden, die Angreifer darüber hinweg in die Straßen stürzten, im Mann-gegen-Mann-Gefecht konnten sie nicht verlieren. Tschiangs Flugzeuge taugten dabei zu gar nichts mehr.

Lin, der endlich den Rücken frei hatte, warf über eine halbe Million Mann zur Auskehrung nach Norden. Der Gegner kam aufgeregt aus Mukden gelaufen, um sich umzingeln und abschlachten zu lassen. Lin Biao inspizierte seine Truppen und sagte ihnen am Morgen des 26. Oktober, daß die Endschlacht um die Mandschurei begonnen habe.

Der Gegner floh kopflos in das Marschland um Heischan. Bald füllten sich die Rinnen mit Blut, und die Volksarmee stürmte voran auf den Leichen der Gefallenen. Das Entscheidungsringen kostete Tschiang 400 000 Leute und den Glauben seiner Männer.

In der Hauptstadt Tschangtschun stand der kommunistische Untergrund in Fühlung mit dem Kuomintang-Befehlshaber Tscheng Zesheng, der nach dem Fall von Jinzhou einige Polit-Offiziere der Volksarmee empfing und den Seitenwechsel absprach. Mao persönlich garantierte, daß er und seine Kommandeure in vollem Rang in seine Reihen wechseln könnten. Ihre erste Aufgabe war, ihre loyalen Kameraden zu beschießen, die sich im Gebäude der Bank von China verschanzt hatten.

Die Absetzbewegung von Tschiang nahm epidemische Züge an. Sie erfaßte auch Truman und Stalin, die beide mit Unbehagen ein kommunistisches Gesamtchina auf sich zukommen sahen. Während die USA, wie betäubt vom Scheitern ihres Pazifik-Designs, sich in müßigen Ratespielen verloren, ob Mao Kommunist oder Pseudokommunist, Nationalist oder Sowjetwerkzeug sei, anerkennungswürdig oder unwürdig, nahm Stalin den ungeliebten Sieger als eine weltumstürzende Tatsache hin, gratulierte zu seinen unfaßlichen Siegen und entschuldigte sich, zuwenig dazu beigetragen zu haben. Er schickte das Politbüromitglied Anastas Mikojan zu einem Sondierungsbesuch, um zwei Fragen zu stellen: Würde Mao den mit Tschiang ausgehandelten Pakt respektieren, würde er ihm als Weltführer des Kommunismus huldigen oder Abtrünniger werden?

Mao äußerte, wie vor ihm Tschiang, die traditionelle chinesische Ansicht, daß die Mongolei Teil Chinas sei, doch wolle man keinen chauvinistischen, großchinesischen Streit vom Zaun brechen. Stalin sei der Lehrer der Völker, Mao sein Schüler, leider nur ein »schwacher Marxist«. Als schwacher Marxist, entgegnete Mikojan, könne man keinen zwanzigjährigen Bürgerkrieg gewinnen. Die chinesische Partei habe einen eigenen Weg beschritten, von »theoretischem Wert für die Revolutionäre Asiens«.

Die alteuropäischen Kolonialmächte, sagte Mao zu Mikojan, seien »wie ein Lehmbuddha, der den Fluß überquert«. Ihnen fehle die Kraft, sich Gefahren auszusetzen; dies sei »eine günstige Bedingung für unseren endgültigen Sieg in diesem Befreiungskampf«. Es blieb nur ein ernstzunehmender Gegner übrig, die USA. Die »amerikanische Drohung« war ständiges Thema. Mikojan riet, »bei den Amerikanern die Meinung zu erzeugen, daß ihre Interessen von den neuen Machthabern berücksichtigt würden«. China brauche Freunde, schloß Mao, »das heißt wirkliche Freunde«. »Es gebe auch falsche Freunde, die nur äußerlich sich freundlich benähmen. Davor hüten wir uns.«

Wer waren die Freunde, worin lag die Falschheit, was würde be-hütet? Mikojan entgegnete nichts, schaute verdrießlich, keinem sagten die kryptischen Worte mehr, als daß Freund und Feind schwer unterscheidbar sind. Die Anzahl der Feinde hatte vermut-lich zugenommen.

Im Feld

»Do not hate your enemy«,
my mother said.
Amerikanischer GI

KOREA ODER DIE VASALLITÄT

Die Halbinsel Korea besaß zur Zeit des Weltkriegs die zweithöchste Bevölkerungsdichte Asiens, nach Japan. Ihre Fläche entspricht knapp der Großbritanniens, dem sie auch in der Gestalt ähnelt, 222 000 Quadratkilometer. Am nördlichen ›Hals von Korea‹ – zwischen der Mündung des Chongchon ins Gelbe Meer und Hungnam am Japanischen Meer, dort wo Ende November 1950 die tapfere 2. US-Infanteriedivision in vier Kampftagen 80 Prozent ihrer Mannschaft und fast alle Geschütze einbüßte – mißt die Landzunge 130 Kilometer in der Breite. Es war die schmählichste Niederlage der amerikanischen Geschichte, die im Krieg von 1950 bis 1953 das Los Koreas besiegelte. Sein Name ist ›Koreakrieg‹, doch war es eine Begegnung zwischen Amerika und China.

Das Unheil hatte sich Wochen zuvor angekündigt, aber nicht vorgestellt. Es ließ nur schwache Konturen erkennen. Welcher Nation und Art waren die nördlichen Aggressoren, die Anfang des Monats die 8. US-Armee in Gemetzel nach Indianermanier lockten? Kein Zeichen verriet die chinesisch-koreanisch gemischten Verbände, die in eisigem Frost und pechschwarzer Nacht die Hänge hinabstürzten. Gestalten, die Partisanen sein mochten, oder Dörfler oder beides, jedenfalls Kundschafter, kreisten geschmeidig um die Eingekesselten, sie mit Rufen und Tuten zu desorientieren und zu schrecken. Die Amerikaner schienen ihnen keine ernstzunehmenden Gegner. Sie hatten nicht den Mut anzugreifen, keine Idee, sich zu verteidigen, aber große Angst vor dem Sterben. Nachts waren sie blind, nicht gewohnt, in der Dunkelheit zu kämpfen, im Gefecht Mann gegen Mann ungeübt. Sie klammerten sich an ihre Geschütze und Panzer und hofften auf die Flugzeuge. Zur allgemeinen Verblüffung wurde festgestellt, daß die Streitkräfte der gefürchtetsten Macht der Erde hier, nahe den Goldminen von Unsan, ihrer Abschlachtung sicher, tagelang im Kessel warteten, ohne irgend etwas zu tun.

Aus Sicht der Amerikaner standen sie fanatischen Halbwilden gegenüber, deren Idiom sich niemandem zuordnen ließ. Auf solch einen Angreifer war man nicht vorbereitet. Dann verschlang ihn der Erdboden wie ein Spuk. Ein unerklärlicher Vorfall, eine Horde Verrückter in einem verwunschenen Land. Weil nichts militärisch Sinnvolles hinterherkam, konnte es auch nichts Militärisches gewesen sein. Militär setzt nach! Drei Wochen später kamen sie wieder, sehr viel mehr.

In den Camps entlang des ganzen Chongchon-Tals erwachte die 9. Infanterie in ihren Schlafsäcken von einem brüllenden Akkord aus Pfeifen, Trommeln, Hörnern, Rasseln und Schüssen. Sie kamen aus den Reißverschlüssen zu mühsam heraus, deshalb war es fortan verboten, zugezogen zu schlafen. Männer des 2. Bataillons wateten waffenlos durch den Chongchon, am Südufer merkten sie, daß ihre Kleider und Stiefel zu Eispanzern gefroren waren.

Von der Kommandostelle bis zu den Schützenlöchern pflanzten sich Schock und Verblüffung fort. Keinem fiel eine passende Abwehr ein, instinktiv nahm man Reißaus. Vorgesetzte, die ohne Befehl von oben nicht weichen wollten, wurden empört bedrängt. Als die Schüsse sich zu einer Schlinge zusammenlegten, kam die Devise von irgendwoher: »Jetzt jeder für sich selbst!« Die Kräftigsten schlugen sich zu den Fahrzeugen durch, sahen ein, wie langsam man damit vom Fleck kam, und rannten einfach in die Nacht, vorbei an den von eigenen Panzern zerquetschten Gefährten und versprengten Körperteilen.

Die Flucht führte in der Nacht insgesamt drei Kilometer rückwärts und danach drei weitere Tage, Führung gab es nicht mehr. Die Chinesen fochten ungeachtet des eigenen Lebens; darauf kam es ihnen nicht an.

Für eine Infanterieausstattung nach dem Prinzip des Ersten Weltkriegs – Schnellfeuergewehre, Granaten, Minen, Stacheldraht – taugt der koreanische Boden so miserabel wie keiner. Gefechte steigen bergauf oder stürzen bergab. Es fehlt die Deckung unter dem Dach des Waldes. Die zweispurigen Verbindungsstraßen zwischen den Städten reißen unter Militärfahrzeugen auf. Flußbrücken sind einspurig und labil, durch schmalere Rinnsale leitet eine Furt. Die Bergkämme dehnen sich ohne Ende. Alles ist Hang oder Tal.

Die Enge der Täler umschließt ein Bachbett und einen Pfad. Der Ackerbau steckt in den terrassierten Schrägen, die Krume ist spärlich und so kostbar, daß sie nicht reicht, die Toten zu begraben. Sie entschwinden, abgelegt in den oberen Fels. Die Felder tragen Reis, sind mithin wäßrig und für Mannschaftsbewegungen unbrauchbar. Das war das Gelände und das Gelände wie seit je die Kontur des Krieges.

Die Berge wölben sich 2000 Meter hoch die Ostküste entlang wie eine Mauer gegen das Japanische Meer, etwa 15 Kilometer dick. Die Ausläufer fallen südwestlich bis hinab in das Gelbe Meer. Das Gewässer an der Südostkante, die Straße von Korea, verbindet die zwei Inselreiche über eine Fähre, die zwischen dem Hafen von Pusan und der südlichen japanischen Insel Kyushu etwa 100 Kilometer durchquert. Sie biegt um das Eiland Tsushima, wo im Sommer 1905 die russisch-japanische Seeschlacht das drei Jahrzehnte währende Ringen der zwei Imperien um die Vorherrschaft in Korea entschied. Das Land, zwischen den Mahlsteinen Japan, Rußland und China gelegen, war das Polen des Fernen Ostens. Ein Wunder, daß es zu diesem Zeitpunkt als nationales Gebilde noch existiert hat. Dies mag aus der ethnischen Geschlossenheit der Bevölkerung rühren, die sich zu einer Staatlichkeit bereits zusammengefunden hatte, als in Europa noch die Wegelagerer regierten.

Zwischen dem 15. und 20. Jahrhundert trug das Kaisergeschlecht der Yi die Krone. Es war bis 1644 Chinas Ming-Dynastie tributpflichtig, doch in der höflichen Manier, die das gemeinsame buddhistische und konfuzianische Bekenntnis vorschreibt. Die zwei japanischen Invasionen von 1592 und 1597 leiteten eine Knechtung ein, die, zurückgeschlagen, der Stoff endloser Gruselgeschichten wurde. Die Japaner, die das Pulver noch nicht entdeckt hatten, operierten erfolglos mit Schwert und Bogen.

Für die Koreaner brachen die schlechtesten Zeiten mit dem Regime der Mandschu-Kaiser in China an, einem eroberungslustigen Geschlecht aus dem Norden, das keinen weiten Anmarsch hatte. Die Mandschurei, ein bitterkalter, unwirtlicher Boden, geht am Flusse Yalu in die koreanische Wildnis über, die Insel klebt dort wie ein Arm am chinesischen Festland.

Als die Mandschus ermüdeten unter dem Alter und der Schiffsartillerie der westlichen Freihändler, entwand ihnen Rußland 1860 die nordpazifische Küstenprovinz und grenzte hinfort an den nordöstlichen Winkel Koreas. Japan war noch nicht damit fertig, sich das Herrscherhaus botmäßig zu machen. 1895 ließ der japanische Botschafter Miura Königin Min töten, doch mißlang die Verschwörung im nächsten Akt, als ihr Gemahl, der König Gojong – auserkoren, eine japanhörige Regierung zu bestellen – sich mit Thronfolger Sunjong in die russische Vertretung absetzte und als Botschaftsasylant sein Reich regierte. Der russisch-japanische Gleichstand zeigte keinerlei Vorteile, die Kontrahenten zogen ab, und der König rief die koreanische Unabhängigkeit aus, die bis 1905 währte.

Japan stählte sich geduldig und beobachtete, wie militärisches Unvermögen und der Nepotismus am Zarenhof den Bären ermatteten. Nachdem er in fernem Revier, zwischen Yalu, Mukden, Port Arthur und Tsushima, gefällt worden war, nahm Japan Korea an sich und industrialisierte es als Aufmarsch- und Versorgungsgebiet. Von dort würde man Einzug halten auf dem chinesischen Festland.

Seit dem Sturz Sunjongs, des letzten koreanischen Königs, im Jahr 1910 war Korea staatlich an Japan angeschlossen. Der Anschluß fand überwiegend Beifall, insbesondere den Englands, das den japanischen Krieg finanziert hatte. Ganz wie erhofft drehten die Romanows Ostasien den Rücken zu, um sich im Westen den Österreichern und Deutschen zu widmen.

Die einvernehmlich 1905 begonnene Kolonisierung Koreas bemächtigte sich einer tausendfünfhundert Jahre verwurzelten Staatlichkeit. Kolonisator und Kolonie begegneten einander auf gleicher Stufe. Nach britischem Muster überließ die Kolonialmacht den Machtvollzug lokalen Kollaborateuren.

Die Fremdherrschaft schwand, indem Korea Teil der Fremde ward, ein japanisches ›Sondernutzungsgebiet‹. Nach der Annexion werden einige Dutzend Edelleute gewonnen sowie 4000 Verwalter, denen sich 36 000 Handlanger hinzugesellen, inbegriffen das verabscheute Zwangsorgan, die Polizei. Obenauf schalteten 246 000 Japaner an öffentlichen und industriellen Schlüsselstellen.

Das Kolonisierungs- ist ein Modernisierungsprogramm. Ungleich den europäischen Vorbildern widerfährt dem Bauernland eine rapide Industrialisierung, welche das Verhältnis vom Nordzum Südteil ändert. Im Süden sammelten sich Fruchtbarkeit, Reichtum und Nobilität. Der Norden litt unter weiten Trockenzonen, mühselig in Brandkultivierung bebaut. Der äußere Randstreifen war Wildnis, von dem altkoreanischen Staat nie gänzlich kontrolliert, und ihr jüngstes Gewächs eine halb Banden-, halb Partisanenbewegung, die seit 1919 den Zwingherrn ärgerte, doch nicht gefährdete. Darin tat sich alsbald ein junger Mann hervor mit außerordentlicher Begabung zur Unauffindbarkeit, genannt Kim Il Sung.

Der Norden wurde das Industrierevier, auch weil er die Landbrücke ist zur Mandschurei. Im Süden mit seiner alten Hauptstadt Seoul verblieben die Bürokratie, die Statthalter, die Großgrundbesitzer. Aufbruch, Maschinenzeitalter, Kapital und Anti-Kapital drängten in den Norden. Als 1940 Japan seinen Reisimport aus dem jüngst okkupierten Indochina deckte, neigte sich Südkorea noch weiter nordwärts, gab Bevölkerung ab, Bauern, die sich der nördlichen Industrie verdingten, bis über den Yalu hinaus nach Mandschukuo, seit 1932 japanisches Protektorat. Mit seiner Angliederung fand das Wohlwollen ein Ende, das Japan im Westen genoß.

Noch den Anschluß Koreas hatten 1904, neben England, auch die Vereinigten Staaten gebilligt, erst seit kurzem mit der Eroberung der Philippinen von der spanischen Krone und den örtlichen Autonomisten erfolgreich. Dort wohnte ein tief christliches Volk, doch kindlich schutzbedürftig und demokratisch unreif, wie Präsident Theodore Roosevelt fand. Ganz ähnlich den Koreanern, auch sie »utterly impotent for self-government or self-defence«. Am Rande des chinesisch-japanischen Kriegs von 1937 bis 1945 blieb Korea vor grellen Exzessen bewahrt; es wurde verschlissen. Die Indienstnahme der Landzunge als rückwärtiges Versorgungsgebiet änderte dennoch alles, was über Generationen unter Vasallentum verstanden worden war. Totaler Krieg mobilisiert sämtliche Sozialbeziehungen, so auch die von Herr und Vasall. Alte Tributpflicht und neue Lohnausbeutung enden zugunsten einer modernen Sklavenhaltung. Über vier Millionen Koreaner wurden von Kriegsbeginn 1937 an für die Zwangsarbeit registriert, jeder fünfte Einwohner. Je zehn von ihnen bilden einen Trupp, vier Trupps eine Patrouille, drei Patrouillen eine »Selbstdisziplin-Einheit«. Koreaner werden von Koreanern beaufsichtigt, auch bei der Deportation nach Japan. Dort stellen sie Anfang 1945 ein Drittel der Arbeitskraft dar, überwiegend eingesetzt zur Bergwerksarbeit, der schmutzigsten und gefährlichsten. Über zwei Drittel der Grubenarbeiter sind Koreaner. Um 5.30 Uhr in der Frühe versammeln sie sich in Marschkolonien, die Tagesarbeit währt zwölf Stunden bei einem Verpflegungssatz von 700 Gramm Butterbrot.

Eine Variante der Sklaverei war die Zwangsprostitution von über 100 000 Koreanerinnen. Dem lokalen Konfuzianismus gilt die weibliche Keuschheit kostbarer als das Leben. Die eingefangenen, dann verschmutzten Militärbordellen zugeführten Frauen flohen oft genug in den Suizid als der erträglicheren Wahl. Denen, die das Leben vorzogen, verblieb ein Pariadasein. Für ihre Kultur waren sie moralisch inexistent. Ihr Dasein, der Einsamkeit und Scham hingegeben, beleidigte die Gemeinschaft.

Die Industrialisierung Koreas verdankt sich dem Krieg. Zwischen 1941 und 1944 vervierfacht sich der Produktionsausstoß. Im Jahr 1941 sind 1,3 Millionen Personen, überzählige Reisbauern des Südens, davon absorbiert. Das Reservoir ist so groß, daß auch der Norden nicht alle beschäftigt. Hauptaufnahmegebiet ist Mandschukuo, der chinesisch-japanische Zwitterstaat. Die Immigration dieser Zeit mischt die Populationen Nordkoreas und Nordchinas neu, ein verzahntes asiatisches Rüstungskombinat. Zehn Jahre später werden diesem Wandervolk der Kriegswirtschaft komplizierte Identitätsfragen gestellt:

Welcher Welt gehören sie an, der westlichen Demokratie oder der kommunistischen Diktatur? Eine Frage auf Leben und Tod. Die Bomben treffen nämlich die Bewohner der Diktatur. Die Ironie liegt darin, daß der Aufenthalt der Koreaner sich in den Wanderjahren entschied, als Kommunismus und Demokratie die Notallianz bildeten gegen die Achse Berlin-Tokio. Auch wollten sie künftig die Welt zusammen meistern. Zum Unglück der Koreaner kam es zum Bruch, die Bruchstelle waren sie. Sie hätte auch in Persien oder in Berlin, in Griechenland und der Türkei liegen können; die Funken des Kalten Krieges flogen überall.

Auf der Konferenz in Kairo war 1943 zwischen Roosevelt, Churchill und Tschiang Kai-schek vereinbart worden: »Angesichts der Versklavung des Volkes von Korea wird das Land in absehbarer Zeit frei und unabhängig werden.« Für die absehbare Zwischenzeit war etwas anderes beabsichtigt, das Roosevelt in Jalta mit Stalin erörterte. Nach vierzig Jahren japanischer Knechtschaft könnten die Koreaner nicht erwarten, sich gleich danach selbst zu regieren. Das beste wäre eine Treuhandregierung aus chinesischen, sowjetischen und amerikanischen Vertretern. Für die Treuhänderschaft seien ungefähr dreißig Jahre zu veranschlagen.

Stalin entgegnete, je kürzer die Treuhänderschaft, desto besser. Er besaß, zwischen Wladiwostok und Rashin, einen Streifen gemeinsamer Grenze mit Korea. Das reichte zur Bolschewisierung. Die koreanischen Kader waren längst in Sibirien geschult. Wie die Briten und Franzosen dünkten ihn die Patronate überflüssig, unter denen die Besiegten und die Befreiten von Seoul bis Saigon, von Wien bis Berlin zu Demokraten heranreifen sollten.

In Nebensachen zuvorkommend, willigte Stalin im August in ein sowjetisch-amerikanisches Kondominium ein. Es gab für ihn nichts dabei zu verlieren. Aus der Sicht der Koreaner waren Kondominien, Protektorate, Treuhandmächte das Altbekannte, weil nie anders Gewesene.

Angriff

Am 10. August, 24 Stunden nach Abwurf der Nagasaki-Bombe, überquerten Mannschaften der sowjetischen 25. Armee die koreanische Grenze und eroberten ohne ernsten japanischen Widerstand die Städte Hyesanjin, Chongjin und Nanam. Am gleichen Tage gegen Mitternacht entschied ein interministerielles Komitee in Washington, daß die USA an der Okkupation Koreas teilhaben sollten. Allerdings fehlten die Truppen. Man stand noch auf den Pazifikinseln, die nächste etwa 1000 Kilometer entfernt.

Auf der Suche nach einer geeigneten Teilungslinie, ein Inselatlas war nicht bei der Hand, traten zur selben Zeit die Beamten des Außen-, Kriegs- und Marineministeriums näher an eine Wandkarte Ostasiens und stellten fest, daß der 38. Breitengrad die Mitte des Landes schnitt. Zwei Offiziere trugen einen Strich ein, zufrieden, daß die Hauptstadt Seoul im US-besetzten Süden liege.

Der Norden besaß mit 149 000 Quadratkilometern das um ein knappes Drittel größere Territorium, der Süden mit 16 gegen 9 Millionen die stärkere Bevölkerung. Der Vertreter des Außenministeriums meinte, die Rote Armee könnte mühelos durch die Mandschurei südlich einschwenken und stünde im Land. Er wußte nicht, daß sie schon da war. Falls die Russen die Teilungslinie nicht akzeptierten, könnten sie ungehindert bis hinab nach Pusan stoßen. Dagegen wäre nichts zu machen.

Vor Jahren hatten Außenexperten einmal die Sorge notiert, daß Stalin sein fernöstliches Wirtschaftspotential durch Zugang zu den eisfreien Häfen Koreas enorm steigern könne und ein Feldzug nach Korea ihm strategische Chancen auf Japan und China eröffne.

Douglas MacArthur, der US-Oberbefehlshaber Fernost, rechnete damit, daß Stalin einen Teil Nordchinas, die gesamte Mandschurei und Korea kontrollieren werde. Die ihm einst aufgedrängte Entlohnung erschien inzwischen maßlos übertrieben.

Am 21. August traf die Rote Armee in der nordöstlichen Hafenstadt Wonsan ein, bog westwärts und nahm am 24. Pjöngjang. Am 38. Breitengrad stoppte die Walze. Von Amerikanern war bis zur ersten Septemberwoche keine Spur. Ganz gegen seine Gewohnheit verzichtete Stalin auf ein offen ihm zu Füßen liegendes Gelände. Daraus entstand alles Unheil.

Die japanische Armee war wie ein morsches Gerüst eingesackt. Nach der Kapitulation des Kaisers im Mutterland verließ sie der Widerstandsgeist, insofern ebneten die zwei Bomben auf Hiroshima und Nagasaki den Russen den Weg. Hirohito gestand, daß er kein Sonnengott sei; das hatten schon die zwei Sonnen vom 6. und 9. August offenbart. Sie schienen fort und fort, auch auf der Route der Russen, die viel schneller und unblutiger vorankamen, als sie selbst einkalkuliert hatten. Ihre Truppe bestand aus jungen Bauern und Bäuerinnen, die uniformlos und teils barfuß nach Korea einzogen, sich aus dem Land versorgten, hemmungslos plünderten und vergewaltigten, wie überall. Im Unterschied zu den Japanern kannten sie allerdings keinen Rassismus, hielten sich keine Domestiken, und die Polizei folterte nicht. Zumindest war es ihr verboten.

Die Einwohner erlebten einen zupackenden Besatzer, der die japanische Armee entwaffnete, die japanischen Herrschaften aus den beschlagnahmten Villen warf, ihnen die Prunkgewänder vom Leibe zog, die Bankeinlagen sperrte und alles restituierte. Es war zu malerisch, um wahr zu sein, fand aber viel Beifall. Eben diese Propaganda der Tat ließen die Befreier aus den USA enttäuschend vermissen.

Mitte August 1945 erging an den Kommandeur des XXIV. Korps der 10. US-Armee John R. Hodge der Befehl, südlich des 38. Breitengrads die Besatzungsherrschaft über Südkorea zu leiten. Weil wenige Tage zuvor erst die Idee dazu geboren war, existierte auch keine Weisung, aus welcher Eigenschaft Hodge der Besatzer und die Südkoreaner Beherrschte sein sollten.

Er kannte von dem Land wenig mehr als den Namen, wurde gewählt, weil er tausend Kilometer südlich auf Okinawa, das heißt am wenigsten weit entfernt, weilte und ein lakonischer, unerschrockener Inselkämpfer im Pazifik gewesen war. Am 14. August wurde ihm mitgeteilt, daß die Okkupation »halbfreundlich« und feindlich einzig gegen die kleine Kollaborateursschicht auszufallen habe. MacArthur ließ Ende des Monats verlauten, die Koreaner seien ein »befreites Volk«. Am 4. September, beim Aufbruch, unterwies Hodge jedoch seine Offiziere, daß Korea als »ein Feind der Vereinigten Staaten« anzusehen und gemäß den japanischen Kapitulationsbedingungen zu behandeln sei. Zur Befreiung kam man ohnehin zu spät, und so lag es in der Natur der Mission, als Sieger bei Besiegten zu landen.

Am 8. September, der Okkupationskonvoi kreuzte noch außer Sichtweite von Incheon, dem Hafen von Seoul, dampfte ihm ein kleines Boot entgegen, dem drei seriös gekleidete Herren entstiegen. Sie stellten sich vor als Repräsentanten der koreanischen Regierung und grüßten ihn in deren Namen. Hodge hatte keine Zeit, sich mit politischen Ansprüchen unbekannter Bewerber zu befassen. Am folgenden Tage erließ er einen Aufruf an die Bevölkerung, sie möge mit Geduld, Fleiß und Talent den demokratischen Nationen beweisen, daß ihr ein Platz gebühre in der Familie der Nationen. Im übrigen ermächtige er das bisherige Generalgouvernement mit seinem japanischen und seinem koreanischen Personal, einschließlich Generalgouverneur Nobuyuki, geschäftsführend zu amtieren. Etwas Besseres blieb ihm nicht übrig, weil keiner der sich nähernden Koreaner Englisch sprach. Einige seiner Offiziere hatten das Japanische studiert, Koreanisch verstand nur der Stabsangehörige Williams, doch nicht genug, daß er Verhandlungen hätte führen können.

Auch ohne Verständigung teilte sich Hodge deutlich mit: Den Koreanern war sein Patronat so unerwünscht wie die Nord-Süd-Teilung. Der Sturz der Despotie und die Verheißung von Kairo versetzten die Nation in fiebrige Turbulenz und bittere Fehden, Rachedurst und Krawall. In all dem Chaos blieben den Amerikanern als Gewährsleute allein die Japaner. Sie verhielten sich kooperativ und fügsam, die Koreaner hingegen querulant und anstrengend. Der Verbindungsmann des Außenministeriums bei Hodge kabelte am 15. September nach Washington, Südkorea sei ein Pulverfaß. Ein Funke vermöchte es jederzeit in die Luft zu jagen. Der Haß auf die Japaner sei unbeschreiblich, doch könne man sie schwer entbehren. Für höhere Verwaltungsfunktionen gebe es keine Qualifikationen im Land. Die öffentliche Meinung verlange ihren Hinauswurf und die Frustration fresse sich tief in die Gemüter, daß nichts davon geschehe.

Den Besatzungstruppen schienen Japaner und Koreaner rassisch ein und dasselbe, doch nannten sie die Koreaner herablassend ›gooks‹. Den japanischen Offizieren mochten sie als einem tapfer unterlegenen Feind den Respekt nicht versagen. Wie Hodge im Dezember einräumte, rechnete auch Korea in militärischen Größen. Im Süden beobachte man, daß die Sowjets im Norden das Vierfache seiner Truppen stationierten, teilte er MacArthur in Tokio mit. Asiaten hielten mit derjenigen Seite, welche die meisten und schwersten Waffen aufbiete. Die Tendenz der koreanischen Massen neige sich darum Rußland entgegen. Nach westlichen Standards seien sie für ihre Unabhängigkeit nicht reif genug, könnten es unter den obwaltenden Umständen aber auch nicht werden. Sie wünschten nur eins, ihre Unabhängigkeit, sofort!

Die US-Regierung hatte dem bereits nachgegeben und die Treuhänderschaft im Oktober von dreißig auf fünf Jahre beschränkt. Außenminister Byrnes vereinbarte dies im Oktober mit seinem Gegenüber Molotow. Das Treuhandkonsortium sollte aus Rußland, den USA, China und Großbritannien bestehen. Letztere waren zuvor nicht gefragt worden und hatten auch wenig beizutragen.

Rußland behandelte den 38. Breitengrad als eine De-facto-Staatsgrenze. Grenzverkehr bedurfte der Einzelerlaubnis. Während Hodge sich damit begnügte, zu verwalten und nationale Ansprüche abzuwehren, brachten die Russen eine fertige Volksrepublik mit, einschließlich Personal. An der Spitze stand ein intelligenter und energischer politischer Offizier, N. G. Lebedew.

Der wahre Herrscher Nordkoreas stand im Halbschatten, Terentii Fomich Schtykow, Kommissar in der Ersten russischen Front Fernost, jetzt russischer Botschafter. Er vermittelte das Ortsgeschehen mit den Entscheidungsträgern in Moskau. Generalmajor Andrej Romanenko, der Chef der sowjetischen Zivilverwaltung, gehörte einer Schicht russifizierter Koreaner an, in Sibirien aufgewachsene Emigrantensöhne. Daraus rekrutierte sich der Führungskader.

Die meisten waren als sowjetische Truppenangehörige heimgekehrt, hatten zur Vorbereitung oft eine Geheimdienstschule durchlaufen und selbst nach stalinistischen Standards scharfe Säuberungen durchgestanden. Im Zivilleben gewöhnlich Lehrer, die in der Sowjetunion im Ruf der relativ zuverlässigsten Intellektuellen standen, schickte man sie, um die russische Sprache zu lehren; das war das Wichtigste für den Befehlsweg.

Die Heimkehr bedeutete einen enormen sozialen Aufstieg; man konnte leicht Professor oder Vizeminister werden. Sie verachteten die weniger gebildeten Landsleute. Stalin liebte die Entsendung solcher Hybride als Führungspersonal. Sie standen den Einheimischen nahe und fern zugleich und waren die geborenen Landvögte. An der Spitze wünschte man sich indessen eine Gestalt von nationalem Renommee.

Den natürlichen Kandidaten, Pak Hon-yong, Chef der koreanischen KP, mochte Stalin nicht, weil er zeitweilig zum Komintern-Apparat gehört hatte, dem stets zu mißtrauen war. Die Sowjetkoreaner sollten führen, aber aus optischen Gründen nicht repräsentieren. So fiel die Wahl auf jemanden, der sich zur Japanerzeit einen Namen als »Roter Bandit« erworben hatte.

Kim Il Sung, Sohn eines christlich-protestantischen Dorfschullehrers, war in der Mandschurei aufgewachsen; wie viele Koreaner hatte die Familie dort um 1920 vor den Japanern Zuflucht gesucht. Kim besuchte eine chinesische Schule und sprach zeit seines Lebens fließend Chinesisch. Seit seinem 17. Jahr gehörte er der Kommunistischen Partei an, die 1925 in einem Chinarestaurant in Seoul gegründet worden war. Die Gründer, teils Sozialisten, hauptsäch-

lich aber national gestimmte junge Leute, sympathisierten mit Rußland als dem Erbfeind Japans.

Ohne Schulabschluß stürzte sich Kim 1930 in das mandschurische Partisanenleben. Viele der Banden nahmen junge Chinesen
und Koreaner aus gutem Hause auf, die alle Ungerechtigkeit der
Welt in der japanischen Okkupation verkörpert sahen. 1932 trat
Kim der KP Chinas bei, und weil er ein guter Kämpfer war, nahm
er einen raschen Aufstieg in der Untergrundhierarchie: nach drei
Jahren politischer Kommissar von 160 Leuten der dritten Abteilung
der Vereinigten Nordöstlichen Antijapanischen Armee, zwei Jahre
später, mit 24 Jahren, Anführer der 6. Division, bekannt als »Division Kim Il Sung«. Es war zwar keine Division, sondern ein Haufen
von wenigen hundert Rebellen, der es aber mit einem Schlag zu nationalem Ruhm brachte mit einem Anschlag auf die Grenzstadt
Pochonbo.

Die Japaner bewachten die Grenze zwischen ihren beiden Pro-
tektoraten Korea und Mandschurei so scharf, daß die koreanischen
Partisanen, jenseits des Yalu operierend, es nicht schafften, unbemerkt den Fluß zu überqueren. Die Zerstörung der Polizeistation
von Pochonbo am 4. Juni 1937 wurde darum in ganz Korea be-
staunt und der Anführer der Aktion als »Roter Bandit« eine Zei-
tungslegende.

Um 1940 hatten die Japaner ihre Netze so zahlreich und eng gezogen, daß von den Kommandeuren und Kommissaren aus Kims
1. Armee er als der einzige noch lebte, gejagt als gefährlichster
Mann. Im Dezember 1940 schlug er sich mit zwölf Gefährten nach
Norden durch und wechselte über den vereisten Amur in die Sowjetunion. Er überstand dank seiner Prominenz das Infiltrationsla-
ger, erhielt eine Offiziersausbildung, und in dieser Atempause ward
ihm ein erster Sohn geboren, dem er den Namen Juri gab, sein Erb-
folger und geliebter Herrscher, der spätere Marschall Kim Jong Il.

Im Sommer 1942 bildete die sowjetische Militärführung die 88.
Unabhängige Brigade nahe Chabarowsk, eine Einheit früherer
mandschurischer Partisanen, zumeist Chinesen nebst einigen Koreanern. Unter russischem Kommando führten sie Nachrichten-

und Sabotageaufträge im mandschurisch-koreanischen Gebiet durch, nach dem russisch-japanischen Nichtangriffspakt eigentlich neutrales Territorium. Doch nach aller Geschichte ein schicksalhafter Raum, der keinem Russen je gleichgültig sein konnte.

Kim Il Sung, nun Hauptmann der Sowjetarmee, nahm trotz seines abenteuerlustigen Naturells an den Operationen nicht teil, fristete ein graues Etappendasein, zeugte zwei weitere Kinder, gab auch ihnen russische Namen und hegte ein klares Ziel: Besuch der Militärakademie und danach Aufstieg zum Regiments- oder gar Divisionskommandeur der Unbesiegbaren Armee.

An dem kurzen Feldzug zur Befreiung der Mandschurei und Koreas nahm die 88. Brigade nicht teil. Sie wurde aufgelöst, und ihre Führer erhielten dort Posten als Ortskommandanten in den sowjetisch kontrollierten Städten und Distrikten. Kim, der den höchsten Rang unter den Koreanern einnahm, wurde Vizekommandant des zur Hauptstadt bestimmten Pjöngjang.

Er erreichte Korea 1945 bequem an Bord des Dampfers Pugatschow von Wladiwostok nach Wonsan, eine 600-Kilometer-Seereise durch das Japanische Meer. Im Februar 1946 ernannten die sowjetischen Behörden ihren als »Roten Banditen« noch wohlerinnerten Hauptmann zum nominellen nationalen Führer, das heißt zum Vorsitzenden des Provisorischen Nordkoreanischen Volkskomitees. Er war tief enttäuscht: »Ich will ein Regiment«, sagte er seinem Kameraden V. V. Kowitschenko, »und dann eine Division. Was soll das? Ich verstehe nichts davon und will das nicht machen.«

Kim, Schützling des Generalmajors Romanenko, war bei einer kurzen Grußadresse aufgefallen, die er während des pompösen Massenempfangs der Befreiungsarmee in Pjöngjang lieferte. Wie sich später zeigte, lag ihm die bleierne Bonzenrhetorik nicht, die allenthalben in Korea langweilte; heiteren Gemüts, liebte er das bunte Massenspektakel. Die Macht allerdings verdankte er der Durchstecherei im Apparat. Kim, in seiner Mixtur aus sowjetischem Offizier und verwegenem Partisan, besaß das ideale Profil.

Der Kommunistischen Partei Koreas, mit ihrem angestammten Sitz Seoul, behagte eine so offenkundig ferngesteuerte Figur keineswegs. Die chinesischen Genossen hielten ihn ebenfalls für einen sowjetischen Strohmann, und Pak Hon-jong, ein intellektueller Charakter von bekannt patriotischem Feuer, sah mit Argwohn die Spaltung der nationalen Partei, als die Sowjets in Pjöngjang ein nordkoreanisches Büro eröffneten.

Romanenko umgab seinen Kandidaten mit Beratern, KGB-Offizieren, die sich mit Parteiopposition auskannten. Nachdem diese verstummt war, siegte Kim am 8. Februar 1946 auf der Konferenz der nordkoreanischen demokratischen Parteien, sozialen Organisationen und fünf Provinzen als Stalinschüler und Lokalheld in einem. Bald überzog ein Netz von Volkskomitees Dorf und Stadt. Die provisorische Zentralregierung, in allen Ministerien beraten von russischen Freunden, ließ im November 1946 die erste Wahl abhalten: Auf einer Einheitsliste kandidierten die Kandidaten der demokratischen Front und eroberten 97 Prozent der Stimmen. Mit ebensolchem Erfolg reüssierte die Bodenreform, die den alten Landadel enteignete und populärer noch in der US-Zone war, wo alle Parteigenossen davon schwärmten.

Den wahren Zauber verbreitete Nordkorea jedoch mit seiner Rache an den Japanern und ihren Kollaborateuren. Eigentümlicherweise hatten die Amerikaner alle Vorbehalte gegen die gestrigen Feinde überwunden. Da ihnen die Kommunisten das Fell gerbten, waren sie zuverlässig antikommunistisch, was sie wärmstens empfahl. Diesem Zug der Ereignisse mochte sich die südliche Bevölkerung keineswegs anschließen.

Der Bund mit den Japanern, der Hodge auf Anhieb verhaßt gemacht hatte, mußte aufgekündigt werden. 7000 Kolonialbeamte und 600 000 Soldaten und Zivilisten verschwanden vom Straßenbild und traten die Rückreise an. Ihr Eigentum sei zu beschlagnahmen, verlangten die Kommunisten, wie vom Norden vorgemacht. Seine Weigerung im Namen von Gesetz, Ruhe und Ordnung trug Hodge keine neuen Freunde ein. Dafür blieb alle Feindseligkeit ihm bewahrt durch sein Festhalten an den letzten 8000 Kollaborateuren in der Polizei. Die bis vor kurzem als Todesschwadronen und Folterknechte der Arm der Fremdherrschaft gewesen waren, kreuzten nun mit amerikanischen Waffen, Funkgeräten und Jeeps auf und waren es von neuem.

Den Amerikanern blieb nicht verborgen, wie ihnen die falschen Freunde schadeten, entdeckten aber keine richtigen. Das linke und liberale Lager, beseelt von nationalem Unabhängigkeitsdrang, kooperierte ausgerechnet mit den Kommunisten, die sklavisch an Moskau hingen. Das störte aber keinen. Warum auch? Washington und Moskau hatten Japan letztlich im Verein besiegt; Korea gewann Moskau ganz allein. Der Eile, in welcher die Partner einander zuwider und feindselig wurden, konnten die Befreiten nicht in vier Monaten folgen. Ihnen steckten noch vierzig Jahre Japankolonie in den Gliedern. Die Amerikaner hingegen elektrisierte der Handlungsvorteil, den Rußland aus dem Krieg davongetragen hatte.

Als einzige Verbündete an dieser neuen Front dienten sich die alten Besitzschichten an, die schon den Japanern behilflich gewesen waren. Eine Nation, nebenbei, auf deren Wendigkeit die USA nunmehr ihre ganze Fernostpolitik gründeten. In Tokio residierte als transozeanischer Caesar Pompejus General Douglas MacArthur, der mit seinem Gnadenreichtum ungeahnte Loyalitäten erzielte.

Japan war das einzige Befreiungsland, von dem die Sowjets ausgeschlossen blieben. Von dieser Bastion der Versöhnung aus hoffte MacArthur dereinst den Anschlußkrieg gegen die rotgelackte Macht der Finsternis zu führen. Anbetrachts dieser strategischen Ausblicke verschwendeten die Querelen in Korea um Kollaboration und Säuberung, Demokratie, Treuhand und Autonomie nur die amerikanischen Kräfte. Es gab keinen ungünstigeren Platz auf der Welt, Krieg zu führen, als diesen. Im Falle einer allgemeinen Konfrontation würde die Halbinsel ohnehin seitlich liegengelassen werden, erklärten die Militärs. Ihre geostrategische Bedeutung sei gleich null.

Hodge drängte seit 1946 auf den Rückzug, ausgenommen eine Polizeitruppe, die der Regierung helfe, die Dörfer zu kontrollieren. Die südkoreanische Regierung stellte sich zunehmend als ein Ungemach heraus, das zu bannen keinen Besatzungsaufwand von jährlich 100 Millionen Dollar verlohnte.

Der Hang des Militärs, die Landkarte nach den Frontlinien des nächsten Weltkriegs abzusuchen, wurde von Truman und dem Außenministerium nicht geteilt. Wo man sinnvoll Krieg führt, war das eine, und die politische Dramaturgie das andere. Das Schauspiel der sich verfeindenden Waffenbrüder ging überall vonstatten, in Berlin, in Athen, in Persien und in Korea. Die Augen Asiens, so meinten Truman und seine Außenexperten, ruhten auf dem Wettbewerb ober- und unterhalb des 38. Breitengrads. Hier fielen die Würfel. Amerika im Kleid der Demokratie konkurrierte mit den Zwangsjacken des Kommunismus.

Hodge benötigte für seine Bühne einen südkoreanischen Sprecher. Die Treuhänderschaft an Stalins Seite war die Illusion einer auslaufenden Saison. Aus dem Wirrwarr der Neueröffnungen – Parteien, Gewerkschaften, Provisorische Regierungen – mußte die Stimme des demokratischen Aufbruchs hervortreten.

Sie gehörte einem ränkevollen Greis, dem 85jährigen Dr. Syngman Rhee. Er hatte Korea ein Menschenalter lang nicht betreten, gleichwohl als Exilant in den USA für die Unabhängigkeit geworben. Als er in MacArthurs Flugzeug mit Zwischenstop in Tokio in Seoul landete, war er schon ein wenig abhängiger geworden. Er hatte vor Abflug wirtschaftliche Konzessionen vergeben und trat unter konspirativen Umständen die Reise an. Einige, die ihn aus Washington näher kannten, rieten von ihm ab.

Hodge ließ Rhee als nationalen Messias wandeln und protegierte seine Partei so, wie er ihre Rivalen schikanierte. Nationalisten wie Rhee, begehrten sie die Wiedervereinigung und nahmen dafür Kontakt zu den Kommunisten in Kauf. So war sie schwerlich zu bekommen, doch ebensowenig ohne.

Das Land wäre in Unfreiheit zu einigen gewesen, schon im August 1945: In Wirklichkeit blieb es in Unfreiheit geteilt und wurde darob zur Wüste gebombt. Kim und Rhee waren beide stiebende Funken ohne Scheu vor dem Pulverfaß. Allerdings besaß Korea nicht soviel Pulver und hätte diese Charaktere an sich überstanden. Sie waren die Bauern auf einem Schachbrett, das die Könige bespielten.

Rhees Kommunistenphobie sicherte ihm seine Stelle. Von zänkischem Wesen, biß er über diverse Konsultativorgane und Vorparlamente seine Mitbewerber vom Platz. Als demokratische Basis griff er auf die vorherigen Antidemokraten zurück, denen Besitz und Einfluß jeden Verfassungswechsel wert waren. Allein der Kommunismus bedeutete ihr Verderben. Die Kollaborateure kollaborierten nun mit Rhee, dem Emigranten. Ihr Interessenverbund war unerschütterlich, und so stürzten seine Machtgier und ihre Raffgier den Süden in einen Morast von Korruption und Verwahrlosung.

Die Amerikaner spürten, daß sie mit diesen Marionetten kein attraktives Bild darboten. Zur Arena für das Faszinosum Demokratie taugte Südkorea weniger als gedacht. Schon der äußere Anblick irritierte. Die Menschen wickelten sich in graue Gewänder, aus Armeedecken geschneidert, Waisen lungerten an den Bahnhöfen, das Transportsystem brach periodisch zusammen, die Wasserleitungen vereisten, die Elektrizität stockte, oberhalb Seouls wurden die Hügel abgeholzt, die Besatzungsläden waren leergefegt.

Von allen Seiten strömten Exilanten, Patrioten und Auswärtsarbeiter nach Hause, aus der Mandschurei, aus Japan und China. Die Anständigen waren geblendet vom Kommunismus. Dienstverpflichtete Amerikaner verschwanden oft nach einer Woche, Korruption und Schiebung walteten ungeniert, die meisten der Befreier haßten dieses Land.

In der Not, ihre Schlappe zu tünchen, übertrug sie die Truman-Administration auf das für den Austrag unlöslicher Streitigkeiten zuständige Organ, die Vereinten Nationen. Im November 1947 beschloß die Generalversammlung die erste große UN-Intervention. Man würde Wahlen abhalten und überwachen, Korea die Unabhängigkeit zurückgeben und den Abzug aller fremden Truppen garantieren. Die Abstimmung erbrachte dafür eine Mehrheit von 46 Stimmen gegen null; die sowjetisch gelenkten Staaten enthielten sich des Votums.

Die Sowjetunion hatte vor dem Gang zur UNO einen ähnlichen Vorschlag übermittelt. Er entsprach dem, was Hodge immer schon bevorzugt hätte: Rückzug der Mächte, Übergabe Koreas an die Koreaner; vor der UNO-Übergabe hingegen warnte er. Erstens überließe der vermutliche Wahlboykott der Linken die Sitzemehrheit in der Konstituante der Partei Syngman Rhees. Zweitens werde die zu bildende Regierung keine national vereinigte, sondern eine des Südens sein. Drittens erlaubte dies Rhee, ein Regiment zu führen, das richtigerweise autoritär-faschistisch genannt werden müsse und ein völlig unmöglicher Verhandlungspartner wäre. Viertens sei die Wiedervereinigung Koreas damit dem Kriege überantwortet. Jede dieser Voraussagen ist eingetroffen.

Truman ignorierte das sowjetische Angebot, denn daraus sprach nur, daß Stalin es Kim zutraute, den Süden kalt an sich zu bringen. Solche Auftragscoups kannte man noch aus Hitlerschen Zeiten. Weil der UNO-Beschluß die Moskauer Treuhandabsprache brach – England und China, die Co-Treuhänder, wurden wiederum nicht gefragt –, fühlte sich Moskau berechtigt, ihn zu boykottieren. Das war in der Satzung der UNO nicht vorgesehen. Allerdings enthielt sie Bestimmungen zur Abwehr militärischer Gewalt.

Wie von Hodge prophezeit, bewirkten die zwiefach boykottierten Wahlen – vom Norden und von der südlichen Linken – einen UN-beglaubigten Triumph Syngman Rhees, den er zum Aufbau eines Präsidialsystems und dies zur Gründung einer Diktatur nutzte. Die Befreiungs- und Besatzungstruppen räumten die Insel. Im Juni 1949, als Hodge nach vier Jahren den Posten verließ, überfielen Rhees Schergen den einzigen Konkurrenten in seinem Staat am Schreibtisch, den 74jährigen Kim Ku, von den Japanern malträtiert, vom Präsidenten gemeuchelt. Er war der erste von Millionen, die dem UNO-Mandat zum Opfer fielen.

Zum Kummer Rhees hinterließen die Amerikaner ihm nichts außer einer 482köpfigen Beratergruppe unter Führung des Panzergenerals William Roberts, der indes der Südstaatsarmee keine Panzer mitbrachte, weil das bergige Terrain sich dafür nicht eignete, keine Panzerabwehrkanonen, auch sonst keine Artillerie schwerer als der 105-mm-Mörser. Roberts sprach kein Koreanisch und fand die ganze gottverlassene Gegend abscheulich.

Die im Februar 1948 aufgestellte Koreanische Volksarmee von 135 000 Mann besaß sattsam, was ihren Brüdern fehlte, einschließlich 200 Jak-9-Jägern und Iljuschin-10-Sturzkampfbombern. Südwärts führende Straßen waren neu beschichtet, damit sie den T-34 trugen, den besten Tank des Zweiten Weltkriegs. Die Truppe, hochmotiviert und schlachterprobt, enthielt Zehntausende von China-Koreanern, die unlängst die mürben Haufen Tschiang Kai-scheks besiegt hatten. Das kümmerte nicht, denn MacArthur, der Herr des Pazifik, hatte bei seinem einzigen Besuch in Seoul im August 1948 für den Fall eines Angriffs auf den Süden versprochen: »I would defend it as I would California.«

Insgeheim mochte er Korea nicht, schon weil es eine Errungenschaft des Außenministeriums war. »Die haben es gewollt und gekriegt«, sagte er seinem Adjutanten Bowers. »Ich würde es nicht mit einem Dreimetermast anrühren. Die verdammten Diplomaten machen die Kriege, und wir gewinnen sie. Warum soll ich deren Haut retten?« Die Rettung Koreas dünkte ihn so fiktiv wie die Verteidigung Kaliforniens.

MacArthur glaubte nicht an die Invasion aus dem Norden, denn sie wäre Teil eines sowjetischen Generalangriffs, an den er erst recht nicht glaubte. »Der Russe fährt so ausgezeichnet mit dem gegenwärtigen Nichtschießkrieg«, erläuterte er im Mai dem *New York Times*-Korrespondenten C. Sulzberger, »daß er logischerweise das gegenwärtige erfolgreiche System fortsetzen will«.

In der Tat sprach jegliche Logik gegen einen Militärstreich Kim Il Sungs. Wenn er tatsächlich den Süden annektieren wollte, gab es dafür einen todsicheren Weg, wie ein hoher Süd-Offizier viel später bilanzierte. Er brauchte gar nichts tun außer abzuwarten. »Sein größter Fehler war, uns anzugreifen.« Mit ein wenig Subversion wäre Rhees Kleptokratie in wenigen Jahren erledigt gewesen. Kims Überfall hat sie gerettet. Die UNO hob das schäbige Kartenhaus als Aggressionsopfer auf ihren Schild und vergoß Ozeane von Blut zu seiner Verteidigung.

So wenig ein Angriff sich für Stalin und Kim rentierte, so schlecht, diktierte MacArthur dem jungen Sulzberger, seien Militäreinsätze für internationale Krisen geeignet. »In einem künftigen Krieg gäbe es keine Sieger.« Das habe schon der Weltkrieg gezeigt. Die von den Wissenschaftlern so erleichterte Massentötung führe nur zu einem »Beide Seiten verlieren«. Acht Monate später befanden sich alle im Krieg, Kim Il Sung, Mao Tse-tung, MacArthur, Rhee, die UNO und Stalin. Den Einsatz wissenschaftlich avanciertester Massenvernichtungswaffen verlangte niemand von ihnen so dringlich wie MacArthur.

Sulzberger schildert ihn zu der Zeit als rüstigen Siebziger, dem Haartöner und Charisma den Anblick eines wohlerhaltenen, charaktervollen Fünfzigers verliehen. 1918 jüngster Oberst der USA, war sein nächster Weltkrieg von der schmachvollen Flucht von den Philippinen und den genialen Inselsprüngen der Pazifik-Offensive eingerahmt. MacArthur mißfielen das Städteverbrennen der Air Force und der Weg der Kriegskunst zur Zivilabschlachtung. Sein Metier war die amphibische Landung.

Seitdem er von einem Tokioter Versicherungspalast aus Amerikas Japan erschuf, interessierten ihn militärische Belange weniger. Seine Untertanen hingen in furchtsamer Liebe an ihm. Des Morgens rollte sein Cadillac-Konvoi an einer japanischen Garde vorüber, die ihm den Rücken zuwandte. Das war das einzige Relikt aus den Zeiten des Sohnes der Sonne. Er durfte nicht angeschaut werden, sonst wäre man erblindet.

Zu einem Teil war MacArthur selbst erblindet, weil er den Zustand seiner drei Besatzungsdivisionen keines Blickes würdigte. Sie waren geschmolzen auf je ein Drittel ihrer Sollstärke, bildeten zusammen also eine einzige Division. Ihre Kampfstärke entsprach jedoch allenfalls der eines Regiments. Die Leute waren Friedensrekruten und genossen den süßen Sieg, den die früheren Jahrgänge erfochten hatten. Garnisonssoldaten, bequemten sie sich nur unlustig zum Drill der Feldübungen; weswegen Gewehre zerlegen, Quartiere aufbauen, Nachschublinien einrichten? Für ihre Dienstzeit kam so etwas nicht mehr in Frage, das gleiche dachte ihr Oberbefehlshaber, dessen Gedanken zur Präsidentschaftskandidatur 1952 schweiften. Bis dahin würde nichts geschehen, was sein Eingreifen erforderte. Er besaß auch nichts, um einzugreifen.

Am 20. Juni 1950 ließ er Washington wissen, daß Rhees Armee und William Roberts' Beratergruppe mit allen Eventualitäten fertig würden. Die Joint Chiefs waren sich dessen nicht sicher und hatten darum Omar Bradley zur Inspektion geschickt, ihren Vorsitzenden. Admiral Roscoe H. Hillenkoetter nämlich, der CIA-Chef selbst, verteilte akute Warnungen seiner lokalen Agenten an die Ministerien und das Büro des Präsidenten, Empfangsbestätigung per Unterschrift. Im Juni, besagte der Bericht vom 10. März, sei eine Invasion geplant. Zur fraglichen Zeit war Washington darum mit seiner Spitzengarnitur vor Ort. Außenminister Acheson hatte den unerschrockensten Antikommunisten seiner Zeit nach Korea geschickt, John Foster Dulles. Am 18. Juni besichtigte er den 38. Breitengrad und konnte selbst mit dem Feldstecher nichts Verdächtiges entdecken.

Was gedächten die USA zu tun, fragte ihn Syngman Rhee auf dem Ehrenbankett, wenn der Norden angreife? Dulles entgegnete, daß bei der bestehenden Machtverteilung die Sowjets sich davor hüten würden. Das Atommonopol schrecke sie ab. Auch wenn Stalin die Bombe besaß, fehle ihm doch eine Trägerwaffe.

Das gleiche sagte MacArthur zu Sulzberger: Die Sowjets seien defensiv gerüstet, das Aggressive an ihnen sei allein die Rhetorik. Mit einer einzigen überstrapazierten Bahnspur nach Fernost könne man heute keinen Krieg mehr versorgen. Die gigantischen Rüstungsindustrien, die in Sibirien gewachsen waren, um den Deutschen zu widerstehen, näher an MacArthurs Residenz gelegen als Amerika, fielen ihm nicht auf.

Rhee, der brennend gerne selbst den Norden überfallen hätte – darum hielt man seine Streitkräfte so knapp –, konnte sich in einen Irrsinn besser hineindenken und bohrte bei Dulles nach: »Was ist aber, wenn es einen Angriff gibt?« Ihm war zu Ohren gekommen, daß Stalin den sowjetischen Militärberatern befohlen hatte, sich von Kims vorn postierten Einheiten zurückzuziehen.

Dulles antwortete, man werde reagieren, wie es die amerikanische Verfassung vorschreibe. Er wollte und konnte sich auf Näheres nicht einlassen, versicherte aber in einer Ansprache vor der Nationalversammlung, daß die USA zweimal in dem Jahrhundert mit Militärgewalt zur Verteidigung der Freiheit gegen Aggressoren eingeschritten seien. Den Erfolg besichtige er soeben, und fügte hinzu, was heute wie ein Fluch anmutet: »You are not alone!«

Der Theorie zufolge lag darin Abschreckung im Überfluß. Moskau und Peking, sanft gemahnt, sich der Kräfteverhältnisse auf dem Planeten inne zu sein, zählten die Kräfte am 38. Breitengrad und vertrauten ihrem Überfluß. Rhee verstand nur soviel, daß man ihm zuliebe die Hölle losließe: Wenn der kalte Krieg scheitere, sei »ein heißer Krieg, egal zu welchem Preis« vonnöten.

Bradley, der am 17. Juni in Tokio eintraf, wollte wissen, wer die Preise zahle und womit. Er mißtraute MacArthurs Gewißheiten, die ihn schon auf den Philippinen teuer zu stehen kamen, und begab sich nach Seoul, um Roberts zu inspizieren. Von welchem Kaliber waren Rhees 95 000 Mann, die in MacArthurs Stab als eine Art Gendarmerie verulkt wurden? Siebzig Prozent mieden die Grenze und gingen im Lande ihren Geschäften nach. Jedes dritte Fahrzeug stand still, weil die Reparaturteile fehlten. Die Munitionsreserve reichte für sechs Tage. »Meine Leute«, versicherte Roberts, »meine Leute stoppen die Roten!«

Am Sonntag, dem 25. Juni regnete es den ganzen Tag. Die wenigen höheren Offiziere im US-Beraterkontingent feierten in Japan Wochenende. An der Westküste ragt, wie eine Bärentatze, ein Landzipfel südwestlich ins Gelbe Meer, Ongjin, darauf die gleichnamige Stadt. Der 38. Breitengrad halbiert ihn. Das Gelände ist nicht zu verteidigen, weil der Verteidiger mit dem Rücken zur See steht. Er kann nicht zurück.

Nördlich der Linie hatte sich die halbe Mannschaft der 10. Stoßdivision versammelt, rund 40 000 Mann mit Wagen und Panzern. Der nächtliche Regen deckte ihre Geräusche zu. In der Dunkelheit legten Eisenbahnpioniere bei abgeschirmtem Licht Schienen, denn längs des Winkels zwischen Bärentatze und Land verlief zur Japanerzeit die nun unterbrochene Strecke Pjöngjang–Kaesong–Seoul.

Kaesong an der Grenze liegt 30 Kilometer entfernt von Seoul. Vor der ersten Morgenröte quetschten sich Infanteristen der 6. Division in alte japanische Waggons. Die Sechste, geführt von Pang Ho San, bestand aus koreanischen China-Kämpfern. »First class«, wie MacArthur alsbald feststellte. Sie sollten den ersten Angriffstag bestreiten, möglichst per Bahn.

Es war immer noch finster, und Chu Yong Boks Einheit war noch nicht auf den Beinen. Er verstand Russisch, und so rüttelte ein Bote ihn wach. Ein Stabsoffizier der nordkoreanischen Armee und zwei sowjetische Oberste, Beobachter, standen vor ihm. Der Generalstäbler reichte Chu ein Bündel koreanischer Meldungen zum Übersetzen. Sie waren auf die Russen gemünzt und besagten, daß man vielleicht erstaunt sei von dem zügigen Vordringen, das, wiewohl in kleinerem Maßstab, dem Zurückschlagen der Deutschen aus Stalingrad gleiche.

Die Obristen waren, wie geplant, erstaunt; zumal sie wußten, wie zäh und blutig die Wolgaschlacht einst verlaufen war. Nur der Generalstäbler lachte laut und klatschte in die Hände. Sein Krieg sollte noch ebenso langwierig und so verheerend sein wie der zwischen Stalingrad und Kriegsende.

Syngman Rhee packte auf die Nachricht vom Überfall seine Utensilien, um weiter südlich in Suwon zu amtieren. Dann überfiel ihn die Wut, und er beschloß, sie an MacArthur auszulassen. Der Telefonist in Tokio erklärte Rhee, er möge es später versuchen. Der Tag wollte nicht anbrechen, und MacArthur schlief den festen Schlaf des alten Soldaten. Rhee kreischte, daß bei ihm Amerikaner getötet würden, und der Telefonist stöpselte eine Leitung in die persönlichen Gemächer. »General«, sagte der Stabschef mit sanfter Stimme, »we have just received a message from Seoul that the North Koreans have struck in great strength across the 38th parallel at four o'clock this morning«, dann übergab er den Hörer.

Rhee kam gleich zur Sache: »Hätte Ihr Land sich etwas mehr um uns gekümmert, wäre es nicht soweit gekommen. Wir haben Sie viele Male gewarnt. Jetzt müssen Sie Korea retten.« MacArthur, der gar keine Exekutivbefugnisse besaß, versprach zehn Flugzeuge sowie ein paar Panzerfäuste und hängte auf. »Any orders, General?« fragte der Stabschef gelassen.

MacArthur schlüpfte in den Morgenrock und grübelte bis zwölf Uhr mittags nach. Befehle konnte er mangels Zuständigkeit keine ausgeben. Um ein Uhr beruhigte er die Presse in der Residenz. Ein Grenzzwischenfall, vermutlich »eine Lappalie«. Über Radio Pjöngjang schrie Kim Il Sung in schrillem Sopran, daß die südliche Marionettenclique am Breitengrad eine bewaffnete Aggression gestartet habe, die gekontert werde. Den Angreifer ziehe man für alles weitere zur Verantwortung.

John Foster Dulles weilte mit Mrs. Dulles zur Besichtigung Kyotos, dem ursprünglich die erste Atombombe hätte gelten sollen. Auf Ersuchen Kriegsminister Stimsons, eines Kunstfreundes, waren die Sehenswürdigkeiten der alten Kaiserstadt geschont worden. Dulles fürchtete, daß ein dritter Weltkrieg drohe, wenn Rußland sich in Schlagdistanz zu Japan an der koreanischen Ostküste festsetze. Dort saß es seit fünf Jahren schon, doch würde der Überfall, bei Passivität der USA, zu einem nächsten Schlag ermutigen. Es war ein Test! Man werde Krieg führen müssen, um einen Weltkrieg zu verhindern. Das kabelte er nach Washington.

Auf der 18-Uhr-Konferenz in MacArthurs Büro hörte man, daß von einem Überfall keine Rede sein könne, sondern von einem bewaffneten Aufklärungsunternehmen. Die Panzer würden umkehren und heimwärts rollen, bevor ihnen der Sprit ausginge. MacArthurs Stabsoffiziere schwiegen. Sie wußten, daß er schlechte Nachrichten nicht gut vertrug. Die 6. Norddivision hatte in Stundenfrist Ongjin genommen. Die 1. bedrängte Kaesong, das wenig später fiel, die 5. schickte Abteilungen in Booten die Ostküste entlang, um hinter den alsbald zusammenbrechenden Südstaatlern zu landen. Jak-Jagdbomber warfen die wenigen Übungsflugzeuge ihrer Luftwaffe zu Schrott.

Das Offensivschema war russische Stabsarbeit. Die Feuerwalze der Volksbefreiungsartillerie setzte Schlag vier mit solcher Wucht ein, daß Rhees Gendarmen zu gar keinem Formationsgefecht fähig waren. Die meisten warfen ihre unnütze Ausrüstung fort und suchten das Weite. Widerstand kam allenfalls aus isolierten Nestern. Deren Bazookas kratzten am T-34 nur tellergroß die Farbschicht ab.

Als am Sonntag die ersten Zeitungsberichte in Washington erschienen, war es in Korea bereits Montag. Alle erwähnten, daß auch Pearl Harbor ein Sonntagsdesaster war. Würde Amerika nun die Atombombe einsetzen müssen? Hatte der Dritte Weltkrieg begonnen? Das Pentagon wußte das Geschehen nicht zu kommentieren und zeigte sich schlechter informiert als die Presseagenturen. Der Präsident erfuhr die Neuigkeit in seiner Heimatstadt Independence, Missouri, und bestieg sein Flugzeug. Auf der langen Überlandstrecke rekapitulierte er die Lehren seiner Generation.

Im Ersten Weltkrieg hatte Truman eine Batterie in den Vogesen befehligt, Captain Harry. Trotz des Sieges mußte man 25 Jahre später wieder über die Vogesen. Die Deutschen hatten ihre Niederlage Meter für Meter, Land um Land revidiert. Rheinland, Saarland, Sudetenland, Österreich, Polen, Belgien, Frankreich. Anstatt ihnen eine letzte Linie zu ziehen, hatte man politische Kompromisse gesucht. Man hatte sich Frieden erkaufen wollen mit einer Nachgiebigkeit nach der anderen und dadurch einen Krieg eingehandelt, der nur über Meere von Blut zu gewinnen war, über die schon einmal gewonnenen Schlachtfelder hinweg.

Zehn Jahre früher hätte man Hitler mit vier Divisionen zwischen Köln und Koblenz kleingekriegt. Er wäre nie wieder in die Vogesen gerückt, wenn die linksrheinischen Entmilitarisierungsvorschriften ernst genommen worden wären. Eine internationale, im Versailler Vertrag fixierte, vom Völkerbund beglaubigte Linie. Der Rhein von 1935 war der 38. Breitengrad von 1950; die Linie, die dem Aggressor einzuschärfen ist. »By God«, sagte Captain Harry im Wagen vom Flughafen zum Regierungsquartier, »ich geb's ihnen!«

In der Nacht versammelte er die Joint Chiefs und die Minister für Äußeres und Verteidigung. Bradley begann vorsichtig südlich von Korea und verlas ein älteres Memorandum MacArthurs über die Bedeutung Taiwans. Durch die Seestraße war ebenfalls eine Linie gezogen zwischen Rotchina und dem Inseldomizil Tschiang

Kai-scheks. Eigentlich hatte man den Überfall des Kommunismus an dieser Stelle erwartet. Ein Desaster, wenn er diesen »unsinkbaren Flugzeugträger« an sich risse, schrieb MacArthur: Vielleicht stand es unmittelbar bevor?

Auf die Geographie der Linie kam es aber nicht an, sondern auf ihre Psychologie. Von Kaesong bis zu den Westsektoren Berlins spannte sich eine Überzeugungslinie, daß fünf Jahre tolerierte Landnahme genug seien. Bradley sagte, es bestehe Konsens, daß die Sowjetunion noch nicht kriegsbereit sei. Korea sollte eigentlich keine US-Truppen bekommen, aber die Situation biete sich an zum »drawing the line«.

Davon fühlte sich der Luftwaffenchef Hoyt Vandenberg angesprochen. Er bezweifle, daß die Russen nicht kämpften. Ihre Luftbasen lägen nicht weit entfernt, und ihre Jäger besäßen Stationierungsrechte in Schanghai. Könnten diese Luftbasen ausgeknockt werden, fragte Truman. »Ja«, erwiderte Vandenberg. »If we use atomic bombs.«

Alle waren sich einig, daß MacArthur die Evakuierung Seouls decken solle und die Nordkoreaner angreifen, wenn sie sich einmischten. Truman befahl weltweit, die Reaktion der Sowjets zu überprüfen. Außerdem seien Pläne aufzustellen, alle Luftbasen der Sowjetunion in Fernost auszuradieren.

Trumans Entschlossenheit machte schnell die Runde. Dulles war von seinem Schneid überwältigt und hielt ihn für »den größten Präsidenten der Geschichte«. Frankreichs Außenminister Robert Schuman kämpfte mit den Tränen, als er zurückdachte an die schändliche Anbiederei der Europäer in München 1938: »Gott sei gedankt. Das wird keine Wiederholung der Vergangenheit.« Nicht für Westeuropa. Korea stand sie noch bevor. Nur MacArthur holte nichts aus seiner Düsternis. »All Korea is lost.«

Moskau

In seinen Äußerlichkeiten handelt der Koreakrieg von der Verteidigung einer Republik, die 1950 ein amerikanischer Congressman treffend »ein Rattenloch« nannte, gegen militärische Aggression. Rhee hätte sie mit tausend Freuden selbst begangen, wie jeder wußte. Elf Tage vor seiner Heimsuchung kündigte er einem Vertrauten in den USA eine Aufräumaktion an bis zum Yalu. Seine Streitkräfte würden die roten Banditen in die Berge jagen und aushungern. »Auch wenn unsere Freunde in Übersee«, hatte er im März geprahlt, »uns den Gedanken ausreden wollen, die ausländischen Marionetten anzugreifen, welche die Freiheit unseres Volkes im Norden ersticken, werden wir den Notrufen unserer Freunde antworten.«

Auch Mao Tse-tung dürstete es, dem auf Taiwan verbarrikadierten Tschiang Kai-schek nachzusetzen, zumal der von dort aus die Küstenstädte der Volksrepublik bombardierte. Doch besaß Mao nicht die nötigen Landungsschiffe. Zudem stand eine amerikanische Intervention zu befürchten. Kim Il Sung besaß, was ihm an Waffen, Ausbildern und Operationsplänen überlassen wurde. So griff er nicht mit Redensarten an, sondern mit einem Blitzkriegsinventar. Seit März 1949 hatte er in Moskau darum betteln müssen; ein Jahr später wurde ihm dort der Operationsplan ausgehändigt sowie das Angriffsdatum, der 25. Juni. Es war Stalins Angriff.

Als Kim zum ersten Mal Moskaus Hilfe beantragt hatte, wurde sie ihm barsch verweigert. Der Norden sei militärisch zu schwach, die Amerikaner könnten zum Eingreifen provoziert werden, die Sowjetunion sei ihnen vertraglich verbunden. »Der 38. Breitengrad muß in Frieden gelassen werden«, befahl Stalin, »das ist äußerst wichtig.« Ihn beschäftigte damals eine andere Trennlinie, die der Berliner Luftkorridore.

Danach hatte die Lage sich grundlegend verändert. Mao Tse-tung regierte in Peking und teilte in der Mandschurei die 600-Kilometer-Naht des Yalu mit den koreanischen Genossen. Sie kannten diesen Übergang; viele hatten an den Kämpfen dort teilgenommen. Unversehens war alles anders geworden im ganzen Reich des Kommunismus. Er hatte fortan zwei Führer, zwei Metropolen und zwei Theorien. Oberflächlich ließen die Reichsleiter die internationale Einheit hochleben, unterschwellig boten sich delikate strategische Dreiecke an.

Stalin, der Mao lieber als Regenten des Nordens mit Tschiang im Süden in Fehde gelassen hätte, erfaßte sogleich den globalen Aspekt der Machtergreifung vom Oktober 1949. »Jeder Sieger hat recht«, sagte er zu Liu Schao-tschi in Moskau. »Und wir sollten euch nicht tadeln.« Hinfort werde China die antiimperialistische Revolution in Asien anführen und Rußland die proletarische im Westen. »Wir können euch die Jagdflugzeuge der modernsten Typen geben.« Um wen zu jagen?

Kim Il Sung, wohl wissend, daß Moskau der einzige Kreditgeber und die letzte Instanz blieb, riskierte keckere Töne. Anfang 1950 erlebte Botschafter Schtykow den neuen Übermut der chinesischen und nordkoreanischen Genossen. Auf diplomatischen Empfängen schnatterten sie in ihren Sprachen und bedienten sich des Russischen nur bei dem, was er verstehen sollte.

Anläßlich der Entsendung eines neuen Botschafters nach Peking geriet Kim nach einigen Gläsern in aufgeräumte Stimmung und sagte, wie Schtykow nach Moskau meldete, was ihm offenbar schon längst auf der Zunge lag: Er habe den Süden angreifen wollen, sei jedoch von Stalin daran gehindert worden. Der wolle ihm nur eine Gegenoffensive gestatten, falls Rhee nach Norden marschiere. Unglücklicherweise »zettelt der keinen Überfall an«. Die »Befreiung« des Südens habe deswegen zu warten. Das sei nicht richtig. Mao habe ihm militärischen Beistand zugesagt, sobald die Wiedervereinigung Chinas komplett sei. Darüber wolle er auch mit Stalin noch einmal reden. Warum, fragte Kim den Sowjetbotschafter, lasse er ihn nicht die Landzunge von Ongjin an der Westküste einnehmen? Die Armee kann sie »in drei Tagen erobern, und bei einem Generalangriff wäre sie in ein paar Tagen in Seoul«.

Eine Woche später, am 30. Januar 1950, traf Stalins Antwort in Pjöngjang ein; Kim mußte nicht in den Gulag. »Ich verstehe die Unzufriedenheit von Genosse Kim Il Sung, er soll aber verstehen, daß ein so großes Geschäft, wie er es in Korea vorhat, einer gründlichen Vorbereitung bedarf.« Wenn er dies diskutieren wolle, werde er ihn jederzeit empfangen. »Übermittle dies Kim Il Sung und sage ihm, daß ich bereit bin, ihm in dieser Angelegenheit zu helfen.«

Mao Tse-tung hinterließ persönlichen Eindruck, das allein schon reizte Stalin, ihn zu ducken. Nicht genug damit, lebte und lehrte er ein anderes Revolutionsmodell. Die Lehre war Moskau noch erinnerlich aus den Jugendtagen der Kommunistischen Internationale, des Weltdachverbands. In seinem ersten Amt als Nationalitätenkommissar hatte Stalin selbst den Nationalismus der kolonialen Völker animiert. Wenn dem Kampf der Industriearbeiter nicht die Enteignung des Kapitals gelang, dann eben der Sturz des Imperialismus. Daß ihr Erlöser das Triumvirat von Jalta sein sollte, war den Völkern Asiens ein schlechter Scherz. »Die wahren Helden sind die Massen«, sagte ihnen der Bauernführer aus Hunan. Sie fegten die falschen Vormünder, Treuhänder und Erzieher vom Platz. Was hatten sie dort zu besorgen, wer rief sie? Wessen Recht und Ordnung nahmen sie wahr?

Die Massen sind nicht die Gerechten und nicht die Ungerechten. Sie sind die Unüberwindlichen, die Mehrheit und das Maß. Ihnen hat der Imperialismus nur noch eines mitzuteilen, sein letztes Argument, die Massenvernichtungswaffe. Sie dient aber nur der Angstmacherei. Das Gegenargument ist die Zahl. Die Massen sind gefeit gegen Verluste und Todesangst, weil das Personelle nicht zählt, sondern der Ersatz. Solange die Massen sich nur vermehren, ersetzen sie jeden Verlust. Er findet nicht statt, mit dem Nachrücker ist die Wunde geschlossen. Einer Masse, die sich wahrhaft als solche fühlt, tut das Sterben weniger weh. Sie ist ein kaum verwundbarer Organismus und das Unwiderstehliche schlechthin.

Diese Erweckungslehre wirkte um 1950, im Zeichen des Atompilzes und Stalinkults, moderner als die Marx- und Marshallpläne für und gegen die Elendsrevolte der Industriearbeiter. In Asien und Afrika gab es davon nicht viele. Wo es sie aber gab, in den Metropolen des Westens, glichen sie, vom Jangtse aus betrachtet, mehr ihren Ausbeutern als den wahren Ausgebeuteten der Erde. Von daher das universelle, endlos zitierte Mao-Wort: »Vom Land aus die Städte einkreisen!«

Die Stadt tanzt um das Goldene Kalb und ist der Vernichtung anheimgegeben. Sie ist der Hersteller und zugleich der Stoff der Vernichtung, ein Zyklus von Produktion und Destruktion. Anders das Land, von Kriegen immer verwüstet, doch unverwüstlich! Es bietet der industriellen Zerstörung ein schlechteres Material. Der ländlichen Guerilla aber öffnet es Unterkunft. Gestützt auf Gebirge und Dschungel, im Bauernkittel getarnt, hetzt sie bei Nacht und Monsun, durch Schluchten, Sümpfe und Schneeverwehungen die weiche, verängstigte Soldateska des Imperialismus zu Tode. Das Land ist deren Hölle und verschlingt sie wie der Bombenteppich die Stadt.

Stalin wußte, daß Mao der natürliche Führer einer neuen Etappe der Revolution war. Die Welt verändere nun ihren Lauf, räumte er ein und begrub, ganz Realist, den gestrigen Streit über den unseligen Tschiang. Der Sieger brauche sich keine Vorwürfe anzuhören. Dennoch vergaß Stalin keineswegs, wie Tschiangs Niederlage materiell zustande gekommen war, woher die Mengen von Waffen und Soldaten stammten, die den Propheten der Massen ins Amt katapultiert hatten. Das war auch nicht strittig. Denn Mao, der Stalin zu dessen 70. Geburtstag im Dezember 1949 seine Aufwartung machte, begehrte weitere Waffen und Kredite. Die neue Strategie bedurfte einiger älterer Hilfsmittel.

Der Jubilar kränkte den Gast, so gut er konnte. Nachdem Mao seine Abhängigkeit genügend verspürt hatte, auch die Unratsamkeit, mit beleidigter Miene dazusitzen, zeichneten die Seiten einen Freundschafts- und Beistandspakt. Stalin ließ sich von Mao die imperialen Privilegien von Jalta bestätigen, gab darauf kleinere Rabatte und nahm dafür ein vierzehnjähriges Importmonopol für chinesisches Tungsten, Zinn und Antimon. Damit hing China mit neun Zehnteln seiner exportfähigen Rohstoffe von Rußland ab.

Seit dem Opiumkrieg war China nicht mehr so geknebelt worden wie durch dies Familienabkommen. Die Gegenleistung bestand aus einem 300-Millionen-Dollar-Kredit, verteilt auf fünf Jahre und allein verwendbar für Waffeneinkäufe in Rußland. Zwanzig Millionen wurden zur Verrechnung mit den Bürgerkriegslieferungen einbehalten. Drei der fünf Jahre erstreckten sich auf den nahenden Koreakrieg. Im Angriffsfalle stünde man einander bei.

Der amerikanischen Diplomatie war aufgefallen, daß Mao, der wenige Wochen zuvor erst sein Regime proklamiert hatte, ungebührlich lange in Moskau verweilte – insgesamt fast zwei Monate –, und schloß daraus auf Ärger. Außenminister Acheson, frisch davon überzeugt, daß Mao nicht Internationalist sei, wie er sagte, sondern Nationalist, wie er geheimhalte, beschloß, auf diesem Zahn zu bohren. In seiner Rede vom 12. Januar verdächtigte er Stalin, den Anschluß des chinesischen Nordens – Mandschurei, Innere Mongolei, Sinkiang – vorzubereiten.

Der Verdächtigte erwartete, daß sein chinesischer Besucher ihn vor übler Nachrede in Schutz nehme. Dieser, gewärtig, daß Stalin genau in der angegebenen Gegend Hand an seine Bodenschätze legte, gehorchte dem Wunsch so zögernd und schmallippig wie irgend möglich. Der Verdächtige sah sich doppelt verdächtigt anstatt entlastet und bedrohte Mao mit dem ärgsten Bannfluch jener Tage. China brüte anscheinend seinen »eigenen Tito« aus.

Der jugoslawische Partisanen- und dann Staatsführer war soeben zum Hauptverräter und Abschaum des Weltkommunismus ausgerufen worden. Vorsorgehalber hatte Stalin bereits eine Kampagne gegen die Tito-Mao-Clique entworfen und auf Abruf legen lassen. In Gegenwart seines Chefhenkers Berija und des Ministerpräsidenten Tschou En-lai zeigte Stalin seinem Gast den Abgrund. »Die Atmosphäre war wieder bleischwer«, erzählt der Dolmetscher. Mao sprach kein Wort; der Name reichte. Dem Tito von China wäre der Einmarsch gewiß; auf offizielle Einladung!

Mitten in den Sippenkrach kam der erwähnte Bericht Schtykows über Kims neue Querulanz, daß Südkoreas Revolution nun »an der Reihe« sei, das heißt, Stalins »Ermächtigung und Instruktion zu einem Angriff«. Kim ersuche um einen neuen Termin, anderenfalls »werde er versuchen, Mao zu treffen«. Die kommunistische Weltbewegung richte in Peking am besten ein Asienbüro ein, denn Mao »habe Instruktionen auf allen Gebieten«. Für einen früheren sowjetischen Hauptmann starke Töne.

Stalin hatte soeben geheimdienstlich erfahren, die Invasion sei problemlos, Südkorea hege »wenig Hoffnung auf amerikanischen Beistand«. Truman werde auch Taiwan verlassen, so wie er schon China verlassen habe. Amerika sei fixiert auf die Instabilitäten Europas und unternehme nichts in Asien; das wenige, was dort überhaupt möglich sei, schwäche, wie manche fürchteten, nur die Positionen in Europa. Wer dieser Prognose folgte, konnte dem überlegen gerüsteten Kim und seinen Sowjetberatern ohne weiteres eine Begegnung mit der korrupten Gendarmerie Syngman Rhees zutrauen.

Als Kim Ende März in Moskau empfangen wurde, erfreut, daß seine chinesische Karte gestochen hatte, trug er Stalin ein schlüssiges Konzept vor, wie es die Wirklichkeit halbwegs bestätigt hat: Mit ein paar zusätzlichen Schußwaffen und Panzern könne er den unvorbereiteten Süden überrumpeln und 12 bis 18 Kilometer am Tag machen. Im Süden warteten 200 000 Partisanen und Parteimitglieder. Bei Ankunft des Befreiers würden sie sich erheben, ihn leiten, Rhee sabotieren. In drei Tagen sei gesiegt, in drei Wochen Korea wiedervereinigt. Pak Hon-yong, Vorsitzender der Südkommunisten, beglaubigte dies. Anscheinend hat er Kim Il Sung den Floh ins Ohr gesetzt, warum auch immer. Seoul würde einstürzen wie ein Kartenhaus, so wie im Vorjahr das Rattenloch Tschiang Kaischeks. Warum sollten die Amerikaner Rhees Bankrott verteidigen, wo sie soeben ganz China aufgegeben hatten? Sie hatten es selbst verneint. Das asiatische Festland, so Acheson in seiner Januarrede, liege außerhalb der US-Verteidigungszone. Sie ende an der Linie Aleuten–Japan–Ryukyu–Philippinen, genau 200 Kilometer östlich Koreas.

Stalin sagte zur allgemeinen Überraschung, daß eine Unterstützung für ihn mit Rücksicht auf den Westen nicht in Frage komme. Allerdings habe das internationale Umfeld sich »hinreichend geändert, um eine aktivere Haltung zur Vereinigung Koreas einzunehmen«. Eigentlich seien nun die Chinesen soweit, dem Thema Korea mehr Aufmerksamkeit zu widmen. Kurz, er erhebe »eine zentrale Bedingung, Pekings Unterstützung«. Kim müsse sich »auf Mao stützen, der für asiatische Fragen ein feines Verständnis hat«. Er werde die Angelegenheit dem Politbüro vortragen, doch »wenn ihr was in die Zähne kriegt, werde ich keinen Finger rühren«. Alle Hilfe müsse von Mao kommen.

Untereinander klärten die Russen jedoch, daß die Operation am 25. Juni stattfinden müsse und rechtzeitig enden, »bevor die Regenzeit die ganze Sache ruiniert«, das heißt, es wurden etwa zwei, drei Wochen Zeit berechnet. Dann entwarf man das Operationsschema für einen blitzkriegsmäßigen Panzerstoß auf Seoul.

Was an Waffen noch fehlte, rollte herbei. Die Operationsführung wurde einem veritablen Marschall der Sowjetunion anvertraut, Alexander M. Wassilewski, der im August 1945 den mandschurischen Feldzug geleitet hatte. Oberst Dolgin, der die Pläne bis zur Bataillonsebene ausarbeitete, war ein Fachmann der Pioniertruppe. Er ließ die Papiere später an Ort und Stelle ins Koreanische übersetzen, die Originale verbrannte er eigenhändig.

Die Offensive, die vorbereitet wurde, entsprach exakt dem »großen Geschäft«, das Stalin im Januar ankündigte. Ihr Aufmarsch am Breitengrad benötigte elf Tage und war am 23. Juni beendigt, wie vorgeschrieben im Plan des Generalstabs; so meldet es Schtykow nach Moskau. Den Truppen sei gesagt worden, der Süden habe angegriffen. »Der Befehl zum Gegenangriff wurde von den Soldaten und Offizieren der Koreanischen Volksarmee mit großer Begeisterung aufgenommen.«

Er hatte wenig zu tun mit dem Partisanen- und Volkserhebungskrieg, den Kim sich ausmalte, am allerwenigsten war es ein chinesisches Projekt. Schon die damit befaßten hohen sowjetischen Kommandeure legten nahe, daß sie ihren Gegner nicht alleine in

Syngman Rhees Landwehr sahen. Wassilewski war zuständig für ernste Kaliber.

Man stellte sich einen motorisierten Bewegungskrieg in schwierigem Gelände vor, wie Nässe ihn erschweren, die Südarmee hingegen gar nicht erst führen konnte. Ein militärischer Sinn läßt sich erst darin erkennen, daß knapp vor der Regenzeit ein militärisch unernster Gegner überrollt, das Territorium besetzt wird. Alsdann käme ein ernster Eventualgegner in die Traufe, zum Beispiel könnten Amerikaner keine Boden-Luft-Operationen durchführen, weil den Fliegern die Sicht fehlte und den Panzerketten ein Untergrund.

Rätselhaft dünkt die politische Einbindung Chinas. Es ist kurios, den Krieg von einer Macht beschließen zu lassen, die Angriffsplan, Angriffszeitpunkt, Angriffswaffen und Angriffsaufsicht nicht kennt und auch nicht kennen soll. Am 13. Mai, 42 Tage vor Abmarsch, trifft Kim in Peking ein, mit dem sonderbaren Anliegen, Unterstützung zu finden für einen schon komplett von Rußland entwickelten Krieg. In Unkenntnis dessen kontaktiert Tschou En-lai während der Nacht noch Moskau, um sich den seltsamen Auftrag bestätigen zu lassen. Stalin antwortet am folgenden Morgen: »Nordkorea kann zur Tat schreiten.« Doch solle diese Frage »mit Genosse Mao persönlich diskutiert werden«.

Der Vorsitzende ist am Folgetag zur Stelle und geht con brio seine Rolle als Befreier Asiens an. Was alle scheuen, der Waffengang mit Amerika, ist für ihn die Verlockung: China käme, »falls die Amerikaner teilnehmen sollten, Nordkorea mit eigenen Truppen zu Hilfe«. Sei mit einem US-Eingriff zu rechnen?

Nein, sagte Kim, und wenn, dann käme er zu spät.

Das einzig Unpassende wäre die Nähe der Russen, meinte Mao. Rußland habe sich mit der Demarkationsregelung am 38. Breitengrad international verpflichtet. Deshalb solle es dort an keiner Militäraktion teilnehmen. »China ist an solche Verpflichtungen nicht gebunden, es kann dem Norden volle Unterstützung geben.« Er biete für den Breitengrad umgehend Truppenersatz an, drei Armeen!

Kim verstand das Angebot als Einverständnis. Am 16. Mai, dem Tag seiner Abreise, wurde es auch in Moskau akzeptiert. Die drei Armeen lehnte der Bittsteller ab. An Mannschaften war er dem Süden haushoch überlegen. Für seinen Dreitagekrieg brauchte er allenfalls Motorfahrzeuge, und dafür war längst gesorgt.

Stalins Lieferungen nahmen die Route über das Japanische Meer, um nicht durch die Mandschurei zu müssen. Dies wäre aufgefallen. Peking sollte aber nicht das geringste merken. Kim nannte dort kein Datum, erwähnte die sowjetischen Vorbereitungen nicht, sechs Wochen später traf die Invasion Mao in völliger Ahnungslosigkeit. In der Zwischenzeit hatte er sich mit der Landung auf Taiwan befaßt. Damit rechneten auch die Amerikaner; beide waren gleichermaßen verblüfft.

Am 25. Juni konnte das US-Außenministerium seinen UNO-Botschafter nicht erreichen, weil Weekend war. Um noch am Nachmittag den Sicherheitsrat zu alarmieren, wurde Generalsekretär Trygve Lie telefonisch unterrichtet, daß Nordkorea den 38. Breitengrad durchbrochen habe. »My God«, rief Lie, »that's against the Charter of the United Nations.«

Eben dies bedurfte der Feststellung. Alle Lautsprecher des Ostblocks dröhnten, daß Pjöngjang sich einer Aggression der Syngman-Rhee-Clique erwehre. Der berufene Mann, diese Version dem Sicherheitsrat zu erläutern, war Jakow Malik, der sowjetische UNO-Vertreter. Man rechnete mit seinem Erscheinen, obwohl er dem Gremium seit Januar fernblieb. Die Sowjetunion grämte sich im Namen Rotchinas, dem Tschiangs ständiger Sitz im Weltdirektorium nicht rechtmäßig übertragen worden war. Es galt als Pariastaat.

Weil der amerikanische Resolutionsentwurf ein Protektorat der Sowjetunion der Aggression bezichtigte und zum Rückzug aufforderte, fragte Malik in Moskau an. Mit einfachem Veto konnte er die UNO daran hindern, die Vorgänge fern in Ongjin und Kaesong zum unprovozierten Angriff zu stempeln. Wer war dabeigewesen? Nordkorea konnte unschwer einen Grenzzwischenfall im Morgengrauen als Angriff werten, den Angreifer auf sein Territorium jagen und dort entwaffnen. So etwas wäre Selbstverteidigung in Ausübung der Rechte nach Artikel 51 der Charta. Amerika war in zwei Kriegen über zwei Ozeane gefahren, um dies zu tun.

Vizeaußenminister Andrej Gromyko riet Stalin dringend, Malik der Sitzung beiwohnen zu lassen. Er weilte in New York und brauchte nur über die Straße zu laufen. Stalin war hochinteressiert, daß Malik fernblieb. Er rief persönlich im New Yorker Büro an, um dies sicherzustellen. Noch nie hatte man dort seine Stimme gehört. Die Operation lief, die Schlacht um Seoul stand bevor, das einzig Ungewisse war eine US-Intervention. Von Kyushu aus hätte eine Bomberstaffel MacArthurs Pjöngjang ohne weiteres einäschern können. Truman hegte, wie bekannt, gegen solche Exempel keine Bedenken. Ein Wort indes genügte, das stets erörterte Eingreifen Amerikas auszuschalten.

Die Weigerung Kim Il Sungs, recte Stalins, dem Rückzugsbefehl der UNO zu folgen, erlaubte ihr rauhe Konsequenzen. Nach zwei Tagen herrschte darüber Sicherheit. Am 26. Juni erließ Truman eine Warnung an Kim, daß sein rechtloses Handeln nicht toleriert würde. Anderntags lag die nächste Resolution dem Sicherheitsrat vor. Die UNO rief Hilfe herbei zugunsten des überfallenen Südkorea. Sie stand in der Nacht zur Abstimmung und konnte ebenfalls mit dem einen Wort ›Veto‹ abgewandt werden. Malik aber sprach es nicht aus, denn er durfte nicht kommen. Seine Rückkehr in den Sicherheitsrat war in fünf Wochen vorgesehen, als er turnusmäßig den Vorsitz übernahm, da war die UN/US-Intervention längst auf dem Schlachtfeld. Stalin wollte sie dort haben; anders sind die Abläufe nicht zu lesen. Truman wollte gleichfalls den Vorfall auskämpfen. Er begrüßte den Aufruf des Sicherheitsrates zu den Waffen. Seinem Außenminister schrieb er hinterher, ohne dies UN-Votum »we would have had to go into Korea alone«.

Poor bloody infantry

Bevor Robert Roy seine erste Salve abfeuerte, zählte er fünfunddreißig T-34. Task Force Smith führte ein Drittel des in Japan lagernden Munitionsbestandes bei sich. Panzerbrechende Granaten waren nicht vorrätig. Also zielte man auf die Ketten und sah die Geschosse lustig klirrend abprallen. Roy, 19 Jahre geworden, am 5. Juli 1950, halb neun Uhr morgens. Die 406 Männer, bei schwerem Regen als erste aus dem japanischen Kyushu eingetroffen, zogen in die Schlacht. Vier Fünftel davon hatten noch nie eine Kampfsituation erlebt. Es waren Köche, Angestellte, Militärpolizisten, Bäcker aus der 24. Division, die unter den dreien, die Japan besetzt hielten, die geringste Kampfkraft besaß, doch – auf Kyushu stationiert – dem Geschehen am nächsten stand. »Jeder hat sich die Hose vollgekackt«, berichtet Roy.

Am späten Vormittag machte eine Handvoll GIs Pause und verdrückte sich hinter die Hügelbiegung.

»Verdammt«, schrie der Offizier, »was macht ihr da?«

»Wir paffen eine!«

»Ihr könnt gleich sterben.«

»Yeah, wir paffen unsere letzte!«

Lt. Colonel Charles Smith, Pazifikkrieger seit Pearl Harbor, hatte den Befehl, die Nordkoreaner auf Sicht in Gefechte zu verwickeln. »Wir haben sie sieben Stunden aufgehalten«, erinnert sich Smith, dann ordnete er den Rückzug an. Die Waffen, so nutzlos wie beschwerlich, sollten zurückbleiben. Selbstzerstörungspatronen fehlten im Gepäck, das Material fiel an den Gegner. Gefangene jedoch durften nicht in seine Hände fallen. Die schweren Regenfälle hatten überall den Boden aufgeweicht. Verwundete fanden nun kein Fortkommen mehr. Sechs, unbeweglich im Morast gefangen, sahen die Kameraden im Gelände verschwinden. »Leutnant, was geschieht mit uns?« Der Leutnant, schwer getroffen, ließ, bevor er sich hinwegschleppte, eine Handgranate zurück, »this is the best I can do for you«.

Auch MacArthur hätte nichts Besseres anbieten können. Bei Kriegsbeginn stand nicht ein mobiles Feldlazarett bereit. Die ersten Ärzte trafen am 8. Juli ein. Danach schwollen die Kapazitäten an und die Verletzungen noch mehr. Am 23. Juli notierte Captain Gregory, eine Schwester in M. A. S. H. 8055, einem Kreis von Zelten mit 200 Betten, in einem Dutzend Berufsjahren keine derartigen Verletzungen gesehen zu haben, Erblindungen, abgerissene Beine und Gesäßmuskeln. »Die Julihitze brannte, und die umherschwirrenden Fliegen waren grün, groß und schwer.« Die Chirurgie arbeitete unermüdlich, der Tod ebenso.

Die Nordkoreaner starben leicht und fühlten sich darum den Amerikanern überlegen. Wer hauptsächlich am Leben bleiben wolle, glaubten sie, werde am Boden keine Fortschritte machen. Den ersten US-Infanteristen, der sein Leben ließ, fällte ein Irrtum. Die Panzerung des T-34 verdünnte sich am Heck, von hinten war er in Brand zu schießen. Dies gelang. Von drei Mann Besatzung, die herauskletterten, hoben zwei die Arme. Der Infanterist, der sie festnehmen ging, wurde vom Dritten erschossen. Er sprang aus dem Turm und feuerte. Es lag ihm nichts an der Gefangenschaft. Die Nordarmee hielt wenig von Gefangengabe und Gefangennahme. Um Zeit und Mühen zu ersparen, band man den US-Kapitulanten die Hände auf den Rücken und gab ihnen die Kugel.

Der taktische Auftrag der US-Truppen, der Südarmee den Rükken zu stärken, irrte auch hinsichtlich dieser Truppe. Deren Rükken sahen die Amerikaner niemals vor sich. Die Front waren sie selbst, ihre Schützlinge mieden das Gebiet. »Krieg gehen in diese Richtung!« warnten die einheimischen Trucker und kurvten in die Gegenrichtung. Selbst ihre Offiziere verspürten wenig Neigung, irgendwo dem Feind zu begegnen. Als der schwarze Bataillonskommandeur des schwarzen 24. Infanterieregiments, Lieutenant

Ellis, den koreanischen Hauptmann zur Rede stellte, der soeben seine Flanke räumte, entgegnete dieser höchst plausibel:

»Enemy was coming.«

Darauf Ellis: »You can not fight them if you run.«

Dies leuchtete dem Hauptmann ein; er kehrte zu seinen Leuten zurück, befahl, die Flankenposition wieder einzunehmen, und wurde von ihnen niedergemacht, damit sie fortrennen konnten.

Die schwarzen Einheiten der 8. US-Armee, die weiterhin auf Rassentrennung bestand, brannten nicht eben auf den Feind. Task Force Smith war zwischen dem 5. und 11. Juli aufgerieben worden. Ihre Leute, in der Eile zusammengewürfelt, kannten einander nicht, standen mit ihren überholten Weltkriegswaffen auf verlorenem Posten und gaben ihn zu spät auf. Die Schwarzen des 24. Infanterieregiments, allesamt ohne Kampferfahrung, sahen keinen Anlaß, sich in solch ein Desaster zu stürzen. Sicher weniger, weil von einem Prediger die Rede war, der ihnen davon abriet, einen farbigen Feind zu bekämpfen. Die Männer seien verbittert, glaubte einer der ihrigen, Captain Charles Bossey, und müßten sich für dumm halten, ihr Leben zu riskieren. »Wenn sie nach Hause kommen, werden sie nicht mit den gebührenden Bürgerrechten entlohnt.« So sprang man nach den ersten Schüssen in die Reisfelder, tauschte die strafbewehrte Fahnenflucht gegen das einverständige »bug-out« und den aufsässigen ›Bugout Boogie‹.

Wenn Flucht vom Privatentschluß zum Massenvergnügen wird, ist ein Verband erledigt. Am 1. August wurde das 24. Infanterieregiment von der Front abgezogen. In der Schlacht von Yechon war es nach wenigen Kampfstunden auseinandergebrochen und davongestoben. Am 29. Juli hatte die gegnerische Artillerie eine Feuerwalze auf sie losgelassen, die blanke Panik auslöste. Straßenblockaden hinter ihren Positionen fingen die Flüchtigen auf. Dadurch verlegte sich die Desertion auf die Nacht, die Scharen von Männern Deckung gab, welche in das rückwärtige Armeegebiet strömten.

Truman drängelte, sein zwei Jahre altes Verbot der Rassentrennung in der Armee endgültig umzusetzen. Man konnte damit in früheren Kolonialgebieten keinen Krieg mehr führen. Neben ihrem Rassismus behinderten nun auch überholte Sozialschranken die US-Streitkräfte. Den Volksarmisten war damit schwer beizukommen.

Die halbe Infanterie wurde gestellt von den zwei Untergruppen des Intelligenztests, den Analphabeten und den Halbanalphabeten. Der Infanterie wird der höchste Blutzoll im Kriege abverlangt. Die Bildungsschichten gaben sich für diesen Dienst nicht her. Die Unglücklichen und Pechvögel, die ihn ableisteten, genossen nicht die erforderliche Ausbildung, trugen nicht die erforderlichen Waffen, trugen ein überflüssiges Risiko und fanden ungenügend Motive, sich deswegen abschießen zu lassen.

Der Durchschnittsrekrut landete im Kriegsgebiet ohne näheren Begriff von der Nation, die dort siedelte, von den Gründen, aus denen sie sich schlug, und dem Interesse, das ihn zum Mitmachen rief. Nach gloriosen Siegen zwischen Tokio und Berlin rief der Irrwitz an den Brandherd in einem Weltwinkel, den Churchill im britischen Unterhaus als unauffindbar höhnte. An Ort und Stelle teilte sich die Gegend allen mit. Sie stank umwerfend nach menschlichen Fäkalien, die den Bauern als Dünger dienten. Vermischten sich Spuren davon mit dem Trinkwasser, verursachte es Durchfall; das war die Regel. Man stapft in knöcheltiefer Jauche durch die Reisfelder bei Mittsommerhitze in dampfender Feuchtigkeit, unter ständigen Regengüssen.

Die Kampfesweise der Gegner erinnerte mehr an die Indianerzeiten als an zivilisierte Kriegsführung. Doch selbst die Rothäute hatten sich nicht hinter Frauenschürzen und Kinderspielzeug versteckt. »Wir stehen in Korea einem Barbarenheer gegenüber«, schrieb nach drei Wochen der Militärkorrespondent der *New York Times*. »Aber es sind Barbaren, so geübt, unbarmherzig und lebensverachtend wie die Horden Dschingis Khans. Sie tragen eine Seite aus dem Nazibuch vom Blitzkrieg mit sich und ziehen alle Register von Furcht und Terror.« Die Erfahrungen der Deutschen mit den russischen Partisanen hätten im übrigen gelehrt, daß überzeugte Fanatiker nur auf einem Wege zu überwinden seien, »to win friends and influence people among the civilian population«.

Die Deutschen, selbst überzeugte Fanatiker, hatten die Völker anders beeinflußt. Nach SS-Manier schlachteten die Nordkoreaner nach der Eroberung Taejons 5000 Einwohner ab. Auch als Kriegsverbrecher aber standen sie unter einem Rassenvorbehalt: »Im asiatischen Brauch«, schrieb der Nürnberger Ankläger der deutschen Generalität, Telford Taylor, »steht das individuelle Leben nicht zu hoch im Kurs.« Es sei völlig unrealistisch, von dem einzelnen koreanischen Soldaten zu erwarten, sich nach den hochentwickelten westlichen Kriegsstandards zu richten. Dies war um so unredlicher, als das Leben koreanischer Zivilpersonen durch die Standards der UN/US-Luftwaffe in einem Grade ausgerottet wurde, der Dschingis Khans Säbeln schon technisch unzugänglich war. Auch den Verlust des Lebens aber erlitten diese Menschen nicht wie das Drama auf den westlichen Schauplätzen. »Der Asiate stirbt stoisch«, erläuterte MacArthur, »weil er den Tod als Beginn des Lebens auffaßt.« Dabei »faltet er die Arme wie eine Taube ihre Flügel«.

Militärisch ausgedrückt, verband die Volksbefreiungsarmee den Kampfstil der Japaner mit den Panzertaktiken der Russen im Weltkrieg. Die Südkoreaner wiederum falteten nicht die Arme, sondern machten Beine, sobald sie eine US-Flanke zu decken hatten. Diese fand sich regelmäßig entblößt und zum Sterben allein gelassen.

MacArthur, der am ersten Kriegstag den Feind mit einer Hand erledigen und am zweiten Kriegstag von der 1. Kavalleriedivision zur mandschurischen Grenze jagen lassen wollte, bis keiner mehr zu sehen sei, wußte Mitte Juli, daß die Verbindung von Fanatismus, kundiger Führung und schlichtem Kampfgeist einen überaus zähen Kontrahenten hervorbrachte. Seinen Marschleistungen, seinem Manövriergeschick und Können, des Nachts zusammenhängend anzugreifen, hatten MacArthurs Leute nichts Vergleichbares entgegenzustellen. So fand er nur Lob für ihn; nach Ausrüstung und Moral zähle er zum Allerbesten. Niemand unter den Weltkriegsparteien habe besser gekämpft.

Tatsächlich operierten Kims Armeen auch mit dem damaligen Material. Die Russen hatten keineswegs ihre neuen Typen geliefert, sondern ihre Weltkriegsmagazine geleert. Die stießen auf amerikanischer Seite auf ihresgleichen. Am 20. Juli trafen auf Okinawa 400 junge Rekruten aus Amerika ein. Dort hatten sie acht Wochen Grundausbildung erfahren, wurden nun dem 29. Infanterieregiment zugeschlagen und sogleich umgeladen nach Pusan, drei weitere Tage gedrillt und auf die beiden Bataillone der übel zerzausten Einheit verteilt.

Die Offiziere protestierten beim Oberkommando der 8. Armee gegen dies grüne Gemüse. Der Armeestab war knapp mit Infanterie, und so zogen 757 Mann des 3. Bataillons in einen Hinterhalt an der Straßenkreuzung bei Hadong mit MGs, soeben aus dem Schmieröl gezogen, deren Gebrauch ihnen unvertraut war, und betagten Granatwerfern, die noch nie einen Schuß abgegeben hatten.

Um Luftunterstützung zu rufen, hätten die Funkgeräte mit den Frequenzen des Bordfunks senden müssen. So kreuzten die Flieger am Himmel, hörten nichts, sahen nichts und rauschten davon. Als das gegnerische Feuer einsetzte, stand das Bataillon mit dem Rücken zum Fluß Nam. Die jungen Burschen warfen Stiefel, Uniform und Waffen fort und stürzten in die wirbelnde Flut. »Sie haben uns gejagt wie Kaninchen aus dem brennenden Busch.« Von 757 Leuten starben 313. Zehn Tage vorher steckten alle noch in ihren Familien und freuten sich darauf, bald Besatzungsmacht in Okinawa zu spielen. Keiner dachte an Koreakrieg.

Der Koreakrieg dachte auch nicht an die Erfordernisse, die Gegner und Terrain an Menschen und Ausrüstung stellten. Untüchtige Leute mit zusammengeklaubtem Gerät verteidigten am Ostzipfel Asiens den Buchstaben der UNO-Charta gegen die Anschläge Stalins, der vor genau fünf Jahren zur Befreiung dieser Gebiete herbeigefleht worden war. Der Sinn dieser Politik überfordert auch stärkere Intelligenzen, höheren Mut und tiefere Lebenserfahrung.

Die Verbindung zum letzten Krieg hielten nur noch die Nahrungskonserven aus der Zeit, die aber nicht mehr nährten, die korrodierten Frachtkähne, die mangels Pflege und Ersatzteilen nichts mehr trugen, die toten Funkgeräte, schmächtigen Hebekräne, Sinnbilder einer Gestrigkeit, über die keiner nachdachte. Der Feind kommt, schießt, und es hilft nichts, zu fragen, wo er herkommt und wohin er will. Wie immer reicht es vollauf, zu wissen, wo man nicht hin will, in die Niederlage.

Die UNO-Eingreiftruppe marschierte im Kreise zurück zur See, aus der sie gekommen war, zumal das wichtigste Marschutensil ganz fehlte: Kampfstiefel und Landkarten. Das 34. Infanterieregiment brach in eine Schule ein, um einen Atlas zu ergattern, der den Weg nach Chonan wies.

Der Gegner war auf Straßen weniger angewiesen, er kannte das Gelände, und der Soldat war gewohnt zu tragen, selbst Maschinengewehre und Artillerieteile. Sobald er nicht in Uniformen umherzog, sondern im weißen Bauerndreß, wußte kein Amerikaner Freund und Feind zu unterscheiden. In der Schlacht um Taejon, unterhalb des Knies an der Westseite des Flusses Kum, liefen Bauernfamilien den Hügel entlang der Schlachtlinie entgegen, wo die GIs sie für Flüchtlinge hielten. Als Partisanen wurden sie erst kenntlich, nachdem Männer, Frauen und Kinder auf Signal die Maschinengewehre und Handgranaten aus ihrem Fluchtgepäck wickelten und das Feuer eröffneten.

Bei ihrem Rückzug aus Taejon rannten die Truppen in wohlorganisierte Straßenblockaden und Hinterhalte, die lokale Bürger angelegt hatten. Am 26. Juni rief Kim, wie versprochen, die Bevölkerung des Südens zur Rebellion, die indes in sachten Bahnen verlief. Der kommunistische Untergrund wartete ab, bis die reguläre Nordarmee heranrückte, und hieß alsdann eine zweite Front eröffnen. Jede weinende Großmutter und jeder zutrauliche Schulknabe mußte einen Revolver aus dem Ärmel ziehen und scharf zielen. Umgekehrt hinderte nichts einen Volksarmisten, die Uniform mit der Bauernkluft zu tauschen und im Nichts zu verdunsten. Gegen diese doppelte Kriegsführung ist seit Napoleons Tagen nichts Wirksames zu machen. Dieser Feind sitzt in allen Ritzen, so unsichtbar wie Gas.

Der Kommandeur der 8. Armee, Walton ›Bulldog‹ Walker, ein raunziger Panzergeneral, hatte in Frankreich unter Patton gedient und bot die Karikatur seines verewigten Chefs. Lackschimmernder Helm, perlmuttbeschlagene Pistolen, MG-Schütze im Auto-rücksitz. In leichtem Flugzeug tief über sein Operationsgebiet streichend, schrie er Befehle nach unten, die keiner hörte, aber jeder sah, auch die ›bug-outs‹. Ende Juli verfügte die 8. Armee noch über zwei Städte an der Südostspitze der Insel, den Hafen Pusan, die Lebensader nach Japan, und Taegu, das Hauptquartier, das Walker schwor, zunächst am schlammigen Ostufer des Naktong zu verteidigen, alsdann in den Straßen der Stadt.

Am 20. Juli fiel Taejon. Von siebzehn M24-Panzern waren elf durch die vorzüglichen russischen Panzerabwehrgeschütze abgewrackt worden – der Ort habe jedoch keine Bedeutung, versicherte MacArthur. Nachdem von den zwei noch gehaltenen Orten einer, Taegu, auf Walkers Ersuchen aufgegeben werden sollte, listigerweise ohne Straßenkampf, um die kostbaren Funkeinrichtungen zu retten, beschloß der Oberbefehlshaber nach einem Monat Krieg, sich an der Front zu zeigen.

Im Juli war eine Niederlage auf die andere gefolgt. Alle Mühe und Qual zeugte nur von der Inferiorität des westlichen Kriegers. Seit Monatsmitte standen zwei weitere Divisionen im Feld, die 25. Infanterie und die 1. Kavallerie. Die 24. Infanterie, schwer gezeichnet, hatte in 17 Tagen fast jeden dritten Mann verloren und ruhte aus.

Obwohl der Gegner bis auf einen Halbkreis um Pusan den Süden kontrollierte, zählte er horrende Verluste. Vom ersten Angriffstag bis zur ersten Augustwoche hatte er 58 000 Mann eingebüßt. Weit mehr als die US-Truppenstärke Ende Juli. Die Verschwendung von Menschenwellen, die unbedenklich wieder und wieder gegen die Feuerstellungen anbrandeten, übertraf alles, was die Pazifikveteranen von den Japanern kannten.

Die Volksbefreiungsarmee schloß die Lücken, indem sie ganze Schulklassen des Eroberungsgebiets in ihre Reihen stopfte. Schwerer fiel ihr, die überdehnten Nachschublinien intakt zu halten. Der Norden vermochte sie nicht wirksam gegen Luftschläge zu schützen. Er gewann an Boden, verausgabte aber seine Kräfte, während die der Amerikaner an Menge und Güte zunahmen; nur ließen ihre

Bodenverluste wenig zu erkämpfen übrig. Wenn Walker sich in Pusan einigelte, existierte sonst nichts, was aufzugeben wäre. Hinter der Truppe lag das Wasser.

MacArthur weilte neunzig Minuten auf dem Flugplatz von Taegu und versorgte Walker mit Redensarten; die Mannschaften sollten sich in den Boden krallen. Walker schrieb sich alles auf und leitete es an die unteren Kommandeure weiter. Es gebe nun keine Rückzugslinien mehr, der Halbkreis müsse gehalten werden, ein Ausweichen zum Hafen ende nur im blutigsten Gemetzel. Eine Gefangennahme durch Nordkorea sei schlimmer als der Tod. »Wenn wir sterben müssen, werden wir im Kampf zusammen sterben.« Dann eilte er von seinen ausgehungerten, durstigen und müden Leuten zum Hafen von Pusan, wo eine frische Ladung Truppen aus Washington eintraf. Jeder Zoll ein George Patton, riet er, nicht zu den Schiffen zurückzublicken. »You are here to stop the North Koreans; your are to stop them on land or die in the water.«

Die Nordarmee hatte nach der Einnahme Seouls eine Woche pausiert. Teils um sich zu regruppieren, teils um in der Stadt Fuß zu fassen und politische Säuberungen einzuleiten. Als die Offensive am 5. Juli weiter südwärts rollte, behinderten Wetter und Gelände sie mehr als der Feind. Dessen Debakel rührte aus temporären Widrigkeiten. Geübte Verbände mit geeigneter Ausrüstung würden anlanden und nach Art der US-Streitkräfte operieren, in starker Besetzung und auf koordinierte Waffengattungen verteilt. Die Besten des Jahrgangs heuerten seit je in den technisierten Gattungen, Marine und Air Force an.

Als Seemacht, die am Boden kämpft, waren die Marines ihr Stolz. Eine Mannschaft, die aus dem Wasser auf das Land übersetzen kann. Die verlorenen Infanterietruppen, die wie abgehackt in Tälern klebten, über dreißig, vierzig Kilometer Bergrücken vom nächsten Posten entfernt, rätselnd, ob und wann sie wieder ausgeflankt würden, vom Bug-out-Fieber gerötet, verdarben die ersten drei Wochen der US-Kampagne. Eine Konditionsschwäche, die am Ego der Befehlshaber fraß, aber schon deshalb etwas Großartigem würde weichen müssen. Dies waren keine Naturen, die mit einer Niederlage aus der Hand Kim Il Sungs aus Pjöngjang leben wollten. Sie kannten sich als solche, die mit ganz anderen fertig geworden waren. Doch wie auch immer die Kräfteverhältnisse wechselten, die Frontlinien bildeten sie seitenverkehrt ab: Amerika stand im Pusan-Ring mit einem Bein im Japanischen Meer. Eine Verjagung von der Insel böte ein unvergeßliches Bild. Solange aber Walkers Armee ein Bein noch auf der Küste hielt, wußten nur die Toten von ihrem Pech.

In China entbehrte Vorsitzender Mao zwei Wochen lang aller Kunde erster Hand über den Krieg an seiner Grenze. Drei Tage nach Ausbruch erschien ein Feldoffizier in Peking, um zu berichten, daß der Norden von Syngman Rhee überfallen worden sei und nun Gegenmaßnahmen treffe, »um das ganze Land zu einen«. Mao sagte, daß Kim ein »gar zu liebenswürdiger Mensch« sei und bald in größten Schlamassel geraten könne. Das mochte man von allen sagen. Jeder steckte in einem ganz anderen Krieg als vorgesehen, ausgenommen Stalin, der ihn konzipiert hatte und am 2. August Malik im Sicherheitsrat sagen ließ, daß alle diesbetreffenden UN-Beschlüsse illegal seien.

In Peking berichtete der seit Monatsmitte in Nordkorea akkreditierte Militärattaché, daß der Vorstoß der Volksarmee sich gegen null verlangsame. Der Krieg stehe in der sechsten Woche, solle laut Plan längst gewonnen sein, statt dessen habe der Norden enorme Verluste eingesteckt an Menschen wie an Material. Sie könnten noch beträchtlich anwachsen. Die Verbindungen zur Front seien langsam, umständlich und bombengefährdet. Auf den überdehnten Nachschubrouten verliere man mehr an Ausrüstung, Versorgung und Leuten als auf dem Feld, ganze vierzig Prozent. Nordkorea könne sich gegen das viel bevölkerungsreichere Amerika keinen Verschleißkrieg leisten und drohe weißzubluten. Dazu brauchten die Amerikaner nicht einmal verlorenes Terrain zurückzuerobern. »Jetzt frage ich euch«, sagte Mao, »sollen wir dieser Bedrohung einfach zusehen?«

»Es sollte doch klar sein«, erwiderte General Nie Rongzhen, »daß die Imperialisten und ihre Marionetten ins Meer getrieben werden müssen, bevor die Volksarmee in so einen langgestreckten Abnutzungskampf hineingezogen wird.«

»Ich schätze, wir brauchen vier Monate, um eine ausreichende Armee nach Korea zu bekommen«, sagte General Ye Jianying: »Der Vorsitzende glaubt, wir können das in drei Wochen schaffen.«

»Es wird länger als drei Wochen dauern«, meinte Peng Dehuai, der zweithöchste Offizier der Streitkräfte. Zu dem Zeitpunkt war bereits das XIII. Armeekorps mit den drei besten Heeren der Republik zur ›Nordöstlichen Grenzverteidigungsarmee‹ zusammengezogen und in der Mandschurei stationiert worden. Seit Mitte Juli hatten ihre Logistiker 340 000 gefütterte Uniformen, 360 000 Paar Lederschuhe, 400 000 Kappen, Westen, Mäntel, 700 000 Handschuhe, Socken sowie 5000 Kochkessel herbeigeschafft und Feldlazarette mit 100 000 Betten und 20 Chirurgieteams.

General Nie Rongzhen erklärte dem Organisationsdirektor Li Jükui, daß die Güter zu mehr als bloßer Grenzverteidigung dienten. Ihm obliege das Nachschubwesen für die Bereiche Mandschurei und Nordkorea. Die Parteiführung habe beschlossen, Pjöngjang im Kampf gegen Amerika zu unterstützen, und bereite sich darauf vor, Truppen nach Nordkorea zu entsenden.

Am 4. August erörterte das Politbüro die strategischen Aussichten. Der Krieg könne kurz oder lang währen, sich ausdehnen, ja sogar zum Einsatz der Atombombe führen. Wenn sie auf Korea fiele, könnte China es nicht verhindern, jedoch Amerika konventionell begegnen. »Falls die US-Imperialisten den Krieg gewinnen«, sagte Mao, »würden sie uns bedrohen.« Tschou En-lai fügte hinzu, daß der Krieg für Kim ohne China nicht zu gewinnen sei. »Wenn Chinas Kräfte hinzukämen, könnte sich die gesamte internationale Lage ändern.«

An der Eindämmung des Konfliktes, den neben den USA – wenn auch mit weit geringeren Kontingenten – noch fünfzehn weitere UN-Staaten bestreiten sollten, war Peking jedenfalls nicht sonderlich interessiert.

Am 5. August, dem Tag nach dem Politbürotreffen, kabelte Mao an die Kommandeure der Nordöstlichen Grenzverteidigungsarmee, »daß alle Truppen ihre Vorbereitungen innerhalb dieses Monats abschließen müssen und sich für Befehle bereithalten, Militäroperationen durchzuführen«. Mitte August sollten die Führungskader der Armeen und Divisionen die allgemeine Richtung der Operationen entwickeln.

Die Kommandeure gingen systematisch vor. Was war besser, den Amerikanern gestatten, ganz Korea zu okkupieren, China anzugreifen, und sie dann vernichten, oder den Armeen Kims beispringen, den Feind auslöschen und sich präventiv verteidigen? Letzteres. »Wir sollten die Initiative ergreifen, mit der koreanischen Volksarmee kooperieren, ohne Zögern vorwärts marschieren und die aggressiven Träume des Feindes durchkreuzen.« Den Gesamtvergleich der Kräfte könne China aushalten. Es hielt die dreifache Mannschaft unter Waffen, über vier Millionen, die den Amerikanern an Kampfstärke weit überlegen seien und anders als diese die Sympathien der Völker genossen.

Auf dem asiatischen Schauplatz konnten die USA nur eine halbe Million Mann erübrigen und, bei der Ferne des Schlachtfelds, mühsam nur versorgen. Die Zuflucht zur Atombombe werde einen Schock um die Welt jagen und dem Anwender politisch bitter schaden. Diesen Krieg entscheide die Menschenkapazität, nicht ein, zwei Atombomben.

Der gegnerischen Feuerkraft wollte man sich allerdings nicht frontal aussetzen, sondern Schwachpunkte durchbrechen, Transportlinien trennen und die Amerikaner einkreisen und vernichten. China, sagte Deng Hua, der Kommandeur des XIII. Armeekorps, sei in der Lage, Amerika zu schlagen. Dazu, telegrafierten die Armeekader an den Vorsitzenden, sei mehr Vorbereitungszeit vonnöten als die restlichen zwei Augustwochen.

Mao kabelte am 18. August zurück, das Zentralkomitee der Kommunistischen Partei habe die Vorschläge gebilligt und den Termin bis zum Ende des nächsten Monats verschoben. In der Zwischenzeit sei sicherzustellen, »daß alle Vorbereitungen am 30. September abgeschlossen sind«.

In den ersten Augusttagen beschloß das Zentralkomitee, Deng

Hua nach Korea zu schicken, um das Gelände zu studieren und sich ein Bild zu machen von der Kriegslage. Als er am Grenzfluß Yalu anlangte, empfingen ihn verschlossene Gesichter. Die Freunde bedeuteten ihm umzukehren; er war so wenig erwünscht wie alle hochrangigen Militärs, die Peking an die Front zu schleusen versuchte. So blieb es bei einer Handvoll Militärgeheimdienstlern, die, getarnt als Botschaftspersonal, nach Informationen fahndeten.

Am 23. August versammelte sich auf Anweisung Tschous die Operationsabteilung des chinesischen Generalstabs, um die Fragmente zusammenzufügen. Dann simulierte man auf den Karten verschiedene aktuelle und eventuelle Abläufe und gelangte zu einem höchst wirklichkeitsgetreuen Bild. Wirklicher, als es sich den Kombattanten vor und hinter den Verhauen des Pusan-Ringes darbot:

Dessen Basislinie verläuft zwischen den meernahen Städten Pohang und Pusan, die Ausbuchtung erreicht ihren Scheitelpunkt bei Taegu. Zwischen Pohang und Taegu, der Nordkurve der Bucht, lehnt sich die Front an ein Tal, die Südkurve folgt dem breiten Bett des Naktong. Die Frontkrümmung maß etwa 300 Kilometer und umfaßte ein Gebiet von 9000 Quadratkilometern. Die Generalstäbler stellten fest, daß die Amerikaner ihre stärkste Kraft in der Südkurve massiert hatten, die, wie der ganze Ring, gut befestigt war, hier noch verstärkt durch die natürliche Barriere des Flusses.

Die Verteidiger versuchten weder einen Ausfall, noch schienen sie geneigt zu weichen. Das taktische Ziel war offenbar, an dieser Stelle die Nordarmee zu binden, die mangels Sprit nicht mehr sehr beweglich war. Die Nachschublinie, die Güter aus dem Norden südwärts schob, kreuzte Seoul. Es wäre nur logisch, am Hafen Seouls, Incheon, Truppen anzulanden, die dem Nordheer in den Rücken fielen, seine Versorgung abschnitten und es zwischen den eindringenden Landungskräften und einer Gegenoffensive der Ringtruppen zerrieben. Es kamen insgesamt fünf Häfen in Frage, aber Incheon wäre die nächstliegende Wahl. Überdies lagen Berichte vor, daß MacArthur in Japan zwei Divisionen hortete, die weder Walker als Reserven noch der japanischen Küstenverteidigung zugeführt wurden. Sie übten landen. Mit solch einem Unternehmen, folgerte die Operationsabteilung, konnte der Gegner den Koreakrieg mit einem Schlag zu seinen Gunsten wenden.

Am Abend des 23. August hörte Tschou den Bericht und ließ den Berichterstatter Lei Jingfu umgehend Mao vortragen, dem die Gefahr sogleich einleuchtete. Wie sei die Persönlichkeit des für seine amphibischen Künste so gerühmten MacArthur beschaffen? Lei antwortete, er sei bekannt für seine Sturheit und Arroganz. »Wundervoll«, rief Mao, »wundervoll; je arroganter und sturer er ist, desto besser. Ein arroganter Feind ist einfach zu schlagen.«

Demzufolge war Kim Il Sung am einfachsten zu schlagen, der von allen Beteiligten der Unüberlegteste war. Die Chinesen ließen ihm ihre Besorgnis sogleich übermitteln. Kim, dessen Strategie restlos mißlungen war, dachte indes, daß sie dicht vor dem Durchbruch stehe. Der Sieg konnte stündlich eintreten; die Nordarmee war bis auf 45 Kilometer an Pusan herangekommen. Teilweise wurde bereits auf dem Ostufer des Naktong gekämpft. Warum Gedanken verschwenden an Eventualitäten, wo der Lorbeer, zum Greifen nahe, nur noch einer letzten Anstrengung bedürftig schien? Außerdem besaß der Norden weder Zerstörer noch Flugzeuge, wie sollte er eine Landung aufhalten? Bodentruppen waren nicht zu entbehren, weil sie inzwischen am Naktong in der Minderzahl standen. Eine Zangenbewegung des Gegners konnte Kim aus eigener Kraft nicht meistern, er war auf den Durchstoß bei Pusan angewiesen, sonst glitten ihm Krieg und Staat aus der Hand. Deshalb befahl er seinen Leuten, die chinesischen Warnungen geheimzuhalten. Er hätte sich zurückziehen sollen, anstatt sein Neunmillionenvolk in ein Duell mit MacArthur zu ziehen. Aber das sind Nachgedanken. So, wie die Würfel fielen, wären die USA bei Pusan, Walkers letztem Quartier, um ein Haar gescheitert. Wenn nicht, war ein anderer Krieg geboren.

Die allgemeine Lage

MacArthur lockte Kims ganze Reserven in den Pusan-Ring. Kim riskierte MacArthurs Landung in Incheon, und am Scheitelpunkt dieser Bewegung eine Gegenoffensive zum Sitz des Aggressors, Pjöngjang. Mao verwickelte Amerika darauf in einen asiatischen totalen Krieg, um seine und dessen Weltgeltung. Als nächster Zug bot sich dem Herausgeforderten an, den Blitz nun zu schleudern, der sein Weltrenommee ausmachte, so wie die Einsatzpläne der Joint Chiefs es vorsahen. Mittlerweile kamen Atombomben seriell zustande, den 170 Exemplaren des Jahres 1949 gesellten sich bis Juni 1951 weitere 270 hinzu. Im Herbst 1959 sollten sie 12 300 Stück zählen. Ihrer Philosophie zufolge schreckten sie jeden möglichen Aggressor ab.

Der Sowjetunion wurden für 1950 maximal 20 und für 1951 maximal 45 Exemplare zugerechnet. Ihr Langstreckenbomber TU-4 erreichte im Hin- und Rückflug keins der vitalen Ziele Amerikas, das seinerzeit 521 atomtüchtige Flugzeuge besaß. Ihre Startplätze lagen nicht allzuweit von den Zentren Rußlands entfernt. Der NATO-Beitritt Dänemarks, Norwegens und Italiens legte gewissermaßen eine Zange um die europäische Sowjetunion. Schon um die Flanke der Zangenarme nicht frei schweben zu lassen, würde über kurz oder lang die deutsche Bundesrepublik den NATO-Block komplettieren müssen. Überdies wurde auf Vorschlag Schwedens eine Nordische Union erwogen. Am 11. August, als Walkers Armee um die letzten Quadratkilometer bei Pusan rang, rief auf Vorschlag Churchills die Europaratsversammlung zum Aufbau einer Europaarmee auf, als kontinentaler Teil einer atlantischen Allianz.

Kurz, Stalin sah sich eingekreist, zunächst nur von Ideen und Beschlüssen. In der Zeit, die bis zu einer kriegstüchtigen amerikanisch-europäischen Waffenallianz verblieb, griff er in die Klaviatur der Ängste. Sein Berliner Vorposten, Walter Ulbricht, hub öffentlich zu prahlen an, daß der Bonner Regierung demnächst das Schicksal Seouls bevorstehe. Und ganz nach Fasson Kim Il Sungs sollte ein »bewaffneter Aufstand« in Westdeutschland den Impuls geben, es zu »befreien«. Die Kinder dort sangen:

»Ei, ei, ei, Korea,
der Krieg kommt immer näher.«

Der Zusammenhang zwischen den Demarkationslinien der europäischen und der pazifischen Weltkriegsarena sticht ins Auge. Die zwei seit 1945 vereisten Grenzen an der West- und der Ostflanke des Stalinreiches hingen zusammen, nicht nur aus russischer Sicht. Wenn die eine zerriß, zitterte die andere.

Washington vermutete ursprünglich, daß der Koreakrieg die USA im fernsten Winkel festzunageln trachtete, während der gegnerische Hauptstoß auf Europa zielte, eventuell auf Berlin, vielleicht auf den abtrünnigen Tito. Ging man einer Kriegslist ins Netz? Man focht ein Duell im Dunst, ohne zu wissen, gegen wen und weswegen eigentlich.

Das Gefilde der Schlacht hatte wenig mit ihrem Grund zu tun. Syngman Rhees Schutz vor Kim Il Sung verlohnte kein Blutvergießen. Hätte Stalin seinem Statthalter im August 1945 ganz Korea reserviert, wäre es ihm anstandslos gegönnt worden, und leichtherziger als das bedauernswerte Polen. Es ging nach den Worten aller Beteiligten, ausgenommen die Koreaner, um den Stoff, der den Dritten Weltkrieg entzünden mochte. Nur wußten Stalin und Mao besser, warum sie zur Waffe griffen. Sie kannten ihre Gründe dafür, die Truman und Acheson entschlüsseln mußten. Die Geometrie des Dreiecks Moskau-Pjöngjang-Peking blieb ihnen ewig ein Rätsel. Die USA reagierten, ohne zu wissen worauf. Stalin reagierte indessen ebenfalls, dahin weist das Datum, an dem er Kims notorische Invasionswünsche erhörte.

Am 30. Januar 1950 zeichneten die USA und ihre europäischen Partner ein Militärhilfeabkommen, den Grundriß einer atlantischen Allianz. Das verdiente wahrlich eine Antwort. Der Sichel um den Sowjetblock fehlte es allerdings noch an Inhalt. Die künftigen Verbündeten konnten sich nicht einigen auf das, was verteidigt werden sollte. Die USA interessierten sich mehr für Island, das dänische Grönland und die portugiesischen Azoren als für den Rhein, den Lattre de Tassigny wiederum, der französische Weltkriegsmarschall, »bis zum Tod« zu halten hieß.

Den Amerikanern erschien ein europäischer Brückenkopf nördlich der Pyrenäen vorerst als genügend, eine Tausendkilometerfront von der holländischen Küste bis zur Schweiz hingegen als irreal: Dies wäre ungefähr der alte Weltkrieg-I-Graben gewesen. Zu seiner Bemannung brauchte man 54 Divisionen, 4200 Flugzeuge und eine Truppe wie die jüngst untergegangene Wehrmacht. Nichts dergleichen existierte. Im Prinzip waren die USA dazu bereit, den Kontinent bis zur Gegenoffensive preiszugeben. Der Rhein, so hatten sie ihre Besatzungstruppen angewiesen, sei anfangs zu verteidigen, die Rückzugslinien wiesen dann nach England und Afrika. Das dünkte Franzosen, Niederländer, Skandinavier und Italiener unvorteilhaft. Sie waren das Räumungsgelände.

Auch die Schlacht am Naktong ähnelte einem Rückzugsgefecht. Neun Zehntel des Verteidigungsgebietes waren schon geräumt, die USA entzaubert, ein Alliierter von mäßigem Stehvermögen. Stalin, im Weltkrieg mit der Zögerlichkeit amerikanischer Bodenkampagnen vertraut, besaß allen Grund, die Charaktermängel seines Ex-Verbündeten bloßzustellen. Dieser kam gar nicht oder kam zu spät oder zu zaghaft, um seine Schutzbefohlenen herauszuhauen.

Stalins Freunde fuhren besser. Korea war das Testgelände der neugruppierten Allianzen. Alle Beteiligten waren Beistandsuchende: China, unlängst noch Protegé Washingtons, lehnte sich an das Lager Moskaus, selbst verflossener US-Kompagnon im Kriege aller drei gegen Japan, nun Washingtons Inselbastion gegen den asiatischen Großraumkommunismus, wo kein Freund dem anderen traute. Schwankende Böden überall.

Ein Fiasko in Südkorea gefährdete auch die Treue Japans. Japan, früherer Angstgegner, sei wahrscheinlich der sowjetische Hintergedanke in Korea. Trumans Strategen zerbrachen sich Stalins

Kopf: Feinde an beiden Flügeln, in Europa und am Pazifikrand, hatte Rußland im Weltkrieg sorgsamst vermieden; in der Geschichte genauso. Im Rücken wünscht man sich keinen Feind. Wenn dem so war, galt es zur Vorneverteidigung Japans zu schreiten. Es lag ja wehrlos. Das Russische Reich steckte in einer historisch unliebsamen Lage und wollte vermutlich heraus. MacArthur als japanischer Ersatzkaiser war ihm ein Stachel im Fleisch.

Alles, was vor fünf Jahren mühselig zermalmt ward, wurde nun flugs wiederhergestellt und verteidigt. Suchte Schutz, wandelte sein Wesen. Stalin blieb sein ränkevolles Selbst. Er benutzte Kim, vertraute ihn überdies den Chinesen an, die meinten, sich mit Amerika duellieren zu müssen, was ihnen ohne seine Hilfe nicht gelingen konnte. So kettete sich Peking an Rußland und machte alle Träume des State Department vom Gelben Tito zunichte. Bismarck hätte es nicht besser gekonnt. Den europäischen Atlantikpartnern wurde zugleich der Anblick der Grenzen der amerikanischen Allmacht zuteil. Was halfen ihre Atomblitze am Naktong-Ufer, wo den 5th Marines die Heißluft des Granatfeuers um die Ohren fegte und das wichtigste Utensil, wie 1914, der Spaten war, um ein Fuchsloch damit zu graben.

INCHEON

Die östliche Flußseite, die mehrmals den Besitzer wechselte, hatte die Nordarmee vermint. In der ersten Augustwoche war eine Patrouillenspitze in das Minenfeld geraten. Ein Sergeant, bei dem Versuch, einen Gefallenen zu bergen, trat auf den Kontaktzünder und lag verwundet unter Gewehrsalven. Die übrigen, von dem Malheur des Sergeanten gewarnt, waren dabei weiterzuziehen. Lieutenant Carl Bernard bewies ihnen die Qualität, die auf dem letzten Fußbreit Boden zählte, das Füreinandereinstehen der Gruppe. Kein Kamerad, bestimmte Bernard, werde im Stich gelassen, und zog die Stiefel aus, hoffend, mit den Fußsohlen die verborgenen Berührungsdrähte leichter zu meiden.

In einem ordentlich gestaffelten Minenfeld soll man stracks geradeaus gehen, befahl er den Leuten. Er gehe als erster. Wenn es ihn erwische, brauchte der zweite nur seiner Spur zu folgen und würde keine Mine mehr streifen. Bernhard kam durch, hob den Verwundeten auf die Schulter, erwiderte aus seinem Karabiner das Feuer und langte unversehrt bei der Mannschaft an. Doch der Gefallene lag noch im Feld!

»Let's get out of here, Lieutenant«, bat ein Infanterist.

»You don't think we're going to leave that dead man just lying there, do you?« Bernard, 24 Jahre, kehrte in das Minenfeld zurück, den Gefallenen einzuholen.

Die Unverbrüchlichkeit der Kameradschaft ließ die Truppe den Pusan-Kreis halten. Der Boden wird kostbar durch das um ihn Erduldete. Die Einheit kämpft weiter, damit es nicht vergebens geschehen sei. Keinen interessiert die Abwehr des Kommunismus. Warum sollen 99 000 Quadratkilometer Südkorea nicht kommunistisch sein, wo neun Millionen Quadratkilometer China nebenan es auch sind?

In die 8. Army zog der Stolz auf die gezeigte Leistung ein. Nach den ersten Siegen – dem Zurückschlagen der 6. nordkoreanischen Division, der Zerstörung der 3. beim Überqueren des Naktong, der Schlappe der 1. und 13. auf der ›Kegelbahn‹ genannten Südostschneise in den Pusan-Ring – beurteilte man die Lage zwar gegen allen Augenschein, doch keineswegs verkehrt. An einem Küstenzipfel zum Japanischen Meer stand die US-Truppe leidlich befestigt, gut versorgt und hatte sich nicht überrumpeln lassen. Der Vorteil des Gegners war verbraucht, sein Elan ermattete, seine Kraft hatte die uniformierten Köche und Streifengänger nicht zerrieben, die in Japan als Besatzungsarmee dienten. Als solche gar kein Kampfverband, kämpfte sie ungelenk, ja unwillig mit dem Rücken zum Wasser, brach dennoch nicht entzwei, klebte aneinander in Erwartung auf Entsatz und Gerät.

Die Truppe wuchs. Mit den ersten Erfolgen der schließlich anlandenden Verstärkung überragten die Amerikaner die Volksarmee nicht nur an Zahl, sondern auch an Korpsgeist, denn sie trugen die Fahnen der Pazifiksieger, die, von Insel zu Insel, Mal um Mal den japanischen Blutrausch bezwungen hatten. Von dieser Bewährung waren nicht nur viele Offiziere gezeichnet, sondern der Oberbefehlshaber höchstselbst, Douglas MacArthur, der Choreograph des ›island hopping‹.

Der Legende nach stand er am trüben Nachmittage des 29. Juni, vier Tage nach Kriegsbeginn, auf einem Hügel über dem Han-Fluß, besah die kopflose Flucht der Südkoreaner, die wutentbrannt nachstürzenden Kohorten Kims und zog die rettende Strategie aus dem Ärmel. Ein Stabsangehöriger notierte ihre schlieffenmäßig elegante Kontur, der zufolge die Nordkoreaner so weit stürzen sollten wie irgend möglich, um auf dem vorletzten Meter gestoppt und gebunden zu werden. Im verborgenen landeten die Marines tief in ihrem Rücken. So schnell konnten die Kommunisten nicht kehrtmachen und die Insel durchqueren, um die Bildung eines Brückenkopfes zu verhindern. Sie mußten es jedoch wagen, sonst ging ihr Hinterland verloren. In dieses Schwanken hinein starteten die Pusan-Truppen einen Ausbruch. Die Landungstruppe rückte ihr diagonal entgegen, und beide zerrieben den Feind zwischen Hammer und Amboß.

Den Einfall dazu hatte, in seiner operativen Gradlinigkeit, nahezu jeder, neben den Chinesen auch die Russen und die Koreaner beider Couleur. Die *New York Herald Tribune* meldete bereits am 3. Juli, daß in San Diego, Kalifornien, Marines zusammengezogen würden, in einigen Wochen MacArthur zu unterstützen. Offenbar war dessen Anfrage an das Pentagon durchgesickert, 1200 Pioniere mit Landungserfahrung sammeln und Gerät für ein amphibisches Unternehmen anschaffen zu lassen. Eigentlich ein Anachronismus, wie Heeresstabschef Omar Bradley vor wenigen Wochen dem Streitkräfteausschuß des Repräsentantenhauses versichert hatte. Im Zeitalter der Raketen und Atombomben waren Operationen wie die Normandie 1944 altmodisch wie Hannibals Elefanten. »So etwas kommt nie wieder vor!«

»Bradley is a farmer«, entgegnete MacArthur. Der Krieg löst sich schwer von der Kruste der Erde. Solange Herrschaft territorial ausgeübt wird, ist sie nur an ihrem Sitz zu stürzen. Gewalt aus der Luft vernichtet das Bodeninventar, beherrscht aber nicht das Übriggebliebene. Darum hat Stalins Landwalze im Weltkrieg viel mehr bewirkt als die blanke Zerstörungskraft der himmlischen Scharen. Sie kam und blieb, während jene kam, verschwand, wieder kam und so weiter. Der Eroberer hingegen, der sich am Boden entlangschleppt, beseitigt die Herrschaft oder scheitert an ihr. Sie beugt sich nur der Präsenz.

Dem Amphibienunternehmen, das sich den Seeweg bahnt, droht das Land mit furchtbaren Hindernissen. Der Boden ist das Element des Schutzes, der Bergung, des Walls. Das Wasser ist der kurze Weg. Wenn der Krieger das Element wechselt, begibt er sich in einen Moment der Schutzlosigkeit. Ihm fehlt die Deckung des Bodens und das Gleiten des Wassers. Der Marineinfanterist, der ungedeckt durch offenes Wasser zum Strand watet, ist der Küstenbatterie ausgeliefert. Der Schutz aus der Luft hilft ihm, ist aber seinerseits gut zu erwischen.

Incheon, der Hafen von Seoul, unterliegt einem extremen Gezeitenabstand von zehn Metern Wasserhöhe. Zweimal am Tag fällt der Meeresspiegel um dieses Maß. Die Hafenanlagen sind gegen den Seegang durch steile Kaimauern geschützt. Zur Anlandung ist Flut vonnöten; in der Ebbeperiode bedecken unpassierbare, kilometerweite Schlammbänke die Küste. An wenigen Tagen nur im Herbst ließ die Fluthöhe den massigen Landungsfahrzeugen drei Stunden Zeit, die Marines zu entladen. Zuvor galt es, die reißende Strömung des Eingangskanals ›Fliegende Fische‹ zu passieren, der zum Bollwerk der Kaimauer führte.

Nie zuvor war das Marine Corps an den Wänden einer feindlichen Stadt gelandet. Frontal zur Brüstung würde die Mehrzahl der Marines das Land erklimmen müssen. Das rauhe Terrain dahinter lud auch nicht eben zum Durchmarsch ein nach Seoul; all das hatte eine Pentagonstudie schon 1944 ermittelt. Damals war der kühne Gedanke geprüft worden, die Japaner von der koreanischen Westküste anzugehen. Weil Incheon amphibischen Unternehmen eine der ungünstigsten Küsten der Welt darbot, war rasch davon abgesehen worden. Gerade dies empfahl die Stelle, glaubte MacArthur und beauftragte am 4. Juli, dem Tag der ersten Feindbegegnung der US-Truppen nördlich Osans, einen Expertenstab unter der Leitung Admiral Doyles, die 1944er Pläne aufzugreifen. Nach sieben Wochen bilanzierte Doyle, der sein Handwerk im pazifischen Inselkrieg erlernt hatte: »The best I can say is that Inchon is not impossible.«

Das letzte Strategietreffen vom 23. August in Tokio erging sich in Zweifeln. Den obersten Befehlshabern von Heer, Luftwaffe und Marine mißfiel das ganze abseitige Vorhaben, »a gamble 5000 : 1«. Die Gegenargumente zählten Legion. Das Wasser war einerseits zu flach, andererseits zu heftig. Die Gezeiten zwangen die Landungspartien zu zwei Anläufen. Den ersten trug die Morgenflut, der zweite geriet in die Abenddämmerung. Mit Glück konnten danach die Landungsköpfe stehen, allerdings in einer nächtlichen Stadt mit 250 000 Einwohnern. Der Gegner konnte von den angrenzenden schroffen Hügeln konzentriert hinabfeuern, und so erbittert wie auf Iwo Jima. Man vergab bei Incheon jegliches Überraschungsmoment, weil schon elf Stunden zuvor das befestigte Eiland Wolmi-do einzunehmen war, das den Hafenzugang kontrollierte. Außerdem war der Weg nach Pusan zu weit, die Truppen dort mußten wiederum Kräfte abzweigen, und wenn die Sache insgesamt scheiterte, öffnete sich ein fatales Machtvakuum für Japan. Denn es galt eine Expedition, wie sie mit 70 000 Männern und Hunderten von Schiffen und Flugzeugen seit dem Zweiten Weltkrieg nicht mehr unternommen worden war. Am falschesten Platz und zur falschesten Zeit.

»Doyle«, fragte der Operationschef der Marine, Forrest Sherman, »fasse ich es richtig zusammen, daß Sie dies für eine unsichere Sache halten?«

»Möglich schon«, antwortete Doyle, der sie kommandieren sollte, »aber ich rate nicht dazu!«

MacArthur, bisher wortlos, hub, nachdem man ihn als den Ältesten ergebenst gebeten hatte, zu einem 45minütigen Vortrag an: Die Lagebesprechung, die seinem Vorschlag keinen einzigen Befürworter gewann, nannte er huldvoll die beste seiner Laufbahn. Er habe soviel über Gezeiten gelernt, wie er zeitlebens habe wissen wollen. Dann erinnerte er an seine Jugend, die Heroenzeit der US-Marine, als sie im Ersten Weltkrieg Division für Division durch den U-Boot-verseuchten Atlantik transportiert hatte. »I have a deep admiration for the Navy.« Allerdings habe er nie den Tag erwartet, an dem die Navy sich außerstande erkläre, eine Army-Operation zu unterstützen. Er dämpfte seine dunkle, klangvolle Stimme zu einem rauchigen Wispern, das Auge feuchtete sich, und jüngere Teilnehmer sagten später respektlos, daß MacArthur, wäre er nur zur Bühne gegangen, die besten Shakespeare-Darsteller seiner Zeit abserviert hätte. So deklassierte er die sachverständigsten Generäle.

Ihre Einwände, höchst stichhaltig, führten nicht weiter. Eine Landung weiter südwärts, etwa in Kunsan, gegenüber der Pusan-Front, konnte nicht die gesamte gegnerische Streitmacht einschließen; außerdem war die Distanz dazwischen kurz, zumal für den Gegner. Natürlich sei Incheon ein unpraktischer Landeplatz, rief MacArthur, das mache ihn ja so geeignet! Der Gegner werde den Transport dahin für einen Bluff halten, den wahren Punkt zu tarnen. Dann beschrieb er in allen Details, wie es vonstatten ginge: die Flut, das Licht, die Schiffsartillerie, die Flugzeuge. Incheon lasse keine Wahl, es sei denn, man wolle das Opfer in Pusan dehnen ohne Aussicht auf Entsatz. »Are you content to let our troops stay in that bloody perimeter like beef and cattle in the slaughterhouse?« Die westliche Welt stehe in Asien vor einer Schicksalsschlacht. Von hier aus greife der Kommunismus nach der Weltherrschaft. Er fordere nicht in Berlin, in London, in Washington heraus, sondern am Naktong in Südkorea. »Actually, we here fight Europe's war with arms, while there it is still confined to words.« Die Anwesenden waren nicht überzeugt, aber hingerissen. »General«, sagte Doyle, »we don't know how to do that. Once we start ashore, we'll keep going!« So kam eine der perfektesten Operationen der Militärgeschichte zustande.

Am 9. September erkundigten sich die Joint Chiefs in Tokio vorsichtig nach den Aussichten, denn seit sechs Tagen wüteten Taifune an der Hokkaido-Küste. Im Hafen von Kobe, wo die 1. Marinedivision einschiffen sollte, tobten Winde mit 170 km/h und peitschten die Wogen zwölf Meter hoch. Die Docks sprangen in Stücke, und die Transporter drohten zu kentern. Dank der japanischen Docker und Matrosen stachen die Marines pünktlich in See und hofften, zumindest die Reise zu überstehen. Das Schiffsmaterial, großenteils Weltkriegsveteranen und Fähren für den japanischen Inselverkehr mit zusammengestopften Mannschaften, taugte kaum für das offene Meer, weniger noch für amphibische Manöver und gar nicht für solche Extreme. Auf dem Scheitel der Flut besaßen die Landungsfahrzeuge gerade mal 50 Zentimeter Abstand vom Grund. Trafen sie das Zeitfenster ungenau, steckten sie im Schlick.

An Bord roch es nach Fisch, die Taifunstürme hievten und stürzten das Gefährt, auf dem Frachtdeck rissen sich Panzer und Jeeps aus der Vertäuung, schlitterten umher, ließen sich mit äußerster Not nur fassen und festzurren, die Männer kauerten schweigend beieinander, spielten Karten, wurden seekrank und rechneten mit dem Feind.

260 Transporter kreuzen nicht unerkannt im Gelben Meer. Seit Tagen schon kontrollierten US-Schiffe die Lage an der Küste, trafen aber keinen Gegner an. Nordkorea fehlten U-Boote und Radaranlagen, immerhin besaß es einige Küstendampfer. Ganz rätselhaft ist die Unaufmerksamkeit der Russen, die über das nahe Port Arthur Kims ganze Rüstung verschifft hatten, und der Chinesen, deren Halbinsel Schantung etwa 300 Kilometer vis-à-vis von Incheon liegt. Dazwischen verläuft die vielbefahrene Seestraße von Schanghai zur Küste vor Peking. Die strategische Wende des Landeunternehmens quälte Tschou En-lai längst, bevor sie eingetreten war. Warum keinerlei Vorkehrungen gegen den Schadensfall? Alle Wendungen dieses Krieges vollzogen sich unter unerklärlichem Desinteresse an dem Menetekel an der Wand. Offenen, aber blinden Auges eilten sämtliche Seiten in ihr Verderben. Den jeweiligen Gewinner wiederum verführte sein leichter Erfolg zu neuem Leichtsinn.

MacArthur hatte die ganze Fahrt über unter Deck geweilt. Sein Flaggschiff, die luxuriöse ›Mount McKinley‹, tauchte am 15. September vor Morgengrauen an der Enge vor Incheon auf, rechtzeitig, den Sturm auf Wolmi-do zu erleben. Seit fünf Tagen hatten Marineflieger, von Trägerschiffen gestartet, Hunderte von Napalm-Kanistern auf das 300 Meter breite Gelände abgeworfen. Das Feuer umhüllte alle Gebäude und beseitigte die Vegetation, doch nicht die betongeschützte Batterie von 75-mm-Schnellfeuergeschützen; unter den leichten Landungsbooten konnten sie grausame Ernte halten.

Die Navy konnte diese Gefahr keinesfalls bestehen lassen und schickte am hellichten Tag je zwei britische und US-Kreuzer sowie sechs Zerstörer, um sich den koreanischen Kanonieren aus 260 Metern Abstand als Ziel darzubieten. Sie schwiegen.

Nachdem die Schiffsartillerie einmal die Insel durchpflügt hatte, feuerte endlich der Gegner zurück. So verlor ein Leutnant sein Leben, danach wußte die Navy, wo der Gegner steckte. Die amerikanischen Schützen hockten sich um den Tisch, maßen und rechneten, richteten kaltblütig ihre Rohre und setzten eine Salve scharf auf die gefährlichen Geschütze.

Die Schiffe senkten die Flaggen auf Halbmast, auf dem schweren Kreuzer ›Toledo‹ wurde eine Messe gelesen und der Leib des Leutnants Swenson der See übergeben. Seine Kameraden konnten am nächsten Morgen landen.

Die Voroperation hatte zu Streit geführt, weil sie das kostbare Überraschungsmoment aufgab. Die Air Force wußte, daß auf den mandschurischen Flugplätzen Maschinen massiert und amerikanische Flugbewegungen studiert wurden. Man traute den Chinesen glatt ein Bombardement der Landungsoperation zu. Allerdings konnten Chinas Luftbeobachter sich auch ohne die tagelange Wolmi-do-Planierung Klarheit verschaffen. Da alle den Gezeitenverlauf kannten, fragt sich, wen bei drei verfügbaren Landeterminen noch irgend etwas überraschen konnte.

Um zwei Uhr nachts startete ein kleiner Konvoi Transportschiffe mit einem Landedock, der neun M26-›Pershing‹-Panzer enthielt. Die Brände auf Wolmi-do wiesen den Weg durch den ›Fliegenden Fisch‹. Acht Marinekampfflieger bombardierten zur Sicherheit noch einmal den Inselsaum und erwischten ein Militärfahrzeug, das aus der Stadt nahte.

Die Marines des 1. Regiments, 3. Bataillon stiegen auf siebzehn Landefahrzeuge um und luden die Panzer auf drei Landeschiffe. Bis zur Stichzeit fuhren sie Kreise, dann bildeten sie eine Linie. Von der ›Mount McKinley‹ tönte eine Lautsprecheranlage »Landing force crossing line of departure«. Douglas MacArthur trat auf, setzte sich auf die Schiffsbrücke, griff zum Fernglas und beobachtete, umringt von seinen Höflingen, das Schauspiel.

Um 6.33 Uhr faßten die ersten Marines Fuß am Badestrand der Insel, die Flugzeuge über ihren Köpfen streuten MG-Garben, zwanzig Minuten später flatterte die Fahne der Vereinigten Staaten, um acht Uhr war der Widerstand gebrochen; hundert Koreaner, die sich nicht gefangengeben wollten, wurden von Panzern mit Planierschilden in den Grund gerammt.

Das Bataillon mußte sich bis 17.30 Uhr halten, dann brachte die Abendflut Verstärkung; sie würde zu seiner Linken am ›Red Beach‹ den drei Meter hohen grauen Stein erklimmen, dicht am Stadtkern, während von rechts, am ›Blue Beach‹, hinter einer flach verschlammten Strecke die Südmauer auf das 5. Marineregiment wartete. Sollte denn alles gelingen, standen die 1. und 5. Marines allein in der nächtlichen Stadt. Die nächste Abteilung kam mit der Morgenflut.

MacArthur gewann nach kurzem Anblick Gewißheit, daß nichts mehr schiefgehen konnte. Alles wie vorhergesagt. »Die Navy und die Marines«, ließ er melden, »haben nie heller geleuchtet als an diesem Morgen.« Wären sie auf einen Gegner gestoßen, wie die Wehrmacht in der Normandie oder die Japaner auf Okinawa, wären sie nie elender verblutet. Die Überrumpelung gelang, das zählte. Warum weiß keiner. MacArthur fragte nach den Verlustzahlen und hörte von schätzungsweise einem halben Dutzend. »That's it! Let's get a cup of coffee.«

Die Vormittagsflut wich, entblößte die Schlammbänke im Hafenbecken, acht Stunden lang ruhte die Invasion. Die bangen Stunden begannen. In der Spanne hätten die Nordkoreaner sich aus Seoul lösen, dreißig Kilometer westwärts nach Incheon stürzen müssen, das 3. Bataillon niedermachen und die Küste gegen die nächste Landungswelle verteidigen. Der 18. Norddivision standen zehntausend Mann zur Verfügung, der 78. zweitausend. Sechzehnhundert Mann weilten einigermaßen erschrocken in Incheon und blickten auf eine Landungsmacht von Siebzigtausend.

Die Navy verschloß die Eingänge zur Stadt mit dem Trommelfeuer der Schiffsgeschütze, unausgesetzt, undurchdringlich. Von den Trägern sausten Schwärme von ›Corsair‹-Jagdbombern mit den Aufhängungen für acht 127-mm-Raketen oder zwei 1000-Pfund-Bomben die Anmarschstrecke herauf und herunter; doch es marschierte niemand.

Der Nachmittag verregnete, und es war müßig, gegen den Donner der hundert Schiffe MacArthurs und die Pfeile der ›Corsairs‹ anzukämpfen, die in zwei Minuten die Distanz Incheon–Seoul pa-

trouillierten. Seoul war abgeschlossen. Brücken und Gleise lagen
längst in Schutt; an alles war gedacht worden, selbst daran, die Kaimauern zu fotografieren, um die Leitern richtig abzumessen, damit
sie bei optimaler Fluthöhe an die Wand paßten.

Die Schiffskanoniere hatten das Mauerwerk in Feinarbeit so ge-
fräst, daß die Geübtesten sich, mit ein paar zusätzlichen Handgrif-
fen, allein emporhangelten. Um 16.45 Uhr kreuzten die Landefahrzeuge die Ausgangslinie und luden um 17.32 Uhr das erste
Regiment an ›Blue Beach‹, das zweite um 17.35 Uhr an ›Red Beach‹
aus. Auf dem Wasser herrschte Durcheinander. Die vorgesehenen
Dirigenten der aufeinanderfolgenden Landungswellen kamen aus
dem Takt. Im Pazifikkrieg waren die Kaskaden zuvor gedrillt worden wie ein Parademarsch. Jetzt aber bestand das 7. Marineregiment halb aus Anfängern, halb aus Südkoreanern.

Der Abend verging emsig. Boote mit Dolmetschern und Journalisten schaukelten planlos im rotglühenden Schein von Wolmi-
do, und auch vor Einbruch der Dämmerung war wenig zu sehen,
weil der gelbe Qualm des Deckungsfeuers das Becken füllte. So
formte sich die Richtung selbst, geradeaus, und weil außer einigen
Salven aus verborgen gebliebenen Abwehrnestern niemand störte,
kämpften die meisten vornehmlich mit ihren aufgeweichten Uniformen und der Orientierung. Im Anschluß, der Boden erklommen, suchte ein jeder, erpicht, die Stadt zu stürmen, konfus den
Kontakt zu seiner Einheit.

Zum allgemeinen Erstaunen stand Incheon noch größtenteils
senkrecht, und eine Menge von Einwohnern lebte. Ein Wunder bei
dem Beschuß; sie wankten aus den Ruinen, manche munter, andere
benommen, einige verstört, liefen kreuz und quer, taumelten oder
hüpften kurios, boten mechanisch Ergebenheitsgesten und riefen,
wie ein Passierwort, »ßank you, ßank you«. Während die Südkoreaner zurückblieben, begierig, Incheon durchzukämmen, nahmen
das 1. und 5. Marineregiment Seoul von Norden und Süden in die
Zange. Am Abend des 19. September war ein Ausfall der 18. Division zurückgeschlagen und die Vorstadt Yongdungpo am Südufer
des Han offen.

Die Joint Chiefs waren wie erschlagen; Omar Bradley murmelte, dies sei »the luckiest military operation in history« gewesen. Die Chiefs mit ihren Zweifeln sähen nun aus wie ein Kranz nervöser Tanten.

DIE SCHLACHT VON SEOUL

MacArthur beschloß auf den Tag ein Vierteljahr nach Beginn des nordkoreanischen Überfalls, am 25. September, Syngman Rhee seine Hauptstadt zu überreichen. Das Datum zwang die Kommandeure, Hunderte von Männern zu opfern, die bei behutsamer Einnahme verschont geblieben wären. In fünf Tagen die in dem Häusergewirr verschanzten 20 000 Gegner zu stellen und auszuschalten lud zu blankem Gemetzel ein. Den Marines, zur frontalen Attacke erzogen, fehlte allein die Munition. In der Kürze konnte kein Nachschub fließen, doch wieder half das trügerische Glück. Man stieß auf ein Depot erbeuteter US-Munition, 2000 Tonnen originalverpackt.

Am 16. waren schon neun Kilometer landeinwärts zurückgelegt, ohne großen Widerstand. Der Feind gab sich zu Tausenden gefangen, darunter Frauen und Knaben, ließ sich auf Feldern in Draht einhegen, froh, daß der Krieg vorüber war. Für die Marines kehrte er wieder, so blutig, wüst und absurd wie zuletzt auf Saipan, Iwo Jima und Okinawa.

Bis zu einer Entfernung von 40 Kilometern sollte das Schlachtschiff ›Missouri‹ ihnen eine wandernde Granatwalze vor die Füße legen, kam aber über elf Schuß nicht hinaus. In der morgendlichen Dämmerung des 17. überquerten die 1. und 5. Division mit amphibischen Zugmaschinen den Han, büßten aber einen Teil ihrer Feuerkraft ein, als festgestellt wurde, daß die Zünder im Gepäck ausgingen. Die Hügel rings um Seoul wurden als erste erstürmt in Gefechten Mann gegen Mann. Die ausgelaugte 18. Norddivision war aufgefrischt um die 9. Division.

MacArthur wollte den Anblick ihres Untergangs genießen, er ließ sich auf den noch umkämpften Hügel 186 chauffieren und verlieh Silver Stars. Dann fuhr er in Richtung Yongdungpo. »General«, bat ihn ein Offizier der 5. Marines, »you can't come up here.« Die Toten waren noch nicht kalt, manche hingen aus den Panzertürmen wie gekocht. Doch interessierte sich MacArthur mehr für den Zustand der Vehikel. Es waren tags zuvor erledigte russische Panzer, anders als im schmählichen Juli versetzte ein gutplazierter Schuß sie nun zu Schrott.

»These tanks are in the condition I desire them to be«, sagte MacArthur und drängte mit seinem Instinkt für das Wesentliche auf die Einnahme des Flughafens Kimpo. Das Nachschubgut könnte dann von Japan herbeigeschafft werden, und überdies wünsche er auf dem Luftwege nach Tokio zurückzukehren. Nach Inspektion eines Haufens Gefangener lösten sich seine Gedanken von Seoul und wandten sich Walker zu, der in seinem Ring das Prestige der Vereinigten Staaten gerettet, in seiner sturen Beharrlichkeit aber auch den Ausbruch nach Nordwesten verpaßt hatte.

Die Truppenkeile der Marines von West und der 8. Armee aus Ost sollten sich auf der Straße zur Hauptstadt treffen. Nun, da das Heft des Handelns in einer Spanne von Sonnenaufgang zu Sonnenuntergang wundersam, von nagender Tristesse zu jauchzender Zuversicht, in amerikanische Hand gewechselt war, mußte dem dramatischen Entwurf entsprochen werden. Der Krieg blickte urplötzlich aus einem anderen Gesicht. Als habe er eine Maske von Trottelei und Unvermögen abgestreift, erschien MacArthurs Feldzug nun wie geschmeidige List, bravouröser Schneid und technischer Zauber. Die kommunistische Aggression samt russischen Panzer- und asiatischen Menschenwalzen war in einen aufgestellten Käfig gerannt. Souveränes Handeln und Materialüberlegenheit befanden sich auf der angestammten Seite.

Walker mußte infolgedessen auch seine Tarnfarben abwischen und wie neugeboren den Pusan-Ring sprengen. Dem Plan zufolge am 16. September, dem Tag nach Incheon. Über das Japanische Meer kreuzten Munitionsschiffe im Shuttle-Verkehr, um einen Anschub von erdrückender Feuerkraft zu liefern. Eigentlich rechnete MacArthur eher auf die Kraft der Verzweiflung.

Mit der Diagonale, welche das Marine Corps nun durch den Süden zog, waren der Nordarmee der Nachschub wie der Rückzug abgeschnitten. Alle in die 8. Armee verkeilten Kräfte würden an sich selbst denken und umkehren. Weit konnten sie nicht kommen. Den östlichen Rand der Insel rahmte das rauhe Taebaek-Gebirge, die Invasionsarmee mußte kapitulieren oder aber sich vernichten lassen.

Sie wählte weder das eine noch das andere, sondern kämpfte stur weiter. Keiner sagte den Mannschaften ein Wort von Incheon. »Solange wir leben, können wir angreifen«, gellte der Befehlshaber der 13. Division, Choi Yong-Jin. Die Division war auf fünfhundert Mann geschmolzen, und einige Offiziere hielten es für falsch, mit ausgehungerten Leuten ohne Munition weiterzukämpfen. Alle Hungrigen und alle Verwundeten sollten, »als ein menschliches Geschoß« zusammengefaßt, gegen die Amerikaner getrieben werden. Das sei nicht sein Befehl, sondern jener der obersten Führung.

»Genosse Choi«, sagte sein Stabschef, Oberst Lee Hak-Ku »wir haben den Krieg schon verloren.«

»Wenn du nicht gehorchst«, schrie Choi, »bist du ein Verräter an der Partei!«

»Du bist ein Verräter am Volk«, schrie Lee zurück, es kam zu einem Handgemenge; in der Nacht lief Lee über. Er berichtete, daß bei ihm 75 Prozent der Truppen südkoreanische Zwangsrekrutierte seien, auf halbe Rationen gesetzt, von ihren dreihundert Lkws fuhren dreißig, ihre einzigen Waffen waren ein paar fahrbare Kanonen und Mörser.

Bei einer Mannschaftsüberlegenheit von zwei zu eins hatte Walker einen Ausbruch westwärts mit vier Divisionen über vier Angriffslinien vorgesehen, welche die gegnerischen Verbände voneinander trennten und einschlossen. Der Plan wußte nichts von den Bunkern auf den gegenüberliegenden Hügelkämmen, die Nordkoreas bester Feldkommandeur in den Fels hatte sprengen lassen, General Kan Kon, den die Yankees King Kong nannten.

Walker eröffnete behutsam die Schlacht und benötigte vier Tage, ehe die feindlichen Reihen nachgaben. Sie waren mürbe geworden und hatten ihre Reserven an Waffen und ausgebildeten Männern verbraucht. Zu einem Ausbruch der 8. Armee ist es genaugenommen nicht gekommen, denn der Gegner löste sich auf. Am 22. September focht er mit Restmunition noch so hartnäckig, daß Walker kaum Fortschritte verzeichnete, am 23. machten nahezu alle kehrt und suchten ein Schlupfloch nach Norden. Die Nachrichten von Incheon waren durchgesickert. Daraufhin galten keine Befehle mehr, die tapfere Truppe sprang wie Glas. Danach zerbröckelten die Teile. Gruppen wanderten gemächlich die Straße hinab und ließen die 8. Armee in ihren spurtenden Fahrzeugen und Panzern an sich vorüberbrausen.

Die Amerikaner waren nun ganz in ihrem Element. Sie brauchten die Flanken nicht mehr zu decken gegen Hinterhalte jenseits der Straße; es ging vorbei an den Reisfeldern geradlinig bis in die Nacht. Einzelne Nester des Widerstands wurden fachgerecht ausgehoben, die meisten Nordkoreaner ließen sich willig gefangennehmen, eine Einheit gar von einem Flugzeug. Der Pilot dirigierte sie zu einem nahe gelegenen Hügel, und dort wartete sie auf den Abmarsch in ein Lager mit Betten und Verpflegung.

Viele sackten schlichtweg in die Landschaft und die Hütten ihres Volks. Die das Gebirge kannten, wanderten wochenlang. Von den 70 000 Mann, die zuletzt den Pusan-Ring belagert hatten, langten 30 000 in ihrem Staat an. Die schweren Waffen und die Gefährte blieben zurück, die Tanks waren leer. Der Vorgang wurde als Partisanentaktik ausgegeben, war es aber nicht. Eine Armee hörte auf zu existieren.

Walker, angewiesen, sie auf dem Amboß zu zerschlagen, den das Marinekorps ihm hinhielt, war das Gegnermaterial abhanden gekommen. Er brachte in vorzüglicher Ordnung die Panzer, die Kanonen und seine Leute über den Naktong, durch das Gewirr der aufgelösten Koreaner, brennenden Dörfer und verstopften Wege. MacArthur und sein Stab auf der ›McKinley‹ hatten sich schon ihre Sorgen gemacht über ihn, war er aggressiv genug für den Ausbruch; ersetzte man ihn nicht besser?

Ihn, den der sechswöchige Auftrag »Stand or die« zäh und haushälterisch gemacht hatte, schalt man nun desorientiert, defensiv und mittelmäßig. Die Brillianz von Incheon entfaltete sich auf einem kapitalen Fehler des Gegners. Einmal begangen, war er irreversibel, und MacArthur ließ keinen mehr an sein Landungskorps heran. Walker begegnete dem ganzen Gewicht; hätte er es nicht ertragen, wäre die Paradelandung geplatzt.

Seoul konnte ohne Not eingekreist und schrittweise ausgekämmt werden. Um einer pompösen Befreiungsfeier willen kam jedoch die Freiheit als Massaker in die Stadt. Da die Nordarmee abgeriegelt war, mußte sie zwangsläufig untergehen, wollte aber einen Preis dafür nehmen. Er wurde von Straße zu Straße bezahlt.

Eine Straßenbarrikade ist ein brusthohes Hindernis aus Reissäcken, gefüllt mit Erde. Dahinter steht eine Panzerabwehrkanone und warten MG-Schützen. Kameraden stecken rechts wie links in den Häusern und beobachten aus Fenstern und Türen. Vor der Barrikade liegt ein Minengürtel. Sinnvollerweise errichtet man sie an jeder Kreuzung; das einfachste ist, sie aus Autos zu errichten. Soweit das Grundmuster des Straßenkampfes.

Die Bewegungen des Angreifers fallen schwer und die Marines konnten ursprünglich nicht anders verfahren als in dem Glauben, kugelsicher zu sein. Der Zugführer tritt den Beweis an. Fällt er, denn Heckenschützen verbergen sich in unzähligen Nestern, wirft sich der Seitenmann auf ihn und leert seinen Karabiner in Himmelsrichtung des Schützen. Den Mann am Boden trifft eine zweite Kugel, man kriecht in den nächsten Hausflur und bandagiert. Die Freude ist riesig, ein Heimatschuß. »You've got the million dollar wound.« Unerfreulich ist, daß die Kugeln zweimal die gleiche Stelle trafen und der Arm nicht mehr zu retten ist, »take it easy, skipper!« Draußen fährt der ›Pershing‹-Panzer geradeaus, dahinter die Infanteristen mit dem Sturmgewehr. Sie kommen durch, aber weitere büßen.

Nach kurzer Zeit schien diese Art zu verlustreich, und man machte es sich einfacher: Wird man der Barrikaden ansichtig, bestellt man ein Kampfflugzeug. Es setzt eine Rakete darauf und bestreicht die Umgebung mit MG-Salven. In sicherer Entfernung werden Feuerplätze mit Mörsern eingerichtet. Während die Granate über 250 Meter ihre gekrümmte Bahn nimmt, zielgenau die Leute hinter der Barrikade in Deckung hält, springen die Pioniere zum Minengürtel und zünden die Sprengsätze. Zwei, drei M-26 ›Pershing‹, mittelschwere Modelle, brechen dann durch die Sandsäcke. Diese Arbeit in allen Straßen wrackt die Stadt ab. Die Barrikaden kippen und die Häuserfront mit. Als sie fertig waren, stellten die Marines fest, daß der Ort aussah wie Tokio 1945.

Die Befehlshaber gingen mit ihnen auch nicht schonender um. In der Nacht greift der Gegner mit konzentrierten Gruppen an, die sich anschließend im Dunkeln auflösen. So wird das Dunkle beschossen. »Was sind unsere Ziele?« fragte Major Simmons von der Artillerie.

»Keine Ziele«, sagte Colonel Ridge vom 3. Bataillon. »Schießen Sie geradeaus. Wir legen da schweres Feuer hin!«

»Also, das Feuer landet da auf dem Kopf von Corporal Collins und seiner Patrouille.«

»That's the fortunes of war.«

Die Geschicke wechselten stadtauf und stadtab, Straßen und Gebäude tauschten mehrmals den Besitz. Die Mannschaftsverluste erreichten Grauenszahlen. Eine Kompanie der 5. Marines büßte 176 von 206 Leuten ein. Die Hausflure lagen voll von Verwundeten, die sich an den Boden preßten, um keinen zweiten Einschuß zu bekommen. Er habe genug Verwundete gesehen, in dem hier und dem Weltkrieg, sagte der Navy-Arzt, »aber noch nie so viele so schnell auf so engem Raum!«

Der Gegner kämpfte in ungezügelter Erbitterung, ohne Chance, in Blutrausch und Todesgewißheit. Pardonsuchende zogen hinterrücks Granaten aus der Hose, und scheinbar Leblose schossen. Die Gefangengabe wurde alsbald nur von Entkleideten akzeptiert; dabei erst stellte sich die Menge der Soldatinnen heraus.

Die Stadt ist das perfekte Schlachtfeld zur Abwehr. Es zwingt den Angreifer, sich in den Straßenschluchten tausend Hinterhalten auszuliefern; früher oder später sucht er sein Heil in schweren Waffen: Sturzkampfbomber, Panzer, Artillerie, die im Gewebe des

Zivillebens klaffende Wunden reißen. Je mehr Deckung es liefert, desto mehr fällt es der Planierung anheim. Die *Prawda* nannte die Schlacht um Seoul ein Stalingrad; hier wie dort ein Blutvergießen um jeden Hausflur, nur inhaltsleer. Der Widerstand wird nicht fester, wenn alles als Barrikade und Festung dient.

Auf jegliches Anzeichen von Gegenwehr entlud sich ein Materialsturm. Flammenwerfende Panzer und Bomben fraßen sich durch die leichtgebaute Stadt, die sich auflöste in einem Meer von Getöse und Explosionen, Feuersbrünsten, Einstürzen, Qualm und Schutt. Die Einnahme Seouls kostete zehn Tage, drei davon währte die Straßenschlacht.

»Wenige Völker können eine so fürchterliche Befreiung erlitten haben«, schrieb der Korrespondent des britischen *Daily Telegraph*, der sie mit Augen sah: »Große Rauchschwaden über uns, als ein massives Gebäude in Funkenschauern zerbricht, Rauchberge auspufft und glühendheißen Schutt auf uns abwirft.« Die Menschen im Gebäude entziehen sich der Wahrnehmung. Die Stadt reißt sie mit sich und verbindet sie mit ihrer Lava. Vom Standpunkt der Joint Chiefs handelte es sich um den »Übergang von devensiven zu offensiven Operationen«, wie sie MacArthur schrieben, und diese waren »magnificently planned, timed, and executed«.

Washington reagierte pikiert auf die Nachricht, daß sein Kriegsgott in Korea Präsidenten salbte. Präsident wovon? Rhee hatte Truman und die Vereinten Nationen über die Presse wissen lassen, daß er die Führung ganz Koreas antrete. Der 38. Breitengrad existiere nicht länger. »Zeigen Sie ihn mir. Wo ist er?«

Die Armee der Vereinten Nationen brauchte ihm die nördliche Landeshälfte nur noch zu erobern. Dazu hatte sie allerdings kein Mandat. Als Rhee am 29. September, vier Tage später als angeordnet, im Parlament von Seoul reinstalliert wurde, war nicht einmal die Stadt gewonnen. Während des Zeremoniells klirrten draußen die Glasscheiben vom Artillerie- und Gewehrfeuer. Die Kulisse wankte, durchzogen von Brand- und Leichengeruch, war aber verfügbar. Dazu hatte sie das 3. Bataillon des 5. Marineregiments am Vortage freigekämpft, Raum für Raum.

»Durch die Gnade der Vorsehung«, sagte MacArthur, »unter der Standarte der höchsten Ziele und Hoffnungen der Menschheit haben die Vereinten Nationen diese alte Hauptstadt von Korea befreit.« Dabei lösten die Glassplitter sich beifällig vom Deckenlicht und schlugen in den Saal. MacArthur, unverletzlich wie seine Zugführer, fuhr ungerührt fort, daß den Einwohnern »die ewigen Prinzipien der persönlichen Freiheit und Würde wiedergeschenkt« seien.

Am Westtorgefängnis trafen die Marines auf eine Anzahl von Leichen ohne Kopf, das Schwert des Henkers daneben. Gräben wurden freigelegt, angefüllt mit Aberhunderten toter Zivilisten, Männer und gleich ihnen Frauen und Kinder. Tagelang kamen Einwohner aus der Innenstadt gelaufen, um in dem würgenden Geruch nach den Resten von Angehörigen zu suchen. Ähnliche Gräben fanden sich auch in Mokpo mit 500 Opfern, desgleichen in Taejon und Wonsan.

Die vorrückenden Truppen legten Akten darüber an mit Fotografien und Zeugnissen. Denen zufolge hatten Kader der Militärverwaltung vor ihrem Rückzug die politischen Gefangenen Schächte schaufeln, Aufstellung nehmen und töten lassen. Amerikanische Kriegsgefangene, ebenfalls zur Exekution geschleppt, waren zum Schein umgefallen und unter den Toten lebendig geblieben. Sie wußten von Massengräbern an vielen Orten des Südens; man schätzte insgesamt 200 Hinrichtungstätten. Mancherorts seien die abziehenden Nordtruppen geradezu Amok gelaufen und hätten dabei in Wonju ein- bis zweitausend Einwohner erschossen.

In Taejon wurden mehrere tausend Leichen von Zivilpersonen gefunden. Es waren Vergeltungsopfer. Als die Stadt den Südkoreanern im Juli abgenommen worden war, machten die Eroberer in einer Talmulde vor den Toren Funde. Sie präsentierten sie sogleich dem Korrespondenten des *Daily Worker*, Alan Winnington, Mitglied der Kommunistischen Partei Englands. Der Anblick überzeugte ihn von Syngman Rhees Kriegsschuld und der seiner amerikanischen Hintermänner.

Die Leiber, an den Handgelenken zusammengebunden, bezeugten, was ohne Zeugen stattgefunden hatte. Wie die Bauern erzählten, seien sie dazu gezwungen worden, lange Gräben auszuheben und später sie mit Erde zu verdecken. Darunter hätten manche noch gelebt. Die nächsten Befehlshaber hießen sie das Unterirdische wieder aufdecken. Es hatte noch grimmigen Zwecken zu dienen.

Winnington fand, was nicht mehr dem Licht zugehört, den Stoffabbau des Lebendigen. Eingehüllt in rissige Krusten ausgewaschenen Lehms, lagen die Gebeine der politischen Opposition des Rhee-Regimes in Taejon. »Durch die Risse waren übelriechende Gebilde von Fleisch und Knochen zu erkennen, Hände, Beine, grinsende Schädel, von Kugeln geöffnete Köpfe.« Die Nordkoreaner sagten, es handele sich um 7000 Leute und Freunde, und sie hinterließen etwas, den Durst nach Rache. Die Südkoreaner hatten ihre politischen Häftlinge, die als Parteigänger Kims galten oder als Parteifeinde Rhees, vor ihrer Flucht liquidiert.

Als die US-Truppen in der vierten Septemberwoche über den Naktong setzten, kehrten die Verhältnisse sich um. Die Nordarmee hatte Ende Juli, nach Betreten der Stadt, zwischen 5000 und 7000 Zivilisten in das gerade geleerte Gefängnis und die katholische Mission gesperrt. Nach dem Ausbruch der Amerikaner aus Pusan begann die Sicherheitspolizei die Gefangenen zu exekutieren. Die Bauern hatten wieder Gräben ausgehoben. Gruppen zu 100 und 200 wurden hinausgeführt, die Handfesseln miteinander verknotet. Als die 8. Armee näher rückte, beschleunigten die Henker ihre Arbeit. Die letzten Morde fanden wenige Stunden vor Einzug des Feindes statt. Er soll nicht triumphieren, zum letzten Mal sind die Verlierer die Sieger.

Die Kugeln trafen auch etwa 40 Amerikaner und 17 Soldaten Rhees. Sechs waren nicht tödlich. Die Verwundeten fielen hinab und stellten sich tot. In der Hast warfen die Bauern die Erde nur locker auf und unterließen es, sie festzustampfen. Den Scheintoten gelang es, aus ihrem Grabe heraus Löcher zur Oberfläche zu bohren, ein US-Soldat mit dem Kugelschreiber. Als die Bauern die 24. Division zu der Stelle führten und wieder die Erde entfernten, trugen auch die Lebenden noch ihre Fesseln. Sie hatten aber den Kanal zum Diesseits offenhalten können.

Als Geschlagener begann Kim Gedanken über die Rechtslage anzustellen. »Einige von uns«, befahl er seinen Truppen, »schlachten immer wieder noch gegnerische Kombattanten ab, die kommen, um sich zu ergeben. Die Verantwortung dafür, die Soldaten das Einbringen von Kriegsgefangenen zu lehren und diese freundlich zu behandeln, liegt bei der politischen Sektion einer jeden Einheit.« Niemand ergab sich der flüchtenden Truppe, aber Gefangene besaß sie zuhauf.

Dem Sieger war wenig Freundlichkeit und keinerlei Rechtsachtung abverlangt, weil sein Sieg schon die Wiederherstellung des Rechtes bedeutete, und seine Rache die gerechte Strafe. Rhee hieß seine Armee und Polizei nun die Verräter und Kollaborateure, Gewährsleute, Gehilfen und Sympathisanten des verschwundenen Besatzers auszumerzen.

Spiegelverkehrt zu den noch frischen Greueln der weichenden Kommunisten geschah deren Sympathisanten nun ein gleiches. Greise, Schwangere, Kinder heben Gruben aus, um eine Stunde später darin verscharrt zu liegen. Im Westtorgefängnis von Seoul langen Wagenladungen politischer Fälle an. Ein knappes Drittel der 4000 Genossen sind Frauen. Hunderte Kommunistinnen und Kollaborateurinnen werden in Bordelle geworfen und von koreanischen wie UN-Soldaten mißbraucht. Syngman Rhees Polizeischergen, soeben noch die Todeslisten der nördlichen Kollegen anführend, bringen die von diesen installierten Volkskomitees zur Strecke. Die Leiter und die Familien der Leiter.

Eine interne Behördenschätzung in Nordkorea gibt 29 000 Opfer der südlichen Rache an. Eigentümlicherweise existierte eine ähnliche Zahl – 26 000 – bei den UN-Kommandeuren als Annahme der zwischen Juni und Dezember von Nordkoreanern getöteten Zivilisten. Das alles gleicht dem Schema des Bürgerkriegs, der auf das gegenseitige Unschädlichmachen der feindlichen Trägerschicht aus ist. Die eigene Vernichtungswut ist nie originär, sondern nur die passende Antwort auf die Greuel der Gegenseite. Zwar gibt es Ursachen und Folgen, nur ist jede Ursache auch die Folge von etwas und so weiter. Jeder ist, wie er ist, nur weil der andere so ist, wie er ist.

Die zivilen und Militärverlustzahlen der Südkämpfe im Sommer 1950 geben eine eigene Version des Geschehens wieder. Sie offenbaren, aus wessen Adern der Krieg sich nährte. Die südkoreanische Armee und Bevölkerung sind Randerscheinungen des militärischen Verlaufs, tragen aber 111 000 Tote und 106 000 Verwundete davon. Die Nordarmee, welche die längste Zeit über das Geschehen diktiert, büßt dabei 70 000 Tote ein. Die US-Armee, welche die volle Wucht dieses Sturms auffängt, nimmt dafür 2954 Tote und 13 695 Verwundete hin.

PEKING

Den Fall Seouls lastete Stalin dem Führungsversagen der eigenen Leute an. Seine Berater bei der Nordarmee seien »nachrichtendienstliche Versager« und »strategische Analphabeten«. Sie hätten schon die Schlüsselrolle Incheons nicht begriffen. Er selbst sah gleich den Ernst der Lage und beschloß, die Operationen von nun an in eigene Hand zu nehmen. Chruschtschow gegenüber mimte er den Fatalisten: »Sie werden hier hinkommen«, bis zur sowjetisch-koreanischen Grenze. »Warum nicht? Sollen doch in Fernost die Vereinigten Staaten unsere Nachbarn sein!« Zur Zeit dürfe Rußland sie nicht bekämpfen. »Wir sind noch nicht kampfbereit.«

Am 18. September wurde Kim instruiert, vier Divisionen von Pusan nach Seoul zu verlegen, und Wassilewski, den Luftschutz von Pjöngjang vorzubereiten. An der Küste zum Japanischen Meer seien Jagdschwadronen aufzustellen. Zehn Tage später, die Invasion des Südens war gescheitert, sollte Kim seine Verbände umgruppieren und an die Verteidigung Pjöngjangs setzen. Wie alles in Nordkorea erforderte dies Beratung, nun durch den Vizechef des Generalstabs, M. V. Sacharow.

Das Fiasko konnte schmählicher kaum sein. Eine Niederlage sowjetischer Waffen und sowjetischer Planung. Vier Tage vor Abmarsch hatten die Russen den Plan ein letztes Mal korrigiert zugunsten einer schulmäßigen Weltkriegsoffensive wie zwischen Weichsel und Oder; 15 bis 20 Kilometer Vormarsch täglich und Abschluß in 22 bis 27 Tagen. So war schon gesiegt, ehe die Amerikaner mobilisiert hatten.

Stalin wußte, wie er Kim versicherte, daß Truman seinen Partner Rhee fallen ließe, da er schon Tschiang Kai-schek hatte fallenlassen. Das meldeten die Geheimdienste und riet die Logik. Warum sterben für Seoul, wenn China es nicht wert gewesen war? Nur besagte die Logik auch das Gegenteil: Man kann nicht jeden verlassen. Alles war möglich, doch sicher war eines: Amerika blamierte sich in einem verlorenen Blitzkrieg; es mußte reagieren und käme zu spät! Eben das mißglückte.

Der Blitz reichte nicht weit genug, schlug aber grell genug ein, den Trägsten zu erwecken. MacArthur hatte die russisch gelenkte Dampfwalze durch eine Lektion in Kriegskunst ins Leere rollen lassen. Die Nordarmee zerstob nach dem Fall Seouls, warf die beschwerlichen Waffen fort, verschwand im Gefangenenlager oder im Bauernkittel. Statt Südkorea zu annektieren, stand das Regime Kim, eine Sowjetkolonie, nahezu entwaffnet der Annexion durch Syngman Rhee offen, eine Kreatur MacArthurs, der inzwischen den Großteil der Kampfverbände der Vereinigten Staaten um sich versammelt hatte.

Stalin erschien seiner alten Garde nicht mehr auf der Höhe seines Genius. Wie um den nachlassenden Kräften frische Impulse einzujagen, sann er neuen Feindbildern und Säuberungswellen nach. So war ihm schließlich eine Hydra eingefallen, die alle erdenklichen Köpfe trug, Juden und Ärzte, Amerika und Zionismus, der Titoismus und eventuell der Maoismus. Sie alle abzuschlagen versprach einen Aderlaß sondergleichen. Mit Verschwörungsphantasien hatte er Rußland gefesselt; ihr Radius umfaßte nun die Erde, seine Methodik währte fort.

Gedankenvoll trat Stalin am 5. August einen ausgedehnten Urlaub an, während am Pusan-Ring die Entscheidungsschlacht mit der 8. Armee entbrannte. Der erste kommunistische Waffengang mit dem neuen Erzfeind. Die gesamte sowjetische Diplomatie setzte dasselbe unbeteiligte Pokergesicht auf. Im Botschafts- und UN-Verkehr empfahl man beiläufig, diese dumme Angelegenheit nächstens zu bereinigen.

Am 29. September empfing Stalin einen Hilferuf Kims: »Lieber Josef Wissarionowitsch!« An dem Tage, Rhee wurde gerade reinthronisiert, meldete der Absender, daß Truppen des Gegners den 38. Breitengrad überschritten. »Wir benötigen dringend unmittelbare militärische Unterstützung der Sowjetunion.« Wenn dies aus irgendwelchem Grund nicht möglich sei – vielleicht war der Empfänger abgeneigt, einen Weltkrieg auszulösen –, »bitte helft uns mit der Bildung internationaler Freiwilligenbrigaden in China und anderen Volksdemokratien«. Wie zu erwarten, empfahl Stalin, mit dessen Waffen, Plänen und Planern Kim Krieg führte, ihm freundlich die »chinesischen Genossen«.

Zwei Tage später wandte sich Kim an Mao und erbat Truppen. Mao trug ihm noch die »Arroganz« nach, im Frühjahr sein Angebot von drei Armeen ausgeschlagen zu haben. Peking, sorgsam über Datum und Strategie des Überfalls getäuscht, hatte Stalin Anfang Juli über Grenzverteidigungsmaßnahmen unterrichtet. Dieser überging die aktuellen Gefechte, an denen China ersichtlich nicht teilhaben sollte, deutete aber künftige Weiterungen an. Wenn es seine Truppen in Korea kämpfen lassen wolle, dann würde Rußland »für diese Einheiten Deckung aus der Luft stellen«.

Für solch einen Feldzug fehlte jegliches Anzeichen. Das Angebot datiert vom 5. Juli, dem Tag nach der ersten zaghaften Feindberührung der US-Infanterie. Wie die späteren Ereignisse zeigten, bezog die Luftunterstützung sich einzig auf Nordkoreas Yalu-Grenze. In einem binnen drei Wochen planmäßig abzuschließenden Krieg im Süden erstaunt diese Weitsicht. Womöglich wußte der verfallende Generalissimus mehr Züge auf dem Schachbrett Fernost vorauszudenken als die übrigen Teilnehmer der Partie.

In höhnischem Wohlwollen empfahl er den Chinesen am 8. Juli, sich mit Militärbeobachtern im Feld zu informieren. Just dies wurde ihnen von Kim streng verwehrt. Bis Incheon erfuhr Peking die Ereignisse im Rundfunk. Nachdem es drei Monate an allen eigenen Eindrücken behindert worden war, fragte Stalin am 16. September, als er den Krieg soeben in seine Nachbarschaft wechseln sah, nach der dortigen Sicht der Lage: Wie stehe es mit den im Juli gemeldeten Grenzverteidigungstruppen, könnte man Leute davon abzweigen und in Nordkorea einsetzen?

MacArthurs Landung ließ der chinesischen Partei und Armee kein anderes Thema. Mao, der keinen Schlaf mehr fand und von

Zigaretten lebte, würdigte Stalin keiner Antwort. Er wußte auch keine. Ihm hatte ein revolutionärer Volksbefreiungskrieg gegen den morschen Spätimperialismus vorgeschwebt. Das Unternehmen war gescheitert, bevor er einen Schuß beisteuern konnte.

Mit einem Male gingen die Uhren rückwärts. Ein zupackender Imperialismus trieb die Revolutionsarmee vor sich her. Wenn China unter diesen Umständen kämpfte, dann um seine Haut. Es besaß auch nicht viel mehr als das, um sich zu wehren. Seine Weltkriegswaffen waren den US-Bombern nicht gewachsen. Zu ihrer Abwehr hatte Stalin am 8. August seine 122. Jagddivision angeliefert. Binnen zweier Monate sollten chinesische Piloten die sowjetischen ersetzen. Doch schützen 151 MiG-15 nicht ganz China. Rußland hatte dem Regime im Februar einen Beistandspakt gewährt, doch was besagten Stalins Verträge? Die UN/US-Kampagne stellte vielleicht gar keinen Staatenkrieg im Sinne des Paktes dar. Dort ist von Japan und seinen Verbündeten die Rede, nicht von der UNO. Auch darum wußten die Gewitzteren im Kreml, was sie an dem Mandat des Sicherheitsrats hatten.

Stalin ließ sich von Maos Schweigsamkeit nicht verdrießen. Der steckte in der Klemme seines Blankowechsels, ausgestellt, ganz ohne die Fälligkeit und ihre Umstände zu präzisieren. Jetzt wurden sie reklamiert. Kims Hilferuf paßte in die Szenenfolge. Er weile »fern von Moskau«, schrieb Stalin am 1. Oktober nach Peking, »und von den Ereignissen in Korea etwas abgeschnitten«. Dann erinnerte er Mao und Tschou, wie sie im Mai den nun äußerst hilfsbedürftigen Kim ihres Beistands versichert hätten. Weil in der Schlacht von Seoul die Moskauer Ratschläge nicht befolgt wurden, sei nun die Katastrophe da!

Überzeugt davon, daß Maos Karriere als Befreier Asiens kein Zurück zuließ, kleidete er seine Forderung in eine gezierte Bitte. Eher beiläufig legte er die Schlinge: »Falls ihr es in der aktuellen Situation für möglich haltet, zur Unterstützung der Koreaner Truppen zu schicken, dann solltet ihr wenigstens fünf bis sechs Divisionen zum 38. Breitengrad bewegen, um den koreanischen Genossen die Gelegenheit zu geben, nördlich davon, gedeckt von euren

Truppen, ihre Kampfreserven zu organisieren. Die chinesischen Divisionen könnten als Freiwillige betrachtet werden, natürlich unter chinesischem Oberkommando.« Kurz, es sollten anstelle der Nordarmee reguläre chinesische Verbände, leicht getarnt, eine Front gegen die UN-Truppen eröffnen.

Mao, der seit Wochen den Militäreingriff vorbereiten ließ, öffnete in einem seitenlangen Telegramm vom 2. Oktober seine Gedanken, streifte alles, von der Bombardierung chinesischer Städte bis zur Artilleriestärke amerikanischer Korps, dem langwierigen Training seiner Piloten, dem Kaliber der Kanonen, die ihm fehlten, der Sabotage der chinesischen Bourgeoisie, um als konkrete Antwort folgendes anzukündigen: Am 15. Oktober würden zwölf Divisionen in geeignete Gebiete Nordkoreas vorrücken, doch nicht zum 38. Breitengrad. Man werde sich auf defensive Scharmützel mit kleinen gegnerischen Einheiten einlassen und auf sowjetische Waffen warten. Wenn sie eingetroffen seien, könne man gemeinsam mit den koreanischen Genossen die Amerikaner vernichten.

Nachdem er alles aufgeschrieben hatte, was ihm seit zwei Wochen durch den Kopf jagte, legte Mao den Text zu den Akten, verfaßte einen anderen und schickte ihn ab: Die chinesischen Truppen seien miserabel bewaffnet, eine Intervention schade dem Wiederaufbau des bürgerkriegsverwüsteten China und führe zum offenen Krieg mit den USA. Die letzte Entscheidung stehe noch aus.

Tatsächlich hatte das Politbüro am selben Tage den Abmarsch der sogenannten Freiwilligen am 15. Oktober beschlossen, blieb aber darüber uneins. Mao hielt Kurs, Eingreifen unter welchen Umständen auch immer. Den Kameraden sagte er, daß man irgendwann mit den USA werde ringen müssen, besser in Korea als daheim. Korea biete »das günstigste Gelände, die nächsten Verbindungen nach China und den kürzesten Weg für uns, indirekte sowjetische Unterstützung zu erhalten«. Mao wähnte den Hebel innezuhaben, der die neueste Generation sowjetischer Waffen in seine Hände brachte. Die Absage an Stalin diente der Erpressung, man müsse »hart mit ihm pokern«. Näheres solle der glatte Tschou aushandeln.

Am 8. Oktober begab sich Tschou En-lai auf die Reise quer durch Asien zur Krim. Unterwegs, in einem Hospital in Moskau, las er den ewig kränkelnden Marschall Lin Biao auf, den höchstrangigen Zweifler am Koreakurs. Mit ihren Dolmetschern trafen sie am 11. in Sotschi an der Schwarzmeerküste ein, Stalins Urlaubsdomizil.

Stalin hatte Mao bereits geantwortet. »Führende chinesische Genossen«, wiederholte er, stünden im Wort. Dies sichere ebenso ihr eigenes Interesse. Ein amerikanisiertes Korea werde zum Sprungbrett eines neuerlichen japanischen Angriffs dienen. Krieg mit den USA hingegen sei nicht zu befürchten. Wie die jüngsten Aktionen zeigten, sei das Land unvorbereitet für einen großen Krieg. Weil hinter China die Sowjetunion stehe, würden ihm schließlich die USA auch Taiwan überlassen müssen. Sie ließen alsdann wohl ihre Pläne fallen, von Japan aus den Fernen Osten aufzurollen.

Doch China »kann diese Zugeständnisse nicht erwirken, ohne ernsthaft dafür zu kämpfen und eine eindrückliche Kraftprobe abzulegen«. Bei alledem könnten die Vereinigten Staaten sich durchaus in einen größeren Krieg verstricken, der China und die Sowjetunion mit hineinziehe. »Sollen wir uns davor fürchten?« Zusammengenommen sei man stärker als Amerika und England. Deutschland sei entwaffnet und die übrigen Europäer stellten keine ernstzunehmenden Militärmächte dar. »Wenn ein Krieg unvermeidlich ist, dann soll er jetzt geführt werden und nicht in ein paar Jahren, wenn der japanische Militarismus als Verbündeter der USA zurückkehrt und die USA und Japan einen fertigen Brückenkopf auf dem Kontinent haben in Gestalt eines vereinigten Korea unter Syngman Rhee.«

Es gibt kein sprechenderes Indiz der Stalinschen Strategie in Korea. Dem Adressaten wird eine Weltkriegsbereitschaft der Sowjetunion suggeriert, die nicht bestand, und eine Gefährdung Chinas, die ebenso wenig bestand, doch nicht ebenso abwegig war. Wenn sich Mao daraufhin nicht passiv verhielt wie Stalin, sondern so offensiv, wie dieser ihm vorschlug, riskierte er allerdings amerikanische Vergeltung. Soviel sollten die kommenden sieben Monate erweisen, nicht mehr. Kameradschaftlich lud Stalin die chinesischen Kommunisten unter falschen Versprechen in einen Konflikt mit den Amerikanern, weil sie es, auf seine Veranlassung, im Mai versprochen hätten: Die Lage in Nordkorea werde immer schlimmer, Kim habe die Macht des Feindes unterschätzt.

Mao brauchte gar nicht geködert zu werden, er war marschfertig bis auf die richtigen Waffen. In Sotschi stellte sich sogleich der sowjetische Geiz heraus. Stalin erwartete den Besuch in großer Entourage. Molotow, Malenkow, Mikojan, Kaganowitsch, Bulganin, Berija, die ganze alte Garde war versammelt. Ein leutseliger Stalin begrüßte am Nachmittag des 11. Oktober die zwei Bittsteller an der Schwelle dessen, was er selbst als Weltkrieg skizziert hatte. Doch »heute wollen wir den Ansichten und Überlegungen unserer chinesischen Genossen zuhören«.

Zunächst hörte Stalin von Tschou, was Mao ihm aufgetragen hatte: Mängel in der Truppenausrüstung! »Krieg ist für uns kein Kinderspiel. Wie finden wir heraus, wenn wir auf einem Karussell festhängen und für ein paar Jahre nicht mehr loskommen?« Es sei besser, keine Truppen zu schicken. China beteilige sich nicht, denn »die Amerikaner werden uns den Krieg erklären!«

Tschou wußte, daß Mao am 8. Oktober den Einsatzbefehl gegeben hatte. Vier Korps der 13. Armee und drei Artilleriedivisionen waren in Bereitschaft versetzt: »Ich ordne hiermit an, den Namen ›Grenztruppe Nordost‹ in ›Chinesische Volksfreiwillige‹ zu ändern.« Den Chinesischen Volksfreiwilligen sei aufgetragen, rasch nach Korea zu marschieren und im Verbund mit den koreanischen Genossen die Aggressoren zu bekämpfen und zu besiegen. »Genosse Peng Dehuai ist zum Kommandeur und politischen Kommissar der Chinesischen Volksfreiwilligen ernannt.« In der Nacht traf die Nachricht in der chinesischen Botschaft Pjöngjang ein. Während Tschou und Stalin einander vormachten, was ihnen völlig unmöglich sei, wurden die Ausrüstungsgüter verladen, um am 11. über die Yalu-Brücken zu rollen.

Soviel offizieller Betrieb kann Stalin nicht verborgen geblieben sein. Zufrieden mit seinen Schachzügen erläuterte er, warum Rußland den Nordkoreanern nun nicht weiterhelfen könne: »Wie Sie wissen, ist der Zweite Weltkrieg noch nicht lange zu Ende, und wir sind für den Dritten Weltkrieg nicht vorbereitet.« Den Chinesen hingegen stellten sich keinerlei Schwierigkeiten. »Die Amerikaner können nicht Krieg an zwei Fronten führen, in Korea und China.« Ohne Verstärkung werde Kim höchstens noch eine Woche durchhalten. China könnte danach den Wiederaufbau seines Nordostens abschreiben. Dann stünden US-Armeen auf Dauer am Yalu, lächelte Stalin. »Danach sind die Amerikaner dazu fähig, mit euch zu machen, wozu sie Lust haben, zu Luft, Land und See.« Man solle zumindest den koreanischen Genossen gemeinsam eine Zuflucht versprechen. Sie könnten, bis zum Tage der Rückkehr, ihre Hauptstreitkräfte, Ausrüstung, Stabsoffiziere, Politkader nach Nordostchina verlegen und Alte, Kranke, Schwache, Behinderte und Verwundete in die Sowjetunion. »Mit einem Wort, unsere beiden Länder haben die Last zu tragen.«

Tschou schnappte nach Luft. Lin Biao wandte ein, die Koreaner könnten sich ohne weiteres in ihre eigenen Berg- und Waldverliese zurückziehen, als Partisanen durchschlagen und ihre Zeit abwarten. »Vielleicht wird der Feind das Vorhandensein von Partisanen nicht dulden und sie schnell ausradieren«, entschied Stalin. »Da ihr keine Truppen schicken wollt, müssen wir konkrete Pläne machen, den koreanischen Genossen und ihren Truppen Unterkunft zu geben.«

Tschou und Lin Biao war nun klar, daß sie das volle Kriegsrisiko tragen sollten, ohne einen Preis für sich herauszuholen. Stalin nahm ihren Rückzieher als leeren Bluff in Kauf und narrte sie mit Kims Evakuierung. Dann stellte er ihnen einen Trost in Aussicht; man habe lange beratschlagt, wie den Genossen zu helfen sei. Die Sowjetunion habe Korea 1948 verlassen und ein Wiedereinmarsch bedeute Krieg mit Amerika. »Wir denken aber, daß China eine gewisse Truppenanzahl mit sowjetisch gelieferten Waffen und Ausrüstungen schicken könnte.« Dann streifte er das chinesische Hauptanliegen, die Luftdeckung. Man könne wohl ein paar Flugzeuge schicken, »aber unsere Luftwaffe kann nur über euren rückwärtigen und Frontlinien operieren«. Um die Weltmeinung nicht aufzubringen, könnten die Maschinen nicht im Rücken des Gegners eingreifen, »damit unsere Flugzeuge nicht abgeschossen und unsere Piloten gefangengenommen werden«.

Tschou, vom Hoffnungsstrahl geblendet, fragte, ob China, falls es sich zum Kampf bereit finde, unmittelbar eine Ausrüstung geliefert bekäme. Stalin sagte, daß die Chinesen vernünftig und recht handelten, ihre Streitkräfte zu modernisieren. »Erfahrungsgemäß geht es viel schneller und einfacher, die Sachen im Kampfe auszutauschen und zu verbessern.« In jedem Fall sei die Lage jetzt jedoch viel zu dringlich, um zu warten, bis die Volksfreiwilligen ausstaffiert seien. Für die Ersatzfragen werde Bulganin die nötigen Arrangements treffen.

Bevor sich alle betranken, setzten Stalin und Tschou ein Telegramm an das chinesische ZK auf, daß Moskau »den Anforderungen Chinas für den Nachschub der Artillerie, Panzer und anderen Ausrüstungen vollständig nachkommt«, und zwar für eben jene Volksfreiwilligen, die im Begriff standen, nach Korea aufzubrechen. Beim nachfolgenden Bankett blieb nur der zerbrechliche Lin Biao nüchtern. Stalin bekannte, den Menschen zu mißtrauen, ausgenommen Mao. Berija verstand seinen Chef nicht mehr und flüsterte: »Was macht er da? Es bringt uns die Amerikaner auf den Hals.«

Früh am folgenden Morgen bestieg Tschou ein Flugzeug nach Moskau, um in der chinesischen Botschaft die gute Nachricht chiffrieren und absenden zu lassen. Molotow war bereits anwesend und erklärte Tschou: »Also, wir stimmen der Entsendung eurer Truppen nicht zu und werden euch auch keine Ausrüstung liefern.« Tschou fragte erbost: »Wie können Sie einen Plan annullieren, den wir ein paar Stunden vorher vereinbart haben?« Alle waren ernüchtert.

Mao erfuhr am Abend des 10. Oktober von Stalins Späßen und fand die nächsten siebzig Stunden keinen Schlaf. Die Volksfreiwilligen würden, den Jagdbombern schutzlos preisgegeben, den Yalu überqueren müssen, und seine einjährige Staatsmacht wäre einer Begegnung mit dem modernsten Militärapparat der Erde ausgesetzt. Doch war damit ohnehin zu rechnen. Die US-Truppen hatten am 7. Oktober den Breitengrad überschritten, und Amerika würde am Yalu nicht haltmachen. Das sagten Maos Nachrichtendienste und sein Weltbild. Der Endkampf zwischen Licht und Finsternis war unaufhaltsam, und Stalin würde sich heraushalten.

Am 12. ging ein Telegramm an die Befehlsorgane, den Abmarsch zu stoppen. Doch sollten den Kadern »keine neuen Erklärungen« gegeben werden. Mao mußte am Nachmittag des 13. das Politbüro beschwichtigen. Die Notsitzung war kurz und die Argumentation bekannt. Ohne Luftdeckung und Modernisierung kein Truppenentsand; Krieg mit den USA frühestens in drei, besser fünf Jahren.

Über Indiens Ministerpräsident Nehru kam die Auskunft, daß die UN-Streitkräfte 60 Kilometer vor dem Yalu haltmachen wollten. Eine gezielte Desinformation, meinte Mao. Man müsse Kims Nöte nutzen, solange es sie gab. Nur beraubten Stalins Evakuierungspläne die Bruderhilfe allen Elans. Die Zeit drängte ungemein. Kims Kampfeswille bis zum Umfallen wurde von Stalins Offerten durchweicht. Am 12. kabelte dieser an Kim, eine Konferenz der chinesischen und russischen Freunde rate ihm zum Exil in Sibirien oder der Mandschurei.

Am Abend des 13. schickte Mao seinen Entschluß an Tschou in Moskau: Wie im Politbüro einstimmig angenommen, verlange Chinas Interesse weiterhin »den Einmarsch unserer Armee nach Korea«. Wenn nicht, schwelle den Reaktionären in- und außerhalb Chinas der Kamm ihres Hochmuts. Wenn der Feind vorpresche zum Yalu, könne er Chinas ganze Streitmacht im Nordosten dort festbinden und die am Südufer des Flusses gelegene Energiewirtschaft kontrollieren. Davon werde die gesamte mandschurische Industrie versorgt. »Wir müssen dem Krieg beitreten. Die Wahl einer aktiven Politik ist günstig für China, Korea, den Osten und die Welt.« In Korea wolle man zunächst nur die Marionettenarmee Rhees angreifen, in den Bergen nördlich der Linie Pjöngjang-Wonsan eine Basis errichten und die Bevölkerung ermutigen. Die ganze Lage in Korea werde jedoch umkippen, wenn man auf Anhieb ein paar Divisionen Rhees ausradieren könne.

Stalin war in Sotschi geblieben und versah die Todeslisten seiner Geheimpolizei mit den angemessenen Hinrichtungsarten. Er entschloß sich, seinen obersten Henker Abukumow zu henken und in der Ukraine die Juden aus dem Staatsdienst zu werfen. Am Abend des 13. noch ging ihm über Molotow die Übersetzung des Mao-Kabels zu.

Tschou bedrängte Molotow, ihm Stalins Reaktion zu verraten. Molotow sagte, es gebe noch keine offizielle Antwort an Mao, aber die Waffen- und Ausrüstungslieferungen gingen klar. Dann erörterte er Einzelheiten ihrer Montage und ihres Schutzes vor Luftangriffen.

Tags darauf kabelte Stalin an Kim, er solle an Ort und Stelle warten, bis Einzelheiten von Mao einträfen. Er wünsche ihm »Glück«. Dann bestimmte er 16 Jagdregimenter für den Einsatz in Korea. Tschou hatte ihm rasch eine Wunschliste mit Artillerieteilen ausgehändigt. Ob Bomber gestellt werden könnten? Er war auch an Stalins operativen Gaben interessiert und bat um Weisungen, wie die chinesischen und koreanischen Verbände zu koordinieren wären.

Stalin genehmigte die Wünsche und die Luftdeckung der Volksfreiwilligen, doch erst wenn sie sich in Marsch befänden. An der Befehlslage für die Jagdkommandeure in der Mandschurei wurde nichts geändert. Auf ihre wiederholte Anfrage erging die stets gleiche Antwort: Sowjetische Flugzeuge und Panzerverbände in China seien auf die Verteidigung chinesischer Städte und die Ausbildung chinesischen Militärs beschränkt. Fronteinsätze, Deckungsoperationen für Kampfverbände beiderseits der Yalu-Zone seien strengstens untersagt.

Am 14. Oktober wurde Tschou die Überraschung Stalins mitgeteilt, als er Maos Entschluß in Händen hielt. Beim Lesen habe er wiederholt gemurmelt: »Die chinesischen Genossen sind so gut. Die chinesischen Genossen sind so gut!« Dabei sei der alte Mann den Tränen nahe gewesen.

Nach Norden

Amerika lernte aus dem Koreakrieg, sein Gegenüber zu unterscheiden in vernünftige Gegner und irrationale Feinde. Der eigentliche Widersacher, die Sowjetunion, schien kontrolliert und berechenbar. Er suchte seinen Vorteil, das machte ihn umgänglich. Die meisten Streitfragen lohnten keinen Zusammenprall, die Nachteile überwogen. Nach einem Eklat der verfügbaren Gewaltarsenale zerginge jeder erdenkliche Gewinn. Darüber können zwei sich unschwer verständigen.

Von Juli bis September erwogen Amerika und China, durch indische Zwischenträger einander Signale zukommen zu lassen. China signalisierte, daß mit der Überquerung des 38. Breitengrads nach Norden eine Unsicherheitszone entstünde, die nicht tolerierbar sei. Die USA hätten gern übermittelt, daß ein chinesisches Eindringen über den Yalu zu Vergeltung führen müsse, verzichteten aber, um Stalin nicht unnötig zu reizen.

Truman ignorierte die Nachricht als unverschämte Nötigung. Mao wollte gar nichts wissen und hielt alles, was Nehru ihm hinterbrachte, für einen Bluff. Er stritt nicht mit den USA über Einflüsse in Korea, er hielt sie für ein Schurkensyndikat. Es mußte gebrochen werden; dies verlangte sein Amt als Rächer Asiens und als Anführer der chinesischen Revolution, die stetig Bewegung brauchte und einen plausiblen Adressaten, der den Jammer der Welt verschuldete. Mao wollte die USA stellen, kümmerte sich um die nötigen Mittel und um den casus foederis. Den Wechsel des Kriegsschauplatzes nach Norden hielt er für selbstverständlich.

Darin lag für China eine Gefahr, aber eine willkommene. Die USA wußten drei Jahre lang nicht genau, welchen Gegner sie bekriegten. Ob rational oder irrational, man konnte ihn nicht klar erkennen. Der Rechtsgegner war Kim, dessen Aggression zu endigen das Kriegsziel war. Als physischer Gegner bot sich ab Oktober 1950 China dar, und als politischer Gegner blieb Stalin zu vermuten, der den Vorteil zog und die Fäden hielt. Wie in dem roten Dreieck entschieden, reagiert und eskaliert wurde, blieb dunkel.

Die CIA hatte anfangs orakelt, daß erstens ohne die Sowjetunion in deren Lager nichts laufe und zweitens keinerlei Indiz sich zeige, ob sie an Kims Eskapaden irgendwelchen Anteil nehme. Im Sommer gingen MacArthurs Fährtenleser davon aus, daß Kims Verbände von Chinesen infiltriert seien, was nicht notwendigerweise als staatliche Teilnahme gelten müsse.

In Tokio standen der Army besondere Chinakenner zur Seite, die Führer der vormaligen kaiserlichen Streitkräfte, soweit man sie nicht aufgehängt hatte. Von Admiral zu Admiral fragte Arleigh Burke den pensionierten Kichisaburo Nomura, welche Reaktion auf die Überquerung des 38. Breitengrads zu erwarten sei. Nomura, zur Zeit von Pearl Harbor Botschafter in Washington, war sich seiner Vorhersage sicher. Die Chinesen würden einmarschieren!

Wenn, wäre es auch kein Schaden. Zwar eine Gefahr, doch eine willkommene, wie MacArthur dem Vizestabschef der Army, Matthew B. Ridgway, im August anvertraute: »I pray nightly that they will … would get down on my knees!« Amerikas Schicksal führte für ihn vom Atlantik zum Pazifik und zur Gegenküste nach Asien. Dort stellte sich ihm Rotchina entgegen als der Anti-Christ, der allesverschlingende, dämonische, irrationale Feind. MacArthur war es aufgetragen, den Moloch zu zerbrechen, solange die Zeit es zuließ. Als Weltanschauungskrieger meinten Mao und MacArthur es ähnlich ernst, nur waren die Systeme unähnlich, die sich bekriegten.

Die Joint Chiefs und ihr Vorsitzender Bradley zweifelten an MacArthurs Kreuzzug. Bradley hielt den Chinakrieg mit Namen Korea für »the wrong war, at the wrong place, at the wrong time, and with the wrong enemy«. Auch den Joint Chiefs schwante, daß der irrationale Mao möglicherweise nur eine Schachfigur in den Berechnungen Stalins sei. Um seinen Vorteil zu pflegen, lockte dieser einen ideologischen Phantasten auf den Kriegspfad. Im US-Außenministerium, wo noch einige ihn kannten, mochte man Mao soviel Wahn nicht zutrauen. »It would be sheer madness«, meinte Acheson.

Die Russen plagten China in seinem Nordosten schon genug. Soviel bestätigte auch die CIA. Die Ausstattung, die China brauche, um Krieg zu führen, würde Moskaus schwere Stiefel auf lange Zeit in der Mandschurei lassen. Ganz davon abgesehen, interessiere sich das Pekinger Regime durchaus für Chinas Sitz im UN-Sicherheitsrat.

Der Nationale Sicherheitsrat suchte den Schlüssel zur Lage im Kreml. Nordkorea war eine wrackgeschlagene Marionette, die Stalin nicht ungerührt abschreiben könne. Er brauche sich dem Weltkrieg, den er scheue, keineswegs auszusetzen. »Es ist möglich, daß die Sowjetunion versucht, die chinesischen Kommunisten zu überzeugen, in den Koreafeldzug einzutreten, um die nordkoreanische Niederlage zu verhindern und, falls wir kraftvoll reagieren, einen Krieg zwischen den USA und den Chinakommunisten anzuschieben.«

Alles Erdenkliche war gedacht, und Truman mußte sich für etwas entscheiden. Das lag ihm charakterlich nahe und politisch fern. Zunächst führte er einen UN-Koalitionskrieg, dem mittlerweile Kontingente aus England, Frankreich, der Türkei, Holland, Griechenland, Südafrika, Italien, Äthiopien, Thailand etc. zugestoßen waren. Sein Hauptverbündeter, die Briten, standen der ganzen Korea-Expedition zögerlich gegenüber: Deren nominelles Ziel, die Integrität der Syngman-Rhee-Diktatur, verlohnte nicht der Mühen; früher oder später käme es zu Streit mit den Chinesen, mit denen man lieber geschäftlich verkehrte.

Als das weltläufigere Imperium hatten die Briten Rotchina diplomatisch anerkannt. So unterhielten sie ein Konsulat in Mukden und registrierten die Bewegungen in der Mandschurei. KP-Funktionäre hätten in Schneidereien Nähmaschinen beschlagnahmt, um Uniformen nähen zu lassen. Das tut im Kommunismus niemand aus Bequemlichkeitsgründen.

Am 5. Oktober waren die britischen Militärchefs überzeugt davon, daß China gegen MacArthurs Nordzug intervenierte. Also drängten sie Washington zu einem zweiwöchigen Halt am 38. Breitengrad und direkten Verhandlungen mit China. MacArthur und sein Anhang in Washington schimpften die Briten Appeasernaturen und gaben prinzipiell nichts auf ihre Ratschläge.

Truman, aus härterem Holz, geriet als ›man who lost China‹ in die Mühlen der Rechtsopposition. Ihm war das Atommonopol verlorengegangen, wie seit Februar erwiesen, durch Spione in Hochsicherheitsbereichen. Andere wurden in der Administration entdeckt wie Schwamm im Gemäuer. Er wucherte dort, ungestört, seit zwei Jahren.

Der Erzfeind war der Exfreund. Nachträglich überfiel das Weltkriegsbündnis die stolze Demokratische Partei wie ein Aussatz. Alger Hiss, dem im Januar überführten Verräter im Außenministerium, prangte, nach dem Diktum von Congressman Scott, »das Kreuz von Jalta auf der Brust« und mit ihm den Veteranen aus den Bündnistagen. Wie viele sentimentale Spuren hatte die Vernunftehe mit Stalin hinterlassen? Taugten seine Expartner noch, ihm Einhalt zu gebieten? An China hilflos gescheitert, standen sie in Korea zur Bewährung.

Truman war auf dem Scheitelpunkt des Krieges ein zweifelhafter Präsident geworden, der im November Kongreßwahlen zu bestehen hatte. Nach Lage der Dinge konnte ihm dies nur als Vorreiter des Westens gegen den wuchernden Sowjetblock gelingen. MacArthurs Handstreich kam ihm wie bestellt; er reiste seinem Triumphator Pacificus über den halben Ozean entgegen und ließ sich von ihm auf Wake Island seine Befreiungsstrategie im Norden erläutern. Er wäre der erste der als Weltkriegsfolge dem Kommunismus verfallenen Staaten, welcher der Demokratie zurückgewonnen würde.

Averell Harriman nahm teil an dem Salut und steuerte Gedanken bei, die Befallenen zu ›entkommunisieren‹. Man konnte vielleicht an die Entnazifizierung der Deutschen anschließen.

MacArthur beschrieb den miserablen Zustand der Nordarmee,

welche in zusammengeflickten Divisionen – die erfahrenen Soldaten seien gefallen – einen überflüssigen Widerstand leisteten. »Das
Gesicht wahren ist für den Asiaten wichtiger als sein Leben. Mir
geht es gegen den Strich, sie auszulöschen. Aber sie sind verstockt.«
Dann zeichnete er das Vorrücken seiner Truppen. Inzwischen befehligte er ein Expeditionskorps aus allen Truppenteilen von 310 000
Mann, knapp die Hälfte der US-Streitkräfte, eingeschlossen fast
alle ihre kampftüchtigen Einheiten auf der Welt. MacArthur entfaltete seinen strategischen Plan. Wie zuvor sah er zwei separate
Arme vor:

Die 8. Armee marschiert die Westküste hoch, das X. Korps, das
noch eine amphibische Operation hinlegen soll, umschifft die ganze
Insel, um im ostseitigen Wonsan zu landen. Von da aus stoße es dia-
gonal auf Pjöngjang, und wiederum schnappt die Falle zu! »Deren
Oberkommando macht in Nordkorea den gleichen Fehler wie im
Süden. Am Thanksgiving Day ist alles vorbei.«

MacArthurs geteilter Vormarsch an den Flanken des Landes
wurde später als unglücklich empfunden, weil er einem von Norden anrückenden Gegner die Chance bot, zwischen den zwei Armen
durchzuschlüpfen. Damit war aber nicht zu rechnen, denn dieser
Gegner existierte gar nicht. »Ich habe nur noch eine Frage«, sagte
Truman. »Wie werden sich die Kommies in China und Rußland
dazu verhalten? Irgendeine Gefahr, daß sie sich einmischen?«

»Meiner Meinung nach kaum«, erwiderte MacArthur. »Wäre
einer von denen in den ersten beiden Monaten des Krieges gekommen, hätte das die Entscheidung gebracht. Heute nicht mehr!
Vor so einem Eingriff haben wir jetzt keine Angst mehr.« Die Chinesen stünden wahrscheinlich mit 300 000 Mann in der Mandschurei, ein Drittel davon am Yalu. »Sie hätten die schwersten Probleme, mehr als 50 000 über den Fluß zu kriegen. Die chinesischen
Kommies haben keinen Luftschirm. Es gäbe die allergrößte
Schlächterei, wenn sie versuchten, Bodentruppen hinüberzukrie-
gen. Sie würden vernichtet.« Die russische Luftwaffe in Sibirien
tauge zwar etwas, aber nicht gegen die U. S. Air Force. Für die sibirischen Bodentruppen sei es im dortigen Winter viel zu kalt. Am

Folgetag erklärte Truman, daß keine Absicht bestünde, die Feindseligkeiten nach China zu tragen. Er trug sie nur an Chinas Grenze, gedeckt von der Mehrzahl der amerikanischen Stimmen.

MacArthur hatte am 2. Oktober den Gegner über Rundfunk vergebens zur Kapitulation aufgerufen und sah keinen Grund, den nicht von ihm angezettelten Krieg vom Territorium des Angreifers fernzuhalten: »Solange der Feind nicht kapituliert, betrachte ich ganz Korea als offen für unsere Militäroperationen.« George Marshall übermittelte ihm das gleiche aus dem Pentagon: »Sie sollen sich taktisch und strategisch unbehelligt fühlen, nördlich des 38. Breitengrades zu handeln.« Dort befinde sich schließlich, setzte John F. Dulles hinzu, kein »Asyl für den Aggressor«. So ähnlich der Tenor der amerikanischen Leitartikler.

Stalin gab keinerlei Warnungen von sich, stellte sich desinteressiert und lancierte am 4. Oktober, während er Mao zum Kriegseintritt anstachelte, einen gütlichen Friedensplan: Rückzug der fremden Truppen und gemeinsame Wahlen für Angreifer und Angegriffene.

Eine UN-kontrollierte Nationalwahl hatte Nordkorea 1948 abgelehnt, offenbar in Verfolg eines kürzeren Prozesses. Nun lehnte die UNO ab. Die anstelle des Stalinschen Abzugsplans am 7. Oktober 1950 von der UN-Vollversammlung mit 47 : 5 Stimmen angenommene Gegenresolution forderte, vor Wahlen zu einer gesamtkoreanischen Regierung »alle erforderlichen Schritte zu ergreifen, um die Bedrohung für die Stabilität innerhalb von Korea zu sichern«. Vieldeutig formuliert, aber eindeutig zu verstehen. Truman und die Koalitionsregierungen verstanden darunter, dem Störenfried das Handwerk zu legen. Damit sicherten sie die Instabilität innerhalb von Korea bis heute.

Die Störenfriede befanden sich gar nicht im Operationsgebiet und interessierten sich wenig für sein Los. Alle Vorsätze der Vereinten Nationen, Franzosen, Briten, Amerikaner, den Krieg auf Nordkorea zu limitieren, waren müßig. Es gab dort nichts mehr zu gewinnen. MacArthurs Feldzug zwischen dem Breitengrad und dem Yalu enthielt den Krieg gegen China, der sich in Korea aber nicht entschied:

Die Volksfreiwilligen konnten in Korea sich nicht bewegen ohne Moskaus Hilfe und ihre Basis in der Mandschurei. Die Achse Moskau–Peking anzugreifen hieß aber, den Dritten Weltkrieg auszulösen. Dazu bestand kein ausreichender Grund, aber ausreichend Möglichkeit. Nach der Schlacht von Seoul war der Krieg gewonnen, Kims Abenteuer elend gescheitert, Stalins Spinnennetz lose schaukelnd in der Luft, Maos Kriegslust lächerlich düpiert. Aber das ließ sich nicht erkennen. MacArthur begehrte den klassischen US-Sieg durch ›unconditional surrender‹, und Truman brauchte Korea als Trophäe seiner zweiten Amtszeit. Ohne auf Pjöngjang zu marschieren, wäre er der verächtlichste Mensch Amerikas gewesen.

Die 8. Armee, die Pusan-Helden, hatte am 9. Oktober mit Schwung den 38. Breitengrad überschritten. Sie war der strapazierteste der zwei Flügel MacArthurs und stieß sogleich auf heftigen Grenzwiderstand. Das besser konditionierte X. Corps, die Incheon-Truppe, dampfte mit 200 Schiffen auf denkbar größtem Umweg um die Insel herum und brauchte bis zum 25., um in Wonsan zu landen. Pjöngjang war schon gefallen.

Der Gegner hatte wie auf ein Zeichen die Kämpfe eingestellt und sich in nichts aufgelöst. Die 1. Kavalleriedivision rollte mit einer Geschwindigkeit von 15 Kilometern am Tag voran, wurde mehr vom Straßenzustand aufgehalten als vom Feind, der erst in einem Dorf südlich der Hauptstadt symbolisch Abwehr leistete.

Bei seiner Flucht hatte Kim befohlen, daß eine zusammengekratzte halbe Division mit 25 Panzern, acht Kanonen und einigen Dutzend Granatwerfern ein bravouröses Finale vor seinem verlassenen Sitz lieferte. Acht Kampfbomber setzten dem Spuk ein Ende, das letzte Aufgebot der tapferen Angriffskrieger. Binnen vier Wochen führte eine andere Macht den Krieg fort.

Am 21. Oktober gab Kim sein Land in die Hände Peng Dehuais. Seine vier regulären Divisionen seien geschlagen und außerstande, die Amerikaner aufzuhalten. Das Los der Schlacht entscheide sich nun an ihm, dem Marschall, und den Volksfreiwilligen.

Als am 19. Oktober die erste südkoreanische Division, geklammert an die Panzertürme der 8. US-Armee, in Pjöngjang einfuhr, lag eine Geisterstadt vor ihr mit wackligen Barrikaden und menschenleeren Straßen. In Gruben nahe dem Hauptgefängnis wurden Tausende von Leichen aufgefunden. Sie sollten sich der Befreiung nicht erfreuen; es waren die, denen die Revolution einen Hang zur Gegenseite unterstellte. Sie hatten nicht kollaboriert, hätten es jedoch vermutlich. Ähnlichen Anblicken begegneten am 17. Oktober die britischen Truppen bei der Einnahme der Industriestadt Sariwon. Zerbombte, vor sich hin schwelende Gebäude ohne Einwohner. Als die Silhouette einer Menschengruppe am Horizont erschien, eröffnete man vorsorglich das Feuer. Die Silhouette aber wollte oder konnte es nicht erwidern. Vielleicht waren es die Geflüchteten, vielleicht versprengte Soldaten, die in Räuberzivil weiterkämpften. Am Boden wie in den Stabs- und Regierungsquartieren verschwammen bald alle Konturen.

Zum ersten Male betraten Kampftruppen der Vereinten Nationen ein kommunistisches Land. Doch fehlte die gegnerische Armee, die es zu stellen und zu vernichten galt. Irgendwo existierten die Träger des Systems, das den Unfrieden der Welt stiftete, seine Funktionäre und Kommissare. Waren sie auch abgetaucht, übten sie doch weiteren Terror aus. Sie riefen etwa die Schuljugend zu den Waffen, wer nicht kam, wurde liquidiert.

Zur Auseinandersetzung mit den Zivilstrukturen des Verbrecherstaats sind Bodentruppen denkbar ungeeignet. Schon darum, weil sie der Haager Landkriegsordnung unterstehen, die keine Verbrecherstaaten kennt. Ein kommunistischer Funktionär, ob Schurke oder nicht, ist rechtlich ein Zivilist. Will man ihn unschädlich machen, muß man ihn vor Gericht stellen. Die Wehrmacht war in Rußland anders verfahren, und diese Verfahren büßten ihre Führer gegenwärtig im Gefängnis.

In den Tagen ihres Zurückweichens in den Pusan-Ring hatten die Gegenaufklärungsgruppen der US-Armee geheime Kampfzellen gebildet, die der 8. Armee und dem X. Korps unterstellt waren. Sie agierten als ›stay-behind parties‹ zu Sondierungszwecken. Es müssen Nachrichten fließen, was im Rücken des Gegners geschieht.

Als die UN-Streitmacht zum Yalu zog, in ihrem Rücken frisches Besatzungsgebiet, setzten die weltkriegserfahrenen amerikanischen und britischen Leitoffiziere ihre Sonderkommandos konspirativ an der Nordwestküste ab. Diese verfranst sich zu Hunderten kleiner Inseln, die Küstenwächter hatten sich verflüchtigt, und so wollten nur noch die tückischen Gezeiten beachtet sein. Häufig waren kilometerweite Seichtwasser und Schlammbänke zu durchqueren; ohne die Kenntnisse lokaler Fischer wäre man schwer an Land gekommen. Fallschirme standen nicht zur Verfügung.

Selbstverständlich eigneten sich nur Koreaner für die Aufgabe; sie barg unvorhersehbare Risiken, und es wurden Treffpunkte vereinbart, wo UN-Truppen ihre irregulären Kämpfer aufläsen. Schon dabei wurden manche aufgrund von Verständigungsproblemen erschossen.

Die Kommandos verband eine natürliche Nähe zu den inneren Gegnern und Gequälten des Regimes. Nach Gefühlslage und politischer Räson mußten die Agenturen des Terrors zerschlagen werden, genauer, erschlagen. Ehe ein Verbrecherstaat in rechtsverträglicher Weise abgewickelt worden ist, hat er dreimal die Macht zurückgewonnen. Es war Krieg, und die getrennte Behandlung des militärischen und politischen Personals in Feindesland kam niemandem in den Sinn. Praktischerweise sind die internen Gegner dort keine Kriegspartei, sondern Bürgerkriegspartei, und das Völkerrecht hat ihnen nichts zu sagen.

Kim Chang Song hatte die Kommunisten im Norden gehaßt, seitdem sie herrschten. Ende der ersten Oktoberwoche hörte er, daß die UN-Kräfte Nanchon erreicht hatten. »Von den Bergen aus startete ich eine Aktion für mein Volk.« Kim ließ unter den Hochschülern seiner Heimatstadt verbreiten, daß ein Kampf stattfände, knapp bevor die UN-Truppen nahten. Gleiches wurde den Markthändlern geflüstert, denen die Kommunisten nicht allzu scharf hinter die Stirn schauten.

Schußwaffen sind mit Partisanenmethoden leicht und schnell zu beschaffen, Kim benötigte nicht mehr dazu als fünf Armeeuniformen. »Dann kam ein Lastwagen mit Volksarmisten, wir hielten die an, redeten etwas hin und her, dann haben wir sie gekillt.« So wechselten 108 russische Gewehre die Seiten, am nächsten Morgen, 9.00 Uhr, wurde damit die Polizeistation überfallen und achtzig dort gefangene Jugendliche aus dem Gefängnis befreit. »Auf dem Hof der Polizeistation war ein Luftschutzgraben, da haben wir die Leichen von 150 Freunden gefunden. Durch die Leichen erhitzte sich unser Blut, und wir wurden grausam. Wir haben jeden Kommunisten erschlagen, den wir gefunden haben, und es hat ein großes Abschlachten gegeben.«

Aus der impulsiven Rache und den eingeschleusten ›stay-behind parties‹ ging in den kommenden Monaten, nach etwas Ausbildung durch die amerikanischen und britischen Spezialisten, eine Partisanenarmee hervor, die schließlich 22 000 Mann umfassen sollte, überwiegend Studenten und Oberschüler. Sie wurde zur stillen Repräsentanz der Vereinten Nationen in Nordkorea. Zu ihren Zielen rechnete neben militärisch relevanten Anschlägen die politisch relevante Liquidierung der Systemträger. Nach tradierten Mustern läuft die Operation ab wie jene im März 1951: Ein geselliges Treffen hoher Chargen ist gemeldet, leichtsinnigerweise in einem Dorf. Die Drahtverbindungen nach außen werden durchtrennt, Fenster und Türen des Lokals mit Sprengstoff versehen, der bei Öffnung detoniert. Die herausstolpernden Bonzen und Bonzenfrauen trifft die Kugel.

Was Bürokratien anzetteln, machen sie gern schriftlich, selbst wenn sie Beweisstücke produzieren. Ein solches mag lauten wie die »Guerilla Operations Outline«, ausgegeben von der 8240th Army Unit (United Nations Partisan Force), wo es in Abschnitt 18, ›Assassination‹, heißt: »Primary assassination targets are Korean Communist leaders. Kommunistische Führer oder solche der Nordkoreanischen Arbeiterpartei, die unseren Streitkräften keinen Beistand leisten, werden getötet. Wenn der Reihe nach kommunistische Führer getötet werden, reduziert sich der Ehrgeiz der Unterführer. Es müssen Terrortaktiken begünstigt werden, welche die Aufmerksamkeit lenken auf die hohe Sterblichkeitsrate der gegnerischen Führer.«

Da die nämlichen Führer in einem Lagerhaus von Sinchon 1700 Bürger als UN-Sympathisanten interniert hielten, mag die obige Terroranleitung als legitime Widerstandshandlung gelten, wenn nicht eben von Army Unit 8240, dann doch von den Ausführenden. Dies hängt ganz vom Richterspruch ab, beziehungsweise davon, ob es je dazu kommt.

Hinzuzufügen bleibt, daß die Befreiung des KZs von Sinchon im April 1951 mit dem Tod aller Häftlinge endete. Auch die Tötung der Kommissare trug nicht zur Freiheit bei. Sie herrschen bis heute.

Die Zeichen

Das Rennen der 1. Kavallerie- und der 24. Infanteriedivision zum Yalu schien anfangs nur eine Nachschubfrage. Viele Soldaten vermeinten den Krieg am Ende und die Waffen nur noch beschwerlich. Sie hatten keine Winterkluft erhalten, obwohl die Kälte bevorstand, also benötigte man auch keine Helme und Handgranaten mehr und warf sie fort. Thanksgiving war der 25. November.

Am 23. Oktober machte das 15. südkoreanische Regiment auf halber Strecke zwischen Pjöngjang und dem Yalu einen Gefangenen. Er trug eine eigentümlich gefütterte Wendeuniform, außen senffarben, innen weiß. Dies zur Tarnung in Landschaften zu jeder Jahreszeit. Der Mann wurde einem Verhör durch zwei Generäle unterzogen, den Regimentskommandeur Paik und den Befehlshaber des I. Korps, Frank Milburn. Der Gefangene gab in chinesischer Sprache an, der Kwantung-Provinz zu entstammen und der 39. chinesischen Armee anzugehören. In den Gebirgen nördlich von Kaesong stünden seine Leute zu Zehntausenden.

»Bist du ein koreanischer Siedler in China?« fragte Paik.

»Nein«, sagte der Gefangene, »ich bin Chinese.«

General Walker reichte den Vorfall über die Nachrichtenkanäle der 8. Armee an MacArthurs Dienst in Tokio weiter, der vermerkte, daß die unbestätigte Aussage eines Gefangenen nicht zutreffen könne, weil aus taktischer Sicht eine chinesische Intervention jetzt zu spät komme.

Das 27. Regiment fand noch weiter südlich einige Munitionsdepots, die in Korea nicht übliche Typen enthielten. Colonel Michaelis, der Regimentschef, erfuhr von den Bauern, die einen jahrhundertealten Schrecken vor den Tributnehmern aus dem Norden hegten, daß diese Vorräte von Chinesen angelegt worden seien,

»obwohl das Oberkommando behauptet, es gebe hier keine Chinesen«.

In der Nacht zum 25. Oktober überraschte den Stabschef der nichtvorhandenen Volksfreiwilligen, Xie Fang, ein Anruf des Kommandeurs seiner 118. Division, Deng Yue. Seine Kundschafter hatten auf der Autostraße von Onjong nach Pukchin gegnerische Verbände entlangmarschieren sehen. Deren Nationalität ließ sich nicht ausmachen, sie sprächen eine »fremde Sprache«.

Deng brauchte mehrere Stunden, bis er schlußfolgerte, daß es sich um einen Teil der 6. Süddivision handeln müsse. Nun war es zwei Uhr. Die Straße wand sich über zwanzig Kilometer ein siebenhundert Meter breites Tal entlang, das hohe Bergketten durchschnitt. Ein schwerer, nasser Nebel stieg aus dem Kuryong-Fluß, einem Rinnsal parallel zum Chongchon. Keiner sah keinen, eine Szenerie wie gemalt für einen Hinterhalt.

Die Volksfreiwilligen waren knapp eine Woche über den Yalu und ihre Kommandofunktionen noch nicht fest etabliert. Dennoch fragte Deng beim Stabe an, ob er die Gelegenheit nutzen und den ersten Schuß abfeuern solle. Xie Fang schickte die 118. Division auf die Anhöhe nördlich von Onjong und die 120. Division in die östliche Bergflanke der Straße.

Um sieben Uhr früh kroch der letzteren eine südkoreanische Panzervorhut entgegen und ließ sich willig in die Flucht schlagen; es dauerte bis zehn Uhr, ehe ahnungslos ein Infanteriebataillon und eine Artilleriekompanie des Wegs kamen. Regiment 354 der 118. Division warf sich hinab, trennte die Kolonne in drei Scheiben, setzte sie gänzlich matt und machte mehrere hundert Gefangene, darunter ein US-Berater. Die einzige Schwierigkeit bei der Gefangennahme war die mangelnde Verständigung. Den wiederholten Schrei »jiaoqiang busha« mußten Koreaner, Amerikaner und die anderen erst lernen, um zu wissen, daß ihr Leben geschont werde, wenn sie die Waffen niederlegten.

Später am Tag unternahmen die Südkoreaner eine Gegenoffensive, die zwei chinesische Kompanien nahezu auslöschte. Li Baoshan, Kompanieführer aus dem 360. Regiment, stürzte sich mit zwei Raketen in eine Selbstmordattacke und wurde der erste Held der chinesischen Kampagne. Ihr Anfangstag schloß damit, daß zwei Regimenter den auf Unsan zurückweichenden Gegner jagten bis nach Onjong.

Mao Tse-tung zeigte sich enttäuscht von dem Präludium. Am selben Tag um fünf Uhr nachmittags telegrafierte er an Peng Dehuai: »Der Feind beginnt unseren Eintritt herauszubekommen. Man kann damit rechnen, daß ihm unsere Truppen morgen und übermorgen stärker ausgesetzt sein werden.« Jetzt solle man ein, zwei Südverbände umzingeln, darauf warten, daß sie Verstärkung beiziehen, und eine größere Anzahl UN/US-Kräfte vernichten.

Peng antwortete umgehend, daß die Südarmee in kleinen Verbänden vorrücke und sich in ganz Nordkorea ausbreite; es sei ziemlich schwierig, zwei oder drei Divisionen von ihnen einzukreisen. Nach seiner Ansicht sollte jede chinesische Armee und Division einfach die gegnerischen Regimenter vor ihrer Nase angreifen. »Es ist unwahrscheinlich, daß wir unseren Eintritt noch lange verbergen können.« Er kam nicht darauf, daß sich das gegnerische Hauptquartier schlechthin weigerte, ihn wahrzunehmen.

An der Ostküste, wo das X. Corps noch mit der Landung befaßt war, hatte das an gleicher Flanke ziehende 26. Südregiment in der Nähe des Chosin-Stausees einen Zug voll ausgerüsteter und uniformierter Chinesen aufgegriffen, zu deren Verhör General Almond persönlich aus Wonsan geflogen kam. Er trennte die Gefangenen, fragte jeden nach seiner Einheit und seinem Kommandeur. Sie nannten hohe Divisionszahlen und als ihren Chef den Befehlshaber Nordostchina/Mandschurei, Lin Biao.

»Was ist Ihr Auftrag?« Alle wollten nach Süden!

»Wie weit?«

»Nach Pusan.«

»Weshalb?«

»Um den Feind zu töten, die Amerikaner und jeden Südkoreaner.« Von der Niederlage des Feindes erhofften sie sich Nahrung und Beutegut.

Es waren sechzehn Mann, acht davon ein kompletter Granat-werfertrupp mit zerlegter Waffe, offensichtlich keine Hilfsfreiwil-ligen, sondern ordentliche Angehörige einer geschlossenen Streit-macht unter chinesischem Befehl.

Die Anzeichen reihten sich dicht und dichter. Chinesischer Funk-verkehr schwirrte in der Luft, und Patrouillen wurden »großer Feindkräfte uns gegenüber« ansichtig. Aus Peking drangen scharfe Erklärungen: »Hilfe für Korea«, »Schutz unseres Heims«. Die Si-cherheit beider Nationen sei engstens verknüpft. »Unsere Nach-barn retten heißt uns selber retten.« Die US-Imperialisten und ihre Komplizen haben »ihren Angriffskrieg blindwütig über den 38. Breitengrad geschoben«. Wenn die Friedliebenden auf der Welt friedlich weiterleben wollen, »müssen sie positiv handeln, sich den Greueln entgegenstellen und die Aggression stoppen«. Unmiß-verständliche Worte, nachgerade Kriegserklärungen, wie aber waren sie gemeint?

In China war schon seit Juli eine Propagandaschlacht eröffnet worden, die »Große Bewegung ›Amerika widerstehen und Korea beistehen‹«. Der »Haß auf die US-Imperialisten« wurde durch den Sommer gepaukt und erfaßte bald auch die breiten, nicht parteige-strähnten Volksschichten, gepaart mit einer frischen Säuberungs-welle gegen »Reaktionäre und reaktionäre Aktivitäten«. Die Tutti von Geschrei und Verwünschungen dienten vielleicht der inneren Gleichschaltung und sagten über die äußere Politik nicht das ge-ringste aus. Man kann nicht jeden Schreihals wörtlich nehmen.

Die in ihrem Muster nicht zu leugnenden Indizien eines chine-sischen Kriegseintritts beunruhigten die Joint Chiefs, die sich seit kurzem mit der Eventualität einer solchen Wende befaßten. Zu-sätzliches Unbehagen flößte MacArthur selbst ein, der die Gefahr leugnete, sie stillschweigend aber herbeiwünschte und alles tat, sie zuzuspitzen. England und Frankreich rieten, Peking durch Zurück-haltung zu beschwichtigen. Die dortigen Ängste seien abzubauen, meinten die Briten, wenn man im Marsch zum Yalu innehielte und vor beiden Ufern eine demilitarisierte Pufferzone verabrede. Dem State Department leuchtete die Idee ein, die MacArthur als historischen Rückfall in den Geist von 1938 schmähte: »Münchener Abkommen«. In Wirklichkeit bangten die Europäer, daß ein anhaltendes Engagement in Korea die USA dem Wiederaufbau und Schutz des alten Kontinents entfremde.

Der Verdacht, daß der Koreakrieg ziellos, falsch gepolt, eine Irreführung sei, haftete ihm an wie ein Geburtsschaden. Ein nichtiger Anlaß mit dem Haken, der alle ins Verderben reißt. Seit Sarajewo war Europa uneins, was ein Anlaß war und was keiner. Sudeten, Danzig? Aus welchem Anlaß schickt man Millionen in den Tod?

Am 9. November erkannten die Joint Chiefs einen etwaigen Abnutzungskrieg mit China als falsches Gleis, das nur den Russen nutze. Weil Peking den US-Streitkräften sowieso nur mit russischem Gerät zu Leibe rücken könne, impliziere solch eine Maskerade den Dritten Weltkrieg. In dem Fall müsse man sich schleunigst von der Insel zurückziehen. Ein nicht ganz unauffälliger Kehrtmarsch, abgesehen von den Plagen der sodann geltenden Einsatzpläne.

Die erste Stufe faßten die Stabschefs von Marine und Luftwaffe einprägsam zusammen: Wenn die UN-Bodenoperation an den Chinesen scheiterte, erging an Peking ein simples Ultimatum: »Quit or hit in Manchuria.« »Hitting China« war notwendigerweise Blockade zur See und Städtezerbomben aus der Luft. Alles weitere folgte aus dem akuten Bündnisfall gemäß Moskauer Vertrag vom Februar.

Für MacArthurs Legionen in Korea kam keinesfalls in Betracht, Peng Dehuai und die seinigen hinter den Yalu zu werfen, oder hinter den Chongchon oder den 38. Breitengrad oder den Han, je nachdem. Lauter indiskutable Fronten. »We all agree«, erklärte Bradley nach dem Treffen der britischen und US-Stabschefs am 23. Oktober, »that if the Communist Chinese come into Korea, we get out.«

Es war der Tag, an dem der erste chinesische Gefangene die Anwesenheit von Zehntausenden von Kameraden der 38. Armee im Kuryong-Tal berichtete, 60 Kilometer diesseits der Grenze. Waren sie nun gekommen, und was bedeutete ihr Kommen? Davon hing den Joint Chiefs zufolge einiges ab. Sie fragten MacArthur am 1. November nach seiner Beurteilung der »offenen Intervention«.

Ihm fehlten nähere Kenntnisse über das, was inzwischen 30 Kilometer tief in seinem Rücken stattfand, er glaubte aber zu wissen, was nicht stattfand. Eine »volle Intervention« sei eine »Möglichkeit« und verlange »eine sofortige Entscheidung von schwerster internationaler Tragweite«. Das Mögliche sei aber nicht das Wahrscheinliche, weil »viele fundamentale logische Gründe dagegen sprechen«. Es fehlten einfach »ausreichende Beweise«, eine Vollintervention zu melden. Die »existierende Intervention« lasse sich auch als Erlaubnis der Chinesen deuten, »einen Zufluß mehr oder minder freiwilligen Personals über die Grenze zu gestatten und zu fördern, um den nordkoreanischen Resten zu helfen, einen nominellen Fuß im Lande zu behalten«. Vielleicht habe Peking auch aus Verwunderung gehandelt, daß die Vereinten Nationen nur ihre schwachen Südkoreakontingente zur Grenze schickten: Diese waren in der Tat die ersten, eine Flasche Yalu-Wasser zu schöpfen, ein Präsent für Syngman Rhee.

Das 21. Regiment der 24. US-Division, einst die ›Task Force Smith‹, hielt schon dreißig Kilometer vor dem Fluß. Nachdem die Chinesen gemerkt hatten, daß die Südkoreaner ihre Rolle als Avantgarde nicht schafften, heckten sie vielleicht einen Plan aus, »irgend etwas aus dem Ruin zu retten«. Am selben Tag begann die Ruinierung der 8. Armee.

Obwohl Mao nach dem ersten Schußwechsel am 25. Oktober Peng davor gewarnt hatte, sich mit der 24. US-Division und der 27. britischen Brigade einzulassen, bat dieser am 30., alle drei – die Südkoreaner, die Briten und die Amerikaner – angreifen zu dürfen, denn noch stehe man in der Überzahl. Die letzteren hatten den Chongchon überquert und näherten sich Sinuiju. Südöstlich davon stand die 1. Süddivision in Unsan, der die 8. Armee zur Verstärkung die 1. Kavalleriedivision entgegenschickte.

Peng operierte mit drei Armeen. Die 39. und die 40. sollten frontal die Südkoreaner und die Kavallerie angehen, die 66. den Sinuiju-Zug beschäftigen und die 38. sich zwischen den zwei Angreifern hindurchschieben und der 24. Division mit einer Einwärtsdrehung in Flanke und Rücken fallen.

Mao überlegte sich die Sache den ganzen Tag lang. Abends um acht Uhr war er entschlossen und telegrafierte an Peng, daß die 38. Armee unbedingt von hinten den Rückweg der Amerikaner zum Chongchon blockieren müsse, während die Hauptkräfte von vorn tief in ihre Linien eindrängen, sie mutig in Stücke teilten und eines nach dem anderen vernichteten. Die Frontalattacke wurde auf den 1. November 19.30 Uhr angesetzt. Als die Kundschafter der 39. Armee am frühen Nachmittag allerdings bei den Südkoreanern Bewegung feststellten, beschloß ihr Stab, um 17 Uhr loszuschlagen. Sie warf sich zur rechten Stunde in den Austausch des koreanischen 5. gegen das amerikanische 8. Regiment der Kavalleristen. Bei Tagesanbruch meldete das Armeekommando die Zerschlagung der Amerikaner; siebenhundert von ihnen seien gefallen.

Das taktische Ergebnis der 38. Armee versetzte Mao in Entzücken. Er schickte am 2. Oktober drei Kabel an Peng, weil die Ausflankierung zu gelingen schien. Man solle rasch einen Riegel gegen die von Süden zu Hilfe eilende 2. US-Division setzen, die zugleich die Flucht der Koreaner nach Süden aufhielt. Unter Umständen könne man bereits Pjöngjang ins Visier nehmen.

War dies auch Phantasie, so bewog das Manöver der 38. Armee immerhin Walker, den Steher von Pusan, seine 8. Armee zum Rückzug auf der ganzen Linie zu blasen. Peng, besorgt, daß ihre Evakuierung seinen flüssigen Bewegungsablauf vereitelte, konzentrierte seine sämtlichen Kräfte auf die Verfolgung des Gegners. Er meinte, ihn im ersten Anlauf stellen und vernichten zu können, eine Jagd auf Motorisierte durch Fußtruppen, denen die US-Luftwaffe und -Artillerie hart zusetzten.

Am 4. November fiel nördlich des Chongchon schwerer Regen und half den UN-Verbänden, das rettende Südufer zu erreichen. Pengs Truppen, kampfmüde, hungrig und mit leergeschossenen Magazinen, benötigten eine Pause, um Atem zu holen und Nachschub. Mao, die Schlacht von seinem Bette lenkend, trieb, weil die gegnerische Verteidigungsstruktur durcheinandergebracht sei, zum Durchstoß auf Pjöngjang, doch Peng telegrafierte ihm trocken, »die erste Gegenoffensive in Korea ist vorüber«. Es sei schwierig, die Kampfkraft von Männern zu erhalten, die in der Winterkälte im Freien, gelegentlich im Schnee, übernachteten und sich vor den Luftangriffen ängstigten.

Am 5. November erstarben an der Westfront alle Operationen. Im Osten, wo die 42. Armee eine hartverteidigte Sperre am Chosin-Stausee errichtet hatte, währten die Gefechte bis zum 7. Dezember. Die Volksfreiwilligen hatten in ihrer ersten Offensive 10 000 Mann verloren und schätzten die feindlichen Verluste auf 15 000. In Wirklichkeit waren die Proportionen fast ausgeglichen. Die 8. Armee allein beklagte 4100 Gefallene und 4830 Vermißte. In Anbetracht des Waffengefälles ein höchst erstaunliches Ergebnis. Die 8. Armee, der Vernichtung entkommen, indem sie klugerweise wegrannte, trug dennoch ihre bisher höchsten Verluste davon und gab die halbe Strecke nach Pjöngjang preis, nötigenfalls auch mehr, wenn irgend jemand ihr weiter gefolgt wäre.

Die Hoffnung auf einen Blitzsieg, jäh emporgeschnellt vor gerade vier Wochen, zerging in einer Nacht. Den Maschinisten der Apokalypse fehle es an den kleinen Dingen, frohlockte Mao. Ihre Soldaten lebten in ihren Fahrzeugen, hingen allzusehr an überwältigendem Feuerschutz, ohne präzise schießen zu können. Sie postierten ihre Kanonen irgendwo auf der Straße, kämen aber damit nicht in die Berge, weil die Geräte zu klobig und die Mühsal zu groß sei. Nachts könne der Soldat sich nicht bewegen, er scheue den Nahkampf mit dem Bajonett, »wir sind sicher, daß wir alle Einheiten des Feindes erledigen können«.

Ähnlich wie zuvor Hitler baute Mao auf die Überlegenheit der seelischen Tugenden. Härte, Aufopferungswille, Schonungslosigkeit, Ausdauer und Glaube überwinden die einfallslose Masse der Ausrüstung. Man braucht sie, hat aber dadurch nicht gewonnen.

MacArthur schickte ein flammendes Telegramm an die Joint Chiefs und bezichtigte sie, das Blut seiner Männer zu verantworten. Sein Luftmassaker, welches den Zug der Volksfreiwilligen über den Yalu hätte stoppen sollen, war ausgefallen. Sie hatten es vorgezogen, in der Finsternis zu kommen. Weil in der Nacht präzises Bombardieren nicht möglich sei, hätte man rechtzeitig die Brücken zerstören sollen, es aber aus politischer Sorge unterlassen. Die Joint Chiefs konstatierten »a touch of panic« an der Front, und der Präsident erinnerte Acheson, daß nicht ein Zentimeter Chinas bombardiert werden könne. Dies sei mit London so abgemacht.

Kaum daß Risiken auftraten, entdeckte man, daß MacArthur die ihm gegebene Order überschritten habe. Eigentlich sollte er nördlich des 38. Breitengrads nur letzte Widerstandsnester der Koreaner stillegen. Der Wahltag war gerade verstrichen, und Truman fand, daß sein General die Chinesen provoziert habe. Nun könne er nicht von ihm erwarten, daß er ihn aus der Klemme ziehe. Die Verantwortung für Einmärsche, an denen seine Leute zugrunde gingen, wollte er als Kriegsherr meiden. Nach einem Telefonat mit Bradley räumte er widerwillig die Brückenangriffe ein.

Dem Heer war aber mit und ohne Brücken nicht zu helfen, die Zerstörungen blieben folgenlos. Bald würde der Yalu vereisen, und auch ein früheres Bombardement hätte wenig bewirkt, weil die chinesischen Logistiker Pontonbrücken und Knüppeldämme unter Wasser zu legen wußten. Zehntausende Passanten waren nächtlich, wie Jesus auf den Wogen wandelnd, nach Korea geschlüpft, ohne bemerkt zu werden. Nur weil den Amerikanern und ihren südlichen Marionetten jede Imagination fehlte, so Mao, hätten sie sich auf den zweiarmigen Marsch eingelassen und ihm den Vorteil geliefert, wie unsichtbar in ihrer Mitte einzusickern.

Hunderttausend Mann auf wegelosen Pfaden, im Dickicht der Dunkelheit, hinterlassen Spuren. Allein, man wußte ebensowenig damit anzufangen wie mit den vier Armeen, die am 1. November wie ein Geist aus dem Boden wuchsen. MacArthur, durch dieses Wunder sehend geworden, pochte nunmehr nachgerade befreit auf den uneingeschränkten Einsatz seiner Kräfte zu Land, Luft und See.

Der einzige in Washington mit Rang und Statur, dem Generalissimus die Plädoyers von den ›Lehren der Geschichte‹ und dem Gelben Sturm über Asien abzuschneiden, war George Marshall. Er kannte China, den Krieg und Douglas MacArthur. Ganz persönlich und vertraulich wolle er klarstellen, daß sich jeder in Washington – die Schlüsselministerien, der Präsident – in die Probleme hineinversetzen könne, die eine multinationale Streitmacht auf heiklem Gelände und unter diplomatischen Zwängen beschere. Man wolle ihn unbedingt unterstützen. Es müsse dabei aber eine internationale Balance gehütet werden, um eine Weltkatastrophe zu verhindern.

MacArthur antwortete, daß die Notwendigkeit, den Krieg zu lokalisieren, ihm wohlbewußt sei. Er wolle ebenfalls eine Weltkatastrophe verhindern, Rotchina. Mao nahm dies seinerseits für sich in Anspruch, desgleichen Stalin, in dem Glauben, daß die Weltkatastrophe in der Allgewalt der USA bestehe. Alle Verhinderer der Weltkatastrophe nahmen voneinander an, sie herbeizuführen. Das besorgte und verhinderte zugleich ein jeder in der ihm eigenen Weise. Alle Strategen und Strategien schnitten sich dergestalt, daß die Weltkatastrophe eingeleitet, zugespitzt und knapp vermieden wurde.

Der Leiter des Planungsstabs im Außenministerium, Paul Nitze, argwöhnte, »daß MacArthurs wirkliches Ziel darin bestand, den Krieg auf China auszudehnen, Mao zu stürzen und Tschiang Kaischek zu restaurieren«. MacArthur glaubte, daß die Lehren aus Hitler darin bestünden, energisch den Anfängen zu wehren. Die politische Klasse Washingtons suchte ein delikates Doppel von Gewalt und Ausgleich zu spielen. Als die Franzosen, in Vietnam ebenfalls mit Maos langem Arm ringend, eine UN-Resolution vorschlugen, die Yalu-Grenze für unverletzlich zu erklären, präsentierte Truman einen Gegentext mit dem Zusatz, die Grenze dann zu respektieren, »wenn die chinesischen Kommunisten mit der Aktion in Korea nicht fortfahren«. Dahinter vermutete Frankreich eine Drohung, zu Recht, doch eine leere Drohung.

Man wünschte Peking mit subtilen Zeichen und Selbstbeschränkungen vielerlei Art zu vermitteln, daß seine Interessen nicht berührt würden. Doch meinte Mao seine Interessen besser zu kennen als der Präsident und schmiedete mit Peng Dehuai die nächste Offensive. Ihr Talent zur Delikatesse übertraf selbst dasjenige Marshalls und Trumans. Sie drohten weder ernst noch unernst, gaben keine diskreten Signale, drosselten nicht ihre Schlagkraft, zermarterten nicht ihr Hirn über die gegnerischen Absichten, sondern verfolgten die eigenen und wußten wie. Nur der Gegner soll nichts wissen, rätseln und im Ungewissen irren.

Während die Volksfreiwilligen weiter über den Yalu strömten, auf 250 000 Mann anwuchsen und dies noch verdreifachen sollten, kabelte Mao am 18. November: »Der Feind schätzt unsere Truppen in Korea auf nicht mehr als 60–70 000 und hält unsere Kräfte für durchaus beeindruckbar.« Den Glauben solle er behalten. Man wolle ihn gar nicht vom Krieg abschrecken, sondern im Krieg schlagen. Wenn man erst einmal ein paar tausend UN-Soldaten mehr ausgelöscht habe, drehe sich die ganze internationale Situation. »Weder die Vereinigten Staaten noch England und Frankreich haben die leiseste Idee, wie sie mit uns umgehen sollen, und sie sinken in Pessimismus, den jeder in ihren Ländern merkt.«

Die List der zweiten Offensive wollte, daß man sich zurückfallen ließ. Die Schlünde, denen die Armeen entstiegen waren, nahmen sie wieder auf. Weil die Amerikaner von Truman bis zum letzten Infanteristen nur einen Gedanken kannten, wieder zu Hause zu sein, und sie verabredungsgemäß bei Erreichen des Yalu kehrtmachten, würden sie schlicht hinterhergelaufen kommen. Wer keinen Krieg will, entgeht ihm dadurch nicht.

Am 8. November ratschlagten die Befehlshaber der Volksarmeen, mit welcher Aufstellung man den weit in ihre Linien gelockten Feind am vollständigsten vernichten könne. »Wir befolgen eine Strategie«, meldeten sie Mao, »sowohl den westlichen wie den östlichen Flügel tief in den Norden zu ziehen und dann unsere Hauptkräfte zu sammeln und einen davon zu umfassen und zu vernichten.«

Mao war begeistert und rechnete durch, wie man bei täglichem Bombenverlust von 30 Transportlastern, 10 000 im Jahr, die nötige Verpflegung, Munition und Winterkleidung nachliefern könne. »Die erste Schiffsladung mit Sowjetlastern wird bald eintreffen und unsere schweren Verluste ersetzen.«

Peng, in der Zuversicht seiner Bauernherkunft, alles Ungemach der Stunde kraft Erfahrung zu meistern, besah das Kommunizieren der zwei Nachschubröhren. Wer die feindliche Röhre verlängert, verkürzt die eigene. Sie wird unverletzlicher und die andere verletzlicher: »Unsere Transportlinien schrumpfen und erleichtern die Versorgung. Die Transporte des Feindes durch sein Hinterland werden empfindlicher gegen unsere Partisanenaktionen.« Die weggerannt waren, würden wiederkehren auf denselben Routen. Das wußte und nutzte man nun. Und weil die Insel sich im Norden wie ein Kelch verbreiterte, mußten sich die Ankömmlinge dort auseinanderspreizen. »Wir können sie leicht vernichten, einen nach dem anderen.« MacArthur würde alles tun, was das Partisaneneinmaleins von ihm erwartete.

Von allen Teilnehmern war Stalin der Diskreteste. Er ließ die anderen handeln und fehlen, machte nichts und folglich nichts Falsches. Jetzt zahlte die Klugheit sich aus, den kämpfenden Genossen die Luftdeckung zu verweigern, die Panzer und Kanonen vorzuenthalten, weil die Amerikaner ihren richtigen Verdacht nicht verifizieren konnten. Theoretisch konnten die Chinesen nicht ohne Stalins Rat und Gerät zu Felde ziehen, praktisch war nichts davon zu sehen. Die Nachrichtenlage zeigte sich wie blindgeboren.

Vielleicht, orakelte die CIA, sei der Kreml jetzt schon vorbereitet für einen Showdown mit dem Westen, vielleicht aber hätten Umstände ihn dazu gezwungen, ein Risiko einzugehen. In beiden Fällen gestiegene Kriegsgefahr, andererseits das Gegenteil. »Die Wahrscheinlichkeit ist die«, analysierte Walter Bedell Smith, inzwischen CIA-Direktor, am 9. November, »daß die Sowjetunion noch keine Entscheidung getroffen hat, über die koreanisch-chinesische Lage einen allgemeinen Krieg zu entfesseln. Es bestehen gute Chancen, daß sie in unmittelbarer Zukunft keine solche Entscheidung trifft.« Wie der Punkt beschaffen wäre, an dem eine solche Entscheidung fiele, sei unmöglich vorauszusagen.

Allen vorsorglichen Plänen, wie unter welchen Umständen zu reagieren sei, fehlte die eine Kenntnis, in was für einem Umstand man gegenwärtig steckte. Es war nichts zu machen. Man wußte nicht, ob die Chinesen provoziert oder vorsätzlich, ob in einen limitierten oder totalen Krieg marschiert seien, ob sie die Sowjets oder die Sowjets sie zogen, ob durch Luftschläge in Pengs mandschurisches Aufmarschgebiet zwangsläufig Moskau zum Kriegseintritt genötigt werde oder ein Kriegseintritt Moskaus von solchen Kleinigkeiten überhaupt nicht abhinge. Sollte man die Muskeln spannen oder die Wogen glätten, die ganzen Yalu-Brücken bombardieren oder nur die koreaseitigen Pfeiler, sollte MacArthur die koreanischen Wasserkraftwerke zerstören, um die Mandschurei lahmzulegen, oder sie schonen, um die Drohung damit aufrechtzuerhalten, sollte er das Flußufer besetzen oder nur die Hügelausläufer davor?

Weil man nicht wußte, was zu machen war, ließ man ihn mit der Bitte um Zurückhaltung gewähren auf dem Weg, den Peng ihm wies. Der ließ am 16. November von all seinen Armeen ausstreuen: »Wir sind so eingeschüchtert, daß wir den Rückzug antreten!« Keiner hätte sagen können wodurch, außer MacArthur. Durch wen außer ihm? Am 25. November wollte er Peng den Rest geben in der ›Home by Christmas‹-Offensive.

WINTERSCHLACHT

Vor zweieinhalbtausend Jahren schrieb ein Philosoph, den der König von Wu zu seinem Oberbefehlshaber machte, das erste schriftliche Traktat zur Kriegskunst. Es ist seither nichts Besseres erschienen. »Jede Kriegführung«, lehrt Sun Tse, »gründet auf Täuschung. Wenn wir also fähig sind anzugreifen, müssen wir unfähig erscheinen, wenn wir unsere Streitkräfte einsetzen, müssen wir inaktiv scheinen, wenn wir nahe sind, müssen wir den Feind glauben machen, daß wir weit entfernt sind. Lege Köder aus, um den Feind zu verführen. Täusche Unordnung vor und zerschmettere ihn. Wenn der Feind in allen Punkten sicher ist, dann sei auf ihn vorbereitet. Wenn er an Kräften überlegen ist, dann weiche ihm aus. Wenn dein Gegner ein cholerisches Temperament hat, dann versuche ihn zu reizen. Gib vor, schwach zu sein, damit er überheblich wird. Wenn er sich sammeln will, dann lasse ihm keine Ruhe. Greife ihn an, wo er unvorbereitet ist, tauche auf, wo du nicht erwartet wirst. Der General, der eine Schlacht gewinnt, stellt vor dem Kampf viele Berechnungen an. So führen viele Berechnungen zum Sieg und wenig Berechnungen zur Niederlage, überhaupt keine erst recht.« Dies ist – zusammengefaßt – die Taktik des chinesischen Kriegsbeginns im Winter 1950.

Die Berechnungen der Joint Chiefs waren bis Ende November nicht so weit gediehen, ob ein Angriff Chinas überhaupt zu gewärtigen sei. Womöglich solle nur ein Schutzgürtel vor dem Yalu gelegt werden, um die Energie aus seinen Kraftwerken zu sichern. Auf dieser blauen Annahme gründete der Vorschlag, dem Gegner das südliche Ufer zu überlassen, den auch das State Department und – eifriger als alle anderen – die britische Regierung unterstützten. Kein Rückzugsultimatum an Peking werde von ihm getragen werden, kabelte Foreign Secretary Ernest Bevin nach Amerika, so daß es die Spione in seinem Amt, Burgess und Maclean, sogleich nach Moskau weiterleiteten. MacArthur donnerte zurück, daß eine entmilitarisierte Pufferzone am Fluß die Chinesen praktisch in Korea Fuß fassen ließe; genau das, was es zu verhindern galt! Zu der Zeit standen fast doppelt soviel Mann vor seiner Nase, als er selbst befehligte.

Kundschafter hatten im Tausendmeterraster das Grenzgebiet durchkämmt und niemanden angetroffen. Aufklärungsmaschinen der 5. Air Force fotografierten zehn Tage lang eine Zone von 60 Kilometern Tiefe und fertigten 27 000 Fotos an, »to find out where those Communists are«. Offenbar, bilanzierte George E. Stratemeyer, Luftkommandeur Fernost, sei die 8. Armee vor Gespenstern zurückgewichen. Auch die Marineflieger entdeckten diesseits des Yalu kaum Soldaten, nur jenseits davon einen unübersehbaren Truppenverkehr: »Heavy, very heavy, tremendous and gigantic«. Ein Grund, im Eiltempo das Ufer zu besetzen, bevor das Eis alle hinübertrug.

Im Gebirge war es immer eisig. Den westlichen und den östlichen Flügel MacArthurs trennten die Ausläufer des Taebaek-Massivs und des Chosin-Stausees, ein riesenhaftes System künstlicher Becken, die Wasser für die Kraftwerke des Nordens stauten. Der rechte Flügel des X. Korps zog an der Ostseite des Sees vorüber zum Yalu bei Hyesan, der andere Flügel bog an der Südspitze zum Toktong-Paß westwärts, um sich unweit des Dorfes Yudam-ni mit Walkers 8. Armee zu verbinden. Gemeinsam stürmte man dann hoch zur Grenze. Wie später gesagt wurde, ein höchst attraktiver Plan auf dem Papier. Nur Amateure jedoch, schrieb General Ridgway, konnten so vollständig die rauhe Bergnatur in subarktischem Klima ignorieren. Der Amateur war MacArthur.

»Eine Marinedivision ist ein machtvolles Instrument«, klagte O. P. Smith, der die 1. befehligte, an den Korpschef Almond, »es gibt ein ständiges Aufspalten der Einheiten und Zuteilung von Extramissionen, welches sie in Gefahr bringt. Sie verliert ihre Effektivität, wenn man sie zerstreut.« Über Almonds Kopf interpellierte

302

Smith bei den Joint Chiefs, »daß ein Winterfeldzug in den Bergen Nordkoreas zuviel verlangt ist für den amerikanischen Soldaten«. Von Wonsan nach Hamhung, die wilden Ausläufer des Taebaek-Gebirges entlang, mißt die Strecke 120 Kilometer, dann, in fortschreitender Jahreszeit, über die Hochfläche des Stausees, noch 150 Kilometer zum Fluß, meistenteils über Bergpässe in 1200 Meter Höhe. Im ersten Kälteschock könnten die Männer nur noch keuchen. Die nächste US-Einheit marschiere 120 Kilometer südwestlich von ihnen. Wie solle in dieser Gegend die Evakuierung von Verwundeten vonstatten gehen?

Almond jedoch war zuversichtlich. Ein Regiment war schon nach Hyesanjin unterwegs und traf auf keinen Widerstand. Den General Winter überlistete man durch zügiges Tempo. Einen weiteren Gegner hielt er für ausgeschlossen, andere nicht, wußten aber auch nicht, wer es sein könnte. »Es ist nicht möglich«, dachte der Vizestabschef der Armee, Matthew Ridgway, »einen Feind zu bekämpfen, dessen Positionen nicht bekannt sind, dessen bloße Existenz nicht bestätigt ist und dessen Kräfte sich nirgends mit den unsrigen berühren.« Es handelte sich um keine Offensive, sondern eine Expedition ins Unbekannte.

In seinen Tiefen wartete Gewaltiges. Homer Litzenberg, der Kommandeur des 7. Marineregiments, ein quadratisch gebauter Soldat vom Habitus eines Bankdirektors, versammelte bei Abmarsch die Offiziere vor seinem Zelt und sagte ihnen, daß nun das Eröffnungstreffen zum Dritten Weltkrieg beginne. »Es ist wichtig, daß wir die erste Schlacht gewinnen. Die Ergebnisse werden die Welt erzittern lassen. Der Ausgang soll sowohl auf Moskau wie auf Peking unangenehm wirken.«

Bis in die ersten Novembertage hielt sich ein goldener Herbst. Der Funchilin-Paß würde über einen einspurigen Trampelpfad genommen, rechts die Wand, links die Schlucht, vorn schwindelnde Haarnadelkurven und der Einbruch der Dunkelheit. »It was the kind of darkness I hadn't experienced since World War II: no lights or fires anywhere, only the stars.« In der Nacht vom 9. auf den 10. November fielen die Temperaturen um über zwanzig Grad, ein scharfer sibirischer Wind wehte von Norden, und die Pässe verschneiten. Die Quellwasser, die über die Wege sprudelten, froren zu Eis.

»Das Gelände um Chosin war nie für militärische Operationen gedacht«, sagte Smith später dem offiziellen Militärhistoriker, »selbst Dschingis Khan hätte es nicht angerührt.« Als seine Männer zur Westseite des Chosin-Stausees die Höhen des Toktong-Passes entlangzogen, behelmte Figuren in langen Kapuzenparkas, die nur geringe Gesichtspartien dem Frost des Morgendunkels aussetzten, sahen sie in der Ebene Umrisse von etwas, das ein Späher mit »nothing but Chinamen« meldete, »from here to Mongolia«.

Die unbemerkte Kreuzung des Yalu durch ein 500 000-Mann-Heer und dessen Versenkung im Gelände waren logistische Zauberei gewesen. In der Abenddämmerung des 19. Oktober 1950 begann die Verschiebung von fünf Divisionen, endete um vier Uhr früh, um fünf Uhr mußte Deckung genommen sein. Nach den ersten Erfahrungen, befahl Mao, könne man die Frequenz steigern. Jeder Soldat habe in nordkoreanischen Kostümen anzutreten, alle Bewegung vom Südufer aus erfolge prinzipiell nachts, auf Nebenpfaden, soweit mit Fahrzeugen ohne Licht und generell ohne Funkkontakt.

Eine chinesische Division stellt 6500 bis 8500 Mann auf. Der Soldat besitzt eine zweiseitig tragbare Uniform. Die Sommerseite ist senffarben, die Winterseite weiß. Die Fußbekleidung aus Tuch mit den Kreppsohlen nannten die Amerikaner ›Tennisschuhe‹. Die Kommunikation auf Kompanieebene beruht auf Läufern sowie Signalen mit Hörnern, Pfeifen, Zimbeln und Leuchten. Den Kompanieführern ist kein taktischer Spielraum gelassen. Sie sollen am Plan festhalten, bis die Munition verschossen ist.

Aus der Armee tritt man nicht aus. Der bäuerliche Soldat marschiert hinter seinem Vordermann, bis er tot, gefangen oder zu schwer verwundet ist zum Weitermachen. Es half nicht, daß Almond auf seinem Kommandowagen mit Dusche und Heizung die Losung ausgab: »Don't let a bunch of Chinese laundrymen stop you.« Die Menschen, die er als Wäschekulis kannte, waren die härtesten Bodenkämpfer der Welt.

Den Marines, die sich viel darauf zugute hielten, die erfahrensten Totmacher der Welt zu sein, kam zu Bewußtsein, daß sie dies immer nur im Hellen geübt hatten, in Shorts und T-Shirts. Der Kampf in der Nacht aktualisiert die Stärken des Gegners – Stehvermögen, Verborgenheit, überlegene Zahl – und verringert die Schwächen – mangelnde Motorisierung und Artillerie, Luftempfindlichkeit.

Die Truppe weiß, Mann für Mann, was man von ihr erwartet. Ein jeder führte vier gekochte Tagesrationen Reis und Soja mit sich und entnahm das Weitere dem Land. Herdfeuer entzündete man nur im Sonnenschein und quartierte in Bauernkaten, wo die Unauffindbaren sich dicht an dicht stapelten. Zehntausende von Trägern beförderten im Finstern auf A-förmigen Rahmen über nirgends kartierte Wege den Nachschub auf ihrem Rücken. Dann verschwanden sie in einem Labyrinth nicht identifizierbarer Depots.

Walkers 8. Armee führte ihren Leuten das Zehnfache an Versorgung zu, die sich über allbekannte Bahnlinien von Pusan aus die Insel hochschraubten. Sun Tses Lehre von der Unsichtbarkeit des Angreifers kann ein solcher Apparat gar nicht befolgen. Verletzlich ist alles Lokalisierbare, zuverlässig an Ort und Stelle Anzutreffende. Wer sein Vorhandensein tarnt, ist unangreifbar. Diese älteste aller Kampfformen, welche die Tiere nachahmt, deren Fell mit der Umgebung changiert, hat sich als höchst modern erwiesen. Der gläserne Kombattant verschmilzt optisch mit dem Szenarium. Er ist da, nur ist es ihm nicht anzusehen.

MacArthur hätte dabei Organe genug besessen, die Tarnkappen zu lüften. Die Bevölkerung Nordkoreas stand den Amerikanern freundlich gegenüber, jedenfalls nicht unfreundlicher als den Chinesen. Hätte MacArthur etwas auf seine Geheimdienste gegeben, wäre ihm die Dimension des Gegners klar geworden, aus der allein schon seine Absicht sprach. Solange der Oberbefehlshaber wähnte, es mit 25–30 000 Leuten zu tun zu haben, die Nordkorea nur darüber täuschten, daß Peking es unter leerem Propagandalärm schon hatte fallenlassen, mußte ihm die knisternde Stille entgehen, die seiner ›Home by Christmas‹-Offensive vorausging. Er haßte aber Geheimdienste und ihr Geflüster. Sein eigener Dienst interessierte ihn nur, insoweit er Geheimes über die Schnüffelei der CIA-Lokalagenten erfuhr. So ging er weiter davon aus, daß seine Bomber eine etwaige Invasionsarmee zur Hölle schickten. »This area«, schwor er am 13. November, »will be left a desert.«

Eine Wüste herzustellen, waren die Luftstreitkräfte jederzeit in der Lage. Je mehr zu Schrott fällt, desto wahrscheinlicher ist auch das Gesuchte darunter. Diese Philosophie des Weltkriegs verkannte freilich, daß bewegliche Ziele listiger sind als das Verwüstungsprinzip in seiner Einfalt.

In der dritten Novemberwoche war das 9. Armeekorps mit drei Armeen von insgesamt 150 000 Mann im Yalu-Knie bei den Fährlinien von Linjiang nach Chunggang und unterhalb dessen von Jian nach Manpo übergesetzt. An der Heimlichkeit hatten die schweren Bombardements nichts ausgerichtet. Am 19. November bezogen die Ankömmlinge bereits am Chosin-Stausee Positionen. Um den Nachschub zu beschleunigen, erleichtert durch die Vereisung des Yalu, wurden auch die Bahnstrecken einbezogen. Sechzigtausend Transportarbeiter flickten bombenzerrissene Gleise.

Die 8. US-Armee startete die ›Home by Christmas‹-Offensive am 25., das X. Korps am 27. November. Auf den Hochebenen der Stauseen biß der Frost noch härter zu als am Westabschnitt. Dem Plan zufolge sollten die zwei Flügel sich zangenförmig schließen, um den Feind, von dem gar keine Vorstellung bestand, einzuschließen. Eine Einschluß-Operation hat einen haltenden und einen schließenden Flügel. Als das schließende X. Korps an Walkers Haltearmee andocken sollte, war sie bereits in heller Flucht.

Das IX. chinesische Armeekorps wollte am Abend des 26. angreifen, verschob den Termin aber um einen Tag, weil die Positionen der zwölf Infanteriedivisionen noch nicht richtig koordiniert waren, um das 1. Marineregiment einzukreisen und sodann den Verstärkungskräften der 3. und 7. Marines zuzusetzen. Das Gebiet war vollständig infiltriert mit den in Berghöhlen verborgenen Soldaten jenes Elitekorps, das der Bürgerkrieg zusammengeschweißt hatte. Bei dem Dorf Yudam-ni am Westende des zugefrorenen Sees sollte der Hinterhalt verschlossen und der Zug der Verstärkungskräfte blockiert werden.

Man hatte gezählt, daß die Amerikaner über das Zweieinhalbfache der erwarteten Stärke verfügten. Die Chinesen besaßen 60 000 Mann am Stausee, die Amerikaner 18 000. Am Spätnachmittag des 27. erreichten diese über den Toktong-Paß das elende Dorf.

In der Nacht zum 28. fielen die Temperaturen auf dreißig Grad unter dem Gefrierpunkt, und ein Schneesturm hüllte das Schlachtfeld ein. Die Volksfreiwilligen stürzten aus dem Hinterhalt mit Hornrufen und Pfeifen; die ganze Bergzone war unauffällig in ihren Besitz gewechselt. Als die Amerikaner erwachten, waren die umgebenden Hügel vom Mündungsfeuer des Gegners geschmückt wie ein Christbaum. Es zuckte aus Hunderten von Höhlen und Ritzen in jeder Richtung, mehr war nicht zu sehen. Dann rollten Menschenwellen in das amerikanische MG-Feuer, sanken nieder, gefolgt von der nächsten Woge, Hunderte aus dem Nichts entsprungener, gellend schreiender Gestalten, untereinander mit Rufen und Tuten kommunizierend. »They reminded me of a bunch of Indians doing a war dance.« Es war keine Front zu erkennen, Mörserfeuer versperrte alle Richtungen.

Die Attacke währte zwei Tage ohne Pause. Bergiges Terrain war dem chinesischen Armeekorps fremd, und niemand in seinen Reihen hatte je unter ähnlichen Temperaturen gekämpft. Weder die Kleider noch die Waffen eigneten sich dafür. Metall, das ohne Handschuhe gegriffen wurde, ließ die Haut ankleben. Die schweren sowjetischen MGs klemmten, viele Männer erlagen der Kälte, in den kommenden Wochen würde ein Drittel des Korps durch Erfrierungen gelähmt sein. Tote Späher wurden aus Schneeverwehungen und Fuchslöchern gegraben. Schieres Lebendigbleiben verzehrte die Kraft.

Das Weiß der Uniformen zerlief im Schnee. »Dann wurde der Schnee lebendig, und sie schrien und schüttelten die Fäuste.« Die

Chinesen liefen nicht feuernd und manövrierend wie die Marines. »Sie kamen angeschossen wie ein Rudel irrer Hunde.« Ein andermal lagen sie still, und man sah einzig den Hauch ihres Atems. Wenn kein Hauch zu sehen war, schossen die Marines zur Sicherheit, denn die Chinesen wußten sich täuschend totzustellen.

Die Marines erkannten den Zustand der Kameraden, »the faces of the dead were masked with snow«. Bei den Chinesen wußte man nicht genau. »Er hatte eine Kopfwunde, kuchenstückgroß, die das Hirn freigab. Als ich ihm einen Schuß ins Zwerchfell versetzte, drehte er sich langsam auf den Rücken und sah mich an, als ob er sagen wollte, ›warum tust du mir noch weh‹, bevor er starb. Obwohl das allgemeine Praxis auf beiden Seiten war, habe ich nie mehr einen verwundeten Chinesen getötet.«

Das Töten eines Feindes von Angesicht ist mit menschlichen Reflexen verwoben, die der Infanterist oft nicht spürt, aber immer hat. »Ich war sicher, daß das Fuchsloch leer war, aber als ich einen Blick hineinwarf, kriegte ich den Schock meines Lebens. Auf dem Boden verkroch sich ein Chinese mit einer Maschinenpistole. Als er mich sah, warf er die Arme in die Luft. Dann bewegte er seine rechte Hand, und ich hielt ihm das Gewehr unter die Nase. Aber er versuchte mit der Hand in die Tasche zu langen, als ob er eine Pistole ziehen wollte. Ich weiß nicht, warum ich ihn nicht erschossen habe. Er brachte keine Pistole, sondern eine kleine Plastikbrieftasche raus, machte sie auf und hielt sie mir hoch. Es war das Foto einer jungen Familie, seine Frau und zwei kleine Kinder. Ich habe ihn aus dem Loch gezerrt und an die Gefangenensammelstelle gebracht. Das Bild hat mich überhaupt nicht berührt. Aber jetzt, wenn ich daran denke!«

Die Kälte war der einzige Arzt. Eine Bluttransfusion scheiterte, weil das Plasma verklumpte. Kleidung konnte nicht aufgeschnitten werden, um einen Verwundeten zu versorgen, weil er dann erfror. Aber die Kälte konnte die Blutung aufhalten. Bei inneren Blutungen versagte auch diese Behandlung. Männer mit Brust- und Bauchschüssen verbluteten. »Man kann keinen Preßverband anlegen an einer Leber oder einer Milz oder einer Lunge.«

Ein beinloser Sergeant, dem auf Hügel 1282 beide Beine weggerissen wurden, machte sich im Morphiumrausch Sorgen um sein Geschlechtsteil. »Dr. Wedemeyer fand eine elegante Antwort: ›Teufel noch eins, eine halbe Tankfüllung würde dich doch auch nicht bekümmern.‹« Der Sergeant zeugte noch sieben Kinder.

Die Gefallenen waren im gefrorenen Boden schwer zu begraben, lagen herum, »eine Sammlung verschiedenfarbiger Eiswürfel mit den allgemeinen Umrissen menschlicher Wesen«. Sie sanken langsam in den Schnee, der Schnee wurde hart. »Alles was wir machen konnten, war irgendein Loch zu finden und sie gleichmäßig hinzulegen. Dann kam der Moment, wo man mit dem schweren Gerät fahren mußte, auf die Körper unten. Ich mußte mit meinem Bulldozer über einen Marine rüber, dessen Arm nach oben stand, als ob er winkte, und das ist mir seitdem immer nahegegangen. Vielleicht hätte ich besser angehalten, wäre rausgeklettert und hätte versucht, den Arm wieder runterzudrücken. Aber dann hätte ich den Knochen brechen müssen.«

Ein Kanonier, dem die Nerven rissen, fiel auf die Knie. »Oh Lord, protect us.« Der Captain sagte, daß er vor das Militärgericht käme und seinen Platz an der Kanone einzunehmen habe.

Die Strafen der eigenen Seite fielen auf kürzerem Wege. Um die Verfolger abzuschütteln, riefen die Marines Luftunterstützung herbei. Die ›Corsairs‹ warfen Napalm, ein geliertes Benzin. Es ergoß sich auf die Chinesen, doch waren sie dem Bataillon zu dicht auf den Fersen. Die Leitmaschine ließ den Kanister eine Sekunde zu früh fallen. Der Boden stand augenblicklich in einem Flammenschwall, der ein Dutzend GIs erfaßte, die Nachhut. Die Männer wälzten sich im Schnee. »Ich kannte sie gut, sie schauten, wie sie immer schauten, obwohl sie starben. Manche leuchteten auf wie eine Fackel, bei den anderen schälte sich die Haut ab wie Kartoffelchips.«

Es gab nichts mehr zu helfen, ein paar riefen, man solle weitergehen, die Sanitäter kümmerten sich darum. »Das schlimmste war, daß ein paar mich baten, sie zu erschießen. Vielleicht wäre es das beste gewesen.« Der Lieutenant George I. Foster stand mit einem Male unbekleidet, doch auf den Füßen. Die Uniform war verdampft und die Haut geschwärzt.«Er bat jemanden um eine Zigarette, ging fort und wurde nie wieder gesehen.«

Mao und Peng blieb der volle Erfolg versagt. Was sie begehrten, eine Halde von Toten und Scharen Gefangener, kam nicht zustande, weil der Schneesturm schon das Massaker bei Yudam-ni vereitelte. Man verpaßte auch die Blockade der US-Verstärkungstruppen, weil die eigenen ausblieben und mangels Verpflegung Changjin nicht verließen. General Sung Shih-luns 9. Armeegruppe opferte in der Stauseekampagne 25 000 Tote und 12 500 Verwundete. Die 1. Marinedivision beklagte zwischen dem 15. Oktober und 15. Dezember 1950 700 Tote, 3500 Verwundete und 6200 Erfrierungen, zu einem Drittel kurierbar.

Anfang Dezember, Walker war verschwunden, das Ziel der mißratenen Operation MacArthurs dadurch unerreichbar, wandte sich die 1. Division von Yudam-ni zurück zum Toktong-Paß nach Hagaru-ri und von dort zurück über den Funchilin-Paß nach Hamhung. »Gentlemen«, sagte Raymond Murray, der Commander des 5. Marineregiments in breitestem Texanisch, »we are going out of here. And we are going like Marines. We are sticking together and we are taking our dead and wounded and our equipment. Are there any questions?«

Der Rückzug, obwohl gepriesen als einer der großartigsten in aller Militärgeschichte, ist in den Augen der Marines kein solcher gewesen. Wenn der Feind ringsum steht, gibt es keinen Rücken. »Hear this«, sagte Zugführer W. W. Taylor, »it was an attack, not a retreat. The whole campaign was an attack. First we attacked in a northerly direction up to Yudam-ni. Then we attacked in a westerly direction, a mile west of Yudam-ni. Then we attacked in a southerly direction from Yudam-ni to Funchilin Pass. Where's the retreat in that, I ask you?«

Es war ein Angriff im Kreise wie dieser ganze Krieg, bei dem unklar blieb, worum er kreiste. MacArthur, der die Richtungen angab, mochte sich das fragen, für die Marines war die Frage müßig, weil sei keine Gründe erfuhren. Nicht den Zusammenbruch der 8. Armee, nicht die Dimension der gegnerischen Kräfte. »Der

Feind«, erklärte Korpschef Almond zwei Tage vor dem Kehrt-marsch, »hält euch für einen Moment auf und besteht nur aus den Resten von ein paar Einheiten, die nach Norden fliehen.« Am selben Tag war Walkers rechter Flügel, der an das X. Korps anschloß, schon zusammengebrochen, und er befahl den kompletten Rückzug der Armee.

Almond vergab drei Silver Stars, einen an Colonel Don C. Faith, den Führer des 1. Bataillons der 27. Infanterie. Als Almonds Hubschrauber entschwebte, nahm er den Silver Star vom Parka und warf ihn in den Schnee.

»What did the General say?« fragte sein Operationsoffizier.

»You heard him. ›Remnants fleeing north‹.«

In dem Führungsgespinst aus Lüge und Selbstbetrug kreisten die Überlegungen der Marines darum, die Attacke rückwärts zu überstehen. Inzwischen waren West und Ost, Chinesen und Amerikaner ein und das gleiche geworden, Opfer des Winters und der Blindheit. »Über unserem Kopf flog eine Staffel ›Corsairs‹ mit furchtbarem Krach, und sie kreisten, als wollten sie uns einen Schlag versetzen. Wir haben unsere Parkas abgerissen und geschwenkt wie verrückt. Aber sie haben Raketen abgefeuert und ein Ding, das aussah wie ein großer Fußball, der beim Aufschlag zu einer Flammenfontäne wurde. Sie haben uns offensichtlich für Chinesen gehalten.« Daneben trat aus einer Bauernhütte ein chinesischer Soldat, pinkelte in den Schnee und sah die Fremden mit Erstaunen. Er war unbewaffnet.

»Was wir bisher erlebten, war der Eingang zur Hölle, was nun kam, war die Hölle selbst.« Einigen, die auf dem Kehrtmarsch ins Grübeln kamen, mußten Zwangsjacken übergestülpt werden, damit sie Hamhung fanden. Verwundete und Tote erreichten, von ihren Kameraden geschultert, die Küste auf Steigungen, gezogen über das Eis, das keiner auf zwei Beinen überwinden konnte. Auf Händen und Knien, in Buschwerk und Wurzelknoten gekrallt, bewegte sich die Kolonne voran, um nicht rückwärts zu rutschen. Alle Bewegungen brauchten Zeit – Zeit, das Öl von Motoren und MGs aufzutauen, sogar die Kiefer zum Sprechen zu bewegen. Sanitäter sprachen überhaupt nicht, weil sie Morphiumkapseln im Munde trugen, damit sie liquide blieben. Der Tod erntete stündlich durch Scharfschützen, Überfälle und die Verlockung des Schlafs. Fallenlassen, ausstrecken, ausruhen.

Die Marines wahrten auf ihrem Zug zur Küste den Zusammenhalt. Ihre Ausrüstung behielten sie bei sich, obwohl Almond darauf drängte, alles Beschwerliche zurückzulassen. »Don't worry about your equipment«, beschwor er O. P. Smith, seinen Untergebenen. »Once you get back, we'll replace it all.«

»I'm not going to do that«, erwiderte Smith. »This is the equipment we fight with.«

Der Kampf galt weniger dem Gegner als dem Zerfall. Ganz Amerika klammerte sich an Smiths Parole »We are not retreating. We are merely advancing in another direction«.

An der rechten Marschflanke gähnte eine 130 Kilometer breite Lücke, dann begann Walkers 8. Armee. Almond lehnte alle Kurven ab, die Tokio funkte, um die Arme der zerbrochenen Zange irgendwo zusammenzuschließen. Allenfalls hinten in den Tiefen des Rückzugs. Doch links vom Korps lag die Geborgenheit des Meeres. Hunderttausend Mann kehrten verbandsmäßig gereiht in ihre Wohnungen heim, die Schiffe. Die Helden von Incheon waren wieder auf dem warmen Wasser, Richtung Pusan. Abertausende koreanischer Zivilflüchtlinge krallten sich an Deck, um ihren Befreiern zu entrinnen.

Peng hatte die doppelten Verluste dafür aufgewandt, die berühmteste Truppe der Welt vom asiatischen Kontinent gestoßen zu haben. Fünfhundert Kilometer südlich setzte sie den Kampf jedoch fort. Eigentlich würde das Gedränge im Hafen von Pusan, erst recht bei einer Evakuierung aus Korea, eine sowjetische Atombombe einladen, gab Ridgway dem gebrochenen MacArthur zu bedenken. So war die Stimmung.

Der Untergang der 8. Armee

Die 8. Armee fiel auf der Landroute auseinander. Selbst gar nicht bedrohte Einheiten ließen ihre Ausrüstung stehen und nahmen Reißaus, um eine Umzingelung zu vermeiden. Die wegelose, hügelige Einöde ließ keine Motorisierung zu, die Gruppen pirschten den zweiten Angriffstag durch das Gelände, als sechs chinesische Armeen seitlich wie rückwärts aus dem Morgennebel brachen, ihre Handgranaten schleuderten und schrien: »Come on back, GI! Afraid, GI?«

Viele, die gar keine GIs, aber genauso erschrocken waren, allen voran die rechts von ihnen ziehenden Südkoreaner, suchten vergeblich die Fluchtrichtung und rannten panisch hin und zurück. Die türkische Brigade, die ihnen zu Hilfe eilte, geriet in eine chinesische Straßensperre, wich aus und traf auf stracks südwärts davonrennende Koreaner, hielt sie indes für deren Verfolger. Weder waren die englischen Befehle verständlich noch die asiatischen Züge auseinanderzuhalten, und so wurden zweihundert Koreaner niedergemacht und gefangengenommen von ihren Partnern. Die Türken verloren siebenhundert Mann.

In der Nacht fuhren die Chinesen mit ihrem nervenraubenden Spektakel fort. Die verstörten, desorientierten UN-Verbände versuchten einander über Funk- und Feldtelefonverbindungen herbeizurufen, eine andere Kommunikation kannten sie nicht. Die Geräte kannten keine subarktischen Witterungen und versagten den Dienst.

Den Amerikanern waren die chinesischen Methoden so zuwider wie das Gelände. Ihnen lag das schnelle Vorrücken und Zurückweichen auf Straßen. Angriffe behagten ihnen wenig und schon gar nicht in der Nacht. Gegen Bedrohungen aus der Flanke und dem

Rücken fühlten sie sich nackt und überschätzten maßlos die eigenen Verluste wie die tatsächliche Stärke des Angreifers. Für das Studium des Geländes und die Rundumverteidigung fehlten Sinn und Neigung. Ungeübt und verdrossen in der Defensive, liebte man am Krieg einzig das geschwinde Vorrücken in mechanisierten Verbänden auf glatter Strecke. Die motorisierten Kolonnen, angeführt von Panzerspitzen, pflegten miteinander die Taktik des prophylaktischen Feuers. Jeder, der eine Waffe trägt, feuert sie nach allen Seiten leer ins Blaue.

An die Eigenart und den Anblick des chinesischen Gegners konnten sich die Amerikaner schwer gewöhnen. Seine fanatische Hingabe, sture Todesverachtung und grelle Aggressivität paßten nicht zu der Vorstellung, daß Chinesen unterwürfig und kleinwüchsig seien. Nun wurde man überwältigt von Zweimetermännern. Ihr Kampfstil rührte weniger aus Lektionen des Kommunismus und mehr aus den überkommenen Tugenden asiatischer Armeen. Als man ihres ungeahnten Geschicks in der Beweglichkeit, Tarnung und im Nahkampf ansichtig wurde, übersah man vor Staunen ihre Defekte in der Versorgung und der Feuerkraft; Beides, das Gelände und das Naturell des Feindes, machte es schwierig, die eigenen Vorzüge, Technologie und Feuer, den Umständen anzupassen.

Der Truppenteil, dem die größte Kampflast und die meisten Verluste zufallen, »poor bloody infantry«, wußte am wenigsten wozu. Den chinesischen Rekruten wurde im Felde ›Selbsterziehung‹ zuteil, um ihnen das Kämpfen und Fallen zu erleichtern. Peng Dehuai selbst besuchte die Unterkünfte und schwor, daß es keine unbesiegbaren Feinde gebe. Die USA hätten die stärkeren Luftstreitkräfte, doch seien ihre Soldaten den imperialistischen Krieg leid. Sie glaubten nicht mehr an die eigene Sache, kannten auch keine solche, wollten sich jedenfalls dafür nicht totschlagen lassen. »Wir kämpfen einen gerechten Krieg für die nationale Befreiung.«

Der Befehlshaber wachte, daß die Propaganda sich nicht in hohlen Phrasen erschöpfte. Dem Appell an den Nationalstolz folgte die Geschichte der westlichen Expansion vom Erscheinen der US-Kanonenboote 1830 über die ökonomischen Zwangsverträge mit schwachen Kaisern, die Niederschlagung des antikolonialen Boxeraufstands 1900 bis zur Fabrikation der Marionette Tschiang Kaischek. Für die Kette der Demütigungen, der Mißachtung alter Kulturen, der Missionierung mit fremden Göttern, der Korrumpierung der Herrscher, der Massakrierung der Rebellen, der Verletzung der Souveränität der Völker brach der Tag der Rache an.

Mao und Peng erzogen eine Armee der Rächer. Sie machten eine Schande wieder gut, die Vergewaltigung der Welt durch die Weltmächte. Eine Zivilisation hatte sich zur Herrin der Vielen erhoben. Im Namen der Vielen sollte die in den UN-Kontingenten verkörperte Herrenzivilisation erfahren, daß ihre Zeit verstrichen war. Zumal die US-Armee aus »verdorbenen Genußmenschen« bestand, denen der Mumm fehlte, sich in den heroischen Disziplinen des nächtlichen und Nahkampfs zu bewähren.

Die chinesische Offensive über den Yalu verstand sich als Zeitenwende. Ein Jahrhundert der Ungerechtigkeit wurde abgelöst und die Kräftebalance auf dem Erdball neu tariert. Rotchina war der Avantgardist und Anführer dessen. Es schuf in dem Volksfreiwilligen einen Märtyrerkult, der sich als dem ersten um Yang Gensi rankte. Am Morgen des 29. November hatte Zugführer Yang von einem Hügel aus den Riegel gegen die 1. Marinedivision bei Yudamni verteidigt. Bei der zehnten Attacke der Marines gegen den Riegel kommandierte Yang noch zwei Verwundete. Um den Hügel zu halten, griff er zu einer Sprengladung und wartete auf den Feind. Als über vierzig Marines den Abhang hochkletterten, warf Yang sich ihnen in den Weg und löste den Zünder. Das zwang den Feind zum Rückzug und lieferte dem chinesischen Hauptquartier die Kampagne »Von Yang Gensi lernen«. Das Lied seines Lebens und Sterbens zirkulierte unter allen Verbänden.

Sein Kontrapunkt war der Zusammenbruch der 8. Armee. Seit der Niederlage Frankreichs im Mai 1940 war solch ein Fiasko nicht gesehen worden. Der unglaubliche Anblick einer gesamten amerikanischen Armee, die, Waffen und Verwundete dem Schlachtfeld überlassend, um ihr Leben rennt, gehorchte dem brennenden Wunsch, das Land auf schnellstem Wege zu verlassen.

In zehn Tagen wich die 8. Armee 180 Kilometer. Am 6. Dezember wechselte zum zweiten Mal ein leeres Pjöngjang den Besitzer, ohne daß ein Schuß krachte. Von Chinesen keine Spur, nur von ihrem Schrecken. Abermillionen Dollar teure Ausrüstungsgüter gingen in Flammen auf, keiner erwog einen Abtransport. Die zum 38. Breitengrad hastende Armee, schwerbeladen mit gerettetem Alkohol, Tabak und Zucker, sah meilenweit hinter sich die Rauchsäulen.

Die Chinesen konnten nicht überholen, weil ihnen die Fahrzeuge fehlten und der Nachschub. Sie lebten aus dem, was der Feind in seiner Eile zu zerstören vergaß. »Ich habe keinen Feind gesehen«, berichtete Sergeant Woodruff vom 35. Infanterieregiment, »keinen Schuß gefeuert, und das Regiment hatte keine Verluste. Ich fühlte mich eklig, beschämt und frustriert.«

Die Kommandogewalt war kollabiert; Haltebefehlen hätte man nicht gehorcht; es wurden auch keine erlassen. Die Gleichgültigkeit von Offizier und Mann bestand gegenseitig. Als der Befehlshaber der 2. Infanteriedivision, Major General Keiser, 62 von seinen Leuten verlassene Kanonen entdeckte, den Wagen verließ und, über die Leiber der Gefallenen hinwegkletternd, sich der Erschütterung über den Verlust hingab, sprach ihn die Leiche an: »You damned son of a bitch.«

»My friend«, sagte der General, »I'm sorry«, und fuhr weiter.

Neben und zwischen der aufgelösten Armee strömten Flüchtlingstrecks südwärts. Wenn die Straße keinen Platz mehr bot, stolperten sie die Bahntrasse entlang und schwenkten Fahnen, damit die Tiefflieger sie sähen, die notorisch Gleise zertrümmerten. Eine britische Patrouille des 1. Gloucestershire-Regiments fand ein Menschenknäuel in einem gefrorenen Flußbett liegen, zu schwach, das Ufer zu erklimmen. Die ›Glosters‹ bildeten eine Kette, die unterkühlten, sterbensnahen Koreaner herauszuziehen.

»Thank you very much«, sagte eine Frau in makellosem Englisch. Die Soldaten fragten, ob man etwas für sie tun könne.

»Haven't you done enough already?« fragte sie zurück. »Just all go away and leave us with what's left of our country.«

Die UN/US-Truppen wären nur allzugern gegangen. Am 15. Dezember überquerten sie den 38. Breitengrad südwärts, am 7. Januar schrieb Private James Cardinal vom 5. Kavallerieregiment aus der Gegend von Taegu am Naktong an seine Eltern in New York. Die 8. Armee näherte sich wieder dem Pusan-Kreis. »Es sieht aus wie der Anfang vom Ende. Die Chinesen treten der U. S. Army den Arsch aus der Hose, und ich denke, wir gehen raus. Wenn die großen Tiere in Washington vorhaben, hier weiter zu kämpfen, machen sie den größten Fehler ihres Lebens, denn ich glaub' nicht, daß wir die Gelben aufhalten können. Wenn ihr diese nöligen Scheißbriefe von mir kriegt, denkt daran, daß jeder Soldat hier genauso fühlt. Die Truppe hat die Schnauze voll von Amerika, von Amerikanern und amerikanischen Führern. Wir haben alle das Gefühl, daß wir verladen worden sind von unserer unfähigen, dämlichen Führung vom Weißen Haus abwärts.« Man solle Briefe an die Kongreßabgeordneten schicken, damit man zu Hause wach werde.

Zehn Tage zuvor beschrieb aus kühler Distanz ein britischer Kriegskorrespondent in einem Bericht an das Kriegsministerium in London die Stimmung in den US-Truppen nahezu gleich. Die UN-Mission sei komplett von der Psychologie dominiert, und jeder Offizier und Mann habe nur den Gedanken: »Wie schnell kommen wir aus diesem gottverdammten Land heraus?« Die Hälfte der Mannschaft denke so weit und nicht weiter. Von den übrigen dächten einige, daß die Überschreitung des 38. Breitengrads ein Schritt zuviel war. Die meisten aber seien der Ansicht, daß die USA damit aufhören sollten, irgend jemanden zu konsultieren, und die Atombombe werfen; nicht gegen die Nordkoreaner und nicht einmal gegen die Chinesen. »Their emotional reaction to the whole problem was, that the Russian is solely responsible and that therefore the logical thing to do is to atom bomb Moscow.«

Bomberoffensive

Den Abwurf von Atombomben hatte die US-Militärführung schon am vierten Kriegstag erwogen. General Eisenhower, zuvor Stabschef des Heeres und nun designierter NATO-Chef in Europa, ließ im Stabsquartier spontan seine Ideen zur Befriedung der Lage wissen. In der Hauptsache schlug er vor, »eine oder zwei Atombomben auf koreanischem Gebiet einzusetzen, wenn sich geeignete Ziele finden lassen«. Am 9. Juli kamen die Joint Chiefs überein, daß dem Oberkommando Fernost die Bombe nicht anzuliefern sei. In den folgenden Wochen wurde die Frage im einzelnen geprüft, denn Eisenhowers Überzeugung nach war es unmoralisch, eine Waffe zu diskriminieren, deren Bau soviel Geld verschlang.

Die Psychologische Kriegführungsabteilung der Air Force, die Moskau für den Versorger und Kontrolleur Kim Il Sungs hielt, erklärte es für sinnlos, auf Nordkorea zu zielen. Seine in Südkorea operierenden Verbände atomar anzugreifen biete erst recht keinen Vorteil. Solch ein Abwurf bliebe wahrscheinlich wirkungslos, beweise allein die amerikanische Ohnmacht und Grausamkeit und ruiniere südkoreanisches Gebiet. Man gebe sich nur in »die unhaltbare Propagandaposition eines Schlächters, der seine Ethik desavouiert und seine Freunde tötet, um sein Ziel zu erreichen«. Der Abwurf der Bombe könne indes einmal nötig werden, »um ein drohendes Desaster abzuwenden«.

Eine nichtatomare Schlächterei fand ebensowenig Anklang. Als der Krieg ausbrach, fragte das Air Force Command Fernost nach mehr schweren Bombern, B-26 und B-29, letztere einst die Königin ihrer Gattung. Nicht neuesten Zuschnitts, doch die gebräuchlichste und zuverlässigste Maschine, in einer Spezialversion atomtüchtig. Darum gehörte sie zum Park des Strategic Air Command.

Curtis LeMay, der am 1. Juli, dem sechsten Kriegstag, pikiert die Anforderung von zehn nichtnuklearen B-29 las, hielt seinen Verband für zu schade, in einem Buschkrieg zu intervenieren. Eine Waffe, welche die Sicherheit der USA garantierte, sollte zumindest nicht in losen Stückzahlen erhältlich sein, deshalb entsandte er zwei B-29-Gruppen und den Befehlshaber der 15. Air Force, Emmett O'Donnell. Wenn seine Maschinen antraten, wollte auch LeMay nicht untätig bleiben, zumal er mit O'Donnell erfolgreich Japan eingeäschert hatte. Luftwaffenchef Vandenberg, den eine zwiefache Besetzung übertrieben dünkte, betraute O'Donnell mit dem Kommando der Koreamission. Bevor er aufbrach, beriet er mit LeMay die Ziele.

Die Luftstrategie kannte zu der Zeit zwei Richtungen, das vertikale Zielen und das horizontale. Vertikales Bombardement löscht ein Schlüsselglied des industriellen Organismus aus, so gelangten im Weltkrieg zeitweilig die Ölindustrie, die Rangierbahnhöfe und der Flugzeugbau zu höchster Prominenz. Das horizontale Verfahren richtet sich gegen urbane Industriezentren, die alle Aspekte des Produzierens vereinen: Grundstoffe, Verkehr, Infrastruktur, Energie, Fertigwaren und Massenansiedlung von Arbeitskraft.

LeMay und O'Donnell, Horizontalisten, wählten nach Rücksprache mit den hauseigenen Diensten fünf nördliche Städte, Pjöngjang, Wonsan, Hungnam, Chongjin und Rashin, zur Verbrennung. In Tokio, der Stätte seines früheren Wirkens, angekommen, erbot sich O'Donnell, »to do a fire job on the five industrial centers of North Korea«. Der letzte Krieg habe ihn gelehrt, daß die Zerstörung von Panzern, Brücken und Flugplätzen nichts nutze. Das einfachste sei eine Erklärung MacArthurs an die Welt: Die kommunistische Antwort auf sein Friedensersuchen erzwinge »against his wishes the means which brought Japan to its knees«. Eine solche Ankündigung diene auch den Zivilisten als Warnung, die Städte binnen 24 oder 48 Stunden zu verlassen.

Derartige Absprachen mit dem Feind überläßt der angegriffene Staat aber nicht den Bürgern. Wer geht und wer bleibt, entscheidet die Lokalbehörde, wie O'Donnell aus dem Weltkrieg wußte. Dem

Zivilisten bleibt keine große Wahl. Auch MacArthur war sich im klaren, daß in seiner Residenz die Asche von Hunderttausend vergraben lag, und so entschied er in der ihm eigenen Vertraulichkeit: »No, Rosy, I'm not prepared to go that far yet.« Seine Befehle sahen Sprengbomben gegen militärische Ziele vor. »If you miss your target and kill people or destroy other parts of the city, I accept that as part of war.«

Im nachhinein hat LeMay der honorigen Luftstrategie, die nicht lange währte, die quälende Dauer und die singuläre Zivilvernichtungsquote des Koreakriegs angelastet: Derjenige, der sich zu militärischer Gewalt entschließe, müsse sie voll ausschöpfen, um Ressourcen und Leben zu sparen, auch die des Feindes. Sein und O'Donnells Plan hätte den Kommunisten vermittelt, daß man sie ernst nehme. Anstatt sie blitzhaft in die Knie zu zwingen, habe der begrenzte Krieg sich endlos gedehnt und am Ende dennoch »jede Stadt in Nordkorea und jede Stadt in Südkorea« vernichtet.

Die fünf industriell relevanten Städte, bis auf Pjöngjang alle im Nordosten gelegen, waren vergleichsweise kleine Nester. Weil Kim Il Sung passable Flugabwehrkanonen fehlten und die Ausschaltung seines Fluggeräts sich »short and sweet« gestaltete, verfügte die UN/US-Expedition am 20. Juli über die Luftherrschaft. Am 13. Juli hatte der erste Bombenangriff den Rangierbahnhof von Wonsan getroffen. Eine Woche später konnten Ziele in Korea ungestört aufgesucht und seelenruhig angepeilt werden. Für den weiteren Krieg sollte sich für ganz Korea, ausgenommen die Yalu-Zone, nichts mehr daran ändern. Die Präferenz der Air Force für die Brandmunition will sich darum nicht ohne weiteres erschließen.

Man bevorzugt Flächenziele statt Punkten, weil es ein geschütztes Operieren in der Nacht und über Wolken zuläßt. Bei fehlender Luftabwehr und wenigen Zielen leuchtet dies aber nicht ein. Es blieb Zeit genug, beste Flugbedingungen abzuwarten, zumal der Nachschub der nordkoreanischen Armee sowieso nicht aus Korea rührte, wie man rasch wußte. Die ›horizontale‹ Zerstörung der schmalen Industriekapazität hatte darum von vornherein einen

Strafzweck. Sie erpreßte die kleine Nation durch Entindustrialisierung. Mit dem Feuer konnten außerdem die zahllosen Heimindustrien im Weichbild der Städte eliminiert werden, wie man sie schon aus Japan kannte. So verwundert nicht, daß in den Luftplanungen von August die alte Doktrin von der Moral der Bevölkerung wiederkehrt, die es aufzuweichen gelte, und die Folgsamkeit gegenüber dem kommunistischen Regime.

Diese Folgsamkeit wäre nie entstanden, hätten die USA nicht Stalin fünf Jahre zuvor zum Ostasienkrieg komplimentiert. Die Despotie, die man einlud, wollte man nun ihren Opfern aus dem Schädel bomben.

Noch waren die Ziellisten und Navigationskarten vorhanden, die seinerzeit für Japans Korea angelegt worden waren. Nun starteten die Bomber von Japan, weil das Kriegsgebiet für solche Giganten keine passenden Rollbahnen besaß. Japanische Pioniere und Ingenieure, die sich in ihren einstigen Fabriken gut auskannten, offerierten Tips. Ihre Ex-Sklaven weilten am alten Ort, waren nun die Feinde Amerikas geworden und bekamen die früher ihnen schon zugedachten Ladungen zum selben Zweck, der Befreiung vom Übel.

Die von O'Donnell eingeräumte Widerwilligkeit, mit der Massenvernichtungsmittel anzuwenden seien, wurde lang ausgerollt wie ein Teppich. Die als das Wirtschaftlichste angesehenen Brandstoffe blieben zunächst unberührt. Ihr Anwender kann sie, wenn nicht als Ausweis seiner Verworfenheit, allein als Bote der Gerechtigkeit werfen.

Es dauert gewisse Zeit, bis der Krieg seine Rollen verteilt hat. Zunächst war Kim der Aggressor und der Outlaw, bot aber als einzelner der Massenvernichtungswaffe kein Ziel. Die Massen wiederum müssen sie sich erst verdienen, um strafwürdig und vogelfrei zu werden. Die Briten, die das Verfahren sieben Jahre zuvor entwickelt hatten, bremsten die Amerikaner und wiesen sie auf den unguten Eindruck hin, den US-verwüstete Zivilquartiere in Asien hinterließen. Ab dem 18. August griffen die Boeings Stadtziele mit Sprengmunition an und schickten dem Flugblätter voraus. Die Air

Force war der Ansicht, daß ein angekündigtes Massaker die Verantwortung den Massakrierten auflud. Man hatte sie gewarnt.

Den Erziehungserfolg von Zetteln, denen einige hundert Bombentonnen folgten, schätzten die Briten aus eigener Erfahrung auf null. Letzten Endes ist das Papier nur ein Bekennerschreiben zum Flächenbombardement. Die amerikanischen Air-Force-Psychologen präsentierten nicht viel später drei Eisenbahner aus Wonsan, die zu berichten wußten, daß die Bahnwerkstätten drei Tage mit Blättern überschüttet wurden, die aufzuheben das Militär am Ort verbot und kontrollierte. Ein paar Arbeiter, die dennoch heimlich studierten, was der Feind ihnen Wohlmeinendes mitzuteilen hatte, erzählten dann die Botschaft weiter. Als die Bomben fielen, wußten alle schon Bescheid. Immerhin zierten den Luftkriegsbeginn lauter salvatorische Klauseln: Zivilisten seien zu schonen und nur militärische Objekte zu versehren. Wozu dann die Flugblätter? Treibstoffdepots und Lokomotivschuppen können nicht lesen.

Das Unpraktische an der vertikalen Schule, dem Punktbombardement, erwies aufs neue die Eisenbahnbrücke am Westende Seouls. Sie trug den Nachschub für die Belagerer des Pusan-Rings, die Air Force nannte sie »elastic bridge« aufgrund ihrer Weigerung umzufallen. Für die stählerne Hängekonstruktion kam einzig die 19. Gruppe in Frage, weil ihr Bombenschacht 2000-Pfund-Kaliber ausklinken konnte. Vier Wochen lang hämmerten tagaus, tagein 1000-, 2000-, ja 4000-Pfund-Bomben auf Pfeiler und Spannen, ohne ihren Stand zu gefährden. Man holte sich Blaupausen von den Japanern, die sie gebaut hatten, variierte die Zünder, erzielte einige Treffer, aber keinen, den die Nordarmee nicht wieder repariert hätte. MacArthur selbst rief den Fall schließlich zur Ehrensache aus und versprach der Einheit, die ihn knackte, eine Auszeichnung. Stratemeyer lobte eine Kiste Scotch als Prämie aus.

Am 19. August um die Mittagszeit schwenkte Gruppe 19 mit neun B-29 über Seoul auf ihr Ziel ein und warf 54 Tonnen Munition auf die Brücke. Die Crew zählte so viele Treffer, daß man am nächsten Tag Vollzug zu melden hoffte. Am Nachmittag begaben sich Marinepiloten der Task Force 77 an die Arbeit, die schon zwei

Versuche hinter sich hatte. 37 Sturzkampfbomber, ›Corsairs‹ und ›Skyraiders‹, landeten acht Treffer. Eine Maschine flog flach die Spanne entlang und berichtete, daß sie noch halte, doch fürs erste unbenutzbar sei. Am Folgetag kehrte Gruppe 19 zurück und fand zwei Abschnitte im Wasser. Sie waren irgendwann in der Nacht eingeknickt. Dann brachte die Crew einen dritten Abschnitt nieder und empfing gemeinsam mit den Navy-Rivalen MacArthurs Trophäen und Stratemeyers Whisky. So läßt sich Sport treiben, aber kein Krieg. Die übrigen 140 Brücken zwischen Seoul und Pusan-Ring zeigten sich physisch zerbrechlicher, nur blieb der Nachschubverkehr, auf den es ankam, so elastisch wie die ›elastic bridge‹.

Die Koreaner bewiesen eine Phantasie zum Verzweifeln, unterbrochene Verbindungen zu flicken. Zerfetzte Brücken wurden mittels Holzstempeln und Sandsäcken wieder gangbar; derselbe Krempel, auf dem Flußbett hochgestapelt, erlaubte den Durchzug. Von den Russen erlernte man die Technik der Unterwasserbrücke. Aus der Luft war nichts davon zu entdecken und folglich auch nichts zu zerschlagen. Ein weiteres Exempel der strategischen Unsichtbarkeit. In die Leere hinein läßt sich schlecht zielen.

Über den Han bei Seoul fand man eine Pontonbrücke, die Pontons waren nur in der Dunkelheit sichtbar und am Tag verborgen. Einzig die nachtfliegenden B-26 konnten sie attackieren. In der Annahme, daß sie brennbar seien, wurden sie mit Napalm zugedeckt, fingen aber kein Feuer. Fotoauswertungen ergaben, daß es sich bei dem Ponton um Stahlrampenteile handelte, wie sie die US-Marine verwandte. In den frühen Morgenstunden des 30. August illuminierten von B-29 geworfene Leuchtkerzen den Flußlauf, während acht B-26 nun die Pontons zu knacken wußten. Sie waren aber nicht mehr da.

Die Luftschläge auf die Versorgungslinien waren Teil einer klassischen Taktik, welche die anglo-amerikanische Lehre ›interdiction‹ nennt, Unterbindung. Ein Bodenkämpfer hängt an einer Schnur, die ihm Mittel zuleitet. Waffen, Nahrung, Geld, Wissen, Befehle usw. Wenn der Gegner ihn heftig herannimmt, daß seine

Reserven schwinden, und zugleich aus der Luft die Leitung trennt, die sie erneuert, so muß er eines Tages kollabieren und sein ferner Wirt genauso. Dieser hat keinen Kämpfer mehr und jener keinen Versorger.

Der Krieg gegen die Zuleitung ist eine Frage der Suche und der Ausdauer. Beide Seiten suchen Wege und finden welche, aber immer andere. Die Unterbindung führt zu neuer Verknüpfung, die wieder gesucht, gefunden und unterbrochen werden muß. Dann fängt alles von vorne an. Unterbindung und Verknüpfung jagen sich im Kreis und können ewig beschäftigt damit sein. So kommt schwer eine Entscheidung zustande. Die Pusan-Schlacht ist von der ›interdiction‹ gegen den Nachschubfluß gezeichnet, aber nicht entschieden worden, das tat der Handstreich von Incheon.

Der Traum des Luftstrategen ist, Bleibendes zu schaffen, eine irreparable Zerstörung, einen Krater, über den man nicht mehr hinwegkommt, einen Schock, der keinen zweiten mehr verträgt, einen Schaden, um alle Beschädigung zu enden. Die Tendenz zum finalen Schlag setzt ein immobiles, wehr- und ahnungsloses Objekt voraus. Wer ficht, bewegt sich, weicht aus, läuft fort, läßt sich jedenfalls selten auf Anhieb erledigen. Das Aufreiben einer Truppe ist ein Prozeß, die ›interdiction‹ ebenfalls, weil sie es mit Truppengebrauch zu tun hat. Verluste sind einkalkuliert.

Anders steht es mit einem Dorf in der Kampfzone. Die Dörfler können schlecht weg, weil sich Partisanen oder Soldaten unter sie mischen, von ihnen leben, hinter ihnen verschanzen. Beide sind legitime militärische Ziele. Um die Sache zu vereinfachen, wird die Air Force gerufen. Ihr Resultat heißt im Bericht: »Fired eleven villages; 8–26–1950«. In der Wirklichkeit heißt dies, daß ein Rechteck in Frontnähe am Naktong mit Hunderten von Tonnen Napalm getränkt wird, so daß eine Sintflut von Feuer ein Dutzend Dörfer und Kleinstädte verschlingt (Eintrag vom 16. 8. 1950). Am 6. August war bei den Bombern lapidar angefragt worden, »to have the following towns obliterated: Chonsong, Chinbo, Kosu-dong«.

Die Gefechtsfeldunterstützung aus der Luft nimmt den Gegner ein Stück weit in Verschleiß. Er muß ein paar Verluste ersetzen, sich andere Dörfer suchen. Für die Verfeuerten ist es das Ende, für die Bomber ihr Daseinszweck. Die B-29 ›Superfortress‹ war als Walzwerk für Millionenstädte gebaut, darauf waren auch die Mannschaften trainiert. Zu LeMays Verdruß dienten sie in Korea als Gehilfen bedrängter Kompanien. »You cannot operate B-29 s like you operate a tactical air force«, klagte Stratemeyer. Sie würden bestellt wie ein Rollkommando; ein strategischer Bomber diene aber dazu, den Gegner eigenständig auszuknocken.

Den dörflichen Zielen muß die Heimsuchung durch die überqualifizierten B-29 wie der Einsturz des Firmaments erschienen sein. Das Teppichbombardement vom 16. August vollbrachten 98 B-29 mit 900 Tonnen Bomben, ein halbes Dresden. Die Fläche war 5,3 mal 11,4 Kilometer nordwestlich von Waegwan. Bomber Command teilte es in zwölf gleiche Quadrate auf und gab jeder Schwadron einen Zielpunkt in der Quadratmitte an, was immer sich darin befinden mochte. Den Crews wurde eine Rücksicht eingeschärft: ihre Ladung unbedingt westlich des Naktong zu deponieren. Am Ostufer standen die eigenen Leute.

Es war die größte taktische Luftoperation seit der Invasion in der Normandie. Im Unterschied zu damals vermochten weder Stratemeyer noch O'Donnell, die beide, kaum daß die schwere, schwarze Qualmhülle sich lichtete, persönlich das Resultat prüften, eine Spur der 40 000 dort vermuteten Truppen zu finden. Keine Mannschaften, keine Fahrzeuge, Flak, Panzer, stellte O'Donnell nach zweieinhalbstündiger Suche fest. Nichts sei erreicht worden außer einer psychischen Entlastung der belagerten 8. Armee. Solche Einsätze auf Verdacht sollten nicht mehr geflogen werden!

In einer Mission nach B-29-Manier wurde das größte Chemiezentrum Asiens, Hungnam, in drei Streichen zwischen dem 30. Juli und 3. August traktiert, so daß es »nicht länger als relevanter Faktor im Koreakrieg anzusehen ist«, meldete Stratemeyer. »The large fires set in the center of the factory«, schreibt die amtliche US-Luftkriegsgeschichte, »burned some of the clouds away.« Was sie in der Fläche hinwegbrannten, ist nicht vermerkt. Doch die am übernächsten Tag aus 46 B-29 abgeworfenen 500-Pfund-Bomben auf die Düngerfabrik, anscheinend ein Militärziel, hätten mit ihrem Explosionsdruck die ›Fliegenden Festungen‹ in 5000 Meter Höhe durchgeschüttelt. Am dritten Tag wiederum seien 39 Maschinen nicht genug gewesen, alle angegebenen Stellen zu bombardieren.

An zwei der drei Tage wurde die Ladung über dicken Monsunwolken ausgeklinkt; an der Operation nahmen insgesamt 132 B-29 teil; Hungnam ist auf einer US-Liste mit einem Zerstörungsgrad von 85 Prozent verzeichnet. Die amtliche Luftkriegsgeschichte schreibt, daß selbst das radargesteuerte Blindbombardement der Nitro-Sprengstoffabrik Chosen so chirurgisch exakt ausfiel, daß ringsum kein Schaden entstand. Alle gezündete Energie und Feuersbrunst wäre demzufolge senkrecht in die Luft gestiegen. Seitwärts breitete, wie von Zauberhand, sich weder Druck noch Flamme aus. Das kann nicht sein.

Verläßliche Berichte und Zahlen über das Bodengeschehen aus Nordkorea stehen aus. Doch ist die Wirkungsweise der gleichen Waffe auf ähnliche Gebäudelandschaften in Europa und Japan bekannt. Auch ohne lokale Zeugnisse läßt das Fragment der Angaben auf ein Stadtschicksal nach Muster des Zweiten Weltkriegs schließen; hinzuzufügen ist, daß an diesem Ort ein Ingrediens der sowjetischen Atombombe gewonnen wurde, Thorium.

Nichts deutet auf vorsätzliche Massenvernichtung hin; die Flugveteranen redeten dafür, und die Weltkriegsstrategen redeten dagegen. Sie geschah aber jenseits der Worte und Absichten als Beiprodukt der zyklopischen Faust, die zu schmale Objekte traktiert. Der Streueffekt war das Unbeachtliche und das Beachtliche die Verknappung von Treib- und Schmierstoffen, wie sie der Kollaps der Ölraffinerie von Wonsan bewirkte. Doch mit der zweiten Oktoberwoche war nichts zu treiben und zu schmieren mehr vorhanden. Die Räder der Nordarmee standen still.

Am Incheon-Tag, dem 15. September, meldete Stratemeyer, daß alle relevanten Industrieziele des Gegners zerstört seien. »Their war potential has now been neutralized.« Der Krieg Nordkoreas sollte denn auch binnen dreißig Tagen zusammengebrochen sein; darauf folgte ein Krieg in Nordkorea gegen China, den allein die

Luftwaffe fortfuhr gegen das unglückliche Land zu führen. Es verflüchtigte sich zu einer Begegnungsstätte fremder Heere, trug indes die unbeschränkte Haftung für alles am Boden Geschehene. Denn einen Luftkrieg gegen das chinesische Kriegführungspotential auf Chinas Boden wagte man nicht auszulösen. Es war dies zwar das Mantra aller Bombardierungsstrategien, doch was, wenn Stalins Panzerkeile an dem ausgezehrten Europa Rache übten? Vergeltung ist auch ein Mantra; weder Korea noch Europa konnten etwas vergelten. Sie waren perfekte Ziele.

Am 26. September kündigten die Joint Chiefs den strategischen Teil der Bomberoffensive und wiesen MacArthur an, die Flieger zugunsten seiner Bodenkampagnen taktisch einzusetzen. Sie wußten schon, wie es weiterging. Seit Tagen langweilten sich die Staffeln damit, Truppenbaracken zu plätten, und weil der Gegner spurlos in den Nordwesten entwich, ließ er auch keine Ziele übrig, keinen Konvoi, keinen Nachschubpfad. Ende Oktober jagte eine B-29 einen einzelnen Motorradfahrer die Straße entlang und übte Bombenwerfen, bis er erwischt war. MacArthur schickte am 25. Oktober zwei von fünf Gruppen nach Hause zurück. Eine Woche später war er klüger.

Die Luftkommandeure prüften die Lage auf ihre Weise, als Anfang November Jäger von mandschurischen Basen den Yalu überflogen und US-Aufklärungsmaschinen angingen. Stalins MiG-15 waren eingetroffen. Aus Sinuiju, der Stadt am Südufer, drang Flakfeuer, das einen Piloten der 5. Air Force tötete. Der Befehlshaber, Lt. General Partridge, verlangte Erlaubnis, die Jäger verfolgen, sie über oder auf mandschurischem Boden erledigen zu dürfen, und – wie die amtliche Geschichte unbefangen schreibt – »requested clearance to burn the city«.

Die Joint Chiefs schraken zusammen und untersagten kategorisch, chinesisches Territorium zu verletzen. Stratemeyer autorisierte Partridge und O'Donnell, entlang des Yalu zu operieren, doch auf gar keinen Fall Bomben auf die Mandschurei fallen zu lassen. Für die Städte galten keine Rücksichten mehr. O'Donnell, der ständig nörgelte: »Wir kämpfen echt wie in Lappen gewickelt«, durfte einige Lappen abnehmen, wie vier Monate zuvor empfohlen:

Das Verbrennungsgebot von August entfiel. Anbetrachts der Napalm-Orgie im Waegwan-Streifen fragt sich, was damit gemeint war. Es bestand kurzzeitig eine offenbar weniger humanitäre als politische Scheu, mit dem erprobten Japan-Verfahren in Fünfjahresfrist die Japan-Opfer zu verfeuern. Das wurde nachgeholt, absurderweise, um die Chinesen damit zu beeindrucken. Es ließ sie aber gleichgültig. Am 4. November sollte Kanggye, tags darauf Sakchu, Pukchin und am 7. November Sinuiju angegriffen werden. »General O'Donnell«, schreibt die Amtsgeschichte, »was expected to burn the cities to the ground.« Die Hospitäler sollten verschont bleiben, vorausgesetzt, die Flammen befolgten die Befehle.

Stratemeyer suchte MacArthur auf, um ihn vom Wechsel zum Brandangriff zu überzeugen; er war aber schon überzeugt und verlangte ein übriges: Binnen zwei Wochen sei zur Beschleunigung der ›Home by Christmas‹-Offensive ein Wüstengürtel zwischen Yalu und den Linien zu legen, »to destroy every means of communication and every installation, factory, city and village«. Auch dieser Nerobefehl vom 5. November respektierte eine Grenze, die Chinas; »there must be no violation of the border«.

Über die letzten Jahrzehnte hatte Japan die Mandschurei und Nordkorea zu einer industriellen Einheit geschmiedet. Nicht weit vom Mittellauf des Yalu kreuzt die zentrale Bahnlinie nach Mukden die Stadt Kanggye, in MacArthurs Plan das erste Ziel, das nach dem Zusammenschluß seiner Zangenarme bei Mupyong-ni von der 8. Armee und dem X. Corps überrannt worden wäre. Es kam nicht dazu, weil in der Nacht zum 26. November am Hügel 219, auf der Straße nach Kanggye, die 8. Armee ihr Schicksal traf. Den trommelnden, pfeifenden, bajonettstechenden und granatwerfenden Überfall kratzten die 24 B-29 überhaupt nicht, welche die kleine Stadt drei Wochen zuvor mit 170 Tonnen Brandbomben überschüttet hatten.

»The entire city of Kanggye«, meldete Stratemeyer nach Washington, »was a virtually important arsenal and tremendously important communication center.« Darum habe es in 75 Prozent der Bebauungsfläche in Asche gelegt werden müssen. Das war ein Irrtum. Die Chinesen schöpften aus Arsenalen und frequentierten Verbindungen, für welche die B-29 stockblind war. Darum konnten sie auch nicht abgebrannt werden.

Am 5. November herrschte »excellent bombing weather«, und Kanggye war vorzüglich sichtbar. Eigentlich sollten die Brände Sakchu und Pukchin vernichten; am Vortage, als Kanggye unter Wolken lag, war das Feuer ersatzweise über Chongjin ausgekippt worden. Die Gründe dafür wurden den Zufälligkeiten hinterhergeschickt. Eine Stadt war so gut wie die andere, wenn sie nur im Bombervisier auftauchte: »Under perfect circumstances«, verfügte Stratemeyer, »all such have marked military potential and can only be regarded as military installations.«

In 140 Tagen holte der Koreakrieg ein, wozu der Weltkrieg vier Jahre benötigt hatte: Die Angriffe auf die Militärinstallationen einer Stadt gingen über in solche auf die Stadt als Militärinstallation. Das Ensemble der Städte und Dörfer, schwor MacArthur, werde »a desert«. Durch die Wüste würde die Vorweihnachtsoffensive seine Söhne nach Hause führen. Fünfzehn weitere Städte empfingen im November über 4000 Tonnen Brandbomben in der Weltkriegsmischung, zwei Teile Feuer, ein Teil Sprengstoff. Wie in Deutschland Düren, so verzeichnete in Korea Manpojin die maximale Zerstörungsquote von 95 Prozent. Es folgten Namsi, Koindong und Hoeryong (90 Prozent), Chosan (85 Prozent), Sukchon und Huichon (75 Prozent).

Kontroversen erregte einzig das Ziel Sinuiju. Die Joint Chiefs hatten den Angriffsplan kassiert, denn es handelte sich um eine Schwesterstadt zum chinesischen Antung. Beide lagen an den Yalu-Ufern einander gegenüber, verbunden durch tausend Meter lange Brücken, eine mit Straßen- und Schienenspur, die andere mit zwei Schienenspuren. Sinuiju war nomineller Sitz des geflohenen Kim-Regimes. Antung besaß einen Flugplatz.

Am 15. Oktober hatten Flakkanonen von Antung aus vier ›Mustang‹-Jäger beschossen und fuhren damit fort, sobald sich eine US-

Maschine dem Yalu näherte. Überdies verließen russische MiG-15 die Stadt, um in zehn Kilometer Höhe die Grenze zu passieren und sich auf die amerikanischen F-80 zu stürzen, die 150 km/h langsamer flogen. Darum waren sie chancenlos und außerdem noch, weil die Russen ungestraft sich in die Kurve rückwärts nach Antung legen konnten. Die ›hot pursuit‹ war der Air Force strikt untersagt. Der Angreifer schlug zu, drehte in chinesischen Luftraum und hatte damit den Verfolger abgeschüttelt.

Die Deklassierung der F-80 durch die steigfähigere, schnellere und wendigere MiG legte sich düster auf das Gemüt der amerikanischen Heimat. Die Duelle der Jets wurden Tagesgespräch. Das technische Monopol des US-Ingenieurs schmolz wie das des Physikers. Ein Bauernvolk, vor einer Generation ohne elektrischen Strom, baute Jets und ›nukes‹, von der MiG gegenwärtig 200 Stück pro Monat. Konstruktionsdetails von Flügel und Motor waren allerdings erbeuteten Messerschmitt-Zeichnungen und am Markt gekauften Rolls-Royce-Turbinen entlehnt. Die Verbindung der deutsch-britischen Künste bescherte der Sowjetunion eine Maschine, die viel schneller flog als die Messerschmitt Me 262, unerreichbar stieg, als sei sie im Himmel verankert, und dadurch und dank ihres engen Wendekreises sämtliche Jäger und Bomber der USA in Korea entwertete.

Am 7. November verwickelten MiGs aus Antung amerikanische F-51 ›Mustangs‹ in fünf Gefechte. Die ›Mustang‹, eine in Tief- und Langstreckenflügen bewährte Propellermaschine, war für die 1947 eingestellte MiG leichte Beute. In der ersten Novemberwoche wechselten die USA und die Sowjetunion die ersten scharfen Schüsse. Beide Seiten verloren Maschinen, die Sowjets durch überlegenes Können der Marinepiloten des neuen Jets F9 F ›Panther‹, die USA durch unterlegenes Gerät.

Stalin hatte den Chinesen so viele Jets geliefert, um seinen Einfluß zu behalten, und so wenig, um die USA täuschen zu können. Der Flugplatz von Antung, zuvor mit zwei Kiesbahnen versehen, erhielt, wie die Luftaufklärung zeigte, eine zwei Kilometer lange Startstrecke aus Beton. Die dort stationierten zwei MiG-Divisionen gehörten, vom Gegner unerkannt, dem 24. sowjetischen Jägerluftkorps an. Wer sich beschwichtigen wollte, mochte die Jets als einen chinesischen Waffeneinkauf zur Landesverteidigung auffassen. Ob chinesische oder sowjetische Mannschaften darin flogen, war mit bloßem Auge nicht feststellbar.

Wohlweislich weigerte sich Stalin, seine Flieger über amerikanisch besetztem Gebiet operieren zu lassen. Über dem Gelben Meer durften sie keine Kämpfe aufnehmen. Stürzten sie ab, so fielen sie nicht in Feindeshand. Die Piloten sollten über Funk kein Russisch sprechen und vorsichtshalber chinesische Uniformen tragen. Im November beschränkten sich die Sowjets darauf, den Yalu zu patrouillieren. Dies zum Schutz der einst japanischen Brücken und des japanischen Wasserkraftwerks Suiho nahe Sinuiju.

Die Installationen des Yalu verbanden die Ufer und machten aus Korea und der Mandschurei eins. Nun seit 1945 die alte Staatsgrenze wieder galt, waren die Brückenstützen ein Doppeleigentum. Sie gehörten beiden und keinem. Operationen über dem Yalu konnte man als Begegnungen im Niemandsland auffassen. Nur, wenn Flugzeuge sich 250 m/s schnell begegnen, ist dies Niemandsland vollends irreal. Skrupulös, wie sie waren, hatten die Joint Chiefs eine Siebenkilometerzone diesseits des Stroms gesperrt. Ähnlich wie in der nordkoreanischen Hafenstadt Rashin, an der schmalen sibirischen Grenze, sollten Kriegshandlungen unterbleiben, um nicht irrtümlich in der Hitze des Gefechts chinesisches oder russisches Territorium zu berühren.

Dennoch geschehen unausweichlich Zwischenfälle: US-Jäger beschossen den Flugplatz Antung, und Marines entdeckten neben einem abgeschossenen russischen Zweisitzer eine russische Leiche. Sie beunruhigte Präsident Truman erheblich mehr als Abertausende verbrannte Zivilisten. Die gehörten einer längst geschlagenen Macht an, vergeltungsunfähig wie Deutschland und Japan in den letzten Feuerangriffen. Ein anderes war es, die USA kriegerisch mit einer nuklearen und zugleich der größten Landmacht der Erde zu verwickeln. Oder mit einem 9,5-Millionen-Quadratkilometer-Land wie China, oder mit beiden zugleich. Da zählte jede Kugel, die eine MiG zu Boden brachte. Wurde sie mit einem hundsnormalen Navigationsfehler von 500 Metern abgegeben, fand die ›hot pursuit‹ schon im verbotenen Sektor statt.

Stratemeyer und MacArthur telegrafierten Washingtons Ticker heiß, daß ihre Piloten sich nicht wie Karnickel abknallen ließen. Der Soldat muß sich wehren dürfen, sonst meutert er oder verliert den Biß. Acheson und Marshall wanden sich und entgegneten, eine Anfrage bei allen Bündnispartnern habe ergeben, daß niemandem die ›hot pursuit‹ gefalle. Allerdings hatte auch niemand von ihnen Kampfjets am Himmel. Doch daß der Krieg auf Korea begrenzt bleiben müsse, war das Credo der gesamten Staatenallianz, der USA nicht minder. Angesichts nun einer halben Million chinesischer Truppen in Korea eine Selbstverleugnung, wie nur der irrige Glaube sie erhalten kann. Man mochte von den tröstlichen Vorstellungen nicht lassen. Ein Lokalkrieg!

Die Tugend der Selbstbeschränkung steht dem Sieger an. Am Tage des Triumphes ist sie eine Kunst. Als aber die Vereinten Nationen in dem Verlangen nach ›unconditional surrender‹ seligen Angedenkens den Zug zum Yalu genehmigten, marschierten sie in den chinesischen Krieg. Im Siegesrausch für unmöglich erklärt, mußte er nun ausgekämpft werden. Am Rande der Schlappe nüchtern geworden, versuchte man den Fehler zu begradigen und operierte mit angehaltener Luft. Nachdem der unerbetene Gegner geschickt, zahlreich und mit einzelnem, doch spektakulärem Gerät angetreten war, ließ man ihn aufrichtig wissen, garkeinenfalls aneinandergeraten zu wollen. Das hat ihn weniger beschwichtigt, als man hoffte.

Bestürzt hörten die Joint Chiefs und Truman, daß MacArthur und Stratemeyer für den 7. November beschlossen hatten, Sinuiju das gleiche Los zu bereiten wie Kanggye, Chosan und den anderen. Sie untersagten die Aktion, verweisend auf die Siebenkilometerzone. Wie leicht konnte Antung getroffen werden, oder der Brückenlauf, oder der chinesische Argwohn.

Erbost donnerte MacArthur zurück, ob man in Washington wisse, daß »Menschen und Material aus der Mandschurei in rauhen Mengen über alle Yalu-Brücken strömen«. Dies hatte Washington darum nicht gewußt, weil MacArthur es stets als völlig unmöglich bezeichnet hatte. Die Tatsächlichkeit des Unmöglichen veranlaßte den Präsidenten und die Chiefs, ihr Verbot selbigen Tags zurückzunehmen. Es war der 6. November. Unter den angegebenen Umständen sollten die Brücken bombardiert werden, doch nicht ganz wie verlangt. Ziele auf mandschurischem Territorium dürften nicht getroffen werden, und die Zerstörung müsse sich auf das Südufer beschränken. Da Sinuiju auf dem Südufer lag, ergaben sich keinerlei Beschränkungen.

Als Stratemeyer den Befehl seiner Vorgesetzten las, schüttelte er entgeistert den Kopf. »Das geht nicht. Washington muß gewußt haben, daß so etwas nicht geht.« Erstens spielten die MiGs mit seinen Maschinen Katz und Maus. Ohne ›hot pursuit‹ amerikanischer Jäger schafften die Bomber ihre Arbeit nicht.

Zweitens konnten die B-29, wenn die chinesische Flak unantastbar war, nur oberhalb deren Schußweite bombardieren, von 6000 Meter aufwärts. Aus dieser Entfernung und bei den Höhenwinden traf das Flugzeug kein Punktziel! Drittens: Bei dem mäandernden Bett des Yalu stromabwärts war es nachgerade unmöglich, die dortigen Brücken zu treffen, ohne chinesischen Luftraum zu kreuzen. MacArthur nannte den Befehl der Chiefs »the most indefensible and ill-conceived decision ever forced on a field commander in our nation's history«. Die Piloten sahen dies weniger dramatisch und hielten sich einfach nicht daran.

Die Japaner hatten den Yalu-Brücken massive Strukturen gegeben, die den kolossalen Naturkräften standhielten. Die Bomber, seit Seouls Brücken gut eingeübt, trafen hier auf Bauwerke anderen Gewichts. Stratemeyer befahl noch am Abend des 6. November, sechs internationale Brücken und zehn Städte zu zerstören: neben Sinuiju die Straßenbrücke von Chongsongjin, die Bahnbrücke von Namsan-ni sowie eine Straßen- und eine Bahnbrücke in Manpojin.

Der 7. November zog eine Wolkendecke über den Yalu. Am nächsten Tag griff die 5. Air Force mit maximaler Stärke an. Vor

Ankunft der B-29 nahmen ›Mustangs‹ und F-80-Jets die Flakstellungen in Sinuiju mit Raketen, Bordkanonen und Napalm unter Beschuß. Prompt stiegen die MiGs von Antung in die Höhe und verwickelten die alten F-80 C in die erste Jet-Schlacht der Militärgeschichte. Mit ihren Schwenkflügeln den US-Jägern überlegen, machten diese den Nachteil durch ihre Flugmanöver wett. Um die Mittagszeit warfen neun B-29 1000-Pfund-Bomben über den Auffahrten und Strebepfeilern der zwei Brücken ab, beschädigten die ersteren, ohne jedoch den Spann niederzubringen. Die mandschurische Seite antwortete mit Flakfeuer, das aber zur Höhe der ›Fliegenden Festung‹ nicht durchdrang. Den MiGs reichte nun der Tag.

Beginnend mit dem 9. November, versuchten Marineflieger, von Trägerschiffen gestartet, in einer Dreitagesserie die Brücken uferseitig zu kippen. Die Eisenbahnbrücke erwies sich als unverletzlich. Die Stukas der Marine vermochten ihr ebensowenig anzuhaben wie die B-29, touchierten aber die Autobrücke. Während Träger und Jäger sich neu versorgten, sprangen am 14. November wieder neun B-29 ein, die Brücken mit weiteren Tausendpfündern zu belegen; am 15. November versuchten 21 Maschinen ihr Glück, wurden aber, anstatt die Brücken zu treffen, selbst von MiGs getroffen. Mit zwei wrackgeschossenen B-29 und geringen Schäden an den Brücken zog man sich zurück. Das Flakfeuer und Seitenwinde von 150 km/h ließen mehr Erfolg nicht zu. MacArthur brach daraufhin den Kampf gegen die Sinuiju-Brücken ab; sie waren zu stark von den Antung-Staffeln verteidigt. Das Brückenzerstörungsprogramm sollte stromaufwärts weitergehen, scheiterte indes in der Folgewoche an schweren Wolken. Ohne Klarsicht wurde unter Umständen, wenn auch unwillentlich, die Grenze geschrammt. Dies sollte nicht sein.

Am 24. November, Thanksgiving, kehrten alle drei B-29-Gruppen zu den Brücken zurück, verfehlten indes ihren Auftrag bis auf einen Bogen der Manpojin-Eisenbahnbrücke und zwei Bögen der Chongsongjin-Autobrücke. Dies glückte je neun B-29 am 24. und 25. November, als der Yalu bereits seit einer Woche zwischen Sinuiju und Manpojin zugefroren war. Japanische Eisenbahningenieure wußten den Amerikanern zu erzählen, daß das Yalu-Eis hohe Gewichte trug. Zu ihrer Zeit hätten sie Bahngleise darübergelegt und Züge darauf fahren lassen.

Für Peng Dehuais nächtlichen Grenzverkehr spielte der ganze Brückensport keine Rolle, abgesehen davon, daß er ihn beinahe das Leben kostete. Sein Hauptquartier lag knapp unterhalb des Yalu in einer Bauernscheune auf dem Feld. Als am Morgen des 24. November der Brückenabriß Bombenkaskaden am Flußufer streute, stand der Oberkommandierende mit seinen Stabsoffizieren im Freien, das bedeutsamste militärische Ziel des ganzen Krieges. Peng fand Deckung in einem glücklich gelegenen Minenstollen.

Zur gleichen Zeit weilte in seinem Büro Mao Anying, der älteste und liebste Sohn des Vorsitzenden. Bevor er hinausfand, zerriß eine Bombe die Scheune. Peng begrub ihn unter einem roten Holzstern wie die anderen Gefallenen. Eine Inschrift wies Anying als Volksfreiwilligen aus, der sein Leben auf dem Schlachtfeld ließ als ein echter Sohn Mao Tse-tungs. Der Vater fiel auf die Nachricht in Schweigen und sagte nur: »Wie kann es in einem Krieg keine Toten geben?«

Anyings Ende unter dem US-Präzisionsbombardement hat den Krieg nicht aufgehalten, sein Grab am Yalu-Ufer ihn vielleicht vertieft. Der Boden, der die Gefallenen umgibt, ist angeeignet und schwer loszulassen. Mao zwang bald Wellen um Wellen seiner Freiwilligen in das Maschinenfeuer, um keinen Meter davon preiszugeben.

Bevor MacArthurs Uferverwüstung begann, bargen sich Pengs Mannschaften schon in doppelter Stärke zum Gegner in den verschneiten mandschurischen Wäldern. Alsdann kreuzten sie ohne großen Aufenthalt über Pontons und Unterwasserpfade den Fluß, die späteren das Eis. Da die Air Force, anders als geglaubt, den Einzug des Feindes nicht zu hindern wußte, zumindest nicht, ohne ihm wehe zu tun, wandte sie sich seiner Quartiernahme zu.

Ein fremdes Heer quartiert in Ortschaften. Wenn sie abbrennen, muß es erfrieren oder verhungern. Ohne Versorgung und Behausung, auf der aschenbedeckten Erde, ist es mühelos niederzumachen. Soweit die taktische Überlegung. Wie zuvor vermutet wurde, die Chinesen führen über die Brücken, um bei den Ankunftsstellen erwartet und massakriert zu werden, rechnete man nun mit ihrem Einzug in die Ortschaften. Darum verlangte MacArthur an ihrer Stelle eine Wüste. Ihn, gleich Stratemeyer und O'Donnell, dünkte es töricht, den Aufmarsch nicht bei Abmarsch aus der Mandschurei zu stoppen, von wo aus geschossen und gefightet wurde. Eine Seite zog in den Krieg, warum ihn dann nicht führen und sie durch Gewährenlassen erfreuen? Das war christlich, doch nicht militärisch.

Washington telegrafierte, dies sei Politik, und MacArthur antwortete, so habe er schon Chamberlain reden hören. Auf diese Weise führte es nicht weiter.

Um den Krieg zu verschärfen, ohne ihn auszuweiten, kam man überein, ihn gegen die grenznahen Städte zu richten, die gar nicht mehr daran teilnahmen. Dies zur Abschreckung eines stillen Teilhabers, der vermeintlich noch nicht ganz da war. Nordkorea, der nominelle Aggressor, geschlagen, aber nicht kapitulationswillig, wurde behandelt wie vormals die berüchtigten Japaner und Deutschen. China, der faktische Aggressor, wurde ebenfalls behandelt wie die Japaner und die Deutschen; vor deren Abmarsch! Heute beschwichtigt, morgen pulverisiert, die Geschichte bietet Muster für jede erdenkliche Lage.

Die Verbrennung Sinuijus am 8. November war eine Sache von zehn Minuten. »Shortly bevor noon«, schreibt die amtliche Geschichte, »70 B-29's came over Sinuiju to drop 500-pound incendiary clusters.« Gut verteilt, entzünden sie eine Kleinstadt ohne besondere Löschdienste in ein, zwei Stunden. Sie zerstört sich dann sozusagen von selbst. Ihre Rauchsäulen ragten fünf Kilometer in die Luft. »Photographs taken before and after the holocaust«, heißt es weiter, »revealed that the incendiary bombs burned out 60 per cent of the two square-mile built-up area of Sinuiju.«

WASHINGTON

Am 9. Dezember 1950 schrieb Präsident Truman in sein Tagebuch: »I've worked for peace for five years and six months and it looks like World War III is here. I hope not – but we must meet whatever comes – and we will.« Alle Rücksicht und alle Rücksichtslosigkeit hatten den UN/US-Truppen nicht die Schmach erspart, von einer Streitmacht aus Nordkorea hinausgeprügelt zu werden, die dazu weder Panzer noch Artillerie, noch Bomber brauchte, nur Kampfkraft. Eine Streitmacht, die in dreißig Kilometer Abstand aufmarschierte, einen breiten Fluß überwinden mußte und in einem verwüsteten Areal, in greifbarer Nähe zu den UN/US-Linien, sich vier Wochen lang in Stellung brachte, drei davon nach warnendem Vorgefecht. Es war das größtmögliche Debakel, so als sei Maos Spott vom Imperialismus als Papiertiger zur Aufführung gebracht.

Trumans Wille, durchzustehen, was da komme, schickte auf der Pressekonferenz vom 30. November ein Schaudern um den Erdball. Truman schauderten seine Verluste, die an diesem und dem Folgetag 11 000 Mann zählten. Der Präsident sagte unverblümt ein paar Selbstverständlichkeiten; das Unerhörte war, daß er sie aussprach an einer Kriegswende mit unabsehbaren Weiterungen. So lag eine offene Lunte in der Welt. Truman sagte, daß die USA alle nötigen Schritte unternähmen, die militärische Lage zu meistern.

»Will that include the atomic bomb?« fragte ein Reporter wie halb Amerika.

»That includes every weapon we have«, antwortete der Präsident.

»Mr President, you said, ›every weapon we have‹. Does that mean, that there has been active consideration of the use of the atomic bomb?«

»There has always been active consideration of its use!«

Aus dem britisch-amerikanischen Ursprung der Bombe rührte die Übereinkunft, vor dem Gebrauch einander zu konsultieren. Von allen ungläubigen Partnern der UN-Mission war Großbritannien der ungläubigste. Außenminister Bevin, selbst krank und müde noch stärkster Mann im Labour-Kabinett, fürchtete den Sog der militärischen Notwendigkeiten, die einzig durch den Zug zum Yalu entstanden waren. Für China war der Fluß eine Schmerzgrenze; von dort hatten die Japaner sich einst vorgearbeitet. Nun stand wieder eine Armee da. Für Hitler war der polnische Korridor auch eine Schmerzensgrenze gewesen, und Bevin konterte den Druck seiner Partei, Korea endlich zu verlassen, mit der prägenden Lehre der Zeit: »We blamed the Conservatives for knowing Hitler was on the move, and not making adequate preparations.«

Nach übereinstimmender Ansicht der britischen wie der amerikanischen Chiefs of Staff war Korea zur Verteidigung ihrer Weltstellung entbehrlich. Der polnische Korridor war auch entbehrlich gewesen. Es fällt auf, daß unentwegt ein geschichtlicher Präzedenzfall beschworen wurde – nur kein Appeasement! – und das Gegenteil davon getan.

Wenn man so will, waren Mao und Stalin die einzigen dem Appeasement abholden Akteure. Sie versuchten, den aus ihrer Sicht mutmaßlichen Aggressor frühestmöglich zu stellen. Ihre Gegner suchten wie selbstverständlich den Interessenausgleich. Chamberlain suchte ihn auch; es war die klassische Schule der europäischen Diplomatie und ist es geblieben. Hitler war ihr Unfall, nicht ihr Ende. Und so zogen Attlee, Bevin und ihre Stabschefs, mißtrauisch gemacht durch Trumans Säbelrasseln, vier Tage später nach Washington, bemüht um ›peace in our time‹.

Im historischen Kalender war München allerdings schon verpaßt, und man stand in Dünkirchen, mahnte MacArthur. Die Koalition war dem Aggressor halbherzig wie 1939, aber denn doch entgegengezogen und elend dabei in die Flucht geschlagen worden wie 1940. Nun verharrten die UN-Krieger an jenem Scheitelpunkt, der Churchill seinerzeit auf Weltkrieg spekulieren ließ anstatt auf Kompromiß. Doch lag diese Wahl nicht in seiner Macht, auch nicht als Roosevelt an Bord kam, der vertraute Freund. Die Wehrmacht konnte 1941 nur einer aufhalten, sein alter Feind. Zehn Jahre später riet Churchill, jetzt Oppositionsführer im Unterhaus, zum Kompromiß. Krieg mit China sei um jeden Preis zu vermeiden; das Schicksal der Welt entscheide sich an der alten Bündnisfront und an Stalin, dem alten Feind, und kurzen Freund, und neuen Feind.

Allerdings hatte Stalin schon anders entschieden und das Schicksal der Welt nach Korea verlegt, wo er leichteres Spiel hatte. Ulbrichts Volksfreiwillige wären an der Elbe früher gescheitert als Mao am Yalu. Dieser war, im Unterschied zu dem Deutschen, auch kein Angestellter, sondern ein Herrscher eigenen Rechts. Wie die Zwickmühle Peking-Moskau kooperierte, in welcher die UN/US-Aktion sich verfangen hatten, vermochten Briten und Amerikaner nicht zu erraten. Wie reagieren, wenn man nicht weiß, wem man gegenübersteht? Genau das war der tiefere Sinn der neuen Bündnisfront. Der Gegner braucht gar nicht zu wissen, wer sein Feind ist.

England sprach in Washington vor dem Horizont zweier Weltkriege, die es unwillentlich in den Strudel gerissen hatten. Opposition und Regierung teilten die gleiche Furcht, man mag sagen alle Europäer, daß das kleine Lokalfeuer am Nordostzipfel Asiens, das auszutreten man im Sommer aufgebrochen war, das Weltgebäude mit sich risse. Denn falls Stalin einstieg, würde er nicht Korea behelligen, sondern Japan oder Europa, letztere die schlechtestverteidigte und schnellstkapitulierende Arena.

Den Amerikanern, beiden Weltkriegen halbfreiwillig beigetreten, mußte nahegebracht werden, was ein verkehrter Schritt auslöste, unwiderruflich. Sie waren längst vom Appeasement überzeugt; nur ähnelte das Problem dem mit Hitler. Die Gegenseite spielte Vabanque.

Premier Attlee und Außenminister Bevin, teils bewegt von britischen Handelsinteressen in Asien, teils von der Schutzlosigkeit Europas, rieten inständig, von einem offenen Krieg gegen China abzusehen, um jeden Preis. Es könnten diplomatische Möglichkeiten ausgelotet werden. Als Köder hielte man den begehrten Sitz Rotchinas im UN-Sicherheitsrat in Händen.

Acheson erwiderte, daß gegenwärtig wohl der falscheste Moment sei, mit den Vertretern des Weltkommunismus Verhandlungen zu beginnen. »Aus meiner Sicht ist China gar nicht der zentrale treibende Faktor, sondern Rußland. Bevor die Chinesen interveniert haben, muß ihnen sicher irgendeine Art von Unterstützung versprochen worden sein.« Die britische Haltung, schloß Acheson, rühre aus selbstsüchtigen politischen und kommerziellen Erwägungen. Die USA trügen globale Verantwortung. Jetzt in Fernost aufzugeben hieße, »we are through! The Russians and the Chinese are coming in, and other Far Eastern peoples would make there best terms with them.« Die Amerikaner räumten ein, daß MacArthurs Armee sich möglicherweise nicht in Korea halten könne. »We must fight it out«, setzte Truman hinzu. »If we fail we should at least fail honorably.«

Attlee versicherte rasch, daß man in Korea Schulter an Schulter stehe. Man differiere allein in der Einschätzung des neuen China. Amerika mache einen Fehler, es für eine Schachfigur Stalins zu halten. Der Westen habe doch, voller Genugtuung, auch die nationalen Bestrebungen anderer Nationen ertragen. Dann nannte er bitter die ehemaligen Besitztümer der Krone, die so blutig von ihr gelösten Perlen Indien, Borneo, Birma. Die Genugtuung darob hatte voll auf seiten der USA gelegen, das Empire trug die Schmerzen, die Kosten und meinte, nun sei es an den anderen, den ›Verlust‹ Chinas zu verwinden. Nichts an China hatte je den USA gehört, dennoch meinten viele es ›verloren‹ zu haben, nicht zuletzt MacArthur, der es wiederhaben wollte, verwaltet von seinem Deputy Tschiang.

Acheson entgegnete, so weit könne er folgen, er habe selbst öffentlich versucht, die chinesischen und russischen Interessen auseinanderzuhalten. »Wahrscheinlich bin ich mehr dafür angespuckt worden als irgend sonst jemand.« Jetzt sei es aber nicht länger möglich, unter der Annahme eines künftigen Bruchs Chinas mit Moskau zu handeln.

Als die Briten ihre profanen Handelsinteressen in Hongkong, Malaya und Singapur erwähnten, fragte Bradley, ob ein Angriff Chinas auf Hongkong Krieg bedeute? Wenn ja, warum sei es kein Krieg, wenn China US-Truppen in Korea angreife? »The Chinese are actually sending military forces against us and did not call it war, and yet if we drop one bomb across the Yalu, they say we are making war against them.«

Den Unterschied machten die USA selbst, indem sie zweierlei Geschwindigkeiten gelten ließen. Sie wurden mit voller Kraft überfallen und zahlten mit halber Kraft zurück. »We used to say«, pflegte Bradley zu sagen, »that an attack on a platoon of the United States meant war.« Das waren die Tage der Indianerkriege, und man konnte wenigstens doppelt soviel vergelten wie einstecken. Jetzt war es umgekehrt. Ein Angriff auf die Vereinigten Staaten wurde betrachtet wie ein Angriff auf ein Platoon.

Im Rahmen ihrer Möglichkeiten wollten Mao und Peng die USA vernichten. Ein absurdes Vorhaben, das auch nicht realer dadurch wurde, daß im Rahmen ihrer Möglichkeiten die USA sich darauf beschränkten, dem auszuweichen. In der britisch-amerikanischen Konferenz vom 4. bis 7. Dezember skizzierten die USA ihren Partnern immerhin einen »begrenzten Krieg«, von dem diese ebensowenig angetan waren wie von einem unbegrenzten.

Das vom Außenministerium lancierte Konzept sah Schläge vor in das Innere Chinas. Lord Tedder, Stabschef der Royal Air Force, der im Juni 1944 die Luftstreitkräfte der Invasion geleitet hatte, fragte, an welcherlei Aktionen man dächte.

Marshall antwortete, daß diese Idee noch nicht ausgearbeitet sei. Das Pentagon hielt nämlich nichts davon, obwohl die Regierung sich den ganzen Dezember über daran klammerte. Bisher sei eine Blockade der chinesischen Küste vorgesehen, Untergrundaktivitäten in Südchina und möglicherweise Luftschläge auf gewisse Punkte.

Feldmarschall Slim hakte nach, ob solch ein begrenzter Krieg gegen China möglicherweise den chinesisch-sowjetischen Freundschafts- und Bündnisvertrag aktiviere. Marshall sagte, dies wäre wohl der Fall, und Truman fügte hinzu, daß diese Möglichkeit ihm Kopfzerbrechen bereite. Wenn die sowjetische Luftwaffe in den Krieg eingreife, sagte Slim, »we should have to say goodbye«.

Den Gästen mißfiel der begrenzte Krieg aus den nämlichen Gründen wie Marshall. Der zweifelte, daß Maos Regime durch begrenzte Schläge zu erschüttern sei, und die Briten meinten, nichts Schlimmeres könne doch den USA widerfahren als das: Die Küstenblockade stehe, die Bomberoffensive gegen Industrieziele steige, und beides lasse die Chinesen komplett kalt. Diese Aussichten bewegten die Amerikaner nicht, den Verhandlungsfrieden zu suchen, für den der Partner warb. Doch die Unerquicklichkeit halber Sachen leuchtete ihnen ein. Im übrigen lag der britische Besuchszweck in der Erkundung etwaiger ganzer Sachen.

Truman bestritt die Existenz atomarer Projekte. Ob er das schriftlich haben könne? fragte Attlee. No, sagte der Präsident. »If a man's word wasn't any good, it wasn't made any better by writing it down.« Die Wahrheit war, daß er die Bombe nicht wollte, doch gegebenenfalls zulassen mußte. Ihn konnten bisher weder drastisch gesunkenes Wählervertrauen noch das ihm von der Opposition angedrohte Amtsenthebungsverfahren umstimmen. Doch wie der britische Botschafter in Washington, Sir Oliver Franks, notierte, lag der Schlüssel jener Entscheidung nicht im Prinzipiellen, sondern in den Umständen: Was machen die Amerikaner, »wenn sie mit dem Rücken an der Wand stehen«? Die Wand war nicht das Hafenbecken von Pusan, das konnten sie schmerzlos räumen, sie konnten es aber nicht ohne Folgen räumen. Die Wand ihrer Weltgeltung würde auch Truman nicht opfern. In den Augen MacArthurs befand er sich allerdings kurz davor, es zu tun.

Truman und seine Leute gingen zum Koalitionstreffen mit einem tags zuvor eingegangenen Kabel ihres Feldherrn im Sinn. Er meldete, geschlagen zu sein, sofern Washington nicht endlich mit Peking verfahre wie Peking mit Washington. Der Oberbefehlshaber gestand den Eintritt des Unvorstellbaren, das Versagen aller für den Feldzug vorgesehenen Mittel, und wie zuvor die Gewißheit des Sieges sagte er die Gewißheit des Debakels voraus: »Facing the entire Chinese nation in an undeclared war and unless some positive and immediate action is taken, hope for success cannot be justified and speedy attrition leading to final destruction can reasonably be contemplated.«

Am Folgetag las Washington im Leitartikel von *Life Magazine* über das krankhafte, ängstliche Klima in den Hauptstädten der Allianz und bei der UNO. In dieser Woche der schweren Entscheidungen biete MacArthur den einzig gesunden Anblick. Er sehe die Lage keineswegs so negativ wie die Regierung und wisse genau, was zu tun sei: Vernichtung des internationalen Banditentums, ob in China oder in Korea.

Von dem »latenten Panikzustand« in der UNO-Allianz schrieb auch Acheson, begründet im Versagen der US-Führung. Die US-Führung hatte sich selber führen lassen von Douglas MacArthur. Mit der Medizin, die seinen Kollaps bewirkt hatte, wollte er sich jetzt wieder Luft verschaffen, der Ausweitung des Krieges. In der Unruhe des Publikums und des Kongresses, daß »etwas geschehen« müsse, erbot sich MacArthur als Wunderdoktor des Patienten, der er selber war. Sein Zustand blieb so kläglich nur, weil Washington ihn nicht doktern ließ. So mobilisierte er die Angst und die Errettung daraus. Für Truman und sein Kabinett war er erledigt.

Dem britischen General Sir Robert Mansergh, der ihm in diesen Tagen in Tokio begegnete, erschien er nun älter als seine siebzig Jahre und außerstande, sein parkinsonsches Zittern, die Nervenanspannung und auch die Bitternis zu verhehlen. Die Frontlage kenne er nur bereinigt um die Peinlichkeiten. Freilich bewies Peng Dehuai ein anderes Format als Führer. Das mag man auch von Mao und Stalin sagen, gemessen an Attlee und Truman.

In MacArthurs Niederlage trafen sich zwei inkompatible Kriegsbilder. Peng Dehuai hatte ihn in sein Terrain und seinen Stil gelockt, wo es für eine moderne, industrialisierte Streitmacht wenig zu gewinnen gab. Sie war fixiert auf ihresgleichen, für das sogenannte Banditentum fehlten ihr das Gespür und die Antwort. MacArthur verlangte nun, die Dinge umzukehren. Peng war an ihn

343

genauso fehlangepaßt wie umgekehrt. Er benötigte einen Gegner, der seine Partie mitspielte und ihm die schwächste Seite darbot.

Man trifft den Gegner nicht an seiner gerüsteten, sondern an seiner ungedeckten Stelle und schlägt nicht mit dem kurzen, sondern dem längeren Arm. Der längere ist derjenige, der überall hinreicht und nirgends faßbar ist. Im vergangenen Krieg war der Luftangriff der lange Arm und die Bodenschlacht der kurze, allzu verlustreiche. Man muß erst die Industrien zerstören, welche Waffen und Munition des feindlichen Heeres liefern. Waffen noch bevor sie Waffen sind, sondern Komponenten, Kohle, Stahl, Chemikalien, Arbeitskraft, Transportwaggons, Schienen, Depots, Behausungen.

Der Lehre war man im Bombenkrieg gegen Kims Siedlungen und Fabriken wie von selbst gefolgt. Jetzt versorgten mandschurische Anlagen einen neuen, höchst energischen Aggressor, militanter als der vorherige. MacArthurs Verlangen, ihn aufzuweichen mit Bomben und Seeblockaden, kam aus dem Kern der Weltkriegsstrategie. Es war auch nicht sein Übermut allein, der daran appellierte. Die Joint Chiefs wußten genauestens, was gegen die Versorgungsbetriebe im deutschen und japanischen Hinterland unternommen worden war, die Städte.

In den Verzweiflungstagen des Dezembers und Januars 1950/51 befürworteten die Chiefs MacArthurs Ansinnen, wenn auch diskreter, ermutigt durch Churchills Beispiel, der 1940 allen Einflüsterungen Lloyd Georges zum Ausgleichsfrieden widerstanden und, auf verlorenem Posten, voller Zähigkeit die Ausweitung des Krieges betrieben hatte.

Attlee und Bevin, die aus vielerlei Quellen wußten, daß MacArthur die Kriegserweiterungsfraktion von 1950 anführte, erkundigten sich am 7. Dezember, nach einem Diner in der britischen Botschaft, nach dessen Rolle, formulierten Bedenken und äußerten das Bedürfnis nach einem integrierten Kommando. Acheson, nach MacArthur der zweite Solist in der US-Führung, wechselte den Ton, um auszudrücken, daß dessen Wochen bei Hofe gezählt waren. Zu der Frage, »ob irgendeine Regierung irgendeine Kontrolle über General MacArthur hat, möchte ich keine Ansicht äußern«.

Eine zweite Sache, erklärte der Außenminister, sei die inneralliierte Konsultation.

Kriege seien nicht von einem Komitee zu führen, sagte Marshall, was den Briten recht grob klarmachte, daß die Komitees der letzten zwei Kriege unwiederbringlich waren, zumal die Briten gar keinen Krieg wünschten. Nicht gegen China, und einen anderen gab es nicht. Auf der Heimreise verbuchten sie den Besuch als Fehlschlag. Sie hatten dem Alliierten keine Friedenssondierungen eingeredet, den ›begrenzten Krieg‹ nicht ausgeredet und zum Atomeinsatz keine Mitsprache, nur Konsultation erwirkt, wobei, wie soeben festgestellt, niemand auf sie hörte.

Zu den strittigen Themen zählte auch Achesons Absicht, Chinas Einzug in Korea als Aggression anzuprangern. Das wäre Sache der UNO, da ihr sich Maos Armeen entgegenstellten. Allerdings weilten diese auf Regierungseinladung in Nordkorea, etwas, das die 8. Armee und das X. Corps schwerlich vorweisen konnten. Die UNO hatte sich selber eingeladen, Kim, den Erstaggressor, zu verfolgen. Nach eigener Logik konnte sie keine Aggression damit begehen. Wer hingegen dem Aggressor zur Hilfe eilt, ist sein Gehilfe und selber einer.

Die Briten, die sich, im Felde blutend, seiner erwehrten, weigerten sich, in der UNO zu erklären, daß dies in Abwehr einer Aggression geschah. So etwas hätte rechtlich und politisch einen ungewollten Titel ausgestellt zur Verfolgung eines Täters in sein heimatliches Revier. Dem Vernehmen nach bereiteten die Amerikaner noch weitere undiplomatische Schritte vor: Handels- und Finanzsanktionen sowie Blockade der chinesischen Küste, die allen Handel und Kredit abwickelte. Zudem sollte die Sowjetunion namentlich als Anstifter genannt werden.

Die Tatsache duldete wenig Zweifel, nur die Folge daraus. Darum präferierten England und Frankreich, Indien und Kanada, alle Aggressorfänger in Nordkorea, die Tatsächlichkeit ihres Kriegs zu verschleiern. Wen bekriegten sie und weshalb? Bei welchem Tun, durch wessen Hand starben Tausende ihrer Soldaten? Was immer es war, es sollte aufhören; der Rückzug vollzog sich nicht nur vom

Yalu, sondern von den eigenen Rechtspositionen. Die Volksfreiwilligen wurden vom Gegner fast mehr getarnt als von sich selbst.

Anfang Dezember kamen dreizehn asiatische Staaten dem Bedürfnis nach Abbruch des Unternehmens nach und unterbreiteten der UNO eine Waffenstillstandsresolution. Doch waren die Chinesen nur bereit, ihre Waffen ruhen zu lassen, wenn der Gegner sich freiwillig zurückzöge.

In der schönen Formulierung »Rückzug aller fremden Truppen« steckten viele Möglichkeiten für eine Truppe, die sich unsichtbar machen konnte. Kontrollen sah die Resolution ohnehin nicht vor. Zudem wünschten die Chinesen, bevor sie die Aggression unterbrachen, den Rückzug der 7. US-Flotte aus der Straße von Taiwan und den ihnen gebührenden Sitz im UN-Sicherheitsrat. Die Waffenruhestifter sahen sich keineswegs abgelehnt und boten an, die chinesischen Forderungen als begonnene Friedensgespräche zu behandeln.

Tschou En-lai, des öligen Entgegenkommens müde, das sich allein dem Siegeslauf seiner Waffen verdankte, ließ die UNO daraufhin wissen, daß er solches nicht nötig habe. »Die Absicht, einen bedingungslosen Waffenstillstand zu arrangieren, dient zu nichts anderem, als den US-Truppen eine Atempause zu verschaffen.«

Am 25. Dezember, exakt ein halbes Jahr nachdem Kim über den 38. Breitengrad hinweg nach Südkorea gestoßen war, tat Mao das gleiche. Der Vorgang, dazumal als Aggression qualifiziert und Anlaß zu so vielen Opfern, war krasser jetzt und unzweideutiger. Kims Überfall mochte zur Not als Bürgerkriegshandlung gelten. Die chinesische Vorneverteidigung der Yalu-Grenze auf Einladung Nordkoreas läßt sich vertreten. Kim Il Sung fühlte sich ja von den Volksfreiwilligen nicht angegriffen, sondern gestützt. Mao in Südkorea aber war Angriffskrieger, wenn denn der UNO-Charta der mindeste Sinn innewohnte. Sie überwacht den Frieden, das ist alles. Ein kurzer Weg, Frieden zu haben, ist allerdings, den Aggressor gewähren zu lassen.

Einem Angriff Chinas zu begegnen bedeutet ewigen Krieg. Maos Regime verbuchten die Briten als »fact of life«. Ein ebensolcher war ihr schwindendes Empire, das auch nicht allen wie gerufen kam. Mao hingegen ließ sich von allen Seiten rufen, konnte gar nicht angreifen, sondern per Definition allein die Unfreien befreien. Wer den Befreier angreift, nimmt für die Unfreiheit Partei, was auch einen Angriff darstellt. Kurz, man kann es sich so drehen, wie man mag.

Ende Dezember warb der amerikanische UN-Botschafter Warren Austin um Unterzeichner für einen Beschluß gegen die chinesische Aggression. England und Frankreich wußten ihm gewichtige Gründe zu nennen, den Mund weniger voll zu nehmen als vor sechs Monaten gegen das popelige Nordkorea. Angreifer strafen ist nicht alles. Einen Angriff Chinas strafen aber ist Selbstbestrafung. Die Freunde betonten, so Austin, »in den heftigsten Worten die Unerwünschtheit jeder UN-Resolution, welche die UN dazu verpflichten könnte, in Asien gegen chinesische Kommunisten zu kämpfen«. Ähnliches hätten ihm auch einige asiatische und südamerikanische Länder beschieden. Ein Konflikt mit China finde in ihren Ländern keine offizielle Unterstützung.

Anders die Öffentlichkeit in den USA. Sie standen bereits im Krieg und trugen die Überzahl der Verluste. In der dritten Januarwoche, die Chinesen herrschten bereits in Seoul, verurteilten sie beide Häuser des Kongresses als Aggressoren. Die Regierung werde unilateral vorgehen müssen, sagte Acheson, wenn der Widerstand der Alliierten und der UNO so weitergehe. Sie hatten die Truman-Regierung damit zu Hause an den Rand des Untergangs gebracht. So begannen sie die Europäer zu bedrohen. Wenn die UNO Maos Aggression nicht verurteile, sei sie als kollektives Sicherheitsorgan erledigt. Amerika wechsle alsdann zum Isolationismus und entledige sich auch seiner Pflichten aus dem NATO-Pakt.

Anschließend ermäßigte Acheson die Preise: Die Zustimmung zur Aggressor-Resolution koste wenig; es würden keine Militäroperationen gegen chinesisches Gebiet beantragt. Wer diplomatische Kontakte zu China pflege, könne sie behalten, und das Wirtschaftsembargo werde selektiv gestaltet, so daß sich niemand damit schädige. Die Briten, mißtrauisch, daß man mit der Feststellung einer Aggression doch in irgendeine Art von Abwehr hineingezogen werde, boten den USA eine stille Zweigleisigkeit an. Sie sollten ihre Resolution durchbringen und danach ihre Maßnahmen außerhalb der UNO treffen. Trumans Appeasement des Appeasements hörte damit schlagartig auf. Er ließ der Resolution die stumpfen Zähne und wies an, sie auch gegen britische Opposition einzubringen.

Bevin sah Englands Interessen nicht berührt von Peng in Seoul, wohl aber von Schukow am Ärmelkanal. Um der Inschutznahme Europas durch die USA nicht verlustig zu gehen, nannte England am 1. Februar 1951 zusammen mit 43 weiteren Staaten Aggression Aggression. Das war die Wahrheit, doch eine erzwungene. Es ist die Lebenslüge der kollektiven Friedenssicherung, daß Staaten nach Grundsätzen handeln. Sie folgen grundsätzlich ihren Interessen, und an einem Ausgleiten in den Weltkrieg wie 1914 und 1940 waren die allermeisten nicht interessiert. Vielleicht konnten die USA und China eher damit rechnen, ihn zu überstehen.

Am 16. Dezember rief Truman den nationalen Notstand aus. Damit verbunden waren Lohn-Preis-Kontrollen, die Eröffnung eines Büros zur Generalmobilmachung, eine Erhöhung der Verteidigungsausgaben um das Vierfache. Der Präsident rief zudem zur Weltfront auf gegen »die Nachfolger Dschingis Khans und Tamerlans, der größten Mörder der Menschheitsgeschichte«. Über Rundfunk informierte er die Mitbürger: »Our homes, our nation, all the things we believe in, are in great danger.« Omar Bradley glaubte, der Weltkrieg »could erupt at any hour«.

Wenn, dann durch die Maßnahmen, die man selber nun ins Auge faßte. Die Joint Chiefs rieten, sich auf einen »global conflict« vorzubereiten und die atomaren Kapazitäten »in immediate readiness« zu halten. Der Finanzier Bernard Baruch, sachverständig als Mitglied der UN-Atomenergiekommission, empfahl Acheson, nun an die Bombe heranzugehen; »it ought to be used if it can be used effectively«. Einen Militäreffekt löste sie allenfalls in China aus.

MacArthur übermittelte Washington am Heiligabend eine Liste mit 24 Atombombenzielen, darunter die Dreimillionenstadt Schanghai. Man hielte dies für die Abwege eines gekränkten Verlierers, hätten nicht an vielen Führungs- und Planungsstellen der Streitkräfte ähnliche Absichten bestanden. Die Joint Chiefs gaben Ziellisten in Auftrag für russische und chinesische Städte. Auf Anraten der Operationsabteilung des Heeres sollte China das Ultimatum gestellt werden, entweder hinter den Yalu zurückzusetzen, anderenfalls »air and naval attacks« zu gewärtigen »against military objectives and installations in Manchuria which are now being utilized to furnish military support to the Chinese forces in Korea«. Die Militärziele sollten ausgeschaltet werden durch »prompt use of the atomic bomb«, die gar keine solchen zu unterscheiden weiß.

Am 1. Dezember korrigierte die Abteilung die Ultimatums- gegen eine Vergeltungsvariante. Der Vergeltungsfall träte ein, wenn »UN forces were faced with total desaster«. Die Joint Chiefs fürchteten allerdings, daß Vergeltungsschläge sie einer Rückvergeltung aussetzten. Die nach einem Desaster gewiß überfüllten Flugplätze in Japan und Korea lagen in chinesischer Reichweite.

Als die US-Verluste im Dezember anhielten und Bradley am 3. Dezember an Evakuierung der Truppe aus Korea dachte, fragte er sich, wie der Kongreß und die Streitkräfte reagieren würden, wenn ein Rückzug nicht von unmittelbaren Luftaktionen gegen China gefolgt wäre. Wie viele Verluste könnten die USA hinnehmen, ohne gegen die Volksrepublik zu retournieren? Wenn, wie Ende November erwartet, China seine de facto sowjetischen Flugstaffeln gegen das UN-Bodenpersonal einsetzte, war die Halbinsel sowieso nicht mehr zu halten und das Desaster akut.

In der Marine und der Air Force spannten sich die Muskeln. Aus dem Versagen des Heeres ging einmal mehr hervor, daß die strategischen Waffen der USA auf dem Wasser und aus der Luft operierten. Vandenberg, der Air-Force-Stabschef, hielt das Problem China für militärisch lösbar. »All we would need would be the naval blockade and the use of one or two air groups.« Dem Schutz Europas werde dadurch nichts genommen. Ein konzentrierter Schlag auf ihre Städte eigne sich vielleicht »to repay the Chinese Communists for their deeds«.

Den Heimzahlungsgedanken hegten auch die Intellektuellen des State Department wie Dean Rusk, dieser mit der Idee »to void China«. George F. Kennan sagte, die USA schuldeten China »nothing but a lesson«. Die Belehrung Maos führte nach der Marxschen Maxime, daß der Erzieher selbst erzogen werden muß, vornehmlich zu Lektionen daheim. Jeder belehrte jeden über das Notwendige, das Machbare, Mögliche, Unmögliche, das zu Vermeidende, zu Berücksichtigende und Abzuwartende.

Der Operationschef der Marine, Admiral Sherman, mahnte, sich nicht länger der Tatsache zu verschließen, daß offene Feindseligkeiten zwischen China und den USA ausgetauscht würden. Die USA behinderten sich leider selbst. Für Mao existiere keine politische Fessel. Die Grenzen seines Gewalteinsatzes zog einzig der Widerstand des Gegners.

Einen Krieg ignorieren heißt nicht unbedingt, ihm auszuweichen. Diesen Kurs der UN konnten die USA als die faktische Kriegspartei nicht durchhalten. Sie siegten oder verloren, konnten sich aber nicht wie die Briten einen Krieg nach Maß bestellen. »The time has come for unilateral action by the United States.« Dem schlossen sich die Joint Chiefs am 12. Januar mehr oder minder an, nicht zuletzt durch »heavy popular pressure to do something«, wie Bradley konstatierte, und zwar Amerika auf eigene Faust. Dem stimmte auch George Marshall zu. Auch wenn es die UNO zu einem Debattierklub herabstufe, lasse die Sicherheit der USA kein Abwarten auf Einstimmigkeit zu. Im Kongreß werde gefragt, warum den Briten soviel Einfluß beigemessen werde. »How much are we going to pay for Hongkong?« Das Land verstand nicht, warum sich die Regierung in einen Krieg verwickelte, ohne ihn gewinnen zu wollen.

Acheson wiegelte ab, wie sein Amt gebot, zweifelte den militärischen Wert der Militärvorschläge an, mit denen sich vorerst nicht die Chinesen, sondern Studien und Kommissionen auseinandersetzen sollten. Wer wisse schon, wie eine Blockade mit ihren Löchern im britischen Hongkong und im portugiesischen Macao wirke? Man könne nicht mit einem Male Amerikas ganze Interessenlage auf China ausrichten.

Im Nationalen Sicherheitsrat hielt man die Küstenblockade schon darum für effektvoll, weil die chinesischen Landverbindungen notorisch schwach seien, weil Rußlands Nachschub dadurch ausdünne etc. John Foster Dulles befürwortete wie viele Republikaner die Absicht der Joint Chiefs, die Truppen Tschiang Kai-scheks auf Taiwan zu mobilisieren und den Bürgerkrieg erneut zum chinesischen Festland zu transportieren. Acheson, skeptisch gegen Leute, die schon einmal gründlich verloren hatten, schlug wieder eine Prüfung vor. Die Falken in seinem eigenen Haus, Paul Nitze und Averell Harriman, versprachen sich kolossale Wirkung, wenn die Yalu-Wasserkraftwerke zerbombt und die Mandschurei einer Energiekrise ausgesetzt würden. Sie wußten nicht, daß sie längst abgeschaltet waren.

Truman las lauter Expertisen seiner Experten, die einander anzweifelten, und schob bis zur Einigkeit aller die strittigen Maßnahmen vor sich her. Damit tat er nichts Verkehrtes und etwas immer Richtiges, er ließ die Gegenseite die Fehler machen. Nach wie vor war nicht zu klären, um wen genau es sich dabei handelte. Vandenberg von der Air Force wußte zumindest soviel, daß man die Quellen des chinesischen Nachschubs erst wirklich treffe, wenn man nicht China bombardiere, sondern die Sowjetunion. Davon sei aber abzuraten.

Achesons Widerwille gegen chinesische Engagements gründete in einem richtigen Instinkt: »We are fighting the wrong nation«, warnte er Bradley. »We are fighting the second team, whereas the real enemy is the Soviet Union.« Der wirkliche Feind hinter dem falschen aber bot keinen casus belli, das war Stalins Geschick. Er hätte nur durch offene Aggression bekämpft werden können; im Rahmen einer UN-Kampagne gegen einen Aggressor unvorstellbar. In einer unilateralen Aktion wiederum, ohne Teilnahme der Europäer und Türken, wären die sowjetischen Luftziele gar nicht erreichbar gewesen. Kurzum, der verletzliche Feind war der falsche, der richtige aber war nicht zu verletzen. Niemand wußte dies genauer als der Außenminister. Den Einsatz von Atombomben gegen Rußland erledigte ein knapper Kommentar: Der nukleare Vorrat könne den Feind nicht beeindrucken, wohl aber die europäischen Freunde »zu Tode erschrecken«.

Achesons Wahrheiten kreisten im Leeren. Er warnte vor dem Falschen und wußte einstweilen nichts Richtiges. Die praktischer veranlagten Köpfe stellten sich andere Fragen. Ob China der richtige oder falsche Gegner war, machte einen rein theoretischen Unterschied. Es war der kriegführende Arm; man konnte sich nicht entzweischlagen lassen und vorgeben, alles sei ein Irrtum. Wenn Mao die Puppe und Stalin der Puppenspieler war, kam alles auf ihre Beziehungen an. War mit der Zerstörung der Puppe das Puppenspiel zu Ende? Oder betrat zuletzt der Drahtzieher die Szene? Der Mao-Stalin-Pakt enthielt das Szenarium, sind aber Verträge zwischen Marionette und Meister für diesen zwingend? Auf diese Unergründlichkeiten suchten die Hamletnaturen in Westeuropa Antworten und fanden statt dessen Zweifel über Zweifel.

Alle Kontrahenten kannten einander mehr oder minder gut als Weltkriegsalliierte. Doch auch Stalin und Mao zweifelten noch im Frühjahr, ob die Amerikaner intervenierten oder nicht, trauten ihnen beides zu, machten sich darauf gefaßt und eröffneten die Partie. Die UN/US-Führer ließen sich darauf ein, fragten MacArthur, der nichts Fragliches sah, liefen blind in den Hinterhalt und wollten nun nichts unternehmen, ehe alle Fragen kristallklar beantwortet waren. Da dies unmöglich ist, blieben sie beim Garnichtstun, das sich, ganz gegen die eigene Absicht, als das einzig Vernünftige in der Situation erwies.

Die glückliche Selbstblockade verdankte sich Experten- und Geheimwissen. Die Joint Chiefs hatten Anfang November einen Chineseneinmarsch als so hochkomplexen Vorgang angesehen, daß er ohne russische Großtechnologie undenkbar sei. Damit sei der Dritte Weltkrieg eingeläutet, der als erstes die Räumung Koreas verlangte. Die Chinaexperten des Außenministeriums hatten alsbald die volle Gleichschaltung Chinas mit dem Weltkommunismus ermittelt. Daraus folge, daß die Expedition über den Yalu nicht als chinesischer, sondern als Vorstoß der roten Internationale zu gelten habe. Die CIA wußte, daß die UdSSR und ihre Satelliten sich vergleichsweise überlegen fühlten und darum UN/US-Operationen gegen China mit einer russischen Gegenoffensive beantworten würden. »Wahrscheinlich planen sie jetzt keinen Krieg, sind aber dazu willens, wenn sie uns in Asien festnageln können.« Ende November nahm der Generalplan Fernost immer hintergründigere Züge an. Moskau könne den günstigsten Zeitpunkt zum Weltkrieg wählen; es stürze China und die USA in ein ruinöses Duell, das in Europa und Japan ein Bedürfnis nach »friedlichen Lösungen« schüre und damit die atlantische Allianz hintertreibe.

Als im Dezember die MiG-15 ihre Runden von der Mandschurei über den Yalu und zurück zu drehen begann, sahen die Joint Chiefs die Sowjets an der Schwelle zum Angriff auf die zurückflutenden UN/US-Truppen. Er sei nur noch durch die Atombombe zu vergelten. Als dieser Alptraum nicht wahr wurde, meinte man, daß eine Sowjetunion, die solche Chancen verstreichen lasse, keinen dritten Weltkrieg vorbereite, weshalb man China einen Denkzettel verpassen könne ohne eine Kettenreaktion. Das hatte auch die US-Botschaft in Moskau erfahren. Ein US-Bombardement Chinas würde zur Belieferung mit einer sowjetischen Luftverteidigung führen und ein paar Freiwilligen mehr in Korea. Mehr nicht.

Ende Dezember waren die Planer der Joint Chiefs überzeugt, daß die Russen ihre Kräfte ins Treffen schickten, wenn sie die Zeit für gekommen hielten, und nicht, wenn der Vertrag es vorsehe. Für Amerika gelte, daß »eine Politik, die auf Vorsicht gründe, uns ebenso wahrscheinlich oder sogar wahrscheinlicher in einen Krieg mit Moskau führt wie eine solche der Unerschütterlichkeit der Ziele«. Achesons Umgebung sorgte sich, daß eben diese sture Entschiedenheit der Chiefs den Mao-Stalin-Pakt zur Fälligkeit bringe, während die Chiefs wiederum das Risiko eines längeren Kriegs für tragbar hielten, gemäß der amerikanischen Präferenz von Kühnheit über Vorsicht. Sie stimmten mit MacArthur darin überein, daß die Russen ihren Entschluß zum allgemeinen Krieg nicht von externen Faktoren diktieren ließen, sondern von der Einschätzung der Kräfteverhältnisse und des richtigen Zeitpunkts. UN/US-Operationen gegen China spielten dabei gar keine Rolle.

Acheson wies darauf hin, daß die USA ihren Verbündeten versichert hätten, den Krieg auf Korea zu lokalisieren. In der UNO fänden Militärmaßnahmen gegen China keine Billigung. Ein unilaterales Vorgehen hingegen »bestätigt die Ängste und Verdächtigungen über unsere Motive und Absichten, die unsere Feinde geäußert und einige unserer Freunde bei sich gedacht haben«. Die Führerschaft der Vereinigten Staaten inner- und außerhalb der UNO würde kompromittiert und die Einigkeit der westlichen Nationen gefährdet, sich in Zukunft gemeinsam zu verteidigen.

Als die Außenamtsexperten vorbrachten, daß die Vorschläge der Joint Chiefs, die Mandschurei zu bombardieren und die Küste des Gelben Meeres zu verriegeln, nicht wirken würden und das Bombardement ganz Chinas und die Mobilisierung Tschiang Kai-scheks die Russen provoziere, tauschte die Bodenabteilung der Joint Chiefs, Lawton Collins und Omar Bradley, Vorsicht gegen Kühnheit und hielt »excessive risks at this time« für unangebracht. Eine viel bessere Lösung sei die Stabilisierung der Front, ein Waffenstillstand auf Basis der alten Grenze des 38. Breitengrads und sodann ein phasenweiser Abzug aller ausländischen Truppen.

Während eine Springflut gescheiter Argumente jegliches Handeln lähmte, löste, in aussichtsloser Lage, ein bedachtsames und tapferes Handeln am Kampfschauplatz die Paralyse der Politik. Sein Proteus war General Matthew Bunker Ridgway, begleitet von Douglas MacArthur.

ZEIT

Im Januar 1951, auf dem Scheitel des chinesischen Triumphes, rief Stalin seine europäischen Vasallen nach Moskau. Man habe in jüngster Zeit geglaubt, daß Amerika eine unbesiegbare Macht sei und dazu rüste, einen Weltkrieg anzuzetteln, sagte er ihnen, »aber in der Realität hat sich gezeigt, daß die Vereinigten Staaten nicht nur nicht bereit sind, sondern daß sie nicht imstande sind, mit einem kleinen Krieg wie dem in Korea fertig zu werden«. Sie benötigten für den großen Konflikt noch Vorbereitung. »Die Vereinigten Staaten haben sich in Asien in eine Zwangslage gebracht und sind dort für einige Jahre gebunden.« Darin lag der Sinn seiner ganzen Korea-Operation, und er sagte mit einigem Behagen: »Das bildet einen äußerst günstigen Umstand für uns, für die revolutionäre Weltbewegung, daß die Vereinigten Staaten in Asien für zwei, drei Jahre gebunden sind. Diese zwei, drei Jahre müssen geschickt genutzt werden.«

Die Zuhörer, Parteichefs und Verteidigungsminister, saßen zu der Zeit noch wacklig im Sattel, die Prager Kommunisten seit drei Jahren erst, und konnten nur aufatmen, als Stalin ihnen für Europa eine Schonfrist verhieß. Gerade lang genug, um an den Aufbau moderner, eindrücklicher Streitkräfte zu gehen. Mit Diensten, wie Mao sie soeben den Russen leistete, konnten Warschau und Prag, Budapest, Bukarest und Sofia nicht aufwarten.

»China hat eine bessere Armee geschaffen als die der Volksdemokratien«, mahnte der Generalissimus, »es ist nicht normal, daß ihr schwache Armeen haben sollt. Diese Situation muß beseitigt werden.«

»Der Stand der Kriegsvorbereitungen«, notierte der rumänische Verteidigungsminister Emil Bodnaras, war höchst betrüblich. »Aus den vorgelegten Berichten ging hervor, daß nicht ein einziges der volksdemokratischen Länder heute vorbereitet ist, den Notwendigkeiten eines Krieges standzuhalten.« Die Satelliten wußten anscheinend gar nicht wozu, denn »in den Berichten fehlte der Ausdruck der eigenen Entschlossenheit, alles Mögliche zur Vergrößerung des militärischen Potentials der betreffenden Länder zu tun«.

Stalin versprach ihnen Hilfe der gleichen Art, wie sie auch Mao von ihm erhielt. Der Westen würde seinen Hauptstoß aus der Luft führen, und so benötigten die Genossen als erstes Radargeräte, die nahenden Bomberschwärme zu orten, und Jagdmaschinen, sie abzufangen: »Wir müssen jedem der volksdemokratischen Länder je zwei Funkortungsgeräte von denen geben, die wir haben, mit einem Radius von 200 Kilometern, damit sie lernen, sie zu benutzen.« Wenn die neuen, 400 Kilometer reichenden konstruiert seien, auch davon!

Zur Abwehr einer B-29 mit Jägereskorte blieben dadurch 30 bis 60 Minuten Warnzeit, und um sie zu nutzen, wurden MiG-15 zugesagt; Rumänien etwa würde 90 Exemplare erhalten. Im Laufe des Krieges sollten – schwer vorstellbar – 1500 weitere hinzukommen. »Die Ausbildung der Piloten soll im Februar 1951 beginnen.«

Die Bodentruppen stellten die Volksdemokratien in gewaltiger Anzahl.

»In einem ersten Notfall zwei, zweieinhalb Millionen Mann«, meinte Stalin. »Was sagst du, Wassilewski, sind zwei, zweieinhalb Millionen ausreichend?«

Marschall Wassilewski, der Kims Südkorea-Invasion entworfen hatte, hielt das für weitaus ungenügend. »Die volksdemokratischen Länder können leicht vier Millionen geben.«

Stalin ordnete drei Millionen an und kam stets auf seine MiG-15 zurück. Die europäischen Pufferstaaten sollten offenbar zu einer Luftriegelstellung dienen; Rumänien konnte 624 Flakkanonen erhalten, aber nur 250 Panzer. Den Bodenkampf stellte man sich ähnlich vor wie in Korea: Invasion in großer Zahl, leicht bewaffnet, ohne harte Gegenwehr. Die Lücke war die Luftverteidigung, weil der Westen seine Bodennachteile mit Schwärmen von Bombern kompensieren würde, wie in Korea und exakt wie zur gleichen Zeit in Washington beratschlagt wurde.

Gegenüber den europäischen Luftbasen, von der Türkei bis England, würde sich ein Gürtel von MiG-Revieren zwischen Bulgarien und Polen spannen. Den Polen Edward Ochab, der sechs Jahre Zeit dafür veranschlagte, fuhr Stalin an: »Was für ein Plan ist denn das, der sechs Jahre dauert? Wer garantiert dir diese sechs Jahre? Zwei, drei Jahre, das ist ein guter Plan, ein Plan, der funktioniert.«

Sein Gefühl, unterbewaffnet, schwach verteidigt und ohne direkten Zugriff auf den Hauptfeind zu sein, flößte Stalin Hirngespinste ein. Vor seiner sibirischen Flanke staffelten sich keine Volksrepubliken, sondern drohte MacArthurs Japan. Der Vorwärtsverteidigung blieben nicht viele Wege.

Der direkteste Weg zu den Stätten des amerikanischen Zivillebens, das seit den Indianern keine Waffeneinwirkungen verspürt hatte, ging vom arktischen Eis aus. Der Bau von Flugplätzen dort erlaubte, zehntausend Bomber in die USA zu schicken, ein irreales Vorhaben. Etwas, aber nicht sehr viel leichter realisierte sich die Strategie, 1,3 Millionen Amerikaner von zwei Millionen Chinesen in Korea binden zu lassen, damit, wie er den europäischen Genossen erklärte, »wir die Zeit von zwei, drei Jahren, die wir haben, benutzen, eine moderne, schlagkräftige Armee aufzubauen«.

Mao war eine schwierigere Person als die Bonzen in Ost-/Südosteuropa und das Projekt andauernd vom Eigensinn der Beteiligten gefährdet. Dazu die Westeuropäer, die Nordkoreaner, die UNO, die asiatischen Neutren, lauter labile Faktoren. Könnten nicht auch Rotchina und die USA – wie 20 Jahre später geschehen – sich verbrüdern, anstatt aufeinander einzuschlagen, ohne greifbaren Gewinn, mit höllischem Risiko? Waren sie nicht Halbverbündete im Weltkrieg gewesen? Der ›Gelbe Tito‹ kannte weder Furcht noch Skrupel. Tschou En-lai, der Stalin zur gleichen Zeit in Fragen Waffenstillstand konsultierte, empfing willkommenen Rat: Die Initiative der dreizehn von Indien angeführten UN-Vermittler sei eine gute Gelegenheit für China, Bedingungen zu nennen. So inakzeptabel wie möglich!

Am 17. Januar schlug Tschou eine Siebenmächtekonferenz in Peking vor, und die international garantierte Beseitigung der amerikanischen Protektion für Taiwan. Als Peng Dehuai in der ersten Januarwoche oberhalb des brennenden Seoul Quartier nahm, offenbarte ihm der sowjetische Botschafter verlockende Aussichten. Nach sowjetischer Nachrichtenlage seien die Amerikaner »bereit zu einem kompletten Rückzug«. Dies ginge aus dem aufgefangenen Funkverkehr hervor.

»Ich glaube nicht daran«, sagte Peng, weil dafür kein militärischer Grund vorlag. Die Nachricht sei unzuverlässig. Dafür gab es zwingende Gründe, den chinesischen Vormarsch zu unterbrechen, sich zu reorganisieren und Nachschub herbeizuführen. Botschafter Raguliew beschwatzte Peng, wie weder sein Rang noch sein diplomatisches Metier es zuließen. Was verstand er von Militärdingen, um einem Oberbefehlshaber und Marschall einzureden: »Der Koreakrieg kann in einem Anlauf vorüber sein!« Das waren die Flausen von gestern.

Vermutlich handelte Raguliew in höherem Auftrag, der ihn russisches Geheimwissen und die Schlüsse daraus an den richtigen Mann bringen hieß. Wenn die Russen amerikanischen Funk analysierten, dann wußten sie auch, daß die 8. Armee sich hinter dem Han-Fluß fest verschanzte. MacArthurs Evakuierungsvorschläge dienten einzig der Erpressung des Präsidenten. Peng war sich der tödlichen Gefahr bewußt, die ihn umgab. Zwei Strategen hatte der Krieg schon gestraft, die ihren Vorstoß überdehnt hatten, Kim im August und MacArthur im November.

»Der Feind«, entgegnete Peng dem Sowjetbotschafter, »wird keinen allgemeinen Rückzug einleiten. Das ist ein falscher Eindruck, der uns nach Süden locken soll.« Mit der gleichen Methode hatte er selbst acht Wochen zuvor die Amerikaner zum Yalu gelockt. »Ich bin Peng Dehuai und nicht MacArthur. Ich lasse mich nicht hereinlegen.«

Der Winter hatte klaffende Lücken in die Reihen der Volksfreiwilligen gerissen. Das Rückgrat der Truppe war dahin. Einige Divisionen existierten nur halb, ganze Regimenter und Bataillone galten als kampfunbrauchbar. Eine bleierne Müdigkeit zog sie zu Boden. Die Märsche und das unentwegt trommelnde Luftbombardement hatten die Gliedmaßen zermürbt. Südlich des Breitengrads gab es weder Unterkünfte noch Nahrung. Die Leute hatten ihre Häuser und Vorräte abgebrannt, ehe sie vor den Chinesen die Flucht ergriffen. Den Angriffsspitzen fehlte alles, Proviant, Munition, Stiefel, sie kamen nicht weiter.

Sechzehn Armeen erstarrten in der Bewegung. Die Rationen aus der Mandschurei waren zusammengeschmolzen, Gemüse, Salz und Öl kamen nicht nach; das Gefechtsgelände warf nur erdrote Grassamen ab, die beißend kaltes Quellwasser herunterwusch, und frostharte Kartoffelreste. Schon die Gesundheitslage ließ den Kampf ersterben. Durch das Biwakieren auf Schneeboden froren Füße, Socken und Hände zu Eisklumpen zusammen. Viele Männer liefen barfuß oder hatten die Füße mit Stroh umwickelt. Die Baumwollschuhe vom November waren verschlissen, Mäntel noch nicht eingetroffen. Nur dreihundert Lastwagen verkehrten, und die Transportlinien waren zwei- bis dreimal länger geworden. Die von Brandbomben verkohlten Polsterjacken und Wolldecken waren unersetzlich. Mit den Gefechtsverlusten käme man zu Rande, doch nicht mit den Frostschäden. Die Gesichter wurden mit Schweinefett beschichtet, das den Korea-Winter auch nicht abwehrte.

Peng hatte keine Wahl, als in Seoul den März abzuwarten. Die Hauptstadt war Schutz und ein weithin sichtbares Symbol. Allerdings konnten die UN/US-Truppen durch ihre Mobilität zur Luft und See jederzeit in Pengs Rücken landen. Das war der Nachteil.

Aus den Schluchten Nordkoreas tauchte ein Verschollener wieder auf, Kim Il Sung. Am Abend des 3. Dezember stattete er Mao und Tschou En-lai einen Besuch ab, den ersten des ganzen Krieges, um sich für die bevorstehende Rückgabe seines Felsenreichs zu bedanken und nach der Dauer des chinesischen Verbleibs in Korea zu erkundigen. Bevor Peng seine erschöpften Mannschaften heimführte, sollten sie bitte die Eroberung Südkoreas vornehmen, den eigentlichen Anlaß und Zweck all der Wirren.

Mao antwortete: »Soweit ich sehe, besteht die Möglichkeit, den Konflikt schnell zu beenden. Aber unerwartete Dinge können auftauchen, die den Krieg in die Länge ziehen. Wir sind darauf gefaßt, noch ein Jahr zu kämpfen.« Die Nordkoreaner müßten sich vor allem auf die eigenen Kräfte stützen, danach auf die Hilfe von außen.

Kim, der die Chinesen, die Amerikaner und Syngman Rhee gleich schnell loswerden wollte, rief: »Wir sollten dem Feind keine Verschnaufpause geben.« Jetzt, auf dem Kamm der siegreichen Woge, solle man ihn von der Insel spülen.

Die Volksfreiwilligen hatten, wie drei Monate zuvor die UN/US-Truppen, ihr offizielles Ziel erreicht. Der bedrohliche Zug Mac-Arthurs zum Yalu war angehalten und glorios an seinen Ausgangspunkt zurückgeworfen worden. In ihrer ganzen Geschichte hatten die USA keine ähnliche Demütigung erlebt. Pearl Harbor war demgegenüber eine Schramme. Japan hatte eine Überrumpelung zu Friedenszeiten fertiggebracht, China hingegen ein Kräftemessen gewonnen, einen Feldzug in vierzehn Tagen mit heilloser Flucht des Gegners beendigt.

Man stelle sich zur Abwechslung vor, Mao oder Stalin hätten am 38. Breitengrad ihre Fahnen mit der Proklamation des Sieges eingerollt. Für einen Vergeltungsschlag fehlte jeder Anlaß; der Gegner war in Runde zwei zu Boden gegangen, wenn ihm die Sinne wiederkehrten, war der Krieg vorbei. Der Eindruck der Rasanz des neuerstandenen China, das Ereignis der MiG-15, die Kriegslisten Pengs, die Überquerung des Yalu hätten als Saga der Unwiderstehlichkeit der Arbeiter-und-Bauern-Revolution die Welt berückt wie Napoleon. Amerikas triste Massenausrottungsmaschinen waren entzaubert, weil unbrauchbar. Menschenwitz und -tapferkeit hatten den kosmischen Hammer unterlaufen. Das Glück der ›democracy‹ für ganz Asien stank von der Fäulnis des Rhee-Regimes.

Selbst ein Spieler, der den schwindelnden Gewinn ausschlug, um alsbald die Bank zu übernehmen, konnte sehen, daß die Einsatzmittel hier den Ausstieg geboten. Peng Dehuai hatte es erkannt, seine Feldkommandeure wußten es: Der Ausgleich der Verluste erforderte 150 000 Mann Ersatz. Ruhe, Umgruppierung und Wiederversorgung kosteten drei Monate Zeit.

Nachdem der quirlige Kim auch ihm aufgewartet hatte, kabelte Peng an Mao, man könne eventuell Seoul erreichen, doch erachte er es als zwingend, »nicht tiefer als zehn Kilometer nördlich des 38. Breitengrads vorzudringen und dem Feind die Linie zu überlassen, um seine Hauptkräfte im nächsten Jahr anzugreifen«.

Anders als die hektischen Pläneschmiede in Washington und Tokio überdachte Mao vier Tage lang, was der Oberkommandierende und die Feldführer ihm rieten. Am 11. antwortete er Peng zurückhaltend im Sinne einer Anschlußoffensive bis Kaesong, weitestens Seoul. Dazu verleitete ihn auch eine merkwürdige Nachricht: »Aus einer geheimen Quelle wird berichtet, daß der US-Heeresstabschef Collins, von Washington herbeigeschickt zur Inspektion der Koreafront, nach einem Treffen mit MacArthur und Walker die Situation der UN/US-Streitkräfte als hoffnungslos bezeichnet hat.« Er habe zugegeben, daß die Streitkräfte zur langfristigen Verteidigung nicht taugten. Vermutlich habe Collins schon MacArthur angewiesen, Schiffe für die Evakuierung vorzubereiten.

Die geheime Quelle hat Mao in die Irre geführt; gut möglich, daß es dieselbe war, aus der auch die Russen ihr Wissen über MacArthurs Zustand filterten. Collins hatte bis zum 8. Dezember tatsächlich in Korea geweilt, war aber dort zu dem entgegengesetzten Urteil gelangt. Er fand die Truppe in keinem kritischen Zustand und hielt einen Zusammenschluß von 8. Armee und X. Korps für fähig, um Pusan einen Brückenkopf zu bilden. Mao fügte hinzu, er wisse nicht, ob die Nachricht zutreffe, was auf eine Herkunft aus zweiter Hand hindeutet. Aber der Vormarsch werde es erweisen.

Dieser dünkte ihn um so dringlicher, als ihn am 7. Dezember neben dem Kabel Pengs auch die Kenntnis der Waffenstillstandsinitiative der dreizehn Asiaten erreichte. K. M. Panikkar, der indische Botschafter und geflügelte Bote des Koreakriegs, unterrichtete die Parteileitung von der bevorstehenden Demarche in der UN-Versammlung.

Ein Halt am 38. Breitengrad, vorgeschlagen von dreizehn Neutralen als eine Remis-Partie mit Verhandlungsfolge, zwang gewissermaßen zur Offensive: »Warum haben diese dreizehn Länder nichts gesagt, als die amerikanischen Streitkräfte den 38. Breitengrad überschritten?« schimpfte Tschou. Wenn die USA und UN die Grenze ignorierten, dürften die Truppen Chinas es ebenfalls. Der Vergleich hätte ihn skeptisch stimmen sollen.

Am 13. Dezember telegrafierte Mao nochmals, daß angesichts des amerikanisch-britischen Wunsches »und einiger anderer Länder« nach Waffenruhe »unsere Truppen keine Wahl haben, als den 38. Breitengrad zu überqueren, weil unser Stop schwere politische Nachteile brächte«. Welcher Art?

Da Mao glaubte, die UN/US-Mission räume mutlos die Insel und lanciere zugleich über Dritte eine Kampfeinstellung, bestand der Nachteil in der falschen Optik: Die Kommunisten blieben stehen, wo sie zuvor schon standen, und die westliche Eingreiftruppe zog verrichteter Dinge nach Haus. Sie sollte aber, bedingungslos geschlagen, ins Meer gejagt werden. Ein kurzes Atemholen der Volksfreiwilligen am Breitengrad half dem Feind, das Gesicht zu wahren. Denn nach der Gefechtspause war er weg! Südkorea wäre rasch dem ungeduldigen Kim anheimgefallen als letztendlichem Sieger. Er hätte den Genossen gedankt, danach wären auch sie fort. Dies diente Mao wenig und wurde seiner Rolle nicht gerecht. Kim hatte kläglich verloren, zumal durch seine Harthörigkeit und Kungelei mit Stalin. Mao wollte heimkehren als Rächer der langen Unterwerfung Chinas, und dazu mußte der Unterwerfer unterworfen werden, zerbrochen, entwürdigt, bedingungslos.

Am 15. Dezember versammelte Peng Dehuai die Feldkommandeure und eröffnete ihnen, daß aus politischen Gründen der 38. Breitengrad überwunden werden müsse. »Darum sind wir verpflichtet, es zu machen. Die Hauptfrage ist: wie?« Sun Tse wäre entzückt von seinen Jahrtausende jüngeren Schülern gewesen, hätte er sie ratschlagen hören wie folgt: Hong Xuezhi, der Stellvertreter Pengs, hielt es für unratsam, gegen die feindlichen Hauptkräfte anzurennen. Sie stünden, wie er erkundet habe, südlich des Breitengrads in schwerbefestigten Stellungen. Peng sagte, diese Offensive eigne sich nicht, den Gegner zu vernichten. Es ginge allein darum, die Linie zu kreuzen. »Wenn uns das gelingt, beanspruchen wir den Sieg für uns, und was wir danach machen, hängt von den Umständen ab.« Die Umstände würden sich aus gewissen Grundlagen ergeben, die Peng im Namen aller dem Vorsitzenden ausführlich darlegte:

Der Feind sei von der Offensive gewechselt in die Defensive. Aus seiner jetzigen Lage ergäben sich kombinierte Land-, Luft- und Seeoperationen. »Die Nachschublinie ist kürzer, die Kräfte stehen konzentriert, die Front hat sich verengt, und die Tiefenverteidigung ist gefestigt.« Auch bei gesunkener Moral stelle der Feind 260 000 Leute ins Feld, deren plötzlichen Rückzug das imperialistische Lager nicht verkrafte. »Briten und Franzosen werden den Amerikanern nicht erlauben wegzulaufen.« Die UN/US-Kräfte könnten durchaus noch ein paar Schlappen einstecken und dennoch nicht aus Korea verschwinden. »Sie ziehen sich auf ihre Brückenköpfe in Incheon und Pusan zurück. Meiner Meinung nach bleibt der Koreakrieg langwierig und mühsam.«

Einen schnellen Sieg anzustreben schadet mehr, als daß es nützt. Nach zwei prächtigen Erfolgen bersten alle vor Enthusiasmus, und ein unrealistischer Optimismus greift um sich. »Wir haben unseren Truppen immer noch kein besseres Verständnis beigebracht, wie wir eine Strategie beweglicher Gefechte im Gebirge umformen in die Erstürmung befestigter Stellungen.« Dann der Zustand der Leute, die Erschöpfung, die Kälte, die Bekleidungsmängel, das Schuhwerk, die Verpflegung. »Alles verschlechtert sich, und die Truppe wird krank.« Je weiter man nach Süden komme, desto mehr. »Wenn die Attacke nicht glatt verläuft, stellen wir den Kampf sofort ein.« Mao möge bitte diese Besorgnis verstehen.

Mao antwortete zwei Tage später, daß die Lage des Feindes richtig beschrieben sei. »Wir müssen uns auf einen verlängerten Krieg einstellen.« Andererseits benutzten Amerikaner und Briten die

Status-quo-Lösung am 38. Breitengrad für politische Propaganda. »Sie versuchen uns einen Waffenstillstand aufzuzwingen.« Zum Zwecke eines nächsten Feldzugs müsse diese Schranke überquert werden. Danach erholen wir uns. Vor der Offensive solle die Truppe ein paar Tage ruhen, so lange wie machbar. »Da wir die Initiative haben, müssen wir kühl bleiben und dürfen unsere Kräfte nicht abnutzen.« Man werde Lastwagen auftreiben für die Wintersachen. Wenn man es schaffe, die Südtruppen zu vernichten, so daß die Amerikaner allein kämpfen müßten, hielten sie es nicht lange in Korea aus. »Wenn wir ein paar US-Divisionen zerstören, ist der Koreakonflikt ziemlich einfach zu lösen.«

Einen Tag danach gab Peng seine Befehle. Sie wiesen zur Westküste, in die Gegend, die Kim im Juni und MacArthur im September gewählt hatten, weil dort Seoul nicht weit war. Vier Divisionen Rhees würden östlich des Imjin- und westlich des Pukhan-Flusses frontal angegangen werden. Nordkoreaner simulierten eine Attakke auf Manson, um die rechte Flanke der Volksfreiwilligen zu dekken. Die 42. und 66. chinesische Armee überschritten den Pukhan und würden, wenn die Hauptoperation gegen die Südkoreaner klappte, die Bahnlinie nach Seoul blockieren. Nach dem Kalender würde die nächste dem Nachtkampf günstige Vollmondphase Ende Dezember bis Anfang Januar anfallen, wenn die westlichen Armeen ihre Festtage feierten. Peng entschied sich für den Sylvesterabend, fünf Uhr.

Mao billigte den Plan und schrieb Peng, daß ein Winter, mit Ausruhen und Reorganisation verbracht, bei den demokratischen Nationen Verachtung ernte. Ein Januarsieg würde hingegen die demokratische Front tief beeindrucken und die Imperialisten deprimieren. Im übrigen habe Stalin »freiwillig versprochen, 2000 zusätzliche Lastwagen zu stellen, um deine Transportprobleme zu lösen«. Übrigens sei der neue Befehlshaber Ridgway bereits in Seoul und habe befohlen, an den Linien festzuhalten, was der Offensive nur nutze. Das schlechteste wäre die Evakuierung Seouls und eine enge Verteidigungslinie tief im Süden zwischen Taegu und Pusan.

In der Neujahrsnacht fuhr ein eisiger Wind. Der Schnee fiel rasch und dicht. Mit einem Ruck fiel die Temperatur auf 20 Minusgrade. Die Vorbereitungen hatten einen schweren Rückschlag erlitten, als die 1. Artilleriedivision, die keine Zeit und Mittel fand, ihre 43 Geschütze im Schnee zu verstecken, 19 davon durch eine Luftattacke verlor. Zwei Nordkorea-Korps, losgeschickt, Nahrung zu erbeuten, kehrten mit einer Dreitagesverpflegung zurück und verlangten, endlich loszuschlagen, ehe sie ohne Nahrung seien.

Die 38., 39. und 40. Armee, die hundert Geschütze zusammengezogen hatten, setzten mit ihnen über den Imjin-Fluß und überkletterten mehrere Berge. Den Vorposten der 1. Süddivision wurde eine fünfminütige Kanonade zuteil, die sie so überraschte, daß sie eine halbe Stunde für den ersten Gegenschuß brauchten. In dieser Nacht kamen die 39. und die 50. Armee fünfzehn Kilometer voran. Morgens um fünf zerbrach die Verbindung zwischen 1. und 6. Süddivision. Beiden gelang allerdings mangels gegnerischer Umfassungsbewegungen die Flucht. Mit mehr Glück umkreisten die 42. und 66. chinesische Armee, die unter hoher Schneedecke sich den Bergpfad suchen mußten, die aufgelösten Südkoreaner und zerschlugen drei Regimenter sowie ein Artilleriebataillon, das 60 Kanonen hinterließ. Am Morgen des 3. Januar hatten die Vortrupps zwischen zwölf und fünfzehn Kilometer zurückgelegt.

Die 8. Armee sah sich, mit schwerem Gerät, nahezu abgeriegelt von den Brücken über den Pukhan. Hunderttausend eingekesselte Amerikaner, ein Drittel der Streitmacht, hätten in Washington womöglich dem Entsetzen die Verzweiflungstat abgerungen. Die Führung im Feld war hilflos. Offiziere wußten nicht, wie die wichtigen Hügel hießen und ob der Boden panzergängig war. Ridgway, der einen Divisionskommandeur zum Schlachtfeld befragte, wollte es nicht fassen: »Er kannte nicht einmal den Namen des Flusses, der durch seinen Abschnitt lief.« Um drei Uhr befahl er den allgemeinen Rückzug und die Evakuierung Seouls.

Peng hatte auf eine klügere Entscheidung gebaut und war nun genötigt zur Einnahme Seouls und Incheons. Die Verfolger stießen auf keinen Widerstand mehr, bis auf die Nachhut der 29. britischen Brigade. In der Nacht des 3. Januar drosch die 149. chinesische Division mit Säbeln und Handgranaten auf die schweren britischen Tanks ein und erbeutete 31 Stück. Am folgenden Nachmittag zogen zwei Divisionen Volksfreiwillige und das 1. Nordkorea-Korps in die Stadt. Sie wechselte zum dritten Mal den Besitzer, stand zum dritten Mal in Flammen, diesmal menschenleer. Seiner 50. Armee nebst zwei Divisionen Koreanern befahl Peng, am Südufer des Han Brückenköpfe zu errichten, den Hafen zu sichern und den Flugplatz; allen anderen Einheiten ward am Nordufer eine Dreitagesruhe gegeben.

Die Kampfverluste zählten gering, doch die Kälte nahm einen schweren Zoll. Nichts schützte Füße und Gesicht. Zwei Regimenter der 39. Armee erlitten tausend Mann Verluste. Selbst legendenumwobene Bürgerkriegseinheiten verließ der Mut. Ohne sofortige Verstärkung, meldete Han Xiauchu, der Kommandeur des XIII. Armeekorps, »können wir uns unmöglich darauf verlassen, daß die gegenwärtigen Mannschaften die Offensive fortsetzen«.

Die Nachrichtenstelle meldete am 8. Januar, daß der Gegner nicht weiter weiche und möglicherweise den Verfolger in die Tiefe ziehen wolle wie im August nach Pusan. Am gleichen Tag beorderte Peng die Hauptkräfte einer jeden Armee hinter den 38. Breitengrad, um zu rasten, damit war die dritte Offensive abgeschlossen. Sie hatte die UN/US-Kräfte 120 Kilometer südwärts geschoben und ihnen 19 000 Mann abgenommen – verwundet, gefangen oder gefallen. Die Volksfreiwilligen und Nordkoreaner verloren etwas weniger als die Hälfte.

Aufgebracht eilte Kim Il Sung in das chinesische Hauptquartier, warum mit einem Mal der siegreiche Vorstoß ende? Der sowjetische Botschafter wisse, daß der Feind auf ganzer Linie fliehe. Peng entgegnete, daß, militärisch gesehen, eine Fortsetzung der Offensive schade. Die chinesische Truppe müsse sich den Winter hindurch regenerieren. »Nach meiner Meinung«, sagte Kim, »sollte die Erholung und Regruppierung der Truppe nicht länger als einen Monat betragen.« Der sowjetische Botschafter meine auch, daß die Chinesen die Schwierigkeiten übertrieben. Peng solle »die sieg-

reiche Verfolgung fortsetzen und Südkorea befreien«. Der Oberbefehlshaber, ennuyiert, lehnte dies ab. Kim bat den Botschafter,
Moskau davon zu unterrichten, daß Peng die Offensive unterbreche.

Stalin, gleich zur Stelle, sandte Mao ein Gratulationstelegramm:
»Aus ganzem Herzen« bewundere er Peng, der einen so überlegenen Feind mit so unterlegenen Waffen geschlagen habe. Die Entscheidung, nicht weiter nach Süden zu ziehen, sei richtig; der Botschafter werde keinen Ärger mehr verbreiten. Peng schwebte in
Gefahr, wie Stalin richtig sah. Er war ein belesener Mann und
kannte seinen Sun Tse. Kurze Zeit später verlegte die Sowjetunion
zwei zusätzliche Luftdivisionen an den Yalu, nicht weiter, um die
Nachschubwege aus der Mandschurei zu schützen.

Moral

Walton H. Walker, ›Stand or die‹, stand zur rechten Zeit und starb zur rechten Zeit. Den Zusammenbruch der 8. Armee wußte er nicht aufzuhalten, sie glitt ihm aus der Hand, durfte aber nicht weiter zurückgleiten als Pusan, das Feld ihres einstens verdienten Ruhms. Doch Walker war der Falsche, sie zu fangen, selbst ein zerfallener Mann. Am 23. Dezember, Syngman Rhee organisierte den Abzug seiner Regierung aus Seoul – zur Flucht ging er stets voran –, fuhr Walkers Jeep die Straße von der Hauptstadt nach Norden zu seiner 24. Division. Rotlicht und Sirenen schaufelten den Weg frei. Aus der Gegenrichtung schaukelte ein südkoreanischer Armeekonvoi. Der Jeep beschleunigte, ein Waffenlader streifte sein Heck; Walker geriet auf der vereisten Straße ins Rutschen, überschlug sich und war tot. MacArthur beförderte ihn aus Dank zum Viersternegeneral, in welcher Uniform er auf dem Heldenfriedhof von Arlington zu Grabe gelassen wurde.

Für den Fall, daß Walker fiele oder abgelöst würde, ersetzte ihn Matthew B. Ridgway, ein Pentagon-General. Im Weltkrieg hatte er die 82. Fallschirmdivision geführt, die sich in Sizilien und der Normandie auszeichnete. Im August 1944 übernahm er das 18. Fallschirmjägerkorps und befehligte es in den Ardennen. Er stand im Ruf eines zähen, humorlosen Soldaten. In den Entscheidungstagen des Januar 1951 war er der Gesandte des Schicksals. Peng Dehuai gewann einen Gegenspieler.

Ridgway kannte den Krieg als eine Theorie – er hatte in der Akademie Westpoint gelehrt, als MacArthur sie 1920 leitete –, als Organisation – er kam aus der Planungsabteilung des Pentagon – und als Handwerk im Feld. Die Offiziere in Walkers Hauptquartier beschäftigte ein anderes Thema, der Abzug. Jede Einheit dachte über die beste Route nach, sich zu verdrücken. Das Totalmalheur war mental bereits vorhanden. Am 26. Dezember eingetroffen, bemerkte Ridgway an den Männern, die er fragte, das Fehlen jeder Selbstzuversicht. Eine verstörte Armee, unsicher ihrer selbst, ihrer Führer, ihres Hierseins, erpicht auf den Pfiff ihres Heimtransports.

Für eine Winterkampagne war die Truppe unpassend gekleidet, falsch gerüstet, das Essen schmeckte fade und Zerstreuung fehlte. Andererseits konnte man sich von mancherlei Komfort schwer lösen, fürchtete, von den Straßen abzukommen, sich ohne Funk- und Telefonkontakt im Gelände zu bewegen, und wußte nicht, imaginativ einen Gegner zu behelligen, der, an Feuerkraft weit unterlegen, Luftangriffen ausgeliefert und vom Meer her umzingelt war. In allen Rängen herrschte ein Vakuum an Information; kein Mensch wußte Bescheid.

Einer der Helden der Pusan-Schlacht, »Iron Mike«, der Kommandeur des 27. Infanterieregiments, Colonel Michaelis, empfand es als »magic, the way Ridgway took that defeated army and turned it around. He was a breath of the fresh air, a showman, what the Army desperately needed.«

»Wenn ich rausging zum Bataillon«, schrieb Ridgway, »dann sagte ich ihm: ›Eure Infanterieväter drehen sich im Grabe herum, wie ihr hier eure Operation macht. Ihr klebt an der Straße. Ihr kommt nicht von der Straße weg. Ihr habt keine Verbindung, sagt ihr. Ihr habt Läufer. Gebraucht sie! Geht auf die Hügel rauf und nehmt euch die Plateaus.‹«

Wenn die Infanterie nicht kämpft, dann langweilt sie sich und erzählt Stories. »Wir hörten diese Geschichte: Ridgway fährt die Front entlang in seinem Jeep. Kommen die mit ihrem Krempel zurück; und irgendeinem von den MG-Schützen, wie er sich kaputtschleppt durch den Matsch und Schnee, hängt sein Schuhriemen runter. General springt raus, geht zu dem GI, tippt ihn an und kniet sich vor ihm in den Dreck. General Ridgway bindet dem Mann die Schuhe fest, steht auf, klatscht ihm auf die Schulter. Ich weiß nicht, ob die Geschichte stimmt, aber sie ging herum! Ich hab' davon fünf Fassungen gehört.« Einem britischen Kanonier erschloß sich die

Wiederauferstehung der 8. Armee in dem Anblick: »They started to wash their vehicles and things like that.«

Einer der Erweckten war MacArthur in seiner Eigenschaft als Militärführer. Im Handumdrehen teilte jeder, von den Joint Chiefs bis zu dem Protektor Asiens, den Glauben, daß zur Evakuierung Koreas keinerlei Anlaß bestand. Ridgway und sein Vorgesetzter verständigten sich gewissermaßen durch Kopfnicken, daß Peng von seiner Nachschublinie stranguliert wurde. Je weiter er vorrückte, desto weniger Luft blieb ihm. Die Chinesen könnten eine Million Mann in Waffen kleiden, sagte MacArthur, doch auf der Höhe von Pjöngjang sinke die Zahl auf 600 000, am 38. Breitengrad auf 300 000 und sechzig Kilometer südlich von Seoul auf 200 000.

Peking widerhallte nach der Einnahme von Seoul vom Ruf, Amerika ins Meer zu jagen. Seine Überlegenheit zur Luft und See, in Panzern und Artillerie habe sich gegenüber der Unbesiegbarkeit der Volksfreiwilligen und Nordkoreaner als unnütz erwiesen. Als Peng die Zeitungen las, rief er, man wolle dort nur von Schlachterfolgen wissen und mache sich keinen Begriff von den Kosten und den Schwierigkeiten. Deng Hua, der Organisator des Yalu-Übertritts, sagte: »Jetzt feiern sie die Rückeroberung Seouls, was werden sie sagen, wenn uns die Lage dazu zwingt, Seoul wieder aufzugeben?« Man sei dem Gegner an Ausrüstung und Technik unterlegen; »wir werden mit Sicherheit im Gelände noch größeren Schwierigkeiten begegnen«.

Zum 25. Januar berief Peng eine viertägige Konferenz von 120 chinesischen und koreanischen Feldkommandeuren, um die Erfahrungen zu bündeln mit besser bewaffneten Gegnern. Nach seinem Eindruck habe man stets eine lokale Überlegenheit hergestellt gegen isolierte Verbände und so einen nach dem anderen niedergemacht. Das sei geglückt, indem man den Gegner nachts in den Rücken fassen konnte, im Rückzug verirrte Einheiten aufgriff und mit Kühnheit überholte, ausflankierte, einkesselte, zertrennte. Handverlesene Männer in kleinen Einheiten seien an die Kommandostellen und Kanonen herangegangen, um den Feind zu verwirren. Verteidigungspositionen seien dadurch gehalten worden, daß man in der Bewegung blieb. Die Hauptkräfte seien stets an den Seiten und in der Tiefe postiert gewesen, so daß man, wenn der Feind die Linien durchbrochen zu haben glaubte, gleich zum Gegenangriff übergegangen sei. Das war, was just zu der Stunde am Han geschah. Ridgway konterte. Er hatte, wie in aller Kriegsgeschichte, den Feind studiert. Von keinem lernt man so viel wie vom Feind.

Die Truppe lernte, die Straße loszulassen, sich mit dem Profil des Geländes zu befreunden, seine militärische Anatomie zu erfassen, vitale Stellen zu nehmen und in Stellungen zu wandeln. Mit Schauder hatte er GIs Straßen verteidigen sehen, indem sie Schützengräben am Bergfuß aushoben, um sich von oben beschießen zu lassen. Die Marschsäule war eine blanke Einladung, ihre Flanken in Stücke zu hacken und sie abschnittsweise aufzureiben.

Aus der Rumpelkammer des Militärwesens entlehnte Ridgway eine Gefechtsordnung mit Zügen des alten Karrees und der ›Schildkröte‹ der Römerzeit. Eine Formation, die schwer auszuflanken und einzukreisen ist, weil sie sich von allen Seiten verteidigt. Damit rückte er langsam, aber stetig voran und überließ es Jagdbombern und Artillerie, die chinesischen Positionen zu zermürben.

Während auf Pengs Konferenz chinesische und koreanische Offiziere zankten über den Abbruch der Offensive, gab die Gegenoffensive die Antwort. Operation ›Thunderbolt‹, getragen von der 25. Infanteriedivision einschließlich Michaelis' Regiment, den ›Wolfhounds‹, sowie der türkischen Brigade und Teilen des koreanischen I. Korps, überraschte doppelt: Die Chinesen täuschten sich darin, daß ein so großangelegtes Unternehmen startete, und die Amerikaner hätten sich niemals mehr zugetraut, daß sie die Volksfreiwilligen in den Rückzug zwangen. Deren 4000 verloren binnen sechs Tagen ihr Leben, gegen 70 US-Verluste.

Am dritten Tag unterrichtete Peng den Vorsitzenden vom Ernst der Lage. Die Brückenköpfe am südlichen Han-Ufer seien nur zu halten mit einer massiven Gegenattacke. Dadurch wiederum wären

die Ruhe- und Umgruppierungspläne hinfällig und eine Frühjahrsoffensive verschoben. »Wenn wir uns die Aufgabe Seouls und
Incheons nicht leisten können, müßten wir angreifen. Das ergäbe
eine Aktion, die von kolossalen Schwierigkeiten belastet ist, egal
von welcher Seite besehen.« Das beste wäre, die Waffenstillstandsresolution der dreizehn Neutralen zu unterstützen, mit dem
Angebot, sich auf fünfzehn bis dreißig Kilometer nördlich vom
Breitengrad zurückzuziehen.

Maos Antwort vom 28. Januar untersagte jeglichen Rückzug;
man könne einer Feuerpause nicht unter Feuer zustimmen. Erst
mußten 20–30 000 Amerikaner und Südkoreaner vernichtet und die
Front zum 36. Breitengrad verschoben werden. Dies war neunzig
Kilometer südlich der Linie, die gegenwärtig schon kaum zu halten war. Mao, der Revolutionär, überredete den Sun Tse in sich,
kämpfte nicht mehr um Gelände und Vorteil, Wahrung der eigenen, Verausgabung der feindlichen Kräfte, sondern um Prestige,
den. Vormarsch der Fahnen, koste es, was es wolle, bis zum Ende
der Welt.

Peng antwortete am 31. Januar, Stiefel, Proviant und Munition
seien noch nicht eingetroffen. An jeden Mann könnten fünf Pfund
Verpflegung ausgegeben werden, und auch das erst ab dem 6. Februar. »Es ist nicht möglich, barfuß auf dem Schnee zu marschieren.« Die Hauptkräfte müßten erst 200 Kilometer zurücklegen,
ehe sie anträten. Selbst wenn 20–30 000 Gegner vernichtet wären,
besäße ihre Technik noch immer die Fähigkeit, die Volksfreiwilligen auszubluten. Wenn jemand dem Vorrücken der Hauptkräfte
ernsthaft entgegenträte, »würde sich höchstwahrscheinlich die
Kriegslage in Korea gegen uns wenden«.

Der Fluch der langen Wege waren die Luftschläge. Güter und
Ersatz sicher durchzubringen, Truppen aus rückwärtigen Ruhe-
räumen unbemerkt zur Front zu bewegen dauerte ewig, und die
immergleichen Mannschaften zu verschleißen endete in Wehrlosigkeit.

Ridgway konnte derweil unbehelligt Leute austauschen, die
Joint Chiefs schickten ihm, wie erlöst, Reserven über den Ozean.

So fügte sich zu seinem Waffenvorteil die überlegene Zahl. Am 7. Februar versprach Mao das Blaue vom Himmel. Sowjetische Panzer, Flak, Raketen, Haubitzen und zur Bedienung Spezialtruppen, sowjetisch trainiert. Alles treffe bald in Korea ein. Die Feldkommandeure spotteten, dies sei »fernes Wasser, welches das Feuer nebenan nicht löscht«.

Am 7. Februar durchbrach Ridgway die 50. Armee, eine ehedem zu Mao übergelaufene Tschiang-Truppe. Peng mußte sie rasch über den Fluß zurückziehen, ehe seine Eisdecke taute und die Kuomintang in der Falle ihrer alten Freunde saß. Nun stand die 38. Armee alleine. Die 1. US-Kavallerie- und die 24. Infanteriedivision, die 27. britische Brigade und ein griechisches Bataillon feuerten aus allen Rohren, und unter dem Schutz des Feuers schnellten sie Seite an Seite, ohne Lücke, die Flanken bewehrt, voran. Es war ein anderer Feind.

Liang Xingchu, der Befehlshaber, und Liu Xiymau, der politische Kommissar, riefen die Divisionskommandeure zusammen. Noch nie hatte die 38. Armee eine so schwere Schlacht geschlagen. Was konnte man tun, den Ansturm des Feindes zu überleben? Einige Kommandeure meuterten, daß Peng niemals den besten Angriffsverband zur Defensive hätte einsetzen dürfen. Das Rückgrat der Truppe werde geopfert. »Kommandant Lin Biao würde es niemals zugelassen haben, daß die 38. Armee solch einen Verlust erlitte.«

Liang sah das genauso, stemmte sich aber gegen einen Rückzug. Sein Befehl lautete, daß es ein Treffen auf Leben und Tod gebe, die gesamte Armee verteidige ihre Positionen bis zum letzten Mann. Denn Sun Tse sagt: »Soldaten in verzweifelter Lage verlieren jedes Gefühl von Furcht. Wenn es keinen Fluchtweg gibt, bleiben sie standhaft. Am Tag, an dem sie in die Schlacht geschickt werden, weinen deine Soldaten vielleicht; einige sitzen aufrecht und benetzen ihre Kleider, einige liegen auf dem Boden und lassen Tränen die Wangen herunterlaufen. Doch sie tun dies nicht, weil sie Angst haben, sondern weil sie fest entschlossen sind, zu siegen oder zu sterben.«

An der vierten Offensive zerbrach die Kraft, welche von der Mandschurei bis zum Han die Volksfreiwilligen beflügelt hatte. Mit nicht viel mehr als Handgranaten standen sie einer Streitmacht gegenüber, die sich innerhalb von vier Wochen neu erfunden hatte. Ihre Ausrüstung, auf der Flucht fortgeworfen wie eine abgelegte Haut, erwies sich als sehr hilfreich, nachdem man sich entschloß, damit zu kämpfen, und merkte, daß man es vermochte. Der Rückzug endete mit dem Ende der Rückzugspsychologie, der Vormarsch aber begann mit der Entkräftung der Chinesen; deren Angriffspsychologie widersprach den Gegebenheiten. Beides zusammen ergab eine Bewegung.

Die 2. Infanteriedivision, eine am Chongchon gebrochene Einheit, fand in der Schlacht von Chipyong-ni zu sich zurück. In grauenhaften Menschenwellen erstarb die vierte Offensive. »Wir sahen sie umfallen wie die Kegel«, schrieb später ein MG-Schütze. Die früher so desorientierende Nacht war aufgehellt durch Leuchtkerzen am Himmel, die den Chinesen ihren besten Schutz nahmen. »Solange die Kerzen oben waren, hatten wir nie Mühe, Ziele zu finden. Die Kerzen haben auch das Vorrücken der Chinesen verlangsamt, weil sie jede Deckung wahrnahmen, um nicht gesehen zu werden.« In der Helle schwebte der Nachschub an Fallschirmen herab. »Den Anblick vergesse ich nie. Es war einfach schön. Wie sich herausstellte, haben wir gar nichts gebraucht. Wir hatten durchgehalten, und Panzer vom 5. Kavallerieregiment sind durchgebrochen zu unserer Stellung. Die Chinesen waren verschwunden.«

Ihre vierte, so verzweifelte wie verbissene Offensive erstarb in einer Woche. Was immer sie aufzubieten hatten, es war zuwenig. Die 8. Armee und ihre Verbündeten erfuhren ihre Stärken. »Der Mythos der magischen Million Chinesen in Korea ist verpufft«, schrieb der britische Vizeluftmarschall Cecil Bouchier. »Die Amerikaner haben gelernt, wie einfach es ist, Chinesen zu töten. Das hat ihre Moral gewaltig verbessert.« Am 21. Februar ließ Ridgway die Operation ›Killer‹ starten, proklamiert als »killing Communists«. Wie der britische Militärattaché in Tokio, Brigadier A. K.

Ferguson, notierte, »neither a desirable nor lasting objective, which will appeal to any educated individual«.

Peng war am Vortag nach Peking gereist. Auch hier hatte das Ziel, durch Massentötung von Amerikanern die Schmerzgrenze ihrer Nation zu erreichen, an Anziehungskraft gelitten. Peng reiste sieben Tage. Bis er am Yalu übersetzte, bewegte er sich nur in der Nacht. Mao ließ sich von ihm überzeugen, daß der Krieg auf die Weise nicht schnell zu gewinnen sei. Dann eben langsam, sagte Mao. Zum Sieg gab es keine Wahl. Peng war voll des Lobes über den ausgewechselten Feind, er ziehe alle Vorteile aus seiner vortrefflichen Ausrüstung, der Luftunterstützung, dem schnellen Transport. »Unsere Kräfte sind wie das neue Korn, das noch im Halm sitzt, während das alte abgeerntet ist.«

Das Feld der Chinesen war viel verletzlicher geworden als die nun hermetisch verriegelten, in die Tiefe gestaffelten, kontakthaltenden Kohorten Ridgways. »Wenn du in einer hoffnungslosen Position bist, mußt du kämpfen«, sagt Sun Tse, und: »Die Gelegenheit, den Feind zu schlagen, gibt uns der Feind selbst.« Dieser alten Einsicht folgten seit neuestem beide Kontrahenten.

Mao kalkulierte, daß wenigstens zwei Jahre vonnöten seien, den Gegner zu vernichten; er genehmigte Peng das »Prinzip der Flexibilität«. Der 38. Breitengrad dürfe nicht aufgegeben werden, meinte dieser; man könne es dem Publikum der Völker nicht erklären. Andererseits werde der Feind seinen Vormarsch fortsetzen. So mußte man ihn unter geringstmöglichen Verlusten aufhalten, Positionen räumen, die er am einfachsten stürmen konnte, und zurückschlagen, bevor er sich dort konsolidiert hatte. »Halte deine Armee immer in Bewegung«, sagt Sun Tse, »und entwerfe undurchsichtige Pläne.«

Peng tauschte Boden gegen Zeit, die Zeit bis zum Eintreffen von Ersatz und sowjetischen Waffen. Seitdem die Initiative an die USA übergegangen war, flossen sie reichlicher, wenn auch nicht ausreichend. Zum Siegen zuwenig, zum Verlieren zuviel. China »hat nichts zu verlieren«, sagte Stalin, »außer seinen Männern«. Daran aber herrschte Überfluß.

Über die Zeit rüstete Stalin 64 Infanteriedivisionen und 22 Luftdivisionen aus. Außerdem stellte er den Volksfreiwilligen die Munition; über Geld wurde nicht geredet, »unterschreibt nur die Quittungen«. Die chinesische Munitionsindustrie deckte zehn Prozent des Bedarfs. China erwarb die Waffen zu Marktpreisen und auf Kredit; viele davon waren gebraucht, manche gehörten zu den US-Weltkriegslieferungen an Stalin und kehrten auf diese Weise zu den Gebern zurück.

Für Mao bewies der Krieg, was er schon wußte; die Konfrontation mit der Macht an der pazifischen Gegenküste war eine Unvermeidlichkeit. Er führte den Koreakrieg, um die USA zu konfrontieren, und er konfrontierte die USA, um Kriegsfähigkeit zu erlangen. Sein Winterfiasko zeigte, daß Truppen ohne Luftdeckung, Logistik und Feuerkraft einen industrialisierten Gegner überrumpeln, aber nicht besiegen können. Hätten Glück und Zufall ihm die 8. Armee im Walker-Zustand erhalten, wäre sie womöglich von Peng ins Japanische Meer geworfen worden. Nicht nur ihre Kommandeure und Mannschaften wünschten sich dorthin, auch der Oberfehlshaber Fernost, MacArthur.

Wie die Joint Chiefs nach Ridgways Wende merkten, hatte ihr Idol sie systematisch irregeführt. Seine Tatarenmeldungen trogen mit Absicht. Sie spielten die Unvermeidlichkeit des Rückzugs von der Insel vor, um China mit der Waffe anzugreifen, die er für unwiderstehlich hielt. Wie Premier Churchill nach Dünkirchen hätte er lieber jenen Kriegsschauplatz gewählt, auf dem die Schlagkraft der Nation beruhte. Die USA hatten, wie ehedem England, sich nicht zu einem Boden-, sondern zu einem Bombenkrieg gerüstet. Am Boden konnte man, das war das Credo der vom Ersten Weltkrieg geprägte Führer, nur verbluten. Allerdings war MacArthur kein Luftmarschall, sondern Army General, und kein Premier, sondern Gouverneur in Japan. Sein Plan verlangte präsidiale Vollmacht. Truman, dem der Plan nicht lag, hätte sich bei einer schimpflichen Flucht aus Korea dazu gezwungen sehen können. Nachdem aber Ridgway die Chinesen in die Flucht geschlagen hatte, war ein anderer Präsident vonnöten. Den begann

MacArthur nun mit Fleiß herbeizureden. Es kam nur ein einziger in Frage!

Am 20. Januar, mit den ersten Anzeichen der Umkehr, begab MacArthur sich an die Front. Auf dem soeben rückeroberten Flugplatz von Sowon sagte er den noch immer bangen Korrespondenten: »This is exactly where I came in seven months ago, to start with this crusade.« Das war am 29. Juni gewesen, im Kugelhagel und Tumult des zerstiebenden Rhee-Regimes. »The stake we fight for now however is more than Korea – it is a free Asia.« Genauso verstand es Mao. Sie hatten das gleiche Ziel, nur einen verschiedenen Befreier.

MacArthur weilte eine Stunde, sah keine Truppen, nichts außerhalb des Flugplatzes, und erläuterte allen, die glaubten, daß Kreuzzüge in Washington verkündigt würden, die Hintergründe seines Plans. Niemand, weder der Präsident noch das Pentagon oder die Joint Chiefs, ahnte, wie strategisch er angelegt worden war:

Von Anfang an rechnete MacArthur mit Chinas Eintritt in den Krieg. Korea war der nebensächliche Anlaß. Darum mußte der Norden aufgerollt, um blitzschnell und unter minimalen Verlusten wieder geräumt zu werden. Eine Kriegslist, um die Volksfreiwilligen in die Tiefe des Südens zu locken. Nachdem sie sich bis zum Han hatten hinabziehen lassen, war das Kalkül des bisherigen Kreuzzugs realisiert: »die Nachschublinien des Feindes zu verlängern, mit der daraus resultierenden Anhäufung seiner logistischen Schwierigkeiten und einem fast astronomischen Anwachsen der Zerstörungskraft unserer Luftstreitkräfte.« Der ganze verpfuschte Bodenfeldzug erschuf in Wirklichkeit das blank liegende Ziel für die Luftwaffe. Nun konnte man sich der nächsten Station zuwenden, dem bisher geschonten Sitz des Aggressors selbst.

In der Tat war durch den Augenschein gedeckt, wie es im Telegramm des Oberbefehlshabers an das Pentagon vom 1. März heißt, »daß sich für den Feind ein völlig verschiedenes Problem dadurch stellt, daß er 500 Kilometer entfernt von seiner Versorgungsbasis kämpft, verglichen mit der Zeit, als er seine Zuflucht unmittelbar im Rücken liegen hatte, während unsere Luft- und Seestreitkräfte praktisch auf null gesetzt waren«.

Die Nullifizierung der für den vorangegangenen pazifischen Krieg noch tragenden Gattungen, Air Force und Navy, hatten Trumans Regierung und die Joint Chiefs veranlaßt. MacArthur hatte den militärisch ganz selbstverständlichen Schritt, die Heimatbasis des Gegners auszuschalten, unmittelbar nach dessen Auftritt am Chongchon gefordert. Dies, immerhin, war die Weltkriegsdoktrin der Westalliierten gewesen. Davon war Washington abgewichen und hatte damit das präzedenzlose Desaster vom November/Dezember angestoßen.

Nachweislich – dazu sollten Kongreßanhörungen bald bohrende Untersuchungen anstellen – hatten die Joint Chiefs für den Fall der Evakuierung der Rückzügler ähnliche Konsequenzen wie MacArthur geplant. Warum nicht gleich? War das politische Risiko der Bombardierung Chinas nach dem Abzug geringer als vorher? Welche Risiken gingen Mao und Stalin ein? Warum konnten sie die Folgen ihres Tuns kostenfrei Truman und Partnern zuschieben? Achtete er nicht fürsorglich, daß ihre steten Mühen um Expansion des Krieges risikofrei blieben? Bestand die Begrenzung des Krieges darin, daß man seine Entgrenzung durch die Gegenseite tolerierte?

Nicht wenige in Kongreß und Streitkräften waren und blieben der Ansicht, daß der Koreakrieg zu begrenzen gewesen wäre durch glaubhafte Abschreckung. Wenn Stalin täglich durch seine Maulwürfe in Washington erfuhr, daß Mao nichts riskierte außer dem Verlust seiner Freiwilligen, war dies nicht besonders limitierend.

MacArthur stellte seine Flucht vom Yalu als eine Kriegslist dar, als welche sie nicht gedacht war. Das spielt aber keine Rolle, weil sie so gewirkt hat. Vorausgesetzt, daß mit Ridgway jemand das Rückzugsfieber senkte und die Gegenrichtung wies. MacArthurs Legende unterschob dem Chaos einen Hintersinn, der allerdings vom Ende der Partie abhing. »I ordered Ridgway to start north again«, heißt es dazu in MacArthurs Erinnerungen.

Am 15. März nahm Ridgway Seoul, die vierte Eroberung der Stadt in neun Monaten, von der nur noch das Parlamentsgebäude und der Bahnhof standen. Eine Woche später erreichte die 8. Armee den 38. Breitengrad, am 3. April überschritt sie ihn, und MacArthur schimpfte dies Nord-Süd-Pendeln einen »Akkordeonkrieg«, der beiden Seiten Blut abzapfe, ohne irgendein Ergebnis zu zeitigen. Er könne sich nicht vorstellen, sagte er einem Armeearzt, daß die Amerikaner ihre Söhne opfern wollten unter diesen Aussichten. Um eine Entscheidung herbeizuführen, müsse man sich aus dem Feld lösen und die Kriegführungsfähigkeit an der Quelle beheben, des Gegners Heimat. Damit fing seit dreißig Jahren jeder militärische Diskurs an.

So kehrte MacArthur zum Yalu zurück, zu den Wasserkraftwerken, welche mit der Hälfte ihrer 300 000 Kilowatt die mandschurische Industrie antrieben. Seit dem Abzug der UN/US-Truppen waren sie wieder in Betrieb genommen worden, und MacArthur schlug in der letzten Februarwoche ihre Bombardierung vor, als das Minimum eines Chinakriegs. Die Joint Chiefs billigten den Plan am 26. Februar, kassierten ihn aber kurze Zeit später. Mit den allerersten Erfolgen, die Ridgway am Han produzierte, produzierte das Außenministerium sogleich Politik:

Eine Stabilisierung der Front um den 38. Breitengrad könnte »zwei Sorten von Gesichtern retten«, Amerika und China. Mao habe dermaßen schwere Verluste an Mensch und Material erlitten, daß er an den Aufbau seines Landes denken müsse. Mao besaß gar kein Material, das zu verlieren war, und für die verlorenen Menschen besaß er Ersatz. Sein Gesicht meinte er durch eben den Ausgleich zu verlieren, den ihm sein Gegner zur Rettung anbot. Mao war überzeugt, daß er den Gegner damit nur sich selber retten ließ.

George Kennan schlug vor, Stalin diskret zu kontaktieren, auf daß er seinen Einfluß zum Anstoß informeller Verhandlungen geltend mache. Rußland und die USA verbinde hier eine »Gegenseitigkeit der Interessen, die ausreicht, ein Arrangement zu ermöglichen«. Falls die Russen meinten, daß eine chinesisch-amerikanische Verständigung nicht ohne die Chinesen erfolgen könne, müsse man ihnen klarmachen, »daß die chinesischen Kommunisten hysterisch und kindisch seien und man unmöglich mit ihnen

Geschäfte schließen kann. Demgegenüber sind die Russen verantwortungsbewußt, geschäftsmäßig und schließlich die eigentliche Macht, um zu verhandeln.«

Man wünschte sich Gegner, die ähnlich waren wie man selbst. In Wirklichkeit waren sie sehr anders, und in Verfolg seiner Interessen handelte Mao sowenig kindisch wie Stalin verantwortungsbewußt. MacArthur, fest in der Kreuzzugsmentalität seines vorherigen Krieges, wollte den Gegner nicht weniger als vernichten und kam ihm darin am nächsten. Er teilte mit ihm auch die Einschätzung der Frontlage. Am 13. Februar hatte er in Vorahnung dessen, was den Kriegsbegrenzern vorschwebte, quergeschossen: »Das von einigen nun favorisierte Konzept, eine Linie quer durch Korea zu etablieren und in den Stellungskrieg einzutreten, ist vollkommen unrealistisch und illusionär.« Stellungskrieg hatte er erlebt und dünkte ihn und alle im Ersten Weltkrieg jungen Offiziere eine erzstupide Kampfweise.

Mao hielt ebensowenig davon, sich auf ein miteinander verabredetes Gefechtsfeld zu beschränken. Anfang März sagte er voraus, daß sich die Amerikaner an der alten Grenze verschanzen wollten. »Wenn der Feind die Ankunft unserer Verstärkung in großer Zahl bemerkt, wird er uns in eine Pattsituation am 38. Breitengrad einschließen wollen.« Mit Stalins neuen Waffen, Raketenartillerie, Panzern und Flugzeugen, werde man »weitere zehntausend amerikanische Truppen ausradieren«. Tatsächlich wurden zwischen Mitte März und Anfang April, auf ihrem Rückzug zum Breitengrad, 53 000 Volksarmisten ausradiert, die den Vorsitzenden aber nicht belasteten, weil frische Truppen im Anmarsch waren.

Ridgway ließ sich leicht zurückfallen auf die »Kansas-Linie« genannte Verbindung zwischen Han und Yangpyong. Der »Akkordeon-Krieg« nahm Gestalt an, und Mao tat das seine mit der fünften Offensive, anberaumt auf den 22. April bei Einbruch der Dunkelheit.

Anfang des Monats hatte ein logistisches Korps von 180 000 Mann bereits 150 000 Tonnen Nahrung zur Front geschafft. Vier Panzerregimenter, vier Flakdivisionen, vier Feldartilleriedivisionen, zwei Fernartilleriedivisionen und eine Raketenwerferdivision waren im Anmarsch. Auch dies eine neugeborene Armee. Stalin sorgte geschäftsmäßig für Gleichgewicht. Während er die Mittel abwog, die China brauchte, um sich weiter mit den USA zu messen, paßte auch Ridgway sich dem Gegner an und hatte Ende März mit der Operation ›Ripper‹ koreanische Träger eingesetzt, die mit A-förmigen Rahmen auf den Rücken unabhängig vom Wetter und Terrain den Nachschub in Gelände schleppten, das mit Fahrzeugen nicht erreichbar war. So konnte man sich noch lange auf steigendem Niveau miteinander befassen.

Am 20. März unterrichteten die Joint Chiefs MacArthur, daß der Präsident eine Erklärung vorbereite des Inhalts, daß die Vereinten Nationen mit Rotchina nach einer Verhandlungslösung suchten. Mit diesem Vorstoß sollten zumal die UN-Partner beeindruckt werden, die vom Weg in den Verschleißkrieg abzweigen wollten, sowie die furchtsamen Neutralen, denen sich per Definition der Inhalt des Konflikts verschloß. Für Truman bestand er darin, ungeschlagen das Feld zu räumen.

Das State Department hatte einen schwachgesüßten Text entworfen, der auf einige der Scheinforderungen anspielte, mit denen Truman im Dezember die Friedensresolution der dreizehn Asiaten blockiert hatte. Man sei zu Arrangements bereit, welche die Kämpfe beendeten und ihre Wiederaufnahme ausschlössen, »einschließlich des Rückzugs ausländischer Truppen aus Korea«.

Die Regelung der Koreafrage könnte auch »den Weg öffnen für die Erörterung anderer Probleme der Region auf dem Wege friedlicher Regelungen, wie sie die UN-Charta vorsieht«. Zur Regelung standen die Taiwan-Frage und der chinesische Sicherheitsratssitz an. Die Rücknahme dessen, was die USA als Aggression hatten brandmarken lassen, wurde nun mit erheblichen Belohnungen prämiert. Wer einen Aggressor nicht schlagen kann, muß ihn belohnen. Alles kann man abkaufen, auch die Aggressivität; das war die unerfreuliche Lage.

MacArthur hatte seit einem Vierteljahr, zuerst im Dienstumlauf, später in Interviews, Hintergrundgesprächen und zuletzt in Aufwiegelung der republikanischen Kongreßopposition, die Ansicht vertreten, daß Chinas Intervention in Korea mühelos zu schlagen wäre, wenn nur die USA ihre Gewaltmittel einsetzten. Trumans konsequente Selbstbeschränkung bei gleichzeitiger kommunistischer Selbstenthemmung hatte eine Kostenseite. Soldaten bezahlten mit ihrem Blut, was der Präsident dem Feinde nicht anzutun wagte. Die gleiche Frage war in Hiroshima und Nagasaki noch anders entschieden worden; von demselben Mann, der nicht mehr der gleiche war. Dazumal existierte allerdings noch kein Vergeltungsproblem. Der Entschluß war risikofrei, Japan konnte nicht replizieren.

MacArthur stimmte mit Ridgway in jenen Märztagen darin überein, daß ein Zusammenbruch der Chinesen wahrscheinlich von den Sowjets vergolten würde, aus vertraglichen oder ideologischen Gründen. Diese Vergeltung aber, meinte Ridgway – er sollte seine Ansicht ändern –, sei hinnehmbar. In einem Atomduell mit den USA begehe die UdSSR Selbstmord. »That would be the end of her.«

Am selben Tag veröffentlichte MacArthur ein Routinekommuniqué, das dem Aggressor keinen Lohn anbot, sondern Strafe androhte. Er stellte zunächst fest, was Mao und Peng zur gleichen Zeit nicht viel anders sahen: »Dieser neue Feind, China«, schrieb er, »eine übertrieben hochgelobte Macht, besitzt nicht die industrielle Kapazität, um den Ansprüchen zu genügen, die wesentlich sind für eine moderne Kriegführung.« Chinas Hauptkönnen bestehe darin, Abertausende entbehrlicher Leute in die Schlacht zu werfen. »Selbst unter den Einschränkungen, die gegenwärtig die Aktivitäten der Vereinten Nationen mindern, und den militärischen Vorteilen, die Rotchina dadurch zuwachsen, hat es eine vollständige Unfähigkeit an den Tag gelegt, die Eroberung Koreas mit Waffengewalt zu vollbringen.«

Dem wäre schwer zu widersprechen außer damit, daß auch MacArthur es nicht vollbracht hatte. Dies allerdings nur dank der besagten Selbstbeschränkungen. Sie waren nicht mit Ewigkeitsgarantie versehen, wie Truman selber erklärt hatte. Der Präsident bestimmte, was auch MacArthur einräumte, indem er fortfuhr: »Der Feind sollte sich jetzt schmerzlich bewußt sein, daß eine Entscheidung der Vereinten Nationen, keine Geduld mehr darauf zu verschwenden, den Krieg auf Korea zu begrenzen, Rotchina durch die Ausdehnung unserer Militäroperationen auf seine Küstengebiete und inneren Stützpunkte dem Risiko eines sofortigen militärischen Zusammenbruchs aussetzt.«

Ob es so wäre, mag man bezweifeln. Doch handelte es sich bei diesen wohlabgewogenen Worten um die Logik der Abschreckung: Unter nicht genannten Bedingungen könnten die Vereinten Nationen auch anders. Was sonst? Wenn dem nicht so wäre, müßten sie von allen militärischen Operationen absehen. Einem Aggressor, dem die Wahl der Mittel freisteht, kann sich ein Gegner, der die seinigen stillegt, nur unterwerfen. Das war gewiß nicht der Sinn der UN-Charta.

Washington schwankte ob der Mitteilung aus Tokio zwischen Kopfschütteln und Tobsucht. Truman tobte, weil ihm angeblich sein delikates Verständigungsangebot verdorben war. Das leuchtet nicht ein. Sofern es keine Kapitulation enthielt, stellte es eine von zwei Möglichkeiten dar: Verständigung oder keine. Mao, wie im übrigen Truman selbst, wurde zur Verständigung nicht komplimentiert, sondern gezwungen. Der Gezwungene zeigt Schwäche, dem Gegner wie den eigenen Leuten. Truman wurde in Amerika als Schwächling ausgegeben, weil er Amerikas Macht nicht auffuhr. Das Allmachtsgefühl, das der Weltkrieg hinterlassen und in MacArthur personifiziert hatte, sah sich im Kompromißersuchen an einen vormaligen Bauernführer betrogen.

MacArthur, der mit Jupiterstimme die Maße zurechtrückte und seinen zerschmetternden Zorn androhte, fiel Truman in den Rükken. Seine angemaßte Strafgewalt ließ den Präsidenten als scheuen Schiedsmann erscheinen, den die Courage verlassen hat.

In Taten hatte MacArthur mehr als jeder andere zu Trumans Kalamitäten beigetragen. Als Feldherr war er im Oktober/November von Peng Dehuai, Deng Hua und Mao schlechterdings deklassiert worden. Die Yalu-Grenze hätte abgeriegelt werden können, auch ohne mit 26 Atombomben die chinesischen Küstenstädte zu entvölkern.

Als der Verantwortliche für das größte Militärdebakel der bisherigen US-Geschichte hatte er wahrlich Grund gegeben, ihn abzulösen. Sein hinterhältiger Defätismus im Dezember lieferte einen zweiten. Der dritte Grund, der ihn Trumans Rache auslieferte, bestand in der Offenbarung von Sein und Schein des Weltkriegstriumphes. Der amerikanische Präsident wurde der Gegner nicht mehr Herr, die aus den Tiefen des Siegfriedens hervortraten und weniger friedlich als unbesiegbar waren. Ein Ende, wie es die Achsenmächte genommen hatten, schied hier aus. MacArthur tat nichts anderes, als China in dem Ton anzusprechen und der Behandlung anzuempfehlen, die Hitler und Hirohito widerfahren waren. Dies galt als Verdienst und einzig richtig, alles andere als Appeasement und einzigartig unrichtig.

Im Unterschied zu den Hitler-Appeasern, die ihm militärisch unvorbereitet gegenüberstanden, wähnten die USA sich 1951 im Besitz einer Weltbeherrschungsmaschine. Von Truman mußten sie nun erfahren, daß ihr Gebrauch sich nicht lohnte, möglicherweise unwirksam oder mit Retourkutschen verbunden war, denen man sich nicht auszusetzen wagte. Wozu besaß man ein so untüchtiges, labiles, riskantes Monstrum?

Rußland und China, die seinerzeit Deutschland und Japan mit Ausdauer, unerschütterlichem Opfermut, herkömmlicher Kriegskunst und List verschlissen hatten, legten nun die gleichen Tugenden an den Tag. Sie konnten Amerika damit nicht schlagen, konnten aber auch nicht geschlagen werden. Man mußte sich mit ihnen arrangieren, die Welt teilen, politisches Anderssein, Machthunger, ja Aggressionen gefallen lassen, auch wenn MacArthur tagaus, tagein »Appeasement« und »München« schimpfte.

Es gab Diktaturen, Leuteschinder, Angriffskrieger, die nicht wie die Achse Rom-Berlin-Tokio entwaffnet, umerzogen, pazifiziert und demokratisiert werden konnten. Der Aufwand war unzumutbar, wenn nicht unmachbar, es waren zu viele. Die Achse Pjöngjang–Peking–Moskau konnte mit aller Bravour der Ridgway-Armee in Balance gehalten werden, nicht mehr.

Mit dieser zweiseitig gesichtswahrenden, spröden, alltagsgrauen

Wahrheit schickte Truman sich an, vor seine Nation zu treten, als MacArthur mit rollendem Pathos den verflossenen Kreuzzug beschwor. Alles, was er sagte, war richtig und paßte nicht auf die Welt. In churchillschen Stanzen hatte er dem Minderheitsführer im US-Repräsentantenhaus einen Brief geschrieben, den dieser am 5. April eben dort zur Verlesung brachte: »Communist conspirators have elected to make their play for global conquest.« Auf dem koreanischen Schlachtfeld stehe nicht nur das Schicksal Koreas in Frage. »Here we fight Europe's war with arms, while the diplomats there still fight it with words. If we loose this war in Asia the fall in Europe is inevitable. There is no substitute for victory.«

Dem würden Mao und Stalin in der Sache kaum widersprochen haben; sie dachten nicht minder global als Hitler. Der Zusammenhang seiner europäischen und asiatischen Flanken war für Stalin als Weltrevolutionär und Russen der tägliche Blick aus dem Fenster.

Sein eigentliches Thema, das China-Bombardement, formulierte MacArthur nicht halb so unverblümt, wie Truman es getan hatte, versah es jedoch mit dem Hinweis auf die allseits bekannte und stolze Weltkriegstradition »of meeting force with maximum counterforce, as we have never failed to do in the past«.

Die Europäer, soeben vom Weltkriege befreit, doch nicht unbedingt auf immer, meldeten sich entsetzt in Washington, daß hier jemand die Weichen zum nächsten Weltkrieg stelle. Sie wollten nicht durch einen Krieg in China vor dem Kommunismus geschützt werden und ebensowenig durch einen Krieg in Europa. Sie hatten Weltkrieg genug gehabt. Der britische Außenminister kabelte an seinen Botschafter, MacArthurs Worte schwächten das öffentliche Vertrauen »in this country and Western Europe in the quality of American political judgment and leadership«.

Die Weltkriege waren gewonnen worden durch eine Weltallianz gegen einen beziehungsweise zwei. Sie wären nicht gewonnen worden durch einen allein gegen die Allianz der Welt. Das ist der Wahn der geborenen Verlierer, und Truman verstieß MacArthur, den glorreichsten Sieger, den Amerika je kannte, weil er allein war und so nicht siegen konnte.

Am Morgen des 6. April saßen der Präsident, Acheson, Marshall und Bradley im Oval Office und überlegten, wie sie MacArthur loswürden. Bradley wollte ihn sofort entlassen wissen, Acheson desgleichen, doch hielt er eine breitere Front dafür vonnöten. Marshall warnte, daß der Kongreß praktisch ein MacArthur-Fanclub sei. Er kannte MacArthur seit über dreißig Jahren und hatte mit ihm alle Ämter, Kommandos und Ehren der Streitkräfte geteilt. Er sagte, wenn MacArthur abgelöst werde, habe Truman den härtesten Kampf seiner Präsidentschaft vor sich. Truman, der nichts mehr zu verlieren hatte, wollte aber kämpfen: »I'm going to fire the son of a bitch right now.«

Am Wendepunkt

In der ersten Nachtstunde des 10. April erhielt die amerikanische Presse Mitteilung, daß General of the Army Douglas MacArthur wegen politischer Differenzen mit der Regierung seines Kommandos enthoben und von Matthew B. Ridgway ersetzt werde. Später am Vormittag erfuhren achtzehn Angehörige des Atomenergiekomitees des Kongresses, daß der Präsident zum ersten Mal seit 1945 Atomwaffen an einen Kriegsschauplatz verbringen ließ. Am 7. April hatte der 99. Medium Bomber Wing neun fertige Sprengsätze eingeladen und zum Philippinischen Meer geflogen, auf den Stützpunkt Guam in den Marianen wegen »eventuellen Einsatzes gegen ein Sperrziel«. Der Einsatzführer war allerdings im Hauptquartier des Strategic Air Command in Nebraska geblieben, es handelte sich um eine bloße Vorsichtsmaßnahme.

Auf den Flugplätzen in der Mandschurei warteten die sowjetischen Maschinen dicht an dicht, im Hafen von Wladiwostok lagen in verdächtiger Konzentration U-Boote, und auf Sachalin stand plötzlich eine ernstzunehmende Bodentruppe. Dies alles ergäbe einen gewissen Sinn, wenn die Sowjets etwa planten, die UN/US-Verbände an der Front zu bombardieren und sie an der Ostküste von der japanischen Basis abzuschneiden. Pengs bevorstehende fünfte und größte seiner Offensiven hätte unter Umständen die Hilfe gebraucht.

Truman traf seinen Entschluß am Vormittag des 6. April, zusammen mit dem zur Entlassung MacArthurs. Vieles spricht dafür, daß ein Zusammenhang zwischen beiden besteht. Das Ersuchen, Atombomben auf die Luftbasen in der Mandschurei zu werfen, war eine Empfehlung der Joint Chiefs, die Bradley mit sich brachte und die auf MacArthur selbst zurückging. Er hatte mit ihnen seit Wo-

387

chen vergebens darum gerungen; Ende März wäre die Luftwaffe einverstanden gewesen, und Stratemeyer hatte die Bombenschächte der B-29 für eingerichtet erklärt. Auch Leute im Pentagon seien dafür.

Da Truman am 11. April den amerikanischen Radiohörern berichtete, daß er MacArthur habe entlassen müssen, um einen »Dritten Weltkrieg zu vermeiden«, und zum Verhandlungsfrieden bereit sei, war die Atomreise vielleicht nicht so ernst gemeint. Seine kuriose Zustimmung zum Ceterum censeo MacArthurs und der Joint Chiefs, welche noch die Atomenergiekommission und vor allem die Kongreßkommission hätte passieren müssen, war ein Signal an die Falken der Opposition. Wenn MacArthur ein Meuterer war, mußte Truman noch lange kein Appeaser sein; dies versicherte er auch den Hörern. Später schrieb er, daß ein Krieg mit China und Rußland »might have meant the destruction of a good part of the world«.

Während Truman seine Vernichtungsmittel probeweise dislozierte, dachte Stalin gar nicht daran, sich einzumischen. Er hatte – auf deren Kosten – 400 000 Chinesen und Koreaner ausgerüstet, damit sie Ridgway zu fünftägiger Schlacht stellen konnten. Sie rückten auf 130 Kilometern Breite quer über die Insel vor, zielten als erstes auf die 6. südkoreanische Division und schlugen eine zwanzig Kilometer breite Schneise. Im Norden von Seoul wurden die 1. südkoreanische Division und die 29. britische Brigade getrennt, die an der Durchbruchsflanke stehende 3. US-Infanteriedivision wich zurück.

General James A. van Fleet, der Ridgway an der Spitze der 8. Armee ersetzte, zog am 26. April – die Straße Kaesong-Seoul war bereits durchbrochen – die ›No Name Line‹, sechs bis zwölf Kilometer nördlich der Hauptstadt, starrend von Panzern und schwerer Artillerie. An dem Tag spürte Peng, daß ihn der Schwung nicht weitertragen würde.

Die neuen Rekruten waren kaum eingeübt. Den Eingeübten fehlte die Erfahrung an den schweren Waffen; die Koordination von Infanterie und Artillerie klappte mäßig, die Verluste hingegen wogen schwer. Peng telegrafierte an Mao, daß die feindlichen Reihen zu fest ineinander verhakt seien; »sie rücken stetig vor und zurück und graben sich auf jeden Tritt ein«. Zudem habe van Fleet die Wahl, mit einer amphibischen Landung den Chinesen in den Rücken zu fallen. Dies war zwar nicht vorgesehen, doch rechnete auch Mao damit und riet, den Feind irgendwo zu binden, um ein zweites Incheon zu verzögern. Doch Peng, der in die massierte Feuerkraft der vor Seoul aufgebauten 1. Kavalleriedivision hätte eintauchen müssen, blies den Angriff ab. Sicherer schien es ihm, Kräfte nördlich von Pjöngjang zu sammeln als strategische Reserve gegen eine Landung. Er hatte 70 000 Mann verloren und einen Rückzug des Gegners um zwanzig bis fünfzig Kilometer bewirkt. Die Lage befahl eine sechste Offensive.

»Jede Einheit«, diktierte Peng, »muß sich mit genügend Proviant und Munition in der Nacht vom 9. auf den 10. Mai in Angriffsposition befinden und vorbereitet sein, in der Dämmerung des 15. oder 16. den Kampf aufzunehmen.« Es sei Mut vonnöten, in die Tiefe der gegnerischen Reihen einzudringen. Man könne siegen auf der ganzen Linie: eine Finte nur gegen die UN/US-Truppen im Westen, eine gutgetarnte Bewegung im Osten und schnelle Einkreisungsoperationen.

Die Überraschung gelang, wie vorhersehbar, gegen die im Osten stationierten Südkoreaner. Sie wandten sich augenblicklich zur Flucht, Hunderttausende chinesischer Verfolger hasteten zu Fuß, in bergige Straßen geklemmt, hinter den motorisierten Ausreißern her, die sich bald kunstvoll im Gelände auflösten.

Am 20. Mai stand Chinas Krieg am Wendepunkt. Die UN/US-Kräfte im Westen verlagerten zwei Divisionen ostwärts, den Chinesen und Nordkoreanern gingen Munition und Rationen aus. Zur Verhütung unsinniger Verluste unterbrach Peng seine letzte Offensive, hieß ein jedes Korps Stufe für Stufe zurückfallen und warnte davor, sich von den Fahrzeugen des Gegners einfangen zu lassen. Van Fleet hegte aber eine andere Absicht, dem Prinzip nach Peng bestens vertraut, doch hier ihm gänzlich unvorstellbar. So wie am Chongchon seine Kampagne begonnen hatte, so endete sie, doch mit vertauschten Rollen. Zwölf Stunden vor dem anberaumten Rückzug setzte die amerikanische Gegenoffensive ein.

Spezialverbände, von Fallschirmjägern unterstützt, vollbrachten, was von den amphibischen Marines erwartet wurde, sie fielen dem III. Armeekorps in den Rücken. In kühnen, geschmeidigen Zügen stießen sie nach Norden durch, trennten die chinesischen Kommunikations- und Rückzugslinien, die Volksfreiwilligen reagierten panisch, die Kommandeure improvisierten Kehrtoperationen, fielen dabei auseinander, ließen sich von den Amerikanern isolieren, eine Luftattacke vom 23. Mai nahm für drei Tage das Kommunikationsnetz auseinander, die 180. Division fand ihren Rückweg abgeschnitten, löste sich per Befehl auf, und der Kommandeur schaltete sein Funkgerät ab. Von Mao und Peng geschickte Rettungstrupps tropften ins Leere, die Division büßte 7000 Soldaten ein, das III. Armeekorps insgesamt 16 000, die fünfte und sechste Offensive, ein Kampf von 50 Tagen und Nächten, kosteten 85 000 Mann Verluste.

Am 26. Mai 1951 empfing Peng ein Telegramm von Mao, der meinte, daß in den amerikanischen Truppen zuviel Kampfeswille stecke, eine solche Armee könne nicht in einem einzigen Feldzug bezwungen werden. Eine Kopie schickte der Vorsitzende an Stalin mit der Bitte um seine Ansicht.

Stalin nutzte die Gelegenheit, Mao wissen zu lassen, was von ihm zu halten war. Er sei jemand, der China darum beherrschte, weil er Tschiang Kai-schek zu schlagen vermochte. Die USA, schrieb Stalin, seien etwas anderes als Tschiang Kai-schek. Er rate bei weiteren Offensiven zur Vorsicht.

Am 2. Juni stand van Fleet, wo er am 22. April gestanden hatte, nur lag ihm lediglich der Schatten seines Feindes gegenüber. Vielleicht wäre eine Rückverfolgung nach Pjöngjang das Ende des Krieges gewesen, darüber ist quälend nachgegrübelt worden, als es zu spät war und nähere Erfahrungen mit chinesischen Friedensunterhändlern vorlagen. Am 2. Juni erklärte van Fleet im Rundfunk, daß seinen Truppen Halt befohlen sei. Sein Auftrag laute, »die unverantwortliche Aggression gegen Südkorea aufzuhalten und neuen Angriffsdrohungen wenn nötig innerhalb Nordkoreas entgegenzutreten«.

Man hätte meinen können, die Zeit sei stillgestanden, Kim Il Sung soeben besiegt worden und all das Atomschlags- und Weltkriegsgerede ein böser Traum gewesen. Die Zeit aber war fortgeschritten, um sich selbst einzuholen im Damals, bevor alles so mißraten war: MacArthurs Incheon-Landung hatte US und UN märchengleich zurückverzaubert in die Normandie, von der man weiterzog zum Rhein, der kein Yalu war, oder zu den Marianen, wo ›Little Boy‹ und ›Fat Man‹ abgehoben waren, ganz ohne Weltkriegsängste, denn es war Weltkrieg und der Feind bereits in Ohnmacht.

Anders Stalin, zu dem man über Jakow Malik nun Fäden spann. Der Mann, mit dem man Weltkrieg III zu führen hätte, war derselbe, mit dem man ihn verhüten mußte, um nicht die Erde noch wüster zu legen, als sie es durch den vorangegangenen Waffengang schon war; peace in our time.

Als van Fleet erklärte, daß seine Mission erfüllt sei, wenn nur jeder mit seiner Koreahälfte zufrieden wäre, hatte die erste Fühlungnahme schon stattgefunden. Ende Mai war George Kennan mit dem sowjetischen UNO-Botschafter zusammengetroffen und auf ein zweites Treffen am 5. Juni verabredet. Dazwischen lag van Fleets Verzicht, die Angreifer Südkoreas über den 38. Breitengrad zu verfolgen, welcher eine mit Stalin einst vereinbarte Demarkationslinie war. Sie verpflichtete nach zwei Seiten hin, und am 5. Juni erklärte Malik, im Gegenzug zu van Fleet, daß die sowjetische Regierung einen Waffenstillstand wünsche zum »frühestmöglichen Zeitpunkt«. Allerdings müßten die Vereinigten Staaten ihn mit China und Nordkorea ausmachen, da die sowjetischen Streitkräfte »an den Feindseligkeiten nicht teilnehmen«.

Als Malik sich dennoch am 23. Juni öffentlich vernehmen ließ mit einer »Feuereinstellung und einem Waffenstillstand zwecks wechselseitigen Rückzugs der Streitkräfte vom 38. Breitengrad«, war die Erleichterung groß. Die teilnahmslose Macht hatte ihre Klienten Kim und Mao friedfertig gestimmt.

Am 13. Juni weilten Kim und Maos Vertreter Gao Gang in Moskau. Kim war zuvor bereits vom Vorsitzenden eingeschworen worden auf eine neue Strategie namens ›Niupitang‹. Aufgescheucht von den Friedenssignalen, war Kim am 3. Juni nach Peking geeilt, um die zentrale Bedeutung des Lochs darzulegen, das van Fleets gestoppte Operation ›Piledriver‹ in sein winziges Reich gebohrt hatte. Wenn alles so werden sollte wie früher, müsse schnell der 38. Breitengrad auf Kante erobert sein, bevor darüber verhandelt werde. Mao interessierten weniger die Dellen der Front als sein Zweikampf mit Amerika.

Niupitang ist ein klebriges Zuckerwerk aus Maos Heimatprovinz Hunan. Da es sich um eine lange Stange handelt, muß sie aufgeschnitten und Stück für Stück verzehrt werden. Jeder Bissen trägt die Stange ab wie den Krieg. Ist er völlig verzehrt, hat man gewonnen. Man muß nur bei der Stange bleiben. Dies würde, wie Mao am 4. Juni Deng Hua, Liu Xiyuan, dem Politkommissar der 38. Armee, sowie den Kommandeuren der 39., 40. und 42. Armee vortrug, bewerkstelligt durch ein Rotationssystem, das Schlacht um Schlacht eine frische, kampflustige Truppe produzierte. Am 13. Juni telegrafierte Mao das Niupitang-Prinzip an Peng, der aus Hunan stammte und sich darüber freute.

Kim Il Sung, weniger erfreut, daß sein Besitzstand nicht zählte, ließ sich am selben Tage von Stalin und Gao Gang einreden, daß Waffenstillstandsverhandlungen der einzige Weg seien, bis zum Herbst einer UN/US-Offensive zu entgehen. Mao, per Telegrammverkehr mit Gao gegenwärtig, warb um zwei, drei Monate Zeit, seine Frontstellungen zu regenerieren.

Am Folgetag, dem 14. Juni, schrieb Ridgway, der nichts vom Waffenruhekomplott Maos und Stalins ahnte, an die Joint Chiefs, daß Presse und Radio gefährliche Parolen verbreiteten: »Let's get the boys back home« oder »the war-weary troops«. Dies liege »exakt auf der Linie, die sich die Kommunisten von uns wünschen«.

Nicht minder dringlich als die wankelmütige Presse und der ränkevolle Feind wünschten dies die Verbündeten, allen voran die Briten. In den unverhohlenen Jubel über MacArthurs Entlassung mischte sich der Schreck, als Attlee über die Neunbombenmission nach Guam unterrichtet wurde. Von einer Gefahrenlage, die nur mit ein paar Atomschlägen zu bannen wäre, hatte man nichts bemerkt. Die britischen Stabschefs glaubten davon kein Wort. Wer mit kommunistischen Angriffen rechne, treffe Schutzmaßnahmen. Es waren aber keine erfolgt. Die Amerikaner suchten aus militärischen und innenpolitischen Gründen »einen passenden Vorwand, die Mandschurei zu bombardieren!« Jedenfalls schien die Verwicklung in einen Chinakrieg mehr als ein persönlicher Tick MacArthurs. Zumal die Labourpartei entdeckte die Gefahr tief in der amerikanischen Nation. Daß China mit aller Kraft die USA in einen Krieg zu verwickeln suchte, wurde nicht entdeckt. Aber wenn, mußte man sich ja nicht darauf einlassen. Diesen Versuch machte unter größten Hoffnungen der westlichen Welt das Waffenstillstandsgespräch, das am 10 Juli in Kaesong begann.

Die kommunistische Delegation führte der nordkoreanische General Nam Il, ein früherer Divisionsstabschef der Sowjetarmee, die UNO-Delegation der US-Vizeadmiral Charles Turner Joy. Die erste und bis auf weiteres letzte Übereinkunft besagte, daß die UN-Unterhändler mit weißer Fahne die Konferenz betreten sollten. Als Zeichen der Friedensbereitschaft ein schönes Symbol, bis die Friedensbereiten sahen, daß die Gegenseite es anders verstand. Ihrer internationalen Propaganda zufolge schritten UN und USA zur Kapitulation.

Die Gespräche kosteten Nerven, weil geschäftsmäßige Themen wie der Rotkreuzzugang zu den Kriegsgefangenenlagern nicht konsensfähig waren, und die Zeit verstrich mit Ausführungen zur Schlechtigkeit von Tschiang Kai-schek und Syngman Rhee, Tagesordnungs-Streit, Beratungspausen. Am 10. August durchbohrten sich die Friedensparteien zwei Stunden stumm mit Blicken, am 23. August beendete Nam Il die laufende Runde, weil UN-Flugzeuge versucht hätten, seine Delegation zu ermorden. Ridgway ließ ausrichten, daß »der Vorfall lachhaft und offensichtlich fabriziert ist für Ihre fragwürdigen Ziele«.

Der südkoreanische Oberst Lee übergab die Erklärung in Kaesong. »I have the honor to present this copy of General Ridgway's message to Kim Il Sung and Peng Dehuai.«

»Warum sprichst du nicht koreanisch?« fragte Oberst Chang, der nordkoreanische Verbindungsoffizier.

Er spreche in der Sprache, die ihm passe, sagte Lee, »that is what we are fighting for: freedom of speech!«

Stalin ließ sich die Einzelheiten aus Kaesong melden, die seinem jovialen Stil widersprachen. Seine trocken-amüsante Logik war immer der Neid der Verhandlungspartner gewesen. Er fragte die Chinesen und Nordkoreaner freundlich, worauf sie denn hinauswollten, erklärte ihnen nie gehörte Unterschiede zwischen Feuerpause, Waffenruhe und Waffenstillstand, räumte ein, daß die Mordgeschichte natürlich geklärt werden müsse, und mahnte, den Verhandlungsprozeß weiterzuführen. Er hatte ihn nicht ohne Absicht anberaumt.

Die Lektion fand am 28. August 1951 statt. Mao, neu auf dem Parkett, sah alles ein. Vielleicht könne man neutrale Parteien als Beobachter einladen. Wer Neutrale zu Hilfe riefe, erwiderte Stalin, zeige, daß er es nötig habe. Wenn Mao dies wünsche, möge er es Kim Il Sung beibringen. Er selbst rate zur Härte, weil Amerika dringender ein Ergebnis brauche als China, was offenkundig sich anders darstellte, doch Mao schmeichelte. Also blieb Mao stalinhart, zog den Prozeß in die Länge, die ersten fünf Wochen leeren Palavers hatten ihm bereits eine wertvolle Erholungsspanne geschenkt.

Ridgways Truppen standen unterdessen still. Peng und Mao aber befürchteten, daß der Krieg ihnen dennoch entgleiten könnte, wenn hinter den Kulissen die Russen bereits mit den Amerikanern parlierten. Eine Septemberoffensive sei »absolut notwendig«. Deng Hua hingegen, der mit dem Stabschef der Volksfreiwilligen Xie Fang in der Waffenstillstandskommission saß, bremste die Heißsporne. Ihm seien »Informationen aus erster Hand« zugegangen, daß die UN/US-Truppen einen bereits dreißig Kilometer langen Verteidigungsgürtel den Breitengrad entlang zogen. Am 18. August telegrafierte er an Peng und Mao, daß die Betonriegel mit Minenzonen, luft- und artilleriegestützt, die siebente Offensive in eine noch tödlichere Feuerwalze reißen würden als die fünfte.

Nach ausgiebigen Telegrammwechseln beschlossen Mao und Peng in der ersten Septemberwoche, den Angriff um einen Monat zu verschieben. Von September bis November müsse die Infanterie lernen, mit Artillerie, Panzern und Flugzeugen umzugehen; zu offensiven wie defensiven Zwecken. »Es ist immer unwahrscheinlicher, daß wir noch großflächigen Bewegungskrieg führen können«, gab Peng eher widerwillig zu. »Wahrscheinlich ist, daß wir Stellungskämpfe bestreiten müssen.«

Die Hügel der Schmerzen

Der Friedensprozeß, befürchtete Ridgway, ließ die Kämpfe abflauen und minderte die frisch gewonnene Kampfkraft der Truppe. Ein heißer, ermüdender Sommer stand bevor. Van Fleet hielt eine »sit-down army« für verloren, sobald die Gefechte wieder auflebten. »Ich konnte nicht zulassen, daß meine Streitkräfte weich und schläfrig wurden.« Die Suche nach einer belebenden Tätigkeit ließ ihn auf eine Ausbuchtung der Frontlinie im Taebaek-Gebirge stoßen. Es befand sich dort, dreißig Kilometer nordöstlich des Hwachon-Stausees, den die Frontlinie kreuzte, eine Niederung, welche die GIs ›Punchbowl‹, Bowlenschüssel, nannten. Länglich geformt, etwa dreißig Quadratkilometer groß; westlich davon erhoben sich bis zu 900 Meter die Kraterränder eines erloschenen Vulkans. Die Namen der Anhöhen würden sein ›Bloody Ridge‹ und ›Heartbreak Ridge‹. Von dort aus besaßen nordkoreanische Truppen treffliche Einblicke in das rückwärtige Gebiet des X. Corps. Sie beobachteten Truppenbewegungen und konnten Artilleriefeuer auf die Hauptverteidigungslinie richten. Wenn man die Höhen gewänne, verkürzte sich ein wenig der Frontabschnitt der 8. Armee, und es reduzierte sich das Risiko unangenehmer Überraschungen.

Der Gegner verbarg sich in Erdbunkern, mit dicken Holzstempeln abgestützt, von Minenfeldern umringt, versteckt unter Gesteins- und Erdschichten. Durch diese Tarnung war der Bunker schwer zu sehen; hatte man ihn entdeckt, vermochte nur ein direkter Treffer schwerer Artillerie ihn auszuschalten. Das ideale Rohr war der 155-mm-›Long Tom‹. Davon aber existierten nur wenige, und es fiel schwer, ihn für den notwendigen Flachschuß richtig aufzustellen.

Am 21. Juli, kurz nach dem Beginn der Friedensgespräche, hatte van Fleet beim X. Korps Pläne erbeten, die Höhen auszuschalten. Die Punchbowl war von drei Seiten bedroht, nur von Süden nicht. Ende des Monats lief die 2. Infanteriedivision sich warm und stürmte Hügel 1179. Dann hemmte der Regen alle weiteren Aktivitäten, bis Ende August das 36. südkoreanische Regiment den seiner Form wegen ›J-Ridge‹ genannten Hügel südwestlich der Schüssel eroberte. Dank amerikanischer Artillerie gelang dies vortrefflich, und Fleet meinte, daß weitere Aufgaben das Selbstvertrauen des Partners nur stärken könnten, und teilte ihm Hügel 983 zu, drei Kilometer breit, fünf Kilometer lang, ›Bloody Ridge‹.

Das tagelange Trommelfeuer der Artillerie rasierte jedweden Wuchs von dem Hügel, drang aber nicht in die kritischen Bunker. Sobald das Südregiment auf Schußweite herankam, empfingen es MG-Stöße und Schauer von Handgranaten, bergabwärts gerollt und geworfen. Ein amerikanisches Regiment aus jungem unerfahrenem Truppenersatz, zur Verstärkung beigegeben, erlitt Verluste wie in der ersten Juliwoche 1950. Die Burschen langten inmitten der Kämpfe an, kannten niemanden, konnten kaum Freund und Feind auseinanderhalten. Frischgebackene Offiziere, in der Nacht eingetroffen als Zugführer, fielen im ersten Morgenlicht.

Nach fünf Tagen Frontalangriff war ›Bloody Ridge‹ eingenommen und gleich im Gegenangriff wieder verloren. Dem 36. Regiment ging der Kampfgeist aus, einige Züge und Kompanien rannten davon, die Panik übertrug sich auf das 9. Marineregiment, das mit seinen erprobten Fähigkeiten ins Gefecht geworfen wurde, den Fall zu lösen. Um den Gegner, der zusätzliche Kräfte auf den Hügel warf, zu zerstreuen, drückte Generalmajor Clavis E. Byers, der neue Chef des X. Korps, über seine gesamte Frontbreite die Leute nach vorn.

Die 5. südkoreanische Division ging auf den Nordwestrand der Schüssel los, die Marines auf den Nordostrand, und diese Abschnitte fielen, weil glücklicherweise der Feind einen Truppenaustausch vornahm. Am ›Bloody Ridge‹ nahm er den Angreifern Mann um Mann. Inzwischen waren drei Regimenter beteiligt, zwei in einer Umgehungsoperation, das dritte im direkten Ansturm. Ein Marineregiment umfaßt 3500 Leute.

Am 4. und 5. September trat eine Wende ein, weil die Nordkoreaner nach 15 000 Mann Verlust den Rückzug beschlossen. Sie ließen 500 Gefallene unbestattet im Stich und verschwanden. Amerikaner und Südkoreaner kosteten die dreiwöchigen Gefechte 2700 Mann. Nach Prüfung der Verluste erbat van Fleet die Genehmigung Ridgways für einige »Aufräumarbeiten«, denn nördlich von ›Bloody Ridge‹ lag ›Heartbreak Ridge‹. Dorthin hatten die Nordkoreaner sich zurückgezogen. Die Bunker, Gräben und Feuerstellungen glichen sich aufs Haar, doch waren die Mannschaften verstärkt, welche die Zugänge bewachten.

Acht Tage nach dem Erfolg auf ›Bloody Ridge‹ begann die Attacke. Dem 23. Marineregiment war aufgetragen, vom Satae-ri-Tal aufzusteigen, den östlichen Zugang zum ›Heartbreak Ridge‹ zwischen seinem mittleren Hügel 931 und dem südlichen, Nr. 894, zu zerschneiden. Danach wäre alles sehr einfach gewesen, weil ein Bataillon den Hügelkamm entlang nach Norden zöge, um Hügel 851 einzunehmen, während für das zweite Bataillon die besagten Nr. 931 und Nr. 894 blieben. Ein Infanteriebataillon enthält tausend Mann.

Die Nordkoreaner sahen am Morgen des 13. September sofort, daß die Marines nordwärts das Tal hinaufzogen, und lenkten schweres Artillerie- und Mörserfeuer auf den Feind, fügten ihm schwere Verluste zu, stoppten ihn aber nicht. Die Verluste schmerzten, aber die Marines hielten den Kurs und erreichten den Aufstieg. Wie anzunehmen, war er gut verteidigt.

Der Beschuß aus unidentifizierten Bunkern überzeugte davon, daß man nicht so ohne weiteres hinaufkäme und sich eingraben müsse. Die Divisionsführung warf den Plan um. Sie schickte ihr 9. Regiment gegen den südlichen ›Heartbreak‹, Hügel 894, um etwas Druck vom 23. fortzunehmen. Tatsächlich gelangte ein Bataillon bis auf 250 Meter an den Scheitel von Nr. 894. Am nächsten Tag ergriff es mit nur elf Mann Verlust die Höhe, mußte aber für seine erfolgreiche Behauptung mit hundert Mann büßen.

Die Erfolge des 9. Regiments halfen dem 23. überhaupt nicht; es blieb an den unteren Stufen zum ›Heartbreak‹ kleben. An beiden Seiten wurden Entlastungsattacken gestartet, kamen aber nicht an die angegebenen Spitzen. Eine Geschoßwand der Kommunisten nagelte sie fest. Die US-Nachschubfahrzeuge verklemmten sich in dem engen Tal südwestlich von ›Heartbreak‹ und lagen nun gleichfalls unter Beschuß. Koreanische Träger, die den am Hang festgekrallten Marines Munition und Verpflegung nachlieferten, warfen ihre Last ab und suchten Deckung. Die Marines übernahmen den Dienst selbst und trugen. Einen Verwundeten hinunterzuschaffen konnte zehn Stunden dauern.

Der übliche Einfall, den Druck der Hügelverteidigung zu mindern, sah einen Scheinangriff an anderer Stelle vor, damit er Kräfte ablenke. Der Schein gelang, nur der Originalangriff nicht. Die Koreaner auf ›Heartbreak Ridge‹ hielten die Marines auf Abstand, denen nun auch die Munition ausging. Um den Anschluß an die Nachlieferungen zu finden, mußte es hart erkämpften Boden abgeben und sich weiter unten befestigen.

Ein französisches Bataillon traf ein, um die Marines zu entlasten, doch nahm es der Gegner mit beiden auf. Am 26. September, nach zwei Wochen vergeblicher, verlustreicher Schlacht, hielt die Regimentsführung die Fortsetzung ihres Plans für selbstmörderisch. Die Division hatte 1670 Mann verloren, Tote, Verletzte und Vermißte.

Der neue Plan des 3. Stabsoffiziers der 2. Division, Mellon, nahm sich des Auftrags ›Heartbreak‹ mit neuer Sorgfalt an. Die Hügelkette aus sechs Einzelspitzen lief etwa sieben Kilometer nordsüdlich, eingefaßt vom Satae-ri-Tal, durchflossen vom Sochon, und am Fuße der Westflanke vom Mundung-ni-Tal mit dem Rinnsal Suipchon. Führte man aus beiden Tälern Angiffe, war der Widerstand halbiert. Satae-ri würde eine französisch-amerikanische Panzer-Infanterie-Aktion bearbeiten, jedoch nur optisch. Den ernsthaften Versuch unternahmen das 9. und 23. Regiment, ebenfalls mit französischem Bataillon; sie sollten nach oben auf Spitze 931, die höchste. Das 38. Regiment lieh Unterstützung. Dazu mußte zunächst einmal das schmale, nach dem Dorf Mundung-ni genannte Tal panzergängig gemacht werden. Selbst der mittelschwere M4A3 ›Sherman‹ paßte nicht. Der Pfad war mit Minen bepflastert und trug keine Panzer. Für ein paar Kilometer läßt sich so ein Pfad verbreitern, aber es ist ein schweres Stück Arbeit. Das Pionierbataillon der 2. Marines machte sich unverdrossen an den Ausbau der Strecke.

Als erstes kamen die Minen an die Reihe, denn sie verursachten die meisten Panzerverluste. Die Pioniere legten eine Kette von Tetranolblöcken in 17 Meter Abstand, die Detonation riß die Minen mit sich, und nach zehn Tagen konnten die Panzer rollen. Die Jagdbomber und die Artillerie hämmerten bereits auf die drei nordkoreanischen Regimenter an der Flanke des Westhügels. Ein jedes war auf etwa tausend Mann zusammengeschmolzen. ›Corsairs‹ warfen Napalm und feuerten Raketen. An der Ostflanke war der Ablenkungsangriff ›Satae-ri‹ schon unterwegs. Die Gipfelstürmer vom 23. Regiment machten gute Fortschritte. Sie narrten die Koreaner, indem sie statt auf Spitze 931, ihr Ziel, auf Spitze 851 losgingen, die ganz woanders liegt, nämlich 1200 Meter nördlich.

Die Überraschung gelang vollends, indem Spitze 931 überhaupt nicht von Vorbereitungsbombardements, Napalm, ›Long Toms‹ behelligt wurde und darum um drei Uhr nachts vom 2. und 3. Bataillon relativ bequem an der Südseite besetzt werden konnte, ohne daß die unvermeidliche Gegenoffensive irgend etwas daran ändern konnte. Flammenwerfer, Granaten und Kleinwaffen räucherten die Bunker aus, und am Mittag war Spitze 931 gesichert, nur Spitze 851 noch nicht, das letzte Bollwerk des Feindes.

Unten im Mundung-ni-Tal krochen die ›Shermans‹ auf das Dorf zu, der Nordabschnitt des Pfads war noch nicht ganz fertiggestellt, und vor den Ketten planierten die Pioniere. Man kam gerade rechtzeitig in Mundung-ni an, um die Chinesen abzufangen, die von Norden herbeieilten, um den bedrängten Genossen beizustehen. Beide waren überrascht, einander zu treffen. Die Chinesen brauchten nun selber Beistand, zumal die Nachschublinien zu ›Heartbreak‹ nun brachen. Einige von ihnen gelangten soeben noch auf Nr. 851, um mit seinen Verteidigern in den Tod zu gehen.

Die 23. Marines mit ihrem amerikanischen und französischen Bataillon waren nun nicht mehr aufzuhalten. Sie verließen am 10. Oktober Hügel 951, nahmen einen Hang unter einem nicht numerierten Grat südöstlich von Dorf Mundung-nie, und dann bissen sie sich siegesgewiß über die Kammlinie zu Nr. 851 durch, Bunker für Bunker, keiner ohne Gefecht und Wunden und Gefallene. Dem Bataillon français kam die Ehre zu, am 13. Oktober Nr. 851 zu stürmen und nach dreißig Tagen ›Heartbreak‹ für die Vereinten Nationen ganz in Besitz zu nehmen. Die 2. Division erlitt dabei Verluste von 3700 Mann. Die der Koreaner und Chinesen betrugen geschätzte 25 000. Hinter und neben ›Bloody‹ und ›Heartbreak Ridge‹ erstreckten sich weitere und noch weitere Hügel, alle gespickt mit den gleichen Bunkern und verteidigt mit derselben Erbitterung. ›Arrow Head‹, ›Old Baldy‹, ›White Horse‹, ›Reno‹, ›Vegas‹, ›Bunker Hill‹.

Im Herbst 1951 kostete der Krieg die Truppen der Vereinten Nationen 60 000 Mann, gut ein Drittel davon Amerikaner, in etwa die Dimension der verzweifelten Anfangsmonate bis zur Ankunft der Chinesen. Diese und ihre nordkoreanischen Partner verloren zwischen Juli und November 1951 das Zehnfache, etwa 234 000 Mann.

Die militärische Qualität der Truppen stieg, ganz im Sinne Ridgways und van Fleets, in dieser ihrer bittersten Zeit ganz außerordentlich. Sie gewöhnten sich daran, mit zusammengedrängten Panzerspitzen bergan zu kämpfen und zu Hunderten die gegnerischen Linien in der Tiefe zu durchstoßen. Die im September frisch zur Front rotierte 67. und 68. chinesische Armee wurden niedergemäht, bevor ihnen die Zeit blieb, sich aufzustellen, einzugraben und zu wappnen.

Die Hügelkämpfe folgten chinesischerseits dem Muster, daß schmale Kräfte sich auf den Kämmen dem einleitenden Granatfeuer stellten. Die Hauptkräfte hielten sich in Tunneln verborgen. Tunnelbauten hatte Peng zu den Hauptverteidigungs- und Schlüsselpositionen ausgerufen. Tausende seiner Soldaten und Arbeiter trieben sie kilometerweit durch die Hügel, ganze Bataillone fanden

Unterstand. Hauptquartiere, Feldhospitäler und das Versorgungswesen suchten Tunnel. Eine Kanone stand am Vordereingang, feuerte und wurde nach jedem Schuß rasch zurückbewegt und getarnt. Einzig ein direkt in die Öffnung plazierter Schuß, wie ihn der ›Centurion‹-Panzer äußerst akkurat aus bis zu 1000 Meter Entfernung lieferte, konnte bei Peng Dehuai »Post abgeben«. Sie kam aber selten an.

Die Kammbesatzung griff die emporstrebende US-Infanterie an, erschöpfte sie und wich. War der Gegner am Ziel und damit befaßt, die Positionen zu sichern, stürzten die Hauptkräfte aus den Röhren, eröffneten Kanonenfeuer und suchten die müden Kammreiter zu überwältigen. Kämme sind wichtig für den Talboden, weil dessen Besatzer den Feind im Nachbartal nicht sehen können. Kein Flugzeug ersetzt einen Beobachtungsposten.

Die chinesischen Kundschafter hatten Augen, wo niemand sie vermutete. Das 160. Regiment, das in der Nacht am ›Heartbreak‹ zum Austausch anlangte, wurde aus der Stille heraus von Lautsprechern beschallt: »Welcome! Welcome to the officers and men of the 160th Infantry Regiment. Welcome, Colonel Benjamin Turnage.«

Ratlose Beklommenheit legte sich auf die Ankömmlinge. »Die Chinesen hatten die ganze Auswechselung beobachtet und sie ruhig ablaufen lassen, dabei konnten sie uns zu jeder verdammten Minute in Stücke reißen. Sie kannten sogar den Vornamen des neuen Colonels.« Eine Stunde später wurde das Willkommen blutiger, von schrillem Geschrei und Hörnern untermalt. »Ein echtes Irrenhaus, gedeckt von Bunkern und Gräben, alle mit Sandsäcken verkleidet.«

Zur weiteren Ausstattung des Irrenhauses kamen den Chinesen die ulkigsten Ideen. »Als es dunkel wurde, gab das Funkgerät auf einmal quakende Geräusche von sich«, so Kompanieführer Sergeant Woodruff, eine »typisch chinesische Singsangstimme wiederholte dasselbe Wort immer wieder in vollster Lautstärke: ›Wu-da-ruh-fu, Wu-da-ruh-fu‹.« Dem Meldegänger der Kompanie stand das helle Entsetzen im Gesicht. »Sergeant Woodruff, sie rufen Ihren Namen!«

Auf unvertrautem Gelände ist der Gegner überall. Bodenprofil und Wuchs, Farben und Muster, Licht und Dunkel umfangen so leichthin seine Gestalt, daß An- und Abwesenheit gleich aussehen: Schatten, die über den Schnee huschen, ein Wogen im Gras, ein Klirren in der Felsrinne. Einem Erkundungsflug der 2. Marinedivision zeigt sich aus dreihundert Metern Höhe die Verletzlichkeit der eigenen Stellungen. Die gegnerische Linie wird auf achthundert Metern durchkreuzt. »Ich war wirklich erschrocken, absolut nichts zu sehen. Keine gegnerischen Truppen, keine Artilleriestellung.« Die Maschine taucht abwärts, und plötzlich flackert Mündungsfeuer. Es zeichnet Gräben und Stellungen, alles hängt randvoll.

Die Kennung des Feindes ist sein Schießen. Er ist immer vorhanden, aber schwer zu finden; man sieht nichts, ist aber gut sichtbar. »Wir hörten Chinesen ganz um uns herum, beiderseits der Kammlinie. Wir gingen im Gänsemarsch, ›Indianerreihe‹, sagt Warner. Es war nur Sternenlicht, aber ganz klar, und die Sicht war perfekt.« Der Plan ist verschissen, die Kompanie teilt sich auf, eine Feuerabteilung bleibt zurück und deckt den Rücken, man kommt nicht hinab ins Tal, vielleicht klettert eine Suchpatrouille hoch.

»Vier von uns waren übrig. Wir gruben einen Verteidigungsring in den Schnee, so leise wir konnten. Vielleicht gingen die ›Gooks‹ vorüber.« Es sind viele, sie zeichnen sich auf dem Schnee ab, aber bewegen sich nicht. Ein dunkler Schatten ruft etwas Chinesisches oder Koreanisches. »Es kracht, und ein Mündungsfeuer blitzt genau über meinem Kopf. Ich rolle zur Seite, komme in eine Sitzposition, feuere mein M1 ab, doch ich verpatze, denn der Chinese rennt den Hügel hinab.« Von irgendwoher dringt ein tödlicher Schrei. Der chinesische Soldat fällt um und überschlägt sich den Abhang hinab. »Als ich mich umblicken kann, sehe ich, daß Warner tot ist. Er hat die Maschinenpistole voll ins Gesicht gekriegt. Der Schrei kam von dem Marine dahinter. Er hat auch ein paar Kugeln abbekommen, und seine beiden Arme sind gebrochen.«

In der Rinne rechts bricht ein Gewitter von Schüssen los. Man weiß nicht, auf was die Chinesen schießen, auf alles. »Und dann war eine unheimliche Stille. Ich nehme Warners Leiche zum

Schutz und krieche damit zu der Rinne hin. Die Gooks bewegen sich nicht mehr, aber sie sind da, man hört sie schnattern.« Der verwundete Marine stöhnt, sein Kumpel gibt ihm Erste Hilfe. »But my buddy was past help. I think I prayed for him. I hope I did.«

Das Duchschnittslos des Soldaten ist nicht Tod oder Gefangenschaft, sondern Verwundung. Der Verwundete ist das andere Ich. »Ich kann mich nicht mehr an seinen Namen erinnern. Ein junger Berufssoldat, der zwei Wochen bei uns war, eine Art Enthusiast. Wahrscheinlich hat er sich freiwillig als Späher gemeldet. Nun lag er schwer verwundet oder tot; bei seinem ersten Einsatz nach ein paar Tagen Front!« Der Scout befand sich am Hügelabhang, zehn Meter unterhalb der Kuppe. Als er sich bis dahin durchgearbeitet hatte, packte ihn das Maschinenfeuer von drei Gipfeln gegenüber. Bei dem ersten Treffer heulte er auf, je länger er aber schrie, desto mehr Schüsse zog er auf sich. Schließlich machten die vielen Wunden ihn stumm. »Das erste war, ihn von da herunterzukriegen.«

Der Sergeant kroch mit Gewehr und Verbandszeug bäuchlings zum Hügel, fand den Scout bewußtlos, aber atmend vor. »Die nächste Frage war, wie man ihn bewegt. Ich habe mich, so gut es ging, unter ihn geschoben, dann je einen Arm von ihm über die Schulter gezogen und unter meinem Kinn gekreuzt. Wir lagen nun beide auf dem Bauch, er teilweise auf mir drauf, und mit der Hand habe ich ihn an den Gelenken gepackt, damit die Arme um den Hals geschlossen bleiben. So zusammengebunden bin ich auf die Höhe gerobbt und gekrochen. Teils habe ich ihn getragen, teils gezogen. Jeden Augenblick habe ich damit gerechnet, angeschossen zu werden. Das Gras und die Büsche waren nirgends hoch genug, uns zu verdecken. Es ist aber kein Schuß abgegeben worden. Ich habe festgestellt, daß die Chinesen nie auf eine Rettungsaktion geschossen haben.«

Die Armee war das Verläßliche und der Krieg das Unverläßliche. Richtungslos und verschwommen wie die äußere Orientierung war auch die innere. Die noch den Weltkrieg kannten, vermißten seine faßlichen Ziele. »It wasn't like World War II; you knew there was no big push coming, no fighting until the enemy surrendered. This was a war that was going nowhere.«

Der Kuli

Ende Oktober hatte China 1 150 000 Volksfreiwillige nach Korea entsandt. Um sich im Krieg zu halten, verausgabte das seit zwei Jahren amtierende Regime die Hälfte der Staatseinkünfte. Das Expeditionsheer enthielt acht Logistikkorps und vier Divisionen Eisenbahnpioniere. Ihnen oblag die Sisyphusaufgabe, die Lawine des Nachschubs zur Front zu wälzen, während die Air Force tagaus, tagein sie zerplatzen ließ. Da sie die Luftherrschaft ausübte, konnte ihr solch ein Güterstrom nicht entgehen. Ohne ihn waren die Frontverbände, so wie sie der Krieg in Jahresfrist verändert hatte, ein hilfloser Haufen.

Das Land war klein und unwegsam. Die Zielplaner hatten den Norden in elf Zonen eingeteilt, den Verkehr leiteten in der Hauptsache 45 Eisenbahnbrücken, 12 Straßenbrücken, 13 Tunnel und 39 Rangierbahnhöfe. Das ist nicht viel. Die 5. Air Force versprach, in fünf, sechs Monaten damit fertig zu sein. Nach ihrer Kalkulation benötigten die sechzig vorderen Divisionen des Gegners an kampflosen Tagen je vierzig Tonnen Nachschub. Abgesehen von dem minimalen Ausstoß an Kleinwaffen nordkoreanischer Fabrikation kam der ganze Bedarf über die Mandschurei und Sibirien ins Land, überwiegend auf Schienen.

Zerstörte man die Schiene, zwang man den Transport auf die Straßen. Zur Versorgung reichten 6000 Lastwagen pro Tag. Wenn monatlich zwischen 4000 und 7000 Stück durch Bombardement und Verschleiß ausfielen und von der chinesisch-sowjetischen Produktion nur ungenügend ersetzt werden konnten, war der Nachschubfluß stranguliert. Darum nannte sich die Operation ›Strangle‹, die im Juni 1951 vorbereitet und vom 11. August an gestartet wurde. Sie entsprach in ungefähr der Transportoffensive über

Deutschland, die im Frühjahr 1945 nicht ohne Wirkung geblieben war. Dreiviertel der monatlichen Lastwagenfrachten vom August 1944 waren im März 1945 ausgeschaltet.

Die saubere Form des Luftkriegs, die sich chirurgischer Eingriffe gegen neuralgische Punkte befleißigt, hat den bekannten Nachteil, daß Punkte relativ rasch zu flicken sind. Städtische Flächenzerstörung kostet mehr Reparaturstunden. Schuttberge abtragen, Tote und Verwundete bergen, begraben, verarzten, Wasser-, Strom- und Gasleitungen zusammenfügen, Wohnraum schaffen, Straßen ebnen, Verkehr knüpfen usw. verschlingt viel Kraft, die anderswo fehlt. Das haben britische Kriegswirtschaftsstrategen unwiderlegbar errechnet.

Schwer berechenbar, aber entscheidend ist die Restaurierungsenergie und -phantasie, die das Zerstörungswerk weckt. Es ist ein Kampf für sich, den menschliche Wachsamkeit, Einfallsgabe und Hingabe gegen die Flachlegungsindustrie der Lüfte auscht. Förderten die Deutschen hier bewährte Tüchtigkeit in sich zutage, bewirkten Chinesen und Koreaner Wunder.

Mit 5621 zerstörten Lastern in 23 Tagen arbeitete ›Strangle‹ nach Plan. Bei einem Abwurf aus 1500 Meter Höhe befähigte ein spezielles Training die Piloten, einen Genauigkeitsgrad von hundert Meter Toleranz zu erreichen. Eine gefährliche Bombardierungshöhe für die Crew, weil im Bereich der Flakgeschosse und ein ungefährlicher Präzisionsgrad für ein Schienenpaar. Mit Abwurf von hundert Bomben waren erfahrungsgemäß 1,8 Fahrzeuge zerstört. Um 7000 Stück im Monat zu treffen, waren demzufolge über 388 000 Bomben vonnöten.

Das Flakfeuer zwang nach kurzer Zeit zu 2500 Meter Bombardierungshöhe. Die Erfolgsziffern aber sahen ideal aus; die 5. Air Force gab insgesamt über 30 000 Treffer an. »Wenn all die Feindfahrzeuge in Ihrem Bericht tatsächlich zerstört sind«, lobte Ridgway den Commander Partridge, »dann wäre in ganz Asien kein Lkw mehr übrig.«

Was keiner wissen konnte, war, daß Asien seine Lasten zur Not auch ohne Laster abliefert. Ungläubig erfuhren in Atlantikkonvois geschulte Logistiker von der Kapazität des Ochsenkarrens. Wie sich herausstellte, schafften hundert Kulis mit Rückenrahmen die Mörsermunition eines Tages herbei.

Für den Luftkrieg ist der Kuli eine unerreichbare Existenz. Er geht im Dunkeln, benutzt unkenntliche Wege, und selbst wenn man ihn sähe, kann nicht jeder Mensch mit einem A-Rahmen auf der Schulter angegriffen werden. Trotz beträchtlichen Risikos fuhren die Laster an zwanzig Tagen mit, an zehn Tagen ohne Licht durch Dunkel und Wetter. Vor der Morgendämmerung erstarb jede Bewegung, Mannschaften gruben sich in Schnee ein, tagsüber parkten die Wagen in Wäldern, Strohhaufen, Tunneln und holzverschalten Erdrinnen; ihr nächtliches Fortkommen war auf 100 Kilometer berechnet.

In der Nacht wurde gefahren und gebombt. Seit Juli konnten die Flügel einer B-26 mit Suchscheinwerfern von 80 Millionen Candela Helle ausgerüstet werden. Weil Sprengbomben aus zwei Kilometer Höhe unzuverlässige Elemente sind, erzielten die Piloten mit diesen Strahlen allein gute Ergebnisse. Sie blendeten die Fahrer, damit sie vor Bäumen und in Gräben landeten oder ineinanderkrachten.

In einer Synthese aus Luft- und Indianerkrieg wirkten im ›Hunter-Killer-Verfahren‹ zwei veritable B-29-Maschinen zusammen, einen armseligen russischen Laster auszuschalten. ›Hunter‹ verkraterte die Straße, so daß das Vehikel stillstand, um von dem wartenden ›Killer‹ erledigt zu werden. Um den Durchhaltegeist des Fahrpersonals kümmerte sich die chinesische Propaganda. Manchen wurde die Auszeichnung eines Transporthelden zuteil; der, dem sein Leben lieber war, wurde zum Tode verurteilt. Ein Merkblatt schärfte ein, daß der Verlust eines Transports wegen Krankheit des Transporteurs 2250 Mann für einen Tag ohne Nahrung ließ.

Mit der Zeit sanken die Ansprüche an den Fahrzeugkrieg. Im November 1951 wurden 3139 zerstörte Wagen gemeldet, im Dezember, nach Operation ›Truck Killer‹, 2321, im Februar/März 2500. Den Erfolg erkannte die 5. Air Force daran, daß mehr Nebenstraßen benutzt wurden und die Fracht langsamer lief. Das machte aber nichts, solange nur genügend ankam. Für die Art Krieg, die China führte, waren die Nachschublinien unzerbrechlich geworden. Amerikanische Grafiken und Statistiken bewiesen niederschmetternde Wirkung, nur am Boden stellte sich eine andere Realität her.

Eine US-Division benötigte täglich 610 Tonnen Nachschub, eine deutsche ein Viertel davon; das Zehntel, das ihr chinesisches Pendant konsumierte, kam durch. Ein so wildes Land sei nicht abzuriegeln, meinte Ridgway. Je besser das Verkehrsnetz, desto leichter ist es lahmzulegen. Das Labyrinth der Gebirge und Täler, Flüsse, Pfade, Rinnen, Tunnel war schon kartographisch kaum erfaßbar. Unter gleichlautend transkribierten Namen existierten ganz verschiedene Orte Pjöngjang, Pjonggang, Pyoktong, Pyongpaek, Sinanju, Sinuiju. Der Verteidiger weiß gewöhnlich, wo er ist, der Angreifer braucht als erstes Orientierung. Ehe er etwas gefunden hat, ist er schon gefunden.

Durch ›Strangle‹ büßte die UN/US-Luftwaffe 343 zerstörte und 290 beschädigte Maschinen ein, die Gegenseite 34 211 Autos. Währenddessen stieg ihr Artilleriefeuer, der schlimmste Menschenverzehr im Feld, von 8000 Schuß im Juli 1951 auf 102 000 im Mai 1952. Der Feind, resümierte Ridgway, habe ein größeres Offensivpotential als je zuvor.

Die zehn Monate Eisenbahnangriffe boten, trotz höherer Verletzlichkeit der Schiene, kein anderes Bild als die Straße. Bei 87 552 Flügen wurden 19 000 Gleisunterbrechungen gezählt, 267 Lokomotiven und 3820 Waggons. Deutschland verlor in der angloamerikanischen Transportoffensive 1944/45 4000 Lokomotiven, 28 000 Waggons bei 5000 Gleisschnitten und stand am Ende still. Nordkorea fuhr weiter mit fünf Prozent seiner Vorkriegskapazität und schaffte täglich 500 Tonnen Überschuß über den Verbrauch nach vorn. Radio Peking frohlockte, daß die Vereinten Nationen »mehr als zweitausend Kriegsflugzeuge aufbieten und es dennoch nicht schaffen, die Nachschublinien des winzigen Korea zu trennen«.

Der Fetisch der westlichen Zivilisation, die Hochtechnologie, konnte es mit den Territorien Asiens, seinem Menschenreichtum und Fleiß nicht aufnehmen. Noch im Oktober 1951 wurden schneller die Gleise zerstört als wiederhergestellt. Bereits im November standen die Reparaturmannschaften alle sechs Kilometer an den Strecken und an jedem Bahnkreuz. Sie entdeckten Angriffe und Schäden weit schneller als die Piloten die Anlagen. Die Wachen verdichteten sich auf 200 Meter, die einander mit Pfeifen und Gewehrschüssen von Motorengeräusch unterrichteten.

Die Lokomotiven hielten sich ohne Licht auf der Schiene; um sie aufzuspüren, mußte der Bomber tief hinabsteigen und nach Dampfwolken suchen. Die wirksamste Methode war, den Kurs des Zuges alsdann mit einer Leuchtbombe zu markieren, vor und hinter ihm die Gleise zu trennen, daß er zum Stehen kam, und ihn danach zu zerstören. Ein ziemlich umständliches Verfahren. Die Trefferquote nahm dabei ab. Im September erreichten 12,9 Prozent der abgeworfenen Munition ein Bahnziel, im Dezember sieben Prozent. Geschätzte 500 000 Militär- und Zivilpersonen reparierten einen Gleisbruch innerhalb von zwei bis sechs Stunden; die Deutschen hatten fünf gebraucht.

>Strangle< lehrte Bomber und Reparateure gemeinsam ihr Metier. Mit den 199 Brückeneinstürzen wurden letztere spielend fertig; dafür lernte die 5. Air Force das geographische Gegenstück zu knacken, den Eisenbahntunnel. Nach einigem Experimentieren erwiesen sich die 500- und 1000-Pfund-Bomben, mit Zeitzündern in die Eingänge lanciert, als gut geeignet.

Die Dynamik dieser Kriegführung will, daß die Kontrahenten in ihrer je eigenen Professionalität allen Mitteln ein Gegenmittel vorsetzen. Wie im Marktgeschehen wirkt die Konkurrenz innovativ und zeitigt neue Produkte. Die Transporteure entwickelten eine erdtunnelgestützte Kette von Depots, die Verlagerungsbewegungen von Depot zu Depot nahezu unsichtbar machten; die Destrukteure wiederum warteten nicht lange auf Transporte, sondern übersäten Straßen und Wege mit ungezählten stählernen Dreizacken, die, mit Paddeln aus den Bombenschächten gekehrt, Reifen und Füße durchstachen. Die Wagen bewehrten sich daraufhin mit vorgebauten Besen.

JETPILOTEN

Den Bomber konfrontiert sein natürlicher Feind, der Jäger. Die MiG-15, nach dem Urteil ihrer Gegner »a great machine«, erübrigte die US-Begleitjäger F-80 und ›Shooting Star‹, die abgeschossen wurden wie die Tauben. Mit einem Zusatztank versehen, gelangten die MiGs bis zur Gegend von Pjöngjang. Ihr eigentliches Jagdrevier war allerdings der Streifen zwischen Yalu und Chongchon, für den Nachschubtransfer hochsensibel, weil ihn die Überschaubarkeit des Flußspiegels gefährdete. Darum wurde er verteidigt. Die schwerfällige B-29 mußte ebenfalls von einer Jägereskorte verteidigt werden, und so waren die zwei Verteidiger auf durchaus sportliche Weise miteinander beschäftigt.

Die ersten, den Westen ins Mark erschütternden MiGs hatten im November 1950 die Arena gekreuzt. Aus fünfzig wurden in sechs Monaten 445 und bis 1953 830, zunächst von Russen, dann von Chinesen unter russischer Aufsicht und schließlich überwiegend von Chinesen gesteuert. Korea entwickelte sich zum Übungsplatz für Waffen, Waffenkunde und -künste jeden Typs.

Die USA schickten im Dezember ihr neues Jagdmodell F-86, ›Sabre‹, gegen die MiG ins Duell, allerdings mit nur einer Einheit, nach Jahresfrist verstärkt durch eine zweite. Der ›Sabre‹ war anbetrachts der erdumspannenden Verpflichtungen seiner Eigner ein knappes Gut. In Korea wurden nie mehr als 150 davon eingesetzt. Im September 1951 bekämpften 90 ›Sabres‹ mehr als 500 MiGs. Dieser Nachteil war, neben den Vorzügen des Geräts, nur durch die Leidenschaft seiner Flieger auszubalancieren.

»Auf meinem ersten Flug als Leitpilot habe ich meine Chancen verhauen. ›Sure kills‹, und ich schaff' das nicht! Ich habe überlegt, ob ich nicht aggressiv genug bin. Die MiGs waren da, man konnte sie sich holen. Sie kamen immer als Kette über den Yalu. Jeder schützt das Heck vom Vordermann. Was man machen muß, ist, in die Kette reinpreschen; das ist eine riskante Sache. Der Trick ist, reinzugehen, ohne daß sie dir den Schwanz zerdeppern. Und das habe ich nicht gemacht. Zweimal habe ich diese ganze verdammte Schnur vorbeiziehen lassen, ohne reinzugehen auf einen Schuß.« Der Held ist, wer seine Todesangst hintanstellt. »I really began to agonize about it, and I decided that the next goddamned MiG pilot I encountered was going to be a dead man or I was.«

Der Westen hat seit jeher Piloten von hohen Graden hervorgebracht. Sie verschworen sich ihrer Maschine wie der Partisan dem Gelände, daraus erklärt sich die Bilanz der Luftkämpfe. Nach Angaben der UNO hat sie dabei 836 MiGs zerstört und 110 Jets, die altmodischen eingeschlossen, verloren. ›Sabre‹ und MiG waren gleichrangige Jäger. Das Zahlengefälle, in dem sie aufeinandertrafen, besagt, daß, wer mehr besitzt, auch mehr verliert. Wer wenig besitzt, wird aufgezehrt, es sei denn, er greift zurück auf unvergleichliche Qualitäten.

»Ich hab' meinen ›honcho‹ in die Wolke verfolgt, und wir haben beide die Orientierung verloren. Als mein Höhenmesser auf 4000 Meter war, kamen wir zusammen aus der Wolke geschossen. Mit Schallgeschwindigkeit. Bei über Mach 1 in der Vertikale hast du 4000 Meter in Höllentempo verbraucht. Der Boden sah aus wie einen Daumen breit weg. Ich reiße den Knüppel, so fest ich kann, und bete, daß die ›Sabre‹ in einem Stück bleibt. Die Maschine hat's prima gemacht, nur mir wurde schwarz. Als ich zurück gucken kann, hat der Bodenmesser bei 3 Meter geklemmt. Als ich zurück in der Staffel bin, funke ich meinen Flügelmann an. ›Wie dicht war ich am Boden?‹

›Schaurig nah.‹

›Was macht meine MiG?‹

›Macht ein tiefes Loch bei jemandem im Hühnerstall.‹

Alles zusammen waren das 120 Sekunden.«

Die Logistik der sino-koreanischen Streitmacht basierte auf einer zivilisatorischen Einheit von Mensch und Landschaft, die sich als unzerstörbar erwies. Nur wer seit Generationen jeder Ritze des kargen Geländes seinen Unterhalt abbringt, kennt seine wahren Züge. In der Brust des Gegners klopft der Motor. Die Jets begegneten einander in Geschwindigkeiten bis zu 900 km/h. In solchen Zeitmaßen soll der Pilot manövrieren und reagieren. Die Russen, die zunächst in der MiG antraten, kamen halbwegs damit klar; die von ihnen ausgebildeten Chinesen und Koreaner kaum.

Die US-Piloten teilten ihre Gegenüber in ›honchos‹ und ›students‹ ein. ›Honchos‹, japanisch für ›Boß‹, waren russische und chinesische Fluglehrer; die meisten waren ›students‹. Stalin, der spottete, daß man statt Ausbildern anscheinend Professoren geschickt habe, konnte nicht zwei Generationen amerikanischer Motorbegeisterung überholen. Die Reflexe von Piloten, die hundert Jahre Maschinenzeitalter hinter sich haben, sind durch Schulung nicht imitierbar. In solchen Personen pulst ein anderer Jazz. Es gab, von Freunden des Lebens, ein Sprichwort aus dem letzten Krieg: ›There are old pilots and bold pilots, but no old, bold pilots.‹

»Anyone who has flown fighters will tell you that's absolute nonsense. Loser talk! You have to be a hunter to be a fighter pilot.« Um alt zu werden, wird man nicht vorsichtiger, sondern frisiert die Maschine wie ein Motorrad.

»Wir sprechen hier über wirklich hohe Luftzonen. Eine MiG konnte man kaum unterhalb von 13 000 Metern kriegen, und oft waren sie bis zu 16 000 Meter. Das hat uns Probleme gemacht, weil die ›Sabre‹ für 12 000 Meter konstruiert ist.«

Man beschloß, etwas dagegen zu tun, ein Club von vier Maschinen, die ›Hotshots‹: »tuned for high performance. Any military jet is a hot piece of equipment when it is delivered, but there is no such thing as a machine that can't be improved.« Man kann den Rahmen leichter machen und die Panzerplatte unter dem Pilotensitz herauslösen und noch ein paar Sicherheitsutensilien. Weniger Munition, weniger Sprit, keine Unterstützungsmotoren.

»When we were finished we had taken out about two thousand pounds.« So kamen die ›Hotshots‹ auf 17 000 Meter und merkten, daß die Maschine nicht mehr manövrierfähig war. Wenn die Geschwindigkeit gedrosselt wurde, trudelte die Maschine, »und man ist rohes Fleisch für die MiG-Jäger«.

Die Mindestgeschwindigkeit oberhalb von 16 800 Metern mußte Mach 0,83 sein; Mach 1 ist die Schallgeschwindigkeit, und einige der ersten ›Sabres‹ krachten dabei zu Boden. Aber wenn die wendigere und steigfähigere MiG nach oben sprang, kam man nur mit Mach 1 davon. »Dann konntest du noch manövrieren, und er konnte nicht.« An der MiG schraubten keine ›Hotshots‹.

Durch die weitere Entfernung von ihren Basen blieb den ›Sabres‹ am Yalu eine Operationsspanne von nur 15 bis 20 Minuten. Schmerzlicher indessen wog das Verbot der ›hot pursuit‹. Ein Satz über den Fluß brachte die MiG in Sicherheit, nur die Kugel flog schneller. Doch der Pilot braucht seine Zeit, um in Schußposition zu liegen, und im Kurvenschlagen blieb die MiG unerreicht. Vom praktischen Leben wurde das Problem des chinesischen Refugiums allerdings anders gelöst als im politischen Verbotswesen. Im Krieg sind wirklichkeitsfremde Vorschriften unangebracht, weil er sich ihm Lästiges von keinem vorschreiben läßt.

Jede Einsatzbesprechung mit Piloten warnte vor dem Eindringen in die Mandschurei. Weil von dort die Kriegshandlungen ausgingen, konnte man sie jedoch nicht ignorieren und mußte wissen, was vor sich ging. Was sich auf Flugplätzen tut, ist nur oberhalb von ihnen auszukundschaften. So existierte bereits ein zulässiger Weg nach China, mit der Zeit flankiert von unzulässigen.

»John, du Hurensohn«, sagte der Gruppenoffizier, »ich weiß, was du versuchst, du willst nach Norden auf MiG-Jagd.« Dazu mußte die MiG gereizt werden wie eine Hornisse; »immer wenn die ›Sabre‹ der MiG auf die Pelle rückte, wurde der Chinese nervös und bekam Heimweh. Die kommunistischen Piloten kriegten damals die Panik, wenn sie nach Süden kamen. Es gab einen Stunt von einem Burschen, der dann Kriegsgefangener wurde, wir haben das dann nach ihm benannt, ›Antone's Tower Check‹.«

Während die Kabinette der Welt den Yalu als den Styx behandelten, betrieben die ›Stuntmen‹ vor Ort eine gewagtere Politik. Soldaten sind junge Leute, die sich beim Sterben zumindest amüsieren wollen. ›Antone's Tower Check‹ ist ein Sturzflug aus 15 000 Metern Höhe auf den gegnerischen Kontrollturm mit höllischem Krach. Nachdem im Tower vom ›sonic boom‹ die Ohren klingeln, schwenkt man ein paar Kilometer südwärts, kommt zurück und fegt über die Rollbahn »at about ten feet«. In der MiG sitzen auch 22jährige ›Stuntmen‹ und lassen sich keine Nase drehen. »Das war eine Rempelei, sie in die Luft zu ziehen! Hat selten funktioniert, aber wir machten das, sooft es ging.«

Eine normale Formation von vier ›Sabres‹ stand mit einer Radarstation in Kontakt, die sie mit einem Freund-Feind-Kennungssignal ortete. Es wurde von der Maschine des Anführers gefunkt. Wenn er die ›hot pursuit‹ aufnahm, schaltete er sein Signal aus und ließ es von einem der Zurückgebliebenen senden. Der Abschuß einer MiG nördlich des Yalu galt selbstverständlich in Kameradenkreisen als fabelhafte Mutprobe. Ein Volltreffer wurde offiziell gewertet, wenn die ›gun camera‹ sieben Einschüsse oder drei Brände registrierte. Der Absturzort ließ sich leider nicht näher lokalisieren.

Die Chinesen scheuten – je mehr sie ins Hintertreffen gerieten –, südlich des Yalu zu fliegen. Sie patrouillierten den Fluß und boten den Jagdassen wenig Möglichkeit, eine MiG anzutreffen. Ruhm und Beförderung riefen nach einem Risiko. Wer über mandschurischem Gebiet abstürze, schrieb der Marinemajor Thomas Sellars an seine Frau, verbringe den Rest seines Lebens in den Salzbergwerken. »I'll not take any unnecessary chances«, versprach er ihr, »such as going north of the Yalu and jumping MIGs as some of the boys have done.«

Anders stellte sich ihm die Sache dar, als ein Gruppenkamerad von einigem Renommee 90 Kilometer tief in die Mandschurei vorgestoßen war und zwei Abschüsse meldete. Die Gruppe sprach tagelang von nichts anderem.

»I'm determined«, schrieb Sellars der Frau, »to get a MiG as are most of the boys around here, and it seems there is only one positive way of doing it and that is to go north of the Yalu.« Kurze Zeit später beschwichtigte er: »You can stop worrying about our going

414

across the fence into Manchuria.« Die 5. Air Force drohe einem jeden Kriegsgericht an, der eine MiG über ihrem Flugplatz herunterbringe.

Drei Tage später flog Sellars in Vierergruppe zur Inspektion der chinesischen Basis Takushan, 45 Kilometer nördlich der Yalu-Mündung, anschließend wedelte er zum Fluß zurück, dem nächsten chinesischen Flugplatz entgegen, als 14 MiG von dort aufstiegen. Er rief den anderen zu, das Rudel anzugreifen; nur sein Flügelmann hörte ihn. Die beiden verwickelten es in ein Gefecht, und Sellars brachte zwei zum Abschuß, bevor es ihn selbst traf. Unter Vertuschung der näheren Umstände wurde ihm posthum der Silver Star verliehen. Sein Ziel war allerdings eine reguläre Anstellung bei der Marine gewesen.

Mag sein, er hat sich in das ungleiche Gefecht aus Jagdinstinkt gestürzt, und weil er es sich zutraute. Ohne Jagdinstinkt und Zutrauen kann keine Jägerwaffe existieren.»One of the marks of a really great fighter pilot is his absolute conviction that what he is doing is right, no argument.«

Die Maschine ist schneller als der Gedanke. Ein Krieg aber ist nicht zu gewinnen, indem man es mit der Stärke des Feindes aufnimmt.»Militärische Taktik«, sagt Sun Tse,»ist dem Wasser ähnlich, denn das Wasser strömt in seinem natürlichen Lauf von hohen Orten herunter und eilt bergab. So muß im Krieg gemieden werden, was stark ist, und geschlagen werden, was schwach ist.«

HART BLEIBEN

Am 7. Oktober 1951 wurden die Waffenstillstandsgespräche wiederaufgenommen. Die Frontlinie hatte sich seit Mitte Juni nur wenig verändert. Sie verlief über ihre längste Strecke 60 Kilometer nördlich des Breitengrads, nur im Westen sank sie einige Kilometer südwärts. Daran sollte sich in den bevorstehenden eineinhalb Kriegsjahren kaum mehr etwas ändern.

Peng hatte die Herbstoffensive abgesagt; eine einzige UN-Operation im September hatte ihn 30 000 Mann gekostet, das Vierfache des Gegnerverlustes. Zu der zweiten Verhandlungsrunde in Panmunjon gingen die Chinesen ohne andere Option im Sinn. Sie waren dazu gezwungen. In den letzten Augustsitzungen hatte General Nam Il mehrere Male hervorgestoßen: »Ohne die Unterstützung Ihres Flächenbombardements wären Ihre Bodentruppen durch unsere starken, kampfgeübten Verbände schon längst von der Insel geworfen worden.«

Man hätte ebensogut sagen können, daß ohne den Verzicht der UN-Luftstreitkräfte auf die Weltkriegsmethoden die Insel eine Wüste gewesen wäre. Das nämlich stand ihr erst bevor in einem Maße, wie keine Weltkriegsnation von ihrem Gegner versehrt worden ist.

Nicht, daß hier eine besondere Niedertracht zu vergelten gewesen wäre, Genozid, Sklavenhaltung, Welteroberung. Im Gegenteil, auf die Koreaner kam es gar nicht dabei an. Es lassen sich auch keine militärischen Notwendigkeiten und keine Vorteile erkennen. Der Vernichtungserfolg trat ein durch das Mißverhältnis von Kapazität zu Fläche. Ein kleines Volk auf schmalem Raum stand einem unerschöpflichen Vermögen gegenüber, das sich entlud, weil kein Hindernis bestand, damit aufzuhören. Chinesen und Amerikanern, die über die Verschrottung Koreas entschieden, schadeten sie nicht; die Geschädigten hingegen hatten nichts zu entscheiden.

Das berufene Mittel, den Bomber in Schach zu halten, der Jäger, stand eigentlich zur Verfügung. Die Abschußquote von 8 : 1 zwischen ›Sabres‹ und MiGs wurde egalisiert durch die fast achtfache Zahl des russischen Jets. Vom Dezember 1950 an liefen in Rußland 200 Maschinen monatlich vom Band, gegenüber elf ›Sabres‹ der US-Industrie. Jäger aber sind aus konstruktiven Gründen kurzatmig; die MiG taugte zu taktischen Missionen zunächst nur 150 Kilometer weit über ihre Basis hinaus. Um den Radius auszudehnen, versuchte man im Herbst 1951 neunzig Kilometer südlich von Antung, ihrem vordersten Stützpunkt, auf koreanischem Boden Flugplätze zu bauen. Ein Vorhaben, das die B-29 gewissermaßen aus eigenem Interesse und unter erheblichen Verlusten vereitelten. So stand nordkoreanisches Gebiet dem Bombardement weitgehend unverteidigt auf Gnade und Verderb gegenüber.

Dem Anschein nach setzten die Chinesen ihre teuer erstandenen MiGs zur eigenen Verteidigung ein und ein Stück weit zum Geleit ihres Nachschubs. Washington registrierte verwundert die Abwesenheit gegnerischer Bomber. »They were now capable of using air power offensivly«, sagte Dean Rusk, der Fernost-Leiter des Außenministeriums, dem britischen Botschafter, »but for some reason chose not to do so.« Warum nicht reziprok zum US-Bombardement Nordkoreas ein chinesisch-russischer Schlag gegen Südkorea? Pusan, meinte George Marshall, hell erleuchtet in der Nacht, sei ein »virtually perfect military target«.

Pusan mit seinem Mutterschiff, dem US-Protektorat Japan, war die logistische Drehscheibe des amerikanischen Kriegs, so wie die Mandschurei die des chinesischen. Wenn man so will, waren beide Ziele militärisch gleich zugänglich und politisch gleich unzugänglich. Die Air Force Fernost fing einen Befehl Pekings an Liu Yalou, den Chef der chinesischen Luftstreitkräfte, auf, lautend, daß die Sowjetunion keine Offensivaktionen von mandschurischen Plätzen erlaube und sowjetisches Gerät einzig defensiven Zwecken diene. Schon der Flugpark war, mit dem Akzent auf der MiG, darauf zugeschnitten. Doch gesellten sich im Sommer Verbände der angriffstüchtigen Iljuschin-10 hinzu. Die Maschine verfügte über eine Reichweite von 850 Kilometern; zudem besaß Stalin perfekte Kopien der B-29, die Tupolew-4. Ein russischer General trainierte in der Mandschurei Bodenangriffe. Pekings Volksfreiwillige bezichtigten die Flieger der Unfähigkeit, die Luftherrschaft über Korea zu erkämpfen. Soviel fehlte ihnen zum Sieg. Wahrscheinlicher fehlte ihnen soviel zur Niederlage.

Angriffsoperationen mit sowjetischen Gattungen – U-Booten, Bombern – »would have changed the entire nature of the war«, wie die offizielle US-Kriegsgeschichte schreibt. Die Natur dieses Krieges war, daß seine Schlüsselmächte, Moskau und Washington, sich so wenig wie möglich und keinesfalls sichtbar berührten. Sie taten die ganze Zeit über nichts anderes, jedoch vermittelt über ein Medium. Eine Sorge um seinen Bestand ist dem Verhandlungsgang in Panmunjon nicht zu entnehmen.

Keine Kriegspartei bedauert, wenn die Gefechtshandlungen das Gebiet Dritter verwüsten. Von fern erinnerte nur der Kommissionsvorsitzende Nam Il daran, daß einst die Koreafrage das Ringen ausgelöst hatte. Eigentlich von vornherein, jetzt aber offenkundig besaß es ein weitergefaßtes Thema. Stalins und Maos Amerikaprobleme lösten sich mit der Wende 1951/52 von allem Regelungsbedarf in Korea. Seine zwei Staaten waren Kriegsteilnehmer, aber der Krieg nahm nicht an ihnen teil.

Die Verhandlungsdelegationen einigten sich über alle Fragen, die sie zuvor entzweit hatten. Die Staatengrenze, zugleich die Waffenstillstandslinie, sollte nach kommunistischem Willen am 38. Breitengrad liegen, so hatte man nicht verloren, schon weltanschaulich etwas ganz Ausgeschlossenes. Die Amerikaner beharrten, daß die Waffen dort schwiegen, wo sie standen. Dem pflichteten die Chinesen schließlich bei.

Keiner brauchte hinfort mehr am Boden zu siegen, Offensiven und Gegenoffensiven starten, in Feuerschlünde rennen, ausflankieren, einkesseln. Gewinne hätte man ja zu guter Letzt zurückerstatten müssen. Die Territorialfrage, mit welcher der Krieg begonnen hatte, war am 27. November 1951 gelöst. Bliebe noch die Übergabe des Befriedungszustands an die Politik: der Abzug der fremden Truppen. Weil die Amerikaner ohnehin keine Flugstunde entfernt in Japan residierten, konnte auch diese Forderung entfallen zugunsten eines Truppeneinfrierungsartikels: Keiner holte sich von außen Verstärkung; darüber wachten neutrale Beobachter.

Damit war die Koreafrage durch Rückkehr zur Ausgangslage gelöst. Die Masken Amerikas und Chinas mochten als gerettet gelten. Beide hatten gesiegt, die einen durch Abwehr von Grenzgefahr, die anderen durch Abwehr von Gefahr für die UNO-Charta. Kim Il Sung war der Dumme und hatte gar nichts gerettet, das Gesicht nicht, den 38. Breitengrad nicht, nur seinen Schaden. Aber er regierte noch.

Der noch offene Punkt, der selbstverständlichste, betraf den Gefangenenaustausch. Er kam am 11. Dezember zur Verhandlung, ohne daß es etwas zu verhandeln gab. Das Kriegsvölkerrecht kennt in Gefangenenfragen festgefügte Bräuche und Vorschriften. Artikel 118 der 1949 novellierten Genfer Konvention besagt, daß Kriegsgefangene nach Ende der Feindseligkeiten zu entlassen und zu repatriieren sind.

Die Vereinten Nationen bezifferten 132 000 Personen in ihrem Gewahrsam, die Chinesen und Nordkoreaner 11 559. Zuvor hatten sie sich mit dem Besitz von 65 000 Gefangenen öffentlich gebrüstet. Gefangene sind auch Geiseln. Möglicherweise fiktive Geiseln, verzählt, verschwunden. Unmut kam auf. Die Kommunisten wußten schon, warum sie ihre Lager dem Roten Kreuz nicht öffneten. 53 000 Personen fehlten. Hatten sie je existiert, wenn ja, litten sie, lebten sie, besaßen sie ein Grab?

Zu der Folgesitzung am 2. Januar erschien die UNO-Delegation mit einem verhängnisvollen Text. Er enthielt den Satz, der ein Vielfaches an Menschenleben kosten würde, wie Gefangene registriert waren. »Alle Gefangenen, die nicht heimzukehren wünschen, sind freizugeben und aus der Gefangenschaft zu entlassen.« Formaliter wurde von nun an Krieg geführt um die nicht Heimkehrwilligen. Daß es Heimaten gibt, in die ein Entlassener nicht heimkehren will, hat das Gefangenenrecht nicht vorgesehen. Doch besagt es auch nicht, daß dem Kriegsgefangenen das Asylrecht aberkannt ist. Er gehört dem Heimatstaat so wenig wie dem Gewahrsamsstaat; er gehört sich selbst. Das sahen Mao und Stalin anders.

Die Truman-Administration hatte sich den Fall sorgsam überlegt. Acheson hielt als Jurist die Genfer Konvention für eindeutig und die Repatriierung für zwingend. Ridgway riet als Frontkommandeur einen Austausch eins zu eins, Mann gegen Mann, damit der Gegner keinen Zuwachs bekam. Den Joint Chiefs als Strategen gefiel das Gefangenenasyl als gelungener Zug der »psychologischen Kriegführung«, weil es die Loyalität der Ostblocktruppen insgesamt aushöhlte.

Truman war gelernter Kaufmann und hielt 130 000 Mann gegen 11 000 für einen schlechten Tausch. Eine Reihe Gefangener habe überdies mit Amerika kooperiert und sei »von vornherein herauszunehmen«. Die Beamten des Außenministeriums informierten den Präsidenten über den Verhandlungsstand und meinten, es ginge buchstäblich um das letzte Hindernis zum Waffenstillstand.

Am 10. Dezember rief Truman die höchsten Amtsträger zusammen und klagte über den vergeblichen Ausgang der Dinge. Wenn es den Kommunisten gelungen wäre, die USA von der Halbinsel zu bewegen, »our whole career in Korea would have been wasted«. In Panmunjon hätten sie die Forderungen aufgetischt und wir die Kompromisse! Bradley entgegnete, daß es sich umgekehrt verhalte. Die Kommunisten machten »very big concessions«. Air-Force-Minister Finletter schmeichelte dem Präsidenten, weil er die Aggression gestoppt und der UNO-Charta Respekt verschafft habe. Truman aber war mißmutig; er spürte den inneren MacArthur in sich hochsteigen und befahl weiterzuverhandeln unter der Androhung, daß eine Verletzung der Waffenstillstandsartikel ungeahnte Folgen habe. »We'll go all out against China.«

Anfang Januar weilte Churchill zum ersten Mal seit dem Weltkrieg auf Staatsbesuch in Amerika. Labour hatte die Wahl verloren, und er war wieder Premierminister. Mit ihm kamen die Erinnerungen. Korea war Trumans Krieg, und Churchill stellte ihn in die Reihe mit dem seinigen, dem großen Freiheitskampf im Bunde mit dem großen Freiheitsverneiner. Mit dieser notgedrungenen Lüge machte Truman Schluß. Dem verlogenen Frieden mit den falschen Leuten hatte er ein Ende gesetzt. Die Intervention in Korea sei der »Wendepunkt in den Ost-West-Beziehungen«, sagte Churchill und fand die Wende fällig.

Truman notierte am 27. Januar in sein Tagebuch, daß die Kommunisten ein Gangstersyndikat und Drogenkartell darstellten. Das beste sei, ihnen ein Zehntage-Ultimatum zu stellen: den Krieg verlassen oder eine Blockade Chinas und die Bombardierung jeder mandschurischen Militärbasis gewärtigen. Die Russen hätten alle von Teheran bis Potsdam mit ihnen geschlossenen Vereinbarungen gebrochen und Polen wie Rumänien, die Tschechoslowakei, Ungarn, Estland, Lettland und Litauen vergewaltigt. Damals standen auch sowjetische Kriegsgefangene zur Repatriierung. Drei Millionen Mann, die zu »Sklavenarbeitern« gemacht worden waren. Stalin könne »die Chinesen aus Korea herausholen« und aufhören, diese »Gauner« dazu auszurüsten, daß sie die freie Welt anfielen. Wenn das nicht geschehe, gebe es »all-out war«, und jede größere Stadt zwischen St. Petersburg, Minsk und Wladiwostok und von Mukden über Peking nach Schanghai würde eliminiert. »Das ist die letzte Chance für die Sowjetregierung, zu entscheiden, ob sie überleben möchte oder nicht.«

In gewisser Weise suchte Truman selbst eine Entscheidung, um zu überleben. Wozu hatte er zigtausend Amerikaner in den Tod geführt, wessen Freiheit hatte ihr Opfer erkauft, welchen Schurken beseitigt, welche Zuversicht in die Heimat der Menschenrechte gestiftet? Der Weltkrieg war von einem Scheinsieg gekrönt, aus der Asche der Aggressoren erhoben sich zwei neue, mächtiger, aussichtsreicher als die überspannten Vorgänger. Immerhin hatte Roosevelt im Sinne seiner Mobilmachung gesiegt, Truman hatte den Frieden verloren. Jetzt kehrte er erfolglos aus seinem Krieg zurück, und an Frieden war nicht zu denken.

Die Errettung der »Republik« geheißenen Despotie Syngman Rhees – in Achesons Worten »the reign of terror« – war als Freiheitskampf schlechterdings unverkäuflich. Inzwischen suchte der Greis das Parlament abzuschaffen, verhaftete Parlamentarier, folterte und ermordete Gegner, bereitete das Einparteienregime vor, er glich Mao und Kim, seinen Feinden, weit mehr als seinen Freunden. Der Fluchttrieb seiner Truppen lieferte sie ohne ewige amerikanische Hilfe ihren resoluten nördlichen Brüdern zur Entwaffnung aus. Als Garant dieses morschen Polizeistaats konnte Amerikas Demokratie sich nur suspekt machen.

Was blieb nach eineinhalb Jahren Krieg von seinem Pathos übrig? Eine planlos hektische Jagd dies öde Eiland herauf und herunter, die den Präsidenten alle Achtung seiner Landsleute gekostet hatte. Im März 1952 mißbilligten 62 Prozent der Befragten seine Führung, die Mehrheit hielt den Kriegseintritt in Korea für einen Fehler. Im Sommer, die Präsidentenwahl stand bevor, zu der man ihn als Gescheiterten gar nicht mehr nominiert hatte, befürworteten 61 Prozent der Wähler, die Mandschurei zu bombardieren, und 53 Prozent, »stop foolishing around and do whatever is necessary to knock the Communists out of Korea once and for all«.

Mit einer Verbissenheit, als gelte es dem Weltkommunismus zu trotzen, erhob Truman den Verbleib der Gefangenen zum Kriegsziel. Alles blieb beim alten. Kim Il Sung, Mao Tse-tung und Syngman Rhee lenkten unbeirrbar und an alter Stelle ihre Knebelregime. Irgendwo aber öffnete sich die Tür zur Freiheit und stand die bessere Welt zur Wahl. Selbst jene, die sie bekämpft hatten, die roten Krieger, taten es nicht ungezwungen. Darin lag eine einprägsame »psychologische« Pointe, meinte Truman, und das sei »the final U. S. position«. Er werde den Waffenstillstand nicht damit erkaufen, »Menschen der Abschlachtung und Versklavung zu überlassen«. Selbiges Schicksal war in Jalta den Kosaken, Krimtataren, den Wlassow-Armisten, Ukraine-Separatisten und serbischen Tschetniks beschieden worden. Damals feige Kollaborateure, mittlerweile tapfere Antikommunisten, aber tot. Das durfte sich nicht wiederholen. Die Chinesen erklärten die Position für »absurd« und zogen gleichermaßen den »Kampf bis zum Ende« vor.

Vorsorglich prüften US-Beamte auf der Gefangeneninsel Kojedo nahe Pusan die Lager. Sie waren grauenhaft überfüllt, »Meuterei lag in der Luft«, südkoreanische und taiwanesische Wächter führten ein asiatisches Regiment, geheim und aufmerksam wachte die kommunistische Selbstkontrolle. Die von der US-Lagerleitung als Sprecher akzeptierten Männer hingegen waren nationalchinesische Offiziere gewesen, zu Mao übergelaufen oder vereinnahmt. Sie regulierten Verpflegung, Medizin und auch die Entlassungsfragen. Mit Privilegien und Prügel empfahlen sie Tschiang Kaischek. Wer für Taiwan optiere, werde entlassen, die Kommunisten aber schmorten bis zum Ende ihrer Tage.

Die Repatriierungsfrage stellte sich nicht nach den Himmelsrichtungen des Ost-West-Konflikts, die Heimkehrverweigerer suchten kein Exil in Kalifornien. Nach Schätzungen Ende März würden sich 116 000 von 132 000 Gefangenen repatriieren lassen; am 1. April erhielten die gegnerischen Unterhändler davon Mitteilung und zeigten sich konziliant. Über solch eine Proportion ließe sich reden, indem 16 000 Leute aus den Gefangenenlisten verschwänden. Man könnte sie als Zivilinternierte ausbuchen oder als nordkoreanische Kombattanten südkoreanischen Ursprungs. Entscheidend sei, daß alle Chinesen heimkehrten. Heimkehrer nach Taiwan würden nicht geduldet.

Während die Beamten, inzwischen mit Ridgway im Bunde, mit der Manipulation der Listen begannen, gab Truman sich entschlossen, für die 16 000 Taiwan-Optanten, drei Viertel treue Katholiken, in den Atomkrieg zu ziehen: »Accept our fair and just proposal or you will be completely destroyed.« Adressat sollte seltsamerweise Stalin sein. Die komplett Zerstörten wären, anbetrachts der vorgesehenen Waffen, russische Industriestadtpopulationen und die Begünstigten chinesische Volksfreiwillige mit Tschiang-Tendenz. Allesamt – Stalin, Mao, Tschiang und Truman – standen sechs Jahre zuvor noch miteinander im Bündnis.

Keiner von MacArthurs Vorschlägen, die nichts weiter als Entscheidungsvorlagen für den Dienstweg waren, dünkt dermaßen konfus. Sie waren freilich ernst und Trumans Drohungen unernst.

Doch Instanz der letzten Entscheidung war er, der erste, der sie je im Ernst getroffen hatte, und auch wenn er in dieser Sache nur noch Unernsthaftigkeiten äußerte, stellte sein Unernst nun Weichen in Korea, die vergleichslos waren, wie ›Little Boy‹ und ›Fat Man‹ vergleichslos gewesen sind.

Auf den chinesischen Vorschlag der Zahlenkosmetik fingen die US-Beamten neuerlich zu zählen an, erzielten jedoch ein unerwünschtes Resultat. Nicht mehr als 70 000 kommunistische Gefangene wünschten heimzukehren. Um den Verdacht auf unzulässige Pressionen der Kuomintang auszuschließen, zählte man nach und fand 83 000 Heimattreue. Mag sein, man hätte mit Geduld eine Rechnung von 100 000 Rückkehrern präsentieren können, eines war unmöglich zu errechnen, eine Chinesenquote von 100 Prozent. 16 000 von 20 000 Chinesen wollten nach Taiwan. Um dieser 16 000 Mann willen verlängerte sich der Koreakrieg um seine häßlichste Phase.

Der Zahlenpoker am Verhandlungstisch fuhr fort, doch brachte er nie mehr als 4–5000 rotchinesische Repatrianten zustande. Es fehlte nicht an gewundenen Vorschlägen neutraler UNO-Mächte, die fraglichen 16 000 Chinesen außerhalb Taiwans in Verwahrung zu nehmen, daran aber fanden beide Verhandlungsparteien keinen Geschmack. Acheson sah den Schlüssel zur Blockade ganz richtig in Moskau, doch Kennan, inzwischen dort als Botschafter tätig, winkte ab. Die Russen hätten längst gehandelt, wären sie interessiert daran.

Im August und September 1952 besprachen Tschou En-lai und Stalin die Ergebnisse ihrer Allianz; Stalin blieb noch ein halbes Jahr zu leben. Kim Il Sung, der seit Monaten einen Verhandlungsfrieden erbat, bevor die U. S. Air Force sein Land von der Erdkruste geschält hatte, fand bisher kein Gehör. Am 14. Juli kabelte er in heller Verzweiflung an Mao, nun einem Kompromiß zuzustimmen. Mao antwortete, daß die Ablehnung der feindlichen Vorschläge einen Nachteil habe, »weitere Verluste für das koreanische Volk und die chinesischen Volksfreiwilligen«, und einen Vorteil, »Erfahrungen zu erwerben im Kampf gegen den amerikanischen Imperialismus«. Doch wolle er Stalin konsultieren und davon Mitteilung machen.

Kim erschrak und meldete Stalin selbst von seinem Schwanken. Dieser schrieb Mao am 14. Juli, daß seine Haltung in den Waffenstillstandsgesprächen völlig richtig sei. »Heute bekommen wir den Bericht aus Pjöngjang, daß Genosse Kim Il Sung auch mit eurer Partei übereinstimmt.« Nicht anders stimmte Tschou überein und berichtete gleich in der ersten Unterredung mit Stalin, wie sehr Mao übereinstimme, denn »er glaubt, daß die Fortsetzung des Krieges von Vorteil für uns ist«.

»Mao Tse-tung hat recht«, sagte Stalin. »Dieser Krieg zehrt an Amerikas Nerven.« China jedoch habe es nicht einschüchtern können. »Könnte man sagen, daß es auch nicht gelungen ist, Korea einzuschüchtern?«

Im großen und ganzen, entgegnete Tschou.

»Wenn das stimmt«, sagte Stalin, »dann ist es nicht ganz so schlimm.«

Tschou räumte ein, daß eine Unsicherheit vorhanden sei. »Bei gewissen Elementen der koreanischen Führung ist sogar eine panische Verfassung feststellbar.«

Stalin sagte, davon habe er auch schon gelesen, und zwar in Kims Telegramm an Mao Tse-tung.

So sei es, sagte Tschou.

»Die Nordkoreaner haben nichts verloren«, schloß Stalin, »ausgenommen ihre Verluste.« Bei wem wollen sie sich beklagen, andere hatten auch welche und gaben nicht auf.

Korea konnte nicht über den Koreakrieg entscheiden, weil es der Schauplatz der anderen war. Sie hatten dort eigene Angelegenheiten zu regeln. »Der Krieg ›Amerika widerstehen und Korea helfen‹«, beschrieb Mao es im August 1952, »ist eine große Schule gewesen, in der wir Manöver großen Stils durchgeführt haben. Diese Übungen sind besser als eine Militärakademie. Wenn wir noch ein Jahr weiterkämpfen, können wir alle unsere Truppen dahin rotieren lassen, um den Krieg kennenzulernen.« Man solle die Verhandlungen ruhig in die Länge ziehen, den Amerikanern schade dies mehr als China: Um rund 10 000 Gefangene zu behalten – die Zahlen zählten für ihn nicht –, ließen sie 30 000 ihrer eigenen Leute totschießen. Dabei verfügten die USA über soviel weniger Menschen. Der Krieg koste sie etwa 10 Milliarden Dollar bei einem Verteidigungshaushalt, der weitere 60 Milliarden Dollar verschlingt. Die Opposition in Amerika beklage, daß der Staat bei 70 Milliarden Ausgaben bankrott gehe. China komme mit der Hälfte aus. Allerdings würden die Amerikaner erst in einer hoffnungslosen Lage einen Frieden annehmen.

Vergebens hatte Peng unlängst noch Sun Tse, den Meister, beschworen: »Wenn du den Feind und dich selbst kennst, brauchst du den Ausgang von hundert Schlachten nicht zu befürchten.« Mao kannte die USA als den Popanz, den ihm sein Küchenmarxismus vorgaukelte. Nichts von seiner Analyse stimmte. China hatte nicht 30 000 Amerikaner getötet, er zwang ihr Land nicht in den Bankrott, sondern in den ›Korea-Boom‹, und es verhandelte um Frieden nicht, weil es hoffnungslos geschlagen war, sondern weil Waffengewalt politisch nicht weiterhalf. Die in Amerika den Fronterfolg verwarfen, waren die am wenigsten Friedfertigen; sie wollten China ausradieren. Es gab Stimmen in den Planungsetagen des Pentagon, die meinten, die Gelegenheit sei einmalig günstig, Stalins wichtigsten Verbündeten zu beseitigen.

Stalin kümmerte sich um seinen wichtigsten Verbündeten auf seine Weise. Im Herbst 1951 und im Frühjahr 1952 hatten hohe chinesische Militärs monatelang in Moskau um andere Rüstungshilfe gebuhlt. Die gelieferte Munition war alt oder minderwertig; damit war schlecht kämpfen. Marschall Bulganin antwortete darauf, anstelle der versprochenen 16 Divisionen nur zehn auszurüsten. Xu Xiangqian, der Stabschef der chinesischen Streitkräfte, kehrte entnervt zurück und sagte, Stalin sei von zweierlei Furcht geplagt, mit den USA einen Weltkrieg zu führen und China zu stark werden zu sehen.

Als im April 1952 Xiao Jingnang, der Befehlshaber der Volksmarine, sowjetische Schiffe und Flugzeuge zu kaufen kam, wurde ihm harte Währung abverlangt. Xiao kehrte resigniert und unverrichteter Dinge heim. Man werde weder neue Waffen noch neue Technologien erhalten. Harte Währung wurde in China kaum erwirtschaftet. Seit der Machtergreifung 1949 war nichts zum Wiederaufbau geschehen. »Die Warenpreise können bisher nicht stabil gehalten werden«, schrieb Mao im August 1952, »Einnahmen und Ausgaben sind noch nicht balanciert. Die Einnahmen sind beschränkt und die Ausgaben exzessiv.«

Der Krieg mit seinen unproduktiven Kosten verschlang ebenso viele Mittel wie der Landesaufbau. Die Wirtschaft breche zusammen, meinte Mao, wenn nicht die Militärausgaben um die Hälfte schrumpften. Dementsprechend wuchs der Wunsch nach Ruhe an der Front, bevor sie zerfiel. Entweder scheiterte das Land oder der Krieg; nur die Illusionen blühten, dem Feind ginge es ebenso und schlimmer.

Als Tschou Stalin über den Stand der Revolution unterrichtete, suchten beide die strittigen Themen zu meiden. Stalin begnügte sich zunächst, das zu loben, was die Chinesen gern los wären, den Kriegsgefangenenstreit: »Wir wollen die Rückkehr von allen Kriegsgefangenen!« Den Vereinten Nationen könnten sie nicht ausgehändigt werden, sie seien Kriegspartei. »Die UNO ist eine amerikanische Organisation, und wir sollten sie zerstören.«

Tschou war voller Vorschläge. »Man könnte die Gefangenen nach Indien bringen, dann werden sie nach einiger Zeit von Indien nach China überstellt.«

»Das kann man akzeptieren«, sagte Stalin, »aber wir müssen bedenken, daß die Amerikaner nicht alle Gefangenen herausgeben. Sie werden einige behalten, um sie anzuwerben.« Genauso hätten sie es früher mit den russischen Gefangenen gemacht. »Sie halten die Gefangenen nicht darum zurück, wie sie sagen – weil die Gefangenen nicht heimkehren wollen –, sondern damit sie als Spione benutzt werden.« Sie kehrten als Agenten in die Heimat zurück.

»Tschou En-lai«, sagt das Protokoll, »räumt ein, daß dies absolut zutrifft.« Am Schluß wollte Tschou eine klare Anweisung haben.

»Anweisung oder Vorschlag?« fragte Stalin.

»Aus der Sicht des Genossen Stalin«, erwiderte der Gast, »wäre es vielleicht ein Vorschlag. Aus unserer Sicht sind es Anweisungen.«

Stalin sagte, er gäbe nur seine Meinung und die chinesischen Genossen könnten sie übernehmen oder nicht. »Anweisungen sind verpflichtend!«

Tschou, der Stalin auf irgend etwas verpflichten wollte, wiederholte, daß Stalins Meinung für die Chinesen Anweisungen seien, »hochwertvolle Anweisungen«. Man folge ihnen nicht blindlings, da man sie verstehen wolle und dann freiwillig akzeptieren.

»Wir kennen China zu wenig«, sagte Stalin, »und darum sind wir vorsichtig mit Anweisungen.«

Das war der einzige Punkt, dem Tschou widersprach, und er beharrte, daß Stalin mit den besprochenen Themen gewiß wohlvertraut sei, und bat um Anweisung.

»Unser Rat ist der«, sagte Stalin: »Wir vergessen nicht, daß England und Amerika versuchen wollen, ihre Leute im chinesischen Regierungsapparat zu plazieren. Sie werden daran arbeiten, ihn von innen zu unterwandern und zu zersetzen, sogar Giftmorde verüben. Darum müßt ihr wachsam sein und daran denken. So – das sind alle Anweisungen!«

Tschou sagte, es könne sich bei den Unterwanderern auch um Taiwan-Chinesen handeln. Molotow, der mit der ganzen alten Garde anwesend war – Berija, Mikojan, Malenkow, Bulganin –, verstand den Subtext glasklar. Es sollten 60 Divisionen gerüstet werden, und er fragte, wie China zu zahlen gedenke.

Neben dem Einsatz der Bombe war das Steckenpferd der amerikanischen Falken der Einsatz der Kuomintang. Tschiang dürstete es, seine Leute nach Korea zu beordern, und die amerikanische China-Lobby schmachtete danach, die Navy ins Südchinesische Meer zu schicken und dort in einer Art Super-Incheon mit der Kuomintang an Land zu gehen und dem mandschurischen Heerlager in den Rücken zu fallen. Vielleicht auch nur die Küste blockieren, vielleicht den Einsatz Tschiangs mit Atomeinsatz kombinieren, eventuell Südchina von Peking abtrennen.

Je deutlicher der Anlaß des Koreakriegs erledigt schien, desto reicher wucherten die Phantasien, was man, solange die Feindseligkeiten noch anhielten, allen möglichen Schädlingen zwischen Leningrad, Mukden und Schanghai noch antun könne. Der Konflikt war entfallen, der Krieg noch nicht, und so suchte er sich einen neuen. Der Waffengang mußte ausgenutzt werden; die Kapazitäten rollten; im Jahr 1952 war die Monatsproduktion von ›Sabres‹ auf 838 Stück gestiegen, »more in one month than total Korean losses since the beginning of the war«, wie Lovett, inzwischen Verteidigungsminister, in berechtigtem Stolz mitteilte. Der Krieg war flüchtig, seine Apparatur schwerfälliger, und so rannte sie ihm hinterher. Er war nicht nur für Mao lehrreicher als jede Akademie.

Den Einsatz von zwei Divisionen Kuomintang hatten die Joint Chiefs im Frühjahr 1952 bereits bewilligt, auch die Skrupel, die Mandschurei zu bombardieren, ließen nach. Die neue britische Regierung suchte Anschluß an den Partner und gab ihre Bedenklichkeiten auf. Churchill, der Stalin am längsten von allen kannte, glaubte nicht an seine Loyalität zu China: »Russia would start World War III when she wanted to: she certainly would not do so merely to honour her pledge to China.«

Stalin, der seine verflossenen Partner nicht schlechter kannte, hielt sie für Plänemacher. Sie waren nicht halb so unvorsichtig wie ihre Einfälle und mieden Verluste. Alle wollten oder mußten mehr oder minder dringlich aus dem Krieg aussteigen. Nur Stalin nicht, denn er war nicht eingestiegen.

Die Gefangenenfrage war ein ideologischer Puffer, der Zeit ließ für die maximale Gewinnmitnahme. Stalins Gewinn war der Krieg der anderen. Und so quälte er die chinesischen Nerven da, wo sie blank lagen, in der causa Taiwan. Daß 16 000 der heldenhaften Volksfreiwilligen heimliche Sympathisanten Tschiang Kai-scheks waren, beleidigte das Antlitz der Revolution. Solange er existierte, existierte eine Wahl, auch für die USA. Tschiang war ein verjagter Regent, Mao ein nicht von ihnen anerkannter Putschist. Auf dem Einladungswege mochte ein US-Expeditionskorps – es stand am 38. Breitengrad schon bereit – zur Kuomintang stoßen, Chinas legitime Regierung wieder einsetzen, in Peking, in Nanking, in Kanton, und beginge keine Aggression. Japan hatte soeben seinen Friedensvertrag mit Tschiang geschlossen und könnte nach China zurückkehren. Unter dem Oberbefehl von Douglas MacArthur fegten die Marines, die Kuomintang und das alte japanische China-Heer die Mao-Bewegung hinweg wie den Boxeraufstand. »Die chinesischen Genossen müssen folgendes wissen«, sagte Stalin zu Tschou, »wenn die Amerikaner diesen Krieg nicht verlieren, wird China nie Taiwan zurückerobern.«

So mußte Maos Krieg gegen Amerika schon darum siegen, damit Taiwan fiel; einer der wertvollsten Vorschläge Stalins. Einige Gedanken behielt er bei sich. Mao hatte hochfliegende Pläne in Asien. Tschou nannte Tibet und Birma, in Vietnam war man bereits tätig, in Malaya half die chinesische Kolonie. So willkommen die damit verbundenen Schlappen für England, Frankreich und die USA auch sein mochten, bereiteten sie den sowjetischen Genossen nicht nur Freude. Stalin hegte eine Abneigung gegen Mao und komplimentierte Liu Tschao-Tschi und Peng Dehuai, um ihn zu schwächen. Nichts aber schwächte Mao mehr als sein Krieg gegen die Amerikaner.

Tschou berichtete im Rahmen der allgemeinen Übereinstimmung, daß China »die Möglichkeit weiterer zwei, drei Jahre Krieg« ins Auge fasse. Stalin gab dazu wohlweislich weder Anweisung noch Rat. Seine Ausführungen zu Taiwan waren nicht einmal eine Meinung, sondern eine Konklusion. Als Gegenleistung und Voraussetzung bat Tschou um 147 Industriebetriebe. Man wolle Kriegsflugzeuge, Schiffe und Panzer alleine herstellen.

Stalin sagte: »China muß gut bewaffnet sein, insbesondere mit Luft- und Seestreitkräften.« Es müsse zum »Flaggschiff Asiens werden«. Zu mehr ließ er sich nicht hinreißen, es war gar nicht nötig. »Der Krieg in Korea hat Amerikas Schwäche gezeigt«, scherzte er, »Amerikas Hauptwaffen sind Damenstrümpfe, Zigaretten und solche Sachen. Sie wollen die Welt unterjochen und können nicht einmal das kleine Korea besiegen.« Tschous Petition handelte allerdings von Amerikas Krieg gegen das große China, das keine eigene Munition herstellte und mit Stalins angejahrten Patronen schoß.

»Die Amerikaner wissen nicht, wie man kämpft«, sagte Stalin. Eigentlich seien sie Händler und ihre Soldaten Spekulanten, vollauf damit beschäftigt, zu kaufen und zu verkaufen. »Ihre ganze Kraft liegt in der Luftmacht und der Atombombe.« Die Macht würde in dem Moment zur Ohnmacht und alle Kraft verzagen, wenn Raketen und Bomben auf sie zuflogen. Daran ließ Stalin arbeiten. Mao hingegen mit seinen 600 Millionen Untertanen war vermutlich der einzige Führer auf der Welt, den nukleare Tötungskapazitäten nicht bekümmerten. Er sorgte sich, und das seit dreißig Jahren, um Tschiang Kai-schek und das Wiederaufleben eines amerikanischen Bündnisses. Da konnte ihn Stalin beruhigen: »Die Amerikaner sind überhaupt nicht in der Lage, einen großformatigen Krieg zu führen«, sagte er zu Tschou, »besonders nicht nach dem Koreakrieg.« Vielleicht war es falsch, ihn abzubrechen. »Man muß hart bleiben, wenn man mit Amerika zu tun hat.«

DIE EINÄSCHERUNG PJÖNGJANGS

Als der britische Feldmarschall Lord Alexander, ein Veteran des Ersten Weltkriegs, die Front in Korea besuchte, erinnerte sie ihn sogleich an Flandern. Von Küste zu Küste spannten sich zwei Befestigungslinien; die dahinter verschanzten Armeen rechneten mit deren Undurchdringlichkeit. Allwöchentlich lieferten sie sich schwere Artillerieduelle, enthielten sich jedoch weiterer Durchbruchsversuche. Wenn um Hänge und Positionen gerungen wurde, dann um die Front zu begradigen und sich Ausblicke zu verschaffen. Die UN/US-Front war 800 Meter tief, die chinesische 22 Kilometer, dazwischen ein Niemandsland von 1,2 Kilometern. Stacheldrahtverhau und Minenfelder, Napalm- und Phosphorbarrieren rieten vom Eindringen ab. Noch vor der Einigung über die Waffenstillstandslinie waren die Verriegelungen geschaffen, an denen jeder Waffenstoß abstumpfte. Mit Militäraktionen ließ sich an diesem Zustand nicht mehr rütteln.

Die Volksfreiwilligen hatten ein unterirdisches Bunker- und Höhlensystem angelegt, die »chinesische Mauer in der Tiefe«. Schützengräben, Wälle und Holzverschläge zogen sich die Hügelkämme entlang, doch vermochten weder Flugzeuge noch Gläser darin Menschen zu erkennen. An den hinteren Abhängen waren Höhlen und Kammern in den Fels gebohrt, die Kompanien und ganze Bataillone aufnahmen. Bomben und Artillerie, selbst nukleare Explosionen hätten ihnen nicht viel anhaben können. Hinter dem amerikanischen Riegel waren kilometerweit die Koreaner vertrieben worden, nur die Prostituierten wurden geduldet.

Mit dem Erstarren der Front im ersten Halbjahr 1952 lösten sich die Engpässe des Nachschubs. Der Krieg konsumierte weniger. Die Phasen des Stillstands hatten überdies die Depots randvoll gestopft; eine Wegebombardierung lohnte sich nicht länger. Was bot sich noch? Kurz vor Beginn der Waffenstillstandsgespräche hatte Ridgway bei den Joint Chiefs um Erlaubnis nachgesucht, mit 140 Bombern, eskortiert von 230 Jägern, Pjöngjang zu zerstören. Die Wucht dieser Flotte müsse zuvor angesagt werden, um die Bevölkerung zu warnen und Druck zu erzeugen auf den Verhandlungsgegner. Die Joint Chiefs erlaubten den Angriff, nicht aber die Warnung. Ridgway entgegnete, daß militärische Installationen in städtischen Gebieten seit einem Jahr bereits mit Vorwarnung bombardiert würden und die Einwohner sich darum nicht mehr scherten.

Eine öffentliche Warnung, die gegnerische Hauptstadt zu bombardieren, meinten die Joint Chiefs, erschiene vor den Augen der Welt als eine Provokation der Verhandlungen, so als ob man es auf ihren Abbruch anlege. So erfolgte die Aktion, wetterbedingt verzögert, am 14. August unangekündigt, zerschlug 65 Prozent der Stadt, verpaßte aber durch die Wolkendecke die militärisch relevanten Objekte. Die Bomben streuten, trafen viele Bewohner, aber nicht die Weltmeinung.

Zum Mißfallen der Air Force mischten sich in ihre militärischen Gelegenheiten und Notwendigkeiten ständig politische Erwägungen ein. Die Ziele in Korea waren knapp und schwierig genug; die Operationsabteilungen fahndeten rastlos nach Objekten, die sich zur Bombardierung eigneten. Das sachlich Gebotene befrachteten die Oberkommandos und Ministerien mit irgendwelchen Eindrücken und Wirkungen, die herbeigeführt oder vermieden werden sollten. Während die einen sich plagten, wie sie Schäden erzielen könnten, interessierte die anderen hauptsächlich, wie die Schäden Verhalten zeitigten. Entweder indem sie so gering wie möglich oder indem sie so massiv wie möglich waren. Das Sekundäre war der Schaden, das Primäre die Wirkung. Psychologie ist alles!

Ein militärischer Schaden um des militärischen Schadens willen, das zeigten die Nachschubangriffe, bewirkte militärisch wenig. So war es auch in Deutschland gewesen. Das Entzweischlagen konkurriert mit dem Wiederganzmachen, beides macht Mühe und ist eben Krieg. Das psychologische Bombardieren hingegen geht direkt in die nationale Blutbahn. Soweit die Theorie.

Zu den wenigen ›golden targets‹ zählten die Wasserkraftwerke am Yalu, insbesondere Suiho, das viertgrößte der Welt. Das Außenministerium glaubte, daß Suiho seine beste Wirkung tat nach dem Geiselprinzip. Man zeigte die Macht zu zerstören, unterließ es aber. Die Geiseln müssen lebendig bleiben, um zu nutzen. Aufbewahrt für letzte Chancen und unwiderrufliche Ultimaten. Einmal zerstört, war Suiho zu nichts mehr nutze. Entweder war es danach reparabel oder irreparabel, in beiden Fällen diente es nicht zur weiteren Erpressung.

Nach zwei Jahren stand fest, daß niemand sich hatte erpressen lassen. Suihos Kostbarkeit lag darin, daß es nicht auf chinesischem Boden lag und dennoch durch seine Stromabgabe dort Effekte hervorrief. Kein zweites Ziel in Korea besaß diese Qualität, und darum ging man schonend damit um.

Das Einzigartige des Objektes machte es für die Gegenseite entbehrlich. Wenn sie sich sicher wußte, daß sonst alle Binnenziele unbehelligt blieben, konnte sie soviel einigermaßen verkraften. Als nach ermüdendem Hin und Her die Zerstörung für den Nachmittag des 23. Juni angesetzt worden war, bestand die größte Überraschung darin, daß die chinesischen Jets das Werk nicht verteidigten, sondern wie aufgescheuchte Fledermäuse davonflatterten. 84 ›Sabres‹ patrouillierten über den 124 Jagdbombern, damit sie ungestört die 145 Bombentonnen des ersten Angriffstages in die Dämme rammen konnten.

Suiho liegt unmittelbar südöstlich von Antung, inmitten der sogenannten MiG-Allee, einer kreisförmigen Flugroute, die von den mandschurischen Basen über den Yalu und zurück führte. Nichts war besser geschützt als dieses Ziel und wurde weniger verteidigt. Von den 250 in Antung stationierten MiGs hoben 160 ab, um ins Landesinnere zu fliehen, der Rest duckte sich am Boden.

Die den Chinesen vermittelte Geiselhaft war dort offenbar widersinnig verstanden worden. Solange die Geisel unversehrt blieb, konnte die Mandschurei sich völlig sicher fühlen. Man hatte sie nicht eingeschüchtert, sondern ihr einen Bestandsschutz gestiftet. Als Suiho angegriffen wurde, wähnte man infolgedessen den Sturm auf die Mandschurei im Anzug.

Die zweijährige Abschreckung war unglaubhaft gewesen, denn ernst zu nehmen ist sie nur, wenn das Schreckliche eintritt und sich das Schrecklichere vorbehält. Wenn der Schrecken den Realitätsbeweis nicht antritt und kein Eskalationsmuster verkündigt, ist seine Psychologie unnütz. Niemanden schreckt ein Kriegsmittel ab, das nicht eingesetzt wird. Der Weg von Suiho mußte Schlimmeres einleiten, denn sein Verlust war längst abgebucht.

Die Steigerung des Schreckens aber führte nicht nordwärts, sondern südwärts, von China weg. Je schlimmer er wurde, desto unwirksamer. Schon das Zerstörungswerk an dem Energiekoloß selbst konnte dort nur beruhigen. Die physische Wucht, die er unverteidigterweise den Angreifern entgegensetzt, läßt sie schrumpfen. Ein Ziel muß schwach sein, und Suiho war stark. Im November 1950 hatten die Amerikaner seine bauliche Struktur studiert, freundlich unterstützt von den japanischen Ingenieuren, die einst das Werk betrieben hatten.

Die Air Force schwankte zunächst, ob sie überhaupt die Fähigkeit dazu besitze, den Bau in seiner Massivität zu zerkleinern. Man prüfte die Technik des britischen Angriffs auf die Möhnetalsperre im Mai 1943, um festzustellen, daß sie an diesem Kaliber scheitern mußte. Seine Totalzerstörung war nicht möglich, allenfalls eine Lahmlegung von begrenzter Dauer. Dazu kamen die Transformatoren und Energieverteilungsstationen in Frage, nicht der Damm selbst. Sogar die kleineren Dämme in Korea überstiegen das Zerstörungspotential der Air Force. Für solche Abrißunternehmen war sie nicht geschaffen.

Die ersten Expertisen, die – der MiG-Allee wegen – einen Nachtangriff vorsahen, bezweifelten bereits die Auffindbarkeit des Ziels mit dem Shoran-Navigationssystem. Wenn man es fände, wären neun bis 29 Tage vonnöten, um einen fünfzigprozentigen Schaden zu verursachen. Bei Tage, unter ausreichendem Jägerschutz, meinte die 5. Air Force den Auftrag in zwei, drei Tagen ausführen zu können. Da sich die MiGs unerwartet verkrochen, gelang es einem perfekten Zusammenspiel von 5. Air Force und Marinefliegern, die von vier Flugzeugträger starteten, Suiho und dazu die Werke von Fusen und Chosin innerhalb von vier Tagen vom Netz zu bombardieren. Mittels 1514 Maschineneinsätzen und ohne Kampfverlust wurden 90 Prozent der nordkoreanischen Energieversorgung lahmgelegt.

Das Land versank fast fünfzehn Tage in Finsternis. Da seine Industrien bereits in Trümmern lagen, schädigten die Ausfälle die Haushalte und die mandschurische Industrie, die knapp ein Viertel ihres Jahresbedarfs einbüßte. Dreißig von einundfünfzig Schlüsselindustrien verpaßten die Planziele.

Die geringste Wirkung zeigte die chinesische Führung, welche die zauderhaften Suiho-Zerstörer zur Nachgiebigkeit am Konferenztisch zwingen wollten. Am 4. August sprach Mao vor dem Volkskongreß zur Lage. Er wiederholte, der Gegner habe eine Menge Stahl und wenig Kampfgeist, die chinesische Taktik bestehe darin, Löcher zu graben, zu warten und zu kontern. China führe nun seit zwanzig Jahren Krieg und sei dabei immer von den Gegnern bombardiert worden. Zum ersten Mal besitze man jetzt überhaupt eine eigene Luftwaffe. »Die allgemeine Tendenz ist, daß die USA in Schwierigkeiten geraten, wenn nicht bald der Frieden kommt.« Immerhin sagte er ›Frieden‹ und nicht ›Sieg‹. Doch sollte er durch Härte erzielt werden, nicht durch Konzilianz. Die 16 000 abtrünnigen Taiwan-Optanten waren ihm Suiho wert. Warum sollte er nachgeben? Der Gegner hatte sein Pulver verschossen.

In der Tat erntete Amerika die Schwierigkeiten, denn die größte Wirkung übte Suiho auf den Zusammenhalt der Allianz aus. Zufällig weilte während des Angriffs Secretary of State Acheson in London und brachte die konservative Regierung in Bedrängnis. Absprachewidrig war sie nicht eingeweiht gewesen, was ihre Hauptsorge war anbetrachts einer Aktion, von der die Labour-Opposition den Ausbruch des Dritten Weltkriegs befürchtete.

Acheson verteidigte die Operation aufgrund militärischer Notwendigkeiten, denn Suiho habe auch die Energie für das Radar-system der MiGs geliefert. Das Versäumnis der Rücksprache bedauerte er, da sei eine Panne passiert. Doch London glaubte, daß Absicht vorlag. Man habe Einwände umgehen wollen. Sie kamen nachträglich aus Neu-Delhi und Paris und Ottawa. Als die nächsten Einsätze am Yalu geflogen wurden, am 1. September gegen die Ölraffinerie von Aoji und am 30. September gegen die chemischen Werke von Namsan-ni, wurde der Verbündete ordnungsgemäß unterrichtet.

Namsan-ni, von der Air Force eingestuft als »last of the marginal strategic-type targets in Korea«, bereitete Churchills Regierung Sorgen. Sie hatte von ihrem Vertreter in Tokio, dicht am Sitz der US-Luftstäbe, gehört, daß Washington »die Möglichkeit akzeptiere, daß ein paar Bomben auf die andere Seite des Yalu fallen«. Niemand hat einen rücksichtsvolleren Feind besessen. Doch war dies nur eine Maske, den Nordkoreanern zeigte sich ein zweites Gesicht. Nichts blieb von der Besorgnis der UNO-Partner um die Yalu-Flüge, als sie in einem Fünf-Nationen-Bombardement sich am 29. August mit 1400 Maschinen auf Pjöngjang stürzten.

Die ›All United Nations Air Effort‹ geheißene Mission nannte als ihr Ziel »to achieve psychological benefit from our ability to punish the enemy through air power«. Die Strafe der Vereinten Nationen traf mehrere tausend Einwohner. Der psychologische Nutzen indes sollte sich 6400 Kilometer nordwestlich in Moskau einstellen. Dort konferierte gerade Tschou En-lai mit Stalin über die bedauerliche Panik des Genossen Kim Il Sung, der Krieg und Bombenhagel entgehen wollte. Als er am 14. Juli Mao um einen Verhandlungsfrieden anging, hatte der vorherige, am 11. erfolgte Pjöngjang-Angriff, ›Pressure Pump‹, bereits sein Ziel erreicht. Einer einzeln schweifenden B-29 war zufällig ein Volltreffer in einen Luftschutzbunker geglückt, der vierhundert Funktionäre tötete. Auch die unterirdischen Büros des Industrieministeriums wurden, als unbeabsichtigte Krönung der Industrieangriffe, getroffen. Die zur Warnung abgeworfenen Flugblätter enthielten den Satz, der in drei Worten den Flächenangriff charakterisierte:

»You are next«. Vorausgesetzt, es wurde den Geboten der himmlischen Scharen nicht Folge geleistet.

Kim Il Sung, der erste Adressat, regierte zwar den Staat, nicht aber die äußere Politik seines Staates. Die ›nächsten‹ wären dann die Einwohner Pjöngjangs, die dort erst recht nichts zu sagen hatten. Davon gingen die All-United-Nations-Bomber auch nicht aus, weil sie weder an Kim noch an seine Untertanen dachten, sondern an die zuständigen Mogule. Der US-Botschafter in Moskau, George F. Kennan selbst, hatte angeregt, Tschous Besuch zur Herstellung eines Waffenstillstands in Korea zu nutzen. Die Gelegenheit dazu sei ideal. Das Oberkommando der Vereinten Nationen solle, um die Chinesen »zu erschrecken«, etwas unternehmen. »Etwas in der Art einer zugespitzten militärischen Drohung oder einer Finte könnte ausgezeichnet wirken.«

Das Oberkommando hätte Tschous Erschrecken am ehesten durch ein Bombardement am Gesprächsort erzielt, ähnlich wie in Trumans Tagebuch halluziniert. Kennan aber hatte den diplomatischen Einfall, Tschous Erschrecken, das seine Hilferufe an Moskau steigern müsse, mit einer eigenen Versöhnlichkeitsgeste in Richtung Stalin zu koppeln. Wenn man ihm andeute, daß in Panmunjon ein Kompromiß erreichbar sei, fände er guten Grund, dem erschrockenen Tschou die Hilfe abzuschlagen. Das wiederum beflügelte den Waffenstillstand.

Das Oberkommando in Korea begrüßte Kennans Plan, sah aber wenig Möglichkeit, Tschou zu erschrecken, es hätte denn Peking bombardieren müssen. Weil aber bereits ein paar Streubomben am Nordufer des Yalu die Koalition weit mehr erschreckt hatten als die Chinesen, blieb eigentlich nichts anderes übrig, als Nordkoreaner abzuschlachten.

Radio Pjöngjang hatte nach der Juli-Operation ›Pressure Pump‹ 7000 Tote gemeldet, die zur Wiederholung des Verfahrens einluden. Der Vorgang verdient nähere Betrachtung: Das Motto von ›All United Nations Effort‹, der »psychologische Nutzen« durch die »Bestrafung des Feindes«, behandelt nicht ein, sondern zwei Objekte, die Bestraften und den Nutzbringer. Sie sind räumlich getrennt und beziehungslos. Einer ist Außenminister von China, die anderen sind weiter nicht individualisierbare Bewohner einer Stadt in Nordkorea. Nach UNO-Beschlußlage ist China Aggressor in Korea, andererseits steht man miteinander im Friedensgespräch; dies ist zwiespältig, aber Kennans Plan ist eindeutig: China zählt als Feind, auf den es ankommt. Tschou führt die Waffe, folglich muß ihm der Waffenstillstand abgerungen werden. Der Maßnahmezweck ist sein Inneres. Er erschrickt und reagiert. Die Bestrafung der Einwohner wiederum ist keine Folge ihrer Schuld und Feindschaft. Sie dienen ihren Henkern als Medium, das sie einzig bestrafen, um Tschou einen Schrecken einzujagen. Der Anblick des unschuldigen Sterbens martert ihn, und er lenkt ein.

Der Feind erleidet keine Strafe, und der Bestrafte ist kein Feind. Um beide herum wird ein Theater des Schreckens aufgeschlagen. Das Blutschauspiel ist real, ansonsten ist das Theater leer. Tschou ist an seinem Anblick nicht interessiert, nicht weil es ihn zu sehr packt, sondern weil es ihn langweilt. Darin treffen sich Stalin, Tschou und United Nations Effort, die Koreaner sind ihnen gleichgültig. Stalin nährt den Krieg, damit er ihn nicht selber führen muß. Tschou und Mao kämpfen dort mit den USA, weil China dabei kein Haar gekrümmt wird, und die United Nations bombardieren dort, weil es am gefahrlosesten geht. So führt jeder in Korea einen klug begrenzten Krieg, nur für Korea ist er grenzenlos.

Allein im Juli/August verschlingt das Bombardement eine größere Anzahl Koreaner als die 16 000 Gefangenen, um die es dabei geht. Das alles verzeichnet die amtliche US-Geschichte in dem Kapitel 16.4 unter der Überschrift: »Relating Air Pressure to Sino-Soviet Negotiations« als das Natürlichste der Welt. Es handelt sich aber nur um die Natur des Terrors. Operation ›Pressure Pump‹ war mit 1254 Flugzeugen die bisher größte Luftoperation in Korea. Die Hauptstadt war bereits in der Nacht zum 15. Dezember 1950 mit 700 Bomben zu je 500 Pfund attackiert worden. 175 Tonnen Munition bestanden aus Zeitzünderbomben, die herumlagen und Stunden nach dem Angriff explodierten, als die Bewohner aus der Deckung gekrochen kamen, um Tote und Verwundete zu bergen.

Um die Jahreswende hatte Ridgway einen Doppelangriff am 3. und 5. Januar 1951 befohlen »mit dem Ziel, die Stadt mit Brandbomben auf den Grund zu verfeuern«. Weil der Schnee das Feuer hemmte, brannte sie nur zu 35 Prozent aus. Der Angriff vom 11. August 1951 wurde mit einem Zerstörungsgrad von 65 Prozent angegeben. Der Zwölfhundertmaschinenangriff ›Pressure Pump‹ im Juli 1952 richtete sich gegen einen schon hingerichteten Ort. Acht Wochen danach startete der größte, ›All United Nations‹.

Die Mission erlitt drei Abschüsse, acht größere und 19 kleinere Beschädigungen durch die 48 Flakkanonen und über 100 Maschinengewehre. Die britische und amerikanische Presse notierten hämisch, daß diese angeblich friedliche und unverteidigte Stadt nicht gar so lammfromm sei, wie sie sich gebe, und ihren Ruf als »Flakfalle« rechtfertigte. So war man nicht unzufrieden damit, daß das Massaker einige Kampfspuren aufwies und niemand sich darüber beklagen konnte. Gar niemanden im Westen verwunderte, daß die Psychologie George Kennans bei den Chinesen nicht anschlug, die diese Bombardements als Ausweis der westlichen Psyche sahen, die bloße Fortsetzung »der Kanonenboottaktik des 19. Jahrhunderts«. Wäre es so gewesen! Die Kanonenboote waren halb so schlimm, nur für die Chinesen waren sie das Schlimmste.

Der asiatische UN-Block hielt den All United Nations Effort für die falsche Therapie, denn »wenn man die Chinesen kennt«, so ein Delegierter, »geht man davon aus, daß sie die Unterzeichnung eines Waffenstillstands unter solchem militärischen Druck als einen Gesichtsverlust auffassen würden«. Mag sein; außerdem verlöre die Kapitulation vor dem Kanonenboot neben dem Gesicht noch das dahinter, das geschichtliche Gedächtnis.

Es war der ganze Inhalt des chinesisch-amerikanischen Kriegs, die Schmach der Kanonenboote zu tilgen. Die Uhren wurden umgestellt, und seither ist die Zeit eine andere. Um wieviel anders, wissen wir nicht.

NAPALM

Sun Tse sagt: »Zwar haben wir von dummer Hast im Kriege gehört, doch Klugheit wurde noch nie mit langen Verzögerungen in Verbindung gebracht. In der ganzen Geschichte gibt es kein Beispiel dafür, daß ein Land aus einem langen Krieg Gewinn gezogen hätte. Nur wer die schrecklichen Auswirkungen eines langen Krieges kennt, vermag die überragende Bedeutung einer raschen Beendigung zu sehen.« Die Lage im Sommer 1952 war die, daß der Krieg bereits beendet war. Als potentieller Weltkrieg kam er nicht zustande, als Regionalkrieg hatten sich alle Fragen geklärt bis auf eine Nebensache, die sich nicht militärisch klären ließ, weil die Verriegelung der Front mit den eingesetzten Mitteln nicht aufzubrechen war. Es blieben die ›schrecklichen Auswirkungen‹, die Krieg zu nennen das Waffenhandwerk denunzierte.

Das Massenvernichtungsprinzip, Geschöpf des Zweiten Weltkriegs, dehnte den Streit der berufsmäßigen Streiter auf das Ringen aller gegen alle. Nation gegen Nation, Industrie gegen Industrie, Volk gegen Volk. Der Krieg besann sich auf seinen Urzustand. Menschenfreundlichere Zeiten hatten ihn gebändigt in einem völkerrechtlichen Zustand mit allgemeinverbindlichen Teilnahmeregeln. Das Volk delegiert ein Kriegsvolk, das die Gewaltbegegnung unter sich austrägt. Alle anderen halten sich heraus und werden herausgehalten. Die Industrialisierung hat diesen Grundsatz abgeschafft, er existiert weiter als ethischer Konjunktiv. Es wäre besser, wenn es so wäre, es sei denn, man verlöre, das wäre das Schlechteste. Insoweit ist das nur Schlechtere als das schon Bessere anzusehen.

Was der totale Krieg mit dem gehegten Krieg gemeinsam hat, ist die Feindschaft. Der Feind besiegt den Feind, wie auch immer.

›All United Nations Effort‹ aber leitete eine Luftoffensive ein, die sich ›Pressure Strategy‹ nannte und die Einwohner Nordkoreas preßte, die als Feind nicht mehr aufgefaßt wurden. Denn der Druck lastete, anders als im früheren Bombardement Deutschlands und Japans, nicht darum auf dem Zivil, damit es seine Staatsführung erweiche. Das ließe sich unter Umständen noch vorstellen. Wenn Truman Stadt für Stadt in Japan verfeuert und nuklearisiert, mag den japanischen Kaiser ein Rühren ankommen. ›Pressure‹ hingegen erpreßt die Führung Chinas und Rußlands, wie, ist unerfindlich.

Die Malträtierung Pjöngjangs hat Kim für einen Moment verschreckt, bis Mao und Stalin ihn in die Zange nahmen. Sie waren die War Lords, davon gingen Truman, die Joint Chiefs, das UN-Kommando und der Psychologe Kennan ganz richtig aus. Wären Kim oder das Volk Nordkoreas oder der Delegationsführer Nam Il aus dem Krieg geschieden und um Separatfrieden vorstellig geworden, hätte Peng Dehuai seine Million Volksfreiwillige nach Hause befohlen? Nein, es hätte einen zweiten Kim gegeben, nicht so panisch wie der erste. Soweit die Selbstverständlichkeiten.

Das Unverständliche ist, wie die Vernichtung nordkoreanischer Städte und Dörfer die Regierungen zu Peking und Moskau in der Kriegsgefangenenfrage aufweichen sollte! Nach westlichem Kommunismusbild war so etwas von vornherein ein Ding der Unmöglichkeit. Regierungen, die ihre eigenen Kriegsgefangenen versklaven und abschlachten, wie Truman sagte, überlassen auch fremde Bürger feindlichem Massaker. Je mehr, je lieber, tot sind sie der bessere Propagandastoff. »We will not buy an armistice by turning over human beings for slaughter or slavery«, sagte der Präsident und erkaufte ein weiteres Kriegsjahr, indem er Lebewesen der Abschlachtung seiner B-29 überantwortete und an den Mao-Stalin-Kurs fesselte.

Das Jahr 1952 neigte sich der Präsidentenwahl im Herbst zu. Der Krieg in Korea war ihr Hauptthema. Die Regierung tat alles Erdenkliche, um sich so wenig wie möglich von ihrem Herausforderer zu unterscheiden, der ihr Feigheit vorwarf. Herausforderer

442

war trotz seiner Mühen nicht Douglas MacArthur geworden, doch sein einstiger Stabschef, ebenfalls eine Kriegslegende, der Oberbefehlshaber der Weltkriegsallianz in Europa, General Dwight D. Eisenhower. Er gewann die Wahl mit einem Satz: »I will go to Korea.«

Das Bombardement der Suiho-Kraftwerke trug in den USA einen großen Publikumserfolg davon. Das Ergebnis war null, zeugte aber von Kraft, und das war der Erfolg. Der Krieg sollte nichts mehr erreichen, sondern etwas bestätigen, die Allmacht der Ohnmacht. »Ich habe versucht, den Dritten Weltkrieg zu verhindern«, sagte Truman im September, »und hasse es, meine politische Laufbahn damit zu beenden, ihn auszulösen, aber wir können unser Prinzip nicht aufgeben.«

Trumans Experten verstanden nicht genau, was für ein Prinzip dies war, und scherzten, es sei an der Zeit, »to educate the President a little on the prisoners-of-war problem«. Sie dachten, es ginge dem rechtsunkundigen Präsidenten um das Rechtsprinzip. Doch wenn es ihm widerstrebte, Unschuldige mit dem Tode zu bestrafen, hätten ›Pressure Pump‹ und ›All United Nations‹ nicht die Schächte öffnen dürfen. Aus den Schächten fiel nicht das Rechtsprinzip, sondern das Allmachtsprinzip. Wen immer es am Boden traf, Kims Schergen oder das Schergenkind, er war der Blutzeuge eines Unwiderstehlichen.

Die letzte Zuflucht aus dem ganzen verfahrenen Schlamassel, das war nun jeder zweite Satz, hieß, alles abzuwracken. Atomkrieg für 16 000 Gefangenendomizile. Nichts von dem war politische, es war seelische Realität. Man war weit davon entfernt, den Schacht über der falschen Stelle zu öffnen; zwischen Suiho und Antung gegenüber lagen Welten. Nordkorea, geschlagen mit Kim, Mao und Stalin, war die einzige Stelle weit und breit, wo sich die Überlegenheit ohne Unannehmlichkeiten bewähren konnte.

Das Land, technisch Kriegspartei, stellte Truppen und Gelände, es handelte, wenn auch nicht souverän, und war doch Niemandsland geworden. Ein Fluch, verflucht waren Kim wie Rhee und die Unglücksexpedition in ihr Sumpf- und Felsenloch! Ein Kriegserfolg war, wenn irgend etwas in den Siedlungen krachte und blutete, denn Trumans Regierung stand unter dem Druck der Opposition, »more bang for the buck«, wie John Foster Dulles gern sagte. Wo konnten die Dollars detonieren? Welche Operationsfelder blieben übrig?

Zur Abwechslung ging man zu blanken Faxen über, wie der Entsendung von 100 Marinejets, die ziellos die chinesische Küste entlangbrausten; »just crazy«, wie das Pentagon zugab. Die Joint Chiefs überlegten sich einen Scheinangriff auf Schanghai mit einem massiven B-29-Aufgebot, das 20 Kilometer vor dem Ziel links abbog. Dann erschrecke der Gegner am Radarschirm.

Der Kreuzzug hatte versehentlich in einen Krieg gegen die Chinesen geführt, machte aber halt in einem nebligen Drittland, was Mao gut paßte, aber nach Schluß der Bodenaktionen keine sinnvollen Ziele mehr ließ auf der geringen Fläche. Also nahm man die unsinnigen ins Visier, hämmerte auf irgendwelche Nester und meinte China.

Am 5. August nominierte der Kommandeur der 5. Air Force, General Glenn O. Barcus, über Presse und Funk 78 Orte, die vollständiger Zerstörung überantwortet seien. Washington äußerte gleich am nächsten Tage Bedenken; nicht gegen die Angriffe, aber gegen die Ankündigung. In Asien, telegrafierte das Außenministerium, reagiere die Öffentlichkeit auf »psy war« empfindlich, denn dort sehe man Luftmacht als Symbol der »Beherrschung durch westliche Technologie«. Bombardierung militärischer Ziele in dichtbesiedelten Gebieten sei nicht hilfreich. Der Tenor aller »hard stories« solle die Beschränkung auf militärische Objekte sein und die Schonung der Zivilisten.

Die Nachrichtenabteilung der 5. Air Force erklärte, daß in zwei Jahren Luftkrieg nach der jüngsten Zerstörung des Energienetzes »Korea nahezu blank ist an geeigneten Zielen, im strategischen oder ökonomischen Sinne«. Druck vermögen nur strategische Ziele auszuüben, wie Suiho, das dennoch nicht drückte. Mit dem Verlust beliebiger Reparaturwerkstätten und Vorratsschuppen ist China kaum zu beeindrucken; die ganze Pressionsoffensive war selber pressiert durch den amerikanischen Wahlkampf. Die formalen Zielkriterien aus Washington verlangten nach Objekten, die nicht mehr existierten, wenn es sie je gegeben hat: das von Zivilansiedlung freistehende Militärziel, chirurgisch exakt hinweggrasiert.

In Pjöngjang waren dreißig militärische Objekte angegeben, die übergossen wurden mit Abertausenden Tonnen Napalm. Die Feuersbrünste und Zeitzünderbomben folgen aber nicht den Vorschriften des State Department. Die Angriffsmethode setzt sich über das Angriffsziel hinweg. Man mag Brände entfachen und vorgeben, alle Personenschäden resultierten aus dem Versagen der Feuerwehr. Wer aber das Feuer mit Kunst unlöschbar legt, widerlegt sich selbst.

Die Brandlegungstechniken knüpfen an die des Weltkriegs an: Eine Pfadfinderleitgruppe markiert ein relativ kleines Areal von 650 Quadratmetern mit Leuchtfackeln, von B-26-Leichtbombern saturiert mit M20-Brandclustern und M26-Firebombs. Zwei Staffeln folgen im fünfminütigen Abstand aufeinander und lancieren 50 bis 60 Prozent ihrer Munition in den Herd. »Wenn das Feuer einmal entfacht war«, schreibt die amtliche Geschichte, »verstärkte jeder Bomber die Feuersbrunst«. Sie fährt fort mit drei Episoden aus den Dörfern Namchonjom, Chongyon und Pomhwa-dong. Ersteres, ein Nachschubzentrum, wurde zu 95 Prozent zerstört, im zweiten wurde ein Bataillon im Schlaf überrascht, mit 300 Gefallenen, im dritten eine Kompanie beim Abendbrot vernichtet. So etwas ist nur vorstellbar bei sehr raschen, unentrinnbaren Bränden, wie sie mit Napalm herstellbar sind.

»Good napalm coverage« war die Neuerung im koreanischen Brandkrieg. Bereits im ersten Kriegsjahr wurden 30 Millionen Liter davon versprüht, im gesamten Krieg 32 357 Tonnen. Der Stoff, ein Gemisch aus naphtenischen und palmetischen Säuren, entzündet durch Phosphor, diente als Antipersonenwaffe, auch wirksam gegen Fahrzeuge, Gebäude, kleine Ortschaften und Truppenansammlungen. Beim Menschen frißt die Säure sich langsam durch die Haut und hält die Verbrennungen bis zu 14 Tage in der Wunde. Jagdbomberpiloten schätzten Napalm der optischen Wirkung wegen. Ein A-Rahmenträger, der vermutlich Munition beförderte und wie eine Kerze entflammte, reisstrohgedeckte Dorfdächer, unter denen vermutlich Truppen hockten, im Nu von Feuer eingehüllt, bewiesen, daß etwas vollbracht war.

Sprengmunition muß den Punkt treffen, Brandmunition in der Fläche sitzen. Ihren Wirkungsradius beschreibt das Los eines Straßenbahnfahrers aus Seoul, das ein britischer Reporter aufzeichnete: Der Mann floh Anfang 1951 bei Nahen der Kommunisten die Stadt, um bei Verwandten in einem fern gelegenen Dorf unterzuschlüpfen. Im März betraten die Kommunisten das Dorf, um sich einzuquartieren; den Tag darauf erschienen amerikanische Flugzeuge und sprühten Napalm. Der Straßenbahnfahrer, der sich in einiger Entfernung von dem Angriff wähnte, fand sich ganz in eine brennende Flüssigkeit getaucht, die er geschickt zu ersticken wußte. Danach bedeckte, statt Haut, eine harte schwarze Kruste seinen Leib, übersät mit gelben Pusteln. Er konnte weder sitzen noch liegen.

In den Kleinzielen der Air Force existierten Truppen, Vorräte und Zivil als ein Geflecht, und so gingen sie auch zugrunde. Die Flugblätter wiesen auf genau diesen Zustand hin. Sie verkündeten in Wort und Bild, daß alle kommunistischen Vorräte und Installationen zu zerstören seien: »Die UN-Luftwaffe weiß, daß die chinesischen Kommunisten und Kim Il Sung Vorräte, Reparaturwerkstätten und Truppen in euren Unterkünften und Gebäuden versteckt halten. Das UN-Kommando möchte koreanische Zivilisten schützen, aber das UN-Kommando muß diese militärischen Ziele zerstören. Wenn ihr und eure Angehörigen in oder bei diesen Zielen lebt, verlaßt sie augenblicklich! Die Bombenangriffe werden bald beginnen. Wenn euch die Kommunisten nicht gehen lassen, schickt eure Familien in Sicherheit. Der UN-Kommandeur weiß, wo alle diese Ziele liegen. Flieht jetzt in Sicherheit!«

Die Fürsorglichkeit der Flugblätter findet sich im internen Schriftverkehr der Streitkräfte nicht wieder. Im Entwurf der ›Pressure Offensive‹, dem Werk des Generals Jacob I. Smart, wird geradezu umgekehrt argumentiert: »Whenever possible attacks will be scheduled against targets of military significance so situated that their destruction will have a deleterious effect upon the morale of the civilian population.« Das Ziel der Operation wären demzufolge weniger die Militärobjekte, unglücklicherweise von Zivilisten umgeben, sondern die Zivilisten, jedoch unbedingt von Militärobjekten umgeben.

Die psychologische Bearbeitung des Gegners geht mit der physischen Hand in Hand. Ende 1951 haben die Koreaner bereits 100 Millionen Beizettel zur Bombardierung erhalten. Kein Schlag ohne gutes Zureden. Die ›Psychological Warfare Section‹ benutzt neun standardisierte Argumente, die, zusammengenommen, besagen, daß der Alleszermalmer – »consider how strong we are; we have material superiority« – der Grundgütige ist: »Think how unselfish and honorable we are; you can see from our bomb warnings that we do not want to hurt you.« Die Unterwerfer sind die Befreier und die Totschläger die Fürsorger. »Think how safe it will be for you to surrender, if only you do the following things in the following way.«

Selbst das notorische Flugblatt »Du bist der nächste«, das auch auf die 78 Orte der ›Operation Strike‹ fiel, will den nächsten warnen. Nur unterstellt jeder »nächste«, daß ein Vorheriger nicht mehr unter den Lebenden weilt. Ohne eine ausreichende Anzahl Vorheriger sind die nächsten gar nicht bereit, zu tun, was ihnen gesagt wird. Ständige Warnung benötigt ständige Exempel, der Abgeschreckte muß des Schreckens ansichtig sein.

Die Nordkoreaner hatten den UN-Winterrückzug von 1950 vor Augen, den Partisanen in Rücken und Flanken bedrohten. Um die Verfolgung des Feindes zu verlangsamen, war ein Gürtel verbrannter Erde hinter die Fliehenden gelegt worden, und hauptsächlich brannten Ortschaften. »Consideration be given to the napalming of villages«, befahl Ridgway am 5. Januar, und Almond vom X. Corps wies an: »Air strikes with napalm against those guerilla bands, wherever found, is a most effective way to destroy not only the bands themselves, but the huts and villages in the areas there retire to.« Die Truppen und Banden sollten im Freien übernachten und erfrieren. »I have instituted a campaign of burning those huts.«

Mit allen Zeichen des Mißfallens meldete General David G. Barr aus der Gegend von Tanyang, »methodical burning out poor farmers when no enemy present is against the grain of U. S. soldiers«. Barr, der die Gegend aus dem Flugzeug inspizierte, sah nur den Qualm, der die Täler füllte, tausend Meter in die Höhe stieg und seinen Piloten gefährdete. All seine Wahrnehmung war davon blockiert, schrieb er, und das war präzis der angestrebte Zustand.

Außenminister Acheson alarmierte die Zensur gegen die *New York Times*, die den Bericht ihres Korrespondenten George Barrett über »the totality of modern warfare« daraufhin nicht druckte: »Die Einwohner im gesamten Dorf und in den Feldern wurden von dem Napalmstreich erfaßt, getötet und in genau jener Sekunde fixiert: Ein Mann war dabei, sein Fahrrad zu besteigen, fünfzig Knaben und Mädchen spielten in einem Waisenhaus, und eine seltsam unversehrte Hausfrau hielt die herausgerissene Seite eines Versandkatalogs in der Hand mit einer angekreuzten ›verführerischen Bettjacke – korallenrot‹.« Solche »Sensationsberichterstattung« widersprach der Linie Achesons, daß die UN keine Zivilisten bekämpfe bis auf die Uneinsichtigen, die sich nicht warnen ließen.

Warnen ließ sich Kim Il Sung, der zur fraglichen Winterzeit mit seinen Getreuen in tiefen Bunkern unter Kanggye hockte. Selbst die neue, steuerbare Tarzon-Bombe, ein 6-Tonnen-Ungetüm, hätte ihm dort kein Haar gekrümmt. Um so besser eignete sie sich für die Stadt, die, laut Stratemeyer, »can only be regarded as military installation«. Kim wiederum vermuteten die Amerikaner ganz woanders, irgendwo zwischen den Wanderern auf der alten Straße von Pjöngjang zum Yalu, die früher die Tribute des Vasallen zu seinem chinesischen Landprotektor geleitet hatte. Darum wurde sie einem Teppichbombardement unterzogen mit allem, was darauf war, ohne Flugblätter. Wer einen Führer oder einen Munitionsschuppen treffen will, schickt keine Ankündigung. Solche Ziele machen sich davon.

Doch sowenig Kim zu finden war und die 500 000-Mann-Armee Pengs, den als Oberbefehlshaber ein halbes Jahr lang keiner im westlichen Camp mit Namen kannte, so schütter dürfte das Wissen um die Lagerhaltung in nordkoreanischen Ortschaften gewesen sein. Zwei Jahre Nachschubangriffe hatten nichts erreicht; das Thema war erledigt. Die Kleinsiedlungen, die man im Winter 1952/53 als »das letzte gegenwärtig verletzliche Glied im Nachschub- und Verteilungswesen der kommunistischen Armeen« ansah, wurden gebietsmäßig zusammengefaßt zu solchen, »active in support of enemy forces«.

Was aktive Unterstützung ist, braucht man nicht lange aus 2000 Meter Höhe zu erspähen. Man weiß Bescheid und stellt es sich vor. Das Zivilschutzgebot, das seit 1950 auf dem Flugblatt stand, wurde an die Zivilisten weitergeleitet; sie sollten sich selber schützen. Alsdann hat der Bomber freie Bahn. »If we keep on tearing the place apart«, sagte Verteidigungsminister Lovett in der Kabinettssitzung vom 12. September 1952, »we can make it a most unpopular affair for the North Koreans«. Nichts anderes geschah.

Die Oberfläche Nordkoreas wurde traktiert von rund tausend Maschinen. Wohin der Flüchtling auch zieht, immer trifft er ein Flugzeug. »Man konnte dem nicht ausweichen.« Der aufmerksame Flugblattleser, der in seinem wohlverstandenen Interesse tut, was es sagt, ist ein fiktives Wesen. Es kann nicht ein Volk seine Quartiere verlassen und im freien Gelände auf Wanderschaft gehen. Jetzt herrscht Hungersnot, die Landschaft ist karg, das Klima feindselig, Unbehausbarmachen tötet auch. Menschen bleiben bei ihrem Hab und Gut, füttern die Tiere, versorgen Kinder und Invaliden, wissen nicht wohin, den Tod trifft man überall.

Die Kommunistische Partei beratschlagte am 18. August die Kontrolle der Einwohner. Trupps schwärmten in alle Quartiere, diejenigen festzuhalten, die gebraucht wurden, die übrigen konnten gehen. Auch die Flugblätter wurden durchgesprochen. Nur lesen durfte sie niemand.

Im Weltkrieg hatten die Japaner Korea unterkellert. In der Erwartung, daß über das Festland und seine äußerste Zunge ein Angriff auf die Inseln rollen würde, waren Tunnels und Höhlen für Munition und Ausrüstung angelegt worden. Angesichts amerikanischer Luftherrschaft und der Eventualität eines Atomschlags hatten Chinesen und Koreaner weitergegraben. Peng Dehuai rühmte sich einer Tunnellänge von 1250 Kilometern an der Demarkationslinie und 6000 Kilometer Gräben. In einer chinesischen Luftschutzanweisung aus dem Jahr 1952 heißt es, daß eine Atombombe wenige tausend Infanteristen auf Posten töten könne. »Aber sie wären nicht imstande, Soldaten zu verletzen, die sich in Untergrundtunneln und Betonbunkern verborgen hielten.« Vielleicht könnten, der Strahlung wegen, »Angreifer für einige Stunden nicht vorrücken«.

Auch ohne Atombombe empfahl sich den Nordkoreanern ein unterirdisches Dasein. Unterkünfte, Schulen, Hospitäler und Fabriken tauchten in die Tiefe, allerdings nicht mit neun Millionen Leuten. Ein Teil wurde in unzugängliche Schluchten evakuiert, doch mit welchen Überlebenschancen? Die Einwohnerzahl ist ungewiß wie die der Zivilverluste. Wie viele sind verhungert, erfroren, zerbombt? Die amtliche US-Luftkriegsgeschichte bietet dazu keine Angaben und keine Vermutungen. Westliche Autoren bleiben vage, weil eine zuverlässige Zählung fehlt. Von der Vorkriegsbevölkerung sollen 3,5 Millionen bis Kriegsausbruch und eine Million während des US-Rückzugs im Winter 1950/51 den Norden verlassen haben. Angenommen, es hätten maximal sieben Millionen Zivilpersonen den Krieg dort erlebt: Nordkoreanische Angaben sprechen von Verlusten von einem Viertel der Vorkriegsbevölkerung, das heißt ca. einem Drittel der im Kriege anwesenden Zivilisten. Das ist schwer nachvollziehbar, mag aber sein. Die Bombentoten im engeren Sinne zählen zwischen 500 000 und einer Million und lägen dann bei zehn Prozent der Anwesenden. Ähnliches kennt die Kriegsgeschichte der Neuzeit nicht. Wenn man diese Schätzung halbierte, entspräche dies noch dem Fünffachen der deutschen und der japanischen Bombenkriegsverluste.

Einhelligkeit besteht bei Freund und Feind über den materiellen Zustand des Landes. General William Dean, der Kommandeur der 24. US-Infanteriedivision, Ende Juli 1950 in Taejon gefangengenommen, hatte den Krieg nahe Pjöngjang in Einzelhaft verbracht. Im Frühjahr 1953 schleusten ihn seine Wächter von Lager zu Lager. So sah er das Land. »Die Stadt Huichon erstaunte mich«, schrieb er rückblickend. »Die Stadt, die ich vorher gesehen hatte, zweistöckige Gebäude, eine stattliche Hauptstraße, war einfach nicht mehr da.« Die meisten Städte seien nur Schutt und schneebedeckte offene Löcher, wo einmal Häuser gewesen seien. »Die kleinen Städte, einst voller Menschen, sind unbelebte Hülsen.«

Der ungarische Journalist Tibor Méray, der als kommunistischer Korrespondent das Geschehen auf nordkoreanischer Seite begleitete, beschrieb, nach dem Ungarnaufstand von 1956 in Paris exiliert, daß alles, was sich in Nordkorea bewegte, selbst der Bauer auf dem Feld, militärisches Ziel gewesen sei. »Wir reisten bei Mondlicht herum, und so war mein Eindruck, daß ich auf dem Mond reiste, weil nichts außer Verwüstung sichtbar war. Jede Stadt war eine Sammlung von Schornsteinen. Ich weiß nicht, warum Häuser einstürzen und Schornsteine nicht, aber ich kam durch eine Stadt von 200 000 Einwohnern, und ich sah Tausende von Schornsteinen, das war alles.«

Curtis LeMay hielt die ganze Luftkriegführung in Korea für verfehlt und verlogen. Sein Vorschlag, gleich zu Anfang die fünf größten Städte zu verbrennen, hätte den Krieg gestoppt. »Also, die Antwort waren vier, fünf Aufschreie. ›Da werden viele Non-Kombattanten getötet‹ und ›Das ist zu schrecklich‹. Aber über eine Periode von ungefähr drei Jahren haben wir jede Stadt in Nordkorea abgebrannt und in Südkorea auch. Also, über eine Periode von drei Jahren ist das bekömmlich. Aber ein paar Leute töten, damit so etwas gar nicht erst passiert, das können viele Leute nicht verdauen.«

Den Verhandlungspartnern in Panmunjon paßten die UN/US-Angriffe gut in ihre Durchhaltepropaganda. Nam Il sagte voraus, daß wahlloses Bombardieren friedlicher Städte und Bürger »nur einlädt zu eurer elenden Niederlage«. Radio Peking stellte fest, »daß das neue Programm der Teppichbombardements auf keine militärischen Ziele abstellt«, und Radio Moskau schwor, daß die Nordkoreaner »die neue monströse Provokation der amerikanischen Interventionisten zu Fall bringt«. Lieutenant General William K. Harrison, der UN-Verhandlungsführer, zitierte aus seinen Flugblättern, auf denen unzweideutig zu lesen war, daß die Luftangriffe nicht gegen die Zivilbevölkerung gerichtet waren.

Winston Churchill, der sich in Tarnung am besten auskannte, schrieb nach Washington, daß man im Zweiten Weltkrieg, als Napalm erfunden wurde, nicht auf die Idee gekommen sei, daß es über ganze Bevölkerungen versprüht werde.

TAUWETTER

Im Mai waren die Verhandlungspositionen nur noch einen Hauch voneinander entfernt. Neutrale Mächte sollten den sensiblen Part zwischen Entlassung und Repatriierung übernehmen. Die letzten Streitigkeiten kreisten um die Anzahl der Neutralen, die Erforschung der Verbleibswünsche und die anschließenden Wege der Nichtheimkehrer. Da Konsens bestand über die Entscheidungsfreiheit der Entlassenen, waren die technischen Probleme so nebensächlich, daß die UN-Neutralen wie Indien und die Sowjetunion drängelten, den Waffenstillstand auf der Basis der einvernehmlichen Punkte abzuschließen. Doch nahmen die Details eine ungemeine Bedeutung an.

Von drei Jahren Koreakrieg war äußerlich eines verstrichen mit dem Kreislauf der Koreafrage zum Status quo ante, zwei mit der Heimkehrerfrage: Sollten 16 000 Chinesen in die Diktatur Tschiangs oder in die Diktatur Maos zurück? Dies mag man für unwesentlich halten anbetrachts der Zahl von monatlich 10 000 bis 70 000 Chinesen, die allein im letzten Kriegsjahr fielen. Die Amerikaner ließen 45 Prozent ihrer Gesamtkriegsopfer während der Waffenstillstandsgespräche. Jede Seite mußte sie mit einem Vorteil beschließen, der den Verlust aufwog.

Eine offene Gesellschaft schmerzte der Aderlaß mehr; obwohl die USA sich im Gefangenenstreit durchgesetzt hatten, dünkte der Gewinn mager. Mit den Gefallenen fiel auch die Selbstgewißheit. Daß die atomblitzende Allgewalt überhaupt drei Jahre in Schluchten und Schnee, Nacht und Wäldern mit dem schwachgerüsteten Bauernheer eines seit Jahresfrist existenten Regimes früherer Partisanenhäuptlinge ringen mußte, ohne eine Entscheidung herbeizuführen, eine bedingungslose Kapitulation entgegenzunehmen, die Bestrafung der Schuldigen und Demokratisierung ihrer Untergebenen anzuordnen, nagte am Stolz der Nation. Daß China es wagen konnte, 30 000 ihrer Söhne zu töten, ohne befürchten zu müssen, von einer Bombe geschrammt zu werden, verträgt sich schlecht mit der Souveränität einer Weltmacht. Ihr fehlte der Vergeltungswille. Dies sollten der neugewählte Präsident Eisenhower und sein Außenminister Dulles ändern. 56 Prozent des Publikums erwarteten von ihnen den Einsatz von Atomwaffen, falls die Friedensverhandlungen scheiterten, 23 Prozent wünschten etwas anderes.

Von dem Unbehagen in der Selbstfesselung zeugte das letzte bizarre Auflehnen des verachteten Präsidenten Truman gegen seine Duldsamkeit. Die atomare Vernichtung aller sowjetischen und chinesischen Metropolen auf ein Vierzehntage-Ultimatum hin spielte im Reich der Halluzinationen; eine Raserei mit Tinte. Doch so halluziniert nur ein in die Enge getriebener Führer, den die Anwürfe des Appeasements, der Feigheit, der heimlichen Kumpanei, der wissentlichen oder unwissentlichen, jedenfalls fahrlässigen Verschwörung mit den Kommunisten so zermürbt haben, daß er sich beweispflichtig fühlt.

Den Säuberungstrieb unter dem Namen McCarthy entfesselt nicht der Tick jenes Senators aus Minnesota, er war nicht Stalin. Die Selbstdenunziation des halben Landes, von Hollywood bis zur Atomindustrie, spiegelte die Verbannung eines Siegers in das Nichtsiegenkönnen. Woran lag die plötzliche Hilflosigkeit? An 205 Kommunisten, die McCarthy allein im State Department entdeckt haben wollte. Unterwanderung, Durchseuchung, Lähmung, Zweifel, Verrat überall. Kurz, ein inneres Leiden, ein Schädlingsbefall. Der Feind durchmischt das eigene Volk. Wie anders die Handlungsmuster des Weltkriegs, die geradewegs über Ozeane hinweg den Hort des Gegners aufsuchten und zunichte machten. Eine Erinnerung, verkörpert in den einstigen Oberbefehlshabern Eisenhower und MacArthur.

Noch bevor Eisenhower sein Amt antrat, erfüllte er sein Wahlversprechen und ging nach Korea. Er blieb nicht lange und sagte nicht viel. Den Wunsch General Clarks, Nachfolger MacArthurs und Ridgways, den Krieg auf chinesischen Boden zu tragen, nannte er »militärisch« verständlich, doch sei er gewählt, dem Krieg ein Ende zu setzen. Im März 1953 befürworteten 62 Prozent der Amerikaner harte Schritte zu alsbaldigem Ende.

Mitte Januar war der Test einer taktischen Atomwaffe erfolgreich verlaufen. Man konnte sie auf dem Gefechtsfeld einsetzen, und im Folgemonat schon schlug Eisenhower den Gebrauch in der Kaesong-Zone vor, die nach Clarks Urteil »ein gutes Ziel für diese Art von Waffe bot«. Eisenhower meinte, es gebe nicht viele solcher taktischen Ziele; es würde sich lohnen, wenn ein substantieller Sieg über die Kommunisten dabei herauskäme und eine weiter nördlich gelegene Teilungslinie.

Zwei Jahre nach Trumans unernsthafter Entsendung wurden im Frühjahr 1953 erneut atomare Sprengsätze nach Okinawa verschifft, und nach glaubhafter Bekundung von Eisenhower und Dulles nicht als Bluff. Beide hielten die Ächtung der Atombombe ohnehin für einen sowjetischen Propagandacoup. Die Russen versuchten sie als eine Spezialwaffe im Unterschied zu allen anderen darzustellen. »Somehow or other the tabu which surrounds the use of atomic weapons would have to be destroyed«. Dem britischen Außenminister Eden sagte der Präsident später, daß die amerikanische Öffentlichkeit die logisch unsinnige Unterscheidung nicht länger mitmache.

Den Briten mißfiel der unmotivierte Schneid der Amerikaner, zumal Dulles ihnen signalisierte, daß man gegebenenfalls der koreanischen Teilung am 38. Breitengrad widerspreche. Gedacht war an die Linie Sinanju am Chongchon bis Hungnam, die ›Taille von Korea‹. Die übrigen UN-Partner, namentlich Kanada, Australien, Belgien und Italien, begannen zu meutern, und obwohl Dulles unter scharfem ökonomischem Druck die Briten am Verlassen der Drohkulisse hinderte, beschwichtigte Eisenhower mit sonoren Redensarten: »No single free nation can live alone in the world. We have to have friends …« Aber ein Freund ist einer, der, wenn es hart auf hart kommt, sich nicht davonmacht.

Der Inhalt des atomreifen Zanks mit China war das Prozedere einer neutralen Repatriierungskommission aus Schweden, der Schweiz, der Tschechoslowakei, Polen und Indien. Sollte man nach zweimonatiger Überprüfung der Heimkehrunwilligen sie als Zivilisten in Freiheit entlassen, noch weiter festhalten, nachhaken? Darüber kam keine Einigung zustande. Selbst den amerikanischen Delegationschef Turner Joy plagten Zweifel, was eigentlich der unverfälschte, authentische Wille der Kriegsgefangenen war, wie und warum er zustande kam. Er war so künstlich wie der Wille der Kontrahenten, ein Remis als Sieger zu verlassen.

Am 20. April traf im Hauptquartier der Volksfreiwilligen ein Mao-Befehl ein, daß neue Gespräche begonnen würden, die sich hinauszögen, und die Truppe Gefechte vorbereiten möge, die sich ebenfalls hinauszögen. Das Oberkommando in China sah eine Offensive für Ende Mai oder Anfang Juni vor. Je zehn Kampftage wechselten mit fünf Ruhetagen, um den Eindruck am Verhandlungstisch zu messen. 500 000 Mann arbeiteten am Ausbau des Riegels und stellten 605 neue Betonbunker fertig, 8090 Tunnel von zusammen 650 Kilometer Länge, Gräben in 3,5 Kilometer Länge. Jede Infanteriearmee hatte 3000 Tonnen Munition aufgestaut, und alle 1,35 Millionen Mann verfügten über 248 000 Tonnen Nahrungsvorrat, genug für achteinhalb Monate.

Nie Rongzhen, der Stabschef der Roten Armee, beschäftigte sich seit längerem mit dem Schutz vor Atomschlägen. Vermutlich würden die USA in Korea ihre taktischen Waffen erproben wollen; mit einem großflächigen Einsatz sei aber, aus Rücksicht auf die Weltmeinung, nicht zu rechnen. Eine Gruppe chinesischer Atomwissenschaftler weilte bereits am 38. Breitengrad, um die Mannschaften gegen den Gefechtsfeldeinsatz zu wappnen. Als Eisenhower am 2. Februar in seiner Rede zur Lage der Nation die Möglichkeit eines Nukleareinsatzes gegen China erwähnte, hielt Mao Stahlbetonwände nicht länger für ausreichend.

Wie gewöhnlich, zuletzt noch im Januar, leitete Peking seinen Rüstungsbedarf an Moskau weiter. Ohne den Versorger – soeben mit Marinebedarf gegen die befürchtete amphibische US-Landung – war China konfliktunfähig. Stalin schätzte die Abhängigkeit des großen Nachbarn. Darum hatte er nicht die erbetenen Waffenindustrien geliefert, jedoch die Spitzenmaschine seiner Jagdbomberflotte, die Il-28. Ihre Reichweite trug sie mit 1000 km/h bis nach Japan und Okinawa mit einer Bombenladung von zwei Tonnen. Nicht zuletzt diese Gefahr – Japan lag praktisch wehrlos, die Zahl der ›Sabres‹ stagnierte bei 176 Stück – überzeugte die Joint Chiefs von der Notwendigkeit von Atomangriffen auf die mandschurischen Flugplätze.

Stalin, der mit Eisenhower im Bunde vor nunmehr acht Jahren einen Feldzug bis zur Elbe durchgekämpft hatte, respektierte ihn um so mehr als Gegner. Ein vorsichtiger, ernstzunehmender Oberbefehlshaber, der sein Land hinter sich wußte und Churchill an seiner Seite. Es war ein anderes Gespann als Truman und Attlee, sein Visavis in Potsdam.

Mao, der seinen Meisterphysiker Qian Sanqiang nach Moskau schickte, ließ ihn weniger eine Bitte als ein Angebot vortragen. Gegen die Überlassung der Atombombe wäre Rußland seiner Beistandspflichten aus dem Pakt vom Februar 1950 ledig.

Am Abend des 17. Februar 1953 empfing Stalin seinen letzten diplomatischen Besucher, Krishna Menon, der als Leiter der indischen UNO-Delegation alle neutralen Bemühungen um die Gefangenenfrage koordinierte. Er fand den greisen Gastherrn unaufmerksam. Stalin zeichnete Wölfe, dachte an seine alten Kampfgefährten und sagte, daß man die Tollwütigen erschlagen müsse. Die zweite große Säuberung stand bevor; und so las er täglich mit wachem Interesse die Folterprotokolle der inhaftierten Verschwörer, legte mit Sorgfalt die Schlingen aus, Berija, Molotow und Mikojan zu fangen. Das Politbüro, der Geheimdienst, die Ärzte, die Juden – es wimmelte von Bazillen amerikanischer Züchtung. Wie dort, so wirkten auch in Rußland innerer und äußerer Feind Hand in Hand.

Feindschaft ist ein Erzeugnis und muß erarbeitet werden. Der materielle Feind ist ein Schemen, weit entfernt und unanschaulich. Deshalb war der Feind für Stalin keine Person, sondern eine Personifikation. Er suchte dafür geeignete Darsteller. In diesen Tagen verteilte er bedacht die Rollen und war darum dermaßen beansprucht, daß allenfalls noch Korea ihn interessierte.

Die dortigen Feindseligkeiten, inzwischen nahezu inhaltslos, waren ganz nach seinem Sinn, ein blutiges Stechen, das den erhitzten Darstellern den Ausstieg in die Realität verwehrte. Sie wollten heraus, fanden aber den Ausgang nicht. Verzweifelt an sich selbst, suchte man Befreiung durch den Großen Knall. Danach wäre alles geregelt.

Würde Eisenhower die Partie eröffnen, konnte Stalin schwerlich stillhalten. Seine Ländereien beruhten nicht auf Anhänglichkeit. Ohne rauhe Gewaltbereitschaft hielten sie nicht zusammen. Ging er auf Maos Angebot ein und delegierte die Bombe, hätte er seiner Beistandspflicht genügt und seine Schlüsselstellung aufgegeben. Im Lager des Kommunismus herrschten dann zwei Kommandanten. Das hieße Krieg oder Teilung oder Dreieck. Zwei halten einander in Schach, bis einer sich von außen einen Partner besorgt. Amerika schlüpfte in jeden Spalt. Ein strategisches Dreieck führt immer zur Kaltstellung des Dritten, der wollte er nicht sein. In etwa einem halben Jahr war Berijas Wasserstoffbombe fertig und die Balance der Hemisphären erreicht, das Ostreich endlich sicher. Nichts verdiente, solch einen Triumph vorschnell zu gefährden, erst recht kein lächerlicher Streit um einen Haufen chinesischer Kriegsgefangener.

Ohne daß es jemand recht bemerkt hätte, war aus dem Koreakrieg ein Sieger hervorgegangen, der nun das Feuer einstellen hieß. Wir wissen nicht, ob Stalin so dachte, wir wissen nur, daß er gewöhnlich logisch dachte und wie er handelte. Wenn man eine Logik darin sucht, so bietet sie sich an.

Am 27. Februar besuchte Stalin zum letzten Mal das Bolschoi-Theater, sah ›Schwanensee‹, ließ den Tänzern danken, ging nach Lektüre der Folter- und Koreaneuigkeiten spät zu Bett, am folgenden Abend war er mit Berija, Chruschtschow, Malenkow, Bulganin und Woroschilow zum Kino verabredet, der gesamten Diadochenriege. Danach wechselten sie zur Datscha nach Kunzewo am Stadtrand, um sich zu betrinken. Marschall Bulganin berichtete, daß in Korea alles festgefahren sei, und Stalin sagte, er wolle Molotow am nächsten Tage anweisen, daß Chinesen und Koreaner aus den Gesprächen das Bestmögliche für sich herausholen sollten, auf jeden Fall aber versuchen, den Krieg zum Stillstand zu bringen. Diese vorletzte politische Äußerung Stalins ist von Dmitri Wolkogonow überliefert, dem Chef des Militärgeschichtlichen Amtes der Sowjetarmee.

Berija erzählte, daß die meisten der jüdischen Ärzte nun gestanden hätten, für das »Vereinigte Jüdisch-Amerikanische Spendenkomitee« zu arbeiten. »Die Fäden sind weit gesponnen und an Partei- und Armeefunktionäre geknüpft.« Stalins letzte Worte drohten seinen Gefährten. Es gebe Leute in der Führung, die meinten, sich auf ihren Verdiensten ausruhen zu können. »Da irren sie sich.«

Im Morgengrauen erlitt er einen Schlaganfall, am 5. März verließ er die Welt. Vierzehn Tage später, am 19. März, faßte der Ministerrat der UdSSR eine Resolution zum Koreakrieg, verbunden mit Briefen an Mao Tse-tung und Kim Il Sung. Sie enthielten die Argumente, die Kim, die chinesische Regierung, Peng Dehuai und die sowjetische UNO-Delegation vorzutragen hätten. Man sei bereit dazu, die offenen Fragen zu lösen, um in Panmunjon ein Waffenstillstandsabkommen zu erzielen.

Mao erwies noch dem toten Stalin seine Verachtung; er reiste nicht zum Begräbnis, sondern schickte Tschou, ließ auf dem Platz des Himmlischen Friedens zu Peking eine Trauerkundgebung abhalten, nahm aber nicht das Wort.

Im Moskauer Trauerzug schritt Tschou neben Berija, dem Chef des russischen Atomwaffenprogramms. Der Druck Chinas, den Sowjets die Bombe abzuringen, sollte bis zum Mai währen; die Diadochen Stalins blieben seiner Weigerung treu, kauften Mao indes seinen Rückzug aus Korea teuer ab. China erhielt 156 große Industrie- und Wissenschaftsbetriebe, darunter die bisher hinausgezögerten 91 Rüstungsfabriken. In einer von Premier Malenkow geleiteten Nachtsitzung der sowjetischen Führungsriege handelte Tschou am 21. März den Preis aus. Es war das Fundament der Industrialisierung Chinas, doch verstand ihn Mao als vorläufiges Angebot und hielt fest an Pengs Offensive. Es liegt nahe, daß seine Preisvorstellung die Atombombe war; sie zu werfen interessierte ihn weit mehr, als damit beworfen zu werden.

Sechs Wochen später stiegen die Sowjets aus einem sinistren Zweig des Krieges aus, dem Propagandakrieg. Tatsächlich kündigten sie die gemeinsame Sache damit auf. Am 2. Mai ließ der russische Botschafter Mao Tse-tung die Klage des Zentralkomitees der KPdSU zugehen, daß man irregeführt worden sei. »Die Presseverbreitung von Informationen über amerikanischen Gebrauch bakteriologischer Waffen in Korea beruht auf falschen Informationen. Die Anklagen gegen die Amerikaner waren fiktiv.« Peking werde anempfohlen, die Beschuldigungen fallenzulassen. Die russischen Wissenschaftler, die teilgenommen hätten an der Fälschung von Beweisen, verdienten schwere Strafe.

Seit 1950 bezichtigte eine international geführte Kampagne den UN/US-Feldzug des Einsatzes von Pocken- und Typhusviren. Da die Infizierten der Presse präsentiert und gar aus Gräbern gehoben wurden, fanden die Eigenfabrikate Glauben. Die amerikakritische Presse in Europa und Asien, vor allem aber die chinesisch-koreanischen Frontsoldaten verfielen dort in Abscheu, hier in helles Entsetzen. Die mit Expertenwissen japanischer Generäle gezüchteten Seuchenträger wurden in Fliegerbomben vermutet und teils mit dem Napalm gleichgesetzt. Anlaß davon war, daß Amerika dem gefangenen General Shiro Shii und der berüchtigten Einheit 731 Immunität zugesichert hatte, um Kenntnis seiner in China durchgeführten Menschenexperimente zu erlangen. Obendrein hatten die USA das Genfer Protokoll gegen chemisch-bakteriologische Waffen nicht ratifiziert. Dementsprechend die in China geschürten Emotionen.

Wie zur Bestätigung brachen in den chinesischen Truppenquartieren Cholera, Pest und Meningitis aus. Millionen von Soldaten und Zivilisten ließen sich impfen, die Regierung in Peking rief zur Tötung von Insekten und zur Reinigung von Straßen und Plätzen auf. Der aussatzstreuende Feind wurde selbst zum Aussätzigen und radikalisierte das ganze kommunistische Lager. Auf dem Gipfel der

Kampagne im Jahre 1952 drohte Tschou En-lai US-Piloten, die Bakterien in den chinesischen Luftraum einschleusten, als Kriegsverbrecher zu behandeln. Mit der Bakterienkampagne war der Feind gekennzeichnet als einer, mit dem es keine Nachbarschaft auf Erden geben kann. Die Bakterie muß ausgerottet werden und ihre Transporteure dazu. Überflüssig zu sagen, daß die fraglichen Agentien alle auf Vorrat lagen, allerdings nur als Zweitschlagswaffe, die dazu dient, den Gegner abzuschrecken oder ihm zu vergelten; »in retaliation only«.

Die UN/US-Streitmacht hatte bei der Eroberung Pjöngjangs ein Laboratorium mit 400 verhungerten Ratten gefunden, infiziert mit tödlichen Krankheiten, besprüht mit einem Stoff, der die Vermehrung von Flöhen beschleunigte. Der russische Laborleiter war bei Nahen des Feindes geflohen. Chinesen und Russen hatten, in Absprache mit Nordkoreas Regierung – diese Front sah als einzige die drei vereint –, Cholera- und Pestbakterien von kranken Landsleuten gewonnen, sie gezüchtet und Strafgefangenen injiziert. Die Opfer, handverlesenen Juristen- und Ärztekommissionen vorgestellt, bewiesen fortan Gutgläubigen und Friedfertigen aller Länder die Verbrechernatur des US-Imperialismus.

Als Rußland den Vorwurf eine schmutzige Desinformation nannte, beging es moralische Fahnenflucht. Es verließ die Gerechtigkeit der gemeinsamen Sache, die sich als Fabrikat einer Fälscherwerkstatt herausstellte. Der Feind hörte auf, Dämon zu sein, man konnte nachbarlich koexistieren. Premier Malenkow lud die USA zu einer »Friedensinitiative« ein, alle Angelegenheiten zwischen den zwei Mächten seien regelbar.

Das Echo aus Washington, Eisenhowers ›Chance for Peace‹-Rede vom 16. April, druckten die sowjetischen Zeitungen ab. Allenthalben taute das Eis; aus der sowjetischen UNO-Vertretung drang der Wunsch nach einem Eisenhower-Malenkow-Treffen. Der neue US-Botschafter in Moskau, Charles Bohlen, wußte von heftigem Interesse dorten am Waffenstillstand zu berichten, verpackt in die Floskel, »dies hängt nicht ab von uns«. Ganz im lakonischen Ton seines dahingegangenen Meisters sagte Molotow:

»Chinesen sind schwer zu beeinflussende Menschen.« Doch im Rücken ihres Starrsinns formte sich eine sowjetisch-amerikanische Entente, die Einfluß genug war. China verlor seinen Garanten.

In der Nacht vom 11. zum 12. Mai empfingen Tschou und Mao den Botschafter Kusnezow und ließen sich von ihm den unerhörten Bakterienschwindel erzählen, der doch ihr gemeinsames Komplott gewesen war und eigentlich die Handschrift des größten aller Komplotteure trug. Mao reagierte nervös, Tschou schaute finster und unbehaglich drein. Sie verstanden den Kurswechsel und verloren kein Wort über das gemeinsame Laborgeheimnis. Die Spur verlor sich bei subalternen Laboranten in der Truppe, die zur Verantwortung gezogen würden.

In selbiger Nacht entwarf Mao die Befehle, den Krieg zu beenden. Ihr Weg ist unklar, denn am 13. Mai – um einiges früher, als der Operationsplan es vorsah – starteten die Frontführer die vorbereitete Offensive. Angeblich, wenn auch schwer vorstellbar, ohne Abstimmung mit Peking. Mao hatte nämlich am 23. April Peng angewiesen, daß die Feldkommandeure sich vorbereiteten, doch abwarteten, bis irgendwann im Mai entschieden sei, ob angegriffen oder verhandelt werden solle. Doch Peng, sein Stabschef Xie Fang, Deng Hua und die Feldkommandeure waren ungeduldig. Sie hatten am 38. Breitengrad die größte je dort angetretene Streitmacht versammelt: 59 Infanteriedivisionen, 15 Artillerie-, 9 Luft- und 10 Pionierdivisionen. Zeit seines Lebens trauerte Peng der »sorgfältig vorbereiteten, doch nie realisierten Offensive« nach.

Am 16. Mai kabelte das Oberkommando der Roten Armee an die Führer der Volksfreiwilligen in scharfem Ton, daß der ursprüngliche Operationsplan zu befolgen und alle vorherigen Aktionen niedrig zu halten seien, um »ungünstige Auswirkungen auf die Weltmeinung zu vermeiden«.

In Panmunjon hatten die Chinesen am 7. Mai Entgegenkommen gezeigt, doch eher im Verschieben des Problems. Am 25. Mai präsentierten die Amerikaner eine Lösung, die sie als letztes Angebot bezeichneten. Es war ein Ultimatum. Dem Gegner wurde eine Woche Bedenkzeit eingeräumt. Mit Ablauf der Woche endeten die nun fast zweijährigen Verhandlungen. Den Chinesen bliebe die Wahl, anzunehmen oder Atomschläge auf ihr Territorium zu gewärtigen. Dies war im Nationalen Sicherheitsrat nach dem übereinstimmenden Votum der Joint Chiefs und des Präsidenten so beschlossen worden. Die Androhung vom 25. Mai war nicht direkt oder indirekt. In expliziter Form lancierte sie Eisenhower über diplomatische Kanäle.

In den zwei Monaten zwischen Beschluß und Verkündung hatte sich Chinas Lage drastisch verschlechtert. Seine Immunität basierte allein auf der sowjetischen Beistandsgarantie, die jüngst fragwürdig geworden war. Den Stalinerben schien wenig daran gelegen. Überdies lähmte ihre innere Rivalität die Entschlußkraft. Welche dieser lebenslang von Stalin in Todesangst und Unterwürfigkeit gehaltenen Kreaturen hätte das Land in einen Atomkrieg verwickeln wollen, den selbst Stalin sorgsam mied? Welcher Kandidat auch immer sich solches herausgenommen hätte – Berija, Malenkow, Chruschtschow –, seine Rivalen hätten ihn abführen lassen.

Den Frühlingstau zwischen März und Mai 1953 ließ Berija, der Henker, rieseln, doch nach dem ostdeutschen Aufstand im Juni wurde er von Chruschtschow und Schukow verhaftet und verstarb an einer Kugel im Kopf. Das Ende des Koreakrieges war Stalins Entschluß, den das Nachfolgekollegium teilte und ausführte. Denn es mußte fürchten, daß Amerika das russische Führungsvakuum für Chancen jeglicher Art nutzte. Im April verlangte Dulles, die sowjetische Herrschaft über Osteuropa aufzugeben; keiner wußte, welcher Aufruhr dem entseelten Politbüro bevorstand. Das Licht der Völker erloschen, die eisernen Fäuste der Mumie nun einwärts gefaltet. Das ganze Imperium von Pjöngjang bis Pankow war einst darin verknotet. Ein atomarer Handstreich Eisenhowers träfe Moskau in der allerschlechtesten Verfassung.

Die Erbengemeinschaft, in Gänze davon beansprucht, sich zu belauern, hatte nichts Eiligeres zu tun, als den Brandherd augenblicklich zu löschen, der den Gegner einlud, zu wagen, was er sich zwei Jahre bis zur Selbstverleugnung versagt hatte. China, ausschließlich des Stalinschen Ruchs wegen unversehrt geblieben, lag einzigartig ungeschützt jetzt da, jeglicher Vergeltung für soviel erduldete Schmach preisgegeben. Das Fallbeil des Dritten Weltkriegs, das herabfiel, wenn an der mandschurischen Grenze ein Staudamm oder Flugzeughangar entzweiging, war außer Betrieb. Was Truman, MacArthur, den Joint Chiefs halb den Verstand geraubt hatte, war für Eisenhower plötzlich ein Bravourstück. Seinem Vorgänger waren die Hände gebunden und nur die Zunge locker geblieben, dem neuen Präsidenten fiel der Abzug gewissermaßen in die Finger, so offenkundig, daß Worte sich erübrigten. Seine Gelegenheit war sichtbar. Das einzig Unsichtbare war ein Motiv zum Abziehen.

Das US-Diktat vom 25. Mai hatte folgenden Inhalt: Die einem neutralen Rat überantworteten Kriegsgefangenen wurden von ihm nach Mehrheitsentscheid repatriiert oder zur freien Aufenthaltswahl bestimmt. Dafür genügte eine Zeitspanne von neunzig Tagen. In weiteren dreißig Tagen traf eine politische Konferenz, oder die UNO, Vorkehrungen über den Verbleib der Nichtheimkehrer. Danach waren sie frei. Anderenfalls zündeten LeMays B-29 über Schanghai, Nanking, Peking, Mukden den Atompilz. Man mag hoffen, daß – entgegen seinen späteren Bekundungen – Eisenhower einen Bluff riskierte.

Die Chinesen gaben unchinesisch ihr Gesicht preis und beugten sich am 4. Juni dem Oktroy – dies »übertrifft bei weitem unsere optimistischsten Erwartungen«, schrieb Dulles an Eisenhower. Sie waren gerettet. Vor Freude über den Sieg im zweijährigen Repatriierungskrieg gegen China übersahen sie völlig, weswegen die Vereinten Nationen einstens zu Felde gezogen waren. Vor langer Zeit, als noch zwei, drei Millionen Menschen deshalb nicht ans Sterben dachten, war es um den Erhalt der Republik Südkorea gegangen.

Das Rhee-Regime hatte die Verhandlungen sabotiert, wo immer es vermochte, und mißbilligte das Ergebnis. Es sei die Wiedervereinigung Koreas aufgegeben, und koreanische Gefangene würden indischem Neutralitätsgewahrsam ausgeliefert, »Appeasement« der Kommunisten auf ganzer Linie. Als am 18. Juni die Übereinkunft ausformuliert und unterschriftsreif war und damit der Bestand seines Staates international besiegelt, entließ Syngman Rhee 25 000 koreanische Gefangene, die nicht Heimkehrwilligen. Das spärliche amerikanische Wachpersonal der UN-Lager sah unversehens die Tore offen, und bis auf 9000 Mann strömten alle Insassen in die Nacht. Radiodurchsagen warnten sie, sich nicht von US-Personal wiedereinfangen zu lassen.

Oberbefehlshaber Clark erklärte betreten, man habe einen Schußwechsel mit dem Verbündeten gefürchtet. Nach dem Verhandlungserfolg mit dem Feind widersetzte sich der Freund. Ihm indes oblag es, den Vertrag zu erfüllen. Eisenhower schrieb dem Nationalen Sicherheitsrat, »anscheinend haben wir einen neuen Feind gewonnen«, und prüfte, was schon 1945 und 1948 geprüft worden war, Korea still »goodbye« zu sagen und es seinem Schicksal zu überlassen.

Wenn er Amerikaner wäre, schrieb Churchill, »I would vote for Rhee going to hell and taking Korea with him«. Die Amerikaner drohten ihm, einen Separatfrieden abzuschließen, was ihn nicht weiter aufregte. Die USA waren sein Gefangener. Mochten sie zum Gespött der Welt werden! Für ihn hatten sie die Waffe gezogen, ihr Blut gelassen, mit welchem Ertrag zogen sie heim? Sie hatten einen Diktator vor der Diktatur gerettet. Jetzt diktierte er ihnen seine Bedingungen: Vor einer Befolgung des Waffenstillstands begehrte er einen Sicherheitspakt mit den USA, wirtschaftliche und Militärhilfe, keinen Zutritt der neutralen Gefangenenkommission nach Südkorea sowie Militärunterstützung für einen Einmarsch im Norden, sofern die Chinesen sich nicht von dort zurückzögen. Die USA sollten allerdings dableiben.

Dulles und das Pentagon hatten Clark für alle Fälle Vollmacht erteilt für die ›Operation Everready‹. Sie sah einen Putsch vor, welcher Regierungschef Chang Taek Sang zum Präsidenten ausgerufen hätte oder, wenn er sich weigerte, ein Militärregime unter US-Kuratel, ein weiterer Sieg der Freiheitskräfte über den Befreiten.

Die Kräfte der Unfreiheit empörte Rhees Sabotage nicht minder als Washington; sie wollten ihm ebenfalls eine Lektion erteilen. Peng Dehuai erfuhr davon auf dem Wege zur Unterschriftsleistung, allerdings ziemlich verdreht. Pjöngjang informierte ihn, Rhee habe 27 000 Nordkoreaner gewaltsam an sich gerissen und an die Front geschickt. Anscheinend hielt man das für vorstellbar.

Mao, Peng und den Feldkommandeuren kam die Nachricht nicht ungelegen; sie waren zum Waffenstillstand gezwungen worden. Nicht minder zwingend stand Chinas erster Fünfjahrplan bevor; sie mußten sich vom Kriege trennen, doch nicht ohne Beweis ihrer intakten Kampfkraft, als Versprechen an die Zukunft. »Wir schieben die Unterschrift hinaus«, kabelte Peng in der Nacht des 20. Juni an Mao, »bis wir mindestens 15 000 Südkoreaner erledigt haben, um die Widersprüche unter den Feinden zu verschärfen«.

Mao war höchst einverstanden, und Deng Hua erhielt den denkwürdigen Auftrag zu einer Schlußrunde. Sorgsam, wie um alle Vorzüge chinesischer Kriegskunst darzustellen, ließ Deng Männer des XX. Armeekorps geräuschlos durch unterirdische Tunnel zu vorderen Stellen gleiten; dem Feind wurden derweil Aktivitäten an anderen Frontabschnitten vorgegaukelt. Am 13. Juli, nach dreiwöchiger Vorbereitung, fielen die 21., 54., 60., 67. und 68. Infanteriearmee über vier überraschte koreanische Divisionen her und machten sie binnen 24 Stunden nieder. General Clark und General Maxwell B. Taylor, der neue Kommandeur der 8. Armee, flogen persönlich zur Front, um das Geschehen dort zu überwachen. Sie stellten befriedigt fest, daß die letzte chinesische Offensive nichts weiter bezweckte, als »den Südkoreanern eine blutige Nase zu schlagen, um ihnen und der Welt zu zeigen, daß »›nordwärts ziehen‹ einfacher gesagt als getan ist«. Dann orderten sie zwei weitere Südkorea-Divisionen zur Verstärkung herbei.

Am 16. Juli setzte die Regenzeit ein, und Deng befahl den Truppen, sich vom Feind zu lösen. Der eroberte Boden sollte befestigt, Transportwege angelegt und die Artilleriedeckung vorgezogen werden; man wollte auch abwarten, welche Truppen zur Verstärkung kämen und ob die Amerikaner eine Gegenoffensive begännen.

Am 20. Juli meldete Radio Peking, daß die US-Delegation in Panmunjon General Nam Il versichert habe, daß amerikanische

Truppen eine weitere südkoreanische Verletzung der Waffenstill-standsbedingungen weder unterstützen noch dulden würden. Seoul werde sich ihnen fügen, auf immer. Eisenhower hatte, nach nochmaliger Erwägung eines Separatfriedens, beschlossen, anstelle eines Putsches Südkorea zu kaufen. In dem Land die zuverlässigere Variante. Sein Unterhändler berichtete ihm, daß Rhee ein Fanati-ker sei, imstande zum »nationalen Suizid«; seit seiner Amtseinset-zung durch General Hodge hatte sich daran wenig verändert. Washington bot ihm eine 200-Millionen-Dollar-Hilfe an, die Aus-rüstung von 20 Divisionen sowie militärischen Beistand im Falle eines »clear case of aggression«. Auch das die Wiederkehr des Ge-habten. Rhee sagte, er werde den Waffenstillstand nicht unter-zeichnen, aber respektieren.

An der Front blieb die UN/US-Offensive aus. Die Scharmützel, die als Anzeichen dafür hätten gelten können, sackten lustlos in sich zusammen. Der einzige, der Interesse am Weitermachen äußerte, war Außenminister Dulles. Er drängte Heeresstabschef Collins, daß Dengs Offensive nicht das letzte Wort sein dürfe. Ihre psy-chologische Wirkung sei verderblich »vom Standpunkt des Presti-ges und der Kampfmoral«. Von dem Standpunkt war in der Region allerdings für Washington ohnehin nicht mehr viel zu gewinnen. Collins entgegnete, daß eine Gegenoffensive kein Blut mehr ver-lohne, weil die Bodenverluste zu unbedeutend seien. Mao glaubte dies ebenfalls und erstattete seinen Bodengewinn leger zurück. Vom Standpunkt des Prestiges und der Kampfmoral und der Welt war sein Gewinn unermeßlich und nicht an das karge Gelände Ko-reas gebunden.

Am 23. Juli befahl er Peng Dehuai, den Vertrag zu unterzeich-nen. Das UN/US-Kommando bedankte sich und hieß die Feind-seligkeiten einstellen. Am 27. Juli 1953 trat der Waffenstillstand in Kraft. Auf den Tag vor drei Jahren war MacArthur nach Nordko-rea geflogen, um die Verteidigung des Pusan-Rings um jeden Preis anzuordnen, ›Stand or die‹. Die Devise galt weiter. Gemäß den am Konferenztisch, auf den Schlachtfeldern und Bombardierungsflä-chen erkämpften Prozeduren suchten 22 500 Kriegsgefangene sich den Platz im Leben, der ihnen gefiel, jedenfalls nicht Nordkorea und Rotchina, meist Südkorea und Taiwan. 350 UN/US-Kriegsgefangene hatten ebenfalls von ihrer Heimat genug.

Die sechzehn UN-Nationen, die Truppen nach Korea entsandt hatten, veröffentlichten eine lang vorbereitete, »greater sanction« geheißene Resolution. Darin verabschiedeten sie sich von der Strategie des ›begrenzten Krieges‹, woran sie den ganzen Einsatz lang, in Stunden der Not wie ein Ertrinkender, sich geklammert hatten. So wähnte man den Dritten Weltkrieg vermieden zu haben. Das Ende der Welt blieb auf Nordkorea beschränkt. Eine weitere Aggression auf der Halbinsel, ward nun gedroht, werde eine Antwort finden, die nicht auf ihren Boden beschränkt bliebe. Das heißt, sie ginge auf China und Rußland nieder und der Dritte Weltkrieg würde nachgeholt: »Wir versichern im Interesse des Weltfriedens, daß wir im neuerlichen Falle eines bewaffneten Angriffs, der die Prinzipien der Vereinten Nationen herausfordert, wiederum vereint und widerstandsbereit sein werden. Die Folgen einer Waffenstillstandsverletzung wären so gravierend, daß die Feindseligkeiten unmöglich auf die Grenzen Koreas zu beschränken wären.«

Das ›Stand or die‹ galt demzufolge global, und für das Stehen und Fallen an den Teilungslinien konnte jeder an jeder Stelle der Welt zum Sterben herangezogen werden.

Überleben

Ein Toter ist eine Tragödie,
eine Million Tote sind Statistik.
J. Stalin

SINTFLUT

Kriege enthemmen die Phantasie, und Unvorstellbares gerät in den Kreis der Möglichkeiten. Dort wartet es auf Abarbeitung im nächsten Krieg. Es bleibt nichts liegen. Luftangriffe auf Stadtquartiere sind ein Vorhaben des Ersten Weltkriegs gewesen, das er dem Zweiten vermachte. Dieser gab die Atomwaffe weiter, nur wußte bisher keiner militärisch etwas damit anzufangen.

Die Menschenverluste des Luftkriegs über Korea entsprechen den Schäden von zehn Hiroshimabomben. Auch wenn ihr Wolkenturm der Inbegriff des Vernichtungskriegs geworden ist, beklagten die Operationsplaner, daß man schwer damit vernichten könne. Sie eigneten sich für begrenzte Ziele, und die tatsächliche Wirkung widerspreche womöglich dem apokalyptischen Ruf. Hauptsächlich wurden bisher Vorstellungswelten getroffen. Bombe und Ziel müssen zueinander passen.

Der Weltkrieg hatte gelehrt, nicht von der Zerstörungskraft der Waffe, sondern der Verletzlichkeit des Ziels auszugehen. Dies ist eine wissenschaftliche Ermittlung, die wahrzunehmen der ›Physical Vulnerability Branch‹ obliegt, welche eine Abteilung der ›Air Intelligence Section‹ ist. Der stärkste Knall muß nicht die höchste Wirkung erzeugen.

Der Schlüsselbegriff allen Bombens ist der Schaden. Das Schädlichste muß herausgefunden werden, man sieht es ihm nicht an; es hängt völlig von den Eigenschaften des Objektes ab. Die ›Vulnerability Sections‹, Unterabteilungen der ›Vulnerability Branch‹, sind die Opferschauer.

Auf dem Übungsgelände Dugway Proving Ground, Utah, begann im März 1943 der Bau zweier Ortschaften, ›German Village‹ und ›Little Tokyo‹, es sollten mehrere werden. Die Verletzbarkeit der Deutschen wurde im Hause vermutet, darum galt alle Mühe der authentischen Rekonstruktion. ›German Village‹ maß über 100 Quadratkilometer, kostete 575 000 Dollar und wurde wie die meisten deutschen Ortschaften erfolgreich zerstört. »Die Ziele als ›typische‹ feindliche Gebäude zu beschreiben wäre eine grobe Untertreibung«, schreibt ein Air-Force-Beobachter. »Es wäre untertrieben und eine Ungerechtigkeit gegenüber dem Talent, diese Behausungen so authentisch wie menschenmöglich zu machen. Nichts war übersehen.«

Die Interieurs entsprachen jenen, worin 80 Prozent der deutschen werktätigen Bevölkerung lebten. In den Kleiderschränken hingen die soliden Paletots, die Kinderzimmer enthielten die Nürnberger Spielwaren. Schweres Mobiliar, Überfülle an Polstern, Gardinen, Bettdecken, Vorhängen, Büchern.

Ganz anders die japanischen Heimstätten mit ihren Holzstrukturen, den Tatami-Strohmatten, nach deren Gräsern die ganze Westküste hinauf, hinab und bis nach Hawaii gefahndet wurde; desgleichen nach einer russischen Fichte, wie man sie gern für Häuserrahmen verwendete.

Als äußerst häusliche Menschen würden Deutsche und Japaner den Verlust ihrer Wohnungen als größtmöglichen Schaden empfinden. Sie würden daran kleben, darin umkommen und zuletzt um Gnade bitten.

Die Inbrandsetzung aus der Luft erbrachte, daß ›Little Tokyo‹ schneller Feuer fing, ›German Village‹ hingegen nachhaltiger. Ein Drittel der deutschen Feuer war durch die Feuerwehr nicht mehr beherrschbar, der Verlust unwiederbringlich. Ein Mobiliar war einst eine Familiengeschichte, wie die Bibliothek, die Briefe, die Fotoalben. Aus Deutschland Verjagte hatten die tote Stätte eingerichtet.

Den eindeutigen Vorzug der Brand- vor der Sprengmunition bestätigte das Kriegsgeschehen. Die Schäden traten ein wie errechnet, nur der militärische Nutzen daraus nicht. Aufgrund der Irrationalität des deutschen wie des japanischen Charakters waren sie Amerikanern und Briten nicht eher zu Willen, als bis die Quartiere eingeäschert lagen.

»Die Potentiale der Brandkriegführung«, stellten die Tester von Utah fest, eigneten sich für »ein Land mit dichtbevölkerten Städten«, und auch dort war die Flamme ein unzuverlässiger Agent, weil abhängig von Luft- und Holzfeuchtigkeit, Windverhältnissen und den Eigenheiten des Feuersturms. Er ist ein Einwärtswind. Das Vakuum im Brandherd, entstanden durch Aufsteigen der Heißluft, saugt ihn von außen nach innen. Die Ausbreitung des Flächenbrandes wird insoweit begrenzt. Den gewöhnlichen Städtebrand treibt der Wind langsam, aber stetig voran. Der bombeninduzierte Feuersturm schafft hingegen Schadensinseln. Innerhalb verheerend, außerhalb unschädlich. Damit ein Vernichtungsgeschehen gelingt, müssen die Systeme der Natur sich ihm einfügen.

Schon die Natur der Großstadt sträubte sich allzuoft gegen die Angriffsintentionen. Sie erreichten bei weitem nicht die erhofften Schäden. Die Metropole bildet zu viele Brandschneisen an Flüssen, Teichen, Alleen, Parks, Friedhöfen, und sie ist mit Schutzmauern gerüstet oder Betonelementen, die Feuer schlecht übertragen. Die Verletzungen in freier Natur sind durch Abbrennen von Hütten erst recht zu geringfügig, um Menschen zu bezwingen. Die Naturgewalten, Winde, Monsun, Frost, haben sie seit alters her zum Wiederherrichten erzogen. Bombenkrieg gegen ein Bauernvolk liefe ins Leere, hätte nicht seine ›physical vulnerability‹ andere Schwachpunkte, die Bomben zugänglicher sind.

Das Land, das in Asien keine Leere, sondern eine Überfülle darstellt, lebt seine eigene Mühsal. Es muß einer kargen Vegetation die Nahrung abringen, und seine natürliche Plage ist die Hungersnot. In diesen Daseinskampf versuchte die Air Force sich einzuschalten; es wären sonst die Teile der Erde, die keine stadtgestützte Zivilisation ausbilden, für den Luftkrieg verloren. Zur taktischen Unterstützung von Heeresbewegungen hatte er in Korea vieles, aber nicht viel Entscheidendes beigetragen. Doch verstanden die Luftstreitkräfte sich nicht als Hilfswaffe, sondern als moderne Schicksalsmacht.

Die Stadt ist ihre natürliche Entsprechung, denn was steht, das fällt. Das Land liegt waagerecht, die weiten asiatischen Flächen bieten einem vertikalen Schlag zu wenig Erwiderung. Sie tragen nur Löcher davon.

Heere haben Gelände verwüstet, sie kriechen millionenweise am Boden dahin, zerstampfen Anpflanzungen, verseuchen, veröden, zerwühlen. Ähnlichen Kahlfraß bewirkt keine Abwurfmunition aus der Luft. Etwas anderes, für den unbesiedelten Kulturboden Geeignetes wäre der senkrechte Anschub eines Horizontalschadens. Dafür boten die Salzwüsten von Utah aber kein Übungsgelände. Den errechneten Effekt bot nur eine Landschaft mit Heben und Senken.

In ihrer Mehrzahl waren die chinesischen Volksfreiwilligen arme Bauernsöhne. Im Frühjahr 1952 kultivierten sie 283 Millionen Quadratmeter koreanischen Ackerlands, setzten auf 10 Millionen Quadratmetern Reisstecklinge und pflanzten 5 Millionen Bäume. Sie bauten 2226 Dämme und Deiche, gruben 350 Kilometer Bewässerungskanäle und 1167 Brunnen.

Der Vorsommer hatte bisher ungekannte Überschwemmungen gebracht, die Flut verwüstete die Äcker, überdies die Bombenflut. Im Mai 1952 teilte die nordkoreanische Regierung dem chinesischen Hauptquartier mit, daß 50 bis 60 Prozent der Bevölkerung ohne Nahrung seien. Die Befehlshaber rieten daraufhin den Truppen der zweiten Verteidigungslinie dazu, täglich eine Portion den hungernden Koreanern zu lassen. So kamen 10 000 Tonnen Getreide, 133 Tonnen Baumwolle, 336 000 Kleidungsstücke, 16 000 Paar Schuhe und 222 000 Renmibi, die nordkoreanische Währung, zusammen. Überdies halfen die Soldaten bei der Reparatur von Häusern, Schulen, Hospitälern und Brücken. Die Militärlazarette nahmen Zivilpersonen auf, und Militärärzte kurierten 641 000 Beschwernisse.

Die Befehle sahen ein freundschaftliches, die Landessitten respektierendes Verhältnis der Truppe zu ihrem Wirtsvolk vor. Sie wurde aus China proviantiert, doch mußte sie oft auf die Erzeugnisse ihrer Umgebung zurückgreifen. Man vermied Requisitionen und zog das Nötige auf Kreditbasis ein. Die Einwohner sollten sich an den Lasten beteiligen, doch auf degressiver Skala. Die reichen

Bauern borgten die Hälfte ihres Vorrats, die Mittelbauern zwischen 20 und 30 Prozent, die Dorfarmut fünf Prozent. Die Gemeinden besorgten die Kollekte nach Maßgabe ihres Könnens. Sie waren schon belastet damit, ihre nordvietnamesische Armee zu verkösten.

Amerikanischen Beobachtern waren Truppenbewegungen aufgefallen, die im Frühjahr und Sommer 1952 mit der Reisproduktion in den Küstenprovinzen Hwanghae und Süd-Pjöngjang zusammenhingen, den Hauptanbauflächen. Vermutlich bewachten sie Anbau und Ernten, um sie abzuzweigen für militärischen Bedarf. Recherchen ergaben, daß die Provinzen auf über 1700 Quadratkilometern Reis anpflanzten und 283 000 Tonnen jährlich produzierten. Wenn damit kommunistische Soldaten ernährt wurden, handelte es sich um ein militärisches Gut und war infolgedessen zerstörbar. Wenn die Ernte ein militärisches Ziel darstellte, war derselbe Reis auch auf dem Halm militärisches Ziel. Dies vereinfachte nämlich die Prozedur. Die Zielfahnder hatten herausgefunden, daß 70 Prozent der Reisfelder einer kontrollierten Bewässerung bedürften. Sie trugen doppelt soviel Frucht wie die nichtbewässerten Felder.

In zwanzig Stauseen sammelten die Koreaner das Wasser, das sie in der Anpflanzungszeit im März und April brauchten. »Durch die Zerstörung der Staudämme«, schreibt die offizielle Geschichte, »konnten Luftangriffe Fluten entfesseln, welche die Reispflanzungen eines Jahres zerstörten.« Eine Maßnahme, die überall auf dem Kontinent verstanden würde: »Für den Durchschnittsasiaten symbolisiert eine leere Reisschale Hungersnot.« Was aber symbolisieren Personen, die gutgenährt aus paradiesischen Erdzonen herbeireisen, um Boden und Saat dort zu vernichten, wo die Reisschale ewiger Kampf ist, mit ungezählten Verlierern?

Der Gedanke, dem gewöhnlichen Hunger die kriegsbedingte Hungersnot und der Hungersnot die Katastrophe hinzuzufügen, entsprang dem unablässigen Erziehungswillen. Zum vollen Verständnis hielt General Smart ein Mitteilungsblatt für erforderlich. Die Air Force würde über Flugzettel mitteilen, daß nicht sie, die

›Dambuster‹, die Dämme sprengten, sondern der chinesische Kommunismus, der nordkoreanische Starrsinn; auch sollten Tag und Stunde der Flut angemeldet werden als Zeichen der Hilfsbereitschaft.

Lt. General Weyland, seit Juni 1951 Oberbefehlshaber der Far East Air Forces, untersagte diese Zwiesprache von Verursachern und Empfängern der Hungersnot, weil es auf das Verständnis der Reisbauern nicht ankam. Sie konnten verständig so wenig ändern wie unverständig. Die Operation diente der Beeinflussung der Chinesen in Panmunjon und bedurfte keinerlei Worte. Sie sollte der Vorlage des Ultimatums vom 25. Mai vorausgehen und es beglaubigen. Seine Konsequenzen würden totaler Art sein. Wer solches vermag, scheut sich vor gar nichts. Während die Kulturpsychologie der Reisschale die Tat motivierte, wußte die Psychologie der militärischen Notwendigkeit sie zu tarnen, auch vor den Selbstzweifeln.

Otto Weyland, den Patton im Weltkrieg als »the best damned General in the Air Corps« pries, hatte 1923 einen Ingenieursgrad erworben und gehörte, wie LeMay, zu den technischen Enthusiasten, die den modernen Krieg aus der Luft beherrschen wollten. Er verstand das ganze Metier, von der taktischen Bodenunterstützung bis zu den strategischen Träumen, dem Sieg aus dem Bombenschacht. Weyland flog Kampfmissionen eigenhändig und prägte länger als jeder andere Befehlshaber in Korea seine Waffe. Die Staudammangriffe gefielen ihm nicht. Seit zwei Jahren bombardierte er nun ungehindert ein Land mit weniger Einwohnern als Tokio, und die Chinesen saßen mit mehr Leuten, Waffenvorräten und Angriffsgeist an der Front als je zuvor.

Der Gegner benötigte einen letzten Ruck; die wichtigsten Konzessionen hatte er am 7. Mai schon eingeräumt. Was lehrte ihn noch »das Abschneiden der Möglichkeiten, sich aus dem Land zu nähren, und die Vertiefung einer aus China gemeldeten Reisknappheit«? Clark unterbreitete das Vorhaben den Joint Chiefs: Falls die Chinesen eine zu lange Verhandlungspause nähmen, beabsichtige er, zwanzig Dämme zu brechen, die zwei Provinzen unter Wasser zu setzen und ihre 270 000 Tonnen Ernte zu vernichten.

Wie diese Maßnahme das binnen einer Woche zu erfüllende Ultimatum verschärfte, wäre selbst Tiefenpsychologen rätselhaft. Doch Vandenberg, Collins, Bradley und Clark waren höchst qualifizierte, sachliche Militärs. Sie begingen einen Frevel, um einen größeren zu beglaubigen. Nach der Überflutung blieb ihnen noch eine Steigerung, die letzte Stufe.

Die Frevler übersetzten ihr Vorhaben in allerlei taktische Kleinvorteile, sämtlich unnütz, aber legitimes Kriegshandwerk. Am meisten überzeugte die Idee, mit dem saatvernichtenden Wassersturz ließen sich auch zwei Bahnlinien und eine Anzahl von Straßen überschwemmen.

Weyland verlegte sich zunächst auf Zweifel an der Machbarkeit des Projektes, das die Zielplaner als grandiose Sache ausgearbeitet hatten. Sie knüpften an den legendären 1943er Angriff der Briten auf die Möhnetalsperre an, der die Wasserversorgung der Ruhrindustrie abschneiden sollte. Der Effekt war mäßig, das Prinzip aber wies hinaus in die Zukunft.

Der Anschlag würfe ein ökologisches und ein ökonomisches System aus seiner Balance! Den alten Elementen Erde, Wasser, Feuer, Luft sind beträchtliche Destruktive abzugewinnen: Die Hegung des Feuers wird unterbrochen und die kolossale Brennbarkeit der Zivilisation entblößt; Äcker, Wälder, Behausungen, Lebewesen. Die Erdkrume kann kontaminiert, die Atemluft verseucht, das Wasser entzogen oder geflutet werden.

Schon die Pioniere der US-Luftstrategie wußten, daß es zu mühsam ist, die Menschenwelt quadratmeterweise abzuwracken. Man müsse den intelligenten Punkt ausfindig machen, der großräumige Systeme der Natur und Gesellschaft zusammenhält. Eine gigantische Explosion auf dem Boden durchläuft ihren Radius und verflacht; in küstennahen Meerestiefen aber mag sie Flutwellen anschieben, welche das Land mit vervielfachter Zerstörungskraft überfallen. Der Zivilisationsprozeß, der die Lebensgefahren des Verhungerns, Verdurstens, Ertrinkens bändigt, vor Infekten, Hitzestrahlen und Vereisung bewahrt, kann mit gebührendem Aufwand zurückgenommen werden. Der Krieg verschwindet in die Entsendung von Plagen.

Als MacArthur im Winter 1950 die Yalu-Gegend verwüsten ließ, waren Abertausende von Volksfreiwilligen zum Erfrieren verurteilt; doch konnten sie als Soldaten den Rückzug antreten. Nach Kalkulation der ›Dambuster‹ konnten dies die überschwemmten Reisbauern nicht. Wohin? Die Hungerepidemie ist überall.

Daß Krieg überhaupt eine Tätigkeit von Kriegern ist, stellt einen inzwischen rückläufigen Zivilisationserfolg dar. Ad-hoc-Kommandos können am Lebensnetz weit einfacher hantieren. Der Dammbruch gehorcht der Logik des gezielten Anschlags. Die Plantagen sind eine zugängliche Stelle, den Erfolg verbürgt die Ruchlosigkeit. Das Attentat der 5. Air Force verfolgt keine Ziele, es will schaden, wo es ihr leichtfällt und der zugefügte Schmerz am größten ist. Mehr Sinn wohnt dem Terror nicht inne. Irgendwie sollen irgendwelche auf die Knie gezwungen werden.

Die Zielplaner, wiewohl uneins über die Zweckmäßigkeit des Unterfangens, hatten den Mai und den August als optimale Angriffstermine ausgemacht. Im Mai waren die jungen Setzlinge angepflanzt, im August standen sie in Blüte. Der spätere Termin sicherte die Hungersnot darum, weil nicht nachgepflanzt werden konnte; zudem spülte die Sturzflut einen Teil des Anbaubodens hinweg und verkalkte den Rest. Es blieb auch nur der frühere Termin übrig, weil im August vermutlich kein Krieg mehr währte.

Anders als die jahrelangen Bedenklichkeiten um den Suiho-Damm, der Elektrizität für die mandschurische Industrie lieferte, erregte die Zerstörung der Bewässerungsdämme, die Nahrung lieferten, kein politisches Kopfzerbrechen. Ausgenommen Otto Weyland, der den Befehl dazu geben mußte. Weil er die militärische Nützlichkeit nicht einsah, verständigte man sich darauf, den Angriff auf jene drei Dämme zu führen, die an Bahnlinien gelegen waren. Die Wasser würden gewiß die Gleise hinwegwaschen, so daß man das Bombardement auch als einen Verkehrsangriff gegen den Nachschub auffassen könne.

Um die technische Durchführbarkeit und den Bombenwurf zu studieren, befahl Weyland der 5. Air Force, den Toksan-Damm dreißig Kilometer nördlich von Pjöngjang zu brechen, der das Wasser des Potong staute. Am 13. Mai 1953 bearbeiteten 59 F-84 Thunderjets die 766 Meter breite Erd- und Steinmauer. Bis zum Abend schien er den Tausendpfundbomben zu widerstehen. In der Nacht aber sprengte das Wasser die erschütterte Struktur; als die Bomber am Morgen zurückkamen, war es ausgeflossen. Die wirbelnden Fluten zerstörten neun Kilometer Eindeichung, fünf Bahnbrücken, drei Kilometer Autostraße, verwüsteten das Flußtal 41 Kilometer weit und rissen 700 Gebäude mit. Dreizehn Quadratkilometer Reisfelder wurden abgetragen. Die 5. Air Force meldete: »Der Schaden, den die Sintflut angerichtet hat, übertrifft bei weitem alle Erwartungen.«

Clark unterrichtete die Joint Chiefs, daß die Toksan-Mission »so effektiv war wie Wochen von Eisenbahnangriffen«, die allerdings als völlig ineffektiv galten. Man hatte sich aber nun einmal auf den Erfolgszwang festgelegt. Weyland ordnete sogleich zwei weitere Dämme an: den Chasan- und den Kuwonga-Damm.

Am Spätnachmittag des 15. Mai warfen sich 36 Thunderjets im Tiefflug auf die Mauer des eineinhalb Kilometer weiten Sees. Wiederum erzielten die Tausendpfünder keinen sichtbaren Schaden. Am 16. Mai probierte man es erneut, jede Maschine mit drei Sturzattacken. Die letzte Flugwelle schaffte eine Kombination von fünf Volltreffern; diesen fügte sich die Hydraulik von zahlreichen im Wasser explodierten Bomben hinzu. So brach der schon zermürbte Damm. Seine aufgestauten Fluten rollten südwärts von Reisfeld zu Reisfeld, bis in die Trümmer von Pjöngjang.

Zufrieden mit dem Erreichten, »perhaps the most spectacular of the war«, wie Weyland später schrieb, legte man eine Pause ein und wartete auf die Reaktion des Gegners. Die Chinesen reagierten überhaupt nicht, und die Nordkoreaner überlegten sich Schutzmöglichkeiten.

Drei Tage vor Einbringen des Ultimatums setzte man zum nächsten Streich an. In der Nacht vom 21. auf den 22. Mai attackierten sieben radargeführte B-29 den Kuwonga-Damm mit Eintonnenbomben. Sie erzielten vier Volltreffer auf den Mauerkamm. Dies hätte normalerweise zum Kollabieren gereicht, nun aber nicht. Um den Wasserdruck zu verringern, war der Spiegel um vier Meter abgesenkt worden. Der Bruchpunkt lag nun bei einer Dammdicke von dreißig Metern, damit wurden Maschinen und Munition nicht fertig. Der zweite Versuch am 29. Mai scheiterte, weil alles Wasser geleert war.

Obwohl am 4. Juni das Einverständnis in Panmunjon perfekt war, »a complete Communist capitulation«, wie die amtliche Geschichte schreibt, ärgerte sich die 5. Air Force über ihr Versagen und versuchte, den praktisch beendeten Krieg für sich mit einem Erfolg zu krönen. Zwischen dem 13. und dem 18. Juni rannten F-84, F-86 und B-29 wieder und wieder gegen die Dämme von Kusong und Toksan an, um eine Flut zu produzieren, Reisstecklinge fortzuschwemmen, Bahnbrücken zu knicken, vergebens.

Die Koreaner hatten schnell gelernt, mit der Sintflut umzugehen. Mit jeder Attacke senkten sie den Wasserspiegel gerade soweit, den Bruch zu verhindern. Arbeitsbataillone stopften tollkühn Löcher in dem Moment, wo sie geschlagen wurden. Wir wissen nicht, wie viele in der Verteidigung der Dämme und der Reisschalen gefallen sind.

»In hoffnungslosem Gelände«, sagt Sun Tse, »erkläre deinen Soldaten, daß sie keine Aussicht haben, ihr Leben zu retten. Die einzige Chance zu leben liegt darin, die Hoffnung auf das Leben aufzugeben.«

ATOMSCHLAG

Vom ersten bis zum letzten Tag stand der koreanische Krieg unter dem Vorbehalt der Atombombe. In keinem Treffen ist der Atomschlag je so gründlich erörtert und ernstlich geprüft worden. Er behütete die USA vor der blanken Niederlage, denn einem Totaldebakel am Boden wäre die nukleare Revanche gefolgt, mit welcher Weiterung auch immer. Der Fall ist im August 1950 und im Dezember vermieden worden. Eine strategische Luftoffensive gegen China, wie zeitweilig von MacArthur und den Joint Chiefs verlangt, fand kein politisches Gehör. Anders die Versuche, durch angedrohte Massenvernichtung den Feind willfährig zu machen.

Die Waffengewalt, die dem Überlegenen die politische Gefügigkeit des Unterlegenen einträgt, braucht nicht vollzogen zu werden. Übersteigt sie alles erträgliche Maß, bleibt ihrem Adressaten weder Abwehr noch Rache, dann mag er sich ergeben, so als wäre er schon geschlagen. Der Vorteil ist beidseitig. Der Unterlegene bleibt lebendig, paßt sich an und beschert seinem Überwinder weit mehr Gewinn als eine Wüste. Verwüstung bietet wenig Vorteile und ist das Begehr der mittleren Kommandeure. Ein Großteil der strategischen Probleme mit Sowjetrußland rührte aus dem traurigen Zustand Deutschlands und Japans.

»I consider it necessary«, drahtete MacArthurs Nachfolger Mark Clark im Oktober 1952 nach Washington, »that plans be made for the use of atomic weapons.« Mit 342 bis 482 Stück könnte man den mandschurisch-koreanischen Kriegsschauplatz leicht in den Griff bekommen.

General Clark, im Weltkrieg US-Oberbefehlshaber in Italien, hatte seinen Dienst im Mai von Ridgway übernommen, sah seit einem Jahr keinen Fortschritt bei den Verhandlungen, und sein Zivilberater Robert Murphy vom State Department sagte ihm, daß man sich nicht, wie vor drei Jahren in Berlin, um den wohlverdienten Sieg bringen lassen dürfe. Jeder Kriegsausgang, der Korea geteilt ließe, fand Clark, sei eine schwere Niederlage. Dem Tod so vieler GIs sei damit nicht Genüge getan.

»Diese Horde schlecht ausgerüsteter chinesischer Soldaten«, schrieb Murphy, in Berlin zuvor diplomatischer Partner Clays, »hätte sehr wohl zum Rückzug gezwungen werden können, wenn die USA nur bereit gewesen wären, ihre ganze Macht einzusetzen, einschließlich der Kernwaffen.« Diese unentschlossene Kriegführung gebe zumal den Chinesen »ein völlig falsches Bild von der Schlagkraft Amerikas«.

Nahezu die Hälfte der nuklearen US-Vorräte würde Clark an den Koreasieg gegeben haben. Die Gelegenheit rief, China galt der UNO als Aggressor und illegitime Macht; die Sowjetbombe war noch nicht in Serie gegangen, die Trägerflugzeuge erreichten mutmaßlich nicht die USA. Stalin, von Krankheit gezeichnet, hielten die engsten Genossen für gestört. Molotow bangte um sein Leben. Bis in die höchsten amerikanischen Ränge wurde zum Atomeinsatz geraten, zwei der drei Joint Chiefs zollten Clarks Ersuchen Beifall.

Vandenberg und Weyland, deren Luftstreitkräfte diese Saat hätten abwerfen müssen, widersprachen. Weyland bezweifelte, daß militärische Anlagen wie die hochgefährlichen mandschurischen Flugplätze durch Atombomben präzise auszuschalten seien, sie zielten ihrer Natur nach auf große Bevölkerungszentren. Den Anlaß bot, wie gesagt, die Weigerung Maos, die Entlassung von 16 000 chinesischen Kriegsgefangenen anders als in der Weise der Genfer Konvention abzuwickeln. Weyland »would loyally follow any decision«, wie er Clark versicherte, gab aber zu bedenken, daß die Russen propagandistisch wie militärisch Kapital daraus schlügen. Die USA würden an den Pranger gestellt und ein kostbares Geheimnis gelüftet: welchen Schaden die unter vielerlei Gegebenheiten eingesetzte Bombe tatsächlich verursache.

Im Präsidentschaftsringen und zumal nach Eisenhowers Sieg hatte sich ein nationaler Wille kristallisiert, den Stillstand in Korea zu brechen. Dazu empfahl sich der stets gleiche Weg. Indem China nach und nach alle seine Mittel ausschöpfte, Amerika die seinen aber limitierte, verschlechterte sich zusehends seine Lage. Ein Nachrichtenüberblick der zivilen und militärischen Dienste vom April 1953 hielt allen Bombengewittern zum Trotz die gegnerische Logistik für »substantiell verbessert«. Anstelle der leichtbewaffneten Armeen, die mangels Feuerkraft mit Menschenwogen angriffen, standen jetzt mit Artillerie, Panzern, Flak und Luftdeckung versehene Verbände gegenüber, die Vorräte für eine zweiwöchige Großoffensive bereithielten. Seit Beginn der Waffenstillstandsgespräche hatte sich die Mannstärke verdoppelt. Ihre Kampfkraft rangiere »von gut bis ausgezeichnet«. Das Können der chinesischen Piloten, neuerdings radargesteuert, wuchs; die Zeit der US-Luftherrschaft über Korea rann aus.

Da die chinesische Luftwaffe ein Erzeugnis der sowjetischen darstellte, konnte man deren 5600 fernöstliche Maschinen als Reserve ansehen, die in fünf Tagen 8000 Fallschirmjäger anlanden konnte. Als stillen Teilhabern des Kriegs rechnete der Nationale Sicherheitsrat den Russen die Fähigkeit zu, im Fall ihres offenen Eingreifens den USA auf eigenem Boden atomare Verluste von neun Millionen Personen und einem Viertel der atomtauglichen Bomber zuzufügen. Die nukleare Schere schloß sich unaufhaltsam. Die Nachrichtenlage war wie gewöhnlich falsch. Doch schon 90 000 getötete US-Zivilisten überstiegen jede Vorstellungskraft. Soviel konnten unglückliche Verkettungen leicht bewirken!

Am 20. Mai 1953 tagte der Nationale Sicherheitsrat im Beisein des Präsidenten. Es galt, seinen ›New Look‹ zu formulieren. Wie die Bereinigung des Krieges erreichen, die Eisenhower als seinen Wählerauftrag ansah? In öffentlichen Redewendungen und internen Gesprächen hatten er und Dulles vermittelt, daß sie Atombomben als »a normal part of the arsenal of war« ansahen. Sie banden erhebliche Mittel, konventionelles Militär noch viel mehr; Dulles schätzte die bisherigen Koreakosten auf 100 bis 150 Milliarden Dollar; das Budget der Streitkräfte hatte sich verdreifacht. Schon die Haushaltsvernunft gebot, der Ultrawaffe einen Nutzen abzuverlangen. Seine Regierung, sagte der Präsident, erachte »these weapons as conventional«.

Unter welchen genaueren Umständen würde der Wechsel in den Atomkrieg vonstatten gehen? Eisenhower hatte dazu Leitlinien der Joint Chiefs angefordert, die sich ihrerseits auf die umfassende Studie NC147 des Sicherheitsrats stützten. Sie rieten dazu, den Krieg territorial zu entgrenzen. Das Kriegführen zwischen Breitengrad und Yalu war ein fruchtloses Geschäft. Sollten die Chinesen unnachgiebig auf ihrer Position zum Gefangenenaustausch beharren, müsse man ihrem heimischen Territorium zu Leibe rücken. Die inneren Verhältnisse Nordkoreas »will probably have little influence on Communist courses of action«, eine Feststellung nebenbei, die Wochen vor dem Fluten der koreanische Reisaussaat getroffen wurde. Bei relativ zunehmender Stärke zwinge gar nichts den Gegner zu Konzessionen. Doch konnte man theoretisch den Zwang jederzeit herstellen.

In den letzten Monaten des Krieges, sein Ergebnis stand fest und es ging um fast nichts mehr, durchfuhr Washington ein Aufbäumen, fast alles in ein letztes Gefecht zu werfen. Eisenhower überlegte, ob die neuen atomaren Gefechtsfeldwaffen nicht eine Wende herbeiführten und die Fronten erneut in Bewegung setzten. Es lohne einen Versuch in dem Gebiet um Kaesong, sagte er im Nationalen Sicherheitsrat am 11. Februar. Kaesong lag inmitten der einzigen Frontdelle südlich des Breitengrads. Hätte man hier um 100 Kilometer ausgeglichen, endete der Krieg optisch gefälliger.

Bradley als Sprecher der Joint Chiefs hielt die Waffen für voreilig, doch sei es Zeit, mit den chinesischen Schutzgebieten in der Mandschurei aufzuräumen. Dulles wiederholte, daß der Unterschied zwischen konventionellen und Kernwaffen eine sowjetische Erfindung sei.

Ende März, Stalin war inzwischen einbalsamiert, zog es den Präsidenten höher nach Norden. Was es koste, die Front bis zur Taille von Korea zu verschieben, fragte er am 27. März bei dem Treffen der Chiefs und fügte hinzu, daß der Gebrauch von Atomwaffen dabei nach militärischem Gutdünken vor Ort erfolgen solle.

Die Taille lag rund 130 Kilometer nördlich der Front; ihre Inbesitznahme hätte den Norden 40 Prozent seines Territoriums gekostet und dem Präsidenten einen unstrittigen Sieg über China
eingetragen.

Niemanden überzeugten die Frontverschiebereien. Collins, der
Heereschef, bezweifelte den Nutzen eines taktischen Atomeinsat-
zes. So eingegraben, wie die Kommunisten seien, könne sie keine
Atomkanone herausholen. »Bevor wir damit anfangen, sollten wir
lieber auf unsere Luftverteidigung achtgeben. Wir bieten in Incheon und Pusan ein ideales Atombombenziel.« An diesen Um-
schlaghäfen entblößte man Weichteile, verletzlicher als Peng Dehuais Betonwaben und Berghöhlen.

Die Russen würden gezwungen, »in gleicher Währung zurückzuschlagen«, meinte Paul Nitze vom Planungsstab des State Department. Nichts sei schlimmer als ein ineffektiver Gebrauch von
Atomwaffen. »Unser ganzes Arsenal würde damit entwertet.«

Die Joint Chiefs unterrichteten das Pentagon von ihrer Sicht der
Kernwaffe, die kostengünstige Resultate erbringe, doch nicht im
Stellungskampf. Von sechs möglichen Optionen sprächen vier oder
fünf für Atomschläge »auf genügend großer Stufe, so daß der Erfolg
gesichert ist. Ein stückweiser oder limitierter Einsatz wird nicht
empfohlen.« In Frage kämen militärische Ziele in China und der
Mandschurei.

Die Fachsimpelei zwischen Eisenhower und den Chiefs währte
Wochen. Alle waren in ihrem Element. Ob Korea gute, passable
oder gar keine Atomziele besitze, ob sich die Mandschurei dieser
Waffe nicht nachgerade anbiete, ob sie ein fälschlich tabuisiertes,
grundnormales, begrenztes oder unbegrenztes, den Europäern zu-
zumutendes, zu erläuterndes oder als Tatsache des Lebens zu prä-
sentierendes Werkzeug sei. Falls sie sich beschwerten, meinte
Eisenhower, werde man höhere Truppenkontingente fordern. Militärische Pläne könne man unmöglich mit ihnen erörtern. Er hielt
fest an seiner Präferenz für einen Erd und Fels brechenden taktischen Schlag auf die seit 1951 betonierte Front. Die Chiefs wollten in die Mandschurei.

Das Würfeln mit den nuklearen Optionen brachte wenig Klarheit in die Optionen der Kommunisten. Sie würden den Atomgebrauch als Zeichen von Entschlossenheit verstehen und so reagieren, wie es ihnen der erlittene Schaden riet. Da Präsident und Chiefs, Außenministerium und Alliierte, UNO usw. noch unentschlossen waren, wie sich Entschlossenheit vermitteln ließe, konnten die Entschlüsse der Gegenseite dahinstehen.

Der Unterschied, den es machte, ein Heer von einer Million Chinesen in Korea zu bekriegen oder in China, hatte die Truman-Regierung entnervt, und auch Eisenhower entfernte sich nur langsam aus der Fessel. Zwar wollte er Peng bis zur Taille schieben, doch den Yalu möglichst wie sein Vorgänger respektieren, als Schwelle zum Dritten Weltkrieg. Der allerdings war eine Sache zwischen ihm und den Stalinerben. Diesseits des Yalu hatte er Peng zum Gegner, jenseits Marschall Schukow.

Die Chinesen bereiteten ihm wenig Sorge, sagte der Präsident seinen Getreuen am 20. Mai, »since the blow would fall so swiftly and with such force as to eliminate Chinese Communist intervention«. Das Problem sei die Sowjetunion; so war es seit Kriegsbeginn nie anders wahrgenommen worden.

Bradley las der Konferenz das Papier der Joint Chiefs vor, datierend vom 19. Mai. Immer unter der Voraussetzung, daß die Gespräche der Gefangenenfrage wegen zusammenbrächen, seien Luft- und Seeoperationen gegen China vonnöten »including extensive strategical and tactical use of atomic bombs, to obtain maximum surprise and maximum impact on the enemy, both militarily and psychologically«.

Collins, der Stabschef der Army, erging sich in Einzelheiten des Ablaufs, die der Präsident schweigend anhörte. Das Sitzungsprotokoll zeigt ihn eigentümlich dekonstruktiv. Er faßt den Rat der Chiefs knapp dahin zusammen, daß positive Aktion in Korea es erfordere, außerhalb Koreas anzugreifen. Dazu brauche man unbedingt Atombomben. Die eine große Angst dabei seien mögliche Bombardements der sowjetischen Luftwaffe »on the almost defenseless population centers of Japan. This is always in the back of my mind!«

Eisenhower überging die Ziele seiner Chiefs, die nicht minder wehrlose Bevölkerung Schanghais, Nankings, Pekings. Als acht Jahre zuvor Japans Zivil den Feuerstürmen erlag, galten sie der Befreiung der chinesischen Küste. Jetzt lagen die Küstenbewohner im Visier der Nuklearstrategen, und das einzige, was sie noch retten konnte, war die Rücksicht auf die Menschen Tokios und Hiroshimas.

Der Hintersinn des wortkargen Mannes war offenbar, der akuten Vergeltungsgefahr wegen von weiteren Massakern abzusehen. Er hatte schon 1945, als höchster Soldat, Trumans Entschluß mißbilligt, per Eingabe. Acht Jahre später bedachte Eisenhower die Rolle Japans als Versorgungsrampe und Außenpfeiler der USA in Asien, dem, wie Deutschland drüben in Europa, die zweite Verfeuerung drohte.

Collins antwortete, daß es auf die Besorgnis des Präsidenten keine Antwort gebe. Wenn die Sowjets intervenieren wollten, fänden sie auch in den US-Basen Pusan und Incheon lohnende Ziele.

Ein Ziel des Abscheus stellte Amerika in einem Rußlandkrieg für seine europäischen Verbündeten dar. Vorstudien zufolge würde England all seinen Einfluß dazu einsetzen, ihn zu verhindern. Nach Scheitern dieser Mühen folge es vermutlich den USA »with reluctance and bitterness«. Auf die Türken und Griechen sei Verlaß, auf Spanien gleichfalls, doch werde es seine Preise steigern, Frankreich stecke aus Angst vor den Chinesen in seiner Kolonie Vietnam in der Zwickmühle. Das unbewaffnete Deutschland werde unermüdlich den amerikanischen Kurs abzuschwächen suchen. Wie es sich angesichts einer verunsicherten NATO entscheide, hinge ganz vom russischen Verhalten ab.

Die Verbündeten, besonders die im Weltkrieg Besiegten und Okkupierten – das waren beinahe alle –, würden nicht kämpfen wollen. Die sicheren Anfangsniederlagen vor Augen, danach neuerliche Okkupation, flößten so viele Neutralitätsgefühle ein, daß die USA vielleicht wählen müßten zwischen europäischer Unterstützung und dem Verfolg ihrer Strategie.

Eisenhower, unlängst noch NATO-Befehlshaber, kannte die Befindlichkeiten der Partner so genau wie Amerikas Abhängigkeit vom europäischen Boden. Die Geographie verurteilte es zur Partnerschaft, anders kamen seine schweren Bomber nicht nach Moskau, Leningrad und Kiew. Man könne den Europäern keinen kompletten Einsatzplan aushändigen. Die Bereitwilligkeit dazu müsse ihnen auf ruhige, informelle Weise eingegeben werden. »We ought at once to begin to infiltrate these ideas into the minds of our partners.«

Auch der Präsident eilte mit Weile in die Entscheidungsschlacht. »Wann hätten wir die erforderlichen Maßnahmen zu treffen, wenn die Vereinigten Staaten, sagen wir einmal im Mai 1954, bereit sein sollten, in diese Operation einzusteigen?« Bradley antwortete, daß dann sofort begonnen werden müsse, auch mit Einschnitten in die NATO-Ausrüstung.

»The quicker the operation is mounted«, sagte der Präsident, »the less the danger of Soviet intervention.« Er gestand seine Besorgnis, daß Amerikas Schlag gegen die Mandschurei in einen dritten Weltkrieg einmünde. Dort hatte auch 1931 die Kette der Ereignisse begonnen, die zum Zweiten hinführten. Churchill steuere auf eine Viererkonferenz der Alliierten von 1945 hin; er frage sich, so Eisenhower, »ob Sir Winstons Fähigkeiten und Urteilsvermögen noch auf der Höhe seien«. Die Sieger hatten auf allen Viererkonferenzen nach dem Siege sich nichts mehr zu sagen gehabt. Womöglich lade Malenkow zu einer solchen ein, sagte der Vizeaußenminister. Dem konnte man nicht fernbleiben, denn die Partner würden kommen wollen. In dem Falle, sagte Eisenhower, wäre er lieber der Ersteinladende.

Nach Verlautbarung vieler sich kreuzender Gedanken wurde National Security Council Action No. 794 beschlossen, die nach Zusammenbruch der Gespräche in Panmunjon eine militärische Lösung nach den ›Allgemeinen Leitlinien‹ der Joint Chiefs vorsah, die, wie gesagt, den »extensiven strategischen und taktischen Gebrauch von Atombomben gegen die Mandschurei und ganz China« empfahlen.

Action No. 794 beendete den Krieg oder aber die Limitierung des Kriegs. Angriffsziel war China und Angriffsobjekt die Gesamtheit seiner städtischen Population, das, wozu eine Nuklearwaffe existiert. Eisenhower überließ es den Chinesen, das Desaster Hunderter von Detonationen auszulösen; er selbst hatte sich im Kreise seiner Generäle festgelegt, jedoch mit einem Zeitvorrat von zwölf Monaten. So lange, bis die Luft- und Seeflotten in Okinawa, Japan und Formosa beisammen waren, konnten Gipfel- und Vierertreffen, Diplomatie und Geheimdiplomatie, stille Boten und unparteiische Vermittler gute Dienste leisten. Andererseits würde Peng Dehuai nicht stillhalten, während die Atomstreitkräfte sich versammelten. Die Zeit drängte aus allen Richtungen. »Our position vis-à-vis our allies is deteriorating daily«, warnte das Außenministerium den Präsidenten.

Mit Datum vom 18. Mai 1953 wußte Dulles, daß in den Augen seiner Partner der Waffenstillstand perfekt war. Seit Ende März war das chinesische Entgegenkommen evident. Auf Vorschlag General Clarks lief bereits die Repatriierung verwundeter und kranker Gefangener an, die Operation ›Little Switch‹. Die Nebensächlichkeiten, um derentwillen am 20. Mai die Atomisierung Chinas beschlossen wurde, betrafen den Verbleib der nordkoreanischen Gefangenen. Nach US-Wünschen wären sie nicht, nebst den Chinesen, dem Gewahrsam der neutralen Mächte auszuhändigen, sondern freizulassen zu beliebigem Wohin. Er verstehe nicht, warum man deshalb in zwölfter Stunde das Duell suche, schrieb Robert Murphy, der Vertreter des US-Außenministeriums, in Panmunjon. »The Prisoner of War issue has been built into enough of a Frankenstein.«

Murphy und Clark hätten ein Duell zur fünften Stunde vorgezogen. Wer zur zwölften Stunde antritt, gefällt sich in folgenlosen Gesten oder liest eine andere Uhr. Die Gefangenenfrage war ausgelitten, doch die Chinafrage nicht. Aus der nun regierenden Republikanischen Partei drang seit vier Jahren die Wehklage: »Who lost China?«, und wieso keine Wiederbelebung Tschiang Kaischeks? Die Kuomintang-Truppen aus Taiwan die Koreafront hinauf zur Mandschurei zu geleiten war immer MacArthurs ›winning strategy‹ gewesen.

Für Mao Tse-tung galt der Koreakrieg nicht eine Stunde lang der Koreafrage, sondern einzig dem Kräftemessen Chinas mit Amerika. Es sollte endlich vom Kontinent gespült werden. Die Hoffnungen beruhten auf Gegenseitigkeit.

In Taiwan verfügten, wie Stalin zutreffend anmerkte, die USA über ein Zweit-China. Warum nicht die beiden Chinas auswechseln? Die Chance käme nie wieder. Den Kommunismus aus Asien zu spülen, wünschte sich John Foster Dulles nicht minder herzlich als MacArthur. Die Macht war jung und keine vier Jahre in Peking.

Als der Koreakrieg ein halbes Jahr vorüber war, diskutierte der Nationale Sicherheitsrat noch immer über die Atomisierung Chinas. Wenn die Kommunisten wieder über den Yalu kämen, würde man alles ganz anders machen als 1950. Man würde sie nicht am 38. Breitengrad erwarten, sondern den Aggressor entmachten. »We should certainly respond by hitting them hard«, sagte der Präsident am 3. Dezember, »including Peking itself.« Die Flugplätze in der Mandschurei, so peinlich geschont in den Tagen der MiG-Invasion, würden unter Atombomben verdampfen. Auf jeden Flugplatz eine, schwor der Präsident.

Unerschrockenheit

Mao und Tschou En-lai hatten konzediert, was ihnen zwei Jahre zuvor auch schon möglich gewesen wäre, 16000 Mann nach Taiwan ziehen zu lassen. Sie hatten damals bereits eine dreiviertel Million in den Tod geschickt, besaßen also Helden genug. Sie konnten, wie Stalin, alle Gefangenen grundsätzlich als Feiglinge deklarieren. Im August 1951 aber verlockte die Beidhändigkeit von Verhandeln und Kämpfen. Pengs Armee glich entfernt nur der von 1953. Sie hatte, während die UN/US-Truppe in Langeweile versank und die 5. Air Force Bauerndörfer anzündete, sich mechanisiert, motorisiert und die ›Große Mauer von unten‹ gebaut, eine atombombenfeste Verbunkerung im Erd- und Felsenreich.

Für den Feldzug der Volksfreiwilligen berechnete China den Russen die Mechanisierung der Roten Armee. Den Ausstieg aus dem Krieg ließ es sich mit dem Industrialisierungsprogramm des 1. Fünfjahrplans entgelten. Darüber hinaus verlieh der Koreakrieg, und das ist sein geschichtliches Datum, Maos Partei das Siegel der nationalen Befreierin. Sie beendigte die 110 Jahre der Schmach, der Anarchie und Selbstzerfleischung, vor allem aber der Demütigung einer viertausendjährigen Zivilisation. Ein aus der Tiefe der Zeiten rührendes, sich als Nabel der Welt dünkendes Staatswesen, geplündert, erpreßt und zerstückt von westlichen Parvenus, die in Sun Tses Tagen illiterate Nomadenstämme gewesen waren, besann sich seiner Maße. Es war wieder der Magnet der Erde.

»Chinas Strategie«, schrieb Liu Schao-tschi am 4. Januar 1950 in der *Prawda*, »wird zum Hauptweg der Befreiung auch anderer Völker in kolonialen und halbkolonialen Ländern.« Damit es dazu kam, mußte die Führungsmacht des Westens in ihrer Schwäche entblößt werden. Man sah sie Angst haben und Mao nicht. Das Schauspiel, das Japan 1942 geboten hatte, wiederholte sich. Doch die Atomfaust, die Japan 1945 züchtigte, blieb untätig. Der Weltbeherrschungsapparat versagte. Diesen Nachweis sechs Jahre nach Hiroshima zu führen, taugte kein zweites Land. War es Mut, war es Todesverachtung, war es eine Tat oder Untat? Es war einzig. China nahm damals, wie es später hieß, »seinen rechtmäßigen Platz unter den Nationen ein – den ersten«. Zumindest wäre keine andere Nation 1951 ein Kräftemessen mit den USA eingegangen, das selbst Stalin mied.

Amerika hatte seinen Krieg mit China darum nicht gewonnen, weil es den Waffengang mit Rußland scheute. China hat darum seinen Krieg nicht verloren, weil es das Risiko, allein zu stehen, auf sich nahm. Das Wagnis ist auch ein militärischer Faktor. Selbst der Wahnsinn. Insofern mochte Peng Dehuai, immer mit einem Bein im Atomkrieg, von sich behaupten: »Nach drei Jahren erbitterter Kämpfe wurden die erstklassigen Streitkräfte der größten Industriemacht der kapitalistischen Welt gezwungen, dort zu enden, wo sie aufgebrochen sind.«

Peng war gestartet am Yalu und stand unverrückbar am 38. Breitengrad. Das zählte in Asien; zum ersten Mal zog es gewaltsam einer westlichen Großmacht irreversible Grenzen. »Für immer ist die Zeit vorüber«, sagte Peng Dehuai, »wo die westlichen Mächte in den letzten hundert Jahren ein Land im Osten damit erobern konnten, daß sie ein paar Kanonen an die Küste stellten.« Nach dem Weltkrieg hätten die US-Imperialisten mit ihren neuen Superwaffen die Völker bedroht, geblufft und eingeschüchtert. Ihr Militär sei »von außen stark und innerlich schwach«. Seine vorgebliche Allmacht existiere gar nicht; jede weitere US-Aggression könne komplett zerschlagen werden.

»Wenn man es nie mit ihnen aufnimmt«, rief Mao im September 1953 dem Parteikongreß zu, »fesselt einen die Furcht. Wir haben sie dreiunddreißig Monate bekämpft und dabei kennengelernt, was sie wert sind.« Peng Dehuai fügte hinzu, daß die Korea-Erfahrung andere kolonisierte Nationen anspornen werde. Die nächste stand schon im Felde; chinesische Berater und Militärgüter strömten nach Vietnam, wo General Giap im März 1954 bei Dien Bien Phu die Franzosenherrschaft beendete.

Anders, als es die chinesischen Strategen im Munde führten, imponierten ihnen Atomwaffen als Insignien der Souveränität. Man hielt sie nur nicht für geeignet, eine Welt in Schach zu halten, schon weil China damit nicht zu bezwingen war.

Am Abend des 25. September 1950, China stand noch nicht im Krieg, das X. US-Korps kämpfte in den Hausfluren Seouls, dinierte Kovalam M. Panikkar, der indische Botschafter, mit General Nieh Yen-jung, dem Stabschef der Roten Armee. Nieh, ein alter Soldat, der mit seinem rasierten Schädel und kugeligen Gesicht dem smarten Inder wie ein Preußenoffizier erschien, war zugleich Militärgouverneur Pekings. Nach dem Mahl wandte sich das Gespräch den Neuigkeiten aus Korea zu, dem Triumph MacArthurs.

Wenn die Amerikaner sich der Mandschurei näherten, sagte Nieh, würden die Chinesen nicht die Hände falten und zuschauen.

Panikkar wunderte sich am meisten über den freundlich gelassenen Ton.

»Wir wissen, worauf wir uns einlassen«, fuhr der Stabschef fort, »aber die amerikanische Aggression muß um jeden Preis gestoppt werden. Die Amerikaner können uns bombardieren, unsere Industrien zerstören, aber sie können uns nicht am Boden schlagen.«

Solch eine Zerstörung, warf Panikkar ein, würde China ein halbes Jahrhundert zurückwerfen. Selbst das Landesinnere könnte zerbombt werden.

»Wir haben alles durchkalkuliert. Sie können ruhig Atombomben auf uns werfen. Und dann? Sie werden ein paar Millionen Leute getötet haben. Ohne Opfer kann die Unabhängigkeit einer Nation nicht erhalten bleiben.« Dann rechnete er die Effizienz von Atombomben vor und sagte: »Schließlich lebt China auf Bauernhöfen. Was können Atombomben da machen?« Die ökonomische Entwicklung verzögere sich und man warte ein wenig länger.

Die Kalkulationen besagten, daß diese Waffe eigentlich die Umkehrung der westlichen Verletzlichkeit sei. Sie taugte gegen konzentrierte Menschen- und Gebäudeansammlungen; weit gestreute

Siedlungsformen neutralisierten den Effekt. Allerdings betrug die durchschnittliche Siedlungsdichte Chinas mit 75 Einwohnern/km^2 mehr als das Doppelte der US-amerikanischen in den reichstbevölkerten Neuengland-Staaten mit 33 Personen/km^2. Vom Standpunkt der Empfindlichkeit boten Japan mit 181, England mit 194 und Deutschland mit 144 Einwohnern/km^2 die geeignetsten Ziele. Die deutschen Rheinlande beherbergten 314 Personen auf den Quadratkilometer.

Anders als die vorgenannten Länder besaßen die Chinesen einen erstaunlichen Luftschutz. China war unterkellert. Im Japankrieg hatten die Bauern Leib und Gut in Erdröhren bewahrt, die Partisanen schafften sich Rückzugslinien und Hinterhalte. Anfangs waren Familienzellen gegraben worden, dann Luftkorridore von Dorf zu Dorf, die den Straßenlauf nachahmten. Zahlreiche Ausstiege und Höhlen zum Massenaufenthalt fügten sich zu einer Wabe, die allein in der Hebei-Provinz, die auch Peking umgibt, eine Länge von 12 500 Kilometern erreicht. Der Äquator mißt 40 000 Kilometer. In den sechziger Jahren untertunnelte das Land sich weiter in gigantischen Dimensionen. Jetzt fanden auch die zuvor umgangenen Städte ein Untergrunddomizil. Das alles mochte zu der Nüchternheit beitragen, mit der die chinesische Führung sich auf den Atomkrieg gefaßt machte.

Mao glaubte, das in Korea von der Knechtschaft auferstandene Reich der Mitte habe noch einen zweiten Amerikakrieg zu schlagen. Auch rechnete er zu seinen Lebzeiten damit, das Imperium an der Gegenküste wirtschaftlich einzuholen. Das wird länger brauchen, ist aber vorhersehbar. Der zweite Krieg würde wohl jener Feuerschlund werden, vor dem Truman und Eisenhower am Yalu zurückschreckten.

Den ersten sah Mao mitnichten als Unglück ergebnisloser Vernichtung von Land und Leuten, als politisches Vabanque, als militärische Mißkalkulation. Weder er noch seine Gefährten, noch vermutlich die Mehrzahl der Chinesen bezichtigten sich, den Weltkrieg provoziert, das Augenmaß verloren, den Konfliktanlaß überdehnt, den Gegner beunruhigt, die Einigungschancen verkannt zu haben.

Nicht eine Sekunde zweifelten sie daran, in Notwehr zu handeln. Zur Aggression waren sie schon deswegen außerstande, weil der Aggressor seit hundert Jahren feststand.

Die Rechnung, die hier aufgemacht wurde, kannte kein Mäßigungsgebot, keinen Friedensauftrag, keinen Völkerrechtssatz; lauter feierliche Hülsen einer falschen Machtverteilung auf der Welt. Nichts Legitimeres als schrankenlose Gewalt gegen die Einseitigkeit des Reichtums und der Zwangsmittel. Wenn ein Krieg dem nicht abhilft, dann zwei. Wenn ein Weltkrieg entsteht, dann weil ein Weltübel auszutilgen ist. Auch dem Gegner war sein Rang zwei Weltkriege wert gewesen. So wähnte er, sich des Bösen erwehrt zu haben, doch ist er das Böse selbst. Ein Teilsieg war errungen gegen den absoluten Feind und ein Nachweis erbracht seiner Besiegbarkeit. Seine absolute Macht, physisch zugegen in der unwiderstehlichen Waffe, entpuppte sich zur eigenen Verblüffung als unpraktisch.

Wie Deng Xiaoping später einmal anmerkte, besteht der vollkommene Sieg nicht in der vollständigen Zerstörung des Gegners. Das ist eine unpolitische Konzeption von Krieg. Weil Deutschland und Japan auf diese Art und Weise erledigt worden waren, standen die Sieger schon mental im nächsten Krieg. Der Hydra des Bösen blieb noch ein Kopf abzuschlagen! Als die USA im stolzen Besitz der totalen Vernichtungswaffe anrückten, ereilte sie die politische Wirklichkeit. Der Arm lag in Fesseln, der Sodom und Gomorrha über ganz China und Rußland bringen sollte. Auch wenn Truman solche Apokalypsen in den Mund nahm, war er zu klug, sie auszuführen. Man konnte offenbar mit dieser Waffe nicht den Krieg beenden, sondern nur ausdehnen. Das war – gegen allen Anschein – schon in Hiroshima geschehen. Auch diesem Ungeheuer wuchsen Köpfe nach, jeder erhob sich höher als der vorangegangene.

Der Krieg um die Vorherrschaft in Ostasien wurde von 1946 bis 1949 als Bürgerkrieg weitergekämpft – mit amerikanischen, japanischen, russischen Waffen und Geldern. 1950 eröffnete der Staatenkrieg aufs neue. Und wieder ging es um China und Japan und Europa und Sowjetrußland. Korea bot den Schauplatz. Wenn die

Bombe ihn überschritt, setzte sie womöglich eine Kettenreaktion eigener Art in Gang, und alle Kontinente des Weltkriegs brannten aufs neue. Danach war ihren Bewohnern wenig zumute.

Hätten Truman und Eisenhower als Herostraten der Welt ihre Atomblitze umlaufen lassen müssen? Sie unterließen dies erstens, weil sie keine Herostraten waren, und zweitens, weil die Anzahl ihrer Blitze und die Geographie der Startbahnen es nicht empfahlen. So teilte ihre Macht sich in eine rein theoretische und eine rein praktische.

Wie Peng Dehuai und Mao vorführten, war die praktische Macht des West-Imperiums anfechtbar; die unanfechtbare Allgewalt aber war unpraktisch. Aus dieser allgemein zugänglichen Erkenntnis folgerten die verhinderten Massenvernichtungskrieger keineswegs, ihr Werkzeug auszumustern. Sie erfanden es gewissermaßen neu als virtuelle Waffe. Anders als alle vorherigen Waffen wirkt sie nicht durch Anwendung, sondern durch Nichtanwendung. Sie ist das einzig Rationale.

Damit die Nichtanwendung irgend etwas bewirkt, besitzt sie eine Begleiterin, die Möglichkeit der Anwendung. Die Rationalität droht damit, daß sie auch anders kann. Ohne diese Irrationalität vermag sie sich nicht zu entfalten. Diese Ratio ist infolgedessen von sich selbst bedroht. Ferner benötigt sie einen erpreßbaren Gegner.

ERPRESSER

Die Eventualität des Atomschlags wurde im Koreakrieg in einem abgestuften Repertoire von Gesten kommuniziert. Damit der Gegner reagiert wie vorgesehen, schienen direkte Erpressungen unangebracht, zumal bei Chinesen. Erpreßbarkeit besteht, solange sie nicht als solche erscheint. Nach der Sitzung des Nationalen Sicherheitsrats, am 22. Mai 1953, wiesen die Joint Chiefs das UN/US-Kommando in Korea an, das Waffenstillstandsdiktat diskret anzubringen. Die atomare Drohung blieb unausgesprochen; der Gegner mochte sie sich selber denken: »Avoid use of specific terms as ›final‹, ›take it or leave it‹ etc.« Die öffentliche Verhandlungsrunde eigne sich schlecht; der Exekutivausschuß in seinem verantwortungsschweren, unpropagandistischen Stil tauge besser dazu, den ›Commies‹ zu vermitteln, daß es um eine kaum weiter verhandelbare Position gehe, »avoiding ultimatum aspects«.

Eine Drohung soll nicht formuliert, sondern glaubhaft gemacht werden. Zur Glaubhaftmachung war die koreanische Reisernte ruiniert worden. Der Gegner entnimmt den Ernst von Konsequenzen nicht aus Beteuerungen, sondern aus Erlebnissen. Das Desaster erstreckt sich in Eskalationsstufen. Es kommt halbiert und geviertelt. Sind die Viertelschritte noch erträglich, müssen die Halbschritte folgen, exakt und vorangekündigt. So lernt der Gegner zu glauben und traut dem Erpresser das Äußerste zu. Wer dem Feind das Schlimmste ersparen möchte, tut ihm das Zweitschlimmste an.

Zusätzlich nahmen die Amerikaner die Glaubhaftigkeit von Zwischenträgern in Anspruch. Die Chinesen würden, wenn irgend jemandem, ihren russischen Versorgern folgen. So wählte Washington Außenminister Molotow zum Überbringer der letzten Warnung.

497

Diesen undurchdringlich sturen Altbolschewiken würden Mao und Tschou keines Bluffs verdächtigen.

Das State Department wies am 26. Mai, einen Tag nach Aushändigung des Ultimatums in Panmunjon, seinen Botschafter Bohlen an, sofortigst um einen Termin bei Molotow zu bitten, »wobei Sie die außerordentliche Bedeutung und Ernsthaftigkeit der neuesten UN-Vorschläge betonen und klarmachen sollten, daß diese die Grenze darstellen, bis zu der wir gehen können. Zwar sollten Sie den Anschein einer Drohung vermeiden, doch sollten Sie Molotow darauf hinweisen, daß Ablehnung eine Situation schaffen würde, welche die US-Regierung höchst ernsthaft zu vermeiden sucht.«

Charles Bohlen, ein diplomatischer Veteran der Weltkriegsallianz, hielt es für das beste, Molotow kameradschaftlich das Blatt Papier mit dem Sechs-Punkte-Ultimatum auszuhändigen. »Ich würde natürlich unsere im Fall einer Weigerung in Betracht gezogene Vorgehensweise nicht ins Spiel bringen!«

Molotow empfing Bohlen am Nachmittag des übernächsten Tages. Ein Übersetzer las ihm die sechs Punkte vor, die er nicht weiter kommentierte, doch stellte er einige Nachfragen. Bohlen beobachtete seine desinteressierte Korrektheit, die Sache ging die Sowjetunion gar nichts an, sie war neutral wie eine Fensterscheibe. Doch lauschte er mit höchster Aufmerksamkeit, ließ sich von Bohlen Punkt für Punkt haarklein erläutern, nebst der Beteuerung, es ginge um Fundamentalprinzipien der UN, die an der äußersten Grenze ihrer Kompromißfähigkeit stünden.

Bohlen kannte den Minister wohl, den seine Genossen den ›Eisenarsch‹ nannten, der seine Weggefährten, Hitler, Roosevelt und Stalin, überlebt hatte, letzteren nur knapp, und er seufzte, daß ihm jeder Anlaß fehle, auch nur versuchsweise vorauszusagen, was sein graues Gegenüber denke. Dieser verlor keine Silbe zugunsten seiner chinesischen Freunde, sondern wußte, was er wissen sollte, daß es ernst war. Also schaute er verdrießlich, realisierte, daß genug argumentiert war; jetzt wurde der Punkt gesetzt und keinen Tag später.

498

Molotow fragte, ob die US-Regierung eine Antwort auf ihre Mitteilung wünsche? Nein, sagte Bohlen, dies sei keine offizielle Äußerung und bedürfe auch keiner Antwort. Man habe die Sowjetregierung nur auf die Bedeutsamkeit der jüngsten Vorschläge hinweisen wollen.

Molotow sagte, daß er seine Regierung informieren werde, ihr liege am Frieden in Fernost. Wann sei die nächste Sitzung in Panmunjon anberaumt?

Bohlen sagte, in drei Tagen, am 1. Juni.

Heute sei der 28., meinte Molotow, und Bohlen glaubte zu sehen, daß er im Kopf etwas überschlüge, nämlich die Zeitzonen. Molotow rechnete, wie schnell er die Chinesen und Nordkoreaner nach Moskau bekäme, um ihnen zu raten, jetzt besser zuzustimmen. Dazu mußten sie ihm in seinen unergründlichen Zwicker sehen. Wer bestellt wird, weiß weswegen.

John Foster Dulles weilte in der Vorwoche in Indien und unterrichtete auch Premier Nehru, daß eine Ablehnung atomare Konsequenzen habe. Doch würden die Chinesen sich von einem Inder keine Drohungen übermitteln lassen, der denn auch schwor, daß er nie solche gehört und das nie Gehörte auch nie weitergeleitet habe.

Molotow beorderte die Freunde in den Kreml, sagte ihnen, was die Zeit verlangte, und warum auch immer, sie taten es. Dulles und Eisenhower hielten sich später viel darauf zugute, mit der Atombombe, die einzusetzen sie keinerlei Anstalten trafen, das Ende des Krieges erzwungen zu haben. Als bewiesen kann gelten, daß es sacht versucht wurde.

Was Molotow den Freunden sagte, wissen wir nicht. Da aber das sowjetische Interesse sich vom Koreakrieg entfernte, hatte er keinen Grund, Bohlens Wink zu verheimlichen. Falls die Chinesen erwogen haben sollten, dem weichverpackten Ultimatum nicht zu entsprechen, hat Molotow ihnen gewiß nicht sowjetischen Schutz gemäß Beistandspakt vom Februar 1950 garantiert. Dies hätte er Bohlen sonst mitgeteilt.

Wenn Mao ohnehin entschlossen war, sich mit dem Erreichten abzufinden, existierte kein Grund, sich von Molotow bearbeiten zu lassen. So liegt nahe, daß es noch irgend etwas zu sagen gab. Die Ausstiegswünsche des Kreml waren seit acht Wochen angemeldet, angekommen und gebilligt. China gab am Verhandlungstisch nach, trug seine Haut aber teuer zu Markte, suchte Ausflüchte, Hintertüren, Aufschübe. Damit – nichts anderes konnte Molotow bestellen – war es auf die Minute vorbei.

Eisenhower stellte sich an die Weggabel und gab an, er könne leider nicht anders. Diese wunderliche Durchsage wurde ihm geglaubt. Sie stimmte überein mit seinem Beruf als Militär, seiner stets vertretenen strategischen Linie, seiner Vergangenheit und seinem Naturell. Er war ein nüchterner, zurückhaltender Mann, kein Politiker, war dreimal erfolgreich gelandet, in Nordafrika, Sizilien und der Normandie. Er kam, wenn die Gelegenheit sich öffnete. Die Öffnung bestand nicht darin, daß er zwingend handeln mußte, sondern die Gegenseite kaum handeln konnte. Moskau steckte tief in der Krise. Eisenhower wußte, daß die Sowjetkommunisten wußten, ihr Imperium durchzog ein Beben. Sie scheuten jetzt ein Risiko, und die Scheu machte sie erpreßbar.

Ein toter Stalin war wie ein toter Hitler, ihre Auflösung löste einen Bann. Die Widerspenstigkeiten, die sie gebannt hatten, wagten sich hervor. Jetzt war die Stunde des frivolen, kurzentschlossenen Abfalls und des Verrats. Ostdeutschland, Polen, die Tschechoslowakei, Ungarn, alles latente Abtrünnige, die für ein Dollar Recovery Program die Seiten wechselten. Wenn die Front wackelt, läßt man es nicht auf Krieg ankommen.

Molotows und Chruschtschows Feind war vorübergehend nicht Amerika, sondern Berija. Stalins Tod war schrecklich, schreibt Chruschtschow, »doch befürchtete ich, daß uns das Schlimmste noch bevorstand«. Berija strahlte, und das bedeutete »unangenehme Überraschungen, ich würde sogar sagen katastrophale Folgen«.

Die innere Katastrophe war nicht halb so schlimm wie die äußere. »Unmittelbar vor seinem Tode sagte Stalin immer wieder: ›Ihr werdet sehen, wenn ich nicht mehr bin, werden euch die imperialistischen Mächte wie Hühnern den Hals umdrehen.‹«

Man würde es schon schaffen, setzte Chruschtschow hinzu. Stalins Außenpolitik habe die militärische Stärke überschätzt, und die Hinterbliebenen fanden es »eine interessante Herausforderung für uns, zu versuchen, allein mit den fremden Mächten fertig zu werden«.

Als erstes merkte man, daß auch sie die Bedeutung der militärischen Stärke überschätzten. Dies wäre denn die Stunde des Präventivschlags. Selbst wer ihn gar nicht vorhat, bringt jetzt die Drohung unter, weil sie wirkt. Gar nicht wirkte die bisherige Geiselhaftung Europas. Den Durchstoß zum Atlantik hätte unter Umständen ein deutsch-polnischer Aufstand in den Rücken und ein tschechisch-ungarischer, vielleicht jugoslawischer in die Flanke getroffen. Dazu Atomschläge gegen die Aufmarschbasis.

Eisenhowers Luftangriff auf die Mandschurei hätte nach dem Kalkül der Vorgängerregierung den russisch-chinesischen Bündnisfall auslösen können. Dies konnte er nun nicht mehr.

Moskau hatte die Wahl, seinen Verbündeten im Stich zu lassen: Stalin ist noch nicht kalt, schon beginnt der Verrat! Oder aber es rollte der vielgefürchtete Vergeltungsstoß zum Atlantik. Stalin ist tot, und gleich ist Krieg! Hätten hinter den Linien, wo die Bomben fallen, Polen und Tschechen und Sachsen sich eines Besseren besonnen? Wie man den Fall auch drehte, man bekam den Hals umgedreht, Stalin wußte es vorher. Nichts davon mußte geschehen, doch alles konnte so grauenvoll gehäuft und unwiderstehlich geschehen.

Mit einem Male waren die Fronten für den Kreml so unübersichtlich wie bisher für Washington. Er mußte nachgeben und sein fernöstlicher Klient ebenfalls. Ein Ultimatum spielt mit der Zeit, und Molotow sah, daß sie gegen ihn spielte.

Das Aktenbild des Ultimatums zeigt, wie stumpf das Messer an der Kehle war und wie wenig ultimativ es die Erpresser selbst ansahen. Die vorausgegangenen Verhandlungsofferten der Chinesen werden keineswegs als verstockt, sondern als »substantial concession« angesehen. »There can be no question but that the communists' proposal contains a firm basis for further discussions.«

Die eigenen, noch weiter gehenden Wünsche erachtete man als

unkluges Zurückweichen vor dem vernagelten Rhee, das einen Zwist trug in die Reihen der US-Verbündeten. Sie alle waren tief zufrieden. Endlich! »We are under intense pressure from our allies«, stellten die Joint Chiefs am 22. Mai fest, drei Tage vor dem Ultimatum. Man dürfe bei den Kommunisten gar nicht mehr herausholen: »Believe any further attempt to obtain agreement on markedly more favorable terms not only futile but also undesirable«, so instruierte Eisenhower seine Verhandlungsführer. Ganz anders unterrichtete er Molotow.

Die sechs UN-Bedingungen sind nämlich keineswegs das letzte Wort: »Wenn die Kommunisten die Vorschläge ablehnen, ohne eigene Vorschläge zu machen, welche die Grundprinzipien des UN-Vorschlags enthalten, oder wenn sie kein anderes Willenszeichen abgeben, eine Vereinbarung auf akzeptabler Basis zu erreichen« – unter diesen recht lockeren, höchst unwahrscheinlichen Voraussetzungen »wären die Verhandlungen eher als völlig beendigt denn als aufgeschoben anzusehen«.

Es bleibt gar nichts anderes übrig, als das sogenannte Ultimatum intern völlig aufzuweichen. Ihm fehlt zwei Tage vor dem Atombeschluß vom 20. Mai jeglicher Konsens unter den Verbündeten. Sie wissen noch gar nichts davon. »Welchen Effekt wird ein Bruch auf die Verbündeten haben?« fragt Bradley. Soll man sie überhaupt einweihen?

Die Alliierten brechen schneller auseinander als die Verhandlungen. Eher meint man, Molotow den Ernst der Lage einreden zu können als Churchill. Jenem paßt die harte US-Haltung gegen die Chinesen weit besser als diesem. Was immer auch die Russen bewege, bedeutet der indische UN-Vertreter Krishna Menon seinem Kollegen Cabot Lodge, »their policy has changed and they now want to ›make peace‹«. Man habe es analog zum »outbreak of war« mit einem »outbreak of peace« zu tun.

Den Ausbruch des Friedens datiert der amerikanische Generalkonsul in Hongkong auf Tschou En-lais Teilnahme an Stalins Begräbnis. Dort müsse eine Entscheidung gefallen sein, »die dazu dient, während der kritischen Periode der Konsolidierung des kommunistischen Blocks nach Stalins Tod die Spannungen zu reduzieren und die Aufmerksamkeit der Westmächte einzulullen«. Es existiert keine plausiblere Analyse des Kriegsendes als dies Telegramm Mr. Julien F. Harringtons an das State Department vom 31. März 1953, 21 Uhr:

Die stetigen wirtschaftlichen Abflüsse zur Koreafront sowie die Erwartung von Schwierigkeiten anbetrachts vielerlei künftiger US-Maßnahmen hätten die chinesischen Kommunisten um massive Hilfe bei der Sowjetunion nachsuchen lassen. Anders konnten sie den Krieg nicht parallel zum Fünfjahrplan weiterführen. »Angesichts der Forderungen der chinesischen Kommunisten und der delikaten Lage nach Stalins Tod könnte die Sowjetführung meinen, daß die Nachteile einer Fortführung des Koreakrieges die Vorteile überwiegen und es besser ist, in der Gefangenenfrage eine taktische Niederlage hinzunehmen als die Ungewißheiten eines weiter anhaltenden Krieges.«

Fragt sich nur, warum der unverkennbare Ausbruch des Friedens von Eisenhower überwölbt wurde mit dem fiktiven Ausbruch eines Atomkriegs? Man kann vernünftigerweise mit Atomkrieg nur drohen, wenn einigermaßen gewährleistet ist, daß er nicht ausbricht.

MIMIK

Der Erpresser bedarf eines Vorteils gegenüber dem Erpreßten. Ihr Schwächeanfall minderte Molotows und Chruschtschows Aktionsradius. Ihr europäischer Block geriet alsbald ins Rutschen. In der Tschechoslowakei und Ungarn wechselte die Regierung; Imre Nagy nahm Reformkurs in Budapest, Polen rumorte, und Kardinal Stefan Wyszyński wurde in den Kerker geworfen. In dem wichtigsten Korridor, in Ostdeutschland, brach der Aufstand aus, General Dibrowa verhängte das Kriegsrecht und übernahm die Regierungsgewalt.

Mit Aufständen im Rücken soll man keine Offensiven beginnen. Keine acht Wochen waren ungeeigneter dazu als der Mai/Juni 1953. Nie seit dem Weltkriegsende war das sowjetische Reich als so flüchtig und so nichtig erschienen. Es stand auf 1945 hastig eingezogenen Stelzen. Sie wankten bei der ersten Erschütterung, hielten nur an der Schulter der Okkupationstruppen und würden irgendwann morsch werden. Hätte Mark Clark jetzt zügig den mandschurischen Atomschlag ausgeführt, wären die Vergeltungsmöglichkeiten dünn gewesen.

Nichts Dümmeres konnte Moskau gegenwärtig widerfahren, als wegen Mukden und Antung über den Rhein zum Atlantik marschieren zu müssen. So waren Molotow und Malenkow, Chruschtschow, Bulganin und Berija hinter ihren mißvergnügten Friedensmienen die Klügeren und fühlten sich nicht angesprochen. Das Ultimatum betraf sie durch den 1950er Beistandspakt höchst direkt und als die letzten Adressaten. Vernünftigerweise stellten sie sich dafür taub, als wenn sie es nicht wüßten.

Eisenhower und Dulles wurden in späteren Jahren nicht müde, das Kriegsende ihrem scharfen Ultimatum zugute zu halten. Dulles wollte Nehru »our intention to wipe out the industrial complex in Manchuria« anvertraut haben, und vierzehn Tage später waren die Probleme gelöst. Ein Satz reicht. Auch Eisenhower spricht später von Nuklearschlägen, die er Korea, der Mandschurei und der chinesischen Küste verabreicht hätte, daraufhin wurde der Gegner vernünftig: »Danger of an atomic war« macht gefügig; hätte man diese Kunst nur drei Jahre früher schon gekannt!

Es zeugt nur von Geschick, den Gegner im schwachen Moment zu stellen; es half Truman 1950 aber nicht, denn damals war Amerika der Schwächling. Freilich hätte er die Mandschurei zerstäuben lassen können, aber wahrscheinlich auch müssen, und unabsehbare Folgen heraufbeschworen. Mao und Peng schreckten davor nicht zurück und ernteten ihre Vorteile daraus. Anders hätten sie keinen Krieg führen können.

Wer hält der Aussaat der Massenvernichtungswaffe stand? Wen zwingt der pure Anblick, wen die erste Detonation, wen die zehnte, wen die hundertste in die Ergebenheit? Ehe irgendeiner dies weiß, liest man die präsumtive Härte in einem Mienenspiel.

Bevor die Höllenfahrt beginnt, tragen die Teilnehmer Gleichgültigkeit oder Furcht, Ingrimm oder Erbarmen, Politikverstand oder Tötungsfieber zur Schau. Keiner in diesem Mysterientheater kennt die Wirklichkeit der Waffe. Bisher wurde sie in Mimik übertragen. Trumans Hohltransporte sind anbetrachts seines Realvermögens ein Stirnrunzeln gewesen und machten Eindruck nur im eigenen, toderschrockenen Lager. Dort waren sie das Äußerste der Gefühle.

In einem Land, wo Hungersnöte und Überschwemmungen periodisch Millionen von Leben dahinraffen, wurde mit anderen Tabellen gerechnet. Mao und Tschou, Nieh und Peng, ohne ein Massenvernichtungsmittel – wenn man ihre Partei nicht hinzuzählt –, kommunizierten gänzliche Unberührbarkeit durch menschliches Leid. Ihr Bezugsrahmen kannte gar keine Opferscharen, sondern einzig China. Der Eindruck dieser Masken war kolossal.

Die Idee, Stalin mit Gebärdensprache zu nötigen, datierte aus der Berlinkrise 1948/49. Zwei Schwadronen B-29 tourten nach

Europa, begleitet von Artikeln der *New York Times,* daß diese Modelle baugleich mit der Hiroshima/Nagasaki-Mission zu Übungszwecken unterwegs seien. Doch fehlten den 90 Maschinen die Atomladevorrichtungen, sie transportierten nichts als den Schrecken von Hiroshima, von dem Truman, der nukleare Ersttäter, weiter zu zehren gedachte. Man wußte, was in ihm steckte.

Da er sich als der Sieger von Berlin wähnte, wiederholte sich der Berlin-Fake in Korea. Nachdem das Ursprungsziel, »resounding military success, achieved by demonstrably overwhelming power«, nach zwei Wochen einer schallenden Niederlage gewichen war, befahl Truman eine weitere B-29-Parade.

Wie zuvor in Berlin drückte sie keinen Vorteil, sondern einen Nachteil aus. Die Bombe war das Zeichen der Verzweiflung, die Nothelferin der Eingeschlossenen von Pusan. Das Operationsziel waren selbstverständlich nicht die Reisfelder am Naktong, sondern Stalins Nervenbahnen. Sie sollten nicht bombardiert, sondern beeindruckt werden.

Zum Zeichen ihres weltumspannenden Aktionsradius umklammerten die Maschinen beide Flanken des Sowjetreichs, diesmal in der atomtüchtigen Ausfertigung; sie trugen auch die Bombenhüllen mit sich, nur nicht den kritischen Kern. Allerdings war »Russian target material« an Bord, Ziellisten, Karten, Radarorientierung. Dem eigentlichen Kriegsgebiet wurden nur zehn Bomber zugeteilt; Bradleys Vorschlag, MacArthur mit scharfen Bomben auszurüsten, wiesen die Joint Chiefs zurück. Man konnte bei ihm nie wissen. Die Hälfte der Flotte war britischen Flugbasen zugedacht, die schon im Weltkrieg die ›Combined Bomber Offensive‹ beheimatet hatten. Die Kombination aber war nicht mehr die alte. Von England blieb nur der Standort.

Eine Standard-B-29 legte bei maximaler Ladung eine Strecke von knapp fünfeinhalbtausend Kilometern zurück, Hinweg und Rückweg. Ohne den britischen Stützpunkt war die Zerstörung der europäischen Sowjetunion eine leere Drohung. Als Curtis LeMay 1949 das Strategic Air Command übernahm, suchte er sich als erstes von Europa unabhängig zu machen. Eisenhower, damals Vorsitzender der Joint Chiefs, glaubte: »Im Falle eines größeren Krieges innerhalb der nächsten Jahre werden die USA keine aktive Unterstützung irgendeiner europäischen Nation erhalten mit Ausnahme Spaniens.«

Um allein ans Ziel zu gelangen, experimentierte LeMay mit luftbetankbaren Bombern. Zuvor waren Versuche gescheitert, die B-29 über die Arktis zu schleusen. Sie funktionierte nicht bei Temperaturen unter minus 40 Grad. Vor dem Start mußten drei Stunden lang die Motoren erhitzt werden. Mangels Heizung stockten die Vergaser. Die Propellersysteme fielen aus und verursachten Maschinenfeuer; die Enteisung in der Luft versagte, Piloten zerschlugen die Kanzelhaube mit der Axt, um sichtlanden zu können. Manche scheuten die Polarroute bis zum Ungehorsam. Keine Notlandung, keine Orientierung; Metall ist ohne Handschuhe unberührbar, Benzinspritzer verbrennen die Haut, Sauerstoffmasken schrumpfen weg, der Atem darf weder tief noch schnell, noch lang gehen, sonst verletzt er die Lungen. Kurz, die Geographie war so widrig wie die Natur und die Natur so unwegsam wie die Psychologie der europäischen Alliierten, die geschützt, aber nicht gefährdet werden wollten, gefördert, aber nicht beansprucht, geführt, aber nicht übergangen.

Die Royal Air Force fand, wie ganz England, die Sache Koreas den Aufwand nicht wert, zumindest nicht die Präsentation von Atomwaffen. Den Aufenthalt ihrer Komponenten nebst zehn B-29 in den königlichen Lufthäfen könne Moskau als unfreundlichen Akt bewerten und zu »weitreichenden Konsequenzen« anregen.

Briten und Amerikaner rätselten gleicherweise, ob die Insel innerhalb des Radius der sowjetischen Flugzeuge liege. Es galt als möglich; im Jahr 1944 hatten drei B-29, im Einsatz gegen Japan, wegen Treibstoffmangels in Wladiwostok landen müssen, eine vierte notlandete in Sibirien. Die Russen händigten sie nicht dem Besitzer aus, sondern Professor Tupolew; im Jahr 1948 ging eine exakte Kopie, die Tu-4, in Serie, ein russischer Langstreckenbomber mit einer Flugweite von 6600 Kilometern. Er schaute nur in die andere Richtung.

Die Briten fürchteten 1950, daß Atomwaffen Atomwaffen auf sich zögen, und wären gern ihrer ledig geblieben. Zunächst kontaktierten die Joint Chiefs kollegial Air Marshal Lord Tedder, man wolle vorübergehend ein paar B-29 stationieren. Tedder ließ sich von Vizestabschef Lauris Norstad überzeugen, sperriger war die Labour-Regierung. Der Krieg währte erst zwei Wochen. Acheson reklamierte die britisch-amerikanische Solidarität und schrieb den Partnern, daß man die ›Fiktion‹ der sowjetisch-chinesischen Nichtbeteiligung in Korea bestreiten müsse. Die B-29 signalisierte Stalin, daß man ihn durchschaut habe.

Attlee fragte den amerikanischen Botschafter, was die Maschinen enthielten? Würden die Bomber Atombomben transportieren? Das Pentagon hätte gern ›hardware‹ geschickt, doch da Stalin in die Bomben nicht hineinschauen konnte, hatte Truman sich für Attrappen entschieden, und der US-Botschafter beruhigte Attlee, daß in den Bomben vermutlich alles stecke bis auf den nuklearen Kern.

Der Premier und sein Kabinett hielten die Kraftmeierei dennoch für falsch, gaben aber ihre Rollfelder gegen das Versprechen her, das Manöver als Routineangelegenheit abzuwickeln. So stand es denn am 11. Juli in der *New York Times*, der Stalin nicht jedes Wort glaubte. Er wußte aber, daß die Briten Koreas wegen von ihrem Boden keinen Atomkrieg starten ließen. Staaten haben Böden und sind haftbar zu machen. Für den Ernstfall mangelte es den USA an zuverlässigen Startbahnen, und so inszenierten sie erleichtert lauter unernste Fälle.

Der pazifische Teil der Mission erfolgte knapp drei Wochen später in höchst ernster Lage. Die US-Truppen kämpften in Pusan um ihren Verbleib in Korea. Die Entsendung von zehn B-29 nach Guam begleiteten bohrende Diskussionen, wozu sie dienlich seien? LeMay flog eigens am 1. August nach Washington, um von Vandenberg den Sinn der Mission zu hören. Der sagte, es handele sich um eine ›atomic task force‹, niemand vermochte die Umrisse dieses Kriegs zu erfassen. Noch am 25. August argwöhnte der Nationale Sicherheitsrat, daß man womöglich »the first phase of a general Soviet plan for global war« erlebe. Statt dessen stieg die erste Phase des chinesischen Aufmarschs, der sich von Trumans Bombenfragmenten nicht stören ließ. Ansonsten erlebte man das letzte Stadium des Zusammenbruchs der 8. Armee.

In Washington ergab sich nach ausgiebiger Beratung die Nutzlosigkeit eines strategischen Atomschlags. Sollte ein taktischer Einsatz empfohlen werden, der die Infanterie aus der Klemme zog, bliebe er dem Beitritt Moskaus und Pekings zum Kriege vorbehalten, und nur dann, wenn er entscheidende Wirkung versprach. Der Abschreckungswert der Waffe könne durch einen Abwurf in den Tälern Koreas mit ungewissem Resultat verpuffen. Dies wiederum beraubte Europa seiner einzigen Verteidigung. Den fernöstlichen Krieg würde die Bombe nicht beenden, aber den europäischen entfesseln.

Als die Bomber in Guam landeten, waren Theorien weniger interessant als Lösungen. Die Lage rief nach einer Wende in letzter Stunde. Eine taktische Atomexplosion hätte sie gerettet. In Washington ratschlagten die Joint Chiefs. Den Effekt der groben Waffe auf dem Gefechtsfeld konnte niemand abschätzen, wie George Marshall regelmäßig mahnte. Nichts beunruhigte dermaßen wie ihr nebulöser Nutzen.

Vandenberg und Bradley stimmten für Abwürfe auf nordkoreanische Städte. Die Folgen davon waren bekannt! Man einigte sich auf weitere zehn nukleare Luftschiffe, teils zur Beschwichtigung MacArthurs, dem jede Unterstützung lieb war für seine konventionelle Variante, die Incheon-Landung. Falls die Chinesen daraufhin wirklich kämen, sagte er Vandenberg, böte sich »a unique use for the atomic bomb«. Man könne damit Nordkorea leicht gegen die Mandschurei und die sowjetische Küstenprovinz abriegeln.

Alles kam anders. Die kleinen nordkoreanischen Städte, schwach verteidigt wie sie waren, konnte die B-29 mit herkömmlicher Munition zertrümmern. Der Zauber von Incheon löste die Bodenmisere. Den Chinesen kündigte eine »kalkulierte Indiskretion« des Außenministeriums via *New York Times* vom Schrecken, der sie erwartete. Als sie eintrafen, waren indes die atomaren Boeings längst zurück in Kalifornien. Der Krieg war so gut wie gewonnen. Die Bombenteile und deren Wartungspersonal blieben zur Sicherheit auf Guam.

Die einzige Explosion, die der Hintransport hervorrief, ereignete sich am 5. August bei San Francisco, als ein Propellerschaden eine B-29 kurz nach dem Start auf die Landebahn krachen ließ. Zwanzig Minuten später ging die hochexplosive Hülse der Mark-IV-Bombe nach Kontakt mit Flugbenzin hoch, tötete 19 Bordinsassen, Feuerwehrmänner sowie den Befehlshaber der Mission und streute leichte Uranspuren auf den Flugplatz.

Die Bomber verließen Asien am 13. September, noch zwei Tage vor der riskanten Incheon-Operation, als wollten sie sich davonmachen aus einer echten Bedarfslage. Scheiterte nämlich die Landung, wäre die 8. Armee vor Pusan ausgelöscht oder evakuiert worden. Desgleichen hätte Incheon, die ›1 : 5000-Chance‹, in schwere Bedrängnis geraten können.

LeMay ging von diffusen Pentagon-Nachrichten aus, die fälschlich vier chinesische Armeen in Nordkorea wähnten. Bei einem Problem nach der Landung hätten diese angenommenen Verbände natürlich an der Vernichtung des X. Korps begeistert teilgenommen. Diese Armeen existierten zwar nicht diesseits, aber jenseits des Yalu und wären rechtzeitig zu dem Schlachtfest dagewesen. Doch verlief die Landung wundervoll, und wenn nicht, so verhütete die ›atomic task force‹ die Eingangsphase des Dritten Weltkriegs gewiß besser, indem sie im kritischsten Moment die Stellung räumte.

Das Verhängnis, das MacArthur im September abgewendet hatte, ereilte ihn zwei Monate später. Alles Volk in Ost und West verstand den Zusammenbruch der 8. Armee in der letzten Novemberwoche als verkehrte Welt; der Zyklop gebändigt und gezüchtigt durch einen listenreichen Niemand aus der turbulenten Mandschurei, einem Gebiet voll passender Atomziele. Nach jeglicher militärischen Grammatik war eine Erwiderung über den Yalu fällig.

Der Fall glich haarscharf den ›Broiler‹/›Frolic‹-Papieren. Eine gegnerische Bodenoffensive drang durch – nicht in der norddeutschen Tiefebene, sondern im Chongchon-Tal; man wich zurück –

nicht zu den Pyrenäen, sondern bis Seoul –, und damit kam der Moment der alles zermalmenden Gegenoffensive aus der Luft. Erfreulicherweise war Rußland formal gar nicht berührt und keine Kriegspartei; die UNO war es, als kollektives Sicherheitsorgan. Dessen Auftrag lautete auch nicht auf Kriegführung, sondern auf Wiederherstellung des Friedens. Dazu war Maos Attacke ein ungeeigneter Beitrag, geliefert im übrigen von einem Haufen mit dubioser Staatlichkeit.

Im Sinne der UNO war Peking ein zweifelhaftes Völkerrechtssubjekt; in ihrer Generalversammlung und im Sicherheitsrat war, bis 1971, die Republik China vertreten durch die Regierung Tschiang Kai-schek, Taiwan. Auch Pjöngjang gehörte der UNO nicht an, sondern im Norden, wo sie für eine Ordnung sorgte, galt beschlußmäßig die Autorität Seouls. Kurz, Mao war eingefallen in ein UNO-Mandatsgebiet, und wenn Rechtsbegriffe irgendeine Rolle gespielt hätten, dann war er ein illegitimer Herrscher, dessen Operationsbasen in der Mandschurei, mit ausdrücklicher Ermächtigung ihrer rechtmäßigen Regierung Taiwan, ein legitimes Angriffsziel darstellten.

Die Gegenoffensive war rechtlich und militärisch so überaus plausibel, so fest etabliertes Planvorhaben, daß, als die Stunde gekommen war, das helle Entsetzen um sich griff. Es ist soweit!

Jahraus, jahrein gedacht und durchgerechnet, kam, was kommen mußte, der Kommunismus marschierte. Wie seine Büros in Moskau, Peking und Pjöngjang zusammenhingen, mochten dereinst Historiker enträtseln. Daß hier ein Lager antrat, stand in allen Ostblockzeitungen zu lesen.

Die gerühmte Spezialwaffe, den Fall planmäßig zu lösen, rückte wie selbstverständlich an die Rampe, und alle Selbstverständlichkeiten verwehten. Eine dumpfe Beklommenheit packte den Magen. Warum konnte nicht alles so bleiben, wie es war, und das Unvermeidliche, von weitem schon Erblickte vermieden werden? Der Augenschein trog, etwas anderes nahte als das ganz Ersichtliche; unmöglich zu erkennen, was.

Als Truman auf seiner Pressekonferenz vom 30. November 1950

unbefangen fallenließ, daß Atomwaffen ein Grundbestand der US-Kriegsplanung waren, seitdem sie existierten, fuhr alles zusammen. Die Berichterstatter, darunter die erfahrensten des Landes, fragten sechsmal nach, was geplant sei.

Merriman Smith (United Press): »Did we understand you clearly that the use of the atomic bomb is under active consideration?«

»Always has been. It is one of our weapons.«

»Does that mean, Mr. President, use against military objectives or civilian ...«

Die Frage, die Truman am meisten berührte, ließ er am wenigsten gelten und unterbrach den bewährten Reporter aus dem Weißen Haus, Robert Nixon: »It's a matter that the military people will have to decide. I'm not a military authority that passes on those things.«

Frank Bourgholtzer (NBC): »Mr. President, you said that depends on United Nations action. Does that mean that we wouldn't use the atomic bomb except on a United Nations authorization?«

»No, it doesn't mean that at all. The action against Communist China depends on the actions of the United Nations. The military commander in the field will have charge of the use of the weapons, as he always has.«

Auf verworrene Weise sagte Truman, daß nicht er die Wahl der Waffen treffe, sondern der Feldkommandeur, der sie nicht treffen durfte, weil, wie jedem bekannt, der Präsident allein Atomeinsätze entschied. Folglich entschied gar keiner. Auf das Fundament der US-Strategie, die atomare Gegenoffensive, mochte Truman sich offenbar nicht stellen. Die Sequenz Rückzug–Atomschlag, unzählig oft beschworen, wollte ihm nicht von den Lippen. Man kann sich auch ohne weitere Umstände zurückziehen.

In dem beliebten ultimativen Stil hätten dem Gegner harte oder weiche Grenzen mitgeteilt werden können, öffentlich oder vertraulich: Umkehr nach China oder –; Halt am Breitengrad oder –. Was 1953 einer Lappalie wegen angedroht wurde, unterließ man 1950 im Angesicht der kompletten Niederlage.

Das spätere Ultimatum kostete nichts, das frühere hätte man

vermutlich einlösen müssen. Die Chinesen ignorierten das abgestufte Gestenspiel. Den Joint Chiefs fehlte es an letzter Gewißheit, ob eine Vernichtung der mandschurischen Städte die Kommunisten beeindruckte? Auf diese Frage kannte der Weltkrieg nur eine Antwort, daß weiterbombardiert werde, bis der Eindruck erzielt oder alle Städte geschleift waren. Dem Usus folgte man auch in Nordkorea, denn es war wehrlos.

Die Europäer, ebenfalls wehrlos, bedrängten Truman, die Waffe, die ihre Existenz versicherte, garkeinenfalls anzuwenden, anzudrohen, anzudenken, sonst käme Stalin. Die Kabinette in Paris und London, Den Haag, Brüssel und Kopenhagen stimmten überein, daß der Präsident höchst unglücklich die Faust geballt habe, als er zugab, eine Abschreckungswaffe zu besitzen, die man gegebenenfalls benutze.

Stalin, dem diese Aufführung zugedacht war, entnahm daraus, daß sein Chefmaulwurf, Donald Maclean, ihm das Richtige mitgeteilt hatte. Er berichtete, daß Attlee vom Präsidenten zugesichert bekam, daß die Bombe allein einem »major military desaster« vorbehalten bleibe. Da der Chongchon anscheinend nicht als solches zählte, würde man Truman gefahrlos in eine Folge kleiner militärischer Desaster verstricken können, die Moskaus Interessen weit dienlicher waren, Hauptsache, es dauerte.

Zur Abwendung des Großdesasters ließ Truman die Ausgaben für Atom- und Urananlagen verdoppeln. Für den Kriegsgebrauch verlangten die Joint Chiefs vorsorglich nach nuklearen Hülsen, die Truman ihnen allzugern bewilligte, weil er ihre Zustimmung brauchte zum Sturz MacArthurs. Zur Simulation eines Schrittes, den Truman beharrlich ausschloß, schickte er anschließend zum ersten Male nach Nagasaki neun komplette Atombomben über den Pazifik.

Der technische Vorgang ist nicht lückenlos belegt, doch spricht alles dafür, daß Truman den Chef der Atomenergiekommission, Gordon Dean, einschaltete, der die Waffen unter Verschluß hielt. Truman versicherte, daß sie, wenn überhaupt, nicht auf koreanischem Territorium eingesetzt würden, da sie dort, psychologisch gesehen, »Blindgänger« seien. Aufklärungsflieger suchten Ziele in der Mandschurei und der Schantung-Provinz.

Zur Beglaubigung fester Absichten wurde das Kommando der Mission einem sinistren Charakter übertragen, dem Stellvertreter LeMays, Thomas Power, den die eigenen Kameraden seit dem Weltkrieg für einen effizienten, aber instabilen Sadisten hielten, darunter LeMay selbst. Er folgte diesem im Amt, als er Luftstabschef wurde, und stand dem Strategic Air Command während der Kubakrise vor. Power hatte die Zerstörung Tokios geleitet, mit 1858 Tonnen Brandstoffen das verlustreichste Bombardement bis heute. »We scorched and boiled and baked to death more people in Tokyo«, schrieb LeMay rückblickend, »than went up in vapor at Hiroshima and Nagasaki combined.« Der Sache nach nur entfernt richtig, doch vielsagend, was die Freude der Tötungsenthusiasten am Erreichten betrifft.

LeMay und Power vermißten nichts als den Ernstfall. Sobald großflächige Lösungen beredet wurden, pochten sie auf ihre Erfahrungen und Zuständigkeit. Ob es Japaner auszulöschen galt, weil sie sich Chinesen unterwarfen, oder die Chinesen, weil sie gegen Korea und Japan rückten, berührte die Tötungsingenieure wenig. Ihr Gegenstand benötigt keine weiteren Merkmale außer dem, lebendig zu sein und dem Tode überantwortet. Wie jede anspruchsvolle Arbeit verlangt auch diese ihre Hingabe. Was immer die Oberbefehlshaber als pures Gestenspiel arrangierten, ihren Vollzugsbeauftragten ging es um ein Realgeschehen. Der blutbehaftete Teilnehmerzirkel war die stärkste Geste für die Eventualität eines finalen Schlags.

Power handelte mit Ridgway den Modus operandi aus. Letzterer sollte als Kriegsgebietsherr den Atomschlag bei den Joint Chiefs beantragen, die wiederum das Strategic Air Command mobilisierten. Um im Notfall keine Zeit zu verlieren, erhielt Ridgway von den Joint Chiefs die Blankovollmacht, einen Großangriff aus dem Luftraum außerhalb Koreas atomar zu vergelten.

Solch einen Angriff vermochte zwar niemand außer Stalin zu veranlassen, dennoch warnte man nicht ihn, sondern auf exklusiven

Kanälen die Chinesen. Acheson wünschte ihnen diskret zu übermitteln, sie möchten aus MacArthurs Entlassung keine falschen Schlüsse ziehen und weiter Amerikas Fähigkeiten gewärtigen, ihre nationale Entwicklung um Jahrzehnte zurückzuversetzen.

Um diese in Peking ohnehin selbstverständlichen Sachverhalte zu kommunizieren, wurde ein Außenamtsmitarbeiter nach Hongkong entsandt. Die Botschaft sollte ohne drohende Untertöne erklingen, denn dazu stand schweigend die B-29 mit atomaren Extras auf Guam. Die Mannschaften übten ›Schanghai treffen‹.

Weil China und die USA vor noch nicht sechs Jahren miteinander alliiert gewesen waren, existierten Bekanntschaften. Ein damals geheimdienstlich aktiver Professor an der Universität Washington kannte einen chinesischstämmigen Angestellten der US-Armee, seit 1949 heimgekehrt. Die Gesprächsfäden wurden in Wochen neu geknüpft und die Nachricht lanciert. Pengs große Frühjahrsoffensive war soeben gescheitert, und China ließ sich in Waffenstillstandsgespräche ziehen, um Zeit zur Regruppierung zu gewinnen. Wie der Westen die chinesische Entwicklung zurückdrehen konnte, hatte er seit hundert Jahren bewiesen; die neue Führung schwor, sich solchen Erpressungen nie wieder zu beugen.

Als Ende Juni anstelle von Luftüberfällen die erste Gesprächsrunde eingefädelt war, kehrte die Atomflotte aus Guam zurück. Truman war höchst erstaunt über die Wirkung, die sie gezeitigt hatte.

Nachdem Ende August die Gespräche zusammengebrochen waren, fragte Ridgway Atomschutz an. Ein Schlag sollte erforderlichenfalls binnen zwölf Stunden niedergehen können, zudem benötige er atomare Artillerie. Dergleichen war noch gar nicht entwickelt; die zu Ende gegangene April-Juni-Mission war die letzte einschlägige Show.

LeMay wandte seine Aufmerksamkeit von Gegnern ab, die der Außenminister als »Second Team« einstufte, und konzentrierte sich auf das Erste Team. Am 3. August schrieb er an Vandenberg, daß seine Fähigkeit, in sechs Tagen Rußland zu zerbomben, sich seit April von 140 auf 146 Atombomben gesteigert hätte. Truman vertraute seine Sendung, das kommunistische Babel auszutilgen, nur noch seinem Tagebuch an: Die richtige Methode, mit dieser Gang umzugehen, schrieb er am 27. Januar 1952, sei ein Zehntage-Ultimatum. Entweder verschwänden in der Zeit alle chinesischen Truppen aus Korea und die Russen hörten auf, Waffen nach China zu pumpen, oder »this means all-out war. It means that Moscow, St. Petersburg, Mukden, Wladiwostok, Peking, Shanghai, Port Arthur, Dairen, Odessa, Stalingrad and even manufacturing plants in China and the Soviet Union will be eliminated.«

Trumans Präsidentschaft wird rechtens gerühmt, weil er das Begehren nach dem atomaren Amok zu zügeln wußte. Ein Repertoire leeren Fuchtelns und bohrender Erörterungen hat den Zugriff zermürbt. Hinter diesem Segen ist der koreanische Amok verblaßt, den Curtis LeMay bilanziert wie folgt: »We burned down every town in North Korea anyway and some in South Korea too. We even burned down Pusan, an accident, but we burned it down anyway. Over a period of three years or so we killed off twenty percent of the population of Korea as direct casualties of war, or from starvation and exposure.« Man soll ein anderes Wort als Zurückhaltung dafür finden.

Das Massenvernichtungsprinzip hätte Korea, eine Nation von Weltkriegsbefreiten, demnach mehr gekostet als alle Weltkriegsschurken. Zwanzig Prozent Verluste sind beispiellos. Dieser Bomberstrom kreiste nur darum im Land, weil er nicht anderswohin entweichen konnte. Was die Atombombe dort verrichtet hätte, gelang den älteren Vernichtungsverfahren der Weltkriegszeit ziemlich gleich. Sie wurde nur deshalb nicht eingesetzt, weil die Auswirkung im Gewebe der Mächte zu viele Gegenwirkungen versprach. Sie war zudem umgeben vom Schatten der Aufkündigung der Zivilisation. Alle Angst, daß sie etwas Temporäres sei, heftete sich an das Alpha ihres Namens. Sie war die Rückkehr zum Anfang, an dem alles wüst und leer war.

MANA

Das Atoll Eniwetok liegt auf 162 Grad östlicher Länge und 12 Grad nördlicher Breite. Es ist die Außeninsel der über zwei Millionen Quadratkilometer hingestreckten Marshall-Gruppe, welche aus zwei Ketten besteht, ›Ratak‹ oder Sonnenaufgang und ›Ralik‹, Sonnenuntergang. Eniwetok gehört zur Ralik-Kette. 1914 nahm Japan es den Deutschen ab und im Februar 1944 Amerika den Japanern. Sie hatten ihre Kräfte quer über die Lagune gezogen, und die New York National Guardsmen der 27. Infanteriedivision benötigten zweieinhalb Tage zur Inbesitznahme.

Die Marshall-Inseln enthalten die größten Atolle der Welt, versunkene Seevulkane, an deren Kratern sich Korallenablagerungen bilden. Jahrmillionen gehen in ihre Erschaffung ein. Der Seevulkan arbeitet sich vom Pazifikgrund an die Oberfläche. Jeder Ausbruch schichtet einen neuen Kranz von Lava auf seinen Gipfel. Schließlich durchstößt der Krater den Wasserspiegel zum Licht; er wird eine Insel. Winzige Meerespolypen, die Korallen, heften unter der Oberfläche ihre kalkigen Skelette um den Saum. Der Vulkan aber, aufgetürmt aus der Tiefe, versinkt an seiner Schwere; die Fundamente des Ozeans geben nach und ziehen ihn hinab.

Die farbigen Korallen – Zylinderrose, Purpurrose, Krustenanemone, Meerhand, Seenelke, dazu Schnecken, Muscheln, Krebse – bauen weiter, und wenn wieder die Wasser der Finsternis den Vulkan überspülen, bleibt die Schöpfung der Tiere als ein Ring zurück, das Riff. Die Wellen reißen den Kamm vom Riff, schleudern ihn zurück an seine Flanke und mahlen ihn zu Sand. Das Meer überzieht das Riff aus seinen Stoffen mit einer Bodenkruste, und so hat das Leben sich eine Insel erschaffen.

›Das Blaue‹, der Baldachin des Himmels, ist der Aufenthalt des

›Höchsten Wesens‹, das manche Inseln für männlich und andere für weiblich erachten. Für letzteres spricht, daß alle Menschen dem Weibe entstammen, weswegen die Mikronesier eine Ahnfrau ihren Ursprung nennen. Ob Mann oder Frau, ist für den Höchsten unerheblich, er will nicht erkannt und angebetet werden. Es verlangt ihn nicht nach den Idolatrien der Menschen; was sie glauben, ist ihm gleich. Das ihnen Schädliche, Schmerzliche ist keine Gabe des Schöpfergeists, weil es seinem Wesen widerspräche, sondern eine der bösen Geister. Deren Merkmale sind die Häßlichkeit und die Dummheit. Sie sind dazu geboren, getäuscht und überlistet zu werden, verstehen keine Sprache noch sonst etwas.

Der Schöpfer schützt sein Geschöpf. Als Gott der Fürsorge obsieht er die wichtigsten, die lebenspendenden Dinge, den Fischfang, den Bodenanbau, das Flechten der Umhüllungen und die Herstellung von Booten und Gehäusen.

Die Erde ist eine Scheibe. Der Vorteil anderer Konstruktionen gegenüber ist, daß Himmel und Erde sich berühren. Das Höchste Wesen, seine Söhne und Töchter, bedienen sich dazu des Horizonts, der Schnittstelle. Am Horizont weilen auch die Toten, und zwar im Westen, wo die Sonne versinkt.

Die Bewohner Mikronesiens bezeichnen das Schicksal, die Kräfte des Menschen und die Macht über sie, das Glück und das Verhängnis mit einem einzigen Wort, ›Mana‹. Da Mana fast alles meint, ist schwer verständlich, was es nicht meint. Alles Lebendige ist von Mana beherrscht und durchdrungen. Selbst der Tod nimmt daran teil, weil er den Menschen nicht vernichtet. Es gibt ihn zwiefach. Halb besteht er aus seinem schaffenden Selbst und halb als immaterielles Wesen, das sein Gutes will. Anders kann er nicht bestehen. Sein guter Geist hält die Gefahren fern und bringt ihn durchs Dasein. Das Nicht-Mana aber ist das Nichts.

Ein künstliches Rechengehirn mit dem scherzhaften Kürzel ›Maniac‹ für ›Mathematical Analyser, Numerical Integrator and Calculator‹ hatte Los Alamos instand gesetzt, die für die ›Super‹ erforderlichen Operationen zu vollziehen. Im Frühjahr 1951, nicht lange bevor in Korea die Westhänge von ›Bloody Ridge‹ berannt wurden, stieg auf Eniwetok die Versuchsserie ›Greenhouse‹, welche ›George‹ zündete, einen Sprengkörper, der gut zehn Prozent seiner Kraft aus einer thermonuklearen Reaktion und 90 Prozent aus der Plutoniumspaltung bezog. Zusammen entband George eine Energie entsprechend 225 000 Tonnen TNT, über das Zwanzigfache der bisher stärksten, der Nagasaki-Bombe. Damit war nur der Probelauf gemacht. Die Kernverschmelzungsbombe versprach eine Energie im Megatonnenbereich, d. h. Millionen Tonnen.

Die Japan abgerungenen Marshall-Inseln nahm 1945 die UNO in Treuhänderschaft, die sie den Vereinigten Staaten übertrug. Sie evakuierten die Einwohner der Atolle Bikini und Eniwetok, sie wurden Testgelände der ›Super‹. Als der Sprengsatz ›Mike‹ detonierte, entband er die Energie von 10,4 Millionen Tonnen TNT. In den sieben Jahren seit Hiroshima war siebenhundertfache Zerstörungskraft hinzugewonnen.

Die Lagune ist der See durch Zwischenräume im Riff verbunden. Das Eiland Elugelab ragte über einen Korallensteg nordwärts aus dem Atoll. Seit dem 1. November 1952 ist es in Nichts verdampft. Achtzig Millionen Tonnen Korallenmaterie schleuderten in Sekunden in den Äther.

In wenigen Millionstelsekunden hatte der Spaltprozeß in ›Mike‹ die Hitze des Sonneninneren erzeugt. Sie löste die thermonukleare Reaktion in einem Deuterium-Tritium-Gemisch aus, das, um flüssig zu bleiben, auf eine Temperatur von minus 253 Grad gekühlt war. Auf einem schmutzig-weißen Stamm, in dem Millionen Liter Wasser verdampften, dehnte sich der Feuerball, der Elugelab umschlang, auf einen Durchmesser von 4,5 Kilometern. Wie ein Streichholz dünkte sein 160-Meter-Vorläufer über Hiroshima.

Die Erscheinung wuchs 19 Kilometer in die Höhe und pflanzte sich über 40 Kilometer in die Breite; der ganze Horizont schien verstopft davon. Sie erhitzte im Augenblick die Flügel der Bomber, die in 14 Kilometer Höhe das Geschehen beobachteten, um 40 Grad.

Das Phänomen füllte mit seinem Stamm von schließlich 45 Kilometern das gesamte Atoll, und die Pilzwolke darauf ragte weit in das Himmelszelt. Die Linie des Horizonts, wo die Toten sich sammeln, ist fünf Kilometer von Eniwetok entfernt. Aufgrund der Tötungskapazität der neuen Nation-Killing-Waffe überwölbte die Wolke dreißig Horizonte.

Colonel Meroney, der zur Einsammlung von Proben in 14 Kilometer Höhe in den Pilz einfuhr, fand sich in einer purpurnen Ofenglut, wie ein Sekundenzeiger drehte sich der Radioaktivitätsmesser. So ließ er seine F-84 umgehend einen Bogen fliegen zurück in das Blaue.

Die Atombombe sendet eine Druckwelle und zerreißt; die Wasserstoffbombe schickt eine Hitzewelle und versengt. Zwanzig Kilometer südwestlich, das Riff hinab, liegt Rigli. Die Bäume darauf waren verkohlt. Es leben zwei Sorten von Seeschwalben auf Eniwetok; die zierlichen weißen, gegen den Himmel fast durchscheinenden Zwergseeschwalben sowie die schwarzen, die sogenannten dummen Seeschwalben. Ihr Gefieder, das die Hitze absorbierte, war versengt. Die reflektierenden Federn der weißen hatten sich erhalten, doch waren alle Schwalben zu krank, um zu fliegen. Die Tiere im näheren Umkreis von ›ground zero‹ waren in der Luft zu Asche zerfallen. Die Fische um das fünf Kilometer entfernte Engebi sahen aus »wie in die Bratpfanne geworfen«.

Die Konstrukteure, die 38 Kilometer von Elugelab entfernt auf Schiffen ihr Werk beobachteten, erstaunte die Hitzewelle. Sie rollte und rollte und kam nicht zum Stehen. In der Kilotonnenklasse entstand bisher ein Blitz und verschwand; aber die Thermalstrahlung der ›Super‹ fand kein Ende. Sie langte auch als erste an; die Druckwelle und das Geräusch brauchten eineinhalb Minuten, die Hitze wirkte schlagartig, »a touch of hot iron«. Man hätte schwören können, »the whole world was on fire«. Die Insel von 1,5 Kilometer Breite hinterließ in siebzig Meter Tiefe einen Krater geschmolzenen Korallenkalks. Das Türkis der Südsee wechselt darüber zu einem Dunkelblau.

NERVEN

›Mike‹ hatte einen Nachteil, er war keine Bombe, sondern ein Ungetüm von acht Meter Höhe und 82 Tonnen Gewicht. Die B-29 wog 58 Tonnen, so würde nie eine Waffe daraus werden, keine, die durch die Luft reiste. Schiffe hatten sie in Einzelteilen über den Pazifik transportiert. Allein der Tank mit den 300 Litern Deuterium besaß Limousinengröße. Das meiste Gewicht verbrauchte die Kühlvorrichtung.

Mit ›Mike‹ war ein physikalischer Beweis erbracht; nichts, was die militärischen Arsenale bereicherte, aber die seelischen. Die Erde war in den Zustand der Gnade versetzt. Der Gebieter der thermonuklearen, der schier grenzenlosen Zerstörung konnte sie auslöschen, tat es aber nicht, wenn man ihm nichts tat, denn er war gut. Keine Schlechtigkeit konnte ihn mehr berühren.

Von Eniwetok nicht halb so weit entfernt wie Kalifornien, im realen Krieg, jagten B-29 die Lkw-Fahrer, und ›Corsairs‹ kippten Napalmkanister auf koreanische Bauernhütten, um vielleicht eine Patronenkiste auszuschalten.

Wer Zweifel äußerte an diesem Stand der Dinge, tat es womöglich im Dienste des Feinds. Die Welterschütterer waren einander mit Grund verdächtig, lenkten den Verdacht jedoch auf seltsame Gefilde. Sie krankten an sich selbst. Der Kryptokommunismus, die innere Fäulnis, das rotfleckige Vorleben nahmen alle Aufmerksamkeit gefangen. Selbst Robert Oppenheimer, der prominenteste Kritiker der ›Super‹, mochte Geheimgründe dafür haben, die USA zu schwächen. Im nachhinein schien vieles unerklärlich, so das Treffen an einem Abend des Jahres 1941 mit seiner Ex-Verlobten Jean, die KP-Mitglied war.

Im Lichte der Gegenwart schien weniger das private als das po-

litische Vorleben der Nation besorglich. Die 2260 zwischen dem
1. Oktober 1941 und dem 30. April 1945 abgefertigten Schiffe mit
16 529 791 Tonnen Kriegslieferungen, die 1941 als erstes abge-
schickten 27 284 Lkws, 13 303 Kampfwagen, 35 170 Motorräder,
die insgesamt 18 700 Flugzeuge und 10 800 Panzer, 12 und 10 Prozent der Gesamtstärke dieser Gattungen, konnten auch als Vor-
schubleistung des Kommunismus betrachtet werden, ungefähr das
Gemeinste, was dem US-Bürger 1952/53 nachgesagt werden
konnte. Zu all den Ungereimtheiten noch Oppenheimers ›date‹
mit – wie die Anklageschrift der Atomenergiekommission ent-
hüllt – »his mistress, a fanatical ›Redski‹, with whom he admitted
associations of the most intimate kind. This when he was working
on the Big Bomb and knew his doll was an active member of the
Commy apparatus«.

Daß neben Miß Jean Tatlock auch Jossif Stalin aktiv dem ›Commy
apparatus‹ angehörte, zur Kriegszeit nur ›Uncle Joe‹, vereinfachte
nicht die mentale Verfassung des Landes. Was war richtig, was war
falsch gewesen; es kann nicht falsch sein zu siegen, aber es kann nicht
richtig sein, zu siegen mit solchem Ergebnis.

Die Natur Uncle Joes stand Truman, der ihm als Roosevelts
Vizepräsident treu behilflich gewesen war wie alle, quälend vor
Augen: Viele Bewohner der befreiten Länder Europas, schrieb er
im Januar 1952 in sein Tagebuch, seien ermordet worden oder in
Staatsarbeitslagern gelandet, Kinder wurden zu Tausenden verschleppt und nie wieder gesehen, drei Millionen Kriegsgefangene
des Weltkriegs hielt man gegen alle Regeln fest! Mit ›Mike‹ im
Blick konnte Truman ein letztes Mal meinen: »This is the final
chance for the Soviet government to decide whether it wants to sur-
vive or not.«

›Mike‹ war der Schlußakkord seiner Präsidentschaft gewesen.
Der Test auf Eniwetok fand drei Wochen vor der Wahl Eisenhowers statt, der eine Erbschaft antrat wie noch kein Mensch vor
ihm. Er überlegte, ob nicht die Natur der Wasserstoffbombe es
verbiete, der Sowjetunion die Wahl über ihren Fortbestand zu lassen. Vielleicht blieb nichts weiter übrig, als sie ihr abzunehmen.

522

Sollte ein ähnlich beschaffenes Instrument in ihre Hände fallen, dann entfiele der Kern der ›Broiler‹/›Frolic‹/›Halfmoons‹, die atomare Gegenoffensive.

Alle bisher erdachten Kriegsbilder begannen mit einem russischen Armeevormarsch. Die Feindseligkeiten ergriffen nicht die USA, sondern Deutschland, die Türkei, den Iran, China, Korea – lauter Fronten, an denen Rußland seit jeher tätig war. Ihr freier Wille ließ die Vereinigten Staaten den Angriffsopfern beistehen. So verteidigten sie ihre Interessen, aber nicht ihr Territorium. Es war mit den Mitteln des Gegners nicht angreifbar.

Selbst ein Schlag aus seinen kargen Atomarsenalen, wenn er denn durchdränge, konnte vielhundertfach vergolten werden. Den Kilotonnenbereich vermochte Amerika – wie Rußland und China – letztlich auszuhalten. Einen anderen Horizont eröffneten die 10 Megatonnen von Eniwetok.

Den Männern im Kreml, schrieb Eisenhower im September 1953, sei ein aggressiver Gebrauch dieser Art Waffen zuzutrauen. Sie widersetzten sich allen internationalen Kontrollvorschlägen. »Daraus würde folgen, daß unsere Vorbereitungen nicht länger darauf ausgerichtet sein können, in dem frühen Überraschungsstadium des Krieges ein Desaster zu vermeiden und damit Zeit zur Vollmobilisierung zu gewinnen. Man müßte aus dem Moment heraus in der Lage sein, dem Gegner einen größeren Schaden zuzufügen als er uns.« Das wäre eine Abschreckung, fügte der Präsident hinzu, aber eine temporäre. Die Kosten zum ewigen Erhalt des Vorsprungs seien derart, daß man früher oder später doch zum Kriege schreiten müsse. Es könne auch eine diktatorische Regierung daraus folgen. »In such circumstances we would be forced to consider whether or not our duty to future generations did not require us to initiate war at the most propitious moment that we could designate.«

Die Schädlichkeit Hitlers hing von der Reichweite seiner Streitkräfte ab. Stalin, der ohnehin weiter reichte, konnte mit einer ›Super‹ einen völkermörderischen Schaden anrichten, ganz unabhängig von seinen mehr oder minder amoralischen Motiven.

Nach den Begriffen des Zweiten Weltkriegs war man besser ein amoralischer Sieger als ein moralischer Verlierer. Die moralischen Fragen entstehen im Rückblick, und die Moral von der Geschichte ist schnell erzählt. Wer sie macht, denkt an anderes. Wenn Stalin einen der ›Super‹ angemessenen Gebrauch machte, würde er mit einem Schlage die Industriestreifen verfeuern, welche die atomaren und Luftkapazitäten des Gegners beherbergten. Er würde es tun, weil und damit nicht der Gegner ein gleiches täte. Diese Handlungen standen jenseits der moralischen Physiognomien und hießen seit dem Weltkrieg »militärische Notwendigkeit«.

Oppenheimer, neuer Staatsfeind, der er wurde wegen geselligen Umgangs mit Kommunisten, in Wahrheit weil er die ›Super‹ boykottierte, erwog ihren Gebrauch nicht unähnlich wie Eisenhower. Das Teil war in die Welt gesetzt und wurde nicht anders dadurch, daß man es ablehnte. Feinde sind immer da; ein Feind mit Wasserstoffbombe war ein unerträgliches Dasein.

»Oppie's line«, notierte der Kolumnist Joseph Alsop, einer der führenden Falken des Landes, im Januar 1952, »was something damned close to preventive war, we can't just sit by while a potential enemy builds up the means of our certain destruction.«

Im Februar 1953, ›George‹ war detoniert, ›Mark‹ noch in Arbeit, stand Oppenheimer dem Rat für Auswärtige Beziehungen Rede und Antwort. Wie stehe es anbetrachts der neuen Waffen mit dem Präventivkrieg? Habe er noch eine Aktualität? »Ich glaube ja«, sagte Oppenheimer. »Nach meinem Eindruck würden die Vereinigten Staaten einen Krieg physisch überleben, beschädigt, aber physisch überleben, wenn er nicht nur jetzt begänne, sondern auch nicht allzulange dauerte. Das heißt nicht, daß ich dies für eine gute Idee hielte. Ich glaube, daß man, bevor man dem Tiger in die Augen schaut, in der schlimmsten aller Gefahren schwebt, nämlich, daß man ihn im Rücken hat.«

In den seit ›Manhattan‹ vergangenen acht Jahren hatte sich in dem Kopf, der sie erschuf, die Friedenserzwingungswaffe zur Präventivwaffe gedreht. Ihre Macht jagte die Vorstellungen, was damit anzufangen sei, im Kreise. Sie mußte im August 1945 gezündet wer-

den, um den totalen Frieden zu stiften, und sollte 1953 wieder gezündet werden, um der totalen Vernichtung zu entkommen. Jenseits ihres Totalitarismus schien wenig Platz übrig. Eins von beiden
würde eintreten.

James B. Conant, der neben General Groves im Kriege der Re-
gierungsaufseher des ›Manhattan‹-Projekts gewesen war, spürte
nach dem Versinken Elugelabs den Fluch des ganzen Unterfangens. Es werde auf die Dauer eine Gefahr für die Vereinigten Staaten. »I no longer have any connection with the atomic bomb. I have
no sense of accomplishment.«

Der Straf- und Unterwerfungskosmos des Herrn Zebaoth machte
zwischen Unterwerfer und Unterworfenen keinen Unterschied.
Man war beides und fand nicht mehr zur Tür hinaus.

Retter Russlands

Die Ärzte hatten Stalin angeraten, die Zügel aus der Hand zu geben, und ihn damit auf den Gedanken gebracht, sie in großen Zahlen umzubringen. Seine Macht duldete keine Zweifel, sie grenzte an den Tod. Solange er Exekutionen befahl, hielt er den Befehl inne. Nachdem das Prinzip der Vernichtungsherrschaft einmal galt, war sie nicht mehr lösbar.

Seine Schergen kannten es bestens, und da er verfiel, legten sie ihre Netze. Doch lohnte es nicht, sie zu beseitigen. Es ist falsch, den zu töten, der einen Grund dazu gibt. Die wenigsten geben ihn. Nur wer grundlos tötet, hält alle in Schrecken.

Die Bombe denkt ähnlich. Der Präzisionsschaden wird präzise ersetzt. Eine Explosion, die hinter Gauleitern, Politruks und Rüstungsingenieuren herläuft, kann nur beruhigen. Den bleichen Schock löst der Tod der Unschuldigen aus.

So hing er ausgedehnteren Vernichtungen nach, eventuell Juden, und schwor das Land auf den Krieg ein, der blinder noch rast als die Staatspolizei. Der Krieg käme unweigerlich wieder, er ist nicht zu verhüten, sondern zu ertragen. Die Feinde können nicht anders, und ihre Versöhnlichkeit ist eine Falle. Den Vorschlägen aus den USA auf Test-Stops, Rüstungskontrollen und Erstanwendungsverzicht der Bombe mag folgen, wer es nötig hat. Menschen werden nicht durch Menschenfreundlichkeit freundlich, sondern durch Angst.

So verbrachte Stalin das Halbjahr vor seinem Ende damit, aller Welt Angst einzujagen. In seiner letzten Schrift »Ökonomische Probleme des Sozialismus in der UdSSR«, erschienen im Oktober 1952, greift er oberflächlich auf die altleninistischen Weistümer zurück. Die innerimperialistische Konkurrenz und der Krieg. Nicht

Ost und West geraten aneinander, ›the two ways of life‹, wovon ganz Amerika widerhallt. Behüte! Sozialismus ist Frieden, Kapitalismus ist Krieg.

Stalins Grundriß des Dritten Weltkriegs ist eine fortgesetzte Abfallbewegung von den USA: Deutschland und Japan, die Unterworfenen, und England/Frankreich, die verarmten Verwandten, werden der amerikanischen Protektion, Treuhänder- und Vormundschaft überdrüssig. In dieser Konstellation bietet Rußland Rat und Berater, bildet Achsen und bewaffnet Volksfreiwillige. Erst wenn Amerika zurückgeschoben ist auf seinen Kontinent, von Lokalniederlagen zermürbt, von seinen Kreaturen im Stich gelassen, verspricht die Offensive der internationalen Friedenskräfte gegen den Weltkriegstreiber Erfolg.

Seinen engeren Genossen in der Plenarsitzung des vom XIX. Parteitag gewählten neuen Zentralkomitees sagt Stalin im Oktober etwas anderes, daß er alt und der Kampf mit dem kapitalistischen Lager komplex und schwierig sei. Sie dürfen nicht wanken, keine Angst haben, weder zurückweichen noch kapitulieren.

Die Koreajahre sind ausgefüllt damit, den Präventivschlag zu vereiteln. »Er lebte in der Furcht vor einem feindlichen Angriff«, schreibt Chruschtschow. Dazu gab er genügend Anlaß. Alle Evangelien des Weltkriegs mündeten in dem Gebot, den Feind des Menschengeschlechts auf frischer Tat zu stellen. Sein Untergang war Verheißung, der Weg würde sich finden. Auch Stalins Untergang war verheißen, nur hat sich kein Weg gefunden. Solange der Krieg in Ostasien währte, war Amerika gefesselt, bettelte China um Hilfe und litt Europa Angst. Als der Krieg an dem Breitengrad endete, wo er begann, war sonst nichts beim alten. Alle Wege, sich der Unrechtsmacht zu entledigen, waren verschlossen. Mit Hitler konnte man die Welt nicht teilen, mit Stalin wollte man nicht, mußte sie aber teilen. Von 1953 an war sein Völkergefängnis eine Realität, an welcher es nichts mehr zu rütteln gab. Es gab Grenzfragen, aber keine Existenzfragen. Kein Aufstand in Polen und Ungarn durfte auf Beistand gemäß Truman-Doktrin hoffen.

Nachdem die US-Nachrichtendienste der Sowjetunion 1952

hundert und 1953 bis zu zweihundert Atomwaffen zurechneten, war einer moralischen Betrachtungsweise der Welt die Grundlage entzogen. Sie war vollauf damit beschäftigt, ihren Vernichtungswaffen zu entgehen.

Der Weg, den Stalin von 1949 bis 1953 beschritt, ist einprägsam. Um einer Vernichtungswaffe standzuhalten, braucht man eine Vernichtungswaffe. Die Schwierigkeit ist, die Bauzeit zu überbrücken. Es war, wie Oppenheimer sagte, nicht das Natürlichste, daß Staaten dabei zuschauen, wie Staaten die Werkzeuge zu ihrer Liquidierung schmieden.

Die Entstehung der sowjetischen Nuklearwaffe durchlief zwei internationale Konflikte, die Berlin-Blockade und den Koreakrieg. Stalin hat, ohne Not, beide willkürlich entfacht. Vielleicht waren es lärmende Scheinfronten, die das Epochale vernebelten, das strategische Bombengleichgewicht. Man mag solch einen Sinn hineinlesen, für die Absicht ist bisher kein expliziter Nachweis gefunden. Doch erlaubt diese Sinngebung äußerst schlüssige Lesarten.

Den ›Ersten Blitz‹ von Semipalatinsk verbuchte Truman als Verrat in eigenen Reihen. Fuchs und Komplizen waren geständig, die Fahnder jagten den inneren Feind, der äußere blieb schemenhaft. Die Sowjets würden die ›Super‹ bauen, doch in ihrer konstitutionellen Rückständigkeit brauchten sie lange und hinkten dem technischen Ingenium von Los Alamos ewig hinterher. Man würde auf immer die schrecklichere Waffe besitzen.

Während die Dienste in Amerika Kommunisten über Kommunisten entlarnten, blieb ihnen das Interessanteste am Kommunismus verborgen. Er konstruierte Wasserstoffbomben und interkontinentale Trägerfahrzeuge. Im übrigen bannte Korea die Blicke. Wenn am Chongchon amerikanisches Blut fließt, lassen sich am arktischen Ozean desto unbemerkter thermonukleare Fortschritte machen. Die Vorbeugemaßnahme gegen die sowjetische ›Super‹ blieb eine der zahlreichen Ideen, was man irgendwann einmal in nüchterne Erwägung ziehen sollte.

Als Truman im Juni 1949 siegreich die Blockade verließ, stand er im August vor der sowjetischen Atombombe; als Eisenhower im

Juni 1953 siegreich den Koreakrieg verließ, stand er im August vor der sowjetischen Wasserstoffbombe. Trumans Entschluß, dem verlorenen Monopol ein noch gewaltigeres hinterherzuschicken, mißlang. Am 12. August detonierte Sacharows ›Sloika‹.

Der ›Blätterteig‹ entband weit weniger Energie als der vorausgegangene ›Mike‹, 400 Kilotonnen, war aber eine transportfähige Waffe in der Größe von ›Fat Man‹ und die weitaus stärkste aller bisher gezündeten. Im Unterschied zu dem ›Ersten Blitz‹ von Semipalatinsk stellte ›Sloika‹ keine Kopie dar, sondern ein Original. Die sowjetische Vernichtungsindustrie erwies sich als ähnlich innovativ wie die amerikanische, und die Hoffnung, sie zu disqualifizieren, trog. Kurtschatow, Chariton und Sacharow waren mit höherem Verstand und reicheren Mitteln nicht mehr zu überflügeln.

Der Präventivschlag spukte beiden Seiten in den Köpfen, weil er der totalen Vernichtungswaffe innewohnt. Vernichten ist besser als vernichtet werden. Doch besteht Prävention in einem Vorsprung. Ist er nicht groß und gewiß genug, wird das, was verhütet werden soll, herbeigeführt. Der lähmende Schlag, der nicht lähmt, mobilisiert. Als der Gedanke vom Präsidenten angedacht wurde, war er eigentlich unrealisierbar. Amerika hatte den besseren geographischen Zugriff, die zehnfache Atombombenzahl, aber die hundertfache Schmerzempfindlichkeit.

Am 16. Juni 1953 meldete die CIA: »We have no evidence that thermonuclear weapons are being developed by the USSR.« Auch die Physiker waren sich sicher. Fuchs hatte die falschen Berechnungen Tellers weitergeleitet, wie gut, nun probierten die Kopisten herum und kamen nicht weiter. Dennoch erlangte man vier Tage vor dem Ereignis Kenntnis davon. Das russische Staatsoberhaupt Georgi Malenkow selbst berichtete vor dem Obersten Sowjet, daß seit langem bekanntlich das amerikanische Atommonopol gefallen sei. »Die Vereinigten Staaten haben auch in der Produktion der Wasserstoffbombe kein Monopol mehr.« Amerika traf der Schlag. Eine Desinformation, ein Propagandatrick, die ›Super‹?

Im Juli waren Sacharow, Tamm und Kurtschatow am Testort eingetroffen. Letzterer hatte die wissenschaftliche Leitung inne, zur militärischen Aufsicht kam Marschall A. M. Wassilewski höchstselbst nach Semipalatinsk. Es war die bekannte Gegend, nur unvergleichlich aufwendiger hergerichtet. Das militärische Gerät bot der ›Sloika‹ seine Panzerungen dar, um ihre Wirkung zu erproben, und tief in der Erde waren alle möglichen Baulichkeiten eingelassen, darunter ein Kilometer Untergrundbahn. Alles sollte hoffentlich verdampfen.

›Mikes‹ Wirken auf Eniwetok war bis nach Moskau gedrungen. Berija hatte selbst hinter Juri Chariton einen Ersatzmann postiert, falls man ihn wegen Gehirnversagens beiseite schaffte. Statt dessen war Berija ersetzt worden, er saß in einer Moskauer Zisterne und erwartete den Henker. Dadurch wuchs sogleich ein menschliches Regen in der Testgemeinde, der einfiel, daß durch die Wasserstoffbombe Menschen Schaden nehmen könnten.

Den radioaktiven Niederschlag der Explosion empfingen Zehntausende von Kasachen, die in der falschen Windrichtung wohnten. Man konnte sie schützen durch Detonation höher in der Atmosphäre, mittels Flugzeugabwurf, der den Versuch um sechs Monate verzögerte. Anderenfalls mußte das Volk rasch evakuiert werden, welches rechnerisch 20 bis 30 Todesfolgen hätte. Sacharow, tief bewegt von den Nebenfolgen seines Tuns, erforschte sein Gesicht im Spiegel und fand es grau und gealtert. Er zählte 32 Jahre. Die Kasachen wurden Hunderte Kilometer im Umkreis evakuiert und durften im kommenden Frühjahr erst wiederkehren.

Der Turm ragte 30 Meter hoch in der steinigen Steppe, wieder spiegelte die Luft Seen und Gebirge. Am 12. August um vier Uhr früh heulte eine Sirene, Sacharow erwachte und sah Kolonnen von Lastwagen den Horizont entlangfahren mit brennenden Lichtern. Kurtschatow und die sowjetische Prominenz belegten gegen sechs einen eigenen Beobachtungsstand, geladen von Nervosität. Mit Malenkows Ankündigung stand das Prestige der Sowjetunion zur Probe.

Fünfunddreißig Kilometer vom Turm entfernt zog Sacharow zwei Minuten vor Null die Schutzbrille über. Der Blitz zuckte auf in bleierner Stille. Kaum daß der weiße Feuerball den Horizont erfüllte, riß Sacharow die Gläser herunter, sah tausend Tonnen purpurroten Staub als Wolke emporsteigen, grau werden und fand den Stamm des Pilzes ungeheuerlich dick, anders als Fotografien ihn wiedergaben. Als die Schockwelle eintraf, schlug sie die Gesichter wie ein Peitschenhieb, dunkles, lang anhaltendes Grollen hub an und ging. Dann färbte der Himmel sich schwarzblau.

Sacharow, obwohl der geistige Urheber des ›Sloika‹, hatte in der Hierarchie der Beobachtungsstände einen minderen Platz eingenommen. Als er zum Leitungsstand schlenderte, beugte Kurtschatow sich tief. »Dank dir«, sagte er, »dem Retter Rußlands.«

Die nach Tagen den Zustand des Testgeländes untersuchten, fanden die öde Steppe in einem unirdischen Zustand, schwarz, glasig, krustig. Nichts von dem, was Atombomben anrichten, kroch so fürchterlich unter die Haut. Sacharow, der in Nanosekunden den Herd der Sonne herbeigerufen hatte, fühlte sich eng im Kilotonnenbereich und hielt ›Sloika‹ für fähig, eine Megatonne TNT zu entfesseln. Sie mußte die Wucht von ›Mike‹ besitzen und ein handzuhabendes Waffenteil bleiben.

DAS OPPENHEIMERSCHE GLEICHNIS

Im Jahr 1954 schätzte der Nationale Sicherheitsrat der Vereinigten Staaten: »Bei maximaler Anstrengung könnte die UdSSR 300 Flugzeuge aus den Gegenden von Kola und Tschuktschen entsenden, von denen 200 bis 250 ihr Ziel erreichen könnten.« Beide Ausgangspunkte liegen am Nordpolarmeer. Von der Halbinsel Kola zum nordöstlichen Winkel der USA würde ein Bomber, etwa mit dem Ziel Boston, über 6000 Kilometer fliegen. Von der Tschuktschen-Halbinsel an der Beringstraße ist Alaska mühelos erreichbar, die relevanten Stadtziele der Westküste bis nach Los Angeles liegen innerhalb einer 5000-Kilometer-Distanz, Seattle ist 3500 Kilometer nahe, das heißt, die Maschine benötigte eine Reichweite von 7000 Kilometern. Und der Krieg durfte nicht im Winter kommen. Moskau rechnete sich nur geringe Chancen aus durchzudringen.

Das Stützpunktsystem Amerikas gab seinen Atomstrategien einen Realismus, der den sowjetischen fehlte. Die Ende 1952 verfügbare B-52 erreichte, luftbetankt, von London und von Japan her den Ural aus westlicher wie östlicher Richtung. Die MiG-15 oder -17, über 100 km/h schneller, könnten sie allerdings abfangen.

Tupolews B-29-Kopie, unfreiwilliges Geschenk der Weltkriegszeit, erreichte mit 6600 Kilometer Reichweite zur Not Westeuropa, sofern sie die Luftabwehr durchbrach. Eine One-Way-Mission konnte Zufallserfolge erzielen.

Im Jahre 1950 stellte Tupolew seine T-85 vor, die 12 200 Kilometer mit fünf Bombentonnen zurücklegte, ausreichend für Kalifornien, Oregon und Washington State. Mit ihren 665 km/h hätte sie aber nicht die Jägerkette durchbrochen, und Stalin feuerte seine Konstrukteure an, ihm einen interkontinentalen Düsenbomber zu liefern.

Tupolew entgegnete, daß dies nicht möglich sei.

Warum könne man die atomtüchtige T-88, mit Schwenkflügeln und 5760 km Hin-und-Retour-Weite nicht bis Amerika bringen, fragte Stalin.

Dies sei mit den zwei Mikulin-AM-3-Turbinen nicht möglich, erwiderte Tupolew.

»Dann nimm doch vier Turbinen, wer hält dich auf?«

Die Vermehrung der Triebwerke nütze nichts, sagte Tupolew, weil sie auf der Strecke zuviel Treibstoff brauchen.

Vielleicht brauche man einen anderen Konstrukteur, dachte Stalin und vergab im März 1951 den Auftrag für einen 16 000-km-Jetbomber an W. M. Mjassischtschew, neben Tupolew, Iljuschin und Jakowlew der vierte des illustren Quartetts.

Die M-4 erlebte ihren Testflug im Januar 1953 und donnerte bei der Maifeier 1954, eskortiert von zwei MiG-17, über den Roten Platz in Moskau. Der Westen rätselte, hielt sie für einen Bluff, vielleicht eine Versuchskonstruktion. Ihre vier Triebwerke Mikulin AM-3D, mit einem Schub von je 8200 kp, überboten alles Dagewesene. Sie erreichte 12 500 Meter Höhe und 900 km/h Geschwindigkeit, 200 weniger als die ›Sabre‹, die ein Dreizehntel wog. Je nach Bombenlast würde sie auf dem Hinweg zwischen 4700 und 5700 km überwinden; zu kurz!

Mjassischtschew marterte sein Hirn über mögliche Luftbetankung und empfahl Chruschtschow, nach Bombardierung der USA in Mexiko zu landen.

»Was denkst du«, schrie dieser, »was Mexiko ist, unsere Schwiegermutter? Du meinst, wir können uns die Maschine einfach zurückholen? Die Mexikaner rücken sie nie wieder heraus.«

Zur Maifeier 1954 ließ auch Tupolew neun Exemplare der turbinengetriebenen Tu-16 über den Roten Platz Parade fliegen. Sie erreichte 970 km/h, eine Gipfelhöhe von 11 500 Metern, und nur die hochwertigsten Abfangjäger vermochten sie von London, Paris und Ankara fernzuhalten. Ihre Radarnase und Lenkwaffenelektronik feuerte Luft-Boden-Flugkörper ohne Sicht auf das Ziel. Nur verfehlte auch diese schöne, schmaltaillierte Maschine den anderen Kontinent. Amerika eignete sich nicht für strategische Bomber. Sie würden alle abgeschossen, lange vor Mexiko.

Dem Jäger unerreichbar ist allein die Rakete; sie benötigt auch keinen Rückflug. An der Moskauer Akademie für Artilleriewissenschaften wurde seit 1947 an einem mehrstufigen Flüssigtreibstoffmodell gearbeitet. 1953 existierte der Plan für die erste Interkontinentalrakete der Welt, R-7, berühmt geworden als Semjorka. Sie sollte im Oktober 1957 den Satelliten Sputnik ins All tragen, der nächste Schock des Westens.

Das deutsche Vorwissen half nicht viel weiter bei dem Problem der Mehrstufigkeit. Die V2 besaß eine Stufe, Koroljow aber legte vier identische Raketen um einen Zentralkörper, die nach Ende ihrer Marschzeit abgeworfen wurden. Als 1953 die Vermutung aufkam, daß die USA die starke russische Luftabwehr mit Raketen neutralisierten, wurde umgehend ein neuer Schutz durch Abwehrraketen angegangen. Zwischen 1954 und 1956 umgab sich Moskau mit 3000 Exemplaren R-113. Kurz, innerhalb von fünf, sechs Jahren hatte sich der uneinholbar dünkende waffentechnische Abstand der USA verflüchtigt.

Für 1959 wurden zehn, für 1960 hundert R-7 prognostiziert, doch hatten alle Prognosen bisher getrogen, der Feind mochte auch das Zehnfache besitzen. Dies fürchteten besonders die amerikanischen Raketenhersteller. Aufklärungsflugzeuge durchsuchten Rußland aus 21 Kilometer Höhe täglich nach Spuren, nicht legal, aber nötig.

Um die Tristesse des Jahres 1957 voll zu machen – der Präsident hatte einen Schlaganfall erlitten und verlor vorübergehend die Sprache –, scheiterte im Dezember der Versuch, die Russen einzuholen. Der Versuch, einen 1,8-Kilogramm-Satelliten in Umlauf zu bringen, endete bei der Zündung. Die 22-Meter-Rakete ›Vanguard‹ verglühte am Boden im eigenen Schubfeuer. Dem ›Vanguard‹-Projekt der Navy hatte die Nation seit 1956 entgegengefiebert. In den Himmel gelangten die Kommunisten gewiß als zweite.

Der Erfolg der Koroljow-Geschosse, die vier Wochen nach ›Sput-

nik 1‹ den halbtonnenschweren ›Sputnik 2‹ und im Mai 1958 die
1,3 Tonnen von ›Sputnik 3‹ beförderten, ließ die *Washington Post*
die »größte Gefahr der amerikanischen Geschichte« ausrufen. Die
Nation sei unterwegs zur »Macht zweiter Klasse«. »Soon they will
be dropping bombs on us from space«, sagte Lyndon B. Johnson,
der demokratische Mehrheitssprecher des Senats, so wie Kinder
Steine von der Autobahnbrücke werfen.

Das Pendel der Unter- und Übertreibungen bewegte sich um
den Ruhepunkt des Gleichstands. Im Kampf um die Erstklassigkeit
der USA gelang es einem Team der Army um Wernher von Braun,
am 31. Januar 1958 mit der ›Jupiter‹-Rakete den ›Explorer I‹ im
Raum zu stationieren; auf Erden stellten die Streitkräfte im selbigen Jahr die Interkontinentalrakete ›Atlas‹ und 1961 die ›Titan‹ in
Dienst. Die U-Boote der Navy führten die ›Polaris‹ durch die
sieben Meere.

Die Angst vor der Zweitklassigkeit war fortan die Triebkraft der
Entwicklungen. Nur wer seines Vorsprungs inne ist, weiß, daß er
sich nicht im Hintertreffen befindet. Er ist eine Sicherheitsrück-
lage. Diese Dynamik treibt ein Rüstungsrennen an, dessen Regel
besagt, daß man keinesfalls Zweiter werden darf. In der allseitigen
Vermeidung des zweiten Platzes stellt sich Parität her. Nicht mehr
lange, und die Wettläufer wußten, daß es der eigentliche Sinn dieser Sportart war. Sie durfte keinen Verlierer hervorbringen, nur dadurch haben alle gewonnen. Der Gewinn war die Verunmögli-
chung des Dritten Weltkriegs.

Die Welt verglich Oppenheimer nun mit einer Flasche, bewohnt
von zwei Skorpionen, »jeder imstande, den anderen umzubringen,
doch nur auf die Gefahr, das eigene Leben zu verlieren«. Um der
Gefahr zu entgehen, wuchsen die Stachel, doch die Skorpione wuchsen nicht mit und die Flasche auch nicht.

Die Explosion des ersten waffenförmigen Wasserstoffkonstruk-
tes der USA auf dem Bikini-Atoll hatte ein Unglück begleitet, der
Wind drehte. In der vorausberechneten Richtung waren alle Schiffe
und Insulaner fortgeschafft worden, um ihnen den Niederschlag
zu ersparen. Als der Umschwung eintrat, wollte man den Test nicht

abbrechen. Ein japanischer Fischkutter wurde in weiße Asche eingehüllt wie in Schnee.

Die Sprengkraft war doppelt so hoch ausgefallen wie errechnet. Bei einer neuen Waffe, sagte die Atomenergiekommission, seien gewisse Irrtumsmargen unvermeidlich.

Der Kutter war dreizehn Tage mit seiner verseuchten Mannschaft durch den Zentralpazifik geirrt, und ihr Schicksal rührte die Welt. Der Wind wehte überall und nicht immer so, wie die Testordnungen es vorsahen.

Ganz unabhängig von kriegerischen Einsätzen, schrieb Kurtschatow, könne die Atmosphäre von radioaktiven Substanzen vergiftet werden. »Es besteht keine Aussicht, daß Organismen, und insbesondere der menschliche Organismus, sich einem höheren Radioaktivitätsspiegel auf der Erde anpassen. Diese Anpassung kann sich nur durch einen verlängerten Prozeß der Evolution vollziehen. So müssen wir einräumen, daß die Menschheit vor der ungeheuren Gefahr des Endes allen Lebens auf Erden steht.«

Die Russen hatten ihre Industrie auf zehn Nuklearstädte verteilt, Arzamas-16, Krasnojarsk-26 und -45, Pensa-19, Slatoust-36, Swerdlowsk-44 und -45, Tomsk-7 sowie Tscheljabinsk-65 und -70.

Die Tetscha hatte in sieben Jahren 76 Millionen Kubikmeter radioaktiven Mülls aufgenommen. Flußabwärts, wo 124000 Menschen lebten, brachen ungekannte Epidemien auf. Zweiundzwanzig Dörfer mußten evakuiert werden. Musljumowo war in einem Ausmaß kontaminiert, daß die Evakuierung selbst eine Gefahr war. Viertausend Dörfler, ohne Brunnen und Quellen, lebten vom Tetscha-Wasser.

Der Thermonuklearkrieg veränderte die von der Atombombe geschaffene Situation beträchtlich. Wie Eisenhower befürchteten auch die russischen Stabsgeneräle, daß der Überraschungsangriff einen Staat eliminierte, siegen konnte allenfalls der Aggressor, der Verlierer war nicht mehr vorhanden.

Im September 1954 hielt Marschall Schukow in der Provinz Orenburg im Südural eine militärische Übung mit einer überlebten Spezies ab, Soldaten. Sie erhielten die Anweisung, sich gegen einen nuklearen Angriff zu verteidigen. Schukow vermutete, die Männer lebten dermaßen in Furcht vor dieser Waffe, daß sie »entfürchtet« werden müßten, um noch zu etwas zu taugen. Die Soldaten unterschrieben ein Blatt, das ihnen 25 Jahre darüber zu schweigen gebot. Danach konnte mutmaßlich keiner mehr sprechen.

44 000 Mann nahmen teil. Den Detonationspunkt markierte ein großes Kreidekreuz; die Schützengräben waren sechs bis sieben Kilometer entfernt. Die Tupolew-4, von zwei Iljuschin-28 geleitet, hob in 680 Kilometer Entfernung vom Boden ab. Sie streifte keine Städte. Unten, auf der Steppe, flackerten Markierungsfeuer. Kurtschatow hatte die Übung vorbereitet und darüber informiert, daß eine Bombe ein »lebendiges Wesen« sei und während des Flugs Beobachtung benötige. So wurde ihr Temperatur gemessen und die Luftfeuchtigkeit, und an die Bodenstation gefunkt, wie es der Bombe gehe.

Ihr Zustand blieb stabil, sie fiel pünktlich aus 8000 Meter Höhe, explodierte auf 350 Metern, 280 Meter abseits vom Kreuz, und vernichtete drei Kilometer Eichenwald. Aus fünfzehn Kilometer Entfernung beobachteten Verteidigungsminister Bulganin und die Stabschefs der Bruderstaaten, was danach käme. Peng Dehuai und Tschu Teh waren aus China gekommen.

Die Schlacht um das Atomgelände begann, Verteidiger und Angreifer durften bis 500 Meter an das Kreidekreuz heran. Siebenhundert klassische hochexplosive Bomben gingen auf die Verteidiger nieder, das Artilleriefeuer prasselte, selbst der Sturm auf Berlin, sagten die Veteranen, habe nicht solch eine Gewalt entfesselt.

Nachher wurden die Soldaten mit Radiometern abgemessen, sie nahmen ein Bad und wechselten die Uniform. Die ›Entfürchtung‹ gelang vortrefflich. »Die teilnehmenden Truppen«, meldete das Oberkommando, »gingen furchtlos in die Atomexplosion, selbst an den Detonationspunkt, überwanden die Strahlungszone und führten ihren Auftrag aus.« Aber es war das veraltete Kriegsbild, das in der grauen Vorzeit der Berlinblockade einmal gegolten haben mochte. Dagegen waren Mittel gewachsen. Die Briefing Conference des Strategic Air Command hatte ein Halbjahr zuvor, im März 1954, ein Bild von dem gezeichnet, was real geschehe.

Den Angriff würden 150 B-36 und 585 B-47 vortragen. Erstere starteten von amerikanischem Boden, jedoch nur mit leichterer Bombenlast. Die B-47 mit der schweren Munition flogen von befreundeten Plätzen. Sie kamen strahlenförmig aus mehreren Richtungen – »so as to hit the early warning screen simultaneously« – und trugen 600 bis 750 Bomben.

Die ersten gingen auf die Atominstallationen nieder, rund 25, und die Flugplätze – davon kannte man 645 –, die Militärhauptquartiere und Regierungskontrollzentren. Dies würde zwei Stunden in Anspruch nehmen, »using the bomb-as-you-go system«. Danach existierte kein Rußland mehr. »Virtually all of Russia would be nothing but a smoking radiating ruin at the end of two hours.«

Es würden auch keine Städte mehr existieren. Die Weapon Systems Evaluation Group des Pentagon evaluierte Anfang 1955, daß von 135 Großstädten 118 bombardiert würden. Zwischen 75 und 84 Prozent ihrer Einwohner würden getötet, sechzig Millionen Personen.

Die Welt war Ziel geworden vom einen zum anderen Ende. Die ›Strategic Vulnerability Branch‹ hatte im Jahre 1946 die B. E. begonnen, *The Bombing Encyclopedia of the World*. Sie verzeichnete die Welt als ein Ensemble von Luftangriffsobjekten. Im Juli wird bereits gemeldet: »5594 target numbers assigned and 4715 IBM cards punched for the *Bombing Encyclopedia*«.

1952 wurden drei Bände herausgegeben mit Orten und Installationen in 96 Ländern, Zonen, politischen Einheiten. Europa, Afrika, der Mittlere Osten und nahezu ganz Asien waren erfaßt, »an alphabetical arrangement of potential targets arranged by cities within countries!« Die Summe der Ziele belief sich auf 10 000 und sollte bis 1960 auf 80 000 anwachsen.

Die Ausgabe von 1952 verzeichnet auf einem Drittel ihrer 1000 Seiten sowjetische Lokalitäten, einhundert Seiten waren den deutschen Teilstaaten gewidmet, für Frankreich reichten einstweilen fünfzig. Punktziele und Flächenziele wechselten, die begleitenden Angaben nannten die präzise Lage, die Art der städtischen Umgebung, die Produktionspalette, Gebäudestrukturen, alles was die Bombe wissen muß.

Eine achtstellige Ziffernkombination, die ›B. E. number‹, erlaubte ein einfaches Wiederfinden auf dem ›Master Air Mapping System‹ der US-Luftwaffe, der ›World Aeronautical Chart‹. Eine Maschine des Strategic Air Command hatte, luftbetankt, einmal den Planeten umrundet, man kam überall heran.

Das Vorhaben der Vulnerability Branch, die Erde von einem Pentagon-Büro aus zu kartographieren als Atlas der Verletzlichkeit, ist selbst eine Verletzung. Sie bietet nämlich der Welt als Ziel sich als Ziel der Welt dar. Das Maß aller Ziele ist man selbst.

Nach der Detonation der Wasserstoffbombe auf Bikini trat der Vorsitzende der US-Atomenergiekommission Lewis Strauss vor die Presse:

Strauss: »Well, the nature of an H-bomb … is that, in effect, it can be made as large as you wish, as large as the military requirement demands, that is to say, an H-bomb can be made as large as – large enough to take out a city.«

Chorus: »What?«

Strauss: »To take out a city, to destroy a city.«

Question: »How big a city?«

Strauss: »Any city.«

Question: »Any city, New York?«

Strauss: »The metropolitan area, yes.«

Dem Verschwindenlassen von New York rückten die Russen ein Stück näher, als ihnen am 22. November 1955 die erste Detonation einer Wasserstoffbombe aus der Luft gelang. Auf Bikini war kein Abwurf, sondern eine Zündung vorgenommen worden, den Echtverhältnissen schritten beide Seiten getrennt, doch in gleichen Stufen entgegen.

Es würde im Leben genauso sein wie im Experiment: »Man fühlte sich sofort wie mit dem Kopf in den offenen Ofen gesteckt«, schrieb der Physiker German Gontscharow. »Das Schockierende war die absolute Stille, in der sich diese große Szene entfaltete.« Dann schleuderte die Druckwelle alle zu Boden.

Als Gontscharow in sein 65 Kilometer entfernt gelegenes Hotel zurückkehrte, waren alle Fenster und Türen fortgeblasen, doch die Freudenrufe »unbeschreiblich«.

Kurtschatow und Sacharow, betrübt über den Tod eines Soldaten und eines zweijährigen Mädchens, das in das Haus zurücklief, empfanden den »Triumph der Wissenschaften« anders. Die Menschen hatten kein Haus mehr und die Vögel keinen Himmel.

»Wenn man nur die verbrannten Vögel starr auf der verkohlten Steppe liegen sah«, schrieb Sacharow, Gebäude wie Kartenhäuser fortgeflogen, der Geruch der geplatzten Ziegel, »wie soll man an diesen Punkt nicht an seine Verantwortung denken?«

»Wir müssen sicher machen«, sagte Kurtschatow, »daß diese Waffe nie genutzt wird.«

Die Waffe selbst hatte es sicher gemacht! Nie wurde die Prämie auf den Aggressor ausgezahlt. Während dem einen Skorpion der Stachel schwoll zum Nation-Killing, das zum unwiderruflichen Sieg führte, traf der andere letzte Vorbereitungen. Der Sieger würde seines Sieges nicht froh werden. Es würde ihn nicht mehr geben, das war das Vermächtnis der Skorpione.

Dann entdeckten sie keinen Unterschied mehr an sich. Sieg und Niederlage und Stachel, alles eins. Ihre erheblichen Wesensunterschiede wurden unwesentlich, warum sich damit befassen? Am Ende zählten nur zwei Sachverhalte, die durchdringliche Leibesoberfläche und der durchdringende Stachel.

Die Symmetrie der Eigenschaften frappierte. Nach einer Zeit verabredete man miteinander das Anwachsen der Stachel; die Flasche hatte ihre Begrenzungen und die Kosten auch. Der Stachel des jeweils anderen zog eine Fürsorglichkeit auf sich, denn hielt er nicht Schritt und fiel zurück, dann entfielen auch die Gründe seiner Zurückhaltung. Der Zurückgebliebene könnte aus purer Verzweiflung zu stechen beginnen, weil er sowieso erstochen würde.

Das Stechen unterbliebe, wenn jedem ein tödlicher Stich garantiert wäre. Die Tödlichkeit des einen war die Lebensgarantie des anderen. Nachdem diese Regel erkannt war, konnte auch über ein kontrolliertes Schrumpfen der Stachel verhandelt werden. Das Entscheidende war nämlich nicht die absolute, sondern die relative Größe des Teils.

Die Abhängigkeit voneinander führt zwangsläufig zu einer hohen Einfühlsamkeit. Man teilt die gleiche Lage und muß sich aufeinander verlassen. Der andere darf nichts falsch verstehen, und dem ist nur zu begegnen durch ein entwickeltes Studium seiner inneren Befindlichkeiten und Reflexe.

Beinahe gerieten die gutgepflegten Stachel in Vergessenheit, und die Interaktion, das Hin und Her der Signale, die Kontrolle des adäquaten Verständnisses beherrschten die Flasche.

Die miteinander erreichte Stabilität erlaubte auch wieder von anderem zu reden, von den Individualitäten, Stärken und Schwächen. Es gab viel voneinander zu lernen. Daß eine Kollegialität erwuchs, erübrigt sich zu sagen.

Als einer der Skorpione verschied, wähnte der andere sich zwangsläufig der Herr der Flasche. Das Oppenheimersche Gleichnis aber beschrieb ein System. Die Flasche bezog die Skorpione aufeinander, und der Bezug war die Flasche. Mit dem Ableben des einen ging die Geschichte zu Ende.

Es gibt kein System von *einem* Skorpion in *einer* Flasche. Sie zersprang mit dem Ende der Zweisamkeit und damit auch die Domestizierung der Waffe. Fast hatte sie den Anschein jenes Zauberstabs gewonnen, der die Kriege abschafft, zumindest die totalen auf Gedeih und Verderb, wie seine traurigen Erfinder hofften. Mag sein, daß er jenen verhindert hat, der zwischen 1945 und 1955 erwartet wurde.

In dem Oppenheimerschen Gleichnis sind zwei Systemeigenschaften enthalten. Ein Zahlenverhältnis von 1 : 2 – eine Flasche, zwei Skorpione – und ein Gleichheitszeichen – 1 Skorpion = 1 Skorpion. Dies ist die Formel für die Neutralisierung des Stachels.

Beide Skorpione fanden, obwohl sie es versuchten, kein Entkommen aus der Versehrbarkeit ihrer Körperoberfläche. Gerettet wurden sie nicht von ihrer Stärke, sondern von ihrer Schwäche; die unweigerliche Empfängnis des Stichs hielt sie in Schach. Ein körperloser Gegner hingegen, der nicht die Schutzlosigkeit der Fläche teilt, weil er exterritorial ist, eine staatenlose Korporation der neuesten Zeit, immer unterwegs, ein fließendes Netz, bietet dem Stachel kein Ziel. Der Stich von oben unterstellt ein Unten. Das Element der Vergeltung ist der Boden. Gibt es kein Unten, sticht sie ins Leere. Das vernetzte Phantom hingegen operiert gegen physische Fläche, immobilen Ort, altertümliche Erdkruste, wohnhafte Haut. Es findet die Adresse, hat aber keine. Von hier an beginnt eine andere Geschichte.

Die Zyklopen von Eniwetok und Semipalatinsk benötigten Zyklopen als Erzeuger, Imperien, Industriegiganten. So glichen sie ihren Erzeugern. Diese bewaffneten sich mit einem Gebilde nach ihren Maßen, zu orten noch aus 20 Kilometer Höhe.

Doch geht die Erzeugerkette weiter. Der Megatonnenbereich des Nuklearitikums war nur eine Vorzeit. Die Neuzeit dieser Geschöpfe ist längst noch nicht angebrochen. Sie mutieren in andere Umwelten und passen sich deren Zielen an. Vielleicht wird der Urankern einmal im Kofferraum gespalten.

Als der Physiker Marshall Rosenbluth am 1. März 1954 die thermonukleare Detonation auf Bikini aus 45 Kilometern Entfernung betrachtete, glich sie einem Mutanten der Köpfe, die sie ersannen und wollten. Die Vernichtungskraft von 15 Millionen Tonnen TNT, das Tausendfache von Hiroshima, war ein böser Tumor, und die Heilung davon konnte nicht in seiner Vergrößerung bestehen.

Der Feuerball stieg und stieg. »Er sah mich an, wie man sich ein krankes Hirn vorstellt, das Hirn eines Wahnsinnigen. Und irgendwann stand es genau über uns, und die Luft füllte sich mit diesem grauen Zeug, ich nehme an, radioaktive Korallen, die herunterregneten.«

Das Wahnsinnshirn mit dem Codenamen ›Bravo‹ faszinierte die Staatenwelt, und Nikita Chruschtschow, der neue Chef der Kommunistischen Partei der Sowjetunion, befahl Sacharow, ihm genau das gleiche zu bauen.

DER GEIST VON GENF

Im Juli 1955 begegneten sich zum ersten Mal seit Potsdam die Chefs der Sieger von 1945. Sie harmonierten weit besser als zehn Jahre zuvor und nannten es den Geist von Genf. Die Konferenz löste die deutsche Frage nicht, denn sie war schon gelöst. Es würde kein neutrales Gesamtdeutschland geben, keine Anerkennung der Zwangsteilung und keine Selbstbestimmung der Deutschen. Man hielt fest, was man hatte, doch voller Verständnis füreinander. Das war das Neue.

Als Außenminister Molotow der Delegation seine Deutschlanderklärung vorlegte, schüttelte man den Kopf über den ›Eisenarsch‹.

»Genosse Molotow«, sagte Ministerpräsident Bulganin, »das Papier ist so trocken; Sie treffen den Ton nicht!«

»Die Sprache ist streithammelig«, beschied Chruschtschow. »Wie ein Knüppel.«

Molotows Ebenbild, Foreign Secretary Dulles, der das ganze Treffen verabscheute, genoß die besondere Wertschätzung der Russen. Weil er dem Präsidenten notorisch Sprechzettel über den Verhandlungstisch schob, schlossen sie, daß er der eigentliche Chef im anderen Lager sei.

»Dieser bissige Köter«, schrieb Chruschtschow später, »schlich dauernd um Eisenhower rum und schnappte nach ihm, wenn er aus der Reihe zu tanzen versuchte.« Der Gedanke eines friedlichen Nebeneinanders war ihm ein Graus; doch habe man bei Tisch sämtliche Lieblingsgerichte durchgesprochen.

Er war ein sturer, kreuzehrlicher Feind und achtbarer als ein klebriger Freund, man wußte stets, wo man mit ihm stand. So erweckte der Kälteste Krieger die wärmsten Gefühle. »Als Dulles starb, sagte ich zu meinen Freunden, zwar habe er zeit seines Lebens den Kommunismus gehaßt und den Fortschritt verachtet, doch habe er nie jenen ›Rand‹ überschritten, von dem er in seinen Reden immer sprach, und schon aus diesem Grunde müßten wir sein Hinscheiden eigentlich beklagen.« Das *war* der Fortschritt und hinter dem Rand das Nichts.

Eisenhower hatte zu Anfang vorgeschlagen, den politischen Ärger des Konferierens allabendlich mit ein paar Martinis herunterzuspülen. »Private Besprechungen«, glaubte auch Premierminister Eden, »sind auf einer Konferenz wie dieser gewöhnlich die lohnendsten.« Edgar Faure, der französische Ministerpräsident, pflegte zum Mahle einige Flaschen *vin jaune* aus dem nahe gelegenen Jura zu entkorken, wo er beheimatet war. Alle fanden, daß der Jura, an Ort und Stelle getrunken, noch köstlicher mundete.

In Anerkennung seiner Gastlichkeit, in Abkehr von der Stalinschen Franzosenverachtung und zu Ehren der Militärkonvention von 1892 nannten die Russen Faure »Edgar Fjodorowitsch«; auch darum war er ihnen der Liebste, weil es der dauernden französischen Regierungswechsel wegen nicht lohnte, mit ihm über Politik zu reden.

Edgar Fjodorowitsch in seiner Noblesse fiel es im Traum nicht ein, die offenen Schulden der Russen aus der Bündniszeit anzusprechen. Vergeben, vergessen; außerdem war der damit bezahlte Krieg 1917 verlorengegangen. Das Geld war weg. Etwas anderes war es mit den Krediten Roosevelts.

Freundschaft kann man kündigen, Rückzahlung auch, aber der Sieg währt ewig. Die Russen wollten ihn sich keineswegs schenken lassen. Amerika war eine Bank, und man hatte für eine größere militärische Unternehmung ein Darlehen bezogen. »Wie hätten wir ohne sie von Stalingrad nach Berlin kommen sollen?«, ohne US-Lastwagen, sagte Chruschtschow. Aber es war nur ein Investment, und es mußte noch verrechnet werden.

Die Amerikaner brachten unversehens Nelson Rockefeller aufs Parkett, und Chruschtschow fand, daß der Kapitalismus hundsnormal aussah. »Ich konnte nichts Besonderes an ihm entdecken. Er war ganz wie ein Demokrat gekleidet.«

»Das ist also Mr. Rockefeller persönlich«, sagte er und versetzte ihm einen Rippenstoß.

»Er nahm es als Scherz auf und gab mir ebenfalls einen Rippenstoß.«

Die Sowjets hätten gerne sechs Milliarden Dollar umgeschuldet, weil die Amerikaner auf Tilgung drängten, bevor etwas dazwischenkam. Rockefeller fand den Kreditkunden zu ungewöhnlich, um sechs Milliarden aufzutreiben, doch war man finanztechnisch auf dem richtigen Wege angelangt. Schuldnern müssen Brücken gebaut werden, und denjenigen, der Geld schuldet, bombt man nicht so schnell zusammen. Schulden verbinden.

Die Verbindung, welcher die Konferenz die höchste Bedeutung beimaß, war die Kriegskameradschaft. »Wir hofften, Eisenhower und Schukow fänden Gelegenheit, allein miteinander zu sprechen«, schreibt Chruschtschow. Der Präsident hatte dem Marschall eine Angelschnurrolle mitgebracht und erkundigte sich eingehend nach Tochter und Gemahlin. Trotz aller Querschläge von John Foster Dulles setzten die Generäle sich am 20. Juli zusammen. Es war das erste ehrliche Gespräch des Kalten Krieges.

Schukow hielt sich nicht mit Sentimentalitäten auf und sagte, daß »dunkle Kräfte« im Westen die sowjetisch-amerikanischen Beziehungen unterhöhlten. Sie zeichneten ein falsches Bild von Rußland, als ob es einen Angriff auf Amerika vorbereite. »Das sowjetische Volk hat die Schnauze voll vom Krieg.« Nicht *einen* in der Sowjetregierung oder im Zentralkomitee der Partei gelüste es danach. Der Lebensstandard des Volkes müsse verbessert werden, und dafür seien Kriege nur Gift.

Eisenhower erwiderte, daß seine »ganze Erfahrung mit Marschall Schukow in Berlin seinen Worten Glaubwürdigkeit gäbe«.

Schukow erklärte, seine Nachrichten besagten, daß »die NATO die Sowjetunion von Basen rund um ihre Grenzen auszulöschen bereit sei«. Deshalb halte man so viele Truppen unter Waffen.

»Die Winde auf der Welt«, sagte Eisenhower, »wehen vorwiegend in ost-westlicher Richtung und nicht in nord-südlicher.« Ein russisch-amerikanischer Krieg würde davon außerordentlich tangiert. Beide Nationen siedeln bekanntlich zwischen 20 und 80 Grad nördlicher Breite. Unbekannt sei aber selbst in der Wissenschaft, fuhr der Präsident fort, »was geschehen würde, wenn 200 Wasserstoffbomben in kurzem Zeitraum explodierten. Wenn die atmosphärischen Verhältnisse dementsprechend sind, könnte der Fall-out ganze Nationen zerstören und möglicherweise die Nordhalbkugel.«

»Wenn am ersten Kriegstage«, sagte Schukow, »die Vereinigten Staaten 300 oder 400 Bomben auf die Sowjetunion fallen lassen, und diese tut das gleiche, ist es unmöglich zu sagen, was unter diesen Umständen überhaupt mit der Atmosphäre geschieht.« Er sei »uneingeschränkt für die Abschaffung von Waffen dieser Art«. Eisenhower möge bitte sein Wort »als Soldat« nehmen, daß die Sowjetunion von der militärischen Konfrontation herunterwolle. Amerika sei ein reiches Land, aber gewiß froh, diese Last loszuwerden.

Eisenhower stimmte zu; der Kalte Krieg sei mehr ein psychologisches Problem als ein Interessenkonflikt. Es verschwinde aber nicht über Nacht. »Es braucht seine Zeit, den gegenwärtigen Zustand von Mißtrauen und Angst zu überwinden. Vielleicht kann eine Serie von Ereignissen das psychologische Klima ändern.«

Schukow meinte, ein gesamteuropäisches Sicherheitssystem sei das Geeignete. Die NATO und den Warschauer Pakt könne man gleichzeitig auflösen.

Über die Zugehörigkeit von Warschau differierten die Ansichten. War es ein freies oder ein sowjetisch besetztes Land? Was halte Schukow davon, fragte Eisenhower, ein Inspektionssystem aus der Luft zuzulassen? »Große Einrichtungen wie Flugplätze, Langstreckenbomber und Raketenfabriken sind nicht zu verbergen.«

Die Idee gefiele ihm, sagte Schukow.

Wäre sie »in der Sowjetunion politisch möglich«?

»Sie wäre absolut möglich. Die Einzelheiten müßten geprüft werden«, sagte Schukow. Solche Inspektionen seien eine Garantie gegen Überraschungsangriffe. Schließlich seien beide Länder, die USA und Rußland, 1941 im Abstand von sechs Monaten überfallen worden.

Chruschtschow schimpfte fuchsteufelswild auf die Zugeständnisse seines Verteidigungsministers. »Das Potential des Gegners ist größer! Wer mehr Potential hat, interessiert sich mehr für Nachrichten.« So erfährt er, daß der andere weniger hat, und wird keß.

»Wir bezweifeln nicht Ihre Motive, Herr Präsident«, fuhr ihn Chruschtschow am Buffet an, »die Sie zu diesem Vorschlag führen. Aber wen wollen Sie damit täuschen? In unseren Augen ist das ein durchsichtiger Spionagetrick. Ihre Berater, die das vorgeschlagen haben, wußten ganz genau, was sie taten. Sie konnten doch nicht glauben, daß wir das ernst nehmen!«

Eisenhower erwiderte, daß die Erkundigungen wechselseitig seien; damit wurde aber keine Gleichheit hergestellt. Einer würde Vorteile, der andere Nachteile erkunden. In den Zahlen der strategischen Bomber und Raketen sah die Bilanz etwas ungünstiger aus für die Russen.

Chruschtschow, zufrieden, für stärker gehalten zu werden, als er war, fand zu diesem deutschstämmigen Sohn pazifistischer Mennoniten aus Texas keinen Zugang. Nach den Drinks verspeiste er in seinem Quartier gefrorene Steaks aus USA, die seine philippinischen Köche ihm aufwärmten. Fuhr er im Wagen, rannten seine Leibwächter nebenher. »Das fanden wir überaus merkwürdig. Es ist keine Kleinigkeit für einen Menschen, mit einem fahrenden Wagen Schritt zu halten.«

Stalin, der auch nicht anderer Gerichte aß, hatte Eisenhower als großen Schweiger geschätzt, und Chruschtschow, der vor jenem hatte tanzen müssen, fühlte sich durch das Schweigen und Rennen ungut erinnert. Er genoß die Macht und dachte nicht an früher. Premier Eden, den seine rasche Auffassungsgabe, das autoritative, stets angriffsbereite Naturell – »vital, geradezu und eigensinnig, aber leicht zum Lachen geneigt« – ansprach, fand in dem gesetzten Delegationsleiter Bulganin die verwandte Seele. Sie sprachen über den Krieg.

Fast jede Familie in Rußland, sagte Bulganin, seine eigene nicht ausgeschlossen, beklage den Verlust des einen oder anderen Angehörigen.

»Ich sagte ihm, auch die Engländer hätten nach der Erfahrung zweier Kriege keinerlei Anlaß, zärtliche Gefühle den Deutschen gegenüber zu haben.« Doch wie groß die Furcht einst gewesen sei, im Atomzeitalter stellten sie keine Bedrohung für Rußland dar.

Vielleicht seien die Deutschen außerstande, eine Wasserstoffbombe zu bauen, entgegnete Bulganin, »aber schließlich kann auch jemand anderer sie ihnen geben«.

Da das Deutschlandproblem in den Vollsitzungen scharf debattiert wurde und Eden einen Wiedervereinigungsplan vorgelegt hatte, der eine Entmilitarisierung des östlichen Teils vorsah, »nahm Bulganin mich beiseite und erklärte, er müsse mir etwas sagen, was er noch keinem anderen gesagt habe. Für seine Regierung sei es einfach unmöglich, von dieser Konferenz nach Moskau zurückzukehren und zu verkünden, sie habe der sofortigen Wiedervereinigung Deutschlands zugestimmt.« Das Führungskollektiv besitze eine halbwegs solide Basis, doch sei »die Zeit nicht dazu angetan, die Regierung zu schwächen«. Das Volk und die Armee brächten kein Verständnis für ein vereinigtes Deutschland auf. »Das Volk würde sagen, so etwas hätte Stalin nie getan!«

Anthony Eden, der Außenminister der Kriegszeit, dachte zurück an die Teheran-Konferenz von 1943. Er hatte Stalin gebeten, den Rückflug nach London über die Wolga nehmen zu können, um jenen Ort zu sehen.

»Das läßt sich selbstverständlich machen«, sagte Stalin.

Edens Maschine drehte in niedriger Höhe mehrere Runden über der Stadt, eigentlich ein meilenweit zerdehntes Industriegebiet. »Von oben gesehen, machten das zertrümmerte Mauerwerk und die gekrümmten Eisenträger den Eindruck, als hätten zwei Riesen beim Stäbchenspiel die Erde verwüstet.«

Es saßen sich wieder zwei Riesen am Tisch gegenüber, hielten die Stäbchen in der Hand, und es war ihre Erde. Die Feindschaft wechselte, und die Verwüstung blieb.

»Unter den vielen falschen Tönen, die aus Moskau herüberklangen«, dachte Eden, »ist ein Schrei echt, der Schrei einer Nation, die sich fast zu Tode blutete.« Sie hatten Napoleon, den deutschen und den österreichischen Kaiser im Land gehabt, zuletzt war ein Achtzigmillionenvolk über ein Hundertachtzigmillionenvolk hergefallen und bis an die Hauptstadt gestoßen. Wenn man die Welt von dort aus sah, dann war sie ungewohnt. Es fehlte der Atlantik vor den Grenzen und der Kanal. Der Feind lag ungeschützt, gegen Deutschland und gegen alle.

Meere und Ozeane halfen auch sonst keinem mehr. Die Wut des Krieges hatte die Schalen abgetragen, die Schutz versprachen, die Entfernung, die Staatskunst, das Recht.

Bei einem Dinner zu seinen Ehren führte Bulganin den Premier auf die Terrasse der kleinen Villa, worin die russische Delegation logierte. Sie blickten in den sommerlichen Garten, und Bulganin fragte, ob Eden nicht einmal nach Moskau kommen wolle? So viele Jahre seien vergangen seit dem letzten Besuch. Vieles habe sich verändert. Das russische Volk würde ihn herzlich willkommen heißen.

Eden sagte, es erwarte ihn schauderhaft viel Arbeit in Downing Street, und er sei mehrfach in Rußland gewesen. Es wäre nun wirklich an der Zeit, daß die Russen nach London kämen.

»Der Marschall lächelte und erklärte sich einverstanden.« Stalin habe eine Abneigung gegen das Reisen gehabt. Er selbst denke anders darüber und Chruschtschow ebenfalls. »Wir kommen gerne nach London.«

»Er hätte auch das Modell für den Hausarzt in einem Roman seines Lieblingsdichters Turgenjew abgeben können«, dachte Sir Anthony. Die Maske der Feindschaft blätterte hinweg. Es war Frieden.

Anhang

QUELLEN

Die Feindschaft

BABYLON

»Wir haben die furchtbarste«: Rhodes, *Atomic Bomb*, S. 679. **Truman-Tagebuch:** vgl. Ferrell (Hg.), *Private Papers*. **Trinity:** vgl. Szasz, *The Day*; Lamont, *Day*. »**übliche Brandbombardements**«: ebd., S. 655. »**einen gewaltigen optischen Effekt**«: ebd., S. 655. »**heißen Ofen öffnen**«: ebd, S. 681. »**Es bohrte sich**«: ebd., S. 680. »**könnte Atmosphäre**«: ebd. S. 681. »**Natürlich waren sie**«: ebd. S. 739. »**einen der größten Fehler**«: ebd., S. 739. »**a consequential revision**«: De Groot, *Bomb*, S. 149. »**all war**«, »**no other air attack**«: Rhodes, *Dark Sun*, S. 21. »**Wir sollten lieber den Krieg**«: ebd., S. 207. »**Anzahl exzessiv**«: ebd., S. 226. »**can be attained**«: Borowski, *Threat*, S. 39.

ÖL

Churchill, Fulton-Rede: Hanhimäki/Westad, *Cold War*, S. 47. **Nowikow:** ebd., S. 111. **Molotow:** Resis (Hg.), *Molotov Remembers*. **Türkei-Engen:** vgl. FRUS 1946, VII, *The Near East and Africa*; Offner, *Victory*; Mark, »War Scare«; Beiner, *Acheson*. **Griechenland:** Close, *Civil War*. **Maclean:** Haynes/Klehr, *Venona*. »**Fang jetzt an**«: Beisner, *Acheson*, S. 40 f. **Wir können genausogut**«: Offner, *Victory*, S. 170.

SCHWÄCHE

Clifford/Elsey: Offner, *Victory*, S. 178 ff.. »**Wenn die Russen beschließen**«: vgl. Borowski, *Threat*. **Lilienthal in Los Alamos:** Rhodes, *Dark Sun*, S. 283. »**Die Nachricht**«: ebd., S. 283 f. Vgl. auch Lilienthal, *Journals*.

STÄRKE

Truman-Doktrin: Hanhimäki/Westad, *Cold War*, S. 115 ff. **Truman-Oppenheimer:** Bird/Sherwin, *Prometheus*, S. 331. **LeMay:** Tillman,

LeMay, S. 102. **Truppenstärken, Pläne, Rückzugslinien:** Maier, »Kontrolle«, S. 271–393, und Ross, *War Plans*, S. 25–103. **Kriegsverluste SU:** vgl. Merridle, *Iwan*; Broekmeyer, *Stalin*; Werth, *Rußland*. **Groves, »Wenn wir Realisten«:** Rhodes, *Dark Sun*, S. 225.

TEILUNG DES DEUTSCHEN REICHS
Churchill: Rhodes, *Dark Sun*, S. 343. **Ulbricht in Bayern, bei Stalin, Pieck:** Frank, *Ulbricht*, S. 207, 212. **Sowjetische Zone:** vgl. Loth, *Ungeliebtes Kind*; ders., *Teilung*. **Winter 1946:** vgl. Smyser, *Yalta–Berlin*; Murphy, *Diplomat*; Clay, *Entscheidung*. **Molotow, »In Anbetracht«:** Molotow, *Außenpolitik*, S. 406. **»Zieht man das alles«:** ebd., S. 381. **»Niemand kann ihm schaden«:** ebd., S. 575. **»Nach diesen Zahlen«:** ebd. S. 395. **»All the Russians need«:** Beisner, *Acheson*, S. 128. **»The dollars come«:** Offner, *Victory*, S. 242. **»Nie solchen Idioten«:** Frank, *Ulbricht*, S. 241. **Marshallplan:** vgl. Milward, *Reconstruction*; Beisner, *Acheson*; FRUS 1947, III, *Commonwealth; Europe*; Leffler, *Strategic Dimensions*. **Eisenhower-Schukow, »die Sowjettruppen schnellstens«, »fiel uns allen ein Stein«:** Schukow, *Memoiren*, S. 661. **15. Juni, Truman:** *Dokumente Berlinfrage*, S. 38.

WEGE NACH BERLIN
Clay: vgl. Smith, *Life*; ders., *Papers*; Murphy, *Diplomat*; Smyser, *Yalta–Berlin*. **Reuter:** vgl. Barclay, *Reuter*. **Tschechoslowakei:** vgl. Jaksch, *Europas Weg*; FRUS 1948, IV, *Eastern Europe; Soviet Union*; Lukes, *Road*. **»Eine Spur verachtungsvoll«:** Borowski, *Threat*, S. 119. **»Viele Monate«:** ebd., S. 120. **»Ein, zwei Tage«:** ebd. **»Wir sollten abziehen«:** Murphy, *Diplomat*, S. 382. **Stalin-Smirnow:** Subok/Pleschakow, *Kreml*, S. 49–52. **»Wenn General Trudeaus«:** Kohn/Harahan, *Strategic Air*, S. 85. **»Why are we in Europe«:** Offner, *Victory*, S. 251. **Landry, »Der Kriegsausbruch«:** Borowski, *Threat*, S. 125. **»20 good divisions«:** Betts, *Blackmail*, S. 23.

GENERALPLAN WELTKRIEG
US-Planungsstäbe: Vgl. Ross, *War Plans*; Borowski, *Threat*; Maier, *Politische Kontrolle*. **Tagesplan:** nach Ross, *War Plans*, S. 74 ff. **Innerer Feind:** vgl. Morgan, *Reds*; Halberstam, *Fifties*; Cook, *Nightmare*; Offner, *Victory*; Ybarra, *Washington Crazy*. **»Es ware möglich«:** Betts, *Blackmail*, S. 99. **»Die Sabotage«:** ebd., S. 97. **»Tätigkeit 5. Kolonne«:**

ebd. S. 274. **Eisenhower, Joint Chiefs, Finletter:** Borowski, *Threat*, S. 116 f.

Vgl. Offner, *Victory*; Collier, *Bridge*; Davison, *Blockade*; Tusa, *Blockade*; Smyser, *Yalta–Berlin*; Murphy, *Diplomat*; Narinskii, »Soviet Union«. **»Please remember«:** Offner, *Victory*, S. 256. **»Russen kein Recht«, »unprovokative Haltung«, »stay, period«:** Offner, *Victory*, S. 256 f. **Leahy, »Whatever we have«:** Betts, *Blackmail*, S. 24. **»a reduction of Moscow«:** ebd. **»nicht die Zeit«:** Offner, *Victory*, S. 260. **»mit dem Abzug«:** ebd., S. 261. **»General, you will have«:** Smyser, *Yalta–Berlin*, S. 84. **Stalin-Smith:** Tusa, *Blockade*, S. 276. **»Haben Sie Maschinen«:** Murphy, *Diplomat*, S. 276. **»Forrestal, Bradley«, »Der Präsident sagte«:** Betts, *Blackmail*, S. 27.

»The Soviets are beginning«: Betts, *Blackmail*, S. 22. **»Two Wars«:** Offner, *Victory*, S. 261. **NSC 30:** FRUS 1948 I, S. 625–628. **»one of the most anti-communist«:** Offner, *Victory*, S. 266. **»Männer, Frauen und Kinder«:** Murphy, *Diplomat*, S. 393. **»ewig in Berlin«:** Offner, *Victory*, S. 266. **»größter politischer Faktor«:** ebd., S. 267. **»einstimmige Meinung«:** ebd., S. 264. **Harmon:** Ross, *War Plans*, S. 107 ff. **Sunday Punch, »effective delivery«:** Holloway, *Stalin – Bomb*, S. 229. **Brodie:** vgl. Winkler, *Cloud*. **»einfach erwartet«:** ebd. S. 66. **Dayton Test, »Not one air plane«:** Borowski, *Threat*, S. 167 f.

Gromyko: Smyser, *Yalta–Berlin*. **Chlopow, »Der Effekt der Anwendung«:** Holloway, *Stalin – Bomb*, S. 238. **Stalin, »welche Sorte von Idioten«:** ebd., S. 235. **»Kartenhäuser«, Malik in Hiroshima:** ebd., S. 236 f. **»Reicht nicht Moskau«:** Nenni, *Tempo*, S. 537. **»Natürlich mußte man die Grenzen«:** Resis, *Molotov Remembers*, S. 73 f. **Stalin Mai 1949:** vgl. Tusa, *Blockade*; Offner, *Victory*.

Wetterbeobachtungsflugzeug: vgl. Rhodes, *Dark Sun*. **Ted Hall:** vgl. De Groot, *Bomb*. **Molotow, »Wir sind noch nicht«:** Resis, *Molotov Remembers*, S. 81. **»Wundervolles Material«:** Holloway, Stalin – Bomb,

S. 88–95. »Wenn sie es geschafft hätten«, »Geheimnisse gewahrt«: ebd., S. 128. »wenn ein Kind«: Sebag Montefiore, *Stalin*, S. 513. »Ihr seid gute Arbeiter«: ebd. »Umbringen immer noch«: ebd., S. 514. »der Sowjetunion Pläne aufnötigen«: Holloway, *Stalin – Bomb*, S. 133. »Gibt es kein Uran«: ebd., S. 134. »Wir wissen«, »Copy minds«: De Groot, *Bomb*, S. 134. »Genosse Stalin sagte«: ebd., S. 136. Stalin, Bolschoi: ebd., S. 137. »Declaration of World War III«: Rhodes, *Dark Sun*, S. 243. Ungerechtfertigte Bewunderung«: Holloway, *Stalin – Bomb*, S. 205. »ein abstoßender Akt«: De Groot, *Bomb*, S. 141. »Soldat Kurtschatow«, »Heilige Sache«, »Springen aus der Zeit«: ebd., S. 113. »Was machen Sie da?«: Holloway, *Stalin – Bomb*, S. 203. »Ich hatte den Eindruck«: ebd., S. 200. »Es wird nichts«, »Weck ihn auf«: De Groot, *Bomb*, S. 145.

IM INNEREN DER STERNE

Vgl. Bird/Sherwin, *Oppenheimer*; De Groot, *Bomb*; Sacharow, *Mein Leben*, Lourie, *Sacharow*; Rhodes, *Dark Sun*, Holloway, *Stalin – Bomb*; Strauss, *Decisions*; Dean, *Atomic Shield*; Goncharov, »Beginnings«; Khariton, »The Way«. »Jedes erdenkliche Argument«: Bird/Sherwin, *Prometheus*, S. 416. »What do we do?«: ebd., S. 417. Senator MacMahon: ebd., S. 424. »It's use«: De Groot, *Bomb*, S. 168. »Der gespenstische Charakter«: ebd. S. 171. »What he says«: Bird/Sherwin, *Prometheus*, S. 424. »Sollen wir den Russen«: De Groot, *Bomb*, S. 126. »The element uranium«: ebd., S. 22. »What are you after?«: ebd., S. 23.

FERNOST

Vgl. Albertin, *Dekolonisation*. Marshall, Stimson: vgl. Dower, *War without Mercy*. Sukarno: vgl. de Beus, *Morgen*. Roosevelt: vgl. Harriman/Abel, *Mission*. Mao, US-Teams (Dixie-Mission): vgl. Heinzig, *Sowjetunion*; Shewmaker, *Americans*; Tuchman, *Sand*. Wlassow: vgl. Heinzig, *Sowjetunion*. General Deane: vgl. Deane, *Bündnis*. Stabsübungen: vgl. Garthoff, »Intervention«. »I would rather«: Dower, *War without*, S. 173. »In den letzten Zuckungen«, »wir müssen zusammenarbeiten«, »Mao führte sich auf«: Heinzig, *Sowjetunion*, S. 67 ff. »We can't get in touch«: Westad, *Cold War*, S. 27. »defeat of Japan without Russia«: ebd., S. 28. »Werden die Russen«: Harriman/Abel, *Mission*, S. 294. »Rußlands Interessen in Fernost«: Westad, *Cold War*, S. 26.

»Der sowjetische Einfluß«: Harriman/Abel, *Mission*, S. 294 f. »Da die transsibirische Bahn«: Deane, *Bündnis*, S. 233. »Marschall Stalin betonte«: FRUS, *Malta and Yalta*, S. 371.

DER MANDSCHURISCHE FELDZUG

Mandschukuo: vgl. Young *Japan's Total Empire*. **Hopkins:** vgl. Sherwood, *Roosevelt*. **Einsatzbefehl Spaatz:** vgl. Giovanitti/Freed, *Bombe*; Alperowitz, *Decision*; ders., *Diplomacy*; Chapell, *Before*. **Byrnes:** vgl. Offner, *Victory*. **Aufmarsch Fronten Fernost:** vgl. Garthoff, »Intervention«. **Wassilewski, Malinowski:** vgl. Garthoff, »Intervention«; Clubb, *China and Russia*; Glantz, »August Storm«; Hasegawa, *Racing*. »Im August anzugreifen«: Sherwood, *Roosevelt*, S. 743. »China retten«, »before Russia«: Offner, *Victory*, S. 91–99.

IN JALTA

Vgl. FRUS 1945, *Malta and Yalta*; Chiang, »My Encounter«. **Tschingkuo, T. V. Soong:** vgl. Heinzig, *Sowjetunion*. **Joint Chiefs, 23. Jan. 1945:** FRUS, *Malta and Yalta*, S. 396. »sehr wahrscheinlich die Frage«: ebd., S. 567. **Vertrag 31. Mai 1924:** Clubb, *China and Russia*, S. 207. **Jalta, Sitzung 8. Feb. 1945:** FRUS, *Malta and Yalta*, S. 768–771. **Jalta, 10. Feb. 1945:** ebd., S. 895. **Kriegsbeitrittsbedingungen:** ebd., S. 984. **Stalin, »Sie müssen verstehen«:** Heinzig, *Sowjetunion*, S. 103. »Dann sind wir fertig«: ebd. **Verhandlungen Stalin – T. V. Soong:** ebd. S. 105.

DOPPELTES SPIEL

Vgl. Gallicchio, *Cold War*; Levine, *Anvil*; ders., »American Mediation«; Dreyer, *China at War*; FRUS 1945 II, 1946 IX; Wedemayer, *Der verwaltete Krieg*. **Ledowski, Separatstaat:** Heinzig, *Sowjetunion*, S. 129, FN 178. »Gefesselt durch die Notwendigkeit«: Chen, *Mao's China*, S. 28. **14. Sept. 1945, Mission Belorossow:** Heinzig, *Sowjetunion*, S. 139 ff. »Kampf um die Welt«: ebd., S. 144. **Molotow, »Die sogenannten kommunistischen Truppen«:** ebd., S. 140. »In schnellen Transporten«: Westad, *Cold War*, S. 100. »In einem Sammellager«: Wedemeyer, *Der verwaltete Krieg*, S. 399. **Moskauer Treffen:** FRUS 1945 II, S. 600–821. »Wenn US-Personal«: Westad, *Cold War*, S. 106. »Würden die Völker Chinas«: ebd., S. 105. »Wenn wir früher meinten«: Heinzig, *Sowjetunion*, S. 149. »mutig und gereift«: ebd., S. 147.

DIE LITANEI DER RACHE
Vgl. U. S. Dept. of State (Hg.), *China White Paper*; Stueck, »Marshall and Wedemeyer«; Offner, *Victory*; Wedemeyer, *Der verwaltete Krieg*; Chang/Halliday, *Mao*; Teiwes, *Purges*; Levine, *Anvil*; Westad, *Encounters*; ders., *Cold War*. **Stalin,** »**ihr Chinesen**«: Westad, *Cold War*, S. 141. »**einer der größten Männer unserer Generation**«, »**die Natur**«: Wedemeyer, *Der verwaltete Krieg*, S. 425. »**Fast die ganze Ausrüstung**«: ebd., S. 430. »**unserer Seite zu erlauben**«: Heinzig, *Sowjetunion*, S. 154. »**Die Armee der kommunistischen Partei**«: ebd. »**Übernahme im großen Stil**«: Heinzig, Sowjetunion, S. 15. »**frei losschlagen**«: ebd., S. 163. »**Communists will fight**«: Offner, *Victory*, S. 326. **25. Okt.**, Mao, »**Die Lage**«: Westad, *Encounters*, S. 63. **Marionettenkaiser:** ebd., S. 110. »**Zu viele Tote**«: ebd., S. 128. »**Der Nordosten ist unsere Industriebasis**«: ebd., S. 172. »**Menschen, Nahrung**«: ebd., S. 174. »**Die Bewegung unglaublich langsam**«: ebd., S. 194. **Entsendung Mikojans:** Heinzig, *Sowjetunion*, S. 221–255. »**Lehmbuddha**«, »**günstige Bedingung**«, »**richtige und falsche Freunde**«: ebd., S. 247.

KOMMANDANT LIN BIAO
Vgl. Westad, *Encounters*; Lee, Chong-sik, *Struggle in Manchuria*; Fenby, *Chiang Kai-shek*; Levine, *Anvil*. **Mikojan:** vgl. Heinzig, *Sowjetunion*.

Im Feld

KOREA ODER DIE VASALLITÄT
Vgl. Goeppner, *Königreiche*; Han, *History*; Göthel, *Untergang*; Schmid, *Korea between*, Eggert/Plassen, *Kleine Geschichte*; Kang, *Umbrella*; Cumings, *Origins* I; ders., *North Korea*, Armstrong, *North Korean Revolution*; Hall, *Das japanische Kaiserreich*; Stueck, *International History*. **9. Infanterie:** vgl. Hastings, *Korean War*; **United Nations:** vgl. Stueck, *International History*.

ANGRIFF
Route der Russen: vgl. Cumings, *Origins* I. **Hodge:** vgl. ebd.; Offner, *Victory*. **Nobuyuki:** vgl. Cumings, *Origins* I. **Lebedew, Schtykow:** vgl. Lankov, *Stalin to Kim*; Armstrong, *North Korean Revolution*. Mansourov, »**Stalin**«, S. 116. **Pochonbo:** vgl. Cumings, *Origins* I; Lankov, *Stalin to*

Kim; Martin, *Loving Care*. **Nationaler Führer:** vgl. Lankov, *Stalin to Kim*. **Hodge, Rhee:** vgl. Cumings, *Origins* I. **MacArthur, »I would defend it«, »Dreimetermast«:** Weintraub, *Hero*, S. 20. **»You are not alone«:** ebd., S. 18. **Bradley, Dulles, Rhee:** vgl. Cumings, *Origins* I. **MacArthur-Sulzberger:** Weintraub, *Hero*, S. 21. **»Meine Leute«:** ebd., S. 21. **»We have just received«:** ebd., S. 31. **Chu Yong Bok:** Lankov, *Stalin to Kim*, S. 97. **Captain Harry:** Weintraub, *Hero*. **»Ich geb's ihnen«:** ebd., S. 36. **Vandenberg, »Luftbasen ausradieren«:** Offner, *Victory*, S. 373. **»Größter Präsident«:** Weintraub, *Hero*, S. 36

<small>MOSKAU</small>
Kim seit März 1949: vgl. Weathersby, »Korea 1949–1950«; dies., »Soviet Role«; Lankov, *Stalin to Kim*. **Liu Schao-tschi in Moskau:** vgl. Weathersby, »Soviet Role«; Heinzig, *Sowjetunion*. **Schtykow nach Moskau:** vgl. Lankov, *Stalin to Kim*. **30. Januar 1950, Stalins Antwort:** vgl. ebd. **Mao und Tschou in Moskau:** vgl. Heinzig, *Sowjetunion*; Goncharov et al., *Uncertain Partners*; Westad, *Brothers*; Chen Jian, »In the name of«; Chiang/Halliday, *Mao*; Sebag Montefiore, *Am Hofe*. **Freundschafts- und Beistandspakt:** vgl. Chiang/Halliday, *Mao*; Text und Entwürfe bei Heinzig, *Sowjetunion*; Westad, *Brothers*. **»der 38. in Frieden«:** Offner, *Victory*, S. 368. **»Jeder Sieger«, Liu in Moskau:** Heinzig, *Sowjetunion*, S. 285–380. **Kim ersucht um Termin bei Stalin:** Chang/Halliday, *Mao*, S. 374. **Stalin – Kim:** vgl. ebd., S. 360–371; Goncharov u.a., *Uncertain Partners*; Chen, *China's Road*; Weathersby, »Soviet Role«; Lankov, *Stalin to Kim*; Hanhimäki/Westad, *Cold War*; Bajanov, »Assessing«. **»hinreichend geändert«, »wenn ihr was in die Zähne«:** Chang/Halliday, *Mao*, S. 369. **»In dieser Angelegenheit zu helfen«:** ebd., S. 374. **Befehl zum Gegenangriff:** Hanhimäki/Westad, *Cold War*, S. 186 f. **»That's against the Charter«:** Weintraub, *Hero*, S. 33. **»to go to Korea alone«:** vgl. Cumings, *Origins* II.

<small>POOR BLOODY INFANTRY</small>
»Jeder hat sich die Hose«:, »Verdammt«: Weintraub, *Hero*, S. 66. **M.A.S.H. 8055, »Die Julihitze«:** ebd., S. 83. **Task Force Smith:** vgl. Weintraub, *Hero*, Hastings, *Korean War*; Alexander, *Korea*; Toland, *Mortal Combat*; Gugeler, *Actions*; Schnabel, *U. S. Army*. **»Wenn sie nach Hause kommen«:** Weintraub, *Hero*, S. 88. **»Wir stehen in Korea«:** Cumings, Origins II, S. 694. **Taejon:** vgl. Hastings, *Korean War*; Wein-

traub, *Hero.* **Telford Taylor, »Leben nicht hoch im Kurs«, »Der Asiate stirbt«:** Cumings, Origins II, S. 695. **MacArthur/Walker in Taegu:** Weintraub, *Hero,* S. 88. **»Jetzt frage ich euch«:** Chen Jian, »In the name of«, S. 268. **»Falls die Imperialisten«:** ebd., S. 143. **Deng Hua, »China Amerika schlagen«:** ebd., S. 145. **23. August 1950, Besprechung, »Je arroganter«:** ebd., S. 140–148.

DIE ALLGEMEINE LAGE

L. de Tassigny, »bis zum Tod«: Greiner u. a., *Die NATO,* S. 60.

INCHEON

Pusan-Ring: vgl. Hoyt, *Pusan Perimeter;* Toland, *Mortal Combat;* Alexander, *Korea;* Schnabel, *U. S. Army;* Hastings, *Korean War;* Montross/Canzona, *Operations;* Langley, *Inchon Landing.* **Lt. Carl Bernard:** vgl. Maihofer, *Hudson to Yalu.* **Hafen Incheon:** vgl. Langley, *Inchon Landing.* **Strategietreffen 23. August:** vgl. Hastings, *Korean War;* Weintraub, *Hero.* **Wolmi-do, Landung, Strecke nach Seoul:** vgl. Alexander, *Korea;* **»The best I can say«:** Hastings, *Korean War,* S, 118. **»Möglich schon«:** Weintraub, *Hero,* S. 116. **Vortrag MacArthur, 23. Aug. 1950:** Hastings, *Korean War,* S. 118. **»General, we don't know«:** Weintraub, *Hero,* S. 119. **Bradley, »luckiest operation«:** Alexander, *Korea,* S. 218.

SCHLACHT UM SEOUL

Choi Yong-Jin: Toland, *Mortal Combat,* S. 211. **Navy-Arzt:** Paschall, *Witness,* S. 46. **Korrespondent Winnington:** Toland, *Mortal Combat,* S. 127. **MacArthur, Ansprache:** ebd., S. 229 f. **Greuel:** Cuming, *Origins* II., S. 701 ff. **Major Simmons, »Was sind unsere Ziele?«:** Toland, *Mortal Combat,* S. 220. **Kim, »einige von uns«:** ebd., S. 129

PEKING

Stalin und Chruschtschow: Goncharov et al., *Uncertain Partners,* S. 191. **Stalin, Analphabeten:** Weathersby, »Soviet Role«, S. 73. **»Josef Wissarionowitsch«:** ebd., S. 74. **»Deckung aus der Luft«:** Chen Jian, »Name of Revolution«, S. 107. **Stalin, 16. September – »Leute abzweigen«:** Chen, *China's* Road, S. 161. **»Falls ihr es in der aktuellen«:** Weathersby, »Soviet Role«, S. 74. **Mao, Telegramm 2. Okt. 1950:** ebd., S. 75. **Mao, »günstigstes Gelände«:** Weintraub, *Hero,* S. 180. **»Sollen wir uns fürchten«:** Mansourov, »Stalin«, S. 116. **»Chinesi-**

schen Genossen zuhören«: Sebag Montefiore, *Court*, S. 622. **Konferenz Sotschi:** Goncharov et al., *Uncertain Partners*, S. 188 ff. **Berija, »was macht er da?«:** Sebag Montefiore, *Court*, S. 622. **Stalin, Glückwunsch Kim:** Weintraub, *Hero*, S. 181. **»Der Einmarsch unserer Armee«; »die Wahl«:** Goncharov et al., *Uncertain Partners*, S. 194. **Sowjetische Flugzeuge in China:** Weathersby, »Soviet Role«, S. 77. **»Chinesische Genossen gut«:** Goncharov et al., *Uncertain Partners*, S. 76.

Nach Norden

»I pray«: Weintraub, *Hero*, S. 178. **Acheson, »Madness«:** Foot, *Wrong War*, S. 81. **Nationaler Sicherheitsrat, »Sowjetunion versucht«:** Weintraub, *Hero*, S. 187 f. **MacArthur, »Das Gesicht wahren«, »Deren Oberkommando«:** ebd., S. 189. **»Ich habe noch eine Frage«; »Meiner Meinung ...«:** ebd., S. 190. **MacArthur, »Solange der Feind nicht«:** Hastings, *Korean War*, S. 138. **Marshall, »unbehelligt fühlen«:** Foot, *Wrong War*, S. 74. **Kim Chang Song und »Guerilla Operations outline«:** Paschall, *Witness*, S. 109–114, 148 f.

Die Zeichen

»Bist du ein koreanischer Siedler?«: Weintraub, *Hero*, S. 209. **Nacht 25. Okt. 1950, Xie Fang, »es ist unwahrscheinlich:** Zhang, *Romanticism*, S. 102 f. **Almond-Verhör:** Weintraub, *Hero*, S. 212. **Sicherheitsrat, Joint Chiefs, MacArthur:** Foot, *Wrong War*, S. 92 f. **9. Nov. 1950, Joint Chiefs:** ebd., S. 95. **»quit or hit«:** ebd., S. 100. **Mac Arthur, »offene Intervention«:** Weintraub, *Hero*, S. 213 f. **Mao, Peng, Chongchon, »Gegenoffensive vorüber«:** Zhang, *Romanticism*, S. 106. **Gefallene der 8. Armee:** ebd., S. 291, FN 57. **»Alle Einheiten des Feindes erledigen«:** Weintraub, *Hero*, S. 214. **Paul Nitze:** ebd., S. 205. **Truman, »wenn die chinesischen Kommunisten:** Foot, *Wrong War*, S. 94. **Mao Kabel 18. November:** Zhang, *Romanticism*, S. 111. **Befehlshaber 8. November:** ebd., S. 108. **CIA-Direktor Smith:** Foot, *Wrong War*, S. 98.

Winterschlacht

Sun Tse: Sunzi, *Kunst des Krieges*. **5. Air Force, Stratemeyer:** Weintraub, *Hero*, S. 28. **O. P. Smith, Ridgway, »es ist unmöglich«:** ebd., S. 237. **»ein Winterfeldzug«:** ebd., S. 236. **Homer Litzenberg, »Es ist wichtig«:** Russ, *Breakout*, S. 25. **Chosin-Stausee-Kampagne, »The kind of darkness« und alle folg. **Soldaten-Zitate; Verlauf:** vgl. Montross/Canzona, *U.S. Marine Operations* III, *The Chosin Reservoir Campaign*; Appleman, *East of Chosin*; ders. *Escaping the Trap*; Engle, *Medic*; Owen, *Colder Than Hell*; Russ, *Breakout*, Knox, *Oral History.* »**Don't let a bunch«:** Paschall, *Witness*, S. 62. **Almond, Silver Stars:** Paschall, *Witness*, S. 62 f. **Almond, Smith,** »**Don't worry«:** Hastings, *Korean War*, S. 185.

DER UNTERGANG DER 8. ARMEE
Vgl. S. L. A. Marshall, *The River*; Goulden, *Untold Story*; Zhang, *Romanticism*; Appleman, *East of Chosin*; Schnabel, *U.S. Army.* **Major General Keiser:** Weintraub, *Hero*, S. 248 f.; »**Selbsterziehung«, Yang Gensi:** Zhang, *Romanticism*, S. 188 ff. »**Thank you«:** Hastings, *Korean War*, S. 187. **Brief James Cardinal und brit. Kriegskorrespondent:** ebd., S. 210 f.

BOMBEROFFENSIVE
Vgl. Futrell, *United States Air Force*; Eisenhower, Atombomben; Crane, *Airpower.* **Psychologische Kriegführungsabteilung:** Crane, *Airpower*, S. 37. **O'Donnell,** »**fire job«:** ebd., S. 32. **MacArthur,** »**No, Rosy«:** ebd., S. 32. **interdiction:** vgl. Mark, *Aerial Interdiction*; Kohn/Harahan, *Air Interdiction.* »**eleven villages«,** »**towns obliterated«:** Cumings, *North Korea*, S. 18. »**Operate B-29«:** Crane, *Airpower*, S. 33. »**Large fires«, amtliche Luftkriegsgeschichte:** Futrell, *United States Air Force*, S. 180. **O'Donnell,** »**in Lappen«:** ebd., S. 440. **Nerobefehl,** »**destroy every means«:** ebd., S. 209. **Stratemeyer,** »**present circumstances«:** Crane, *Airpower*, S. 47. **Stratemeyer,** »**das geht nicht«:** Futrell, *United States Air Force*, S. 210. **MacArthur,** »**most indefensible decision:** Crane, *Airpower*, S. 50. **Mao Anying,** »**wie kann es«:** Chang/Halliday, *Mao*, S. 395. »**Shortly before noon«;** »**60 per cent of Sinuiju«:** Futrell, *United States Air Force*, S. 212.

WASHINGTON
Truman, Tagebuch 9. Dez. 1950: Ferrell, *Off the Record*; Cumings, *Origins* II, S. 746. **Truman, Pressekonferenz Dez. 1950:** Mount/Laferriere, *Diplomacy*, S. 82. **Churchill, Oppositionsführer:** Hastings, *Korean War*, S. 216. **Londoner Konferenz,** »**We are through«,** Acheson, »**dafür angespuckt«:** Foot, *Wrong War*, S. 103; Mount/Laferriere,

Diplomacy, S. 84 ff.; vgl. auch Lowe, *War*; FRUS 1950 VII, S. 1269–1479. **Bradley,»The Chinese are actually«,»platoon«:** Foot, *Wrong War*, S. 117. **Oliver Franks,»Rücken an der Wand«:** Hastings, *Korean War*, S. 218. **MacArthur,»Facing Chinese Nation«:** Weintraub, *Hero*, S. 265.»**irgendeine Regierung«; Verhältnis Acheson/MacArthur:** Beisner, *Acheson*, S. 426–433. **Telegramm Tschou Enlai, Waffenstillstand:** *New York Times* 30.10.1952.»**strongest terms«:** Foot, *Wrong War*, S. 112. **Nachfolger Dschingis Khans,»our homes«:** Cumings, *Origins* II, S. 747; Weintraub, *Hero*, S. 283. **Bradley,»could erupt«:** Cumings, *Origins* II, S. 746. **Baruch,»it ought to be used«:** Foot, *Wrong War*, S. 115.»**use atomic bomb«,»total desaster«,»naval blockade«,** air groups: ebd., S. 116 f. **Slim,»Say Goodbye«:** Hastings, *Korean War*, S. 219.»**unilateral action«:** ebd., S. 119.»**fighting the wrong nation«:** Offner, *Victory*, S. 398. **CIA,»in Asien festnageln«:** Foot, *Wrong War*, S. 103.»**Politik auf Vorsicht«; bestätigt die Ängste«;** »**excessive risks«:** ebd., S. 126–130.

ZEIT

Stalin, Moskauer Konferenz Jan. 1951: vgl. Wettig,»Aufrüstungsbeschluß«; Weathersby,»Soviet Role«, S. 61–93. **Peng, Raguliew:** vgl. Peng, *Memoirs*; Spurr, *Dragon*; Zhang, *Romanticism*; Appleman, *Disaster*. **Kim, Mao,»soweit ich sehe«,»keine Verschnaufpause«, Peng,** »**10 km«:** Zhang, *Romanticism*, S. 121–124.»**Nachschublinie kürzer«, Beratungen Peng/Mao,»deine Transportprobleme«:** ebd., S. 126–128. **Ridgway,»kannte nicht die Namen«:** Ridgway, *Korean War*, Kap. »Rebuildig the Fighting Spirit«.»**Nachrichtenstelle meldete«, Kim,** »**nach meiner Meinung«, Stalin,»aus ganzem Herzen«:** Zhang, *Romanticism*, S. 131 f.

MORAL

Colonel Michaelis,»magic«,»wash their vehicles«: Hastings, *Korean War*, S. 228.»**Wenn ich rausging«:** Ridgway, *Korean War*.»**Rebuilding«,»Wir hörten diese Geschichten«:** Paschall, *Witness*, S. 74. **Deng Hua,»Zurückeroberung Seouls«, Peng, Komandeurstagung 25. Jan. 1951,»Kriegslage gegen uns wenden«:** Zhang, *Romanticism*, S. 133–138.»**Kommandant Lin Biao«:** ebd., S. 140.»**Den Anblick«,** »**Moral gewaltig verbessert«,»educated individual«:** Hastings, *Korean War*, S. 234 ff. **Ausrüstung Stalin, 64 Infanteriedivisionen:** Goncharov u. a., *Uncertain Partners*, S. 201. **20. Jan. 1951, Pressekonferenz Suwon, »start this crusade«:** Weintraub, *Hero*, S. 304 ff. **»I ordered Ridgway«:** MacArthur, *Reminiscences.* **G. Kennan, »Gegenseitigkeit der Interessen«:** FRUS 1951, VII, *Korea and China*, S. 241 ff. **MacArthur, »Stellungskrieg illusionär«:** Weintraub, *Hero.* **»Wenn der Feind«:** Zhang, *Romanticism*, S. 144. **»den Weg öffnen«:** Weintraub, *Hero*, S. 324. **Mac Arthur, »Akkordeonkrieg«:** Weintraub, *Hero*, S. 312. **»Dieser neue Feind«:** Foot, *Wrong War*, S. 134. **»Selbst unter den Einschränkungen«, »Der Feind sollte schmerzlich«:** Weintraub, *Hero*, S. 324. **MacArthur, Brief 5. April 1951, »Communist conspirators«:** Weintraub, *Hero*, S. 330. **»In this country«:** ebd., S. 331. **»I'm going to fire«:** ebd. , S. 332.

Am Wendepunkt

Truman, »destruction of a good part«: vgl. Truman, *Memoirs* II. **Peng, »sie rückten stetig«, »jede Einheit«:** vgl. Zhang, *Romanticism.* **Telegramm Mao 26. Mai 1951:** Chen, »In the Name«, S. 125. **Van Fleet, 2. Juni 1951, Rundfunk:** vgl. S. L. A. Marshall, *River.* **Malik, 5. Juni 1951, »frühester Zeitpunk«:** Foot, *Wrong War*, S. 134. **Ridgway, 15. Juli 1951, »Let's get the boys«:** Hastings, *Korean War*, S. 278. **Britische Stabschefs, »passender Vorwand«:** Foot, *Wrong War*, S. 145. **Oberst Lee, »I have the honour«:** Toland, *Mortal Combat*, S. 476. **»Sommeroffensive absolute notwendig«; »Informationen aus erster Hand«; »immer unwahrscheinlicher«:** Zhang, *Romanticism*, S. 158.

Die Hügel der Schmerzen

Van Fleet, »sit-down army«, »Ich konnte nicht zulassen«: Alexander, *Korea*, S. 439. **Hügelkämpfe:** vgl. Hermes, *United States Army.* **Soldatenzitate aus:** Knox/Coppel, *Korean War*, Kap. 12, »The War for the Ridges«, S. 391–414.

Der Kuli

Vgl. Shrader, *Communist Logistics.* **1,1 Mio. Volksfreiwillige:** Zhang, *Romanticism*, S. 163. **Zahlen ›Strangle‹:** nach: Futrell, *United States Air Force.* **»If all the enemy trucks«:** Crane, *Airpower*, S. 80. **Ridgway, größeres Offensivpotential:** Futrell, *United States Air Force*, S. 435. **Gleisunterbrechungen, Deutschland – Korea:** ebd., S. 435; Pape,

Bombing to Win, S. 279. »mehr als 2000 Kriegsflugzeuge«: Futrell, *United States Air Force*, S. 435. Gleisbruch und Reparatur: ebd., S. 406.

JETPILOTEN

Vgl. Sherwood, *Officers*; Bowen, *Knights*. **Pilotenzitate:** nach: Knox/ Coppel, *Korean War*, S. 227–254. **Tomas Sellars Briefe:** Crane, *Airpower*, S. 166 ff.

HART BLEIBEN

Rusk, »They were now capable«; Marshall, »perfect target«: Foot, *Wrong War*, S. 168. »changed the nature«: Field, *Naval Operations*, S. 372 f.. Panmunjon, 2. Jan. 1952, »Alle Gefangenen«: vgl. Stueck, *Korean War*, S. 251. 10. Dez. 1951, Zusammenkunft Amtsträger: FRUS 1951, VII, *Korea and* China, S. 1290–1296. Churchill, Besuch in Washington, Jan. 1952: vgl. Stueck, *Korean War*, S. 257 f. Truman, Tagebuch 27. Jan. 1952: Offner, *Victory*, S. 410. »Accept our Proposal«: ebd., S. 412. Kabel Kim, 14. Juli 1952: Chang/Halliday, *Mao*, S. 385. Tschou-Stalin-Gespräch, 19. Sept. 1952: Westad, *Brothers*, Appendix VIII, S. 329–335. Mao, August 1952, »große Schule«; Kriegskosten USA, »Einnahmen und Ausgaben«: Zhang, *Romanticism*, S. 224. »10 000 Gefangene behalten«: ebd., S. 220. »Die Warenpreise«: ebd., S. 223. Tschou-Stalin, »Wir wollen die Rückkehr«: Westad, *Brothers*, a.a.O. Churchill, »Russia would start«: Foot, *Wrong War*, S. 172. Tschou-Stalin, »Die chinesischen Genossen müssen folgendes wissen«: Westad, *Brothers*, a.a.O. Tschou-Stalin, »Möglichkeit, weitere zwei, drei Jahre«: ebd.

EINÄSCHERUNG PJÖNJANGS

Vgl. Futrell, *United States Air Force*; Crane, *Airpower*; Pape, *Bombing to Win*; Cumings, *Origins* II; ders., *North Korea*. **Suiho:** Futrell, *United States Air Force*, Crane, *Airpower*, Foot, *Wrong War*, Kap. 6; Hastings, *Korean War*, Kap. 14. **Namsan-ni:** Futrell, *United States Air Force*. **Britische Regierung,** »Möglichkeit akzeptieren«: Foot, *Wrong War*, S. 178. »last of the marginal«, »psychological benefit«: Crane, *Airpower*, S. 123. **Chinesen** »erschrecken«: Futrell, *United States Air Force*, S. 487 f. **Pjöngjang, Doppelangriff 3. u. 5. Jan. 1953:** Cumings, *Origins* II, S. 758. »Wenn man die Chinesen kennt«: Crane, *Airpower*, S. 123.

NAPALM

Truman, »We will not buy«: Offner, *Victory*, S. 412. **Truman, 24. Sept. 1952, »Dritten Weltkrieg verhindern«:** ebd., S. 415. **»to educate the President«:** ebd., S. 408. **Pentagon, »just crazy«:** ebd., S. 413. **Außenministerium, »psy war«:** vgl. Futrell, *United States Air Force*. **»Korea nahezu blank«:** ebd., S. 466. **»Wenn das Feuer einmal entfacht«; »good napalm coverage«:** ebd., S. 323. **Flugblatt, »UN-Luftwaffe weiß«:** Crane, *Airpower*, S. 124. **Smart, »Whenever possible attacks«:** Pape, *Bombing to Win*, S. 160. **Psychological Warfare Section, »Consider how strong«:** Crane, *Airpower*, S. 141. **Ridgway, Befehl v. 5. Jan. 1951 an Almond, »air strikes with Napalm«:** Cumings, *Origins* II, S. 753 f. **George Barrett, *New York Times*:** Cumings, *North Korea*, S. 17. **Stratemeyer, »can only be regarded«:** Crane, *Airpower*, S. 47. **»letzte verletzliche Glied«:** ebd., S. 125. **Lovett, »tearing the place«:** Cumings, *Origins* II, S. 755. **»Man konnte nicht ausweichen«:** Cumings, *North Korea*, S. 27. **Peng Dehuai, 1250 km Tunnel:** Cumings, *North Korea*, S. 27 f. **General Dean, »Die Stadt Huichon«:** Dean, *Story*, S. 273 f. **T. Méray, »Wir reisten«:** Cuming, *North Korea*, S. 30 f. **LeMay, »vier, fünf Aufschreie«:** Cumings, *North Korea*, S. 31. **Nam Il, Radio Peking:** vgl. Halliday/Cumings, *Unknown War*. **Churchill, Napalm:** Cumings, *North Korea*, S. 31

TAUWETTER

56 % des Publikums für Atomwaffen: Foot, *Wrong War*, S. 220. **Clark, »ein gutes Ziel«; »tabu which surrounds«:** ebd., S. 213. **Eisenhower, »no single free nation«:** ebd., S. 217. **Mao an Stalin zur Möglichkeit von Nuklearwaffen:** Chang/Halliday, *Mao*, S. 390 f. **»Molotow am nächsten Tag anweisen«, Wolkogonow:** Wolkogonow, *Stalin*, S. 727. **19. März 1953, Ministerrat UdSSR:** Weathersby, »Soviet Role«, S. 84. **Mao, Rückzug aus Korea, Industriebetriebe:** Chang/Hallyday, *Mao*, S. 391 f. **2. Mai 1953, russischer Botschafter; »die Presseverbreitung«:** ebd., S. 392. **»in retaliation only«:** Crane, *Airpower*, S. 150. **Molotow, »dies hängt nicht ab von uns«:** Foot, *Wrong War*, S. 228. **Nacht 11./12. Mai 1953, Tschou, Mao, Kusnezow:** Chang/Halliday, *Mao*, S. 393. **Peng, »nie realisierte Offensive«:** Zhang, *Romanticism*, S. 257. **Auswirkungen Weltmeinung:** ebd., S. 242. **Dulles, »übertrifft bei weitem«:** Foot, »Making Known«. **»anscheinend einen neuen Feind«:** ebd., S. 419. **»I would vote«:** Foot, ebd.,

S. 286. **Pjöngjang informierte ...** »gewaltsam an sich gerissen«: Zhang, *Romanticism*, S. 243. »**15 000 Südkoreaner erledigt**«, »**nordwärts ziehen**«: ebd. »**Vom Standpunkt des Prestiges**«: Foot, *Wrong War*, S. 231. **NSC 154/1; Greater Sanctions; Statement 7. Juli 1953:** ebd.

Überleben

SINTFLUT
Dugway Proving Ground, ›Little Tokyo‹, ›German Village‹: L. Eden, *World of Fire*, S. 87 ff. »**Durch die Zerstörung der Staudämme**«; »**Reisschale**«: Futrell, *United States Air Force*, S. 626 f. »**das Abschneiden der Möglichkeit**«: Crane, *Airpower*, S. 160. »**Der Schaden der Sintflut**«: Futrell, *United States Air Force*, S. 626.

ATOMSCHLAG
»**I consider it necessary**«: Toland, *Mortal Combat*, S. 548. »**Diese Horde**«: Murphy, *Diplomat*, S. 437. »**a normal part**«: vgl. Foot, *Wrong War*, S. 213. »**loyally follow decisions**«: Crane, *Airpower*, S. 158. **Nachrichtenüberblick, April 1953:** FRUS 1952–54, XV, *Korea*, S. 865 f. **Ein Viertel der Bomber:** FRUS 1952–54, II, *National Security Affairs*, S. 333. »**little influence**«: FRUS 1952–54, XV, *Korea*, S. 875. »**since the blow**«: ebd., S. 1067. **Bradley, Papier Joint Chiefs, 19. Mai 1953,** »**strategical and tactical use of atomic bombs**«: ebd., S. 1062. »**defenceless population**«: ebd., S. 1065. »**with reluctance**«: ebd., S. 139 ff. »**When should we begin to take action**«: ebd., S. 1066. »**Our position vis-à-vis**«: S. 1046. »**enough of a Frankenstein**«: ebd., S. 1057.

UNERSCHROCKENHEIT
»**seinen rechtmäßigen Platz**«: Zheng, *Romanticism*, S. 252. »**nach drei Jahren**«: ebd., S. 248 »**Für immer ist die Zeit vorüber**«, »**von außen stark**«: ebd., S. 249. »**Wenn man es mit ihnen aufnimmt**«: ebd., S. 251. **25. Sept. 1950, Panikkar, Nieh Yen-jung:** vgl. Panikkar, *Two Chinas*, Toland, *Mortal Combat*, S. 219 f. **Untertunnelung Chinas:** Kielmansegg/Weggel, *Unbesiegbar*, Teil IV, 5, *Die Tunnelsysteme*, S. 165–175.

ERPRESSER

Nationaler Sicherheitsrat, 22. Mai 1953, »avoid use«: FRUS 1952–54, XV, *Korea*, S. 1084. Anweisung State Department, 26. Mai 1953: ebd., S. 1103. Bohlen, Unterredung Molotow: ebd., S. 1096–1103. Chruschtschow, »Ich befürchte«, »unangenehme Überraschungen«: Chruschschschow, *Ch. erinnert* sich, S. 327. »Ihr werdet sehen«: ebd., S. 395. Aktenbild des Ultimatums; »substantial concession«: FRUS 1952–54, XV, *Korea*, S. 820. »intense pressure«, »any further attempt«: »Wenn die Kommunisten ablehnen«: ebd., S. 1082 »Wirkung auf Alliierte«: ebd., S. 1043. »Forced by Chinese Communists«: ebd., S. 828 f. »resounding military success«: FRUS 1950, VII, *Korea*, S. 278.

MIMIK

Vgl. Dingman, »Diplomacy«; Foot, »Nuclear Coercion«; Calingaert, »Nuclear Weapons«. »our intention«: Betts, *Blackmail*, S. 43. »Danger of an atomic war«: ebd., S. 47. »weitreichende Konsequenzen«: Dingman, »Diplomacy«. Acheson, »Fiktion«: FRUS 1950, VII, *Korea*, S. 347 ff. Pentagon »hardware«: Dingman, »Diplomacy«, S. 59. »first phase of a general Soviet plan«: Trachtenberg, »>Wasting Asset<«, S. 488. Acheson, »keine falschen Schlüsse«: FRUS 1951, VII, *Korea and China*, S. 1658. Truman, Pressekonferenz 30. Nov. 1950: Mount/Laferriere, *Diplomacy*, S. 82. LeMay, 3. Aug. 1951 an Vandenberg: Rhodes, *Dark Sun*, S. 451. Truman, Tagebuch 27. Jan. 1952: Offner, *Victory*, S. 410. LeMay, »We burned down«: Kohn/Harahan, *Strategic Air Warfare*, S. 88.

MANA

Eniwetok: vgl. Käser/Steimle. Test ›Mike‹: vgl. Rhodes, *Dark Sun*, S. 482–512; De Groot, *Bomb*, S. 177 ff.

NERVEN

US-Kriegslieferungen an Rußland: Deane, *Bündnis*, S. 90 f. Anklageschrift Atomenergiekommission, »his mistress«: Bird/Sherwin, *Prometheus*, S. 546. Eisenhower, Sept. 1953, »Daraus würde folgen«: Rhodes, *Dark Sun*, S. 528 f. Joseph Alsop, »Oppie's Line«, Oppenheimer im Rat für Auswärtige Beziehungen: Bird/Sherwin, *Prometheus*, S. 447 f. Conant, »I no longer have connection«: ebd., S. 450.

RETTER RUSSLANDS

Stalin, »Er lebte in Furcht«: Chruschtschow, *Ch. erinnert sich*, S. 395.
CIA, 16. Juni 1953, »We have no evidence«: Holloway, *Stalin – Bomb*,
S. 310. **Malenkow, »Die Vereinigten Staaten«:** Rhodes, *Dark Sun*,
S. 524. **Kurtschatow, »Dank dir«:** Lourie, *Sacharow*, S. 211; Rhodes,
Dark Sun, S. 524.

DAS OPPENHEIMERSCHE GLEICHNIS

1954, Nationaler Sicherheitsrat, Kola, Tschuktschen: Rhodes, *Dark
Sun*, S. 568. **Stalin – Tupolew:** Holloway, *Stalin – Bomb*, S. 245.
Chruschtschow, »Was denkst du«: ebd., S. 324. **L. B. Johnson,
»Soon they will be dropping«:** Fursenko/Naftali, *Khrushchev's Cold
War*, S. 151. **Oppenheimer, zwei Skorpione:** Bird/Sherwin, *Prometheus*,
S. 462. **Nuklearstädte, Tetsche, Musljumowo:** De Groot, *Bomb*,
S. 199. **Manöver Sept. 1954, Orenburg, »lebendige Wesen«:** Holloway, *Stalin – Bomb*, S. 326 f. **Briefing Conference SAC, März 1954,
»Virtually all of Russia«:** Rhodes, *Dark Sun*, S. 563; De Groot, *Bomb*,
S. 190; Holloway, *Stalin – Bomb*, S. 330. **Bombing Encyclopedia of the
World:** L. Eden, *World on Fire*, S. 95, 107 ff. **Pressekonferenz Lewis
Strauss, »the nature of the H-bomb«:** De Groot, *Bomb*, S. 185. **Gontscharow, »Kopf in den offenen Ofen«:** De Groot, *Bomb*, S. 184. **Sacharow, »die verbrannten Vögel«, »wir müssen sicher machen«:**
ebd., S. 195. **Marshall Rosenbluth, »Er sah mich an«:** ebd., S. 193.

DER GEIST VON GENF

»Genosse Molotow«: Fursenko/Naftali, *Khrushchev's Cold War*, S. 42.
»Dieser bissige Köter«, »als Dulles starb«: Chruschtschow, *Ch. erinnert sich*, S. 401. **»Private Besprechungen«:** A. Eden, *Memoiren II*,
S. 354. **»Wie hätten wir ohne sie nach Berlin«, Rockefeller:**
Chruschtschow, *Ch. erinnert sich*, S. 229, 402. **Eisenhower, Schukow:**
Fursenko/Naftali, *Khrushchev's Cold War*, S. 44; Holloway, *Stalin – Bomb*,
S. 342; Chruschtschow, *Ch. erinnert sich*, S. 401. **»Das Potential des
Gegners«, »Wir bezweifeln nicht«:** Fursenko/Naftali, *Khrushchev's
Cold War*, S. 46. **Eden, Bulganin, »vital geradezu«, Teheran-Konferenz, »Unter den vielen falschen Tönen«, »Modell für den Hausarzt:** A. Eden, *Memoiren II*, S. 344 f., 347.

LITERATUR

1. Der Koreakrieg, Japan, China

A History of the War to Resist America and Assist Korea, 3 Bde., Peking 2000 (in chines. Sprache)

Acheson, Dean, *The Korean War*, New York 1971

Albertini, Rudolf von, *Dekolonisation. Zur Diskussion über Verwaltung und Zukunft der Kolonien 1990–1960*, Köln 1966

Alexander, Bevin, *Korea: The First War We Lost*, New York 1986

–, *The Strange Connection: U.S. Intervention in China 1944–1972*, New York, Westport/Conn., London 1992

Appleman, Roy E., *United States Army in the Korean War: South to the Naktong, North to the Yalu, June–November 1950*, Washington/DC 1961 (offizielle Geschichte)

–, *East of Chosin: Entrapment and Breakout in Korea 1950*, College Station/Texas 1987

–, *Disaster in Korea: The Chinese Confront MacArthur*, ebd. 1989

–, *Escaping the Trap: The U.S. Army X Corps in Northeast Korea, 1950*, ebd. 1990

Armstrong, Charles K., *The North Korean Revolution, 1945–1950*, Ithaca/N. Y. 2004

Bailey, Sydney D., *The Korean Armistice*, London 1992

Bajanov, Evgueni, »Assessing the Politics of the Korean War 1949–51«, *CWIHP Bulletin* 6-7 (Winter 1995/96), S. 54, 87–91

Baum, Kim Chull, und James I. Matray (Hg.), *Korea and the Cold War: Division, Destruction and Disarmament*, Claremont/Kalif. 1993

Becker, Jasper, *Rogue Regime: Kim Jong Il and the Looming Threat of North Korea*, New York 2005

Berger, Carl, *The Korean Knot: A Military-Political History*, Philadelphia 1964

Beus, J(acobus) G(ijsbertus) de, *Morgen bei Tagesanbruch. Dramatische Stunden im Leben eines Diplomaten*, Berlin 1982

Blair, Clay, *The Forgotten War: America in Korea, 1950–1953*, New York 1989

Bonwetsch, Bernd, und Peter Kuhfus, »Die Sowjetunion, China und der Koreakrieg«, *Vierteljahrshefte für Zeitgeschichte* 33 (1985), S. 28–87

Borg, Dorothy, und Waldo Heinrichs (Hg.), *Uncertain Years: Chinese-American Relations, 1947–1950*, New York 1980

Borowski, Harry R., *A Hollow Threat: Strategic Air Power and Containment Before Korea*, Westport/Conn. 1982

Bowen, Ezra, *Knights of the Air*, Alexandria/Virginia 1980

Boyle, John Hunter, *China and Japan at War, 1937–1945*, Stanford/Kalif. 1972

Bradley, Omar N., und Clay Blair, *A General's Life*, New York 1983

Calingaert, Daniel, »Nuclear Weapons and the Korean War«, *Journal of Strategic Studies* XI (Juni 1988)

Caridi, Ronald J., *The Korean War and American Politics: The Republican Party as a Case Study*, Philadelphia 1968

Chang, Gordon H., *Friends and Enemies: The United States, China and the Soviet Union 1948–1972*, Stanford/Kalif. 1990

Chang, Jung, und Jon Halliday, *Mao. Das Leben eines Mannes. Das Schicksal eines Volkes*, München 2005

Chapell, John D., *Before the Bomb: How America Approached the End of the Pacific War*, Lexington/Kentucky 1997

Chassin, Lionel Max, *The Communist* Conquest of China: A History of the Civil War, Cambridge/Mass. 1965

Chen Jian, »China's Changing Aims during the the Korean War 1950–1951«, *Journal of American-East Asian Relations* 1, No. 1 (1992)

–, *Chinas Road to the Korean War. The Making of the Sino-American Confrontation*, New York 1994

–, »China and the Korean War: A Critical Historiographical Review«, *Korea and World Affairs* 19 (Sommer 1995)

–, »The Myth of America's ›Lost Chance‹ in China: A Chinese Perspective in the Light of New Evidence«, *Diplomatic History*, Bd. 21, No. l (Winter 1997), S. 77–86

–, *Mao's China and the Cold War*, Chapel Hill/N. Carolina 2001

–, »In the Name of Revolution: China's Road to the Korean War Revisited«, in: W. Stueck, *The Korean War in World History*

Chiang Ching-Kuo, »My Encounter with Stalin«, in: Dun Jen Li, *Modern China: From Mandarin to Commissar*, New York 1978

Christensen, Thomas J., »Threats, Assurances and the Last Chance for Peace: The Lessons of Mao's Korean War Telegrams«, *International Security* 17 (Sommer 1992)

–, »A ›Lost Chance‹ for What? Rethinking the Origins of the US-PRC Confrontation«, *Journal of American-East Asian Relations* 4, No. 3 (Herbst 1995)

Clark, Mark W., *From the Danube to the Yalu*, New York 1954

Clubb, O. Edmund, *China and Russia: The »Great Game«*, New York 1971

Coffey, Thomas M., *Iron Eagle: The Turbulent Life of General Curtis LeMay*, New York 1986

Cohen, Warren I., et al. »Symposium: Rethinking the Lost Chance in China«, *Diplomatic History* 21 (1), S. 71–75

Collins, J. Lawton, *War in Peacetime*, Boston/Mass. 1969

Concepts Division, Aerospace Studies Institute, *Guerilla Warfare and Air Power in Korea*, Maxwell Airforce Base, Alabama, 1964

Conroy, Hilary, *The Japanese Seizure of Korea, 1868–1910*, Philadelphia 1960

Crane, Conrad C., *American Airpower Strategy in Korea*, Lawrence/Kansas 2000

Cronley, T. J., *Curtis E. LeMay: The Enduring »Big Bomber Man«*, Quantico/Virginia 1986

Cumings, Bruce, *The Origins of the Korean War*, 2 Bde., Princeton/New Jersey 1990

–, *North Korea: Another Country*, New York 2004

Cutforth, Rene, *Korean Reporter*, London 1952

Dean, William F., *General Dean's Story*, New York 1954

Dews, Edmund, und Felix Kozaczka, *Air Interdiction: Lessons from Past Campaigns*, Santa Monica/Kalif. 1981

Dingman, Roger, »Truman, Attlee and the Korean War Crisis«, in: ders. und Chihiro Hosoya, hg. v. Ian Nish, *The East Asian Crisis 1945–1951: The Problem of China, Korea and Japan*, International Studies Paper Series, London 1982

Dower, John W., *Embracing Defeat: Japan in the Wake of World War II*, New York 1999

Dreyer, Edward L., *China at War, 1901–1949*, London 1995

Du Ping, *My Days at the Headquarters of the Chinese People's Volunteers: Du Ping's Memoirs*, Beijing 1989 (in chines. Sprache)

Du Yuming et al., *The Secret History of the GMD-CCP Civil War*, Teipeh 1991 (in chines. Sprache)

Eastman, Lloyd E., at al., *The Nationalist Era in China 1927–1949*, Cambridge/UK 1991

Eggert, Marion, und Jörg Plassen, *Kleine Geschichte Koreas*, München 2005

Elleman, Bruce A., *Modern Chinese Warfare, 1795–1989*, London, New York 2001

Elsey, George, *Roosevelt and China: The White House Story*, Wilmington/Deleware 1979

Endicott, Stephen, und Hagerman, Edward, *The United States and Biological Warfare: Secrets from the Early Cold War and Korea*, Bloomington/Indiana 1998

Engle, Eloise, K., *Medic: America's Medical Soldiers, Sailors and Air Men in Peace and War*, New York 1967

Entrell, Robert Frank, *The United States Air Force in Korea 1950–1953*, New York 1961

Farrar-Hockley, Anthony, *The British Part in the Korean War*, Bd. 1: *A Distant Obligation*; Bd. 2: *An Honorable Discharge*, London 1990, 1995

Fenby, Jonathan, *Generalissimo Chiang Kai-shek and the China He Lost*, London 2003

Field, James A., *History of United States Naval Operations in Korea*, Washington/DC 1962

Foot, Rosemary, *The Wrong War: American Policy and the Dimensions of the Korean Conflict 1950–1953*, Ithaca/N. Y. 1985

–, »Nuclear Coercion and the Ending of the Korean Conflict«, *International Security* Vol. 13 No. 3 (Winter 1988/89)

–, *A Substitute for Victory: The Politics of Peacemaking at the Korean Armistice Talks*, Ithaca/N. Y. 1990

–, »Making Known the Unknown War: Policy Analysis of the Korean Conflict since the Early 1980s«, in: Michael J. Hogan (Hg.), *America in the World: The Historiography of American Foreign Relations since 1941*, Cambridge/Mass. 1995

Frank, Richard B., *Downfall: The End of the Japanese Empire*, New York 1999

Futrell, Robert Frank, *The United States Air Force in Korea, 1950–53*, rev. ed., Washington/DC 1983

–, *Ideas, Concepts, Doctrine: Basic Thinking in the United States Air Force*, 2 Bde., Montgomery/Alabama 1989

Gallicchio, Marc S., *The Cold War Begins in Asia: American East Asian Policy and the Fall of the Japanese Empire*, New York 1988

573

Gardner, Lloyd C., »Korean Borderlands: Imaginary Frontiers of the Cold War«, in: W. Stueck (Hg.), *Korean War in World History*

Garthoff, Raymond L., »The Soviet Intervention in Manchuria, 1945–46. in: ders. (Hg.), *Sino-Soviet Military Relations*, New York, Washington/DC, London 1966

George, Alexander L., *The Chinese Communist Army in Action: The Korean War and its Aftermath*, New York 1967

Gillin, Donald G., und Ramon H. Myers, *Last Chance in Manchuria: The Diary of Chang Kia-ngau*, Stanford/Kalif. 1989

Glantz, David M., »August Storm: The Soviet 1945 Strategic Offensive in Manchuria«, *Leavenworth Papers* no. 7 (Feb. 1983)

–, »August Storm: Soviet Tactical and Operational Combat in Manchuria, 1945«, *Leavenworth Papers* no. 8 (Juni 1983)

Glaubitz, Joachim, *China und die Sowjetunion*, Hannover 1973

Goepper, Roger, u.a. (Hg.), *Korea. Die alten Königreiche*, Zürich 2000

Goldhamer, H(erbert), *Communist Reaction in Korea to American Possession of the A-Bomb and It's Significance for U.S. Political and Psychological Warfare*, Santa Monica/Kalif. 1952

Goldstein, Steven M., und He Di, »New Chinese Sources on the History of the Cold War«, in: *Cold War International History Project (CWIHP) Bulletin*, Issue 1, Frühjahr 1992

Goncharov, Sergei N., John W. Lewis und Xue Litai, *Uncertain Partners: Stalin, Mao and The Korean War*, Stanford/Kalif. 1993

Goodman, Allen E. (Hg.), *Negotiating while Fighting: The Diary of Admiral C. Turner Joy at the Korean Armistice Conference*, Stanford, Kalif., 1978

Göthel, Ingeborg, *Der Untergang des alten Korea*, Wiesbaden 1996

Goulden, Joseph C., *Korea: The Untold Story of the War*, New York 1982

Griffith, Samuel B., *The Chines People's Liberation Army*, New York 1967

Gugeler, Russell A. (Hg.), *Combat Actions in Korea*, Washington/DC 1970

Hall, John Whitney, *Das Japanische Kaiserreich*, Frankfurt/M. 1968

Halliday, Jon, und Bruce Cumings, *Korea: The Unknown War*, New York 1988

Hammel, Eric, *Chosin: Heroic Ordeal of the Korean War*, New York 1981

Han, Woo-Keun, *The History of Korea*, Seoul 1970

Hasegawa, Tsuyoshi, *Racing the Enemy. Stalin, Truman, and the Surrender of Japan*, Cambridge/Mass. 2005

Hastings, Max, *The Korean War*, London 1987

Heinzig, Dieter, »Stalin, Mao, Kim and Korean War Origins, 1950: A Russian Documentary Discrepancy«, in: *CWIHP Bulletin*, 8-9 (Winter 1996-97), S. 240

–, »Verriet Stalin im Jahre 1945 die kommunistische Revolution in China?«, in: *Asien*, 56 (Juli 1995), S. 6–15

–, *Die Sowjetunion und das kommunistische China 1945–1950*, Baden-Baden 1998

Hermes, Walter G., *United States Army in the Korean War: Truce Tent and Fighting Front*, Washington/DC 1966 (Official History)

Hickey, Michael, *The Korean War: The West Confronts Communism*, New York 2000

History of the Sino-Japanese War (1937–1945), kompiliert von Hsu Longhsuen und Chang Ming-kai, Taipeh 1971

Ho Jong Ho, Kang Sok Hui und Pak Thae Ho, *The US Imperialists Started the Korean War*, Pjöngjang 1977, 1993

Hooton, E. R., *The Greatest Tumult: The Chinese Civil War, 1936–49*, London 1991

Hoyt, Edwin P(almer), *The Pusan Perimeter: On to the Yalu*, New York 1984

–, *The Day the Chinese Attacked: Korea 1950, The Story of the Failure of America's China Policy*, New York 1990

Hsiung, James C., und Steven I. Levine, *China's Bitter Victory: The War with Japan, 1937–1945*, Armonk/N. Y. 1992

Hsu Long-hsuen und Chang Ming-kai (Hg.), *History of the Sino-Japanese War (1937–1945)*, Taipeh 1985

Hsü, Immanuel C. Y., *The Rise of Modern China*, New York 1990

Hunt, Michael H., »Beijing and the Korean Crisis, June 1950 – June 1951«, *Political Science Quarterly* 107 (Herbst 1992)

–, *The Genesis of Chinese Communist Foreign Policy*, New York 1996

Inouye, Jukichi (Hg.), *The Japan-China War: Compiled from Official and other Sources*, 8 Bde., Yokohama 1895 (dt.: *Der japanisch-chinesische Krieg in kurzgefasster Darstellung*, Dresden 1895)

Isaacs, Harold R., *The Tragedy of the Chinese Revolution*, 2. rev. Aufl., New York 1961

Johnson, Chalmers A., *Peasant Nationalism and Communist Power*, Stanford/Kalif. 1962

Joy, C. Turner, *How Communists Negotiate*, New York 1955

Kahn, E(ly) J(acques), *The The Peculiar War. Impressions of a Reporter in Korea*, New York 1952

Kang, Hildi, *Under the Black Umbrella: Voices from Colonial Korea, 1910–1945*, Ithaca/N.Y., London 2001

Käser, Lothar, und Petra Steimle, »Grundzüge in den Gesellschaften Mikronesiens«. in: Hiery, Hermann Joseph (Hg.), *Die deutsche Südsee 1884–1914*, Paderborn 2001

Kaufman, Burton I., *The Korean War: Challenges in Crisis, Credibility and Command*, Philadelphia 1986

Kern, Thomas, und Patrick Köllner (Hg.), *Südkorea und Nordkorea. Einführung in die Geschichte, Politik und Gesellschaft*, Frankfurt/M. 2005

Kielmansegg, Johann Adolf, und Oskar Weggel, *Unbesiegbar? China als Militärmacht*, Stuttgart 1985

Kim Hak-Joon, »Russian Archives on Origins of Korean War«, *Korea Focus* 2 (Sept.-Okt. 1994)

Kim, Samuel S. (Hg.), *Korea's Democratization*, Cambridge/UK 2003

Kindermann, Gottfried-Karl, *Der Ferne Osten in der Weltpolitik des industriellen Zeitalters*, München 1970

Knox, Donald, *The Korean War: An Oral History*, New York 1985

–, und Alfred Coppel, *The Korean War: Uncertain Victory*, New York 1988

Kohn, Richard H., und Joseph P. Harahan (Hg.), *Air Interdiction in World War II, Korea and Vietnam*, Washington/DC 1986

–, *Strategic Air Warfare: An Interview with Generals Curtis E. LeMay, Leon W. Johnson, David A. Burchinal and Jack J. Catton*, Washington/DC 1988

Kolb, Albert, *Die pazifische Welt. Kultur- und Wirtschaftsräume im Stillen Ozean*, Berlin 1981

Kuhfus, Peter M., »Die Risiken der Freundschaft. China und der Jalta-Mythos«, in: *Bochumer Jahrbuch zur Ostasienforschung* Nr. 7 (1984)

–, »Die ›Wladimirow-Tagebücher‹ in neuem Licht«, *Osteuropa*, 1 (1991), S. 69–77

Kuo Heng-yü, *Maos Weg zur Macht und die Komintern*, Paderborn 1975

Langley, Martin, *Inchon Landing: MacArthur's Last Triumph*, New York 1979

Lankov, Andrei, *From Stalin to Kim Il Sung. The Formation of North Korea 1945–1960*, London 2000

Lee, Chae-Lin, *China and Korea: Dynamic Relations*, Stanford/Kalif. 1996

Lee, Chong-sik, *Revolutionary Struggle in Manchuria, Chinese Communism and Soviet Interest, 1922–1945*, Berkeley/Kalif. 1983

Lensen, George Alexander, *The Strange Neutrality: Soviet-Japanese Relations during the Second World War, 1941–1945*, Tallahassee/Florida 1972

Levine, Stephen I., »Soviet-American Rivalry in Manchuria and the Cold War«, in: Hsueh Chun-tu (Hg.), *Dimensions of Chinese Foreign Policy*, New York 1977

–, »A New Look at American Mediation in the Chinese Civil War: The Marshall Mission and Manchuria«, *Diplomatic History* (Herbst 1979)

Levine, Steven I., *Anvil of Victory: The Communist Revolution in Manchuria 1945–1948*, New York 1987

Li Zhisui, *Ich war Maos Leibarzt*, Bergisch-Gladbach 1994

Loth, Wilfried, »The Korean War and the Reorganization of the European Security System«, in: R. Ahmann, A. M. Birke und M. Howard (Hg.). *The Quest for Stability*, London 1993

Lowe, Peter, »The Significance of the Korean War in Anglo-American Relations«, in: Michael Dockrill und John W. Young (Hg.), *British Foreign Policy 1945–1956*, London 1989

–, *Containing the Cold War in East Asia. British Policies towards Japan, China and Korea, 1948–1953*, Manchester 1997

MacArthur, Douglas, *Reminiscences*, New York 1964

MacDonald, Callum A., *Korea: The War before Vietnam*, London 1986

MacDonald, Donald Stone, *U.S.-Korean Relations from Liberation to Self-Reliance: The Twenty-Year Record*, Boulder/Colorado 1992

Mai, Gunther, *Westliche Sicherheitspolitik im Kalten Krieg. Der Korea-Krieg und die deutsche Wiederbewaffnung 1950*, Boppard 1977

Maihofer, Harry, *From the Hudson to the Yalu*, College Station/Texas 1993

Mansourov, Alexandre, »Stalin, Mao, Kim, and Chinas Decision to Enter the Korean War, September 16 – October 15, 1950: New Evidence from the Russian Archives«, *CWIHP Bulletin* 6-7 (Winter 1995-96), S. 94–119

Mao Tse-Tung, *Ausgewählte Werke*, Bd. 2–5, Peking 1968, 1969, 1978

Mark, Eduard, *Aerial Interdiction: Air Power and the Land Battle in Three American Wars*, Washington/DC 1994

Marshall, George C., *Marshall's Mission to China: December 1945 – January 1947: The Report and Appended Documents*, Arlington/Virginia 1976

Marshall, S. L. A., *The River and. the Gauntlet: Defeat of the Eighth Army by the Chinese Communist forces, November, 1950, in the Battle of the Chongchon River, Korea*, New York 1953

Martin, Bradley K., *Under the Loving Care of the Fatherly Leader: North Korea and the Kim Dynasty*, New York 2004

Matray, James, *The Reluctant Crusade: American Foreign Policy in Korea 1941–1950*, Honolulu 1985

McGlothlen, Ronald L., *Controlling the Waves: Dean Acheson and U.S. Foreign Policy in Asia*, New York, London 1993

Meilinger, Phillip S., *Hoyt S. Vandenberg: The Life of a General*, Bloomington/Indiana 1989

Middleton, Drew, *The Duel of the Giants: China and Russia in Asia*, New York 1978

Millett, Allen R., *The War for Korea, 1945–1950: A House Burning*, Lawrence/Kansas 2005

Ministry of National Defense, Republic of Korea, *The History of the United Nations Forces in the Korean War*, Seoul 1973

Montross, Lynn, Nicholas A. Canzona et al., *U.S. Marine Operations in Korea, 1950–1953*, 5 Bde., Washington/DC 1954–1962

Mossmann, Billy C., *Ebb and Flow: November 1950 – July 1951*, Washington/DC 1990 (offizielle Geschichte)

Mount, Graeme S., mit Andre Laferriere, *The Diplomacy of War. The Case of Korea*, Montreal 2004

Nakajima, Mineo, »The Sino-Soviet Confrontation: Its Roots in the International Background of the Korean War«, *Australian Journal of Chinese Affairs* (Januar 1979), S. 19–47

Nichols, Donald, *How Many Times Can I Die?*, Brooksville/Florida 1981

Nie Rongzhen, *Inside the Red Star: The Memoirs of Marshal Nie Rongzhen*, Peking 1988 (engl. Fassung)

Osterhammel, Jürgen, *Chian und die Weltgesellschaft. Vom 18. Jahrhundert bis in unsere Zeit*, München 1989

Owen, Joseph R., *Colder Than Hell: A Marine Rifle Company at the Chosin Reservoir*, Annapolis/Maryland 1996

Paik Sun Yup, *From Pusan to Panmunjon*, New York 1992

Panikkar, K. M., *In Two Chinas: Memoirs of a Diplomat*, London 1955

Pape, Robert A., *Bombing to Win Air Power and Coercion in War*, Ithaca/N. Y. 1996

Paschall, Rod, *Witness to War: Korea*, New York 1995

Pease, Stephen E., *Psywar: Psychological Warfare in Korea, 1950–1953*, Harrisburg/Penns. 1992

Peng Dehuai, *Memoirs of a Chinese Marshal: The Autobiographical Notes of Peng Dehuai*, Beijing 1984

Pepper, Suzanne, *Civil War in China: The Political Struggle, 1945–1949*, Berkeley/Kalif. 1978

Poole, Walter S., *The History of the Joint Chiefs of Staff: The Joint Chiefs of Staff and National Policy*, Bd. 4, *1950–1952*, Wilmington/Delaware 1979

Qi Dexue, *The Inside Story of the Decision-Making during the Korean War*, Shenyang 1991

Ra Jong-yil, »Special Relationship at War: The Anglo-American Relationship during the Korean War 1950–1953, *Journal of Strategic Studies* 7 (Sept. 1984)

Rees, David, *Korea: The Limited War*, London 1964

Republic of Korea, Ministry of National Defense, *History of the United Nations Forces in the Korean War*, 6 Bde., Seoul 1972–1977 (enthält alle nationalen Kontingente)

Ridgway, Matthew B., *The Korean War*, New York 1986

Roe, Patrick C., *The Dragon Strikes: China and the Korean War, June–December 1950*, Novato/Kalif. 2000

Rummel, R(udolph) J(oseph), *China's Bloody Century: Genocide and Mass Murder since 1900*, New Brunswick/New Jersey 1991

Russ, Martin, *The Last Parallel: A Marine's War Journal*, New York 1957, ²1999

–, *Breakout. The Chosin Reservoir Campaign, Korea 1950*, New York 1999

Saich, Tony, und Hans van de Van (Hg.), *New Perspectives on the Chinese Revolution*, Armonk/N. Y. 1992

Schaller, Michael, *The US Crusade in China 1938–1945*, New York 1979

–, *The American Occupation of Japan: The Origins of the Cold War in Asia*, New York 1985

–, *Douglas MacArthur: The Far Eastern General*, New York 1989

Schmid, Andre, *Korea between Empires, 1895–1919*, New York 2002

Schnabel, James F., *United States Army in the Korean War, Policy and Direction: The First Year*, Washington 1972 (offizielle Geschichte)

–, und Robert J. Watson, *The Joint Chiefs of Staff and National Policy*, Bd. 3., *The Korean War*, Washington/DC 1978

Sebald, William J., *With MacArthur in Japan. A Personal History of the Occupation*, London 1965

Service, John S., *The Amerasia Papers: Some Problems in the History of US-China Relations*, Berkeley/Kalif. 1971

Shen Zhihua, *Mao Tse-tung, Stalin and the Korean War*, Hongkong 1998 (in chines. Sprache)

–, *Studies on the Sino-Soviet Alliance and the Korean War*, Guangxi shida 1999 (in chines. Sprache)

–, »Sino-North Korean Conflict and its Resolution during the Korean War«, *CWIHP Bulletin* 14/15 (2004)

Shen Zonghong et al., *A History of the Chinese People's Volunteers War to Resist America and Assist Korea*, Peking 1988 (in chines. Sprache)

Sheng, Michael M., *Battling Western Imperialism: Mao, Stalin and the United States*, Princeton/New Jersey 1997

Sherwood, John Darrell, *Officers in Flight Suits: The Story of American Air Force Fighter Pilots in the Korean War*, New York 1986

Shewmaker, Kenneth E., *Americans and Chinese Communists, 1927–1945: A Persuading Encounter*, Ithaca/N. Y. 1971

Shi Zhe, *Zai lishi junren shengbian. Shi Zhe huiyi lu*, Peking 1991

–, *With Mao and Stalin: The Reminiscences of Mao's Interpreter*, Part II, »Liu Shaoqi in Moscow«, in: *Chinese Historians*, Vol. VI, No. 1 (Issue No. 11), Frühjahr 1993, S. 67–90

– und Chen Jian, *With Mao and Stalin. Shi Zhe's Memoirs* (unveröffentlichter Entwurf, der eine ergänzte Fassung von Shi Zhe, *Zai lishi junren shengbian* darstellt)

Shin, Gi-Wook und Michael Robinson (Hg.), *Colonial Modernity in Korea*, Cambridge/Mass. 1999

Short, Philip, *Mao: A Life*, New York 2000

Shrader, Charles R., *Communist Logistics in the Korean War*, Westport/Conn. 1995

Shum, Kui-kwong, *The Chinese Communists' Road to Power: The Anti-Japanese National United Front, 1935–1945*, Hongkong 1988

Simmons, Robert, *The Strained Alliance: Peking, Pyongyang, Moscow and the Politics of the Korean Civil War*, New York 1975

Spanier, John W., *The Truman-MacArthur Controversy and the Korean War*, New York 1965

Spurr, Russell, *Enter den Dragon: China's Undeclared War Against the U. S. in Korea, 1950–51*, New York 1988

Steininger, Rolf, »Entscheidung am 38. Breitengrad. Die USA und der Koreakrieg«, *Amerikastudien* 26 (1981), S. 40–76

–, *Der vergessene Krieg. Korea 1950–1953*, München 2006

–, und Ullrich Schneider, »Begrenzter Krieg oder atomarer Abgrund?

Dreißig Jahre Waffenstillstand in Korea, *Journal für Geschichte*, Heft 4/1983, S. 38–43

Stewart, James T. (Hg.), *Airpower: The Decisive Force in Korea*, Princeton/New Jersey 1957

Stueck, William, *The Wedemeyer Mission: American Politics and Foreign Policy during the Cold War*, Athens/Georgia 1984

–, »The Marshall and Wedemeyer Missions: A Quadrilateral Perspective«, in: Harry Harding und Yuan Ming (Hg.), *Sino-American Relations 1945–1955: A Joint Reassessment of a Critical Decade*, Wilmington/Delaware 1989

–, *The Korean War. An International History*, Princeton/New Jersey 1995

–, *Rethinking the Korean War. A New Diplomatic and Strategic History*, Princeton/New Jersey 2002

– (Hg.), *The Korean War in World History*, Lexington/Kentucky 2004

Su Yu, *War Memoirs*, Peking 1989 (in chines. Sprache)

Suh, Dae-Sook, *Kim Il Sung: The North Korean Leader*, New York 1988

Summers, Harry G., *Korean War Almanac*, New York 1990

Sunderland, Riley, *Evolution of Command and Control Doctrine for Close Air Support*, Washington/DC 1973

Sunzi, *Die Kunst des Krieges*, München 1988

Tan Jingqiao et al., *The War to Resist America and Assist Korea*, Peking 1990 (in chines. Sprache)

Teiwes, Frederick C., *Politics and Purges in China: Rectification and the Decline of Party Norms, 1950–1965*, New York 1993

Terrill, Ross, *Mao Zedong: A Biography* [1980], Stanford, Kalif., 2000 (dt.: *Mao. Eine Biographie*, Hamburg 1981)

Thaxton, Ralph A., *Salt of the Earth: The Political Origins of Peasant Protest and Communist Revolution in China*, Berkeley/Kalif. 1997

Thompson, Reginald, *Cry Korea*, London 1951

Toland, John, *In Mortal Combat: Korea 1950–1953*, New York 1991

Tsou, Tang, *America's Failure in China 1941–50*, Chicago 1963

Tuchman, Barbara, *Sand gegen den Wind. Amerika und China 1911–1945*, Stuttgart 1973

Tucker, Spencer C. (Hg.), *Encyclopedia of the Korean War. A Political, Social, and Military History*, 3 Bde., Santa Barbara/Kalif. 2000

U. S. Department of State (Hg.), *United States Relations with China: With Special Reference to the Period 1944–1949*, Washington/DC 1949

–, *The China White Paper. August 1949*, Department of State Publication 3537, Far Eastem Series 30, Stanford/Kalif. 1967

–, *Foreign Relations of the United States (FRUS)*:
1944, Bd. V, *The Near East, South Asia, Africa, The Far East*, Washington/DC 1965
1945, Bd. VII, *The Far East: China*, Washington/DC 1969
1946, Bd. VIII, *The Far East*, Washington/DC 1971
1946, Bd. IX, *The Far East: China*, Washington/DC 1972
1950, Bd. VII, *Korea*, Washington/DC 1976
1951, Bd. VII, *Korea and China*, Washington/DC 1983
1952–1954, Bd. XV, *Korea*, 2 Teile, Washington/DC 1984

U. S. Senate, 82nd Congress, 1st Session, *Military Situation in the Far East. Hearing before the Committee on Armed Services and the Committee on Foreign Relations*, Washington/DC 1951

Vasold, Manfred, »Versäumte Gelegenheiten? Die amerikanische Chinapolitik im Jahre 1949«, *Vierteljahrshefte für Zeitgeschichte*, 2 (1983), S. 242–271

Ven, Hans van de, *From Friend to Comrade: The Founding of the Chinese Communist Party, 1920–27*, Berkeley/Kalif. 1991

Wainstock, Dennis D., *Truman, MacArthur, and the Korean War*, Westport/Conn., London 1999

Weathersby, Kathryn, »New Findings on the Korean War«, *CWIHP Bulletin*, 3 (Herbst 1993)

–, »Soviet Aims in Korea and the Origins of the Korean War, 1945–1950: New Evidence from the Russian Archives«, *CWIHP Working Paper* No. 8 (Nov. 1993)

–, »The Soviet Role in the Early Phase of the Korean War: New Documentary Evidence«, *Journal of American-East Asian Relations* 2 (Winter 1993)

–, »Korea 1949–1950: To Attack or Not to Attack? Kim II Sung and the Prelude to War«, *CWIHP Bulletin*, 5 (Frühjahr 1995)

–, »New Russian Documents on the Korean War«, *CWIHP Bulletin*, 6-7 (Winter 1995/1996)

–, »Deceiving the Deceivers: Moscow, Beijing, Pyongyang, and the Allegations of Bacteriological Weapons Use in Korea«, *CWIHP Bulletin* 11 (1998)

–, »›Should We Fear This?‹ Stalin and the Danger of War with America«, *CWIHP Working Paper* No. 39 (Juli 2002)

–, »Stalin, Mao and the End of the Korean War«, in: Odd Arne Westad, *Brothers in Arms*

–, »The Soviet Role in the Korean War: The State of Historical Knowledge«, in: William Stueck (Hg.), *Korean War in World History*, Lexington/Kentucky 2004, S. 61–92

Weintraub, Stanley, *MacArthur's War. Korea and the Undoing of an American Hero*, New York 2000

Werrell, Kenneth P., *Blankets of Fire: U. S. Bombers over Japan during World War II*, Washington/DC 1996

Westad, Odd Arne, *Cold War and Revolution: Soviet-American Rivalry and the Origins of the Chinese Civil War, 1944–1946*, New York 1993

– (Hg.), *Brothers in Arms: The Rise and Fall of the Sino-Soviet Alliance, 1945–1963*, Stanford/Kalif. 1998

–, *Decisive Encounters: The Chinese Civil War, 1946–1950*, Stanford/Kalif. 2003

Whelan, William Reginald, *Drawing the Line: The Korean War, 1950–1953*, Boston/Mass. 1990

Whiting, Allen S., *China Crosses: The Decision to Enter the Korean War*, New York 1960

Williams, William J. (Hg.), *A Revolutionary War: Korea and the Transformation of the Postwar World*, Chicago 1993

Wilson, Dick, *Zhou Enlai, A Biography*, New York 1984

Wingrove, Paul, »Mao in Moscow, 1949–50: Some New Archival Evidence«, in: *The Journal of Communist Studies and Transition*, Vol. 11, Dez. 1995, No. 4, S. 309–334

Wilz, John Edward, »The Making of Mr. Truman's War«: in: Lee Min Young (Hg.), *The Historical Re-Illumination of the Korean War: The War Revisited on the 40th Anniversary*, Seoul 1991

Xu Yan, *The First Test of Strength: A Historical Review and Evaluation of the War to Resist America and Assist Korea*, Peking 1990 (in chines. Sprache)

Yick, Joseph K. S., *Making Urban Revolution in China: The CCP-GMD Struggle for Beiping-Tianjin 1945–1949*, Armonk/N. Y. 1995

Young, Arthur N., *China's Wartime Finance and Inflation, 1937–1945*, Cambridge/Mass. 1965

Young, Louise, *Japan's Total Empire: Manchuria and the Culture of Wartime Imperialism*, Berkeley/Kalif. 1998

Zhai Zhihai und Hao Yufan, »China's Decision to Enter the Korean War: History Revisited, *China Quarterly* 121 (März 1990)

Zhang, Shu Guang, *Mao's Military Romanticism, China and the Korean War 1950–1953*, Lawrence/Kansas 1995

Zhihua, Shen, »Sino-Soviet Relations and the Origins of the Korean War: Stalin's Strategic Goals in the Far East«, *Journal of Cold War Studies* II (Frühjahr 2000)

Ziemann, Han-jung, *Die Beziehungen Sinkiangs (Ostturkestan) zu China und der UdSSR 1917–1945*, Bochum 1984

2. DER KALTE KRIEG UND DIE BOMBE

Acheson, Dean, *Present at the Creation. My Years in the State Department*, New York 1969

Albright, Joseph, und Marcia Kunstel, »The Youngest Spy«, *Bulletin of the Atomic Scientists* (Jan./Feb. 1998)

Alexander, Ronni, *Putting the Earth First: Alternatives to Nuclear Security in Pacific Island States*, Honolulu 1994

Alperovitz, Gar, *Atomic Diplomacy: Hiroshima and Potsdam*, rev. edition, New York 1985

–, *The Decision to Use the Atomic Bomb*, New York 1995

Alvarez, Luis W., *Alvarez: Adventures of a Physicist*, New York 1987

Ambrose, Stephen, *Eisenhower, the President*, London 1984

Andrej D. Sacharow. Leben und Werk eines Physikers in einer Retrospektive seiner Kollegen und Freunde in der Moskauer Akademie der Wissenschaften, Heidelberg 1991

Andrejew, A. F. (Hg.), *Kapiza, Tamm, Semjonow w Otscherkach i Pis'mach* (Kapiza, Tamm, Semjonow in Briefen und Aufsätzen), Moskau 1998

Backer, John H., *Die Entscheidung zur Teilung Deutschlands. Amerikas Deutschlandpolitik 1943–1948*, München 1981

Badash, Lawrence, Jospeh O. Hirschfelder und Herbert P. Broida (Hg.), *Reminiscences of Los Alamos, 1943–1945*, Dordrecht/NL 1980

Barclay, David, *Schaut auf diese Stadt. Der unbekannte Ernst Reuter*, Berlin 2000

Beisner, Robert L., *Dean Acheson: A Life in the Cold War*, New York 2006

Bernstein, Barton J. (Hg.), *The Atomic Bomb: The Critical Issues*, Boston/Mass. 1976

Bernstein, Barton, »The Atomic Bombing Reconsidered«, *Foreign Affairs* (Jan./Feb. 1995)

Bethe, Hans, *The Road from Los Alamos*, New York 1991

Betts, Richard K., *Nuclear Blackmail and Nuclear Balance*, Washington/DC 1987

Bird, Kai, und Martin J. Sherwin, *American Prometheus: The Triumph and Tragedy of J. Robert Oppenheimer*, New York 2005

Blackett, P. M. S., *Fear, War and the Bomb: Military and Political Consequences of Atomic Energy*, New York 1948

Blumberg, Stanley A., und Louis G. Panos, *Edward Teller: Giant of the Golden Age of Physics*, New York 1990

Bohlen, Charles E., *Witness to History*, New York·1973

Boyle, Peter (Hg.), *The Churchill-Eisenhower Correspondence 1953–1955*, Chapel Hill/N. Carolina 1990

Broekmeyer, Marius, *Stalin, the Russians and Their War, 1941–1945*, Madison/Wisconsin 2004

Bullock, Alan, *Ernest Bevin: Foreign Secretary 1945–1951*, London 1983

Bundy, McGeorge, *Danger and Survival: Choices About the Bomb in the First Fifty Years*, New York 1988

Bush, Vannevar, *Pieces of the Action*, New York 1970

Byrnes, James F., *All in One Lifetime*, New York 1958

Childs, Herbert, *An American Genius: The Life of Ernest Orlando Lawrence*, New York 1968

Chruschtschow, Nikita S., *Chruschtschow erinnert sich*, hg. von Strobe Talbott, Reinbek 1992

Clay, Lucius D., *Entscheidung in Deutschland*, Frankfurt am Main 1950

Close, David H. (Hg.), *The Greek Civil War, 1943–1950: Studies in Polarization*, London 1993

Cochran, Thomas B., et al., *Nuclear Weapons Databook*, Bd. II, *U.S. Nuclear Warhead Production*, Cambridge/Mass. 1987

–, Robert S. Norris und Oleg A. Bukharin, *Making the Russian Bomb: From Stalin to Yeltsin*, Boulder/Colorado, San Francisco, Oxford 1995

Collier, Richard, *Bridge Across the Sky: The Berlin Blockade and Airlift, 1948–1949*, London 1978

Cook, Fred J., *The Nightmare Decade: The Life and Times of Senator Joe McCarthy*, New York 1971

Dallek, Robert, *Franklin D. Roosevelt and American Foreign Policy 1932–1945*, New York 1979

Davison, W. Phillips, *Die Blockade von Berlin. Modellfall des Kalten Krieges*, Berlin 1959

Dean, Gordon E., *Forging the Atomic Shield: Excerpts from the Office of Gordon E. Dean*, hg. v. Roger M. Anders, Chapel Hill/North Carolina 1987

Deane, John R., *Ein seltsames Bündnis. Amerikas Bemühungen, während des Kriegs mit Rußland zusammenzuarbeiten*, Wien 1946

De Groot, Gerard J., *The Bomb: A Life*, Cambridge/Mass. 2005

Dingman, Roger, »Atomar Diplomacy During the Korean War«, *International Security* Vol. 13 No. 3 (Winter 1988/89)

Dokumente zur Berlinfrage, hg. vom Forschungsinstitut der Deutschen Gesellschaft für Auswärtige Politik, München 1962

Dower, John W., *War without Mercy: Race and Power in the Pacific War*, New York 1986

Dupuy, Trevor N., *The Military History of the Chinese Civil War*, New York 1969

Dyson, Freeman, *Disturbing the Universe*, New York 1979

–, *Weapons and Hope*, New York 1984

Eden, Anthony, *Memoiren 1945–1957*, 3 Bde., Köln 1960

Eden, Lynn, *Whole World on Fire: Organizations, Knowledge, and Nuclear Weapons Devastation*, Ithaca, N. Y., 2004

Eisenberg, Carolyn, *Drawing the Line: The American Decision to Divide Germany*, New York 1996

Eisenhower, Dwight David, *The White House Years*, Bd. 1., *Mandate for Change, 1953–1956*, New York 1963

Ferrell, Robert H. (Hg.), *Off the Record: The Private Papers of Harry S. Truman*, New York 1980

– (Hg.), *The Eisenhower Diaries*, New York 1981

Fischer, Lunis, *The Road to Yalta: Soviet Foreign Relations 1941–1945*, New York 1972

Frank, Maria, *Walter Ulbricht. Eine deutsche Biographie*, Berlin 2001

Frisch, Otto, *What Little I Remember*, Cambridge/Mass. 1976

Frenzke, Dietrich, »Bündnis-und Freundschaftsverträge der UdSSR mit asiatischen Staaten«, in: Joachim Glaubitz und Dieter Heinzig (Hg.), *Die Sowjetunion und Asien in den achtziger Jahren. Ziele und Grenzen sowjetischer Politik zwischen Indischem Ozean und Pazifik*, Baden-Baden 1988

Fromkin, David, *In the Time of the Americans: FDR, Truman, Eisenhower, Marshall, MacArthur – The Generation That Changed America's Role in the World*, New York 1995

Fursenko, Aleksandr, und Timothy Naftali, *Khrushchev's Cold War*, New York 2006

Giovanitti, Len, und Fred Freed, *Sie warfen die Bombe*, Berlin 1967

Goldberg, Stanley, »What did Truman know and when did he know it?«, *Bulletin of Atomic Scientists* (May/June 1998)

Goncharov, German, »Beginnings of the Soviet H-Bomb program«, *Physics Today* (Nov. 1996)

Goodman, Walter, *The Committee: The Extraordinary Career of the House Committee on Un-American Activities*, New York 1968

Greiner, Christian, Klaus A. Maier und Heinz Rebhahn, *Die NATO als Militärallianz. Strategie, Organisation und nukleare Kontrolle im Bündnis, 1949 bis 1959*, München 2003

Gromyko, Andrei Andreyevich, *Memoirs*, New York 1989 (dt. Andrej A. Gromyko, *Erinnerungen. Internationale Ausgabe*, Düsseldorf 1989)

Groves, Leslie M., *Now It Can Be Told: The Story of the Manhattan Project*, New York 1962

Guhin, Michael, *John Foster Dulles: A Statesman and His Times*, New York 1972

Halberstam, David, *The Fifties*, New York 1993

Hanhimäki, Jussi M., und Odd Arne Westad, *The Cold War: A History in Documents*, Oxford 2003

Hansen, Charles, *United States Nuclear Weapons: The Secret History*, Arlington/Virginia 1988

Harbutt, Fraser J., *The Iron Curtain: Churchill, America and the Origins of the Cold War*, New York 1988

Harriman, W. Averell, und Elie Abel, *In geheimer Mission. Als Sonderbeauftragter Roosevelts bei Churchill und Stalin 1941–1946*, Stuttgart 1979

Harris, Kenneth, *Attlee*, London 1982

Haslam, Jonathan, *The Soviet Union and the Politics of Nuclear Weapons in Europe 1969–87*, Ithaca/N. Y. 1990

Haynes, John Earl, und Harvey Klehr, *Venona: Decoding Soviet Espionage in America*, New Haven/Conn. 1999

Henser, Beatrice, *The Bomb*, London 2000

Herken, Gregg, *The Winning Weapon: The Atomic Bomb in the Cold War, 1945–1950*, New York 1982

–, *Brotherhood of the Bomb: The Tangled Lives and Loyalties of Robert Oppenheimer, Ernest Lawrence und Edward Teller*, New York 2002

Herring, George C., *Aid to Russia, 1941–1946*, New York 1973

Hersey, John, *Hiroshima*, New York 1996

Hershberg, James, *James B. Conant: Harvard to Hiroshima and the Making of the Nuclear Age*, New York 1993

Hewlett, Richard G., und Francis Duncan, *Atom Shield 1947–1952: A History of the United States Atomic Energy Commission*, Bd. II, *1947–1952*, University Park/Penns. 1969

–, und Jack M. Holl, *Atoms for Peace and War, 1953–1961: Eisenhower and the Atomic Energy Commission*, University Park/Penns. 1989

–, und Oscar E. Anderson, Jr., *The New World: A History of the United States Atomic Energy Commission*, Bd. I, *1939–1946*, University Park/Penns. 1962

Hirsch, Daniel, und William Matthews, »The H-Bomb: who really gave away the secret?«, *Bulletin of Atomic Scientists* (Jan./Feb. 1990)

Holloway, David, *Stalin and the Bomb: The Soviet Union and Atomic Energy 1939–1956*, New Haven/Conn. 1994

Iriye, Akira, *The Cold War in Asia. A Historical Introduction*, Englewood Cliffs/New Jersey 1974

Irving, David, *The Virus House*, London 1968

Jaksch, Wenzel, *Europas Weg nach Potsdam*, Stuttgart 1958

Jones, Vincent C., *Manhattan: The Army and the Atomic Bomb*, Washington/DC 1985

Kahn, Herman, *On Thermonuclear War*, Princeton/New Jersey 1960

Kaku, Michio, und Daniel Axelrod, *To Win a Nuclear War. The Pentagon's Secret War Plans*, Cambridge/Mass. 1987

Kaplan, Fred, *The Wizards of Armageddon*, New York 1983

Khariton, Yuri, et al., »The Way It Was«, *Bulletin of Atomic Scientists* (Nov./Dez. 1996)

Klehr, Harvey, John Earl Haynes und Fridrikh Igorevitch Firsov, *The Secret World of American Communism*, New Haven/Conn. 1995

Kuniholm, Bruce Robellet, *The Origins of the Cold War in the Near East: Great Power Conflict and Diplomacy in Iran, Turkey and Greece*, Princeton/New Jersey 1980

Lamont, Lansing, *Day of Trinity*, New York 1985

Lanouette, William, mit Bela Silard, *Genius in the Shadows: A Biography of Leo Szilard, the Man behind the Bomb*, New York 1992

Leffler, Melvyn P., »The United States and the Strategig Dimensions of the Marshall Plan«, *Diplomatic History* 12 (Sommer 1988)

–, *A Preponderance of Power: National Security, the Truman Administration and the Cold War*, Stanford/Kalif. 1992

LeMay, Curtis, mit MacKinley Kantor, *Mission with LeMay: My Story*, Garden City/N. Y. 1965

Leskov, Sergei, »Dividing the Glory of the Fathers«, *Bulletin of Atomic Scientists* (Mai 1993)

Liddel Hart, Basil Henry, *Abschreckung oder Abwehr. Gedanken zur Verteidigung des Westens*, Wiesbaden 1960

Liebermann, Joseph I., *The Scorpion and the Tarantula: The Struggle to Control Atomic Weapons, 1945–1949*, New York 1970

Lifton, Robert, *Death in Life: Survivors of Hiroshima*, New York 1967

–, und Gregg Mitchell, *Hiroshima in America*, New York 1995

Lilienthal, David E., *The Journals of David E. Lilienthal*, Bd. II, *The Atomic Energy Years 1945–1950*, New York 1964; Bd. III, *Venturesome Years 1950–55*, New York 1966

Loth, Wilfried, *Stalins ungeliebtes Kind. Warum Moskau die DDR nicht wollte*, Berlin 1994

–, *Die Teilung der Welt. Geschichte des Kalten Krieges 1941–1955*, München 2000

Lourie, Richard, *Sacharow. Eine Biographie*, München 2003

Lowe, Peter, *The Origins of the Cold War*, New York 1997

–, *Containing the Cold War. British Policies towards Japan, China and Korea, 1948–53*, Manchester 1997

Lukes, Igor, »The Czech Road to Communism«, in: Naimark/Gibianskii (Hg.), *The Establishment of Communist Regimes in Eastern Europe*, S. 243–266

Luongo, Kenneth, und Matthew Bunn, »Preempting a Russian Nuclear Meltdown«, *The Global Beat* (London, 5.12.1998)

Lytle, Mark Hamilton, *The Origins of the Iranian-American Alliance 1941–1945*, New York 1987

Maddox, Robert James, *From War to Cold War: The Education of Harry S. Truman*, Boulder/Colorado 1988

Maier, Klaus A., »Die politische Kontrolle über die amerikanischen Nuklearwaffen. Ein Bündnisproblem der NATO unter der Doktrin der Massiven Vergeltung«, in: Chr. Greiner u.a., *Die NATO als Militärallianz*

Mark, Eduard, »The War Scare of 1946 and its Consequences«, *Diplomatic History* 21 (Frühjahr 1997)

Mastny, Vojtech, *Russia's Road to the Cold War: Diplomacy, Warfare and the Politics of Communism, 1941–1645*, New York 1979

–, und Gustav Schmidt, *Konfrontationsmuster des Kalten Krieges 1946–1956*, München 2003

Mayers, David, *George Kennan and the Dilemmas of US Foreign Policy*, New York 1988

Mayle, Paul D., *Eureka Summit: Agreement in Principle and the Big Three at Tehran*, Newark/Delaware 1987

McCagg, William O., *Stalin Embattled, 1943–1948*, Detroit 1978

McCullough, David, *Truman*, New York 1992

Meissner, Boris, *Das Ostpaktsystem. Dokumentensammlung*, Forschungsstelle für Völkerrecht und Ausländisches Öffentliches Recht der Universität Hamburg. Erster Teil: *Das sowjetische Paktsystem in Europa*. Zweiter Teil: *Das sowjetische Paktsystem in Asien*, Hamburg 1951

Merridale, Catherine, *Iwans Krieg. Die Rote Armee 1939–1945*, Frankfurt/M. 2006

Messer, Robert L., *The End of an Alliance: James F. Byrnes, Roosevelt, Truman and the Origins of the Cold War*, Chapel Hill/N. Carolina 1982

Miller, Merle, *Plain Speaking: An Oral Biography of Harry S. Truman*, New York 1973

Millis, Walter (Hg.), *The Forrestal Diaries*, New York 1951

Milward, Alan S., *The Reconstruction of Western Europe, 1945–51*, Berkeley/Kalif. 1984

Molotow, W. M., *Fragen der Außenpolitik. Reden und Erklärungen April 1945 – Juni 1948*, Moskau 1949

Morgan, Ted, *Reds: McCarthyism in Twentieth Century America*, New York 2003

Moss, Norman, *Klaus Fuchs: The Man Who Stole the Atom Bomb*, London 1987

Murphy, Robert, *Diplomat Among Warriors*, Garden City/N. Y. 1964

Naimark, Norman, und Leonid Gibianskii (Hg.), *The Establishment of Communist Regimes in Eastern Euope, 1944–49*, Boulder/Colorado 1997

Narinskii, Mikhail, »Soviet Union and Berlin Crisis«, in: Gori, Francesca, und Silvia Pons (Hg.), *The Soviet Union and Europe in the Cold War 1943–1953*, New York 1996

Nelson, Daniel J., *Wartime Origins of the Berlin Dilemma*, Tuscaloosa/Alabama 1978

590

Nenni, Pietro, *Tempo di guerra fredda. Diari 1943–56*, Milano 1981

Newman, James, »On Thermonuclear War«, *Scientific American* (März 1961)

Offner, Arnold A., *Another Such Victory. President Truman and the Cold War 1945–1953*, Stanford/Kalif. 2002

Oppenheimer, J. Robert, *The Open Mind: Atomic Weapons and the Relationship between Science and Culture*, New York 1955

–, *The Flying Trapez: Three Crises for Physicists*, London 1964

Oshinsky, David M., *A Conspiracy So Immense: The World of Joe McCarthy*, New York 1985

Painter, David S., *The Cold War: An International History*, London 1999

Pash, Boris T., *The Alsos Mission*, New York 1969

Pfau, Richard, *No Sacrifice Too Great: The Life of Lewis L. Strauss*, Charlottesville/Virginia 1985

Polenberg, Richard (Hg.), *In the Matter of J. Robert Oppenheimer: The Security Clearance Hearing*, Ithaca/N. Y. 2002

Powaski, Ronald E., *The Cold War. The United States and the Soviet Union 1917–1991*, New York, Oxford 1998

–, *Return to Armageddon*, Oxford 2000

Radzinsky, Edward, *Stalin*, London 1996

Reeves, Thomas C., *The Life and Times of Joe McCarthy*, New York 1982

Resis, Albert, *Molotov Remembers: Inside Kremlin Politics: Conversations with Felix I. Chuev*, Chicago 1993

Reston, James, *Deadline: A Memoir*, New York 1991

Rhodes, Richard, *Dark Sun: The Making of the Hydrogen Bomb*, New York 1985

Rhodes, Richard, *The Making of the Atomic Bomb*, New York 1986 (dt.: *Die Atombombe oder Die Geschichte des 8. Schöpfungstages*, Nördlingen 1988)

Rigden, John S., *Rabi, Scientist and Citizen*, Cambridge/Mass. 1987

Romerstein, Herbert, und Eric Breindel, *The Venona Secrets: Exposing Soviet Espionage and American Traitors*, Washington/DC 2000

Rosenberg, David Alan, »American atomic strategy and the hydrogen bomb decision«, *Journal of American History* (1979)

–, »A Smoking Radiating Ruin at the End of Two Hours: Documents on American Plans for Nuclear War with the Soviet Union, 1954–1955«, *International Security* 6, no. 3 (Winter 1981/1982)

–, »The Origins of Overkill: Nuclear Weapons and American Strategy 1945–1960, *International Security* 7, no. 4 (1983)

591

Ross, Steven T., *American War Plans 1945–1950: Strategies for Defeating the Soviet Union*, London 1996

–, und David Alan Rosenberg (Hg.), *America's Plans for War against the Soviet Union 1945–1950*, 15 Bde., New York 1989

Sacharow, Andrej, *Mein Leben*, München 1991

Sagdeev, Roald Z., *The Making of a Soviet Scientist: My Adventures in Nuclear Fusion and Space – From Stalin to Star Wars*, New York 1994

Saunders, Frances Stonor, *The Cultural Cold War: The CIA and the World of Arts and Letters*, New York 2000

Schecter, Jerrold L., und Vyacheslav V. Luchkov, *Khrushchev Remembers: The Glasnost Tapes*, Boston/Mass. 1990

Schukow, Georgi K., *Erinnerungen und Gedanken*, Stuttgart 1969

Schwartz, Richard, *Cold War Culture*, New York 1998

Schwartz, Stephen I. (Hg.), *Atomic Audit: The Cost and Consequences of US Nuclear Weapons Since 1940*, Washington/DC 1998

Sebag Montefiore, Simon, *Stalin. The Court of the Red Tsar*, London 2004 (dt.: *Am Hofe des Roten Zaren*, Frankfurt/M. 2005)

Segré, Emilio, *Enrico Fermi, Physicist*, Chicago 1970

Serber, Robert, *The Los Alamos Primer*, Berkeley/Kalif. 1992

Service, Robert, *Stalin. A Biography*, London 2004

Sherwin, Martin J., *A World Destroyed: The Atomic Bomb and the Grand Alliance*, New York 1977

Sherwood, Robert E., *Roosevelt und Hopkins*, Düsseldorf 1950

Shlaim, Avi, *The United States and the Berlin Blockade, 1948–1949: A Study in Crisis Decision Making*, Berkeley/Kalif. 1983

Smirnov, Yuri, und Vladislaw Zubok, »Nuclear Weapons after Stalin's Death: Moscow Enters the H-Bomb Age«, *Cold War International History Project Bulletin* (Herbst 1994)

Smith, Jean Edward, *Lucius D. Clay: An American Life*, New York 1990

– (Hg.), *The Papers of General Lucius D. Clay: Germany 1945–1949*, Bloomington/Indiana 1974

Smyser, William R., *From Yalta to Berlin: The Cold War Struggle over Germany*, London 1999

Spriano, Paolo, *Stalin and the European Communists*, London 1985 (Orig.: *I comunisti europei e Stalin*, Torino 1983)

Stalin, Joseph, »Ökonomische Probleme des Sozialismus in der Sowjetunion«, in: ders.: Ausgewählte Werke, Bd. 2, Dortmund 1979, S. 405–498

Steininger, Rolf, *Wiederbewaffnung! Die Entscheidung für einen westdeutschen Verteidigungsbeitrag: Adenauer und die Westmächte 1950*, Erlangen, Bonn, Wien 1989

–, *Der Kalte Krieg*, Frankfurt am Main 2003, ⁵2006

Stoler, Mark A., *George C. Marshall: Soldier-Statesman of the American Century*, Boston/Mass. 1989

Strauss, Lewis L., *Men and Decisions*, New York 1962

Subok, Wladislaw, und Konstantin Pleschakow, *Der Kreml im Kalten Krieg*, Hildesheim 1997

Szasz, Ferenc Morton, *The Day the Sun Rose Twice: The Story of the Trinity Site Nuclear Explosion July 16, 1945*, Albuquerque/New Mexico 1984

Tanenhaus, Sam, *Whittaker Chambers: A Biography*, New York 1997

Taubman, William, *Stalin's American Policy: From Entente to Detente to Cold War*, New York 1982

–, *Khrushchev: The Man and His Era*, New York 2000

Teller, Edward, und Allen Brown, *The Legacy of Hiroshima*, New York 1962

–, und Judith Shoolery, *Memoirs: A Twentieth Century Journey in Science and Politics*, Cambridge/Mass. 2001

Thomas, Hugh, *Armed Truce: The Beginning of the Cold War, 1945–1946*, London 1986

Tillman, Barrett, *LeMay*, New York 2007

Trachtenberg, Marc, »A ›Wasting Asset‹: American Strategy and the Shifting Nuclear Balance, 1949–54«, *International Security* 13, 3 (Winter 1988-89)

Truman, Harry S., *Memoirs*, Bd. 1, *1945: Year of Decisions*, Garden City/N. Y. 1953, Bd. 2, *Years of Trial and Hope, 1946–52*, New York 1956 (dt.: *Memoiren*, Bd. 1, *Das Jahr der Entscheidungen (1945)*, Stuttgart 1955; Bd. 2, *Jahre der Bewährung und des Hoffens*, Stuttgart 1956)

Tusa, Ann und John, *The Berlin Blockade*, London 1988

Ulanoff, Stanley (Hg.), *Bombs away! True Stories of Strategic Air Power from World War I to the Present*, New York 1971

United States Atomic Energy Commission, *In the Matter of Robert J. Oppenheimer: Transcript of Hearing Before Personnel Security Board and Texts of Principal Documents and Letters*, Cambridge/Mass. 1971

U. S. Department of State (Hg.), *Foreign Relations of the United States (FRUS):*
The Conferences at Cairo and Tehran, 1943, Washington/DC 1961

The Conferences at Malta and Yalta, 1945, Washington/DC 1955

The Conference of Berlin (The Potsdam Conference), 1945, 2 Bde., Washington/DC 1960

1948, Bd. II, *Germany and Austria*, Washington/DC 1973

1949, Bd. II, *The United Nations; The Western Hemisphere*, Washington/DC 1975

1949, Bd. III, *Council of Foreign Ministers; Germany and Austria*, Washington/DC 1974

–, *Documents on Germany, 1944–1985*, Washington/DC 1985

Walker, J. Samuel, *Prompt and Utter Destruction: Truman and the Use of the Atomic Bombs Against Japan*, Chapel Hill/N. Carolina, 1997

Wedemeyer, Albert C., *Der verwaltete Krieg*, Gütersloh 1958

Weinstein, Allen, *Perjury: The Hiss-Chambers Case*, New York 1978

–, und Alexander Vassiliev, *The Haunted Wood: Soviet Espionage in America – The Stalin Era*, New York 1999

Werth, Alexander, *Rußland im Krieg 1941–1945*, München 1965

Wettig, Gerhard, »Stalins Aufrüstungsbeschluss. Die Moskauer Beratungen mit den Parteichefs und Verteidigungsministern der »Volksdemokratien« vom 9. bis 12. Januar 1951«, *Vierteljahrshefte f. Zeitgeschichte* 53. Jg, Heft 4 (Okt. 2005), S. 635–650

Williams, Robert Chadwell, *Klaus Fuchs: Atom Spy*, Cambridge/Mass. 1987

Winkler, Alan M., *Life under a Cloud: American Anxiety about the Atom*, New York 1993

Wolfsthal, Jon B., »Surveying the Nuclear Cities«, *Bulletin of the Atomic Scientists* (Juli/August 2001)

Wolkogonow Dmitri, *Stalin. Triumph und Tragödie. Ein politisches Porträt*, Düsseldorf 1989

Ybarra, Michael J., *Washington Gone Crazy: Senator Pat McCarran and the Great American Communist Hunt*, Hanover/New Hampshire 2004

Yergin, Daniel, *Shattered Peace: The Origins of the Cold War and the National Security State*, Boston/Mass. 1978

York, Herbert, *The Advisors: Oppenheimer, Teller and the Superbomb*, Stanford/Kalif. 1976, 1989

Zubok, Vladislav, »›To Hell with Yalta!‹: Stalin Opts for a New Status Quo«, in: *CWIHP Bulletin* 6-7 (Winter 1995/1996) S. 24–27

Übersetzung der englischen Zitate

74 *These five civilian gentlemen:* Die hier anwesenden fünf zivilen Herren sind lediglich patriotische amerikanische Bürger, die etwas zu tun versuchen, worum sie vom Präsidenten gebeten wurden. Ich denke, wir schulden es ihnen, daß wir ihnen sagen, es gibt gar keinen Kriegsplan.

80 *But whatever we have:* Aber was immer wir haben, können wir auch einsetzen.

83 *General, you will have:* Sie bekommen Ihre Flugzeuge.

86 *Not possible to do business:* (Mit Russen) könne man keine Geschäfte machen.

Forrestal, Bradley…: … informieren mich über Luftbasen, Bomben, Moskau, Leningrad etc. Hinterher habe ich das schreckliche Gefühl, daß wir einem Krieg sehr nahe sind. Ich hoffe nicht.

87 *The Soviets are beginning:* Die Sowjets beginnen erstmals zu realisieren, daß die Vereinigten Staaten die Atombombe im Kriegsfall wirklich gegen sie einsetzen würden.

Two wars are enough: Zwei Kriege reichen jedem, und ich habe bereits zwei erlebt.

91 *Effective delivery:* Effektive Beförderung der Maximalzahl von Atombomben an geeignete Zielsysteme.

94 *We didn't have one crew:* Wir hatten keine Crew, keine einzige Crew, im gesamten Kommando, die einen professionellen Job ausführen konnte.

95 *You might call that:* Man könnte dies als die dunkelste Nacht in der Geschichte der amerikanischen Luftfahrt bezeichnen. Nicht ein einziges Flugzeug beendete diese Mission instruktionsgemäß. Nicht eines!

110 *But they couldn't copy:* Aber unsere Köpfe konnten sie nicht kopieren.

121 *This probability:* Diese Wahrscheinlichkeit ist von uns immer in Betracht gezogen worden.

What do we do now: Was jetzt? – Nur keine Aufregung!

130 *What you are after:* Worum es Ihnen geht, ist, daß die Nazis uns nicht in die Luft jagen? – Genau. – Pa, wir müssen etwas unternehmen.

132 *Unconditional surrender:* bedingungslose Kapitulation vor ausländischen Streitkräften des Bösen.

What the hell: Worauf zum Teufel warten wir? Machen wir uns an die Arbeit.

135 *White Men's burden:* Die Last des weißen Mannes.
We are superior: Wir sind überlegen.
I would rather handle: Ich würde lieber mich lieber allem entgegenstellen, womit mich Deutsche, Italiener und Japaner bewerfen
können, als mich dem Ärger zu stellen, den ich in der Negerfrage
sehe.

136 *Four Policemen:* die Vier (Welt-)Polizisten

137 *Who lost China?:* Wer ist für den Verlust Chinas verantwortlich?

139 *We can't get in touch:* … können wir nicht mit dem einzigen hand-
lungsfähigen Militärapparat in Kontakt kommen, der gegenwärtig in China existiert, nämlich den Kommunisten.

140 *The defeat of Japan:* Der Sieg über Japan wäre ohne Rußland extrem
schwierig und teuer.

142 *850 000 tons is dry cargo:* 850 000 Tonnen sind Trockengut und
206 000 Tonnen sind Flüssigladung.

144 *Unconditional surrender:* bedingunslose Kapitulation oder unmittelbare, vollständige Vernichtung.

187 *Don't hate your enemy:* »Hasse deinen Feind nicht, sagte meine
Mutter.«

194 *Utterly impotent:* ganz und gar unfähig, sich selbst zu regieren oder
zu verteidigen

208 *I would defend it:* Ich würde es ebenso verteidigen, wie ich Kalifornien verteidigen würde.

212 *We have just received:* Wir haben gerade Nachricht aus Seoul erhalten, daß die Nordkoreaner heute morgen um vier Uhr in großer
Stärke über den 38. Breitengrad vorgestoßen sind.

215 *Drawing the line:* eine Grenze zu ziehen.
If we use atomic bombs: wenn wir Atombomben einsetzen.

224 *My God, that's against:* Mein Gott, das ist gegen die Charta der Vereinten Nationen.

228 *Enemy was coming:* Der Feind stürmte heran.
You can not fight: Ihr könnt nicht kämpfen, wenn ihr wegrennt.
bug-out: »Ausbüchsen«.

229 *To win friends:* unter der Bevölkerung Freunde zu gewinnen und
Leute zu beeinflussen.

234 *You are here:* Ihr seid hier, um die Nordkoreaner aufzuhalten; ihr
sollt sie an Land aufhalten oder im Wasser sterben.

244 *Let's get out of here:* Lassen Sie uns abhauen, Herr Leutnant. – Sie

denken doch nicht, daß wir diesen toten Mann da einfach so liegenlassen?

249 *Are you content:* Sind Sie zufrieden damit, unsere Truppen in dieser verdammten Stellung zu lassen wie Rinder im Schlachthaus?
We don't know: Wir wissen nicht, wie wir das anstellen sollen. Nachdem wir uns einmal zum Strand aufgemacht haben, gehen wir einfach nur weiter.

251 *Landing force crossing:* Die Landungstruppe überquert die Ausgangslinie.

252 *That's it:* Das wär's. Holen wir uns erst mal einen Kaffee.

254 *The luckiest military:* die glücklichste Militäroperation in der Geschichte.

256 *These tanks:* Diese Panzer sind so, wie ich sie haben will.

259 *You've got:* Die Wunde ist Gold wert.
Take it easy, skipper: Mach dir keine Sorgen, Alter.

261 *Magnificently planned:* großartig geplant, getimt und durchgeführt.

278 *I pray nightly:* Ich bete jede Nacht ... falle auf die Knie!

292 *We all agree:* Wir sind uns alle darin einig, daß, wenn die Chinesen nach Korea kommen, wir uns zurückziehen.

296 *A touch of panic:* eine Spur Panik.

302 *To find out:* um herauszufinden, wo diese Kommunisten sind.
Heavy, very heavy: Stark, sehr stark, ungeheuerlich und gigantisch.

303 *It was the kind of darkness:* Es war eine Art von Dunkelheit, wie ich sie seit dem Zweiten Weltkrieg nicht mehr erlebt hatte: kein Licht, kein Feuer, nur die Sterne.

304 *Nothing but Chinamen:* nichts als Chinesen von hier bis zur Mongolei.
Don't let a bunch: Laßt euch nicht von einem Haufen chinesischer Wäschekulis aufhalten.

310 *We are going:* Wir machen uns davon. Und wir gehen wie echte Marines. Wir halten zusammen und nehmen unsere Toten und unsere Ausrüstung mit. Noch Fragen?
»Hear this: it was an attack: Hören Sie: Es war ein Angriff, kein Rückzug. Die gesamte Kampagne war ein Angriff. Erst griffen wir in nördlicher Richtung an, bis Yudam-ni. Dann griffen wir in westlicher Richtung an, eine Meile westlich von Yudam-ni. Dann griffen wir in südlicher Richtung an, von Yudam-ni zum Funchilin-Paß.

311 *What did the General say?:* Was hat der General gesagt? – Sie haben ihn doch gehört: ›Überreste, die nach Norden fliehen‹.

312 *Don't worry about your equipment:* Vergessen Sie Ihre Ausrüstung. Wenn Sie zurück sind, ersetzen wir alles. – Das werde ich nicht. Das ist die Ausrüstung, mit der wir kämpfen.

We are not retreating: Wir ziehen uns nicht zurück. Wir rücken lediglich in eine andere Richtung vor.

316 *Haven't you done:* Haben Sie nicht schon genug getan? Haut einfach alle ab und laßt uns mit dem zurück, was von unserem Land noch übrig ist.

319 *To do a fire job:* die fünf Industriezentren Nordkoreas mit Brandmunition zu bearbeiten.

Against his wishes: gegen seinen Wunsch die Mittel, die Japan in die Knie zwangen.

320 *No, Rosy, I'm not prepared:* Nein, Rosie, ich bin noch nicht bereit, so weit zu gehen.

If you miss your target: Wenn man sein Ziel verfehlt und Leute tötet oder andere Teile der Stadt zerstört, akzeptiere ich das als Teil des Krieges.

324 *To have the following towns:* die folgenden Städte auszutilgen.

325 *You cannot operate:* Man kann mit B-29 nicht wie mit einer taktischen Luftflotte operieren.

The large fires: Die großen, mitten in der Fabrik entfachten Feuer brannten einige der Wolken weg.

328 *General O'Donnell was expected:* Es wurde von General O'Donnell erwartet, daß er die Städte niederbrannte.

To destroy every means: jedes Kommunikationsmittel, jede Installation, Fabrik, Stadt und Dorf zu zerstören – die Grenze darf aber nicht verletzt werden.

The entire city of Kanggye: Die gesamte Stadt Kanggye war praktisch ein Waffenlager und ein enorm bedeutsames Kommunikationszentrum.

329 *Under perfect circumstances:* Unter perfekten Bedingungen verfügen alle derartigen (Städte) über ausgeprägtes militärisches Potential und können nur als militärische Einrichtungen angesehen werden.

333 *The most indefensible:* die unvertretbarste und fehlgeplanteste Entscheidung, die in der Geschichte unserer Nation jemals einem Feldkommandeur aufgezwungen wurde.

336 *Shortly bevor noon:* Kurz vor Mittag fielen 70 B-29 über Sinuiju her, um 500-Pfund-Brandclusterbomben abzuwerfen.

Photographs taken: Vor und nach dem Holocaust aufgenommene Fotos enthüllten, daß die Brandbomben 65 Prozent der 5 Quadratkilometer bebauter Fläche Sinuijus ausgebrannt hatten.

337 *I've worked for peace:* Ich habe nun fünf Jahre und sechs Monate für den Frieden gearbeitet, und wie es aussieht, steht der Dritte Weltkrieg vor der Tür. Ich hoffe nicht – aber wir müssen es nehmen, wie es kommt, und das werden wir auch.

Will that include ..?: Wird das die Atombombe einschließen? – Das schließt jede Waffe ein, die wir haben. – Mr. President, sie sagten ›jede Waffe, die wir haben‹. Heißt das, daß der Einsatz der Atombombe konkret in Betracht gezogen worden ist? – Ihr Einsatz ist immer konkret in Betracht gezogen worden.

338 *We blamed the Conservatives:* Wir haben den Konservativen vorgeworfen, zu wissen, daß Hitler auf dem Marsch war, und nicht die erforderlichen Vorbereitungen getroffen zu haben.

340 *We are through:* wir sind unten durch! Die Russen und Chinesen treten auf den Plan, und andere Völker des Fernen Ostens würden sich mit ihnen auf guten Fuß stellen.

We must fight it out: Wir müssen es ausfechten. Wenn wir scheitern, sollten wir wenigstens ehrenhaft scheitern.

341 *The Chinese are actually sending:* Die Chinesen schicken momentan Streitkräfte gegen uns und nannten es nicht Krieg, aber wenn wir auch nur eine Bombe jenseits des Yalu abwerfen, sagen sie, wir führten Krieg gegen sie.

342 *If a man's word:* Wenn das Wort eines Mannes nichts taugt, wird es auch dadurch nicht besser, daß man es niederschreibt.

Facing the entire Chinese nation: Die Konfrontation mit der gesamten chinesischen Nation in einem nicht erklärten Krieg macht, wenn nicht umgehend gehandelt wird, jede Hoffnung auf einen Erfolg zunichte, und man kann sich vernünftigerweise auf rasche Zermürbung und letztendliche Vernichtung einstellen.

348 *Our homes, our nation:* Unser Heim, unser Land, all das, woran wir glauben, ist in großer Gefahr … (der Weltkrieg) kann jederzeit ausbrechen.

It ought to be used: (Die Bombe) sollte eingesetzt warden, wenn sie sinnvoll eingesetzt warden kann.

349 *Air and naval attacks:* Luft- und Seeangriffe gegen militärische Ziele und Einrichtungen in der Mandschurei, die gegenwärtig zur Unterstützung der chinesischen Streitkräfte in Korea benutzt werden.

351 *We are fighting the wrong nation:* Wir kämpfen gegen das falsche Land. Wir kämpfen gegen die B-Mannschaft, während der wirkliche Feind die Sowjetunion ist.

375 *Neither a desirable:* weder ein wünschenswertes noch nachhaltiges Ziel, das einen kultivierten Menschen ansprechen würde.

377 *The stake we fight for now:* Jetzt kämpfen wir jedoch nicht mehr nur um Korea – es geht um ein freies Asien.

385 *Communist conspirators:* Kommunistische Verschwörer haben sich entschlossen, die Welt zu erobern.

Here we fight Europe's war: Hier führen wir Europas Krieg mit Waffen, während die Diplomaten ihn dort noch mit Worten führen. Wenn wir diesen Krieg in Asien verlieren, ist der Fall in Europa unvermeidlich. Es gibt keinen Ersatz für einen Sieg.

Of meeting force: der Gewalt mit maximaler Gegengewalt zu begegnen, wie wir es in der Vergangenheit immer getan haben.

In this country and Western Europe: (das Vertrauen) dieses Landes und Westeuropas in die Qualität von politischem Urteilsvermögen und Führerschaft Amerikas.

404 *But my buddy was past help:* Aber meinem Kumpel konnte nicht mehr geholfen werden. Ich glaube, ich habe für ihn gebetet. Ich hoffe es.

412 *Tuned for high performance:* auf Hochleistung getrimmt. Jeder Militärjet ist bereits ein heißer Ofen, wenn er ausgeliefert wird, aber es gibt keine Maschine, die nicht noch verbessert werden kann.

When we were finished: Als wir fertig waren, hatten wir etwa 2000 Pfund (900 kg) herausgenommen.

414 *I'm determined:* Wie die meisten der Jungs hier bin ich entschlossen, eine MiG zu kriegen, und wie es aussieht, gibt es nur eine Methode, das zu tun, und zwar nördlich des Yalu zu fliegen.

You can stop worrying: Du brauchst Dir keine Sorgen mehr zu machen, daß wir über den Zaun in die Mandschurei fliegen.

415 *One of the marks:* Eines der Kennzeichen eines wirklich großen Jägerpiloten ist seine absolute Überzeugung, daß das, was er tut, richtig ist, keine Diskussion.

417 *They were now capable:* Sie waren jetzt in der Lage, Luftmacht offensiv zu nutzen, aber aus irgendwelchen Gründen entschieden sie sich dagegen.

443 *To educate the President:* dem Präsidenten etwas Nachhilfeunterricht über das Kriegsgefangenenproblem zu geben.

444 *More bang for the buck:* mehr Zerstörung pro Dollar

447 *Whenever possible:* Wann immer möglich, werden Angriffe gegen Ziele von militärischer Bedeutung gerichtet, die so gelegen sind, daß ihre Zerstörung eine verderbliche Wirkung auf die Moral der Bevölkerung hat.

Consider how strong we are: Bedenkt, we stark wir sind; wir sind materiell überlegen.

Think how unselfish: Denkt nur, wie selbstlos und ehrenhaft wir sind; aus unseren Bombenwarnungen könnt ihr ersehen, daß wir euch nicht weh tun wollen.

Think how safe it will be: Denkt daran, wie sicher es für euch sein wird zu kapitulieren, wenn ihr nur die folgenden Dinge auf folgende Weise tut.

448 *Methodical burning out:* Das methodische Ausbrennen armer Bauern, wenn kein Feind in der Nähe ist, geht den US-Soldaten gegen den Strich.

449 *If we keep on tearing:* Wenn wir weiterhin die Gegend zerstören, könnte das für die Nordkoreaner eine höchst unpopuläre Geschichte werden.

455 *Somehow or other:* Auf die eine oder andere Weise würde das Tabu, das den Einsatz von Atomwaffen umgibt, zerstört werden müssen.

No single free nation: Kein einziges freies Land kann allein in der Welt leben. Wir brauchen Freunde.

465 *I would vote for Rhee:* … würde ich dafür stimmen, Rhee zur Hölle zu schicken, und Korea soll er gleich mitnehmen.

481 *I consider it necessary:* Ich halte es für notwendig, daß Pläne für den Einsatz von Atomwaffen gemacht werden.

486 *Since the blow would fall:* denn der Schlag würde so plötzlich und mit solcher Wucht kommen, daß es mit der Intervention der chinesischen Kommunisten ein Ende hätte.

On the almost defenseless: … auf die fast wehrlosen Bevölkerungszentren Japans. Das habe ich immer im Hinterkopf.

488 *The quicker the operation:* Je schneller die Operation in Angriff ge-

nommen wird, desto geringer die Gefahr einer sowjetischen Intervention.

489 *Our position vis-à-vis our allies:* Unsere Position gegenüber unseren Verbündeten verschlechtert sich Tag für Tag.

The prisoner of war issue: Das Thema der Kriegsgefangenen ist bereits genug zu einem Frankenstein-Monster aufgebauscht worden.

501 *There can be no question:* Daß der Vorschlag der Kommunisten eine feste Basis für weitere Diskussionen enthält, steht außer Frage.

502 *We are under intense pressure:* Wir stehen unter immensem Druck von seiten unserer Verbündeten.

512 *Did we understand you clearly:* Haben wir Sie richtig verstanden, daß der Einsatz der Atombombe konkret in Betracht gezogen wird? – Schon immer. Sie ist eine unserer Waffen. – Heißt das, Herr Präsident, Einsatz gegen militärische Ziele oder zivile ... – Das ist eine Sache, die das Militär entscheiden muß. Ich bin keine militärische Autorität, die solche Dinge weitergibt. – Herr Präsident, Sie sagten, das hänge vom Handeln der Veinten Nationen ab. Heißt das, daß wir die Atombombe nur mit Genehmigung der UNO einsetzen würden? – Nein, das bedeutet es keineswegs. Das Vorgehen gegen das kommunistische China hängt vom Vorgehen der UNO ab. Der militärische Befehlshaber im Feld wird über den Einsatz der Waffen verfügen, wie das immer geschehen ist.

514 *We scorched and boiled:* Wir haben in Tokio mehr Menschen zu Tode gebrannt und gekocht und gebacken, als in Hiroshima und Nagasaki zusammen verdampft sind.

516 *This means all-out war:* Es bedeutet, daß Moskau, St. Petersburg, Mukden, Wladiwostok, Peking, Schanghai, Port Arthur, Dairen, Odessa, Stalingrad und sogar Industrieanlagen in China und der Sowjetunion ausgelöscht werden.

We burned down every town: Wir haben sowieso jeden Ort in Nordkorea niedergebrannt und auch manche in Südkorea. Wir haben sogar Pusan abgebrannt, zwar aus Versehen, aber immerhin. Über einen Zeitraum von drei Jahren oder so haben wir zwanzig Prozent der Bevölkerung Koreas durch direkte Kriegseinwirkung getötet, oder durch Verhungern und Erfrieren.

522 *This is the final chance:* Dies ist die letzte Chance für die Sowjetregierung, zu entscheiden, ob sie überleben will oder nicht.

523 *In such circumstances:* Unter derartigen Umständen sähen wir uns

gezwungen, zu erwägen, ob uns die Pflicht gegenüber kommenden Generationen nicht gebietet, im günstigsten Moment, den wir finden können, einen Krieg zu beginnen.

524 *Oppie's line:* Oppies (Oppenheimers) Linie war etwas, das einem Präventivkrieg sehr nahekam, wir können nicht einfach nur dasitzen, während ein potentieller Feind die Mittel zu unserer sicheren Vernichtung aufbaut.

529 *We have no evidence:* Wir haben keinen Beweis, daß von der UdSSR thermonukleare Waffen entwickelt werden.

538 *So as to hit:* um gleichzeitig auf den Frühwarnschirm zu treffen.

Virtually all of Russia: Praktisch ganz Rußland wäre nach zwei Stunden nur noch eine rauchende, strahlende Ruine.

An alphabetical arrangement: eine alphabetische Anordnung von potentiellen Zielen, sortiert nach Städten innerhalb von Ländern.

539 *Well, the nature of an H-bomb:* Nun, das Wesen einer H-Bombe ... ist, daß man sie effektiv so groß machen kann, wie man will, so groß, wie es den militärischen Erfordernissen entspricht, das heißt, eine H-Bombe kann so groß gemacht werden – groß genug, um eine Stadt auszulöschen. – Was? – Eine Stadt auszulöschen, zu zerstören. – Eine wie große Stadt? – Jede Stadt. – Eine Stadt wie New York? – Das gesamte Stadtgebiet, ja.

NACHWORT

Von den beiden Schauplätzen des Zweiten Weltkriegs ist die Pazifikfront im deutschen Sprachraum nahezu inexistent. Abgesehen von den Seeschlachten und der Atombombe finden die Vorgänge in Indien, Birma, China, der Mandschurei, Indochina, Malaya, auf den Philippinen, in Indonesien, Australien, die Kämpfe auf den Palau-Inseln, am Bismarckarchipel, um die Marianen, Salomonen usw. minderes Interesse. Das liegt aber nicht daran, daß sie uninteressant sind. Die anglo-amerikanische Literatur bietet eine Überfülle an Monographien und Memoiren, und keineswegs nur weil die Ereignisgeschichte mit der Erlebnisgeschichte zusammentrifft.

Das ost-/südostasiatische Kriegsgebiet ist für Rußland, die Niederlande, Frankreich, England und Amerika der Raum imperialer Machtentfaltung gewesen, der Ort ihrer Größe. Der Landhunger einer asiatischen Gegenmacht, Japan, die Legitimität und der Erhalt von westlicher Herrschaft waren der Inhalt dieses Krieges. Roosevelt und Churchill definierten sie verschieden, sind aber beide gleich gescheitert. Letzterer mit dem Verlust des Empires, ersterer an der Chinesischen Revolution.

Der Kreuzzugsaspekt der Anti-Hitler-Koalition fehlt in diesem Ringen. Die gleiche Allianz tritt hier ohne die freiheitliche Physiognomie auf, die sie in Europa auszeichnet. Von indischer, chinesischer und indonesischer Warte gibt es ein Sondervotum zu der Gerechtigkeit der hier umkämpften Sache.

Die erwähnte Literatur setzt sich mit der imperialen und rassischen Seite des Pazifischen Krieges in einer Farbigkeit der Urteile auseinander, die den deutschen Leser nur faszinieren kann. Auf langen Wegen im Westen angekommen, begegnet er dort keineswegs der völker- und menschenrechtlichen Idylle. So waren die fraglichen Zeiten nicht beschaffen; der Westen ist ein rauher Krieger.

Der Begriff des Westens ist einem Osten und Süden gegenübergestellt, in diesen Breiten errichtete er eine Jahrhunderte währende Dominanz, die in der Zeit der Weltkriege abhanden kam. Der Autor, der sich lange mit dem deutschen Krieg befaßt hat, ergänzt das Bild um die Gegenperspektive, »der Westen im Krieg«. Da das Deutsche Reich dem Westen angehörte, bekriegte er sich selbst und zugleich südliche und östliche Nationen.

Der Ost-West-Konflikt, der die zweite Hälfte des vergangenen Jahrhunderts bestimmte, hat den Dritten Weltkrieg nicht entfacht. Das vorliegende Buch umfaßt das Jahrzehnt zwischen 1945 und 1955, als dieser Krieg von den erfahrensten und klügsten Köpfen für wahrscheinlich erachtet wurde. Dem anschließenden Gleichgewichtssystem des Schreckens zwischen 1955 und 1990 entsprangen Krisen, die glücklich gelöst wurden durch eine Grundüberzeugung beider Seiten. Es handelte sich um saturierte Mächte, die, nachdem sie ihre Existenz wechselseitig akzeptierten, in einem Krieg miteinander nichts zu gewinnen hatten.

In dieser Paarung blieben die Arsenale der Massenvernichtungswaffen verschlossen, die der Zweite Weltkrieg hervorgebracht und der Kalte Krieg multipliziert hat. Waffentechnisch gesehen – so haben es Eisenhower und Schukow 1955 in Genf erörtert – kann die Zivilisation als Kollateralschaden enden. Daß sie als Ex-Verbündete diese Sorge weiterhin verband, muß nicht für alle Waffenbesitzer in Ewigkeit gelten.

Der Autor hat seinen Text nach dem Grenzfluß zwischen Korea und der Mandschurei benannt, Yalu. Südlich des Yalu wurde drei Jahre ein limitierter Krieg gekämpft, der über drei Millionen Soldaten involvierte. Vor einer Entgrenzung des Kriegs zum Nordufer des Yalu in die Mandschurei hütete sich die UN/US-Seite, um damit nicht den Dritten Weltkrieg auszulösen. Jenseits des Yalu wartete ein Jenseits, das keinem bekannten Kriegsbild mehr gliche.

Hiroshima war im August 1945 eine Stadt mit etwa 250 000 Anwesenden, und die Sprengkraft der Uranspaltungsbombe betrug

16 Kilotonnen. In den mandschurischen Städten weilten Millionen Menschen, und der Abwurf Dutzender thermonuklearer Waffen im Megatonnenbereich (Millionen Tonnen TNT) – meist mit Blick auf Peking und Schanghai erörtert – übersteigt als Massenausrottungsvorgang alle Phantasie. Auch Hamburg 1943 und Dresden 1945 waren unvorstellbar. Niemand kannte einen Feuersturm.

Der Yalu ist der Styx. Das Gegenufer führt in den Hades, von dem es Visionen, aber keine Anschauung gibt.

Was als die letzte Außengrenze der Zivilisation erscheint, unüberschreitbar, war 1950–53 eine nahezu unwiderstehliche Verlockung. Den Krieg in die Mandschurei zu tragen, von wo er ab November 1950 ausging, gebot die elementarste militärische Notwendigkeit. Weit notwendiger als die Angriffe auf Dresden und Hiroshima.

Der Koreakrieg erhellt, daß Weltkriege nicht als solche beginnen, sondern aus dringlichen Gründen dazu werden. Daß dem Sog zum Dritten Weltkrieg von zweien der drei Kriegsparteien widerstanden wurde, mag man einen glücklichen Verlauf nicht nennen, weil die Welt einer kleinen Nation total darin unterging. Korea diente als Schauplatz eines Ringens, das alle Mächte des verflossenen Weltkriegs miteinander verquickte. Unter der Soutane der Neutralität lieferte Stalin die Waffen, die Pläne und die politische Führung. Mao Tse-tung stellte das Gros der kommunistischen Mannschaften und die Kampfkraft bereit. Das Ensemble von siebzehn UNO-Staaten auf der Gegenseite trugen materiell, moralisch und politisch die Vereinigten Staaten. In dieser Hinsicht ist der Koreakrieg der Dritte Weltkrieg im Zustande seiner Eindämmung. Ausgenommen der eingeäscherte und weißgeblutete Austragungsort.

Auch anderen Weltgegenden hätte dies widerfahren können, vorzugsweise Deutschland. Es war als Stalins Geisel passiv und bangend beteiligt. Die Überschreitung des Yalu hätte er mit einer Invasion Westeuropas vergolten. So wurde es von allen Generalstäben dort vermutet, und schon wir Kinder sangen: »Ei, ei, ei Korea, der Krieg kommt immer näher.«

Das materielle Kriegsgeschehen war meistenteils eine Begegnung zwischen Amerikanern und Chinesen an der Front und zwischen US-Bomben und koreanischer Zivilbevölkerung in der Fläche. Mit dem letzteren Aspekt hat der Autor die Arbeit begonnen. Der Sinn der bisher massivsten und verlustreichsten Bombenkampagne – in absoluten wie in relativen Zahlen – ist aber nur aus den Kalamitäten der Bodenkämpfe begreiflich. Sie stellen sich als chinesisch-amerikanisches Treffen dar, wie es in epochalen Schritten aus dem Chinesischen Bürgerkrieg und dem verworrenen Resultat des Pazifischen Kriegs hervorging. Die Revolution Mao Tsetungs 1946–49 gelangte in den Bahnen des Kalten Kriegs zum Ziel. Er nahm in Asien seinen Anfang, wurde in Korea halb so blutig wie der Erste Weltkrieg und blieb es in zwei Vietnamkriegen.

Der Pazifische Krieg ist der Vulkan, der, wie wir heute erst zu sehen vermögen, die Achse der Weltgeschichte drehte. Seither ist das Verhältnis der Hemisphären ein anderes geworden. Der Westen diktiert nicht länger den Verlauf der Dinge, sondern nimmt Teil als zunehmend bedrohter und angefeindeter Mitakteur. Ökonomisch, politisch und militärisch. Dies allen vor Augen stehende Verhältnis hat seine Geschichte. Es ist nicht gestern entstanden.

Die chinesische Seite hat den Koreakrieg, der vornehmlich ihr Werk gewesen ist, mit enormer Energie als antiwestlichen Feldzug geführt. Ohne diese nach hundert Jahren nationaler Schmach beispiellose Kraftentfaltung wäre der Krieg nach drei Monaten mit einem Triumph der UNO-Koalition zu Ende gewesen. So ist er die erste Kampagne, die der Westen nicht mehr gewinnen konnte. Seither kommt er schwieriger zum Zuge, als seine Massenvernichtungswaffen es ihm versprachen. Krieg ist mehr als kaputtmachen. Für seine kreativen Seiten ließ sich mit der Megatonnenklasse jedoch wenig herausholen. Die effektiven Formate der Massenvernichtungswaffe liegen vielleicht mehr im handlicheren Bereich.

Vom Nordufer des Yalu gesehen, war er nicht die Grenze zum Verderben. Den Dritten Weltkrieg zu meiden, hat Stalin interessiert, die chinesischen Kommunisten anscheinend gar nicht. Der Weltzustand mußte kippen, und zwar mit Gewalt. Der Yalu war die letzte Expansionslinie des Westens. Zum ersten Male fand er in Asien seine Grenze. So versteht man es dort bis heute. Die USA hatten mit Japan die Versorgungsbasis ihres Kriegs gewonnen. So nahm der alte Feind als diskrete, aber wirksame Stütze teil. Die einstige Kandidatur Japans als Hegemon der östlichen Halbkugel aber war auf das alte Reich der Mitte gewechselt.

Der Westen in seiner Differenzierungsfreude differenzierte unentwegt am Feind herum, ohne ihn zu erfassen: War er ein kommunistischer Ideologe, ein williges Werkzeug Moskaus, ein chinesischer Nationalist, ein irrationaler Psychopath? Für die Chinesen ging es um das einfachste Verlangen, die Wiederherstellung des Nabels der Erde. Mit hundert Jahren Fremdherrschaft ist eine viertausendjährige Zivilisation nicht liquidiert. Doch käme sie nur zu sich selbst, meinte Mao, indem sie die Fremden schlug, demütigte, schwächte. Die Schwäche offenbarte sich nur im Feld. Korea bot die günstigste Stelle.

Den fortwährenden Antiwestkrieg mag manches beflügeln, ein Nationalismus, eine Religion, eine politische Weltanschauung. Man kann die Feindschaft in verschiedenen Codes formulieren. Es ist aber müßig, den Kommunismus zu widerlegen, den Nationalismus abzulehnen oder den Islam in den richtig und den falsch verstandenen zu teilen. Auf die Artikulation des Affekts kommt es weniger an. Dieser ist auch kein Mißverständnis. Es rührt aus einem historischen Herr-Knecht-Verhältnis, das der Westen überwunden hat. Davon ist es aber nicht aus der Welt. Es steckt ihr in allen Gliedern. Mit Mao begann die Reihe der Rächer.

Das Porträt des Westens im Krieg lege ich dem Leser in zwei Hälften vor. Auf ›Yalu‹ folgt demnächst ›Hemisphären‹, das von der Expansionsgeschichte des Westens und seiner Selbstzerstörung in den zwei Weltkriegen handelt. Mein Dank gilt dem Verlag, der mir sein Wohlwollen schenkt, dem Hause Ullstein-Propyläen, Berlin.

Berlin, Oktober 2007

Ortsregister

611

612

617

Personenregister

Der Koreakrieg
25. Juni 1950 – 27. Juli 1953

Mukden

Jinzhou

Huludao

Anschan

HEBEI

Golf
von
Liaodong

Jingkou

LIAONING

eking

TIANJIN

Tientsin

Golf
von
Bohai

Port Arthur   Dairen

Korea-Buch

SCHANTUNG

VOLKSREPUBLIK
CHINA

Gelbes Meer

KIANGSU

Landung auf Incheon
15. – 16. September 1950

Red Beach

Wolmi-do

Incheon

Blue Beach

2 km

100 km